Visio 2013 / 2016

Das Handbuch für Anwender

MIX
Papier aus verantwortungsvollen Quellen
Paper from responsible sources
FSC® C105338

René Martin

Visio 2013 / 2016
Das Handbuch für Anwender

Bibliografische Information der Deutschen Nationalbibliothek:
Die Deutsche Nationalbibliothek verzeichnet diese Publikation in der Deutschen Nationalbibliografie;
detaillierte bibliografische Daten sind im Internet über http://dnb.dnb.de abrufbar.
© 2016 René Martin
Illustration: René Martin
Satz: René Martin
Herstellung und Verlag: BoD – Books on Demand, Norderstedt
ISBN: 978-3-7392-1742-0

Inhaltsverzeichnis

0	**Vorwort**	16
0.1.	Warum Microsoft Office Visio 2013 oder 2016?	16
0.2.	Warum kein anderes Programm?	17
0.3.	Eine kurze Geschichte von Visio	17
0.4.	Die beiden Visio-Versionen	18
0.5.	Über dieses Buch	19
0.6.	Kontakt zum Autor	21
1	**Grundlagen von Visio**	**22**
1.1.	Visio starten	22
1.1.1.	Die Backstage-Ansicht Neu	22
1.1.2.	Bildschirmaufbau	25
1.1.3.	Das Menüband	26
1.2.	Die erste Zeichnung	28
1.2.1.	Rechteck/Quadrat, Ellipse/Kreis und Linie	28
1.2.2.	Speichern und Öffnen, Schließen und Beenden	32
1.3.	Die Online-Hilfe	33
1.4.	Die Schablonen (Shapes)	35
1.5.	Die Shapes und die Master-Shapes	39
1.5.1.	Shapes in die Zeichnung einfügen	40
1.5.2.	Markieren	42
1.5.3.	Löschen	47
1.5.4.	Rückgängig	47
1.5.5.	Shapes verändern: Position	48
1.5.6.	Shapes verändern: Größe	52
1.5.7.	Shapes verändern: Aussehen	53
1.5.8.	Duplizieren und Kopieren	54
1.5.9.	Die verschiedenen (Greif-)punkte	59
1.5.10.	Ansichten	68
1.5.11.	Die Lage der Shapes	70
1.5.12.	Ein Shape verschieben	70
1.5.13.	Lineale	77
1.5.14.	Führungslinien und Führungspunkte	78
1.5.15.	Das Gitter	82
1.5.16.	Drehen und Spiegeln	87
1.5.17.	Shapes gruppieren	88
1.5.18.	Text	95

1.5.19.	Shapes formatieren	105
1.6.	Verbindungslinien	112
1.6.1.	Verbinder erzeugen	112
1.6.2.	Statische und dynamische Verbindungen	117
1.6.3.	Kreuzende Linien	119
1.6.4.	Neue Verbindungspunkte setzen, vorhandene verschieben und löschen	122
1.6.5.	Linien mit mehr als zwei Enden	124
1.6.6.	Neue Shapes auf Verbinderlinien	124
1.6.7.	Beschriftungen auf Verbindungslinien	125
1.7.	Zusammenfassung	126
2	**Fortgeschrittene Visio-Themen**	**128**
2.1.	Formate übertragen	128
2.2.	Formatvorlagen	129
2.3.	Designs	133
2.3.1.	Designfarben	133
2.3.2.	Weitere Designeinstellungen	135
2.4.	Layer (Ebenen)	136
2.4.1.	Funktionen der Layer: Layereigenschaften	139
2.4.2.	Auswahl aller Shapes auf einem Layer	142
2.5.	Vorgänge	143
2.6.	Container	145
2.7.	Legenden	148
2.8.	Erzeugen großer Dokumente	150
2.9.	Mehrere Seiten	151
2.9.1.	Visio als Präsentationsprogramm	154
2.9.2.	Vordergrund und Hintergrund	154
2.9.3.	Kopf- und Fußzeilen	162
2.9.4.	Doppelklickverhalten von Shapes	164
2.9.5.	Hyperlinks	166
2.10.	Felder	171
2.11.	Kommentar und QuickInfo	175
2.12.	Schaltflächen in Schnellzugriffsleiste und Menüband	179
2.13.	Drucken und Seitenansicht	182
2.14.	Speichern	186
2.14.1.	OneDrive und SkyDrive	187
2.14.2.	Computer	188
2.14.3.	Das neue Dateiformat	189

Vorwort

2.14.4.	Ein Wort zu XML	190
2.15.	Austausch mit anderen (Office-) Programmen	191
2.15.1.	Kopieren und Einfügen	191
2.15.2.	Verknüpfen	193
2.15.3.	Einbetten	196
2.15.4.	Exportieren und Importieren	197
2.15.5.	CAD-Zeichnung	199
2.15.6.	Export als HTML-Datei	208
2.15.7.	Export ins PDF-Format	211
2.16.	Die Hilfsprogramme	213
2.16.1.	Der Formeleditor	213
2.16.2.	Diagramme	215
2.16.3.	Bilder und Grafiken	221
2.16.4.	Die Rechtschreibhilfe und AutoKorrektur	228
2.16.5.	Die Suchen-Funktion	233
2.17.	Zusammenfassung	235
3	**Shape-Daten**	**236**
3.1.	Shapes mit vorhandenen Daten	236
3.2.	Neue Shape-Daten erzeugen	239
3.3.	Shape-Datensätze	246
3.4.	Daten als Beschriftungstext des Shapes	248
3.5.	Daten neben den Shapes anzeigen lassen	249
3.5.1.	Text	250
3.5.2.	Datenbalken	253
3.5.3.	Symbolsatz	254
3.5.4.	Farbe nach Wert	255
3.5.5.	Weitere Optionen	255
3.6.	Daten einsammeln und wegschreiben (Berichte)	257
3.6.1.	Die Definition eines neuen Berichts	257
3.6.2.	Daten speichern in einem Visio-Shape	261
3.6.3.	Daten in externer Datei speichern	265
3.7.	Externe Daten mit Shapes verknüpfen	265
3.7.1.	Alles auswählen	270
3.7.2.	Mit ausgewählten Shapes verknüpfen	270
3.7.3.	Verknüpfung aufheben	270
3.7.4.	Verknüpfte Shapes	271
3.7.5.	Automatisch verknüpfen	271
3.7.6.	Daten aktualisieren	272

3.7.7.	Aktualisierung konfigurieren	272
3.7.8.	Spalteneinstellungen	273
3.7.9.	Der Menübefehl *Anordnen nach*	274
3.7.10.	Datenquelle	274
3.7.11.	Daten verknüpfen und als Beschriftungstext anzeigen	275
3.7.12.	Datengrafikfelder	276
3.8.	Pivotdiagramme	277
3.8.1.	Gestaltung eines Diagramms	280
3.8.2.	Die Optionen des Diagramms	282
3.9.	Zusammenfassung	282
4	**Arbeiten mit Assistenten**	**283**
4.1.	Layout konfigurieren	283
4.2.	Shapes nummerieren	285
4.3.	Shapes verschieben	287
4.4.	Shapes anordnen	288
4.5.	Shape-Fläche und –Umfang berechnen	289
4.6.	CAD-Zeichnungen konvertieren	289
4.7.	CAD-Bibliothek konvertieren	290
4.8.	Datenbank-Assistent	291
4.8.1.	Der Assistent Mit Datenbank verknüpfen	291
4.8.2.	Der Datenbankexport-Assistent	295
4.8.3.	Der Assistent Datenbank aktualisieren	299
4.8.4.	Der Datenbank-Assistent	301
4.8.5.	Datenbankmodell auffrischen	306
4.8.6.	Datenbankeinstellungen	307
4.8.7.	Weitere Assistenten	308
4.8.8.	Zusammenfassung	308
5	**Visio im Team**	**310**
5.1.	OneDrive	310
5.2.	Dateien in OneDrive speichern	311
5.3.	Dateien in OneDrive freigeben	312
5.4.	SharePoint-Listen verwenden	315
5.5.	Einen Workflow mit SharePoint in Visio designen	317
5.6.	Zusammenfassung	319
6	**Visio anpassen**	**320**
6.1.	Eigene Füllmuster und Linienmuster erstellen	320
6.2.	Eigene Shapes erstellen	328

Vorwort

6.2.1.	Die Standardelemente	328
6.2.2.	1D- und 2D-Shapes	330
6.2.3.	Offene und geschlossene Shapes	331
6.2.4.	Gruppieren	332
6.2.5.	Mehrere Texte durch Gruppieren zu einem Shape zusammenfassen	335
6.2.6.	Vorgänge	336
6.2.7.	Verbindungspunkte einfügen	339
6.2.8.	Shape-Daten eintragen	340
6.2.9.	Shape-Datensätze	348
6.2.10.	Layer	350
6.2.11.	Funktionen der Layer: Layereigenschaften	354
6.2.12.	Auswahl aller Shapes auf einem Layer	357
6.2.13.	Verhalten	358
6.2.14.	QuickInfo und Hyperlink	362
6.2.15.	Maßstab	363
6.2.16.	Schutz vor Veränderungen	363
6.2.17.	Copyright eintragen	365
6.3.	Eigene Schablonen erstellen	366
6.3.1.	Die Quick-Shapes	370
6.3.2.	Die Schablone speichern	372
6.3.3.	Eigene Schablonen weitergeben	372
6.3.4.	Eigene Schablonen modifizieren	373
6.4.	Eigene Vorlagen erstellen	377
6.4.1.	Seite einrichten	378
6.4.2.	Mehrere Seiten einrichten	379
6.4.3.	Schablonen	379
6.4.4.	Formatvorlagen	380
6.4.5.	Muster	380
6.4.6.	Design	381
6.4.7.	Layer	381
6.4.8.	Farbpalette	381
6.4.9.	Lineale und Gitter	382
6.4.10.	Shape-Layout	383
6.4.11.	Neue Registerkarten	384
6.4.12.	VBA-Code	386
6.4.13.	Eigene Vorlagen weitergeben	387
6.4.14.	Speichern, Schließen und Öffnen	387
6.4.15.	Dokumentschablone	389

6.4.16.	Dateieigenschaften	392
6.4.17.	Ein Beispiel	394
6.4.18.	Ein weiteres Beispiel	403
6.4.19.	Zusammenfassung	404
7	**Die Vorlagen der Kategorie Allgemein**	**408**
7.1.	Die Vorlage Standarddiagramm	408
7.1.1.	Erstellen eines Diagramms	409
7.1.2.	Verwenden der Rahmen und Titel	411
7.1.3.	Verwenden der Visio-Hintergründe	412
7.1.4.	Verwenden der Container	413
7.1.5.	Legenden	414
7.2.	Die Vorlage Blockdiagramm	415
7.2.1.	Erstellen eines Diagramms mit Blöcken	416
7.2.2.	Erstellen eines Diagramms mit 3D-Blöcken	418
7.3.	Die Vorlage Blockdiagramm mit Perspektive	420
7.3.1.	Erstellen eines Diagramms mit perspektivischen Blöcken	421
7.3.2.	Mehr als ein Zeichenblatt, mehr als ein Fluchtpunkt	422
7.4.	Zusammenfassung	423
8	**Die Vorlagen der Kategorie Flussdiagramm und Geschäft**	**423**
8.1.	Die Vorlage Standardflussdiagramm	424
8.1.1.	Erstellen eines Diagramms	424
8.1.2.	Besonderheiten einzelner Shapes	429
8.1.3.	Der Hintergrund	430
8.2.	Weitere Flussdiagramm-Varianten der Kategorie Flussdiagramm	432
8.2.1.	Die Vorlage Workflowdiagramm und Workflowdiagramm – 3D	433
8.2.2.	Die Vorlage Microsoft SharePoint-Workflow	433
8.2.3.	Die Vorlage BPMN-Diagramm	436
8.2.4.	Die Vorlage IDEF0 Diagrammvorlage	442
8.2.5.	Die Vorlage SDL-Diagramm	444
8.2.6.	Die Vorlage Funktionsübergreifendes Flussdiagramm	445
8.3.	Eine Beispielzeichnung	448
8.4.	Weitere Ablaufdiagramme der Kategorie Geschäft	453
8.4.1.	Die Vorlage Auditdiagramm	453
8.4.2.	Die Vorlage EPC-Diagramm	454
8.4.3.	Die Vorlage Fehlerstrukturanalyse-Diagramm	455
8.4.4.	Die Vorlage TQM-Diagramm	456
8.4.5.	Die Vorlage ITIL-Diagramm	456
8.4.6.	Die Vorlage Wertstromzuordnung	456

8.5.	Zusammenfassung	458
9	**Die Vorlagen der Kategorie Geschäft**	**460**
9.1.	Die Vorlage Organigramm	460
9.1.1.	Beispiel: So erstellen Sie ein Organigramm	467
9.1.2.	Gestaltung des Organigramms	468
9.1.3.	Weitergabe der Organigramm-Daten	471
9.1.4.	Der Organigramm-Assistent	472
9.1.5.	So erstellen Sie eine eigene Vorlage für Ihr Organigramm	478
9.2.	Die Vorlage Brainstormingdiagramm	479
9.2.1.	Gestaltung des Brainstormingdiagramms	482
9.2.2.	Daten exportieren	485
9.2.3.	Daten importieren	486
9.2.4.	Das Übersichtsfenster	486
9.2.5.	Weitere Shapes	488
9.3.	Die Vorlage Diagramme	488
9.3.1.	Balkendiagramm1	488
9.3.2.	Balkendiagramm2	489
9.3.3.	3D-Balkendiagramm	490
9.3.4.	3D-Achse	491
9.3.5.	3D-Balken, Text vert. und 3D-Balken, Text hor.	492
9.3.6.	Kreisdiagramm	492
9.3.7.	Segment und besonderes Segment	493
9.3.8.	Unterteilter Balken 1 und 2	493
9.3.9.	Liniendiagramm	493
9.4.	Vorgehen beim Verwenden der Diagramm-Shapes	493
9.5.	Die Vorlage Six Sigma-Diagramm	495
9.6.	Die Vorlage Ursache/Wirkung-Diagramm	496
9.7.	Die Vorlage Marketingdiagramme	497
9.7.1.	Shapes der Schablone Marketingdiagramme	497
9.8.	Weitere Vorlagen in der Kategorie Geschäft	499
9.9.	Zusammenfassung	499
10	**Die Vorlagen der Kategorie Terminplan**	**500**
10.1.	Die Vorlage Kalender	500
10.2.	Die Vorlage Zeitachse	503
10.3.	Die Vorlage Gantt-Diagramm	506
10.4.	Die Vorlage PERT-Diagramm	512
10.5.	Zusammenfassung	513

11	**Die Vorlagen der Kategorie *Konstruktion*** **514**
11.1.	Die Vorlage Elektrotechnik allgemein 514
11.2.	Die Vorlagen Industrielle Steuerungssysteme, Schaltkreise und Logik und Systeme 518
11.3.	Die Vorlage Pneumatik/Hydraulik..519
11.4.	Die Vorlage »Gas-, Wasser-, Sanitärdiagramm«..521
11.4.1.	Beschriftung der Shapes 524
11.4.2.	Daten... 525
11.4.3.	Die beiden Explorer: Komponenten-Explorer und Anschluss-Explorer............ 528
11.5.	Die Vorlage Teile- und Zusammenbauzeichnung...529
11.6.	Zusammenfassung 532
12	**Die Vorlagen der Kategorie Netzwerk**... **534**
12.1.	Die Vorlage Standardnetzwerk-Diagramm 534
12.2.	Die Vorlage Detailliertes Netzwerkdiagramm 539
12.3.	Die Vorlage Active Directory...539
12.4.	Die Vorlage LDAP-Verzeichnis 541
12.5.	Die Vorlage Gestelldiagramm 541
12.6.	Ein Beispieldiagramm für eine Netzwerktopologie 545
12.7.	Zusammenfassung 548
13	**Die Vorlagen der Kategorie Pläne und Grundrisse** **549**
13.1.	Die Vorlage Büroplan..549
13.1.1.	Schaffen Sie Voraussetzungen... 549
13.1.2.	Richten Sie das Zeichenblatt ein 549
13.1.3.	Erstellen Sie eine Skizze des Raums 550
13.1.4.	Den Raum exakt zeichnen... 552
13.1.5.	Weitere Wände 556
13.1.6.	Türen und Fenster... 557
13.1.7.	Das Mobiliar.. 560
13.1.8.	Drucken 562
13.1.9.	Sämtliche Shapes modifizieren 562
13.1.10.	Die Daten.. 563
13.2.	Die Vorlage Grundriss 564
13.3.	Die Vorlagen Hauseinrichtungsplan, Deckenspiegelplan und HKL-Plan 566
13.4.	Die Vorlage HKL-Steuerung – Logisches Diagramm..568
13.5.	Die Vorlage Plan für Elektrik und Telekommunikation 568
13.6.	Die Vorlage Sanitär- und Rohrleitungsplan..569
13.7.	Die Vorlage Sicherheits- und Zutrittsplan..570
13.8.	Die Vorlage Werksplanung..571

13.9.	Die Vorlage Wegbeschreibung und Wegbeschreibung 3D	573
13.10.	Die Vorlage Grundstückplan	578
13.11.	Zusammenfassung	578
14	**Die Vorlagen der Kategorie Software und Datenbank**	**581**
14.1.	Die Vorlage Crow's Foot Datenbanknotation und	581
14.1.1.	Erstellen einer Zeichnung	581
14.2.	Die Vorlagen Konzeptionelle Website und Websiteübersicht	583
14.2.1.	Planung des Aufbaus der Website	583
14.2.2.	Erstellen einer Websiteübersicht	585
14.2.3.	Die Darstellung der Website bearbeiten / Weitere Einstellungen	588
14.3.	Drahtmodelldiagramm (Benutzeroberfläche)	592
14.4.	Die UML-Vorlagen:	595
14.4.1.	Darstellung eines Use Case Diagramms mit der Vorlage UML-Anwendungsfall	595
14.4.2.	Darstellung eines statischen UML-Diagramms mit der Vorlage UML-Datenbanknotation	597
14.4.3.	Weitere UML-Diagramme	598
14.4.4.	Reverse Engineering	602
14.5.	Weitere Diagrammvorlagen für Softwaredesign	604
14.6.	Zusammenfassung	605
15	**Anhang A: Tastenkombinationen in Visio**	**606**
16	**Anhang B: Die Schablonen**	**616**
16.1.	Allgemein	616
16.2.	Flussdiagramm	617
16.3.	Geschäft/Brainstorming	620
16.4.	Geschäft/Diagramme	621
16.5.	Geschäft/Geschäftsprozess	621
16.6.	Geschäft/Organigramm	623
16.7.	Geschäft/Pivotdiagramm	625
16.8.	Konstruktion/Elektrotechnik	625
16.9.	Konstruktion/Maschinenbau	628
16.10.	Konstruktion/Verfahrenstechnik	630
16.11.	Netzwerk	631
16.12.	Pläne und Grundrisse/Bauplan	635
16.13.	Pläne und Grundrisse/Karte	645
16.14.	Software und Datenbank/Datenbank	646
16.15.	Software und Datenbank/Software	647
16.16.	Software und Datenbank/Webdiagramm	649

16.17.	Terminplan	650
16.18.	Visio-Extras	651
17	**Index**	**654**
18	**Ein Wort zu mir**	**667**

0 Vorwort

0.1. Warum Microsoft Office Visio 2013 oder 2016?

Vor vielen Jahren habe ich Visio das erste Mal gesehen – es war die Version 3.0. Damals habe ich wenig Unterschiede zu anderen Grafik- oder Präsentationsprogrammen feststellen können. Aber je länger ich Visio unterrichte und je länger ich mich damit beschäftigt habe, desto begeisterter bin ich. Die Anwendungsmöglichkeiten sind schier unbegrenzt.

Es gibt zwei Gründe, warum ich dieses Programm so sehr liebe. Zum einen ist es einfach zu bedienen. Schon früh – lange bevor es von Microsoft gekauft wurde – wurde seine Benutzeroberfläche der von anderen Microsoft-Produkten der Office-Palette angepasst. So findet sich jemand, der schon mit den anderen Bestandteilen von Microsoft Office 2013 (Word, Excel oder PowerPoint) gearbeitet hat, leicht hinein und kann schnell Geschäftsdiagramme erstellen.

Stellen Sie sich einen gezeichneten Raumplan vor. Stellen Sie sich vor, Sie müssten alle Linien einzeln per Hand ziehen. Die Arbeit wäre immens groß. Oder stellen Sie sich einen LAN-Schrank vor. Um alle Patch-Stecker, alle Module, Bretter und sonstigen Elemente per Hand zu zeichnen, würde man Tage benötigen. Visio bietet für solche Probleme eine Reihe vorgefertigter Lösungen, deren Elemente lediglich auf die Seite gezogen und dort richtig verbunden werden. Schon ist das physikalische oder das logische Objekt fertig. Ebenso stellen viele Firmen Shapes kostenlos im Download zur Verfügung.

Der andere Vorteil liegt in der Tiefe und in der Möglichkeit, Visio für eigene Bedürfnisse anzupassen. Vielleicht etwas versteckt und für den Benutzer nicht sofort sichtbar, liegen eine Reihe an Funktionen verborgen. Nicht nur, dass sich jeder Anwender eigene Shapes (Zeichenobjekte) erstellen und abspeichern kann, jeder kann diese Shapes mit einer »Logik« versehen. Was heißt das?

Stellen Sie sich ein Quadrat vor. Zieht der Benutzer an einer der vier Seiten, dann wird das Quadrat zu einem Rechteck verzerrt. Nicht so bei Visio. Mit zwei Klicks können Sie die Eigenschaften des Quadrats so verändern, dass es immer ein Quadrat bleibt. Oder dass seine Größe gar nicht mehr verändert werden kann. Oder seine Lage. Das ist eine der offensichtlichen Stärken. Viel wichtiger dagegen ist jedoch, dass mit Symbolen auf einer Zeichnung bestimmte Informationen abgespeichert werden können.

Stellen Sie sich als Zeichnung den Grundriss eines Bürogebäudes vor. In ihm sind nicht nur die elektrischen Installationen verzeichnet, sondern auch das Mobiliar und die dort aufgestellten Computer. An jedes dieser Objekte auf dem Zeichenblatt werden

Informationen gebunden, wie beispielsweise Preis, Artikelnummer, Bezeichnung, Benutzer und so weiter. Nun kann mit einem Mausklick eine Inventarliste erstellt werden, in der nicht nur die Informationen angezeigt werden, sondern auch die Summe der Anschaffungskosten berechnet wird. Diese Liste kann ebenso direkt in Excel erstellt werden, sodass die Daten sofort weitergegeben werden können.

Noch ein Beispiel: Stellen Sie sich eine Datenbank vor, in der die Mitarbeiter einer großen Firma aufgelistet sind. Per Knopfdruck soll in Visio ein Organisationsdiagramm erstellt werden, in dem jeder Mitarbeiter ein eigenes Kästchen besitzt, Hierarchien durch Linien gekennzeichnet werden und für jede Abteilung ein eigenes Zeichenblatt angelegt wird. Zwar stellt Visio für solche Standardaufgaben Assistenten zur Verfügung; wollen Sie jedoch eigene Funktionen hinterlegen, so können Sie Lösungen für solche Aufgaben selbst programmieren. Nicht nur, dass Sie »intelligente« Shapes erstellen und abspeichern können, Sie haben die Möglichkeit Informationen einer Zeichnung in Tabellen oder Datenbanken zu speichern. Oder Sie können umgekehrt Visio von außen steuern, indem Sie gespeicherte Informationen nach Visio übertragen, wo daraus ein Diagramm erzeugt wird. Dies sind die Themen des vorliegenden Buchs.

0.2. Warum kein anderes Programm?

Um es ganz deutlich zu sagen: Visio ist kein Zeichenprogramm, Visio ist kein Grafikprogramm und Visio ist kein Präsentationsprogramm! Vergleicht man Visio mit anderen Softwareprodukten, dann wird man schnell enttäuscht sein. Visio will dagegen etwas anderes: Es geht um das schnelle Erzeugen eines Geschäftsdiagramms mittels vorgegebener Symbole. Diese werden auf das Zeichenblatt gezogen, dort angeordnet, formatiert, beschriftet und möglicherweise mit Linien verbunden.

Visio ist übrigens auch kein CAD-Programm. Viele technische Zeichner, die seit Jahren mit einem CAD-Programm arbeiten, vermissen einige Funktionen in Visio. Zwar besitzt Visio einige Werkzeuge, die sicherlich aus dem CAD-Bereich übernommen sind. Dennoch: Betrachten Sie den Preis! Visio kostet etwas nur 10% von dem Preis eines CAD-Programms. Und: Visio kann leicht angepasst werden.

0.3. Eine kurze Geschichte von Visio

Axon Corp., wie Visio Corp. zuerst genannt wurde, wurde 1990 von zwei Mitbegründern der Firma Aldus Corp. ins Leben gerufen. Aldus ist vor allem durch seinen PageMaker bekannt geworden; später fusionierte die Firma mit Adobe. Als Visio 1.0 1992 vorgestellt wurde, gewann es schnell wegen der einfachen Bedienbarkeit an Beliebtheit, die Firma benannt sich kurz vorher in ShapeWare Corp. um.

1993 stellte ShapeWare optionale Schablonen mit Shapes zur Verfügung, die »Visio Shapes« genannt wurden. Im August 1995 wurde mit Visio 4.0 eines der ersten Programme für das neue Windows 95 vorgestellt.

Nach den Versionen 1.0, 2.0, 3.0 und 4.0 begann Visio verschiedene Module zu entwickeln. Visio Technical wurde als CAD-begleitende Software 1994 am Markt angeboten – damals noch als Visio 4.1. 1995 wurde ShapeWare Corp. in Visio Corp. umbenannt und ging unter diesem Namen an die Börse. Als die Schablonen 1996 in »Visio Solutions Library« umbenannt wurden, wurden sogar Add-Ons zur Verfügung gestellt.

Visio Professional wurde 1996 entwickelt – damals als Version 4.5. 1998 folgte IntelliCAD, ein zu AutoCAD kompatibles CAD-Programm, das allerdings andere Supports benötigte als Visio und deshalb bald wieder aus dem Paket genommen wurde.

1999 wurde Visio von der Firma Microsoft Corp. gekauft. Damals gab es Visio als Version 2000 (eigentlich: Visio 6.0) mit den vier Paketen: Visio Standard, Professional, Technical und Enterprise erhältlich. Visio, SmartShapes und Visio Solutions Library sind Warenzeichen oder eingetragene Warenzeichen der Visio Corp. in den USA und/oder anderen Ländern. Während Microsoft an dieser Version noch wenig änderte, so zeigte sich die Gestaltungselemente von Microsoft deutlich in der Version 2002 oder Visio 10.0.

Weitere Informationen finden Sie auf der Microsoft-Website unter: http://www.windowsmarketplace.com/. Dort wählen Sie Deutschland und anschließend Office/Office Desktop Programme. Nun gelangen Sie zu Office Visio Standard und Office Visio Professional.

0.4. Die beiden Visio-Versionen

Visio lag in der Version 5.0 und 2000 in drei verschiedenen Editionen vor: Standard, Technical und Professional. Im Jahr 2002 wurde es nun auf zwei Pakete minimiert: Standard und Professional. Ebenso ist heute Visio in den beiden Paketen Standard und Professional erhältlich. Das Programm ist in beiden Versionen das gleiche – die Unterschiede liegen in den Shapes, Schablonen, Vorlagen und Assistenten.

Der gesamte Umfang von Visio Standard findet sich ebenso in Visio Professional. Allerdings mit einer Ausnahme: Die Registerkarte Daten fehlt in Visio Standard. Und mit ihr natürlich die beiden Assistenten *Datengrafiken* und *Shapes mit Daten verknüpfen*. Die folgende Tabelle listet die Unterschiede auf und versucht zu verdeutlichen, für welchen Benutzer welches Paket geeignet ist:

Standard	Professional
Benutzer	**Benutzer**
Mitarbeiter von Firmen:	Datenbank- und Netzwerk-Administration
Leitung	Datenbank-Programmierer
Finanzen	Netzwerk-Spezialisten
Planung, Projektmanagement	Software-Programmierer
Controlling	Elektrotechniker, Ingenieure
Verkauf und Marketing	Architekten, Innenarchitekten
	Maschinenbauer (Hydraulik, Pneumatik)
	Verfahrenstechniker
Zweck	**Zweck**
Geschäftsdiagramme erstellen	Informationssysteme und -prozesse darstellen
	Zweidimensionale technische Zeichnungen erstellen
Daten	**Daten**
Verwenden der Shape-Daten	Verwenden der Shape-Daten
Erstellen neuer Felder für Shape-Daten	Erstellen neuer Felder für Shape-Daten
Erstellen von Berichten	Erstellen von Berichten
	Integrieren von Daten aus Excel, Access oder dem Microsoft SQL-Server mit einem Diagramm
	Erstellen von Datengrafiken
	Pivotdiagramme
Vorlagen	**Vorlagen**
Allgemein	Allgemein
Flussdiagramm	Flussdiagramm
Geschäft (Organigramm, Brainstorming, Pivot)	Geschäft (Organigramm, Brainstorming, Pivot)
Netzwerk	Netzwerk – jedoch mehr Vorlagen als in Visio Standard
Pläne und Grundrisse	Pläne und Grundrisse – jedoch mehr Vorlagen als in Visio Standard
Terminplan (Zeitachse, Gantt, PERT, Kalender)	Terminplan (Zeitachse, Gantt, PERT, Kalender)
	Konstruktion (Elektrotechnik, Pneumatik/Hydraulik, Maschinenbau, Verfahrenstechnik, P&ID)
	Software und Datenbank

0.5. Über dieses Buch

Ich habe eine Weile überlegt, ob ich das Buch Visio 2016 nennen soll und nicht die Version 2013 einschließen soll. Ich habe mich schließlich dafür entschieden, beide Versionen im Titel zu nennen. Der Grund ist denkbar einfach. Die Unterschiede zwischen Visio 2013 und 2016 liegen sich im Wesentlichen in der Optimierung fürs Tablett. Weitere Unterschiede für den Anwender sind marginal. Für den Entwickler gibt es keine Unterschiede – nicht im Erstellen eigener Shapes, Schablonen und Vorlagen, auch nicht im ShapeSheet oder in VBA.

Die folgenden Schwerpunkte bilden die zentralen Themen des vorliegenden Buchs.

Kapitel 1 beschreibt die Grundlagen von Visio. Sollten Sie mit diesem Produkt noch nicht gearbeitet haben, sollten Sie dieses Kapitel gründlich lesen. Darin werden die wichtigsten Techniken in Visio erläutert, die Sie benötigen um schnell und effektiv Zeichnungen erstellen zu können. Sollten Sie bereits mit Microsoft Visio Erfahrungen gesammelt haben, empfiehlt es sich dennoch, einen Blick auf dieses Kapitel zu werfen. Sicherlich ist die eine oder andere Information neu für Sie.

In Kapitel 2 werden Dinge beschrieben, die Sie in Visio nicht zu Beginn wissen müssen. Wenn Sie jedoch intensiver mit diesem Programm arbeiten, sollten dieses Kapitel gründlich lesen, da dort sehr viele Details und Techniken von Visio beschrieben werden, die Sie sicherlich im Laufe Ihrer Arbeit benötigen werden.

In Visio können Sie Informationen – sogenannte Shape-Daten – an Shapes binden. Da in Visio 2010 die Möglichkeiten der Shape-Daten gegenüber der Vorgänger-Version erweitert wurden, und weil Daten ein zentrales Thema in Visio darstellt, wurde diesem Thema ein ganzes Kapitel gewidmet. In Kapitel 3 werden sämtliche Möglichkeiten beschrieben, wie Sie mit vorhandenen Shape-Daten arbeiten, wie Sie an Shapes neue Datenfelder binden, wie Sie die Daten auslesen und nach Excel exportieren und wie Sie in Visio eine Pivotdiagramm erstellen.

Kapitel 4 widmet sich den Assistenten. Einige von ihnen können die Arbeit beschleunigen (beispielsweise Shapes duplizieren oder verschieben), andere führen einen Export in eine Datenbank oder einen Import aus einer Datenbank durch.

Neu in Visio ist die Möglichkeit, dass man Zeichnungen im OneDrive (früher: SkyDrive) abspeichern kann. Während für SharePoint in Visio 2010 noch die Version Enterprise nötig war, kann man nun mit der Professional-Version seine Daten und Zeichnungen auf einer SharePoint-Seite allen Kollegen zur Verfügung stellen. Wir beschreiben in diesem Kapitel 5 wie es funktioniert.

Visio ist ein »offenes«, das heißt: erweiterbares Programm. Obwohl es einige Tausend Shapes zur Verfügung stellt, kann es durchaus vorkommen, dass Sie für Ihre Zwecke eigene Shapes benötigen. Wie Sie diese erstellen können, in eigenen Schablonen abspeichern, eigene Vorlagen erstellen und diese in Ihrer Abteilung oder Firma verteilen können, wird im Kapitel 6 beschrieben.

Kapitel 7 bis 10 beschreiben die Vorlagen von Microsoft Office Visio Standard. Da die beiden wichtigsten Vorlagen sicherlich das *Standardflussdiagramm* und das *Organigramm* sind, wurde ihnen am meisten Platz eingeräumt.

Kapitel 11 bis 14 erläutern die verschiedenen Vorlagen, mit denen Sie arbeiten können, wenn Sie Microsoft Office Visio Professional erworben haben. Hier finden sich auch die Vorlagen der Kategorie *Pläne und Grundrisse*, die Sie zum Teil besitzen, wenn Sie Visio Standard installiert haben.

Anhang A (Kapitel 15) listet sämtliche Tastenkombinationen auf, die Visio zur Verfügung stellt. Wenn Sie gerne mit dem Produkt arbeiten, dann empfiehlt es sich, einige der Tastenkombinationen auswendig zu lernen, da es Ihre Arbeit beschleunigt.

Häufig werde ich gefragt, ob es denn keine Übersicht über sämtliche Schablonen gibt. Gerade wenn Sie ein bestimmtes Shape suchen, jedoch nicht genau den Namen wissen, entpuppt sich die Suche als mühevoll. Deshalb wurden in Anhang B (Kapitel 16) sämtliche Schablonen mit sämtlichen Shapes von Visio Standard und Professional aufgelistet.

0.6. Kontakt zum Autor

Da ich Visio seit einigen Jahren unterrichte und auch Lösungen in Visio erstelle, bin ich sehr an Anregungen, Kritik und Meinungen interessiert. Wenn Sie Kontakt zu mir aufnehmen möchten oder mehr Informationen über mich haben möchten, dann finden Sie mich unter folgenden Internetadressen:

http://www.compurem.de

http://www.visio-schulungen.de

http://www.visio-training.de

Dort finden Sie auch alle Beispiele dieses Buches zum Download.

Besuchen Sie mich auch auf

http://www.facebook.com/pages/Der-Visio-Guru/319542344732487

Nun bleibt mir nur noch, Ihnen viel Spaß beim Lesen des Buchs zu wünschen.

 René Martin

März 2018

1 Grundlagen von Visio

In diesem Kapitel werden die Grundlagen von Visio 2013/2016 erläutert. Es wird die Oberfläche von Visio beschrieben, es wird erklärt, wie man Schablonen öffnet, Shapes auf das Zeichenblatt zieht, dort anordnet und ausrichtet. Danach wird erläutert wie Shapes beschriftet, formatiert und mit Verbindungslinien miteinander verbunden werden.

1.1. Visio starten

Wenn Sie Visio starten, wird die Backstage-Ansicht *Datei/Neu* geöffnet, die sie in **Abbildung 1.1** sehen. Dort werden Sie gefragt, auf welcher Vorlage die neue Zeichnung basieren soll. Sie erhalten nach dem Start des Programms kein leeres Dokument, in der sofort losgearbeitet werden kann. Das hat einen guten Grund: Visio ist Vorlagen-basiert. Sie sollten immer mit einer Dokumentvorlage und niemals mit einem leeren Zeichenblatt arbeiten. Der Grund wird im Laufe des Buches mehrfach erläutert.

Diese Vorlagen werden zu Kategorien gruppiert. Dabei finden Sie hinter dem Hyperlink »Empfohlen« einige Vorlagen, die Ihnen Microsoft vorschlägt. Wenn Sie den Hyperlink »Kategorien« wählen, dann sehen Sie die verschiedenen Kategorien.

> **Hinweis**
> Die Einträge der Vorlagenkategorien unterscheiden sich zwischen Visio Standard und Visio Professional – Visio Professional besitzt mehr Vorlagen als Visio Standard. Falls Sie nicht alle Vorlagen sehen, die in diesem Buch abgebildet werden, dann haben Sie Visio Standard auf Ihrem Rechner installiert und nicht Visio Professional. Welche Version Sie haben, können Sie in der Titelzeile erkennen.

Die Startseite, über den Sie die Vorlage auswählen können, sieht wie in **Abbildung 1.1** aus.

1.1.1. Die Backstage-Ansicht Neu

> **Hinweis**
> Falls Sie die zur Startseite zurückkehren möchten, können Sie sie über den Befehl öffnen. Falls die Backstage-Ansicht nicht nach dem Starten von Visio angezeigt werden soll, können Sie sie über den Befehl *Datei/Optionen* in der Kategorie *Erweitert* ausschalten, indem Sie das Kontrollkästchen *Startbildschirm beim Start dieser Anwendung anzeigen* deaktivieren.

Abbildung 1.1: *Der Visio-Startbildschirm – die Kategorien*

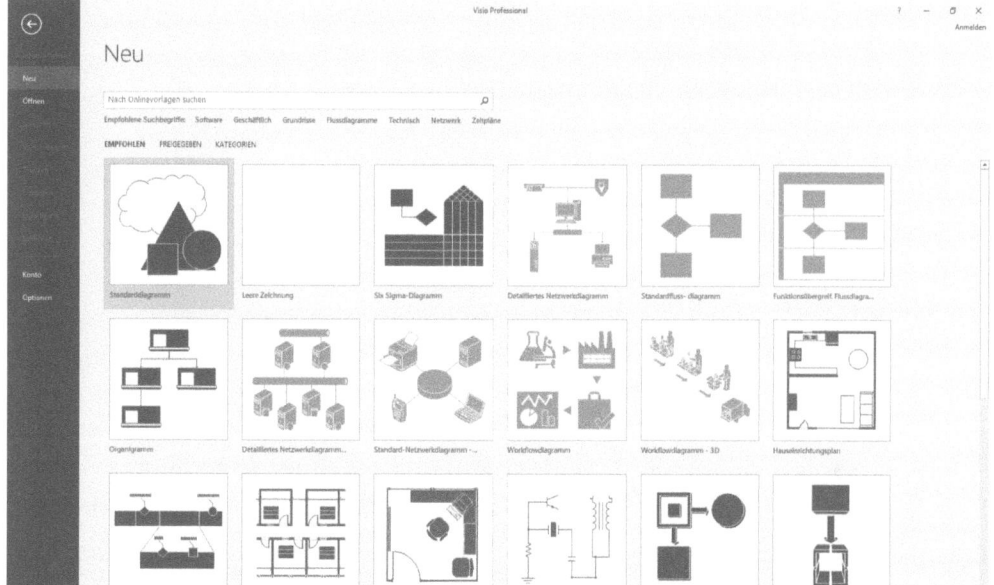

Wird eine der Kategorien ausgewählt, erscheinen die zugehörigen Vorlagen. Wenn Sie auf eine der Vorlagen klicken, öffnet sich ein Fenster mit einem erläuternden Kommentar. Ein Doppelklick auf die Vorlage oder ein Klick auf die Schaltfläche *Erstellen* führt zu der entsprechenden Vorlage (siehe **Abbildung 1.2**).

In Visio 2016 werden verschiedene Varianten vorgestellt, die auf diesen Vorlagen basieren. Sie können verwendet und abgeändert werden. Ein kurzer Beschreibungstext zu den Vorlagen findet sich im Vorschaudialog.

Über den Link *Start* im oberen Bereich der Backstage-Ansicht *Neu* (das Pfeilchen, das nach links zeigt) wechseln Sie zurück zur Übersicht mir allen Vorlagenkategorien. Umgekehrt fällt auf, dass die Vorlage *Leere Zeichnung* nur in der Gruppe *Empfohlen* zu finden ist. Um diese zu erhalten, klicken Sie auf das Symbol und anschließend auf die Schaltfläche *Erstellen*. Oder Sie aktivieren eine neue, leere Zeichnung per Doppelklick auf das Symbol.

Grundlagen von Visio

Abbildung 1.2: Zu jeder Vorlage gibt es ein Vorschaubild und einen kurzen Kommentar

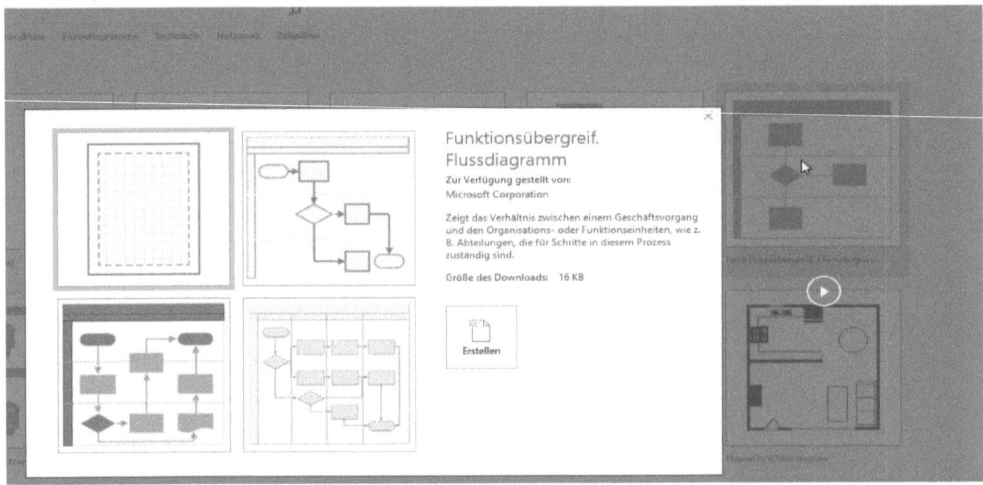

Ein neues Zeichenblatt erhalten Sie in Visio auch über die Tastenkombination [Strg]+[N].

Es steckt Methode dahinter, dass Visio nicht mit einem leeren Zeichenblatt beginnt. Normalerweise setzt die Standard-Arbeitstechnik das Arbeiten mit Vorlagen voraus. Die Gründe werden im Laufe der nächsten Kapitel erläutert. Da an dieser Stelle Visio in seiner Grundstruktur erläutert werden soll, beginnen wir mit einem leeren Zeichenblatt.

Abbildung 1.3: Eine leere Datei wird erzeugt

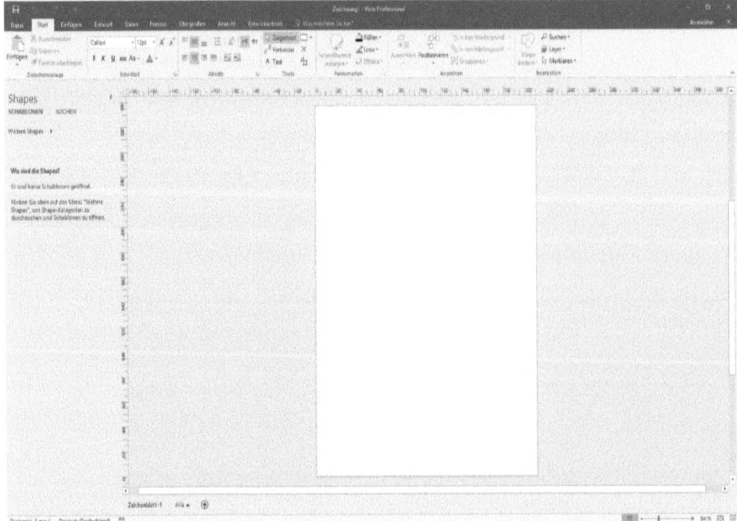

> **Hinweis**
>
> Wenn Sie bereits mit Visio arbeiten und eine Vorlage geöffnet haben, dann wird die Tastenkombination **[Strg]+[N]** eine leere Datei öffnen, die auf der gleichen Vorlage basiert wie diejenige, in der Sie gerade arbeiten. Wenn Sie jedoch ein ganz leeres Zeichenblatt öffnen möchten, das auf keiner Vorlage basiert, müssen Sie sämtliche geöffneten Dateien schließen oder explizit über den Befehl *Datei/Neu/Leere Zeichnung*.

1.1.2. Bildschirmaufbau

Der Bildschirm ist wie folgt aufgebaut: Unter der Symbolleiste für den Schnellzugriff liegen die Hauptregisterkarten des Menübands. Am linken und oberen Rand des Zeichenblattfensters sitzen die Lineale, am rechten und unteren Rand die Bildlaufleisten. Neben der unteren Bildlaufleiste befindet sich am linken Fensterrand eine Registerkarte, die die aktuelle Seite angibt (»Zeichenblatt-1«). Besteht die Zeichnung aus mehreren Zeichenblättern, werden diese als Registerkarten angezeigt. Dies ist sicherlich von Excel bekannt. Darunter die Statusleiste.

Abbildung 1.4: *Die Standardansicht von Visio*

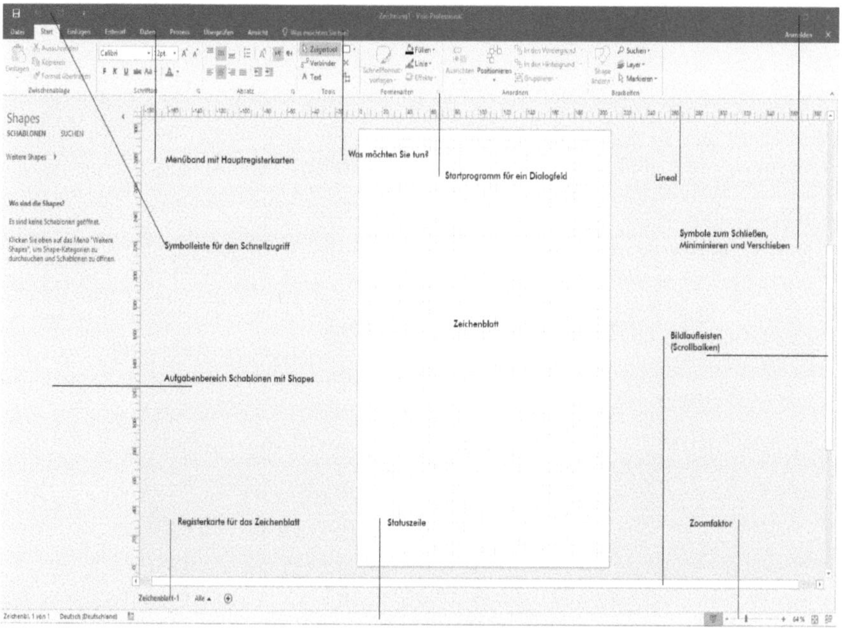

Zwar können Sie die Lineale über die Registerkarte *Ansicht* ausblenden, jedoch nicht die Symbolleiste für den Schnellzugriff oder das Menüband. Sie bleiben immer sichtbar. Die Symbolleiste für den Schnellzugriff kann unter dem Menüband angezeigt werden, das Menüband kann minimiert werden (jedoch nicht gänzlich gelöscht oder ausgeschaltet).

Grundlagen von Visio

1.1.3. Das Menüband

Über das Kontextmenü (rechte Maustaste) können Sie das Menüband reduzieren und umgekehrt wieder dauerhaft anzeigen lassen. Sie können das Menüband ebenso über das Pfeilsymbol am rechten Rand minimieren lassen, mithilfe eines Doppelklicks auf eine der Registerkarten oder über die Tastenkombination [Strg]+[F1].

> **Hinweis:** Beachten Sie, dass an mehreren Stellen, das heißt, bei Auswahl von bestimmten Objekten oder bei Verwendung bestimmter Vorlagen, neben der Registerkarte *Ansicht* weitere kontextsensitive Registerkarten angezeigt werden.

Auf den verschiedenen Registerkarten im Menüband finden Sie die Befehle von Visio in Form von großen Schaltflächen, Kontrollkästchen und Kombinationsfeldern. Die Befehle sind zu Gruppen zusammengefasst, die Befehlsgruppen genannt werden. In einigen der Befehlsgruppen finden Sie in der rechten unteren Ecke eine Schaltfläche mit einem Pfeil, die das entsprechende Dialogfeld zu dieser Gruppe öffnet. Sie werden auch Startprogramm für ein Dialogfeld genannt.

> **Hinweis:** Beachten Sie auch, dass das Menüband auf Ihrem Bildschirm ein wenig anders aussehen kann. Je nach Bildschirmgröße und Größe des Visio-Fensters wird manchmal statt einer Befehlsgruppe mit mehreren Schaltflächen nur eine Schaltfläche angezeigt, über die Sie jedoch Zugriff auf die Befehle der entsprechenden Befehlsgruppe haben.

Abbildung 1.5: *Verschiedene Ansichten des Menübandes – je nach Bildschirmgröße*

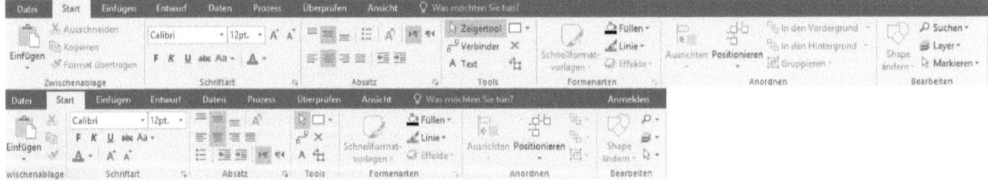

> **Hinweis:** In der Befehlsgruppe *Start/Tools* finden Sie die Schaltfläche *Zeichentools* mit den sechs Werkzeugen *Rechteck, Ellipse, Linie, Freihandform, Bogen* und *Bleistift*. Beachten Sie, dass diese Werkzeuge nicht mehr zurück umschalten, sondern dauerhaft angezeigt werden. Also: Wenn Sie die Ellipse auswählen, dann sehen Sie weiterhin die Ellipse – so lange, bis Sie ein anderes Werkzeug auswählen.

Eine weitere Besonderheit finden Sie in vielen Dialogfeldern. Dort existieren nicht nur die beiden Befehlsschaltflächen *OK* und *Abbrechen*, sondern auch *Übernehmen*. Wenn Sie Einstellungen in einem Dialogfeld vornehmen, können Sie mit der Schaltfläche *Übernehmen* einen Blick auf die vorgenommenen Einstellungen werfen. Visio lässt das Dialogfeld offen,

Visio starten

so dass Sie ihre Einstellungen korrigieren, verfeinern oder bestätigen (Schaltfläche *OK*) können. Mit der Schaltfläche *Abbrechen* werden alle Änderungen die nicht bereits mit *Übernehmen* angewendet wurden, verworfen.

Und schließlich stellt Visio einige Fenster zur Verfügung. Diese Fenster werden *Aufgabenbereich* genannt und können zusätzlich zum Visio-Fenster geöffnet werden. Sie können diese Fenster mit dem Befehl *Ansicht/Anzeigen/Aufgabenbereiche* anzeigen lassen. Alle Fenster können mit der Pinnadel *AutoAusblenden* festgestellt werden.

Abbildung 1.6: *Vor dem Bestätigen können Sie Ihre Einstellungen übernehmen und die Auswirkungen auf dem Zeichenblatt sehen.*

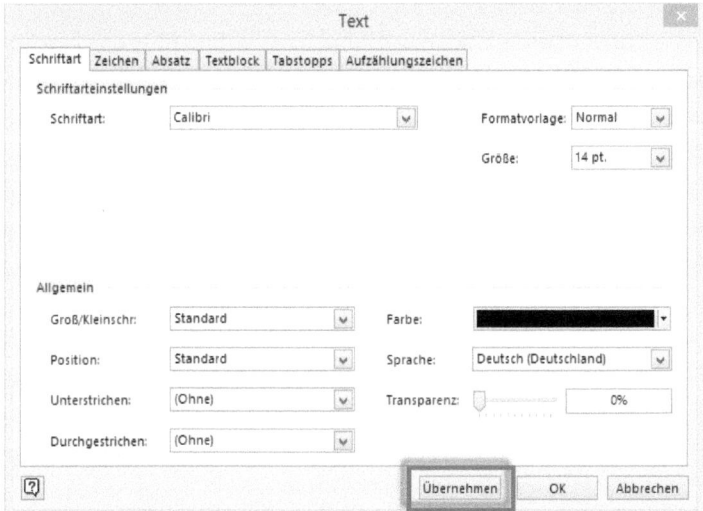

Wenn Sie jedoch den Platz benötigen, können Sie die Funktion AutoAusblenden aktivieren und so dafür sorgen, dass nicht verwendete Fenster automatisch zusammen klappen wenn sie nicht benötigt werden. Werden sie benötigt, dann genügt es, den Mauszeiger über den Fensterbalken zu führen (siehe **Abbildung 1.7**).

Die Bildlaufleiste ermöglicht Ihnen, die Zeichnung vertikal und horizontal zu bewegen, um den benötigten Ausschnitt einer Zeichnung zu sehen und zu bearbeiten. Besteht eine Zeichnung aus zahlreichen Zeichenblättern, die durch die horizontale Bildlaufleiste teilweise verdeckt werden, können Sie zusätzliche, möglicherweise alle Blattregister ins Blickfeld rücken, wenn Sie die Größe der horizontalen Bildlaufleiste verändern.

Grundlagen von Visio

Abbildung 1.7: Die Fenster (Aufgabenbereiche) können geöffnet, geschlossen oder fixiert werden.

Abbildung 1.8: Die horizontale Bildlaufleiste

Mit den Schaltflächen in der rechten oberen Ecke des Bildschirms können Sie das Fenster auf verschiedene Weise und in individueller Größe darstellen. Die folgende Tabelle informiert Sie über die Bedeutung der Schaltflächen.

Tabelle 1.1: Die Fenstersymbole

Schaltfläche	Bedeutung
—	Fenster auf Symbolgröße in der Taskleiste minimieren
⧉	Fenster in frei definierbarer Größe darstellen
×	Fenster schließen
☐	Fenster maximieren, Vollbildschirmmodus
?	Hilfe
⌃	Menüband minimieren/maximieren

1.2. Die erste Zeichnung

Um einfache geometrische Objekte zu erzeugen, brauchen Sie keine vorgefertigten Shapes. Dazu genügt es, über den Befehl *Start/ Tool/Zeichentools* das gewünschte Werkzeug zu aktivieren.

1.2.1. Rechteck/Quadrat, Ellipse/Kreis und Linie

Auf der Registerkarte *Start* finden Sie die Schaltfläche *Zeichentools,* auf dem das zuletzt verwendete Werkzeug angezeigt wird. In den Zeichentools verbergen sich auch Rechteck, Ellipse, Linie, Freihandform, Bogen und Bleistift.

Wenn Sie auf den Pfeil neben der Schaltfläche klicken, öffnet sich ein Menü, in dem Sie das gewünschte Werkzeug auswählen können (siehe **Abbildung 1.9**). Mit den Werkzeugen können Sie ein Rechteck, eine Ellipse oder eine Linie erzeugt. Mit Freihandform, Bogen und Bleistift ist es möglich, gekrümmte Linien zu zeichnen.

Abbildung 1.9: *Hinter der Schaltfläche Zeichentools verbergen sich unter anderem die Werkzeuge* Rechteck, Ellipse *und* Linie.

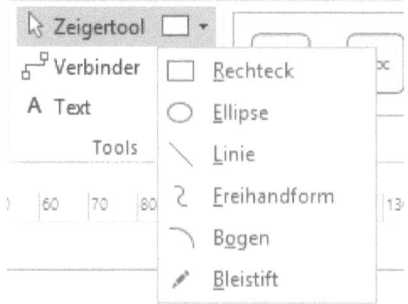

- Um ein solches grafisches Objekt zu zeichnen, klicken Sie im Menü der Schaltfläche *Zeichentools* die gewünschte Schaltfläche an.
- Danach lassen Sie den Mauszeiger los und ziehen mit gedrückter linker Maustaste ein Rechteck auf dem Zeichenblatt auf.
- Wird ein weiteres Rechteck oder eine weitere Ellipse benötigt, kann das nächste Objekt durch Ziehen erzeugt werden. Das zuletzt gewählte Werkzeug bleibt aktiv. Wird beim Aufziehen die [Umschalt]-Taste gedrückt, erzeugt Visio Quadrate und Kreise. Dies geschieht auch wenn sie die Maus fast im 45° Winkel ziehen, es wird dann zusätzlich zur Zeichenvorschau eine schräge Linie dargestellt.

Möchten Sie dagegen das Objekt verschieben, vergrößern oder verkleinern, sollten Sie den Standardzeiger (Zeigertool; weißer Pfeil) verwenden. Befindet sich der Mauszeiger über einem Objekt, zeigt er unter dem Pfeil einen Vierfachpfeil an. Mit seiner Hilfe kann ein Objekt auf dem Zeichenblatt verschoben werden.

 Das Werkzeug *Zeigertool* kann mit der Tastenkombination **[Strg]**+**[1]** aktiviert werden.

Analog zu Rechteck und Ellipse können Sie Linien generieren. Wird bei der einfachen Linie die [Umschalt]-Taste gedrückt, wird sie nur waagrecht, senkrecht oder im Winkel von 45 Grad gezeichnet, wie in der Zeichnung in **Abbildung 1.10**.

Abbildung 1.10: Eine Zeichnung aus Rechtecken, Linien und Ellipsen

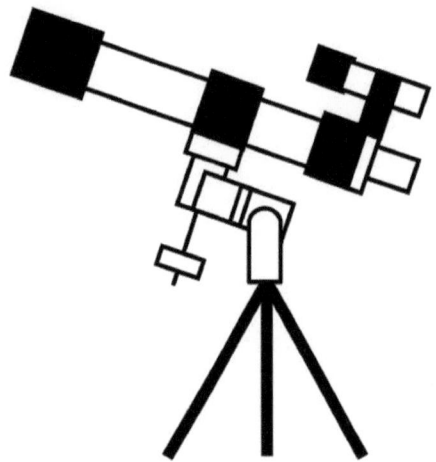

Sicherlich ist Ihnen aufgefallen, dass beim Aufziehen von Objekten eine diagonale Hilfslinie angezeigt wird (**Abbildung 1.11**). Sie dient zum komfortablen Erstellen von Quadraten und Kreisen.

Abbildung 1.11: Beim Aufziehen von Objekten werden Hilfslinien angezeigt

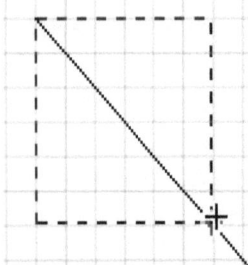

Dieselbe Hilfe steht Ihnen bei der geraden Linie zur Verfügung. Sie können ohne weitere Hilfslinie waagrechte, senkrechte oder diagonale Linien im Winkel von 45 Grad zeichnen.

Mit dem *Bogen*-Werkzeug zeichnen Sie Viertelellipsen, das Freihandwerkzeug folgt dem Lauf der Maus, während das *Stift*-Werkzeug Streckenzüge (und Bogenzüge) erzeugt wie in der Zeichnung in **Abbildung 1.12** ersichtlich.

Die erste Zeichnung

Abbildung 1.12: *Mit Linien, Bogen, Freihand-Zeichnen und Bleistift können geschwungene Kurven gezeichnet werden.*

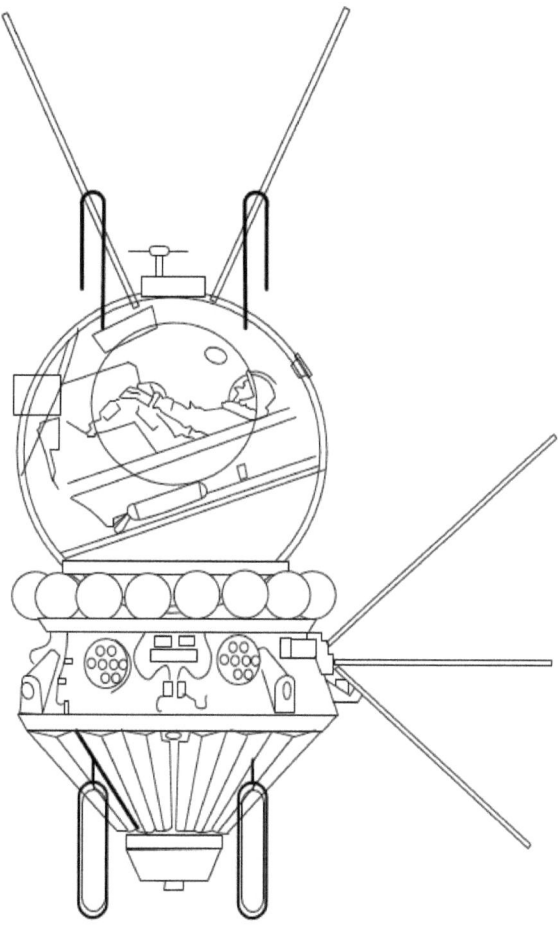

> Hinweis
>
> Im Unterschied zu Corel Draw, Freehand oder Illustrator ist Visio kein Zeichenprogramm. Visio will etwas anderes: Stellen Sie sich vor, Sie zeichnen einen LAN-Schrank und müssen jedes Relais neu zeichnen. Zwar könnten Sie es kopieren, aber wenn Sie am Ende feststellen, dass eine Spezifikation nicht korrekt ist, dann müssten Sie von vorne beginnen. Oder zumindest jedes der Elemente anfassen und neu zeichnen. Das will Visio nicht. Visio stellt eine umfangreiche Bibliothek mit Symbolen zur Verfügung. Diese Symbole werden Shapes genannt, sie werden in Schablonen gespeichert. Doch dazu später mehr.

Grundlagen von Visio

Tabelle 1.2: Die Tools

Werkzeug	Befehl	Schaltfläche/Symbol
Zeigertool	[Strg] + [1] (oder: [esc])	Zeigertool
Verbinder	[Strg] + [3]	Verbinder
Text	[Strg] + [2]	A Text
Rechteck	[Strg] + [8]	Rechteck
Ellipse	[Strg] + [9]	Ellipse
Linie	[Strg] + [6]	Linie
Freihandform	[Strg] + [5]	Freihandform
Bogen	[Strg] + [7]	Bogen
Bleistift	[Strg] + [4]	Bleistift
Verbindungspunkt	[Umschalt] + [Strg] + [1]	×
Textblock	[Umschalt] + [Strg] + [4]	

1.2.2. Speichern und Öffnen, Schließen und Beenden

Jeder der bereits mit einem (Microsoft-)Softwareprodukt gearbeitet hat, weiß, dass eine Datei, an der er arbeitet, regelmäßig gespeichert werden sollte. Gegenüber den anderen Anwendungsprogrammen gibt es keine Unterschiede im Dialogfeld *Speichern unter*. Sie wählen das Laufwerk, das Verzeichnis, den Dateinamen, unter den die Visio-Zeichnung gespeichert werden soll. Im Laufe des weiteren Arbeitens sollten Sie regelmäßig speichern.

Selbstverständlich können Sie die *AutoWiederherstellen-Informationen alle x Minuten* in den *Datei/Optionen/Speichern* einschalten. Dennoch sollten Sie in regelmäßigen Abständen selbst speichern, da es durchaus passieren kann, dass Visio abstürzt und Sie nicht auf die letzte Version zugreifen können.

Wenn Sie im Dialogfeld *Visio-Optionen (Datei/Optionen)* in der Kategorie *Speichern* die Option *Beim ersten Speichern nach Dokumenteigenschaften fragen* aktiviert, werden Sie nach den Eigenschaften gefragt. Dort können Sie auch festlegen, dass mit der Zeichnung ein Vorschaubild gespeichert werden soll. Es wird im Windows-Explorer und beim Öffnen angezeigt.

> **Hinweis**
> In Visio existiert – anders als in Word oder Excel – keine Möglichkeit, das Öffnen einer Datei nur denjenigen Benutzern zu gestatten, die das Kennwort kennen. Möchten Sie einen solchen Schutz einschalten, dann müssen Sie mit einem Zip-Programm ein Kennwort vergeben. Beispielsweise können Sie bei der Verwendung mit dem Programm WinZip beim Zippen ein Kennwort für die komprimierte Datei festlegen.

Existiert bereits eine Visio-Datei, mit demselben Namen wie dem, unter Sie diese Datei speichern möchten, dann werden Sie darauf aufmerksam gemacht.

Wenn Sie die Eigenschaften der Datei ändern möchten, öffnen Sie die Backstage-Ansicht mit dem Befehl *Datei/Informationen* und nehmen im Bereich *Eigenschaften* die gewünschten Änderungen vor.

> **Hinweis**
> Die weiteren Speicheroptionen – speichern als Vorlage, Schablone, Datei mit Makros, Website oder als PDF oder XPS veröffentlichen – werden ausführlich in Kapitel 2 beschrieben. Dort wird auch auf SkyDrive und SharePoint eingegangen.

Beim Öffnen existiert – analog zu den anderen Anwendungsprogrammen – die Möglichkeit das Vorschaufenster, die Detailliste, die mit der Datei gespeicherten Eigenschaften oder verschiedene Arten von Symbolen anzeigen zu lassen.

> **Tipp**
> Über den Befehl *Datei/Öffnen/Zuletzt verwendete Zeichnungen* können Sie die Namen und Vorschaubilder der zuletzt verwendeten Dateien sehen und schnell wieder öffnen. Erhöhen Sie im Dialogfeld *Visio-Optionen* in der Kategorie *Erweitert* die Anzahl von 25 auf 50, damit dort mehr Dateien angezeigt werden.

Auch zum Drucken sind vorab keine besonderen Bemerkungen nötig: Im Drucken-Dialogfeld (*Datei/Drucken/Drucken* oder [Strg]+[P]) wird der Drucker ausgewählt, bestimmt, ob die gesamte Datei, das aktuelle Zeichenblatt, bestimmte Zeichenblätter, die markierten Shapes oder die Bildschirmauswahl gedruckt wird. Weiterhin steht Ihnen die Möglichkeit zur Verfügung, die Datei ohne Hintergrund, mehrmals oder sortiert zu drucken.

Geschlossen wird die Datei mit der Tastenkombination [Strg]+[F4] oder mit dem Befehl *Datei/Schließen*. Analog steht Ihnen – wie in jedem Windows-Programm – die rechte Schließen-Schaltfläche oder das linke Systemmenüfeld in der Titelleiste zur Verfügung.

Mit dem Befehl *Datei/Beenden* (oder [Alt]+[F4]) wird das Programm Visio beendet.

1.3. Die Online-Hilfe

Fast alle Visio-Dialogfelder verfügen in der linken unteren Ecke über eine Schaltfläche, die mit einem Fragezeichen versehen ist. Über sie wird die Hilfe aufgerufen (siehe **Abbildung**

Grundlagen von Visio

1.13). Selbstverständlich können Sie die Hilfeseite auch ausdrucken (über das Symbol »Drucken« oder [Strg]+[P]).

Abbildung 1.13: Wie werden Liniensprünge konfiguriert?

Sie gelangen in die allgemeine Hilfe übe die Funktionstaste [F1] oder das Symbol *?* am rechten Rand der Titelzeile. Sie sollten jedoch eine Verbindung zum Internet aktiviert haben. Dort können Sie über die entsprechenden Kategorien zu den gewünschten Themen navigieren. Am oberen Rand finden Sie Schaltflächen (**Abbildung 1.15**), mit deren Hilfe Sie eine Seite zurück oder nach vorne navigieren können – diese Technik ist sicherlich vom Browser bekannt.

In Visio 2016 ist es möglich eine Frage in das Textfeld *Was möchten Sie tun?* einzugeben, das Sie mit der Tastenkombination [Alt]+[M] aufrufen können. Danach öffnet sich eine Reihe von Vorschlägen. Sollte nicht der richtige dabei sein, können Sie über die untere Schaltfläche *Hilfe* zur allgemeinen Hilfe gelangen.

Abbildung 1.14: Die Schaltflächen des Hilfefensters

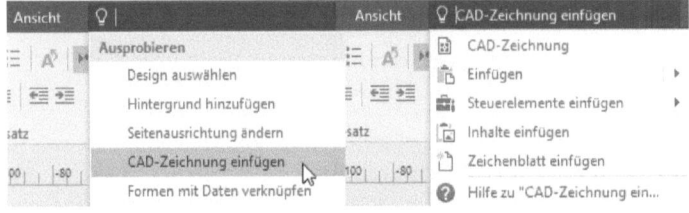

Da die Seite aus dem Internet geladen wird, kann das Laden unterbrochen werden, beziehungsweise die Seite kann erneut geladen werden. Im oberen Bereich kann ein Suchbegriff eingegeben werden.

Abbildung 1.15: *Die Schaltflächen des Hilfefensters*

```
Visio Professional 2016 Hilfe
 ←  →  ⌂  🖶  A˙  Design auswählen                    🔎


Bearbeiten eines Master-Shapes
    ... können Sie ein Shape auswählen, ... und verwenden Sie die Formenarten-Tools auf der
    Registerkarte Start sowie die Shape-Design-Tools auf der ...
```

1.4. Die Schablonen (Shapes)

Leider sind die Begriffe nicht ganz deutlich gewählt. Zwar lassen Sie sich die Shapes anzeigen, die Visio zur Verfügung stellt und Sie arbeiten natürlich mit den Shapes in Visio. Aber die Container, in denen sich die Shapes befinden, heißen Schablonen. Das heißt: Sie öffnen eigentlich eine Schablone und nicht die Shapes, wie es Visio in seiner Terminologie nicht deutlich zum Ausdruck bringt.

Um eine Schablone zu öffnen, führen Sie folgende Schritte durch:

- Suchen Sie den Aufgabenbereich *Shapes*. Er befindet sich normalerweise am linken Rand des Visio-Fensters. Falls er nicht sichtbar ist, aktivieren Sie ihn mit dem Befehl *Ansicht/Anzeigen/Aufgabenbereiche/Shapes*.
- Klicken Sie in der Zeile »Weitere Shapes« auf den schwarzen Pfeil, der nach rechts zeigt.
- Die Schablonen sind – analog zu den Vorlagen – in Kategorien unterteilt. Sie wählen die richtige Kategorie und dort die korrekte Schablone. Sie können beliebig viele Schablonen öffnen. Ist eine Schablone bereits geöffnet, wird es mit einem Haken davor gekennzeichnet.
- Klicken Sie im Menü auf den Namen einer anderen bereits geöffneten Schablone, um zu dieser zu wechseln. Die nicht benötigten Schablonen werden nicht angezeigt, sondern nur oberhalb oder unterhalb der aktiven Schablone aufgelistet, wie in **Abbildung 1.16** deutlich wird.

Grundlagen von Visio

Abbildung 1.16: *Eine weitere Schablone wird geöffnet.*

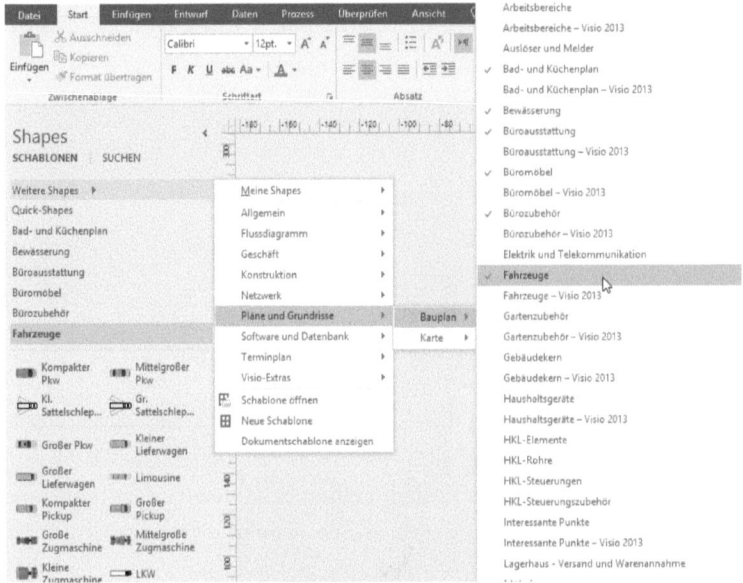

Sie können die Reihenfolge der Schablonen ändern, indem Sie die Titelzeile einer Schablone mit der rechten Maustaste anklicken und im Kontextmenü den Befehl *Reihenfolge/Nach oben* bzw. *Reihenfolge/nach unten* wählen. Außerdem finden Sie im Kontextmenü den Befehl *Verankerung lösen*. Damit kann die Schablone frei auf dem Zeichenblatt bewegt werden.

>
> Sie können die Schablone mit der Maus auch einfach in der Titelleiste anfassen und frei auf das Zeichenblatt ziehen, wie **Abbildung 1.17** zeigt.

Am linken und rechten Fensterrand rasten sie ein, auf der Mitte der Seite sind sie freischwebend. Dort können sie in Größe und Lage frei verändert werden.

Die Schablonen (Shapes)

Abbildung 1.17: *Verschiedene Positionen von Schablonen*

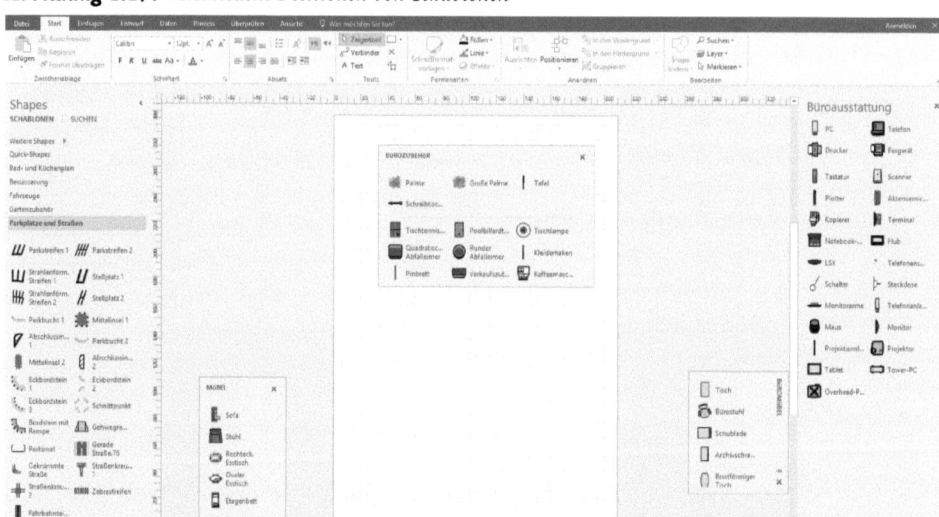

Befindet sich eine Schablone auf dem Zeichenblatt, kann sie mit der Maus verkleinert und vergrößert werden.

Über das Systemmenüfeld, die Schaltfläche Schließen oder über das Kontextmenü können Schablonen geschlossen werden. Sie müssen allerdings den Aufgabenbereich *Shapes* nicht ganz schließen, wenn Sie sich auf Ihre Zeichnung konzentrieren möchten. Sie können das das Shapes-Fenster über den Pfeil neben dem Titel Shapes verkleinern und ebenso wieder vergrößern.

Ebenfalls ist es möglich, nur die Symbole oder nur die Beschriftung – statt der Symbole – anzuzeigen. Dazu müssen Sie mit der rechten Maustaste in die Titelzeile klicken. Dort stehen Ihnen im Menüpunkt *Ansicht* die Optionen *Symbole und Namen*, *Namen unter Symbolen*, *Nur Symbole*, *Nur Namen* und *Symbole und Details* zur Verfügung.

Es ist nicht möglich, für jede Schablone eine andere Ansicht zu definieren – die Ansichten werden für alle geöffneten Schablonen verwendet. Sicherlich ist es für die meisten Zwecke hilfreich die Standardansicht von Visio – *Symbole und Namen* – beizubehalten.

> **Hinweis**
>
> Wenn Sie keine Schablone mehr sehen, haben Sie fälschlicherweise die Schablonen ausgeschaltet. Über die Registerkarte *Ansicht/Anzeigen/Aufgabenbereiche/Shapes* können Sie die Schablonen wieder anzeigen lassen.

Grundlagen von Visio

Abbildung 1.18: *In manchen Fällen kann es sinnvoll sein, die Ansicht der Schablonen zu ändern und die Mastershapes anders zu beschriften.*

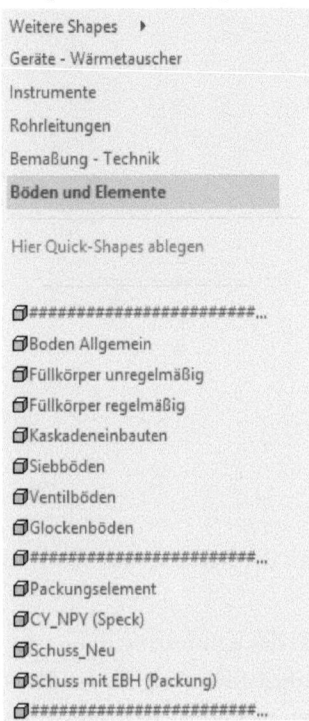

Im oberen Rand des Aufgabenbereichs *Shapes* werden die einzelnen Namen der Schablonen aufgelistet, im unteren Teil werden die Inhalte der ausgewählten Schablone angezeigt. Sie können den oberen Teil vergrößern – dann sehen Sie mehrere Schablonennamen oder verkleinern, dann sehen Sie mehr Shapes in Ihren Schablonen.

Abbildung 1.19: *Die verschiedenen Ansichten der Schablonen*

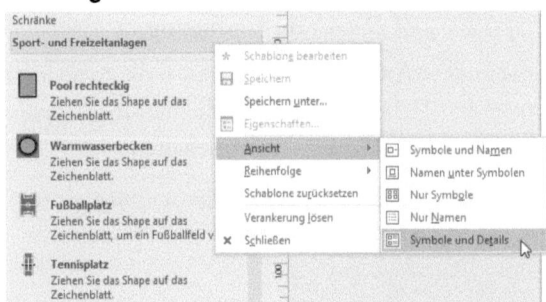

Die Shapes und die Master-Shapes

Alle Shapes, die sich in einer Schablone oberhalb der Linie befinden, werden noch einmal in der Schablone *Quick-Shapes* angezeigt. Damit können Sie Ihre eigenen Favoriten zusammenstellen, indem Sie die Shapes in der Schablone in den oberen Teil ziehen. Sie erscheinen nun alle in der Schablone *Quick-Shapes*.

Tabelle 1.3: Die Schablonen

Funktion	Befehl	Schaltfläche/Symbol
Schablone öffnen		
Neue Schablone öffnen		⊞
Symbole und Namen		
Nur Symbole		
Nur Namen		
Symbole und Details		
Schablonen ein- und ausblenden	*Ansicht/Aufgabenbereiche/Shapes*	✖

1.5. Die Shapes und die Master-Shapes

In den Schablonen befinden sich die Shapes, oder genauer: die Master-Shapes. Sie erhalten weitere Informationen über die Shapes, wenn Sie den Mauszeiger über ein Master-Shape bewegen. Dann zeigt das QuickInfo einige Bemerkungen zum Shape an, wie Sie in **Abbildung 1.20** erkennen können.

Abbildung 1.20: Die QuickInfo liefert Informationen über das Shape

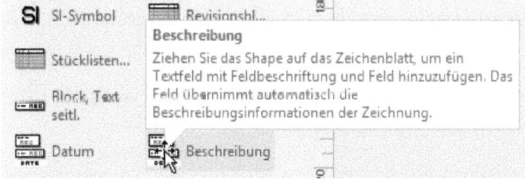

Die Professional-Edition von Visio stellt mehr als 160 Schablonen und damit mehrere Tausend Shapes zur Verfügung. Was ist allerdings zu tun, wenn ein Shape oder eine Schablone nicht gefunden wird? In welcher Schablone befindet es sich dann? Visio stellt für diesen Zweck ein Suchprogramm zur Verfügung. Gehen Sie wie folgt vor:

Grundlagen von Visio

- Wählen Sie im Aufgabenbereich *Shapes* die Option *Suchen*.
- Tragen Sie in das Suchen-Feld das Stichwort ein, nach dem Sie suchen.
- Bei der Suche werden Sie gefragt, ob Sie in das Microsoft Download Center wechseln möchten, um eine Komponente zu Beschleunigung der Suche zu installieren. Wenn Sie noch nicht viel Erfahrung mit Visio haben und nicht wissen, in welcher Schablone sich welche Shapes befinden, sollten Sie diese Frage bejahen. So werden die Suchergebnisse schneller angezeigt, weil nun nur noch der Index durchsucht werden muss und nicht mehr jede einzelne Schablone, beziehungsweise jedes einzelne Shape.
- Das Suchergebnis wird in einem neuen Fenster angezeigt.

Abbildung 1.21: *Der Shape-Explorer hilft bei der Suche nach speziellen Shapes*

Diese Suchfunktion kann für technische Elemente wichtig sein, da in einigen Schablonen sehr viele dieser Elemente abgelegt sind. Suchen Sie ein bestimmtes technisches Detail, dessen Begriff bekannt ist, so ist die Suche meist erfolgreich.

Werden mehr als 100 Master-Shapes gefunden, erhalten Sie einen Hinweis. Dann sollten Sie die Suche abbrechen, da eine Schablone mit mehr als 100 Master-Shapes das Auffinden des geeigneten Shapes nicht erleichtert.

Bei sehr allgemeinen Suchbegriffen werden möglicherweise zu viele Shapes gefunden. Sie können die Suche beschränken, indem Sie in der Kategorie *Erweitert* in den *Visio-Optionen* einstellen, ob zwei Suchbegriffe mit *und* oder *oder* verknüpft werden. Sie gelangen über das Kontextmenü dorthin oder über den Menübefehl *Datei/Optionen*.

1.5.1. Shapes in die Zeichnung einfügen

Um ein Shape auf dem Zeichenblatt zu erhalten, wird es mit Drag & Drop aus der Schablone auf das Blatt gezogen.

Die Shapes und die Master-Shapes

Abbildung 1.22: *Mit dem Stempel können schnell mehrere gleiche Shapes auf einem Zeichenblatt erzeugt werden*

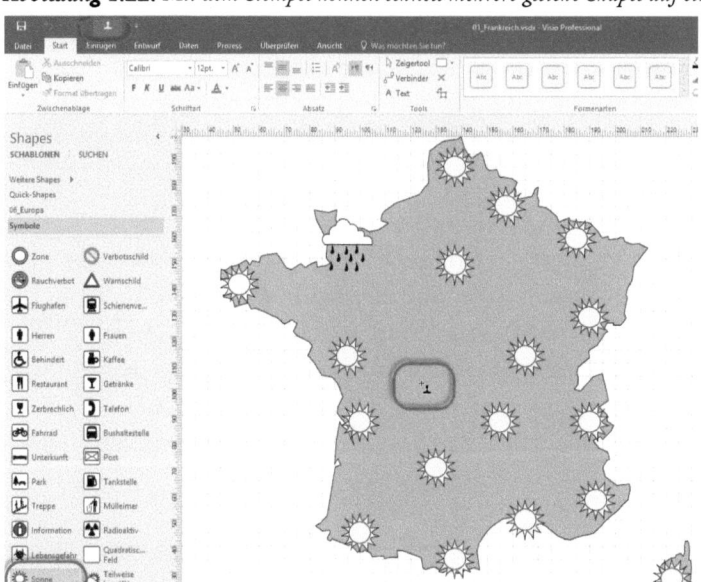

Während Rechtecke, Ellipse, Linie, Bogen und Freihandlinie erzeugen, indem Sie das gewünschte Werkzeug über *Start/Tools/Zeichentools* auswählen und dann mit gedrückter Maustaste auf dem Zeichenblatt zeichnen, müssen Sie die Master-Shapes aus der Schablone herausziehen und auf dem Zeichenblatt ablegen. Dies hängt unter anderem mit der Größe zusammen. Die Größe der Shapes ist in den Master-Shapes festgelegt und wird als Standard für neue Elemente verwendet.

Tipp	Eine weitere Möglichkeit, ein Shape zu erzeugen, besteht darin, den Shape-Stempel zu aktivieren. Er muss über den Befehl *Symbolleiste für den Schnellzugriff anpassen/Weitere Befehle*, Kategorie *Befehle nicht im Menüband* zur Symbolleiste für den Schnellzugriff hinzugefügt werden. Ist er aktiviert, können Sie das in der Schablone ausgewählte Shape auf das Zeichenblatt »stempeln«. Dabei wird jeweils das Shape, das in der Schablone markiert ist, auf dem Blatt erzeugt, wie beispielsweise die Pflanzen in **Abbildung 1.22**. Der Stempel wird über das Zeigertool wieder ausgeschaltet.
Hinweis	Wenn Sie ein neues Shape erzeugen möchten, das mit einem alten verbunden ist, könnten Sie es auch in der Schablone auswählen. Klicken Sie anschließend auf den blauen Pfeil des Shape auf dem Zeichenblatt. Welches Shape aus der Schablone erzeugt wird, wird über ein QuickInfo angezeigt. Mehr zu dieser Technik finden Sie im Abschnitt Verbindungslinien.

Grundlagen von Visio

> Die Schablonen in Visio sind zweigeteilt. Die Shapes, die sich im oberen Teil befinden, werden auch in der Schablone *Quick-Shapes* angezeigt. Sie können die Master-Shapes innerhalb einer Schablone in den oberen Teil oder zurück in den unteren Teil verschieben. Das ermöglicht ein schnelles Arbeiten. Sie können sich so die Shapes, die Sie häufig benötigen, in den oberen Teil ziehen und haben nun diese Shapes in er Schablone *Quick-Shapes* zusammengefasst.

Eine praktische Option ist der Assistent, mit dem man ein Shape durch ein anderes ersetzen kann. Ein markiertes Shape kann über das Symbol *Shape ändern* in ein anderes Symbol der aktuell ausgewählten Schablone geändert werden. Sie finden das Symbol in der Registerkarte *Start* und dort in der Gruppe *Bearbeiten*. Wenn Sie sich nun fragen, welche Funktion diese Option hat – man kann doch ebenso das Shape löschen und ein anderes Shape aus der Schablone ziehen. Nun: beim Ändern eines Shapes in ein anderes werden sämtliche Einstellungen übernommen: die Größe, Lage, der Text, die Formatierungen, die Verbindungslinien, …

Abbildung 1.23*: Ein Shape kann ein anderes ersetzen.*

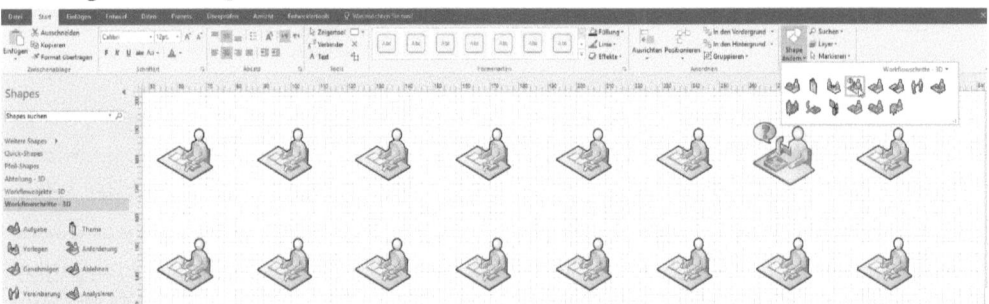

Sie könnten sogar mit gedrückter [Umschalt]-Taste mehrere Shapes in einer Schablone markieren und dann gleichzeitig herausziehen. Jedoch ist diese Methode umständlich, da sich die neuen Shapes auf dem Zeichenblatt überlagern und nicht an der richtigen Position sitzen.

1.5.2. Markieren

Das Markieren ist sicherlich bekannt. In jedem Anwendungsprogramm wird selektiert, das heißt ausgewählt oder markiert: In Word markieren Sie beispielsweise Texte und Tabellen, in Excel Zellen und Diagramme, in PowerPoint Texte und Grafiken und so weiter. Natürlich wird auch in Visio markiert und natürlich gibt es auch hier ein paar Besonderheiten:

- Markieren Sie ein Shape mit einem einfachen Mausklick . Achten Sie darauf, dass das Zeigertool (der Standardzeiger) aktiviert ist.

Die Shapes und die Master-Shapes

- Sie lösen die Markierung auf, indem Sie auf das Zeichenblatt klicken oder die Taste [Esc] drücken.
- Markieren Sie mehrere Shapes, indem Sie entweder mit gedrückter linker Maustaste ein Rechteck um die zu markierenden Shapes ziehen oder einzelne Shapes mit gedrückter [Umschalt]-Taste (oder [Strg]-Taste) auswählen.
- Fügen Sie zu einer Mehrfachauswahl weitere Shape hinzu, indem Sie die [Umschalt]-Taste (oder die [Strg]-Taste) gedrückt halten und das oder die neuen Shapes nacheinander anklicken.
- In der Registerkarte *Start* finden Sie den Befehl *Bearbeiten Markieren/Lassoauswahl*. Damit müssen Sie nicht ein Rechteck um Shapes ziehen, die Sie markieren möchten, sondern können einen beliebigen Bereich um die zu markierenden Shapes ziehen.
- Wenn Sie häufig Shapes markieren müssen, können Sie den Befehl *Mehrfachauswahl* in die Symbolleiste für den Schnellzugriff einfügen. (Dies geht am schnellsten, indem Sie die Schaltfläche mit der rechten Maustaste anklicken und im Kontextmenü den Befehl *Zu Symbolleiste für den Schnellzugriff hinzufügen* wählen.) Mit aktivierter Mehrfachauswahl müssen Sie nicht ein Rechteck um Shapes ziehen, die Sie markieren möchten, sondern können die auszuwählenden Shapes einzeln anklicken. Die Mehrfachauswahl wird deaktiviert, indem Sie ein zweites Mal auf das Symbol klicken.

> **Tipp** Sie können nicht nur zu einer Gruppe an markierten Shapes ein weiteres hinzufügen – Sie können ebenso eines wieder ausschließen: Drücken Sie hierzu die [Umschalt]-Taste und klicken Sie auf das Shape, das nicht markiert sein soll.

In CAD-Programmen ist unterschiedliches Markieren möglich. Dort wird differenziert, ob der Mauszeiger von links nach rechts oder von rechts nach links gezogen wird. Dies ist in Visio nicht möglich.

Da Führungslinien unendlich lang sind, können sie nicht durch Umfahren mit dem Mauszeiger markiert werden, sondern nur durch Anklicken. Jedoch werden sie bei der Option *Start/Markieren/Alles markieren* ebenfalls markiert.

Grundlagen von Visio

Abbildung 1.24: *Ein Shape ist markiert*

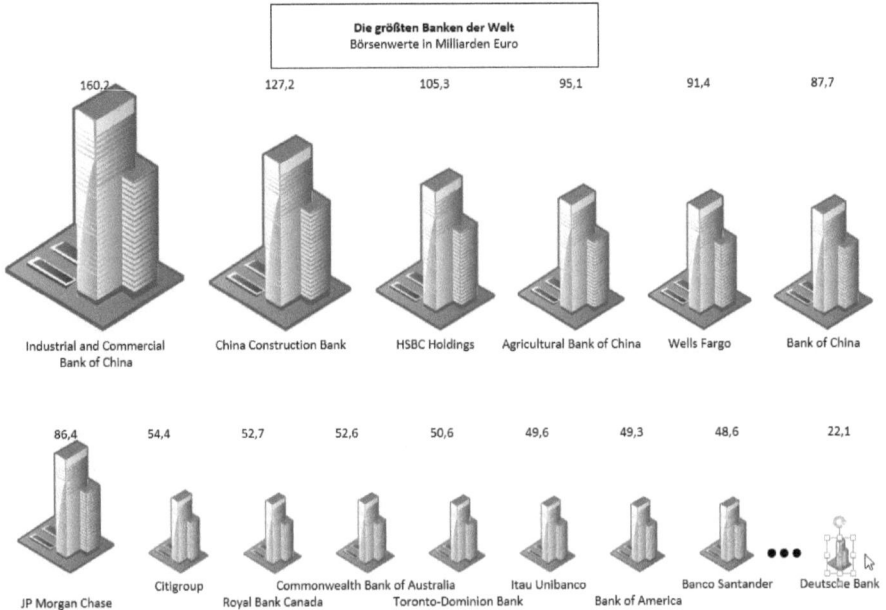

> **Tipp**
>
> Im Dialogfeld *Visio-Optionen* in der Kategorie *Erweitert* wird festgelegt, ob das aufgezogene Rechteck um alle zu markierenden Shapes gezogen werden muss oder ob es genügt, wenn die zu markierenden Shapes sich teilweise innerhalb des Rahmens befinden. Diese Einstellung ist hilfreich, wenn Sie zum Markieren einen Rahmen um die gewünschten Shapes ziehen.

Befindet sich ein Shape direkt hinter einem anderen, wird mit dem ersten Klick das vordere Shape markiert. Mit einem zweiten Klick (kein Doppelklick) ist nun das dahinter liegende Shape ausgewählt.

Wollen Sie alle Shapes eines Zeichenblatts markieren, können Sie den Befehl *Start/Bearbeiten/Markieren/Alles markieren* (oder mit der Tastenkombination [Strg]+[A]) tun. Bestimmte Shapes können über den Befehl *Start/Bearbeiten/Markieren/Nach Typ auswählen* ausgewählt werden. Dort stehen Ihnen Auswahlmöglichkeiten zur Verfügung, mit denen nur Shapes, Gruppen, Führungslinien, OLE-Objekte, Metadateien, Bitmaps oder Freihandobjekte ausgewählt werden können. Selbstverständlich sind auch mehrere Kombinationen möglich, beispielsweise alle Shapes und Gruppen (da möglicherweise einige Shapes gruppiert sind). Daneben können Sie aus den Shape-Rollen Verbinder, Container und Beschriftungen auswählen.

Die Shapes und die Master-Shapes

Abbildung 1.25: *Mehrere Shapes sind markiert*

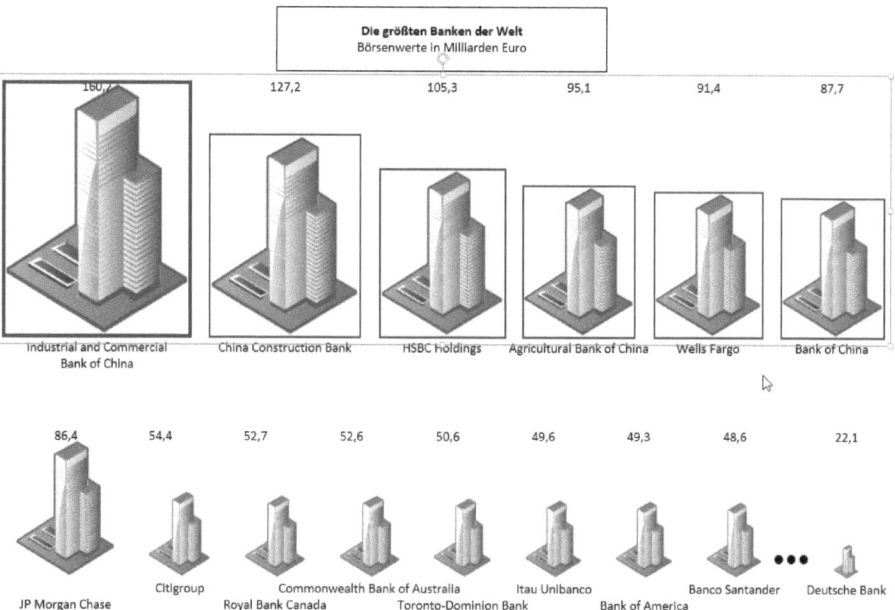

Oder Sie können Shapes auswählen, die sich auf einem bestimmten Layer befinden. Master-Shapes in einer Schablone liegen häufig auf Layern, so dass leicht »gleichartige« Shapes markiert werden können. Die Liste der vorhandenen Layer wird im Dialogfeld angezeigt (siehe **Abbildung 1.26**).

> Hinweis
>
> Beachten Sie, dass Sie, wenn Sie nur eine Kategorie auswählen möchten, dass Sie nicht alle Kontrollkästchen bis auf diese eine Option ausschalten müssen, sondern dass Sie mit *Ohne* sämtliche Optionen deaktivieren können. Anschließend können Sie ein Kontrollkästchen auswählen. Umgekehrt können sämtliche Kontrollkästchen eingeschaltet werden (*Alle*).

> Hinweis
>
> Nicht sehr glücklich gewählt wurde das „Eindeutschen" des Begriffes Layer in Ebene in Visio 2016. Zum einen wurde diese Namensänderung nicht konsequent durchgeführt – an einigen Stellen heißt es nun Layer, an anderen Ebene. Zum zweiten ist der Begriff nicht korrekt, da es sich um ein Darüber und Darunter handelt, sondern um eine Zuweisung zu einer Kategorie.

Auch wenn Führungslinien (und auch Bitmaps) intern Shapes sind, so werden sie nicht unter *Shapes* subsumiert. Verbindungslinien sind dagegen sehr wohl *Shapes*.

Grundlagen von Visio

Das Dialogfeld *Auswahl nach Typ* erweitert nicht eine bestehende Markierungsgruppe, sondern es werden sämtliche Markierungen aufgehoben und dann wird neu markiert.

Abbildung 1.26: *Die Büromöbel liegen auf verschiedenen Layern (Ebenen) und können leicht markiert werden.*

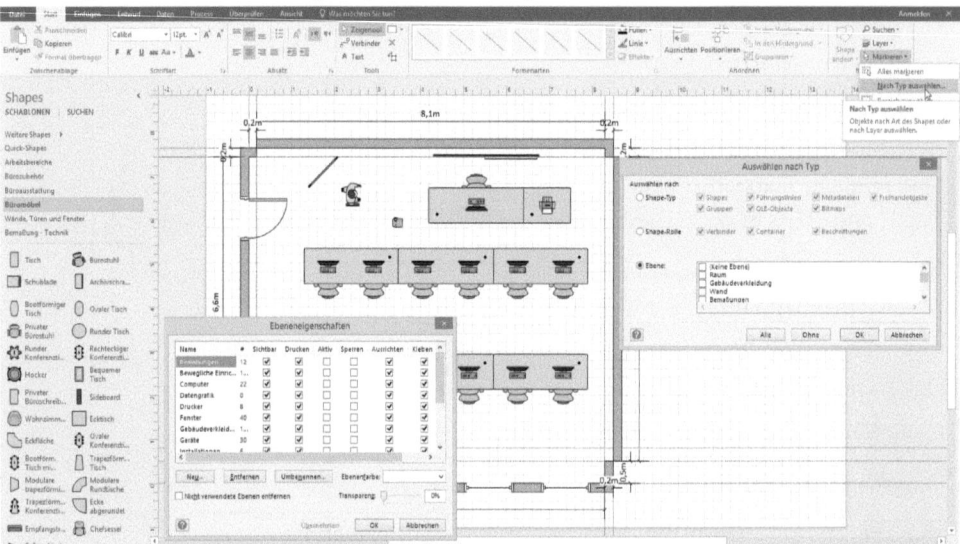

Wird mehr als ein Shape markiert, werden nicht mehr die Größenänderungs-Steuerpunkte (Anfasser) angezeigt, sondern jedes Shape wird durch eine blaue Umrandung gekennzeichnet. Leider wird an keiner Stelle in Visio angezeigt, welches Shape oder wie viele Shapes markiert sind.

> **Tipp**
> Übrigens können Sie mit der **[Tab]**-Taste die Markierung von einem Shape auf ein anderes setzen. Wird nacheinander **[Tab]** gedrückt, so erscheint eine dünne gestrichelte Linie um ein Shape. Mit der **[Eingabe]**-Taste kann dieses Shape markiert werden.

Beachten Sie, dass man Shapes so sperren kann, dass sie nicht markiert werden können. Hierzu muss die Registerkarte *Entwicklertools* aktiviert sein. Wählen Sie hierzu *Datei/Optionen* und wechseln Sie im Dialogfeld *Visio-Optionen* zur Kategorie *Erweitert*. Schalten Sie dort *Im Entwicklermodus ausführen* ein. Wählen Sie dann *Entwicklertools/Shape-Design/Schutz*, um das Dialogfeld *Schutz* zu öffnen. Schalten Sie dort die Option *Schützen/Gegen Auswahl* ein. Lassen Sie anschließend das Fenster *Zeichnungsexplorer* anzeigen. (*Entwicklertools/Einblenden/Ausblenden/Zeichnungsexplorer*). Klicken Sie dort auf den Knoten mit dem gewünschten Zeichenblatt und wählen Sie im Kontextmenü den Befehl

Dokument schützen und schalten Sie im Dialogfeld *Dokument schützen* das Kontrollkästchen *Shapes* ein.

Es existiert eine Alternative zum Sperren über Schutz. Sämtliche Shapes, die sich auf einem Layer (einer Ebene) befinden, können im Dialogfeld *Ebeneneigenschaften (Start/Bearbeiten/Layer/Layereigenschaften)* gesperrt werden, indem Sie dort das Kotrollkästchen *Sperren* einschalten. Danach ist es nicht mehr möglich, sie zu markieren.

Der Aufgabenbereich *Größe und Position* zeigt nicht die Gesamtgröße des Rahmens um sämtliche markierte Shapes an, sondern nur die Höhe und Breite des zuerst markierten Shapes. Dies ist daran erkennbar, dass es dicker markiert ist.

Wenn Sie ein Shape nicht markieren können, kann es verschiedene Ursachen haben (die einzelnen Optionen werden im Laufe des Buches beschrieben):

- Das Shape liegt auf einem Hintergrund-Zeichenblatt.
- Über *Entwicklertools/Schutz* wurde die *Auswahl* deaktiviert.
- Das Shape liegt auf einem geschützten Layer

1.5.3. Löschen

Ein oder mehrere Shapes auf einer Seite können mit der Taste [Entf] gelöscht werden.

Das Löschen kann verhindert werden. Wenn Sie *Visio-Optionen/Erweitert/Im Entwicklermodus ausführen* aktiviert haben, steht Ihnen die Registerkarte *Entwicklertools* zur Verfügung. Dort finden Sie den Befehl *Shape-Design/Schutz,* in dessen Dialogfeld Sie die Option *Gegen Löschen* aktivieren können. Das Löschen zu verhindern kann beispielsweise sinnvoll sein, wenn Sie nicht möchten, dass ein Benutzer irrtümlicherweise das Firmenlogo auf dem Zeichenblatt löscht.

Ist über *Start/Bearbeiten/Layer/Layereigenschaften* eine Sperre gesetzt, kann der Anwender ebenfalls nicht die Shapes löschen, die auf einem bestimmten Layer liegen.

1.5.4. Rückgängig

Selbstverständlich steht Ihnen für die meisten Aktionen ein Rückgängig-Befehl zur Verfügung, dessen Symbol Sie in der Symbolleiste für den Schnellzugriff finden. Damit können bis zu 20 Schritte rückgängig gemacht werden. Die Anzahl der Schritte, die rückgängig gemacht werden können, wird im Dialogfeld *Visio-Optionen (Datei/Optionen)* eingestellt. Die Standardeinstellung beträgt 20 Schritte, kann aber bis zu 99 erhöht werden. Ein Erhöhen dieser Zahl bewirkt natürlich, dass mehr Arbeitsspeicher benötigt wird.

Übrigens: In Visio 2013/2016 ist auch nach dem Speichern und Drucken eines Dokumentes die Rückgängigfunktion aktiv!

1.5.5. Shapes verändern: Position

In Visio existieren zwei unterschiedliche Arten von Shapes:

- eindimensionale (Linien)
- zweidimensionale (Rechtecke).

Ob es sich bei einem Objekt um ein ein- oder zweidimensionales Objekt handelt, kann über das Symbol *Verhalten* in der Registerkarte *Entwicklertools/Shape-Design/Verhalten* ermittelt werden.

> **Hinweis:** Beachten Sie, dass diese Eigenschaft nichts mit dem Aussehen des Shapes zu tun hat – es beschreibt lediglich ein Grundverhalten in Visio, wie man deutlich in **Abbildung 1.27** erkennen kann.

Sehr schnell erkennen Sie, ob ein Shape eindimensional oder zweidimensional ist. Wenn Sie ein zweidimensionales Shape (ein »Rechteck«) markieren, dann sind um das markierte Shape acht Größenänderungs-Steuerpunkte (Markierungspunkte oder Anfasser) sichtbar: Jeweils vier Größenänderungs-Steuerpunkte an den Ecken und vier an der Seite. Sie heben die Markierung auf, indem Sie auf das Zeichenblatt klicken oder die Taste **[Esc]** drücken. Ein eindimensionales Shape (eine »Linie«) jedoch ist durch seinen »leeren«, quadratischen Anfangspunkt und seinen grau ausgefüllten, quadratischen Endpunkt bestimmt.

Abbildung 1.27: *Links ein eindimensionales Shape, rechts ein dimensionales.*

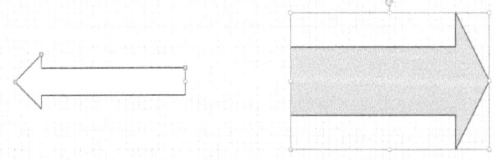

Sie können die Position eines markierten Shapes ändern, indem Sie es mit gedrückter linker Maustaste auf dem Zeichenblatt verschieben. Vielleicht wundern Sie sich, dass sich das Shape in bestimmten Schritten bewegt. Dies hängt mit dem voreingestellten Gitter (Raster) zusammen. Normalerweise ist im Dialogfeld *Lineal und Gitter* (Befehlsgruppe *Ansicht/Anzeigen*) ein feiner Gitterabstand eingestellt. Dies bewirkt, dass ein Shape nicht frei verschoben werden kann, sondern nur innerhalb des vorgegebenen Gitters. Wollen Sie diese Option eingeschaltet lassen, möchten Sie allerdings, dass das Shape in noch feineren

Die Shapes und die Master-Shapes

Schritten bewegt werden kann, dann müssen Sie den Zoomfaktor vergrößern. Die drei Optionen *Fein*, *Standard* und *Grob* sind im Verhältnis zum momentan aktiven Zoomfaktor zu sehen. Wollen Sie das Gitter deaktivieren, dann können Sie das Einrasten im Dialogfeld *Ausrichten und Kleben* (*Ansicht/Visuelle Unterstützung*) deaktivieren.

Um ein Shape nur waagrecht oder nur senkrecht zu verschieben, können Sie beim Verschieben die [Umschalt]-Taste drücken. Dann ist keine diagonale Bewegung auf dem Zeichenblatt mehr möglich.

Sie können ein Shape nicht nur mit gedrückter linker, sondern auch mit gedrückter rechter Maustaste verschieben.

Wenn Sie in der Gruppe *Visuelle Unterstützung* (Registerkarte *Ansicht*) die Option *Dynamisches Gitter* aktivieren, wird eine temporäre Hilfslinie angezeigt, wenn ein Shape in Bezug zu einem anderen verschoben wird. Es erleichtert das schnelle und exakte Ausrichten.

Mit Drag & Drop kann ein Shape nicht nur auf der Seite verschoben werden. Auch das zeichenblattübergreifende Verschieben funktioniert, indem Sie das Shape auf die Registerkarte ziehen, einen Moment warten, bis auf das neue Blatt umgeschaltet wird und anschließend das Shape auf dem zweiten Blatt fallen lassen. Auch ein dateiübergreifendes Verschieben ist möglich, wenn Sie zuvor beiden Dateien nebeneinander anordnen (Registerkarte *Ansicht*) und anschließend mit der Maustaste von einer Zeichnung in eine andere ziehen.

Zum Verschieben können Sie ebenso die vier Pfeiltasten [Pfeil links], [Pfeil rechts], [Pfeil oben] und [Pfeil unten] verwenden.

Wenn Sie beim Verschieben mit der Pfeiltaste noch die [Umschalt]-Taste drücken und gedrückt halten, ist die Schrittweite, mit der verschoben wird, kleiner als ohne die [Umschalt]-Taste.

Die Lage des Shapes kann auch im Größen- und Positions-Fenster verändert werden. Sie öffnen dieses Fenster über das Menü des Befehls *Ansicht/Aufgabenbereiche*. Im Aufgabenbereich *Größe und Position* wird nicht nur die aktuelle Position angezeigt, sondern sie kann auch eingegeben werden (**Abbildung 1.28**).

Im Aufgabenbereich kann man auch rechnen: eine Eingabe wir beispielsweise 297/2 oder auch (210-2*10)/3 ist möglich. Visio platziert das Shape nun in die Mitte der querformatigen DIN-A-4 Seite oder zieht zwei Mal die Ränder vom 10 mm ab und positioniert das Shape ins linke Drittel.

49

Grundlagen von Visio

Abbildung 1.28: *Die Lage eines Shapes kann mit der Maus oder über den Aufgabenbereich* Größe und Position *verändert werden.*

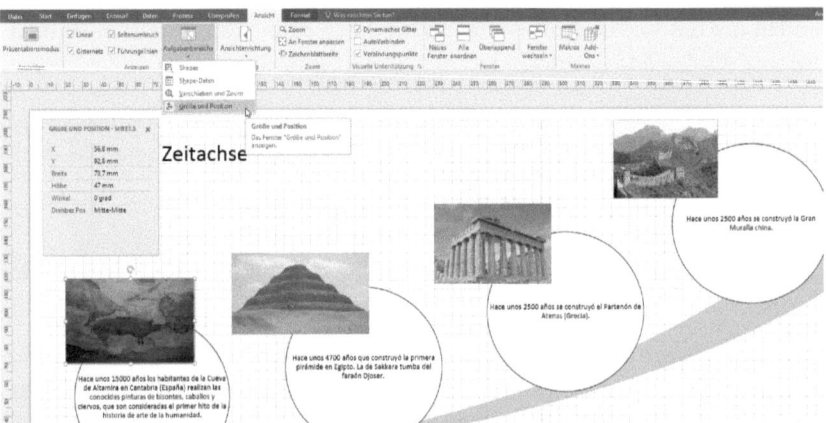

Alternativ steht Ihnen zur Erledigung für diese Aufgabe der Assistent *Shapes verschieben* zur Verfügung, den Sie mit dem Befehl *Ansicht/Makros/Add-Ons/Visio-Extras/Shapes verschieben* starten. In diesem Dialogfeld legen Sie fest, ob Sie das Shape horizontal und/oder vertikal, beziehungsweise in einem bestimmten Abstand und Winkel zum Original verschieben oder duplizieren möchten.

Abbildung 1.29: *Die Position eines Shapes kann auch geändert werden, indem Sie die gewünschten Werte im Dialogfeld* Shapes verschieben *eingeben.*

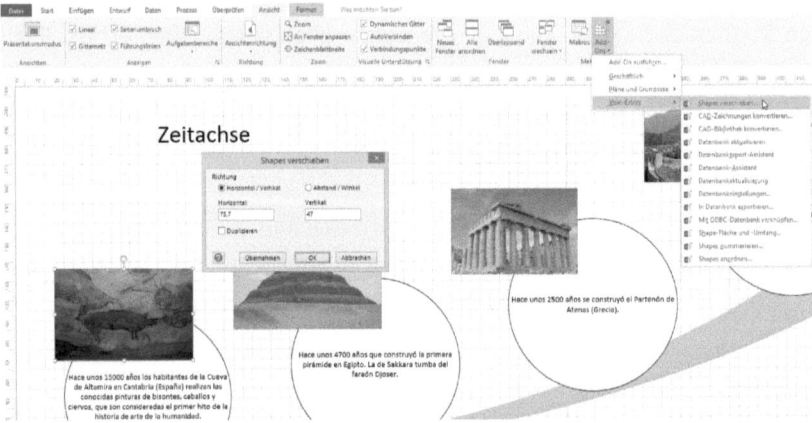

Beim Verschieben eines Shapes werden in den beiden Linealen jeweils drei Markierungsstriche angezeigt – sie geben die Position der beiden Ränder und des Mittelpunkts an, wie Sie in **Abbildung 1.30** sehen. Dies hilft Ihnen beim exakten Positionieren.

Abbildung 1.30: *Der Aufgabenbereich* Größe und Position *gibt die Lage eines Shapes an. Ebenso helfen das Lineal und die Führungslinien bei der exakten Positionierung*

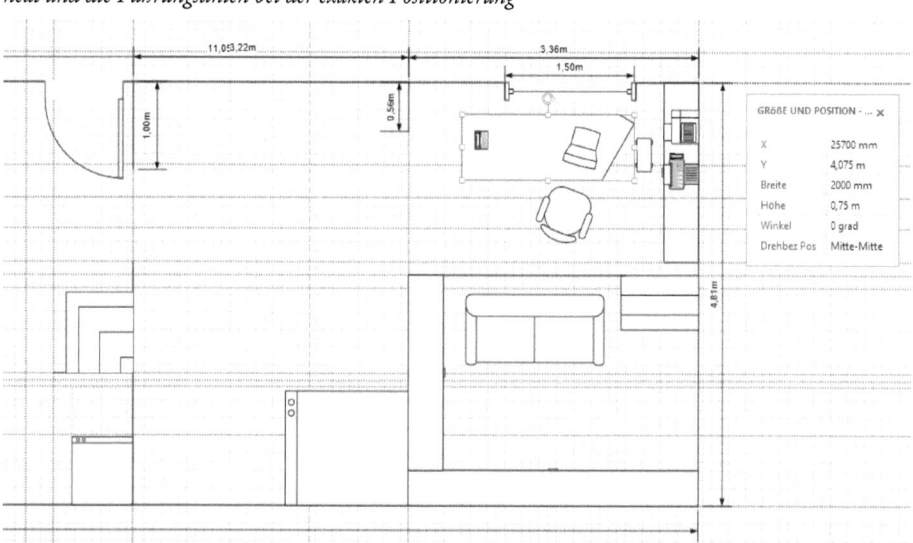

> **Hinweis**
>
> Beachten Sie, dass der Bezugspunkt der meisten Shapes der Mittelpunkt ist. Er wird im Aufgabenbereich *Größe und Position* als *Drehbez Pos* bezeichnet. Die absolute Position dieses Punktes berechnet sich von der linken unteren Ecke es Zeichenblattes aus. Die Koordinaten sind folglich nach rechts (X) und nach oben (Y) positiv.

Es ist wichtig zu wissen, dass das Verschieben unterbunden oder eingeschränkt sein kann, wenn auf einem Shape ein Schutzmechanismus liegt. Wenn Sie im Dialogfeld *Visio-Optionen* in der Kategorie *Erweitert* das Kontrollkästchen *Im Entwicklermodus ausführen* aktiviert haben, dann steht Ihnen die Registerkarte *Entwicklertools* zur Verfügung. Dort finden Sie im Dialogfeld des Befehls *Shape-Design/Schutz* die beiden Optionen *X-Position* und/oder *Y-Position*. Bei eindimensionalen Shapes kann zusätzlich die Position des Anfangspunktes und Endpunktes gesperrt werden.

Die Größe wird verändert, indem Sie mit der Maus an einem der acht Größenänderungs-Steuerpunkte ziehen – die vier an der Seite verändern dabei das Shape lediglich in horizontaler oder in vertikaler Richtung, nicht in beide zugleich. Wurde dem Benutzer die Option des Markierens weggenommen (über Schutz oder Layer), kann er es selbstredend auch nicht verschieben.

1.5.6. Shapes verändern: Größe

Ein zweidimensionales Shape wird mit der Maus vergrößert oder verkleinert, indem der Mauszeiger an einem der vier seitlichen Größenänderungs-Steuerpunkte oder einem der vier Eckpunkte ziehen, wie Sie bei den Pyramiden in **Abbildung 1.31** erkennen können. Beim Ziehen an den Größenänderungs-Steuerpunkten der Ecken (Eckanfassern) bleiben die Proportionen des Shapes erhalten.

Die Größe kann – ebenso wie die Position – über den Aufgabenbereich *Größe und Position* numerisch geändert werden. In einigen Grafikprogrammen können Objekte per Tastatur – mit den vier Pfeiltasten – vergrößert oder verkleinert werden. Dies geht in Visio nicht.

Beachten Sie, dass das Verzerren in die Breite und oder Höhe im Dialogfeld des Befehls *Entwicklertools/Shape-Design/Schutz* deaktiviert werden kann. Liegt ein solcher Schutz auf einem Shape, ist es sofort an den durchgestrichenen Größenänderungs-Steuerpunkten erkennbar.

Abbildung 1.31: Gequetschte und gestauchte Straßenbahnen

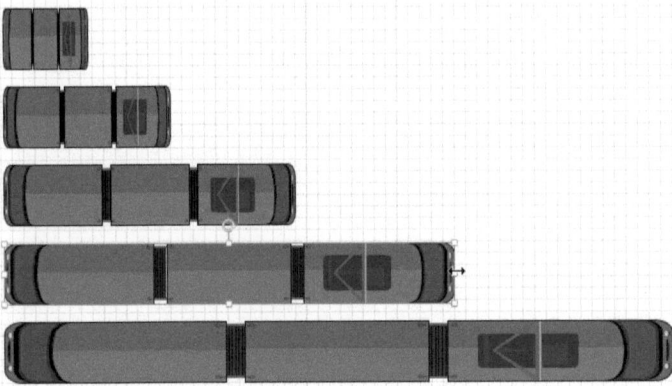

Nicht erkennbar ist ein Sperren der Seitenverhältnisse. Einige Shapes besitzen eine solche Grundeinstellung, die verhindern soll, dass der Benutzer fälschlicherweise an einem der vier seitlichen Anfassern das Shape in die Breite oder Höhe zieht und somit verzerrt. Als Beispiele seien das »Quadrat« aus der Schablone *Standard-Shapes* genannt, sowie sämtliche Stühle und Hocker aus *Büromöbel*.

Beachten Sie, dass mehrere markierte Shapes vergrößert oder verkleinert werden, wenn Sie einen an einem der Eckanfasser der Markierungsgruppe ziehen. Sollte ein Schutzmechanismus bei einem oder mehreren dieser Shapes eingeschaltet sein, dann kommt er auch hier zum Tragen.

Unter einigen Vorlagen liegen Mechanismen, die ein freies Verschieben und Vergrößern verhindern. Beispielsweise ist es nicht möglich, das Shape »*Legende*« der Schablone *Netzwerk und Peripheriegeräte* zu erhöhen.

> **Hinweis:** Der Aufgabenbereich *Größe und Position* zeigt nicht die Gesamtgröße des Rahmens um sämtliche markierte Shapes an, sondern nur die Höhe und Breite des zuerst markierten Shapes. Dies ist daran erkennbar, dass es dicker markiert ist. Wurden Linien (eindimensionale Shapes, die durch Anfang und Ende definiert sind) und Rechtecke (zweidimensionale Shape, die durch einen umschreibenden Rahmen definiert sind) markiert, kann der Aufgabenbereich *Größe und Position* nichts mehr anzeigen.

Wenn Sie mehrere Shapes, die unterschiedlich groß sind, in der gleichen Größe benötigen, dann dürfen Sie nicht die Shapes markieren und am Größenänderungs-Steuerpunkt ziehen, sondern Sie müssen die Zahlen für Breite und Höhe in den Aufgabenbereich *Größe und Position* eingeben. Beachten Sie, dass man – im Gegensatz zu Formatierungen – Größeninformationen nicht von einem Shape auf ein anderes übertragen kann; die Zahlen müssen erneut eingegeben werden.

In einigen Grafikprogrammen, beispielsweise PowerPoint, ist es möglich durch Drücken einer Taste ein Shape in beide Richtungen gleichzeitig zu vergrößern. Das funktioniert in Visio leider nicht. Entweder Sie merken sich die Position des Pins *Drehbez Pos* im Aufgabenbereich *Größe und Position* und tragen ihn wieder ein, nachdem Sie das Shape in die Breite gezogen haben. Oder Sie geben in diesem Aufgabenbereich die Breite numerisch ein; sitzt der Pin auf *Mitte-Mitte*, dann verändert er seine Position nicht, wenn die Breite oder Höhe geändert wird.

1.5.7. Shapes verändern: Aussehen

Viele der Shapes können schnell in ihrem Aussehen modifiziert werden, indem Sie sie mit der rechten Maustaste anklicken und nachsehen, ob sie im Kontextmenü weitere Einstellungen haben. Beispielsweise verfügen die Shapes der Schablone *3D-Block-Shapes* über zwei verschiedene Schattenfarben. Oder in der Schablone *Schalter und Relais* existieren verschiedene Manifestationen der Sicherungen. Das gleiche gilt auch für Schrauben. Möbelstücke, oder Shapes der Schablone *Marketingdiagramm* aus der Kategorie *Geschäft/Diagramme*.

Dabei existieren zwei verschiedene Arten von Vorgaben: Entweder finden Sie die verschiedenen Einstellungen direkt im Kontextmenü oder Sie gelangen zu einer Liste über die Shape-Daten (Registerkarte *Daten*) (**Abbildung 1.32**). Dies wird in Kapitel 3 ausführlich besprochen.

Grundlagen von Visio

Abbildung 1.32: *Verschiedene vordefinierte Aussehen eines Shapes*

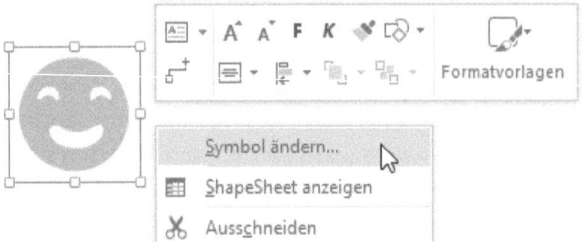

Eine sehr schöne Option ist der Befehl *Start/Bearbeiten/Shape ändern*). Damit wird ein Shape durch ein anderes ausgetauscht, wobei Größe, Position, Beschriftung und Formatierung bestehen bleibt. Ein Beispiel sehen Sie in **Abbildung 1.33**: Austausch.

Abbildung 1.33: *Austausch*

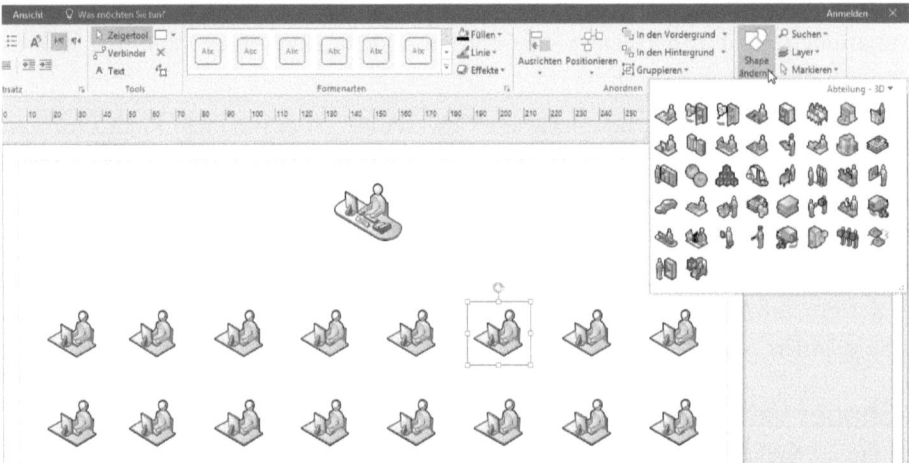

1.5.8. Duplizieren und Kopieren

Das Arbeiten mit dem Zwischenspeichers ist hinlänglich bekannt:

- Das markierte Shape wird kopiert (Tastenkombination **[Strg]+[C]**, Befehl *Kopieren* im Kontextmenü oder mit dem Befehl *Start/Zwischenablage /Kopieren*).

  Wenn die Auswahl nicht auf ein anderes Zeichenblatt, in eine andere Visio-Datei oder in eine andere Programmdatei kopiert werden soll, muss nichts markiert werden. Es »stört« Visio aber auch nicht, wenn Sie Shapes markiert haben.

- Visio legt den Inhalt des Zwischenspeichers versetzt zum kopierten Shape ab, wenn Sie ihn einfügen (Tastenkombination **[Strg]+[V]** oder Befehl *Start/Zwischenablage/Einfügen*).

Die Shapes und die Master-Shapes

- Leider kann man – anders als in Word, Excel oder PowerPoint – den Inhalt des Zwischenspeichers nicht sichtbar machen.

Tipp: Wenn Sie die Kopie des neuen Shapes an eine bestimmte Stelle platzieren möchten, dann fügen Sie es über das Kontextmenü ein. Es wird dann an der Stelle auf dem Zeichenblatt eingefügt, an der sich der Mauszeiger befand, als Sie das Kontextmenü öffneten.

Analog zum Kopieren funktioniert das Ausschneiden: Hierfür stehen Ihnen der Befehl *Ausschneiden* im Kontextmenü, die Tastenkombination [Strg]+[X] oder der Befehl *Start/Zwischenablage/Ausschneiden* zur Verfügung.

Tipp: Wenn Sie sämtliche Shapes auf ein anderes Blatt kopieren möchten, müssen Sie nicht alle Shapes markieren und kopieren. Im Kontextmenü des Blattes findet sich die Option *Kopieren*. Damit kann bequem ein Kopiervorgang gestartet werden.

Möchten Sie schnell sehr viele Shapes an eine bestimmte Stelle einfügen, dann steht Ihnen (in Visio Professional) zur Erledigung für diese Aufgabe der Assistent *Shapes verschieben* in der Registerkarte *Ansicht*, Befehl *Makros/Add-Ons/Visio-Extras* zur Verfügung (siehe Abschnitt Shapes verändern: Position).

Ein markiertes oder mehrere markierte Shapes können dupliziert werden.

- Markieren Sie ein oder mehrere Shapes.
- Verwenden Sie die Tastenkombination [Strg]+[D] oder den Befehl *Start/Zwischenablage/Einfügen/Duplizieren,* das Sie in der Registerkarte *Start* Gruppe *Zwischenablage* Symbol *Einfügen* finden.

Beachten Sie, dass es beim Duplizieren – anders als beim Kopieren und Einfügen – nicht möglich ist festzulegen, wohin das neue Shape eingefügt werden soll. Auch hier gibt es keine Grundeinstellung, wohin das duplizierte Shape im Verhältnis zum Originalshape versetzt wird.

Der Vorteil des Duplizierens gegenüber dem Kopieren und Einfügen ist nicht nur, dass Sie eine Aktion weniger benötigen. Beim Duplizieren wird der Zwischenspeicher nicht überschrieben. Nach dem Duplizieren kann jederzeit der Inhalt des Zwischenspeichers per *Einfügen* wieder hergeholt werden.

Grundlagen von Visio

Abbildung 1.34: Häufig werden viele gleichartige Shapes benötigt.

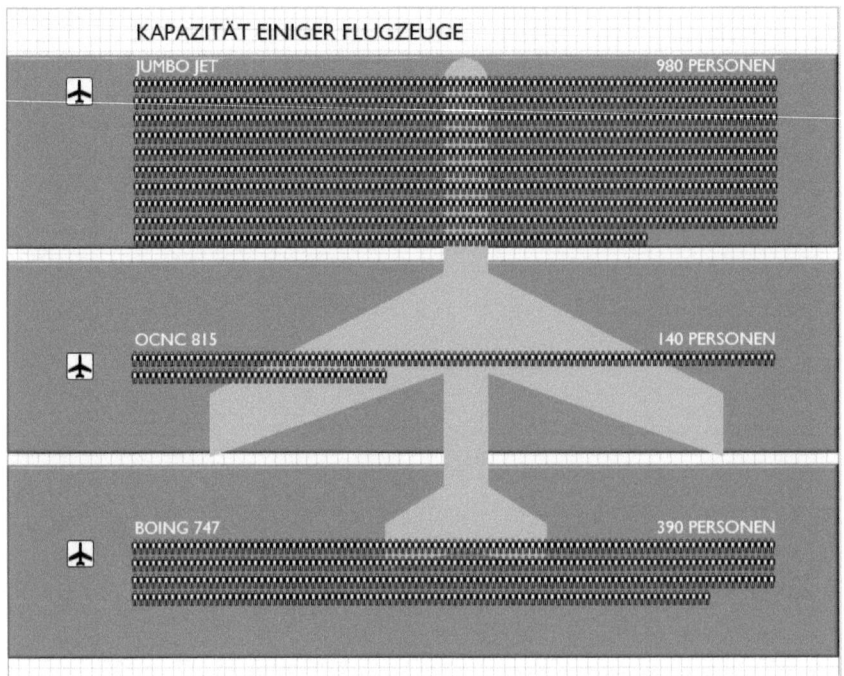

Anders als in Word oder Excel steht Ihnen im Aufgabenbereich keine Zwischenablage zur Verfügung, mit der »ältere« Inhalte des Zwischenspeichers hergeholt werden können. Der Visio-Zwischenspeicher lässt folglich nur Platz für ein Shape.

In Visio Professional steht Ihnen ein einfacher Assistent zur Verfügung, mit der Sie aus einem Shape mehrere Shapes in einem Schritt erzeugen können. Sie finden ihn in der Registerkarte *Ansicht* in der Gruppe *Makros* im Symbol *Add-Ons/Visio-Extras/Shapes anordnen*. Dort kann eingetragen werden, wie viele neuen Shapes vertikal und horizontal erzeugt werden sollen, wobei der Abstand wahlweise vom Mittelpunkt oder vom Rand des Shapes gemessen werden kann.

Wird ein Shape mit der Maus auf dem Zeichenblatt verschoben, kann es mit gedrückter [Strg]-Taste dupliziert werden. Diese Aktion kann mit der Wiederholen-Funktion ([F4]) erneut ausgeführt werden, so dass die Abstände der einzelnen Shapes zueinander gleich groß sind. Wenn Sie dabei die [Umschalt]-Taste drücken, wird das Ausgangsshape horizontal oder vertikal dupliziert.

Zwar kann der Assistent *Ansicht/Makros/Add-Ons/Visio-Extras/Shapes Verschieben* ein Shape an eine neue Position duplizieren – aber auch hier nur ein Mal. Sie müssten den Assistenten

Die Shapes und die Master-Shapes

mehrmals bemühen, das heißt: das neue Shape markieren und erneut *Anwenden* aktivieren. Oder beim Ursprungsshape die Position des neuen, zu duplizierenden Shapes erneut berechnen.Beachten Sie auch, dass es in Visio – anders als in anderen Grafikprogrammen – kein Klon existiert. Das Verändern eines Shapes (Größe, Position, Formatierung, ...) wirkt sich also niemals auf andere Shapes aus. Dies hängt damit zusammen, dass jedes Shape auf dem Zeichenblatt eine Verbindung zu einem Master-Shape in der Schablone besitzt. Von jedem Shape existiert eine Kopie in der Dokumentschablone. Wird es dort geändert, dann ändern sich alle Instanzen des Shapes. Diese Technik wird ausführlich in Kapitel 6 *Anpassen von Visio* erläutert.

Abbildung 1.35: *Die Wiederholfunktion beschleunigt das Duplizieren*

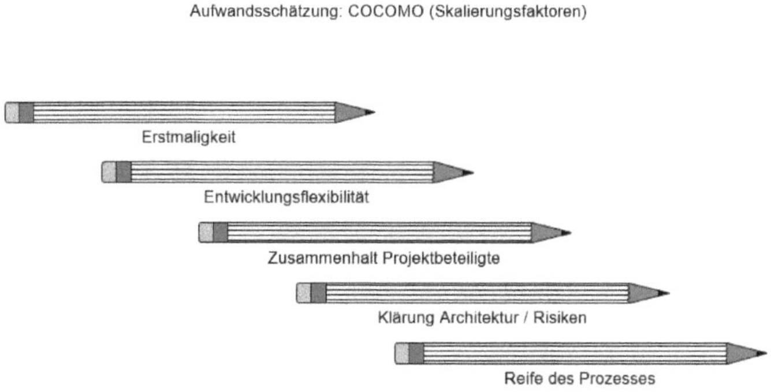

Aufwandsschätzung: COCOMO (Skalierungsfaktoren)

Erstmaligkeit
Entwicklungsflexibilität
Zusammenhalt Projektbeteiligte
Klärung Architektur / Risiken
Reife des Prozesses

> **Tipp**
>
> Mit Drag & Drop kann ein Shape nicht nur auf der Seite (oder neben das Zeichenblatt) verschoben werden – mit gedrückter **[Strg]**-Taste kann es auch auf eine andere Stelle kopiert werden. Das zeichenblattübergreifende Verschieben funktioniert über den Zwischenspeicher, aber auch per Drag & Drop, wenn dabei die **[Strg]**-Taste gedrückt wird. Sie können ein Shape markieren, mit der Maus auf die Registerkarte eines anderen Zeichenblattes ziehen. Nach einer kurzen Verzögerung schaltet Visio auf das neue Blatt um – nun kann es dort korrekt platziert werden. Auch ein dateiübergreifendes Kopieren ist möglich, wenn Sie zuvor beiden Dateien nebeneinander anordnen (Registerkarte *Ansicht*) und anschließend mit der Maustaste und gedrückter **[Strg]**-Taste von einer Zeichnung in eine andere ziehen.

Eine weitere Möglichkeit, viele, gleichartige Shape zu erzeugen, besteht darin, den Shape-Stempel zu aktivieren. Er muss über in die Symbolleiste für den Schnellzugriff eingefügt werden. Ist er aktiviert, können Sie das in der Schablone aktivierte Shape auf das Zeichenblatt »stempeln«. Dabei wird jeweils das Shape, das in der Schablone markiert ist, auf dem Blatt erzeugt. Sie sehen ihn in **Abbildung 1.22**.

Grundlagen von Visio

Wenn Sie ein neues Shape erzeugen möchten, das mit einem anderen auf dem Zeichenblatt bereits vorhandenen mit einem Verbinder verbunden ist, können Sie es auch in der Schablone auswählen und auf dem Shape des Zeichenblatts auf den blauen Pfeil klicken. Welches Shape aus der Schablone erzeugt wird, wird über ein QuickInfo angezeigt. Mehr zu dieser Technik finden Sie in Abschnitt 1.6 Verbindungslinien.

Tabelle 1.4: Die wichtigsten Shape-Operationen

Funktion	Registerkarte	Tastenkombination	Symbol
Shape von der Schablone auf das Zeichenblatt ziehen		Nur mit der Maus mit Drag & Drop	
Stempel			
Neues Shape, das mit dem alten verbunden ist		Nur per Mausklick auf das Dreieck Autoverbinden	
Duplizieren	*Start/Zwischenablage/ Einfügen/Duplizieren*	[Strg]+[D] oder: Mit gedrückter [Strg]-Taste verschieben	
Kopieren	*Start/Zwischenablage/ Kopieren*	[Strg]+[C]	
Ausschneiden	*Start/Zwischenablage/ Ausschneiden*	[Strg]+[X] oder [Umschalt]+[Entf]	
Einfügen	*Start/Zwischenablage/ Einfügen/Einfügen*	[Strg]+[V] oder [Umschalt]+[Einfg]	
Ein Shape markieren		Nur per Mausklick oder: [Tab] und [Eingabe]	
Mehrere Shapes markieren		[Umschalt]+Mausklick oder: [Strg]+Mausklick oder: Shapes mit der Maus umfahren	

Funktion	Registerkarte	Tastenkombination	Symbol
Alle Shapes markieren	*Start/Bearbeiten/Markieren/ Alles markieren*	[Strg]+[A]	
Bestimmte Shapes markieren	*Start/Bearbeiten/ Markieren/ Nach Typ auswählen*		
Löschen		[Entf]	
Rückgängig	*Symbolleiste für den Schnellzugriff*	[Strg]+[Z] oder: [Alt]+[Rück]	
Wiederherstellen	*Symbolleiste für den Schnellzugriff*	[Strg]+[Y]	
Wiederholen	*Symbolleiste für den Schnellzugriff*	[F4]	
Vergrößern/Verkleinern	*Ansicht/Anzeigen/ Aufgabenbereiche/Größe und Position*	Mit der Maus an den Markierungspunkten ziehen	
Shape ändern	*Start/Bearbeiten/Shape ändern*		

1.5.9. Die verschiedenen (Greif-)punkte

Anfänger haben in Visio häufig Schwierigkeiten, auf einen Blick zu erkennen, dass unterschiedliche Punkte an den Rändern der Shapes positioniert sind. Deshalb finden Sie hier eine Aufstellung sämtlicher Punkte mit ihren Namen und Funktionen.

Größenänderungs-Steuerpunkte, Auswahlpunkte, Anfasser, Markierungspunkte, ...

Über die Größenänderungs-Steuerpunkte (oder Anfasser, Markierungspunkte, Auswahlpunkte – bis Visio 2007 hießen sie Größenänderungs-Kontrollpunkte; in der Hilfe an einigen Stellen Auswahlpunkte) wurde schon gesprochen. Sie kennzeichnen, dass ein Shape markiert werden kann. Sie erlauben das Vergrößern und verkleinern eines Shapes. Um weitere Shapes per Mausklick zu markieren, sollte in der Registerkarte *Start* das *Zeigertool* aktiviert sein, dann können mit gedrückter [Umschalt]-Taste mehrere Shapes zur Auswahl hinzugefügt werden.

Grundlagen von Visio

- Grüne Größenänderungs-Steuerpunkte weisen darauf hin, dass das zweidimensionale Shape an einer Führungslinie klebt.
- Grau durchgestrichene Größenänderungs-Steuerpunkte bedeuten, dass das Shape nicht in der Breite oder der Höhe verändert werden kann.
- Werden mehrere Shapes markiert, werden blaue Linien um die Shapes angezeigt.
- Sind keine Größenänderungs-Steuerpunkte zu sehen, dann wurde dies im Dialogfeld des Befehls *Entwicklertools/Shape-Design/Verhalten* deaktiviert.

Anfangs- und Endpunkte

Bislang wurden fast nur zweidimensionale Shapes oder »Rechtecke« betrachtet. In den meisten Schablonen stehen auch eindimensionale Shapes oder »Linien« zur Verfügung. Diese Shapes sind an ihren Anfangs- und Endpunkten erkennbar. Der Anfangspunkt ist ein weißes Kästchen, der Endpunkt ein Kästchen mit grauer Füllfarbe, wie Sie in **Abbildung 1.36** sehen können.

Abbildung 1.36: Ein eindimensionales und ein zweidimensionales Shape

Die Begriffe »eindimensional« und »zweidimensional« beziehen sich dabei nicht auf die räumliche Ausdehnung, sondern auf ihre Selbstdefinition und auf ihr Verhalten: Eindimensionale Shapes haben immer Anfangs- und Endpunkt, sind also gerichtet, zweidimensionale Shapes sind immer durch ein umschriebenes Rechteck definiert. In der Regel werden »eindimensionale Shapes« an »zweidimensionale Shapes« geklebt, wie beispielsweise in **Abbildung 1.37**.

Die Shapes und die Master-Shapes

Abbildung 1.37: *Jeweils zwei »Rechtecke« sind mit einem Verbinder verbunden*

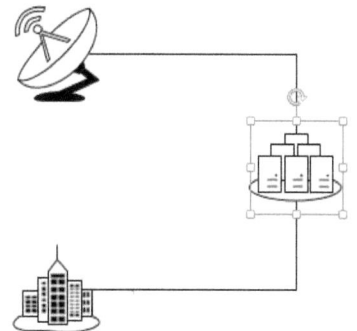

Dies muss allerdings so nicht sein – Sie können auch Verbinder an Verbinder kleben (beispielsweise bei Verzweigungen oder Weichen) und Rechtecke an Rechtecke (beispielsweise die Rohrleitungen in der Schablone HKL-Rohre). Die »zweidimensionalen Shapes« besitzen Verbindungspunkte: kleine, graue Kreuze. Anfangs- und Endpunkte können nun an diese Verbindungspunkte geklebt werden. Wenn sie kleben, ändert der Endpunkt seine Farbe in einen grünen oder grauen Kreis. Ein Ziehen am Verbinder bewirkt, dass er wieder von seiner Klebestelle gelöst wird, ein Ziehen am Rechteck dagegen lässt den Verbinder mitwandern.

Der Drehpunkt

Mit Hilfe des Drehpunktes, der sich meistens oberhalb des Shapes befindet, kann ein Shape gedreht werden. Wenn das Shape markiert ist, ist sein runder Drehgreifpunkt erkennbar. An ihm wird das Shape um seinen Pin (meist der Mittelpunkt) gedreht (**Abbildung 1.38**).

Grundlagen von Visio

Abbildung 1.38: *Das Shape wird gedreht*

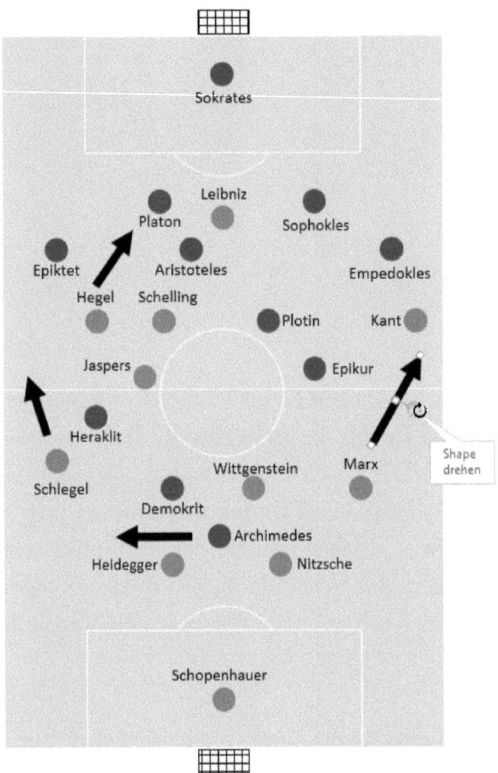

Die Lage des Punktes, um das sich das Shape dreht, kann geändert werden. Fahren Sie mit dem Mauszeiger über den Drehpunkt. Dann erscheint der Pin. Ziehen Sie ihn mit gedrückter Maus an eine andere Stelle. Er kann sich sogar außerhalb des Shapes befinden. Es handelt sich um den *DrehbezPos*, den Sie im Aufgabenbereich *Größe und Position* festlegen können.

Beim Drehen gilt Ähnliches wie beim Verschieben. Das zugrunde liegende Raster bewirkt ein schrittweises Drehen. Sollen die Abstände der Schritte verkleinert werden, muss der Zoomfaktor vergrößert werden.

Im Aufgabenbereich *Größe und Position* kann der Winkel, um den das Shape gedreht werden soll, eingegeben werden. Beachten Sie, dass Visio nach dem Drehen die neue Position nicht als 0 Grad anzeigt, sondern immer noch im Verhältnis zum Ursprungsshape. Wird also beispielsweise um 45 Grad gedreht, bleibt dieser Wert im Aufgabenbereich *Größe und Position* stehen.

Möglicherweise ist der Drehpunkt nicht sichtbar. Wie beim Vergrößern bedeutet auch dies, dass ein Schutz gegen Drehen aktiviert wurde (Registerkarte *Entwicklertools/Shape-Design/Schutz*).

Sind die *Größenänderungs-Steuerpunkte* eines einzelnen Shape über das Dialogfeld *Verhalten* ausgeblendet, wird auch kein Drehpunkt angezeigt.

Knoten (Scheitelpunkte) und Exzentritätsgriffe

Sollen Shapes verändert, das heißt deformiert, werden, können Sie das *Bleistift*-Werkzeug aktivieren. Sie finden es in *Start/Tools/Zeichentools/Bleistift* oder der Tastenkombination [Strg]+[4]. Nun werden an den Enden der Linien weitere Punkte sichtbar: die Kontrollpunkte.

Abbildung 1.39: *Das Shape wird über seine Kontrollpunkte und seine Exzentrizitätsgriffe deformiert*

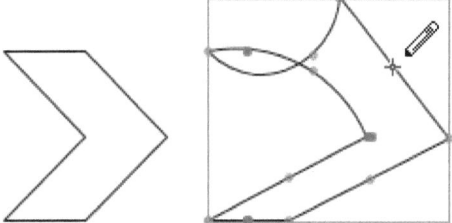

Wird an ihnen gezogen, wird die Lage der Eckpunkte oder die Krümmung der Linie geändert und damit die Form des Shapes geändert (**Abbildung 1.39**). Mit Aktivieren des *Bleistift*-Werkzeugs werden auch die Exzentrizitäts-Griffe und Scheitelpunkte sichtbar – kleine Quadrate mitten auf der Linie. Wird an ihnen gezogen, werden aus den geraden Linien Kurven.

Mit gedrückter [Strg]-Taste können Sie einem Shape neue Knoten oder Exzentritätsgriffe hinzuzufügen.

 Auch hier weisen blaue Knoten, beziehungsweise Exzentritätsgriffe auf einen Schutzmechanismus hin. Allerdings können diese nicht über das Dialogfeld des Befehls *Entwicklertools/Shape-Design/Schutz* ein- beziehungsweise ausgeschaltet werden. Ein Beispiel für geschützte Shapes finden Sie in der Schablone *Pfeil-Shapes* (Gruppe *Geschäft/Geschäftsprozess*): Einfacher Pfeil, Einfacher Doppelpfeil und Flexibler Pfeil.

Steuerpunkte (Kontrollpunkte, Kontrollgriffe)

Einige Shapes verfügen über Steuerpunkte. Dies sind gelbe Kreise.

Setzen Sie den Mauszeiger darauf, erscheint in einer QuickInfo ein Kommentar zur Funktion dieser Steuerpunkte. Sie können dabei sehr unterschiedliche Aufgaben haben.

Wird beispielsweise ein Pfeil »«« aus der Schablone *Pfeil-Shapes* (Gruppe *Geschäft/Geschäftsprozess* oder: *Flussdiagramm*) auf das Zeichenblatt gezogen, so sind nun zwei, drei oder vier Steuerpunkte sichtbar. Mit ihnen kann die Form des Pfeils verändert werden, ohne dass das *Bleistift*-Werkzeug aktiviert werden muss. Außerdem bleiben die meisten Pfeile symmetrisch (**Abbildung 1.40**).

Abbildung 1.40: *Die »flexiblen Pfeile« und Kontrollpunkte*

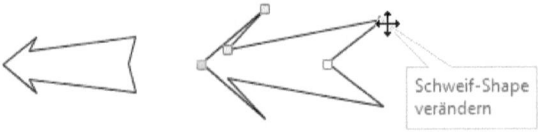

Bei anderen Shapes reagieren andere Elemente auf das Ziehen des Steuerpunktes. Holen Sie aus der Schablone *Exchange-Objekte* (*Netzwerk*) das Shape »Exchange-Organisation« oder »Nachrichtenformate« heraus und ziehen dort am Steuerpunkt, dann ändert sich die Lage des Texts.

Abbildung 1.41: *Das Shape »Nachrichtenformate« und seine Kontrollpunkte*

Sie finden in der Schablone *Netzwerk und Peripheriegeräte* ein Shape für einen »Ringnetzwerk« oder »Ethernet«. Ziehen Sie dort am Steuerpunkt. Nachdem Sie den Steuerpunkt aus dem Shape herausgezogen haben, erzeugen Sie eine neue Verbindungslinie. Diese kann beispielsweise an einen Computer geklebt werden (**Abbildung 1.42**).

Die Shapes und die Master-Shapes

Abbildung 1.42: »Ethernet« und Kontrollpunkte

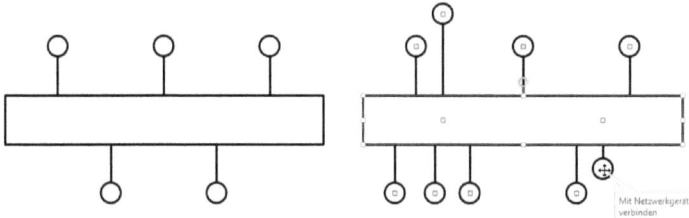

Wieder andere Shapes können per Steuerpunkt gedreht werden. Beispielsweise eine Reihe von Möbeln, die Sie in der Schablone *Büromöbel – Visio 2013* finden (siehe **Abbildung 1.43**):

Abbildung 1.43: Mit Kontrollpunkten kann ein Shape auch gedreht werden

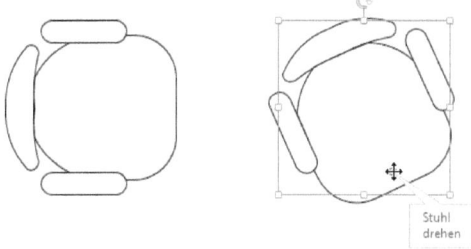

In dieser Schablone befinden sich andere Büromöbel, deren Form (Armlehne, Rückenlehne, Schublade, …) mit Hilfe der Kontrollpunkte geändert werden können (**Abbildung 1.44**).

Abbildung 1.44: Mit Kontrollpunkten kann ein Shape geändert werden

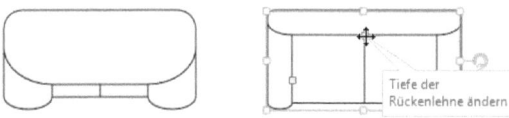

> **Hinweis**
> Die Kontrollpunkte können für ein einzelnes Shape über *Entwicklertools/Shape-Design/Verhalten* ausgeblendet werden.

Grundlagen von Visio

AutoVerbinden (die blauen Pfeile)

Wenn Sie ein neues Shape erzeugen möchten, das mit einem alten verbunden ist, könnten Sie es auch in der Schablone auswählen und auf dem Shape des Zeichenblatts auf den blauen Pfeil klicken (**Abbildung 1.45**). Welches Shape aus der Schablone erzeugt wird, wird über ein QuickInfo angezeigt. Entweder handelt es sich dabei um das nächstliegende auf dem Zeichenblatt oder – falls in Pfeilrichtung kein Shape auf dem Zeichenblatt liegt, um das in der Schablone markierte Shape. Oder Sie wählen eines der vier Shapes aus, die in dem QuickInfo erscheinen.

Abbildung 1.45: *Mit Hilfe der Ausrichtungsfelder können Shapes schnell verbunden werden.*

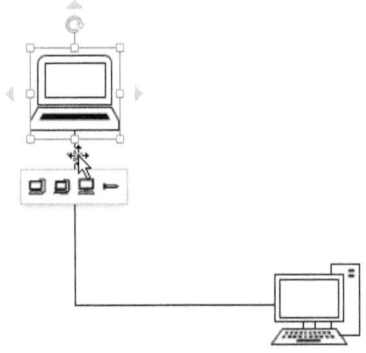

Sie können diese blauen Pfeile für die gesamte Visio-Datei über *Ansicht/Visuelle Unterstützung/AutoVerbinden* (oder: *Datei/Optionen/Erweitert* über *AutoVerbinden aktivieren*) ein- oder ausschalten. Sie können die Pfeile auch nur für ein einzelnes Shape deaktivieren. Dazu verwenden Sie den Befehl *Entwicklertools/Shape-Design/Verhalten* und schalten dort *Ausrichtungsfeld anzeigen* aus.

Wenn Sie den Mauszeiger über einen der blauen Pfeile ziehen, werden Ihnen vier Shapes zur Auswahl angeboten. Es sind die vier ersten Shapes der Schablone *Quick-Shapes*. Ziehen Sie den Mauszeiger über eines der Shapes in der Vorschau. Die Livevorschau wird Ihnen das Ergebnis präsentieren. Wenn Sie damit einverstanden sind, genügt ein Klick. Wenn nicht, klicken Sie einfach mit dem Mauszeiger an eine andere Stelle – der Vorschlag wird nicht übernommen.

Verbindungspunkte

Viele Shapes – wenn auch nicht alle – haben an den vier Seiten und in der Mitte kleine, graue Quadrate. Sie erscheinen, wenn Sie einen Verbinder in die Nähe des Shapes ziehen oder wenn Sie die Schaltfläche *Verbindungspunkt* in der Befehlsgruppe *Start/Tools* aktiviert

Die Shapes und die Master-Shapes

haben. An diese Verbindungspunkte, werden Verbindungslinien geklebt (siehe **Abbildung 1.46**).

Manche Shape haben keine Verbindungspunkte, andere vier seitliche und einen in der Mitte, wieder vier in den Ecken oder insgesamt neun Verbindungspunkte, und so weiter.

> Hinweis
>
> Beachten Sie, dass man die Verbindungspunkte über das Kontrollkästchen *Ansicht/Visuelle Unterstützung/Verbindungspunkte* ausblenden kann.

Abbildung 1.46: *Die Verbindungspunkte*

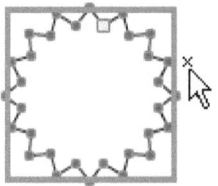

Für den nicht sehr häufigen Fall, bei dem Sie zwei Rechtecke aneinander kleben möchten, können Sie einem Verbindungspunkt die Option zuweisen, dass er nach »innen und außen« geht. Damit ist gemeint, dass er auch an andere zweidimensionale Shapes mit Verbindungspunkten andocken kann. Um diese Option zu erhalten, muss das Shape markiert sein, das *Verbindungspunkt*-Werkzeug aktiv sein und der Verbindungspunkt markiert sein. Dann finden Sie diese Einstellung im Kontextmenü.

Tabelle 1.5: Die verschiedenen Greifpunkte der Shapes

Punktbezeichnung	Bedeutung	Aussehen	Befehl/Dialogfeld, das sie sichtbar macht
Größenänderungs-Steuerpunktpunkt (Auswahlpunkt, Anfasser, Kontrollpunkt, Markierungspunkt)	vergrößert oder verkleinert das zweidimensionale Shape		*Entwicklertools/Shape-Design/Verhalten*
Anfangs-, Endpunkt	vergrößert oder verkleinert das eindimensionale Shape		*Entwicklertools/ Shape-Design/Verhalten*
Drehgreifpunkt	dreht das Shape		*Entwicklertools/ Shape-Design/Verhalten*
Steuerpunkt (Kontrollpunkt)	verschiedene Funktionen		*Entwicklertools / Shape-Design/Verhalten*

Grundlagen von Visio

Punktbezeichnung	Bedeutung	Aussehen	Befehl/Dialogfeld, das sie sichtbar macht
Kontrollgriffe	verzerrt eine Linie des Shapes oder ändert die Krümmung eines Bogens		
Grauer Größenänderungs-Steuerpunktpunkt	bestimmte Funktionen sind deaktiviert		*Entwicklertools/ Shape-Design/Schutz*
Grüner Größenänderungs-Steuerpunktpunkt	Shape klebt an einer Führungslinie		*Entwicklertools/ Shape-Design/Schutz*
Verbindungspunkte	dient zum Kleben von Verbinderlinien		*Ansicht/Visuelle Unterstützung/Verbindungspunkte*
Dreiecke zum Verbinden			*Ansicht/Visuelle Unterstützung/AutoVerbinden*

1.5.10. Ansichten

Sie können die Ansicht Ihrer Zeichnung vergrößern. Dazu steht Ihnen in der Registerkarte *Ansicht* die Schaltfläche Zoom zur Verfügung. Darüber öffnet sich ein Dialogfeld mit einer Reihe von vorgegebenen Zoom-Optionen. Vor allem die Option *Ganzes Zeichenblatt* in der Gruppe *Zoom* finden die Sie als eigenes Symbol, und die dort *An Fenster anpassen* heißt, ist sehr hilfreich. Manchmal ist der Zoomfaktor zu groß, so dass der Anwender den Überblick verliert. Oder der Anwender »befindet« sich außerhalb des Zeichenblatts – weiß aber nicht genau wo. Mit dieser Option kann sofort auf die ganze Seite zurückgesprungen werden, sodass die Arbeit weitergehen kann.

In Visio müssen Sie jedoch nicht mehr in die Registerkarte *Ansicht* wechseln. Ebenso wie in Word, Excel oder PowerPoint gibt es in Visio am rechten Rand der Statusleiste einen Schieberegler, mit dem Sie schnell die gewünschte Zoomgröße erreichen können. Dort finden Sie auch die Schaltfläche *Zeichenblatt an aktuelles Fenster anpassen*.

Alternativ zur Statusleistenschaltfläche *an Fenster anpassen* können Sie auch den Befehl *Ansicht/Zoom/Zeichenblattbreite* ([Umschalt]+[Strg]+[W]) verwenden. Selbstverständlich bleibt es Ihnen unbenommen mit gedrückter [Strg]-Taste und dem Rädchen an der Maus ein- und auszuzoomen. Sie können auch mit gedrückter [Umschalt]-Taste waagrecht oder [Alt]-Taste senkrecht den Bildschirmausschnitt verschieben.

Die Shapes und die Master-Shapes

> **Tipp**
>
> Eine geniale Erfindung von Visio ist die Tastenkombination [Umschalt]+[Strg]. Wird sie gedrückt, verwandelt sich der Mauszeiger in ein Lupensymbol. Ein Klick auf die linke Maustaste vergrößert den Zoomfaktor um einen Schritt, ein Klick auf die rechte Maustaste verkleinert ihn um eine Stufe. Wird mit gedrückter Tastenkombination [Umschalt]+[Strg] mit der linken Maustaste ein Rechteck aufgezogen, dann wird dieser Ausschnitt vergrößert. Wird mit der rechten Maustaste gezogen, wird die Zeichnung verschoben, ohne dabei die Zoomgröße zu verändern. Ebenso wie viele CAD-Programme besitzt also auch Visio eine solche Pan-Funktion.
>
> Beachten Sie jedoch, dass die Tastenkombination [Umschalt]+[Strg] nur dann funktioniert, wenn die Werkzeuge Zeigertool, Verbinder, Text, Verbindungspunkt oder Textblock aktiviert sind – nicht jedoch bei Rechteck, Ellipse, Linie, Freihandform, Bogen und Bleistift.

Statt der Tastenkombination [Umschalt]+[Strg] können Sie selbstverständlich auch den Bildschirm mit gedrückter [Umschalt] oder [Alt]-Taste und dem Mausrad horizontal oder vertikal verschieben.

Über die Seite können Sie sich mit der Taste [Bild auf] und [Bild ab] bewegen. Sie ersetzen die Bildlaufleisten am rechten und unteren Ende des Bildschirms. Oder Sie drücken die [Umschalt], beziehungsweise die [Umschalt]-Taste und verwenden das Mausrädchen.

Übrigens könnten Sie über *Datei/Optionen/Erweitert* die Funktion *Auswahl beim Zoom zentrieren* aktivieren. Dies funktioniert jedoch nur über die Zoom-Einstellungen der Symbolleiste oder des Menüs, nicht jedoch bei der Tastenkombination [Umschalt]+[Strg].

Tabelle 1.6: Die verschiedenen Aktionen zum Verschieben und Zoomen

Veränderung	Registerkarte	Symbol	Tastenkombination / Mausaktion
Zoom	*Ansicht/Zoom*		[Umschalt]+[Strg]
Bildschirm verschieben (Pan)			[Umschalt]+[Strg]+rechte Maustaste oder [Umschalt]-Taste und Mausrad oder [Alt]-Taste und Mausrad
ganzes Zeichenblatt	*Ansicht/Zoom/An Fenster anpassen*		[Umschalt]+[Srrg]+[W]
Zeichenblattbreite	*Ansicht/Zoom/Zeichenblattbreite*		
100%	*Ansicht/Zoom/100%*		[Umschalt]+[Strg]+[I]

Wird in einer großen Zeichnung der Aufgabenbereich *Verschieben und Zoom* (Registerkarte *Ansicht*) (**Abbildung 1.47**) geöffnet, steht dem Benutzer eine kleine Übersichtsdarstellung der Zeichnung zur Verfügung. Über sie haben Sie eine gute Orientierung. Mehr

Grundlagen von Visio

noch: Wird das blaue Kästchen verschoben, so verschiebt sich auch der »große« Bildschirmausschnitt. Mit dem blauen Kästchen kann auch der Zoomfaktor bestimmt werden – Sie müssen lediglich an einem der vier Ränder oder einem der vier Ecken ziehen. Am rechten Rand des *Verschiebe- und Zoom-Fensters* befinden sich zwei Schaltflächen um den Zoomfaktor zu vergrößern und verkleinern. Dazwischen liegt ein Schieberegler mit dem der Zoom schnell geändert werden.

Abbildung 1.47: *Das Fenster* Verschieben und Zoom

1.5.11. Die Lage der Shapes

Visio stellt Ihnen verschiedene Möglichkeiten zur Verfügung, die Lage von Shapes zu ändern – die absolute Lage eines Shapes oder auch relativ zu anderen Shapes. Diese werden in den folgenden Abschnitten beschrieben.

1.5.12. Ein Shape verschieben

Die Position eines markierten Shapes kann geändert werden, indem es mit gedrückter linker Maustaste auf dem Zeichenblatt verschoben wird. Dies wurde bereits im Abschnitt 1.5.5 beschrieben. Mit Drag & Drop kann ein Shape nicht nur auf der Seite verschoben werden – mit gedrückter [Strg]-Taste kann es auch an eine andere Stelle kopiert werden.

Sie können das Shape auch mit einer der vier Pfeiltasten verschieben.

> **Tipp** Wenn Sie beim Ziehen die [Umschalt]-Taste gedrückt halten, lassen sich die Shapes nur horizontal oder nur vertikal verschieben.

Die Shapes und die Master-Shapes

Die Darstellung komplexer Shapes wird beim Verschieben nicht sofort angezeigt. Wenn Sie dagegen einen Moment warten, baut sich der Bildschirm neu auf und das Shape oder die markierten Shapes, die gerade verschoben werden, werden korrekt angezeigt.

Die exakte Lage eines Shapes können Sie in der Statusleiste sehen.

Sie können die Lage eines Shapes durch die Eingabe einer neuen Positionsangabe ändern, indem Sie über die Registerkarte *Ansicht* den Aufgabenbereich *Größe und Position* einblenden. Alternativ öffnen Sie das Fenster mit einem Doppelklick auf den entsprechenden Bereich in der Statuszeile. In diesem Fenster sind die aktuellen Angaben der Größe (*Breite* und *Höhe*), der Lage (X- und Y-Koordinaten) und des Scheitelpunkts zu sehen. Bei eindimensionalen Shapes natürlich die Positionen der Anfangs- und Endpunkte, die Länge, der Winkel und die Höhe.

Dort können Werte eingegeben werden und so die Lage eines oder mehrerer Shapes verändert werden (siehe **Abbildung 1.48**).

Der Scheitelpunkt befindet sich in der Regel in der Mitte eines Shapes. Soll seine Lage geändert werden (beispielsweise um die Shape-Position exakt definieren zu können), kann in dem Aufgabenbereich *Größe und Position* die Lage (*Drehbez Pos*) von Mitte-Mitte beispielsweise auf den linken Rand oder an den unteren linken Eckpunkt verändert werden. Nun sind die X- und Y-Werte (0/0) leichter zu verstehen.

Abbildung 1.48: *Die Position eines Shapes kann über das Größen-und-Positions-Fenster exakt festgelegt werden.*

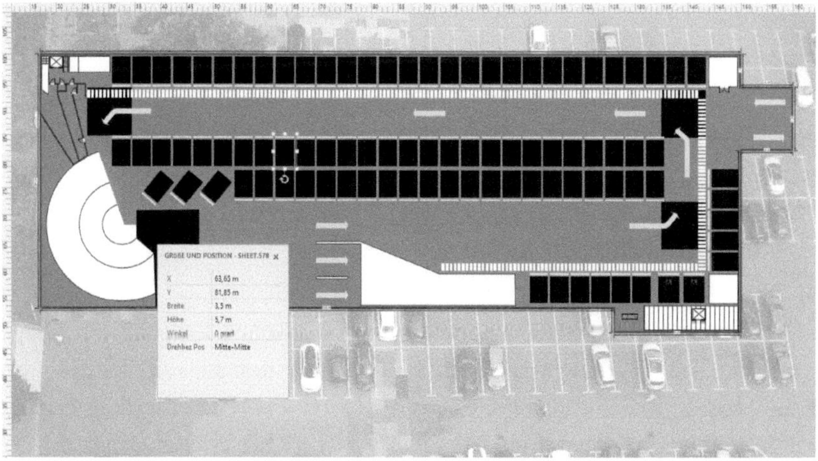

Wurde nun ein Shape auf eine bestimmte Position mit dem Aufgabenbereich *Größe und Position* verschoben, kann diese Aktion wiederholt werden. So wie der letzte Schritt rückgängig gemacht werden kann, kann der letzte Schritt mit [F4] oder der Schaltfläche in der

Grundlagen von Visio

Symbolleiste für den Schnellzugriff wiederholt werden. Dies gilt auch für ein Duplizieren mit gedrückter [Strg]-Taste. Angenommen, Sie haben ein Shape markiert und drücken beim Verschieben [Strg]. Das neue Shape ist nun markiert und wird mit [F4] um den gleichen Abstand dupliziert. Ein erneutes Drücken von [F4], [F4] und so weiter bewirkt ein erneutes Verschieben.

Mehrere Shapes zueinander ausrichten

Sollen nun mehrere Shapes zueinander ausgerichtet werden, so steht Ihnen in der Registerkarte *Start* im Menü der Schaltfläche *Anordnen/Positionieren/Ausrichten* die Option *Linksbündig, Horizontal zentrieren, Rechtsbündig, Oben ausrichten, Vertikal zentrieren* und *Unten ausrichten* zur Verfügung.

Wenn in *Datei/Optionen/Allgemein* die *Livevorschau aktiviert* ist, zeigt Visio das Ergebnis der Ausrichtung an.

- Mehrere Shapes werden markiert, wobei das zuerst markierte Shape durch einen dicken blauen Rahmen gekennzeichnet wird. Dieses Shape ist das zentrale Objekt, an dem die anderen ausgerichtet werden.
- Wird nun eine der Ausrichten-Optionen eingeschaltet, werden die anderen Shapes in Richtung des dick markierten Shapes verschoben.

Markieren Sie zum Ausrichten zuerst das Shape, das als Bezugs fungiert. Es behält seine Position. Anschließend markieren Sie mit gedrückter [Umschalt]-Taste die übrigen Shapes. Sollen sehr viele Shapes markiert werden, können Sie um diese einen Markierungsrahmen ziehen.

Mehrere markierte Shapes können auch ausgerichtet werden, indem das Dialogfeld über die Funktionstaste [F8] aktivieren. Dort kann gleichzeitig vertikal und horizontal ausgerichtet werden. Darüber hinaus ist in diesem Dialogfeld ein Erzeugen einer neuen Führungslinie und das sofortige Kleben der Shapes an dieser Linie möglich. Damit sich das Dialogfeld öffnet, muss mindesten ein Shape markiert sein.

Auch wenn es auf den ersten Blick keinen Sinn macht: Sie können lediglich ein Shape markieren und (mit sich selbst) ausrichten. Diese Funktion ist deshalb nützlich, weil an den vier Kanten des Shapes, beziehungsweise durch die Mitte eine Führungslinie erzeugt werden kann. Daran können dann später weitere Shapes ausgerichtet, beziehungsweise geklebt werden.

Die Shapes und die Master-Shapes

Abbildung 1.49: Mehrere Shapes werden ausgerichtet

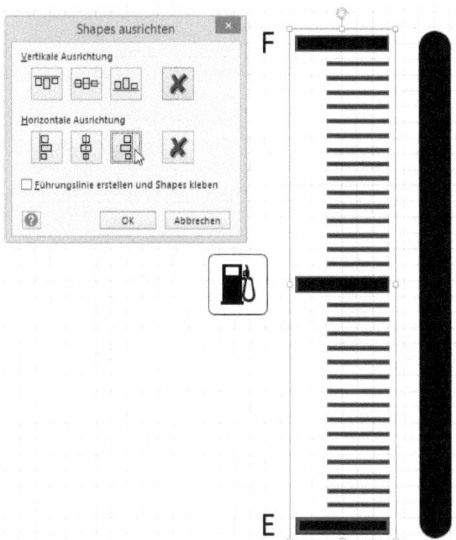

Natürlich könnten Sie mit Hilfe des Aufgabenbereichs *Größe und-Position* numerisch ausrichten. Geben Sie dort bei der x- oder y-Position eine Zahl ein – dann werden sämtlich Shapes auf diese Position gesetzt.

Von einer *automatischen Ausrichtung* ist in der Regel abzusehen, da Visio manchmal nicht erkennt, wie die Shapes ausgerichtet werden sollen. Diese Option setzt voraus, dass sich die Shapes schon fast in einer Linie (waagrecht oder senkrecht) befinden.

Mehrere Shapes verteilen

Sollen dagegen die Abstände zwischen mehreren Shapes gleichmäßig groß sein, steht Ihnen in der Registerkarte *Start* im Menü der Schaltfläche *Anordnen/Positionieren* mehrere Optionen zur Verfügung.

- Markieren Sie die zu verteilenden Shapes – die Reihenfolge spielt dabei keine Rolle.
- Klicken Sie auf die Schaltfläche *Start/Anordnen/Positionieren*.
- Wählen Sie die gewünschte Variante: *Horizontal verteilen* oder *Vertikal verteilen*.
- Sie können alternativ das Dialogfeld *Weitere Verteilungsoptionen* verwenden. Dort finden Sie die Einstellung, um die Shapes an eine neue Führungslinie zu kleben. Dort finden Sie auch eine Möglichkeit die Abstände von linker Shape-Kante zu linker Shape-Kante oder Mitte – Mitte oder rechter Shape-Kante zur nächsten rechten Shape-Kante

Grundlagen von Visio

zu berechnen. Sind die Shapes gleich groß, spielt diese Option keine Rolle; haben die Shapes jedoch unterschiedliche Breiten, sind die Resultate andere.

- Etwas anders funktioniert der Menübefehl *Automatischer Abstand*. Zuerst wird der Abstand zwischen den Shapes in *Start/Anordnen/Positionieren/Abstandsoptionen* eingetragen. Außerdem muss sichergestellt sein, dass das Kontrollkästchen *Dynamische Gitter* in *Ansicht/Visuelle Unterstützung* aktiviert ist. Wird nun ein Shape in Richtung eines anderen gezogen, dann signalisieren die grünen Abstandspfeile, dass der gewünschte Abstand erreicht ist. Hinweis: Diese Abstandsoptionen sind keine Einstellung von Visio, sondern von der Datei.

- Und schließlich finden Sie in der Registerkarte *Entwurf* in der Gruppe *Layout* das Symbol *Zeichenblattlayout neu anordnen*. Dann verteilt Visio nach dem vorgegebenen Muster die Shapes auf dem Zeichenblatt. Davon ist jedoch in der Regel abzuraten, weil Sie selbst entscheiden sollten, wo welches Shape platziert werden soll.

> **Hinweis**
> Beim horizontalen Verteilen bleibt das linke Shape am linken, das rechte Shape am rechten Rand und alle übrigen Shapes werden dazwischen verteilt. Das heißt, dass mindestens drei Shapes markiert sein müssen, sonst arbeitet die Verteilen-Funktion nicht. Der automatische Abstand setzt jedoch ein manuelles Verschieben voraus – hierbei ist normalerweise kein Shape markiert.

Beachten Sie, dass durch das Verteilen Shapes von den Führungslinien »getrennt« werden können – das Kleben an der Führungslinie wird dadurch aufgehoben.

Die Shapes und die Master-Shapes

Abbildung 1.50: *Mit der Verteilen-Funktion können mehrere Shapes gleichmäßig verteilt werden*

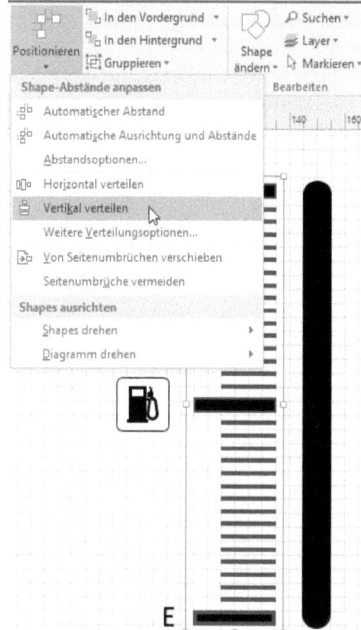

Manchmal wollen Benutzer Shapes kreisförmig anordnen, beispielsweise mehrere Computer um einen Server. Dafür stellt Visio keine Funktion zur Verfügung.

>
> Beachten Sie, dass der automatische Abstand bei eindimensionalen Shapes nicht korrekt arbeitet. Der automatische Abstand ist nur für zweidimensionale Shapes gedacht.

Leider stellt Visio keine Funktion zur Verfügung, um ein Shape auf der Mitte des Zeichenblattes zu platzieren. Deshalb muss man sich mit einem Trick behelfen:

- Ziehen Sie eine Hilfslinie aus dem Lineal auf das Zeichenblatt. Öffnen Sie den Aufgabenbereich *Größe und Position*. Tragen Sie dort die Mitte des Zeichenblatts ein – entweder numerisch oder per Rechnung: 297/2. Markieren Sie die Führungslinie und anschließend das Shape. Mit der Funktionstaste **[F8]** öffnen Sie das Dialogfeld *Shapes ausrichten* und positionieren das Shape in der »Mitte« der Hilfslinie.

- Verschieben Sie das Shape in Richtung der Hilfslinie. Sobald es auf der Mitte zu stehen kommt, werden die mittleren Größenänderungs-Steuerpunkte grün dargestellt – seine Mitte klebt nun auf der Hilfslinie.

Grundlagen von Visio

- Alternativ können Sie beim Verschieben das Kontrollkästchen *Dynamisches Gitter* (*Ansicht/Visuelle Unterstützung/Dynamisches Gitter*) aktivieren. Es hilft Ihnen mittels grüner Linien die Mitte zu treffen.
- Oder Sie achten beim Verschieben des Shapes auf die kleinen gestrichelten Linien des Shapes im Lineal.
- Bei Textfelder können Sie auch den linken Rand auf den linken Zeichenblattrand ziehen; den rechten Rand des Shapes auf den rechten Rand des Zeichenblatts ziehen. Da Textfelder keine Füllfarbe und keine Linienfarbe haben, funktioniert dies problemlos.

Tabelle 1.7: Die Ausrichten- und Verteilen-Funktion

Funktion	Befehl	Schaltfläche	Tastenkombination
Ausrichten	*Start/Anordnen/Ausrichten*		[F8]
Verteilen	*Start/Anordnen/Positionieren*		

Die Reihenfolge der Shapes

Für das tägliche Arbeiten mit Shapes ist der Aspekt der Reihenfolge der Shapes sicherlich von geringerer Bedeutung. Allerdings kann er wichtig werden, wenn neue Shapes aus bestehenden Einzelzeilen zusammengesetzt werden.

Wie alle Grafikprogramme erstellt Visio nicht sichtbare Ebenen, wenn neue Shapes auf einem Blatt gezeichnet werden. Jedes Shape wird auf eine höher liegende Ebene gelegt. Diese Eigenschaft wirkt sich dann aus, wenn zwei Shapes übereinander gelegt werden. Dann wird das zuletzt erzeugte Shape über alle anderen Shapes gelegt. Soll es nun nicht an oberster Stelle, sondern darunter liegen, wird das Symbol *Ebene nach hinten* oder *Ebene nach vorne* aus der Registerkarte *START* Gruppe *Anordnen* verwendet (**Abbildung 1.51**). Bei mehreren Shapes kann das vorderste Shape in der Reihenfolge ganz nach hinten oder auch zwischen zwei vorhandene Shapes geschoben werden. Ganz nach hinten entspricht dem Menübefehl *In den Hintergrund*. Diese vier Aktionen finden sich auch im Kontextmenü des Shapes.

 Beachten Sie, dass der Begriff *Ebene* bei den Layern auftaucht. Diese *Ebene* hat allerdings nicht mit *Ebene nach hinten* oder *Ebene nach vorne* zu tun.

Die Shapes und die Master-Shapes

Werden mehrere Shapes markiert, so gilt diese Reihenfolgenaktion für alle markierten Shapes.

> **Hinweis:** Beachten Sie, dass Shapes nicht hinter andere Shapes gelegt werden können, die sich auf dem Hintergrund befinden. Das Hintergrund-Zeichenblatt liegt immer hinter sämtlichen Shapes. Vielleicht ist die Begrifflichkeit ein wenig verwirrend: *In den Hintergrund* bedeutet nicht auf das Hintergrundblatt.

Da Führungslinien auch Shapes sind, ist es folglich möglich, Shapes hinter (oder vor) eine Führungslinie zu legen, wie Sie in **Abbildung 1.54** sehen können.

Abbildung 1.51: *Der Wachmann befindet sich zuerst hinter, anschließend vor dem Gebäude.*

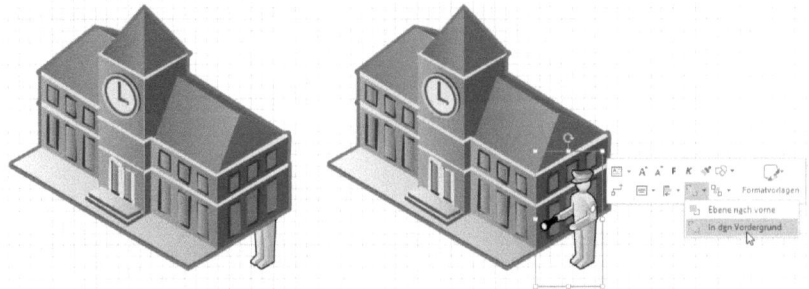

Tabelle 1.8: *Die vier Reihenfolgenpositionen*

Funktion	Befehl	Schaltfläche	Tastenkombination
Eine Ebene vor	*Start/Anordnen*		
In den Vordergrund	*Start/Anordnen*		[Umschalt]+[Strg]+[F] (F=Foreground)
Eine Ebene dahinter	*Start/Anordnen*		
In den Hintergrund	*Start/Anordnen*		[Umschalt]+[Strg]+[B] (B=Background)

1.5.13. Lineale

Ist auf der Registerkarte *Ansicht* in der Gruppe *Anzeigen* das Kontrollkästchen *Lineal* aktiviert, und ist im Dialogfeld *Ausrichten und Kleben* auf der Registerkarte *Ansicht/Visuelle Unterstützung* auf der Registerkarte *Allgemein* das Kontrollkästchen *Einrasten an: Linealeinteilung* eingeschaltet, rasten Shapes, wenn sie über das Zeichenblatt gezogen werden, in

Grundlagen von Visio

den Teilstrichen ein. (Das Dialogfeld öffnen Sie, indem Sie in der Gruppe *Ansicht/Visuelle Unterstützung* auf das Startprogramm für ein Dialogfeld klicken.) Diese Option hilft bei der exakten Positionierung von Shapes.

Die Einteilung der Striche innerhalb des Lineals kann über die Gruppe *Anzeigen* festgelegt werden. Dabei stehen Ihnen die drei Optionen *Fein*, *Standard* oder *Grob* sowohl Horizontal als auch Vertikal zur Verfügung. Diese Abstände verändern sich, wenn der Zoomfaktor vergrößert oder verkleinert wird.

Eine feste Linealeinteilung, die sich durch das Ein- und Auszoomen nicht ändert, existiert in Visio nicht.

Der Nullpunkt der beiden Lineale fällt mit dem linken, unteren Eck des Zeichenblatt zusammen. Sollte er geändert werden (beispielsweise nach links oben), kann mit gedrückter [Strg]-Taste der Kreuzungspunkt zwischen den beiden Linealen verschoben werden. An dieser Stelle befindet sich nun der neue Ursprung.

Mit einem Doppelklick auf den Kreuzungspunkt der beiden Lineale wird der Ursprung wieder zurück in die linke, untere Ecke zurückgesetzt.

1.5.14. Führungslinien und Führungspunkte

Eine weitere Möglichkeit, um Shapes schnell an einen bestimmten Ort zu befördern, stellen Führungslinien (Hilfslinien) und Führungspunkte dar. Führungslinien werden mit gedrückter Maustaste aus dem vertikalen oder horizontalen Lineal herausgezogen, Führungspunkte direkt aus der Ecke zwischen den beiden Linealen. Markierte Führungslinien sind dick blau dargestellt, nicht markierte werden durch eine gestrichelte blaue Linie gekennzeichnet. Bei einer großen Zoomeinstellung kann die Führungslinienposition exakt anhand des Lineals bestimmt werden.

Im Aufgabenbereich *Größe und Position* kann die exakte Lage numerisch eingegeben werden. Das Fenster wird über die Registerkarte *Ansicht* aktiviert. Beachten Sie, dass horizontale Führungslinien nur einen Y-Wert besitzen, vertikale nur einen X-Wert, auch wenn beide Zahlen angezeigt werden.

Im Aufgabenbereich *Größe und Position* können Führungslinien gedreht werden. Dazu muss lediglich der Winkel eingegeben werden. »Per Hand« können Sie die Führungslinie nicht drehen. Natürlich können Sie gleich die Shapes über das Fenster *Größe und Position* an die korrekte Stelle auf dem Zeichenblatt befördern. Jedoch haben Führungslinien zwei Vorteile: Shapes können an ihnen kleben, so dass beim Verschieben von Führungslinien

Die Shapes und die Master-Shapes

die Shapes »mitwandern«. Zum zweiten können Sie mit Hilfe einer Führungslinie die Oberkante eines Shapes bündig zur Unterkante eines anderen Shapes ausrichten – Visio stellt keine Ausrichten-Option dafür zur Verfügung.

Übrigens: an der Stelle des Lineals, an dem Sie die Führungslinie herausziehen, befindet sich nun der Pin, also der DrehBezPos, auf der Hilfslinie. Um diesen Punkt herum wird die Führungslinie gedreht; er wird im Fenster *Größe und Position* angezeigt.

Wurden über die Registerkarte *Ansicht* die Führungslinien ausgeblendet, können sie nicht verwendet werden. Ebenso können keine neuen Führungslinien auf das Blatt gezogen werden.

Führungslinien werden wie Shapes behandelt (sie sind intern sogar zweidimensionale Shapes). Das heißt, sie können nicht nur markiert und verschoben werden, sondern sie können auch kopiert oder dupliziert werden. Mit gedrückter [Strg]-Taste oder mit dem Befehl *Start/Zwischenablage/Einfügen/Duplizieren* werden sie dupliziert. Ebenso steht Ihnen die Verteilen-Funktion für mehrere markierte Führungslinien zur Verfügung.

Auch wenn dies fast klar ist: Zwar werden Führungslinien wie Shapes behandelt, aber sie werden nicht ausgedruckt, wie Sie in der Seitenansicht (Befehl *Datei/Drucken*) leicht sehen können. Sie finden diese Option im Dialogfeld des Befehls *Verhalten* (*Entwicklertools/Shape-Design*). Sie lautet *Nicht druckbares Shape*.

Abbildung 1.52: Der Aufgabenbereich Größe und Position mit den Linealinformationen

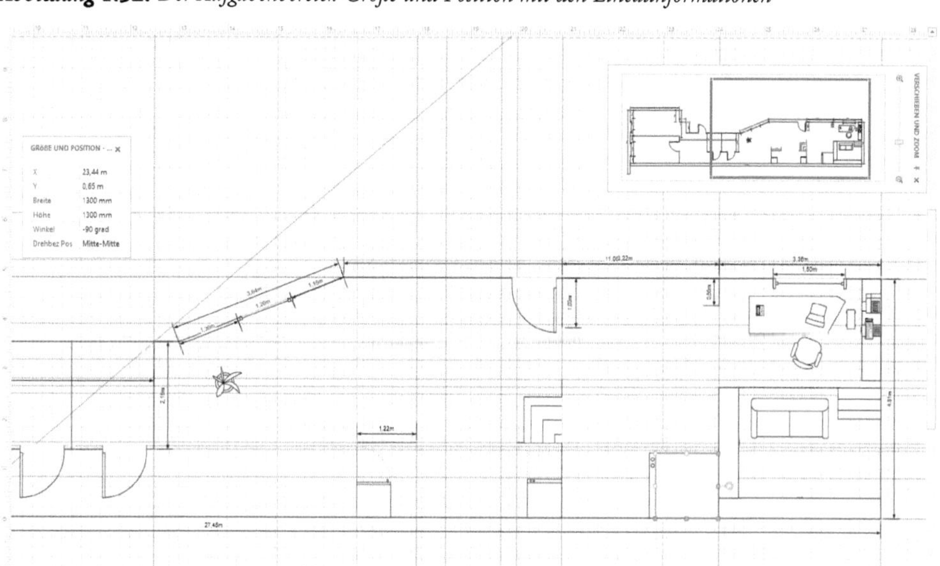

Grundlagen von Visio

Eine Führungslinie wird gelöscht, indem sie markiert wird und mit der Taste **[Entf]** entfernt wird. Es ist nicht möglich, eine Führungslinie aus dem Zeichenblatt herauszuziehen, um sie so zu löschen.

Jedes zweidimensionale Shape wird von einem Rechteck eingefasst. Dieses kann nun an eine der vier Ränder an eine horizontale oder vertikale Führungslinie geklebt werden. Sobald das Shape beim Verschieben in die Nähe einer Führungslinie kommt, wird der seitliche Größenänderungs-Steuerpunkt grün – das Shape wird »magnetisch« angezogen. Die magnetische Eigenschaft kann im Dialogfeld *Ausrichten und Kleben* auf der Registerkarte *Allgemein* im Bereich *Ankleben an* deaktiviert werden. (Dieses Dialogfeld öffnen Sie, indem Sie in der Befehlsgruppe *Ansicht/Visuelle Unterstützung* auf das Startprogramm für ein Dialogfeld klicken.) das erkennbare Einrasten könnte auf der gleichen Registerkarte in der Kategorie *Einrasten an* ausgeschaltet werden. Wird nun die Führungslinie verschoben, ändert sich die Lage des Shapes.

Die »Stärke der magnetischen Anziehungskraft« wird in der zweiten Registerkarte *Weitere Optionen* eingestellt.

Führungslinien können nur per Mausklick markiert werden – nicht, indem Sie ein Rechteck um sie herum ziehen, da ihre Ausdehnung unendlich lang ist. Jedoch werden sie bei der Option *Start/Markieren/Alles markieren* (**[Strg]+[A]**) mit markiert.

Wenn Sie schnell sämtliche Führungslinien markieren möchten, können Sie es über den Befehl *Start/Bearbeiten/Markieren/Nach Typ auswählen* erreichen.

Wenn Sie häufig Führungslinien verwenden, können Sie beim Ausrichten von mehreren Shapes angeben, dass die Shapes nicht nur zueinander verteilt oder ausgerichtet, sondern zugleich an eine Führungslinie geklebt werden (Registerkarte *Start/Anordnen/Positionieren*). Die Befehle *Weitere Verteilungsoptionen* und das Dialogfeld *Shapes ausrichten* **[F8]** stellen die Option *Führungslinie erstellen und Shapes kleben* zur Verfügung.

Abbildung 1.53: Führungslinien sind Positionierungshilfen

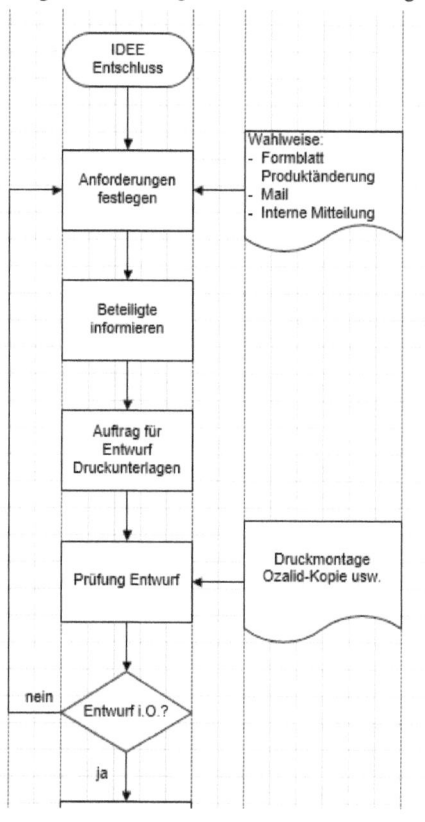

Es ist trivial, dennoch soll es explizit erwähnt werden: Wird das Gitter ausgeblendet (Menübefehl *Ansicht*), steht die Einrasten-Funktion des Gitters dennoch zur Verfügung. Anders jedoch bei den Hilfslinien: Die Shapes kleben nicht mehr an Führungslinien, wenn diese unsichtbar sind (*Ansicht/Anzeigen/Führungslinien*).

Wenn Sie häufig das Gitter, die Lineale und Führungslinien ein- und ausblenden, können Sie sich die entsprechenden Symbole in der Symbolleiste für den Schnellzugriff hinzufügen.

Da Führungslinien Shapes sind, liegen sie auf einer Seite, und erscheinen folglich nicht auf der nächsten Seite. Sollen Sie dagegen auf allen Seiten einer Datei sichtbar sein, müssen sie auf das Hintergrundblatt gelegt werden. Erstaunlicherweise rasten Shapes auch an Führungslinien ein, die auf einem Hintergrundblatt liegen, obgleich sie nicht daran festkleben. Umgekehrt bedeutet dies: Wird auf einem leeren Zeichenblatt eine oder mehrere

Grundlagen von Visio

Führungslinien angeordnet, kann diese Datei als Vorlage für neue Zeichnungen abgespeichert werden. Wie dies funktioniert, wird im siebten Kapitel (*Anpassen von Visio*) erklärt.

Man kann Führungslinien auch in der Vordergrund bringen. Einfach markieren (am besten über *Start/Bearbeiten/Markieren/Nach Typ auswählen/Führungslinien*). Und anschließend mit dem entsprechenden Befehl in den Vordergrund bringen.

Abbildung 1.54: *Auch Führungslinien können sich vor den anderen Shapes befinden.*

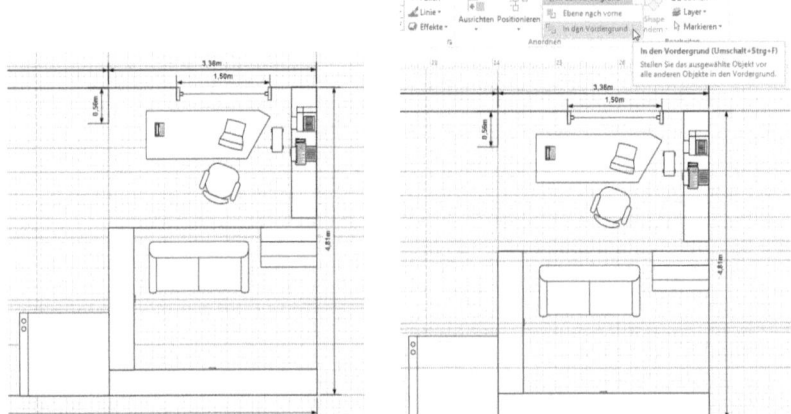

Tipp

Übrigens: Hilfslinien können auch verwendet werden, wenn Sie Verbindungslinien ausrichten möchten. Oder wenn Sie mehrere Texte »ordentlich« auf eine Linie platzieren möchten.

Hinweis

Führungslinien sind Shape und verhalten sich in vielen Dingen ebenso wie die anderen Shapes auf dem Zeichenblatt. Und so kann man Führungslinien auch schützen.

Wenn Sie eine Hilfslinie nicht markieren können, ist sie entweder geschützt, liegt auf einem Layer, der geschützt ist oder liegt auf dem Hintergrundblatt und kann so auf dem Vordergrundblatt nicht markiert werden.

1.5.15. Das Gitter

Das ruckartige Bewegen beim Ziehen von Shapes rührt daher, dass die Option *Einrasten an Gitter* aktiviert ist. Sie finden diese Option auf der Registerkarte *Allgemein* des Dialogfelds *Ausrichten und Kleben*, das Sie über *Ansicht/Visuelle Unterstützung* öffnen können. Diese Einstellung bewirkt, dass ein Shape nur in diesem vorgegebenen Raster bewegt werden kann. Die Entfernungen des Rasters und die Einstellungen des Lineals werden in der Gruppe *Anzeigen* im Dialogfeld *Lineal und Gitter* bestimmt.

Die Shapes und die Master-Shapes

Die drei Einstellungen *Fein*, *Standard* und *Grob* beim Gitter legt fest, dass sich der Abstand der Gitterlinien mit vergrößertem oder verkleinertem Zoom ändert. *Fest* dagegen bedeutet, dass der Gitterabstand starr bleibt – unabhängig vom gewählten Zoomfaktor. Beachten Sie, dass es keine Möglichkeit in Visio – anders als in einigen CAD-Programmen – gibt, nur auf dem Raster zu zeichnen, ohne in die Zwischenräume zu gelangen.

Abbildung 1.55: *Die Unterteilung des Lineals und des Gitters können verändert werden.*

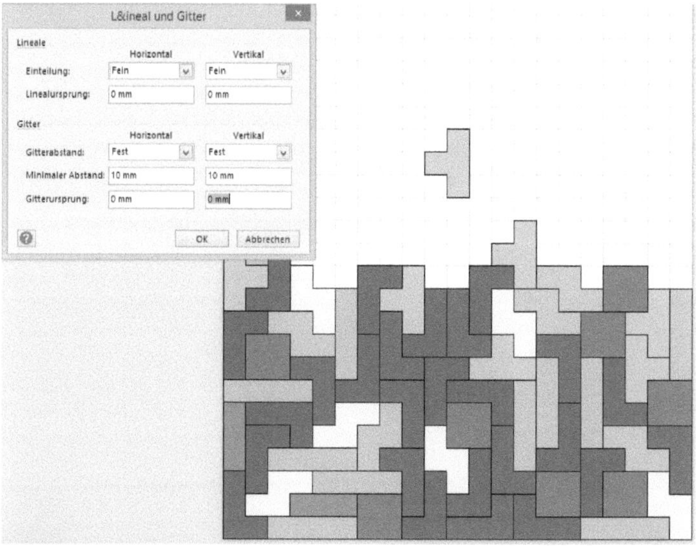

Beachten Sie, dass eine falsche Monitorkalibrierung dazu führen kann, dass das Gitter gar nicht oder nicht korrekt angezeigt wird.

Übrigens können Sie das Gitter ausdrucken – Sie finden diese Option im Dialogfeld *Seite einrichten*, zu dem Sie über die Befehlsgruppe *Entwurf/Zeichenblatt einrichten* auf das Startprogramm für ein Dialogfeld klicken.

Das Dialogfeld zum Einrasten und Kleben kann mit der Tastenkombination [Alt]+[F9] geöffnet werden.

Grundlagen von Visio

Tabelle 1.9: *Vier wichtige Hilfen zum exakten Positionieren*

Funktion	Befehl	Schaltfläche	Tastenkombination
Einrasten	Ansicht/Visuelle Unterstützung/Dynamisches Gitter		[Umschalt]+[F9]
Kleben	Ansicht/Visuelle Unterstützung/Startprogramm für das Dialogfeld	![icon]	[F9]
Lineal	Ansicht/Anzeigen/Lineal		
Gitter	Ansicht/Anzeigen/Gitternetz		

Wird in der Registerkarte *Ansicht* in der Gruppe *Visuelle Unterstützung* die Option *Dynamisches Gitter* aktiviert, erscheinen Positionierungshilfslinien im Verhältnis zu vorhandenen Shapes. So können schnell beim Erzeugen von neuen Shapes diese an schon existierenden ausgerichtet werden. Weitere Informationen finden Sie auf der Registerkarte *Weitere Optionen* des Dialogfelds *Ausrichten und Kleben*:

Abbildung 1.56: *Weitere Optionen*

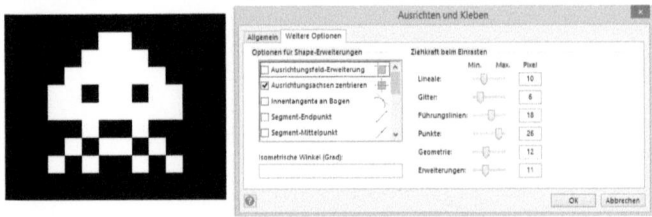

Abbildung 1.57: *Das dynamische Gitter*

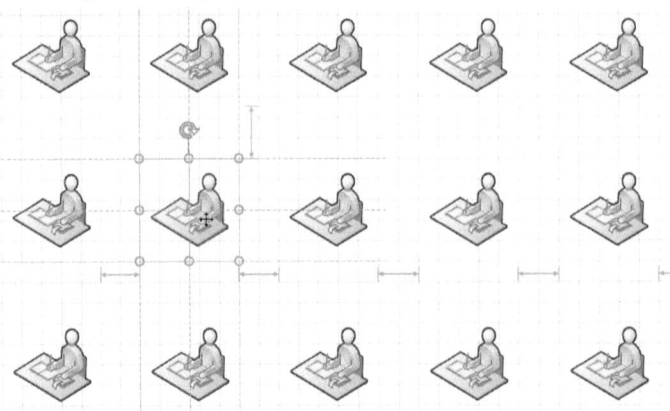

Tabelle 1.10: *Die Optionen im Dialogfeld Einrasten und Kleben*

Die Shapes und die Master-Shapes

Optionen	Bedeutung
Ausrichtungsfeld-Erweiterung	Zeigt eine Linie an, die entlang des Ausrichtungsfeldes eines Shapes verläuft.
Ausrichtungsachsen zentrieren	Zeigt eine Linie an, die entlang der Mitte des Ausrichtungsfeldes eines Shapes verläuft.
Innentangente an Bogen	Wenn Sie den Cursor über einem Bogensegment halten, wird eine Linie angezeigt, die die Tangente der Krümmung am Mittelpunkt des Bogensegments darstellt.
Segment-Endpunkt	Wenn Sie den Cursor über einem Linien- oder Bogensegment halten, wird der Endpunkt hervorgehoben. Ein Liniensegment kann Linien-Shapes sowie Linien enthalten, aus denen die Seiten eines Polygons zusammengesetzt sind.
Segment-Mittelpunkt	Wenn Sie den Cursor über einem Linien- oder Bogensegment halten, wird der Mittelpunkt hervorgehoben. Ein Liniensegment kann Linien-Shapes sowie Linien enthalten, aus denen die Seiten eines Polygons zusammengesetzt sind.
Lineare Erweiterung	Wenn Sie den Cursor über einem Liniensegment halten, wird eine Linie für das Liniensegment angezeigt, das ab dem nächstgelegenen Endpunkt weitergeführt wird. Ein Liniensegment kann Linien-Shapes sowie Linien enthalten, aus denen die Seiten eines Polygons zusammengesetzt sind.
Gekrümmte Erweiterung	Wenn Sie den Cursor über einem Bogensegment halten, wird eine Linie angezeigt, die das Aussehen des Bogens als Ellipse illustriert. Bei Freihand-Shapes wird die Krümmung am nächstgelegenen Endpunkt erweitert.
Senkrechte an Endpunkt	Wenn Sie den Cursor über einem Linien- oder Bogensegment halten, wird eine senkrechte Linie am Endpunkt des nächstgelegenen Liniensegments angezeigt. Ein Liniensegment kann Linien-Shapes sowie Linien enthalten, aus denen die Seiten eines Polygons zusammengesetzt sind.
Senkrechte an Mittelpunkt	Wenn Sie den Cursor über einem Linien- oder Bogensegment halten, wird eine senkrechte Linie am Mittelpunkt des Liniensegments oder Bogens angezeigt. Ein Liniensegment kann Linien-Shapes sowie Linien enthalten, aus denen die Seiten eines Polygons zusammengesetzt sind.
Horiz. Linie an Endpunkt	Wenn Sie den Cursor über einem Linien- oder Bogensegment halten, wird eine horizontale Linie am Endpunkt angezeigt. Da die Linie horizontal zum Bildschirm und nicht zum Zeichenblatt verläuft, wird sie von einer Rotation des Zeichenblattes nicht beeinflusst. Ein

Grundlagen von Visio

Optionen	Bedeutung
	Liniensegment kann Linien-Shapes sowie Linien enthalten, aus denen die Seiten eines Polygons zusammengesetzt sind.
Vert. Linie an Endpunkt	Wenn Sie den Cursor über einem Linien- oder Bogensegment halten, wird eine vertikale Linie am Endpunkt angezeigt. Da die Linie vertikal zum Bildschirm und nicht zum Zeichenblatt verläuft, wird sie von einer Rotation des Zeichenblattes nicht beeinflusst. Ein Liniensegment kann Linien-Shapes sowie Linien enthalten, aus denen die Seiten eines Polygons zusammengesetzt sind.
Mittelpunkt der Ellipse	Wenn Sie den Cursor über einer Ellipse halten, wird der Mittelpunkt der Ellipse hervorgehoben.
Isometrische Achsen	Wenn Sie den Cursor über einem Scheitelpunkt halten, werden Linien durch die Winkel angezeigt, die im Feld Isometrische Winkel (Grad) angegeben wurden. Sie können bis zu zehn Winkel (in Grad), getrennt durch Kommas, eingeben. Diese Option ist vor allem bei der Erstellung von isometrischen Zeichnungen nützlich.
Isometrische Winkel (Grad)	Falls unter Optionen für Shape-Erweiterungen der Eintrag Isometrische Achsen aktiviert ist und Sie den Cursor über dem Eckpunkt eines Rechteckes bzw. dem Endpunkt eines Linien- oder Bogensegments halten, werden Linien durch die angegebenen Winkel angezeigt, z. B. 30 Grad, 60 Grad oder 90 Grad. Sie können bis zu zehn Winkel (in Grad), getrennt durch Kommas, eingeben. Diese Option ist vor allem bei der Erstellung von isometrischen Zeichnungen nützlich. Ein Liniensegment kann Linien-Shapes sowie Linien enthalten, aus denen die Seiten eines Polygons zusammengesetzt sind.
Ziehkraft beim Einrasten	Gibt den Abstand in Pixeln an, ab dem Gitter, Führungslinien, Lineale oder Punkte (Verbindungspunkte, Scheitelpunkte, Kontrollpunkte) Shapes anziehen, wenn Einrasten aktiv ist.

Die Shapes und die Master-Shapes

Abbildung 1.58: *Hilfreiche Optionen beim Erzeugen von neuen Shapes. Hier:* Ausrichtungsfeld-Erweiterung *und* Ausrichtungsachsen zentrieren

1.5.16. Drehen und Spiegeln

Im Abschnitt Der Drehpunkt wurde das manuelle Drehen eines Shapes mit dem Drehpunkt beschrieben. Ein Shape wird immer um den Drehpunkt (Pin) gedreht. Sie finden seine Position im Fenster *Größe und Position* unter *Drehbez Pos*. Normalerweise sitzt er in der Mitte-Mitte, das heißt in der horizontalen und vertikalen Mitte des Shapes.

Nach Markieren des Shapes und nachdem Sie den Mauszeiger über den Drehpunkt gezogen haben, kann der Drehpunkt mit der Maus in seiner Position verändert werden.

Wenn Sie ihn in die Nähe der vier Eckpunkte ziehen, hilft Ihnen die Einrasten-Funktion bei der exakten Positionierung. Wird das Shape anschließend gedreht, wird es um diese neue Position gedreht. Im Aufgabenbereich *Größe und Position* (Registerkarte *Ansicht*) kann der Winkel numerisch eingegeben werden. Dort kann ebenso die Position des Drehpunktes festgelegt werden (**Abbildung 1.59**).

Soll ein Shape um 90 Grad gedreht werden, finden sich in der Registerkarte *Start* im Menü der Schaltfläche *Anordnen/Positionierung/Shapes drehen* zwei Befehle, die das Shape um 90 Grad nach rechts oder nach links drehen. Shapes können an einer vertikalen oder horizontalen Achse durch den Drehpunkt gespiegelt werden – jedoch sehen Sie nur bei nichtsymmetrischen Shapes das Ergebnis. Hierfür stehen die beiden Symbole *Horizontal spiegeln* und *Vertikal umdrehen* zur Verfügung. Wird der Drehpunkt vor dem Kippen aus dem Shape herausgezogen, so ist er noch immer Bezugspunkt für die Kippaktion – nur wird jetzt das Shape von seinem ursprünglichen Ort entfernt.

Grundlagen von Visio

Abbildung 1.59: Der Winkel kann numerisch festgelegt werden.

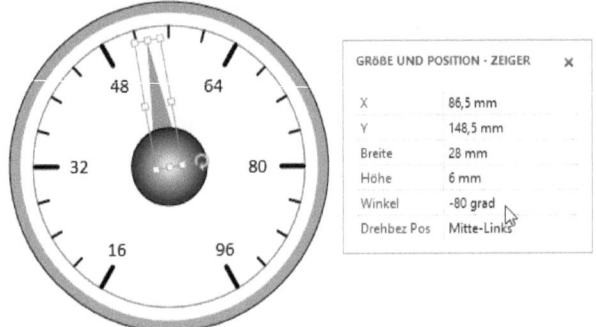

> **Hinweis**
> Beachten Sie, dass für sämtliche Dreh- und Kippaktion der Drehpunkt den ausschlaggebenden Bezugspunkt darstellt: an ihm werden Shapes gedreht und gespiegelt.

Beim Drehen gilt Ähnliches wie beim Verschieben. Das zugrunde liegende Raster bewirkt ein schrittweises Drehen. Sollen die Abstände der Schritte verkleinert werden, muss der Zoomfaktor vergrößert werden.

Tabelle 1.11: Die vier Möglichkeiten Shapes zu spiegeln und zu kippen

Funktion	Befehl	Schaltfläche	Tastenkombination
Horizontal kippen	*Start/Anordnen/Position/Shapes drehen/Horizontal kippen*		[Strg]+[H]
Vertikal kippen	*Start/Anordnen/Position/Shapes drehen/Vertikal kippen*		[Strg]+[J]
Nach rechts drehen	*Start/Anordnen/Position/Shapes drehen/Rechtsdrehung 90 Grad*		[Strg]+[R]
Nach links drehen	*Start/Anordnen/Position/Shapes drehen/Linksdrehung 90 Grad*		[Strg]+[L]

1.5.17. Shapes gruppieren

Eine Besonderheit gegenüber anderen Grafik- oder Präsentationsprogrammen stellt bei Visio das Gruppieren dar. Zwei oder mehrere Shapes können zu einer Gruppe zusammengefasst werden.

Die Shapes und die Master-Shapes

- Markieren Sie zwei oder mehrere Shapes.
- Gruppieren Sie die Shapes, indem Sie auf der Registerkarte *Start* in der Gruppe *Anordnen* den Befehl *Gruppieren/Gruppieren*, die Tastenkombination [Strg]+[G] oder [Umschalt]+[Strg]+[G] oder das Kontextmenü verwenden (**Abbildung 1.60**).
- Sie sehen nun nicht mehr die einzelnen Shapes mit blauen Linien angezeigt, sondern die Gruppe als ein Shape mit Größenänderungs-Steuerpunkten.

Mehrere Shapes, die zu einer Gruppe zusammengefasst wurden, haben gegenüber einzelnen markierten (aber nicht gruppierten) Shapes den Vorteil, dass sie wie ein Objekt behandelt werden. Stimmt beispielsweise die Lage zweier Shapes auf dem Zeichenblatt und soll ein drittes Shape in der Mitte von beiden liegen, so dürfen nicht alle Shapes zentriert werden, da sie sonst übereinander zu liegen kommen. Besser wäre es, die beiden »fixen« Shapes zu gruppieren und dann das dritte Shape zu dieser Gruppe zu zentrieren.

Nach oben beschriebener Aktion kann die Gruppe wieder aufgelöst werden. Gruppen haben jedoch nicht nur diesen temporären Sinn. Eine andere Funktion der Gruppierung besteht darin, ein neu erstelltes Shape zusammenzuhalten. Stellen Sie sich ein Shape vor, das aus mehreren Teilen besteht. Würde der Benutzer fälschlicherweise an einem Teil ziehen, würde er dieses Teil aus dem Ganzen des Objekts herauslösen. Um dies zu verhindern, kann eine Gruppe erstellt werden.

Wird die Gruppe erneut markiert, erscheinen die Größenänderungs-Steuerpunkte um diese Gruppe. Visio erstellt nun ein neues Shape. Wurden drei Shapes auf einem Zeichenblatt zu einer Gruppe zusammengefasst, so befinden sich nun vier Shapes auf dem Blatt.

Abbildung 1.60: Mehrere Shapes werden zu einer Gruppe zusammengefasst.

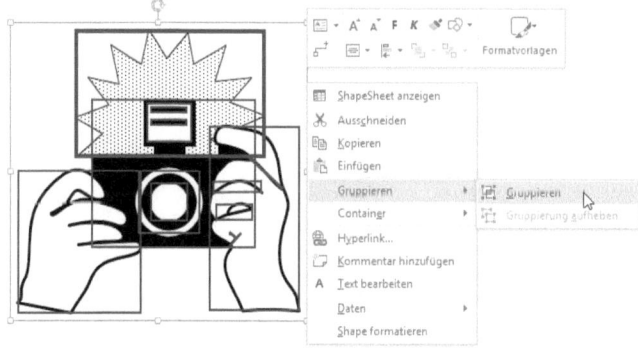

Werden zwei Linien oder eine Linie und ein Rechteck miteinander gruppiert, ist das Ergebnis immer ein Rechteck, wie Sie leicht über *Entwicklertools/Shape-Design* im Dialogfeld *Verhalten* nachsehen können.

Soll nun ein Element der Gruppe bearbeitet werden, beispielsweise formatiert, verschoben, verändert oder gelöscht, genügt ein zweiter Klick auf dieses Gruppenmitglied, um ein Element der Gruppe zu markieren und nun zu verändern – so, als wäre es kein Teil der Gruppe (**Abbildung 1.61**).

Abbildung 1.61: *Ein Mitglied der Gruppe wurde markiert.*

Beim Markieren eines Shapes innerhalb einer Gruppe müssen Sie weder eine bestimmte Taste drücken, um die Elemente einer Gruppe zu bearbeiten, noch muss man die Gruppe auflösen.

> **Hinweis**
>
> Sämtliche Shapes in Visio-Schablonen sind, wenn sie mehrere Formate beinhalten, als »flache« Gruppe zusammengefasst. Das bedeutet, dass sie jederzeit in Gruppenelemente zerlegt werden können. Sie erhalten die Warnung, dass das Aufheben der Gruppierung die Verknüpfung zwischen dem Master-Shape und dem Objekt trennt.

Sie können auch ein einzelnes Shape zu einer Gruppe (*Start/Anordnen/Gruppieren*) konvertieren. Welchen Sinn hat dies? So können nun neue Shapes zu dieser Gruppe hinzugefügt werden (*Start/Gruppieren/Zur Gruppe hinzufügen*). Oder – Wenn Sie die Eigenschaft »Abgelegte Shapes annehmen« einschalten, dann können Shapes, die die Eigenschaft »Shape beim Ablegen der Gruppe hinzufügen« per Drag & Drop in diese aus einem Shape bestehenden Gruppe hinzugefügt werden.

Die Shapes und die Master-Shapes

> **Tipp**
>
> Der Klick auf ein Mitglieds-Shape der Gruppe markiert dieses Element. Dass dies möglich ist, verdanken wir einer Einstellung in der Dialogfeld *Verhalten*, das Sie mit dem Befehl *Entwicklertools/Shape-Design/Verhalten* öffnen. Dort wird in der Liste *Auswahl* festgelegt, ob der erste Klick auf die Gruppe die Gruppe markiert und der zweite Klick ein einzelnes Element oder umgekehrt. Oder ob eine Gruppe nur als Gruppe markierbar ist. Wird diese Option eingestellt, so stellt sich die Frage, wie man »in die Gruppe gelangt«, um Veränderungen an einem der Gruppenmitglieder vornehmen zu können.

Abbildung 1.62: *Das Dialogfeld* Verhalten

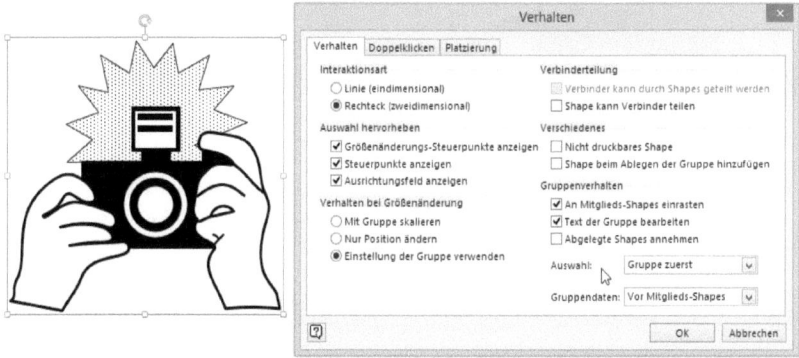

Im zweiten Blatt *Doppelklicken* des Verhalten-Dialogfelds kann eingestellt werden, dass ein Doppelklick auf die Gruppe den Gruppeneditor öffnet. In den früheren Visio-Versionen war dies die einzige Möglichkeit, Mitglieds-Shapes von Gruppen zu bearbeiten zu können, ohne die Gruppe zu zerlegen. In Visio 2013/2016 gelangen Sie in die Gruppe, indem Sie über das Kontextmenü die *Gruppe öffnen*.

Um ein Element aus einer vorhandenen Gruppe herauszuholen, kann dieses markiert werden und über das Symbol *Aus der Gruppe entfernen* extrahiert werden, das Sie in der Registerkarte *Start/Anordnen/Gruppieren* finden.

Grundlagen von Visio

Abbildung 1.63: *Wird im zweiten Blatt* Doppelklicken *festgelegt, dass die Gruppe in einem neuen Fenster geöffnet wird, kann die Gruppe im Gruppeneditor bearbeitet werden*

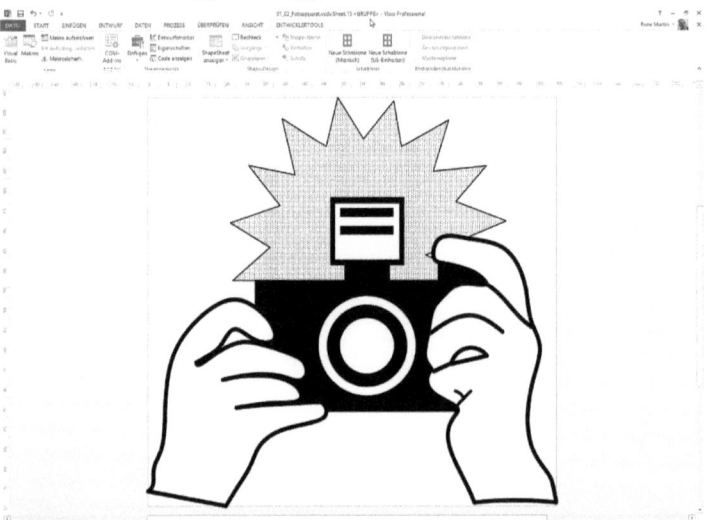

 **Tipp:** In den Gruppeneditor gelangen Sie auch über das Kontextmenü *Gruppieren/Gruppe öffnen*.

Soll ein weiteres Element zur Gruppe hinzugefügt werden, sollten Sie keine neue Gruppe erstellen, sondern Sie müssen dieses Element und die Gruppe markieren. Der Befehl *Start/Anordnen/Gruppieren/Zur Gruppe hinzufügen* addiert das Shape zur Gruppe (**Abbildung 1.64**). Würden Sie eine neue Gruppe erstellen, also zwei Gruppen ineinander schachteln, hätten Sie zum einen ein weiteres Objekt (was bei einer großen Anzahl von Objekten den Speicher unnötig belastet). Noch ärgerlicher ist, dass es bei ineinander verschachtelten Gruppen sehr mühsam ist, an ein Shape in der inneren Gruppe zu gelangen: Sie müssten mehrmals auf die Gruppe in der Gruppe in der Gruppe … klicken, bis Sie zu dem inneren Element gelangten.

Die Shapes und die Master-Shapes

Abbildung 1.64: *Neue Elemente können problemlos zu einer Gruppe hinzugefügt werden.*

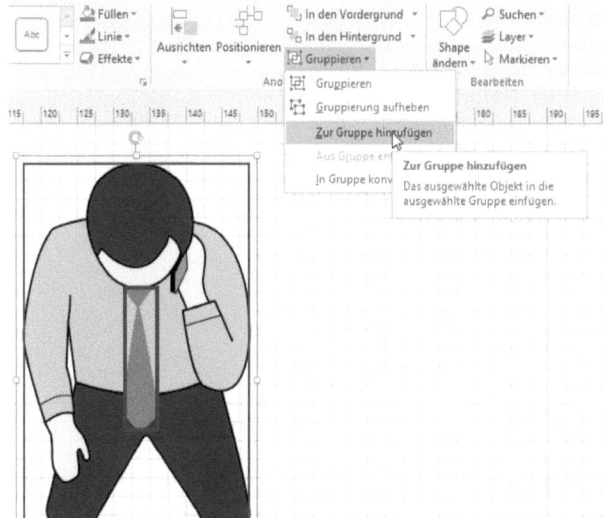

Es existiert noch folgende weitere Möglichkeit, Shapes zu einer Gruppe hinzuzufügen.

- Wählen Sie Registerkarte *Entwicklertools/Shape-Design/Verhalten* und schalten Sie im Dialogfeld *Verhalten* die Option aus *Abgelegte Shapes annehmen* ein.
- Aktivieren Sie für ein anderes Shape im gleichen Dialogfeld *Verhalten*, dass das *Shape beim Ablegen der Gruppe hinzugefügt wird*. Nur so erreichen Sie, dass andere Shapes zu Mitgliedern der Gruppe werden.

Diese Option könnte interessant sein, wenn Sie regelmäßig Gruppen erstellen, die aus mehreren Mitglieds-Shapes bestehen, aber variieren können. So kann nach dem Baukastenprinzip zu einer Gruppe ein neues Shape hinzugefügt werden.

 Gruppen sollen »flach« bleiben: Vermeiden Sie Gruppen in Gruppen! Denn nur so stellen Sie sicher, dass Sie im Nachhinein Teile der Gruppe problemlos verändern können, ohne das ganze Objekt neu erstellen zu müssen.

Gruppen haben eine weitere Bedeutung. Wird ein Objekt aus einem anderen Programm in Visio eingefügt, so ist der Ursprung noch bekannt – mit einem Klick mit der rechten Maustaste auf das Objekt wird das Ursprungsprogramm geöffnet. Wenn Sie für ein solches Objekt *In Gruppe umwandeln* wählen, wird die ursprüngliche Verbindung gelöst.

Grundlagen von Visio

Tabelle 1.12: Die Gruppenoptionen

Funktion	Befehl	Schaltfläche	Tastenkombination
Gruppieren	*Start/Anordnen/Gruppieren/Gruppieren*		[Strg]+[G] oder [Umschalt]+[Strg]+ [G]
Gruppieren aufheben	*Start/Anordnen/Gruppieren/Gruppierung aufheben*		[Umschalt]+[Strg]+[U]
Shape zu einer Gruppe hinzufügen	*Start/Anordnen/Gruppieren/Zur Gruppe hinzufügen*		
Shape aus einer Gruppe herauslösen	*Start/Anordnen/Gruppieren/Aus Gruppe entfernen*		
Eine Metafile-Datei in eine Gruppe konvertieren	*Start/Anordnen/Gruppieren/In Gruppe konvertieren*		

Übrigens: wenn Sie sich nicht sicher sind, ob ein Objekt eine Gruppe ist oder nicht, so kann dies über das Dialogfeld *Verhalten (Entwicklertools/Shape-Design)* eingesehen werden. Ist der rechte Teil »Gruppenverhalten« inaktiv, handelt es sich nicht um eine Gruppe. Falls Sie die Registerkarte *Entwicklertools* nicht sehen, können Sie sie im Dialogfeld *Visio-Optionen (Datei/Optionen)* aktivieren, indem Sie in der Kategorie *Erweitert* das Kontrollkästchen *Im Entwicklermodus ausführen* einschalten. Oder Sie sehen im Kontextmenü des Shapes nach. Wenn dort beim Menüpunkt *Gruppieren* die Option *Gruppierung aufheben* nicht aktiv ist, handelt es nicht um eine Gruppe, wie beispielsweise das Shape in **Abbildung 1.65**.

Zwar zeigt Visio eine leicht gepunktete Linie um die Gruppe an, wenn ein Element der Gruppe markiert wird, aber diese ist nicht immer auf den ersten Blick zu erkennen.

Um schnell sämtliche gruppierten Objekte eines Zeichenblattes zu markieren, steht Ihnen der Befehl *Start/Bearbeiten/Markieren/Auswählen nach Typ* zur Verfügung. Dort kann gewählt werden, dass nur Gruppen markiert werden. Darüber könnten Sie auch schnell herausfinden, bei welchen Shapes es sich um Gruppen handelt und bei welchen nicht.

Die Option *An Mitglieds-Shapes einrasten* im Symbol *Verhalten* bedeutet, dass die Kindelemente der Gruppe ihr Verhalten nicht verlieren. Neue Shapes rasten nicht nur an der Gruppe, sondern auch an den Elementen der Gruppe ein.

Die Shapes und die Master-Shapes

Abbildung 1.65: Die Krawatte ist keine Gruppe.

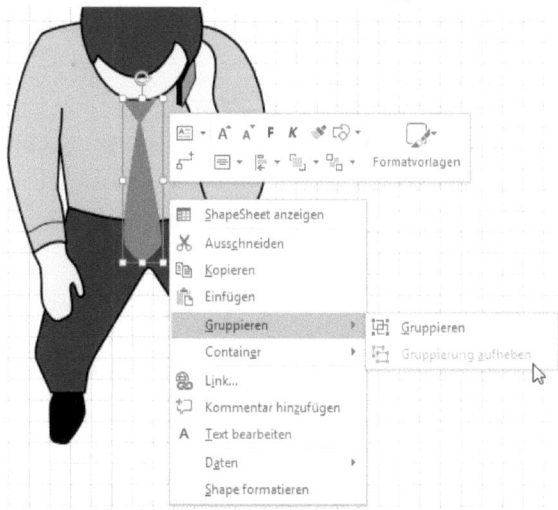

Und schließlich gibt es noch eine weitere, wichtige Funktion, die eine Gruppe rechtfertigt: In einem Shape kann sich nur ein Text befinden. Sollen allerdings mehrere Texte in einem Shape stehen, die unabhängig voneinander bearbeitet werden, müssen diese einzelnen Shapes gruppiert werden.

1.5.18. Text

Die meisten Shapes lassen Texteingabe zu. Das Shape wird markiert, der Text wird getippt und erscheint bei den meisten Shapes in der Mitte. Wenn Sie mit einer Zoomgröße arbeiten, die Ihnen die gesamte Zeichenblattseite anzeigt, vergrößert Visio bei der Texteingabe das Textfeld, so dass der Text immer lesbar bleibt, wie in **Abbildung 1.66** sichtbar.

Abbildung 1.66: Die Texteingabe

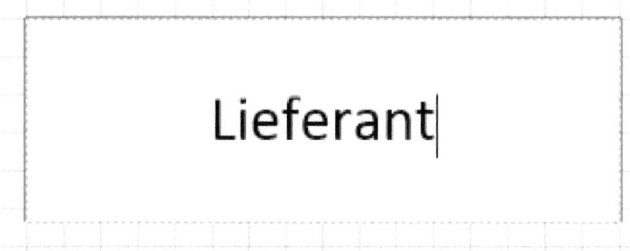

Grundlagen von Visio

 Es genügt, ein Shape zu markieren und dann den Text einzugeben. Bereits beim Tippen des ersten Buchstabens wechselt Visio in den Editiermodus. Beachten Sie, dass es nicht möglich ist, Text auf mehreren (markierten) Shapes gleichzeitig einzugeben. Wenn Sie den identischen Text mehrmals benötigen, müssen Sie ihn kopieren.

Die Texteingabe kann mit der Taste [Esc] beendet werden (Achtung: nicht mit [Eingabe]!) oder einfach, indem Sie mit der Maus an eine andere Stelle außerhalb des Shapes klicken. Wenn Sie möchten, dass die Eingabe – analog zu Excel – mit der Taste [Eingabe] beendet wird, dann stellen Sie es in den *Visio-Optionen (Datei/Optionen)* ein. Dann können Sie natürlich keine Zeilenschaltung mit [Eingabe] erzwingen – lediglich mit [Umschalt]+[Eingabe].

Soll der Text erneut bearbeitet werden, so gelangen Sie entweder mit einem Doppelklick, dem Befehl *Start/Tools/Text* oder mit der Funktionstaste [F2], beziehungsweise [Strg]+[2] in den Text des Shapes.

 Da der Doppelklick umdefiniert werden kann, sollte die Funktionstaste [F2] oder das Werkzeug *Text* ([Strg]+[2]) bevorzugt werden.

Vielleicht erstaunt es Sie, dass Visio bei der Texteingabe den Zoomfaktor vergrößert. Diese Grundeinstellung hilft Ihnen, den Text gut lesen zu können, wenn Sie einen kleinen Zoom eingeschaltet haben. Beenden Sie die Texteingabe, dann wird wieder zurück auf den vorhergehenden Zoomfaktor umgeschaltet. Diese Funktion kann über *Datei/Optionen/Erweitert/Text automatisch zoomen beim Bearbeiten unter 8 Punkt* geändert werden.

Zum Texterstellen, Korrigieren und Bewegen innerhalb des Textes gibt es nichts Besonderes zu erwähnen: Es gelten die Regeln, die aus jeder Textverarbeitung bekannt sind:

Das Markieren funktioniert mit der Maus oder mit gedrückter [Umschalt]-Taste, Sie können sich mit den vier Tasten [Pfeil links], [Pfeil rechts], [Pfeil oben] und [Pfeil unten] über die Zeichen und Zeilen bewegen. Die Tastenkombination [Strg]+[Pfeil links] und [Strg]+[Pfeil rechts] bewirken einen Sprung über Wörter, [Strg]+[Pfeil oben] und [Strg]+[Pfeil unten] einen Sprung über Absätze. Mit [Strg]+[Pos1] und [Strg]+[Ende] setzen Sie den Cursor an den Textanfang oder an das Textende.

Wollen Sie einen Text auf einer Seite erzeugen, der nicht an ein Shape gebunden ist (beispielsweise für Überschriften), aktivieren Sie Sie mit *Start/Tools/Text* das Text-Shape ([Strg]+[2]) und klicken auf die Seite. Visio erzeugt ein Rechteck in einer vorgegebenen Größe, in das Sie den Text eingegeben können (**Abbildung 1.67**). Besser ist es, auf dem

Zeichenblatt mit der Maus ein Rechteck aufzuziehen, da so die Größe vorgegeben wird und nur bedingt verändert werden muss.

Abbildung 1.67: *Durch Aktivieren des Text-Shapes oder Textfelds wird ein Shape erzeugt, in das Text eingegeben werden kann.*

Zum gleichen Ergebnis gelangen Sie, wenn Sie das Textfeld über *Einfügen/Text/Textfeld* verwenden. Die beiden Textfelder unterscheiden sich in der Laufrichtung der Texte: horizontal oder vertikal.

Dieses Rechteck besitzt keine Linienfarbe und keine Füllfarbe. Alternativ zu einem selbsterzeugten Textblock können Sie aus einer Reihe von Schablonen Shapes für Anmerkungen herausholen, die für diesen Zweck bereitgestellt wurden.

Übrigens kann ein Shape nur einen Text besitzen. Es ist nicht möglich, weitere Textelemente an das Shape „anzudocken". Dies kann man lediglich mit Hilfe einer Gruppierung lösen. Dann ist das Verschieben jedoch nicht mehr ohne weiteres möglich. Weitere Möglichkeiten – beispielsweise mit Hilfe von Steuerelementen – ist nur über das ShapeSheet möglich.

Text suchen

Vielleicht ist es trivial – aber es soll dennoch erwähnt werden: Bei großen Zeichnung kann sehr schnell die Beschriftung eines bestimmten Shapes gefunden werden, wenn Sie die Suchfunktion verwenden. Sie finden Diese in *Start/Bearbeiten/Suchen* (**[Strg]**+**[F]**). In dem

Grundlagen von Visio

Dialogfeld kann nicht nur der Text gesucht werden, der auf einem Shape steht, sondern auch der Shape-Name. Schließlich kann die gesamte Datei durchsucht werden, man kann zwischen Groß- und Kleinschreibung unterscheiden oder nur ein ganzes Wort suchen.

AutoKorrektur

Wenn Sie sich gefragt haben, warum Visio den ersten Buchstaben eines Wortes automatisch großschreibt, finden Sie die Lösung hierfür in der *AutoKorrektur*. Sie gelangen über *Datei/Optionen/Dokumentprüfung* zur *AutoKorrektur*. Dort finden Sie weitere Einstellungen, wie beispielsweise die Einstellung, dass „Zwei Großbuchstaben am Wortanfang korrigiert" werden.

> **Tipp**
>
> Wenn Sie häufig wiederkehrende Texte haben, können Sie diese in der AutoKorrektur ablegen. Beispielsweise: Ersetze WDVZ durch „Waren- und Dienstleistungsverzeichnis". Sobald die Leertaste (oder Tabulatortaste) gedrückt wird, wird der Text ersetzt. Somit kann man die Lücke der fehlenden Textbausteine füllen.

Sonderzeichen

Sollten Sie Zeichen eingeben, die sich nicht auf Ihrer Tastatur befinden, können Sie dies über *Einfügen/Text/Symbol*. Dort finden Sie neben sämtlichen Buchstaben der europäischen Sprachen (Lateinisch, Griechisch, Kyrillisch) auch Arabisch und Hebräisch. Wenn Sie weitere Zeichensätze hinzuladen erhalten Sie selbstverständlich weitere Glyphen anderer Sprachen. Die kann interessant sein, wenn Sie das Durchschnittszeichen (Ø) benötigen oder einen griechischen Buchstaben (Σ, Π, Ω, …) In der Schriftart Symbol verbergen sich einige mathematische Zeichen ($\leq$, ∞, $\neq$, $\sqrt{}$, $\pm$, …).

Abbildung 1.68: *Sonderzeichen – hier: Wingdings*

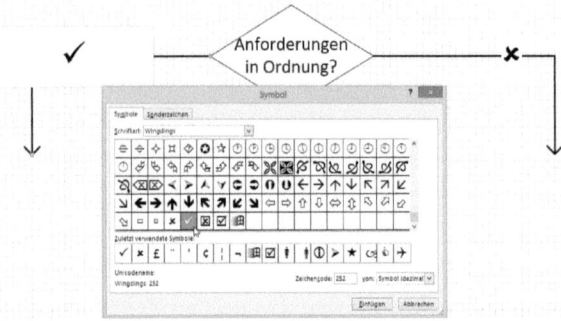

Die Shapes und die Master-Shapes

Text drehen und verschieben

Text in einem Shape kann beliebig verschoben werden. Sie müssen die Ränder nicht numerisch eingeben, indem Sie über das Startprogramm für ein Dialogfeld der Gruppe *Start/Absatz* oder *Start/Schriftart* das Dialogfeld *Text* öffnen und dort zur Registerkarte *Textblock* wechseln. Leichter kann Text verschoben werden, indem das Werkzeug *Start/Tools/Textblock* ([Strg]+[Umschalt]+[4]) aktivieren. Wenn Sie nun an dem Drehenwerkzeug drehen, wird der Text gedreht, ohne dass die Lage oder der Drehwinkel des Shapes verändert wird (Siehe **Abbildung 1.69**).

Abbildung 1.69: Text kann unabhängig vom Shape gedreht werden.

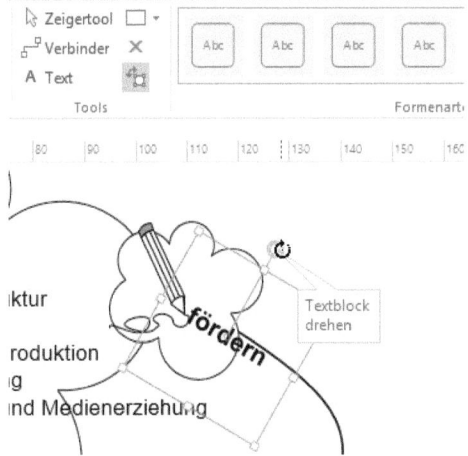

Wenn Sie den Text um 90 Grad drehen möchten, dann können Sie dies schnell und exakt mithilfe der Schaltfläche *Text drehen* (*Start/Absatz*) erledigen. Der Text wird um 90 Grad gegen den Uhrzeigersinn gedreht.

Soll der Text unabhängig vom Shape verschoben werden, wird bei aktiviertem *Textblock*-Werkzeug der Cursor in den Text gesetzt. Nun erscheint unter dem Mauszeiger ein QuickInfo *Textblock verschieben*. Mit gedrückter Maustaste kann der Text aus dem Shape herausgezogen werden. Dies ist bei Beschriftungen von Linien wichtig: Dort soll der Text häufig an einer anderen Stelle sitzen als an der von Visio vorgeschlagenen, wie in **Abbildung 1.70**.

Grundlagen von Visio

Abbildung 1.70: *Der Text kann unabhängig vom Shape verschoben werden. Dies ist bei Linienbeschriftungen wichtig*

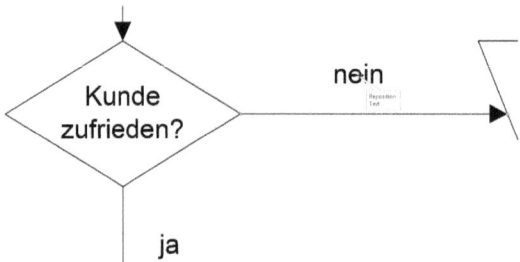

> **Hinweis:** Einige Shapes besitzen Steuerpunkte, mit denen Sie den Text verschieben können. Das gelbe QuickInfo (*Reposition Text*) des Steuerpunktes gibt Ihnen darüber Auskunft. Beachten Sie umgekehrt, dass bei einigen Shapes die Beweglichkeit des Textes eingeschränkt ist. So kann man beispielsweise bei vielen Verbindern der Schablone *Verbinder* den Beschriftungstext weder drehen noch frei verschieben.

Wenn Sie vorhandenen Text nicht ändern können, kann dies mehrere Ursachen haben:

- Das Shape liegt auf einem Layer, der geschützt ist. Dies kann über *Start/Bearbeiten/Layer/Layereigenschaften* kontrolliert und ausgeschaltet werden.
- Das Shape wurde über *Entwicklertools/Shape-Design/Schutz* mit einem Schutzmechanismus versehen. Dort kann auch der Text geschützt werden.
- Das Shape liegt auf einem Hintergrundblatt. Dies ist daran erkennbar, dass es nicht markiert werden kann.
- Das Shape besteht aus mehreren Kindelementen, die zu einer Gruppe zusammengefasst wurden.
- Der Text wurde als Bild oder Vektorgrafik eingefügt. Sie können es kontrollieren, indem Sie nachschauen, ob die Registerkarte *Bildtools/Format* sichtbar ist.

> **Hinweis:** Leider gibt es in Visio keine Technik, mit der der Text an seine ursprüngliche Position zurückgesetzt werden kann. Man muss ihn »per Hand«, also entweder mit Hilfe des Werkzeugs *Textblock* oder mit dem Steuerpunkt.

Texte verknüpfen

Mit der Funktion *Shapetext* kann man Texte zwischen zwei Shapes verknüpfen. Man muss noch nicht einmal das ShapeSheet bemühen – es funktioniert über *Einfügen/Feld*. Man

Die Shapes und die Master-Shapes

muss lediglich den Namen des anderen Quell-Shapes ermitteln (*Entwicklertools/Shape-Name*). Und dann eingeben:

=SHAPETEXT(Sheet.xx!TheText)

Es funktioniert auch blattübergreifend.

Abbildung 1.71: *Texte können verknüpft werden.*

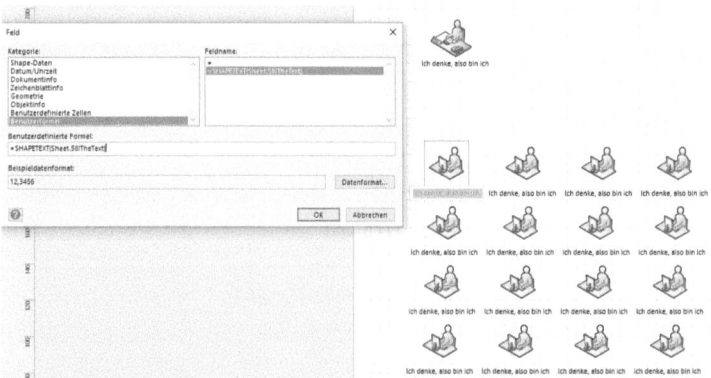

Textformatierung

Textgestaltungen kennen Sie von Ihrem Textverarbeitungsprogramm. Ähnliches gilt auch in Visio für die Shapes. Visio unterscheidet allerdings beim Formatieren des Textes, ob das Shape markiert ist (dann wird der gesamte Textblock formatiert) oder ob Textteile im Editiermodus markiert sind (dann werden naturgemäß nur diese formatiert). Es stehen Ihnen alle wichtigen Formatierungsmöglichkeiten zur Verfügung, wie sie auch jedes Textverarbeitungsprogramm (beispielsweise Word) bietet.

In der Befehlsgruppe *Start/Schriftart* finden sich die Listenfelder für *Schriftart* und *Schriftgröße*, sechs Symbole für *Fett, Kursiv, Unterstreichen, Durchstreichen, Groß-/Kleinschreibung* und ebenso eines für die *Schriftfarbe*. In der Befehlsgruppe *Start/Absatz* befinden sich die Schaltflächen für *Linksbündig, Zentriert, Rechtsbündig* und *Blocksatz*. Darüber liegen die Schaltflächen für *Oben ausrichten, Vertikal zentrieren* und *Unten ausrichten* und eine Schaltfläche für die Formatierung von Aufzählungszeichen. Daneben liegen die Schaltflächen für Einzüge und für das Drehen des Texts. (**Abbildung 1.72**).

Da die Schriftgröße ein Format des Shapes ist, die Größen der Shapes jedoch Attribute, verändern sich die Schriftgrößen nicht beim Vergrößern und Verkleinern des Shapes. Die Größe des Shapes und die Schriftgröße sind zwei unabhängige Eigenschaften des Shapes und können nur mit großen Aufwand miteinander verknüpft werden.

Abbildung 1.72: *Die Befehlsgruppen* Schriftart *und* Absatz *auf der Registerkarte* Start

Ein Klick auf das Startprogramm für ein Dialogfeld in der Gruppe *Schriftart* oder die Gruppe *Absatz* öffnet das Dialogfeld *Text*. Sie können auch [F11] oder [Umschalt]+[F11] verwenden.

Im Dialogfeld tauchen diese Optionen zusammen mit einer Reihe von weiteren Attributen wieder auf. Auf der Registerkarte *Schriftart* (**Abbildung 1.73**) wiederholen sich die Optionen

- Schriftart (der Schriftname)
- Formatvorlage (der Schnitt: *Normal, Fett, Kursiv* und *Fett Kursiv*)
- Größe (die Schriftgröße)

Weiterhin finden sich:

- Groß-/Kleinschreibung (*Standard, Großbuchstaben, Große Anfangsbuchstaben, Kapitälchen*)
- Position (*Standard, Hochgestellt, Tiefgestellt*)
- Unterstrichen (*(Ohne), Einfach, Doppelt*)
- Durchgestrichen (*(Ohne), Einfach, Doppelt*)
- Farbe (die Schriftfarbe)
- Sprache (für die Rechtschreibhilfe)
- Transparenz (der Schriftfarbe gegenüber dem Hintergrund)

Auf der Registerkarte *Zeichen* kann geändert werden:

- die Skala (die horizontale Skalierung)
- Abstand (der erweiterte oder komprimierte Buchstabenabstand)

Abbildung 1.73: Die Registerkarte Schriftart *im Dialogfeld* Text

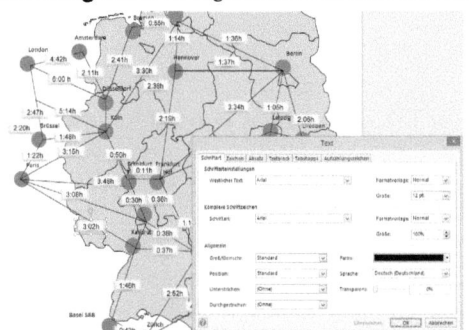

Auf der Registerkarte *Absatz* werden die Absatzoptionen eingestellt:

- Ausrichtung (*Links, Zentriert, Rechts, Blocksatz*)
- Einzüge (*Vor dem Text, Nach dem Text, Erste Zeile*)
- Abstand (*Vor* dem Absatz, *Nach* dem Absatz. Der Wert *Zeile* gibt an wie weit einzelne Zeilen vertikal voneinander entfernt dargestellt werden, er wird in Prozent der Schriftgröße angegeben)

Die Registerkarte *Textblock* steuert die Ausrichtung des Texts innerhalb des Shapes. Dort können *Ausrichtung* (*Oben, Mitte, Unten*), die vier Ränder und der *Texthintergrund* mit ihrer *Farbe* und *Transparenz* eingestellt werden.

Auch wenn der Texthintergrund auf den ersten Blick »albern« aussieht, so hat er seine Berechtigung. Angenommen Sie zeichnen ein (technisches) Gerät, beispielsweise eine Kühltruhe. Sie möchten es gerne mit einem Füllmuster schraffieren und das Shape beschriften. Ohne Texthintergrund würde man den Text nicht gut lesen können, wie **Abbildung 1.74** zeigt.

Abbildung 1.74: Zwei beschriftete Shapes – eines mit und eines ohne Texthintergrund

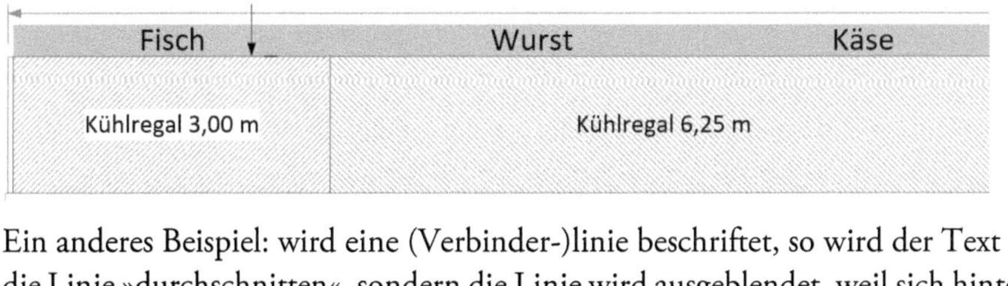

Fisch	Wurst	Käse
Kühlregal 3,00 m	Kühlregal 6,25 m	

Ein anderes Beispiel: wird eine (Verbinder-)linie beschriftet, so wird der Text nicht durch die Linie »durchschnitten«, sondern die Linie wird ausgeblendet, weil sich hinter dem Text ein Hintergrund befindet:

Grundlagen von Visio

Abbildung 1.75: *Der weiße Texthintergrund verhindert, dass die Linie den Text »durchschneidet«.*

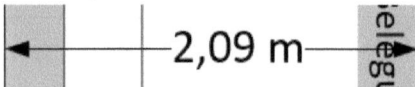

Übrigens: Man kann in Visio das Shape und seine Linie einfärben, man kann die Schriftfarbe ändern, man kann den Text mit einem Hintergrund versehen, aber den gesamten Textblock einfärben – das ist leider nicht möglich.

Sollten Sie kleine Tabellen in einem Shape erzeugen wollen, können Sie Tabulatoren innerhalb des Textes setzen und über die Registerkarte *Tabstopps* formatieren (**Abbildung 1.76**). Dabei stößt der Anwender allerdings an die Grenzen von Visio – Visio ist sicherlich kein Satz- oder Textverarbeitungsprogramm, mit dem schnell ausgefeilte und große Tabellen erzeugt werden können.

>
> Übrigens kann über das Kontextmenü ein Textlineal für den Text aktiviert werden. Dies kann nur aktiviert und verwendet werden, wenn Sie sich im Textmodus befinden. Damit ist eine leichtere Orientierung bei den Tabulatoren möglich.

Abbildung 1.76: *Sicherlich ist Visio kein Programm zum Erstellen von Tabellen – aber es funktioniert ...*

Und schließlich stehen Ihnen auf der Registerkarte *Aufzählungszeichen* einige Aufzählungszeichen zur Verfügung, mit denen Sie kleine Listen erzeugen können (siehe **Abbildung 1.77**). Dort können Sie auch Symbole verwenden, indem Sie das entsprechende

Aufzählungszeichen eingeben und in der Schriftart formatieren. Wenn Sie nicht wissen, welches Zeichen sich hinter welchem Buchstaben verbirgt, sollten Sie das Programm *Zeichentabelle* verwenden, die Sie über *Start/Alle Programme/Zubehör/Systemprogramme* öffnen können.

Abbildung 1.77: *Die Registerkarte* Aufzählungszeichen *im Dialogfeld* Text

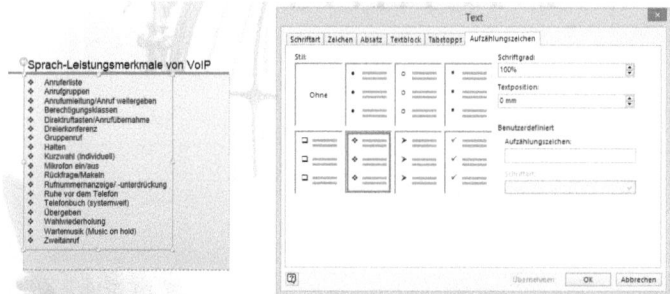

Die wichtigsten Textformatierungen befinden sich in Visio im Kontextmenü.

Wenn Sie seltener verwendete Textformatierungen häufig benötigen, fügen Sie diese zur Symbolleiste für den Schnellzugriff hinzu.

Einige der häufig verwendeten Textformatierungen finden Sie auch im Kontextmenü. Ist nur das Shape markiert, finden Sie *Fett, Kursiv* und *Schriftgröße*, ist jedoch der Text des Shapes editiert, dann befinden sich die Befehle *Schriftart, Schriftgröße, Fett, Kursiv, Ausrichtung* und *Schriftfarbe* im Kontextmenü. Daneben finden Sie auch die Befehle *Schriftart, Absatz, Aufzählungszeichen, Textlineal* und *Feld einfügen*.

Übrigens ist es in Visio – anders als in Textverarbeitungsprogrammen – nicht möglich ein Bild in den Text einzufügen. Bilder sind in Visio immer eigene Shapes und können nicht im Lauftext stehen.

Und: Formsatz und Rundsatz – das heißt: die Textrichtung entlang einer Linie, eines Kreises laufen zu lassen, ist in Visio – im Gegensatz zu Grafik- oder Satzprogrammen nicht möglich. Auch ein Verzerren des Textes ist unmöglich. Dies müsste in anderen Programmen geschehen. Ebenso kann ein Text nicht in eine Grafik verwandelt werden.

1.5.19.   Shapes formatieren

Neben der Textformatierung stellt Visio – wie jedes Grafikprogramm – Formate für die grafischen Objekte zur Verfügung. Visio unterteilt Formatierungen in vier verschiedene Klassen: *Text, Linie, Füllbereich* und *Effekte*. Jedes Shape kann diese vier Elemente

Grundlagen von Visio

besitzen, muss sie allerdings nicht haben. Das Element *Text* wurde im vorherigen Abschnitt besprochen.

> **Hinweis**
> Übrigens können diese vier Formatierungskategorien mit dem *Format übertragen*-Werkzeug von einem Shape auf ein anderes kopiert werden.

- Markieren Sie das formatierte Shape.
- Aktivieren Sie mit *Start/Zwischenablage/Format übertragen* das Werkzeug *Format übertragen*.
- Übertragen Sie das Format auf ein anderes Shape.
- Soll die Formatierung auf mehrere Shapes übertragen werden, kann das Werkzeug mit einem Doppelklick aktiviert werden, ein einfacher Klick schaltet die Funktion wieder ab.

> **Hinweis**
> Wenn Sie nichts markieren und eine Formatierungsoption einschalten (Linienstärke, Linienart, Füllfarbe, …), dann wird diese Formatierung als Standardeinstellung verwendet, wenn Sie neue Shapes mit Hilfe der Werkzeuge Rechteck, Ellipse, Linie, Freihandform, Bogen und Bleistift erzeugen. Möchten Sie wieder die Grundeinstellungen haben, so müssen Sie umgekehrt vorgehen: Nichts markieren und anschließend Linienfarbe Schwarz, Füllfarbe Weiß, Linienstärke Dünn, … auswählen.

Im Kontextmenübefehl *Shape formatieren* sind die letzten beiden Eigenschaften der Shapes zu finden: Füllung und Linie; viele der Funktionen finden sich in der Registerkarte *Start* in der Gruppe *Formenarten* (**Abbildung 1.78**).

Abbildung 1.78: *Die Schaltflächen, mit denen formatiert werden kann*

Wenn Sie über das Kontextmenü, das Startprogramm für ein Dialogfeld klicken oder [F3] wählen, öffnet sich der Aufgabenbereich *Form formatieren* mit seinen beiden Kategorien *Füllung* und *Linie*.

Die Shapes und die Master-Shapes

Füllung

In der Kategorie *Füllung* finden Sie vier Optionen: Keine Füllung, Einfarbige Füllung, Farbverlauf und Musterfüllung.

Die Bedeutung der Option *Keine Füllung* ist offensichtlich. Beachten Sie, dass ein Shape, das keine Füllfarbe besitzt nun auch nicht mehr markiert werden kann, wenn der Mauszeiger auf die transparente Fläche gesetzt wird. Sie »klicken durch« das Shape hindurch. Bei einem einfarbig weißen Hintergrund spielt es keine Rolle, ob ein Shape keine Füllung oder eine weiße Füllung hat, aber wenn der Hintergrund eingefärbt ist oder wenn sich ein anderes Shape hinter dem ersten Shape befindet, wird es bei der Option *Keine Füllung* angezeigt, dagegen mit der Füllfarbe Weiß überdeckt.

Auch die Option *Einfarbig* ist klar: Dort wird die eine Farbe ausgewählt, die das Shape vollflächig füllt. Zusätzlich kann die Transparenz (Deckkraft) reduziert werden. Wenn Sie in den Standardfarben keine geeignete Farbe finden, wählen Sie aus der Schaltfläche *Füllfarbe* den Menübefehl *Weitere Farben*. Im Dialogfeld *Farben* können Sie numerisch den RGB-Wert oder den HSL-Wert eintragen. (H steht für Hue(Farbe), S für Saturation (Sättigung) und L für Lumination (Intensität).

Sie finden die Option *Einfarbige Füllung* in der Schaltfläche *Füllung* in *Start/Formenarten*.

 **Hinweis** Leider können Sie keine Palettenfarben verwenden – also kein HKS, Pantone, Truematch oder ähnliches. Visio verwendet den Windows-Farbraum RGB. Auch die Druckfarben CMYK werden von Visio nicht unterstützt.

Wählen Sie die dritte Option *Farbverlauf,* so können Sie einen der voreingestellten Farbverläufe verwenden, oder einen eigenen radialen Verlauf definieren. Wählen Sie hierzu den Typ (Linear, Radial, Rechteckig oder Pfad), die Richtung (von links, rechts, oben, aus der Mitte heraus, …) und den Winkel. Selbstverständlich können Sie Farbverlaufstopps setzen: Klicken Sie auf das Klammersymbol und wählen hierfür eine Farbe aus. Sie können die Position mit der Maus verschieben oder numerisch eingeben. Sie können einen weiteren Farbverlaufstopp setzen und auch hierfür die Position festlegen. Wiederholen Sie diese Aktion beliebig oft. Zusätzlich zur Farbe und ihrer gewählten Position könnten Sie auch die Transparenz und Helligkeit definieren, falls Sie weniger als 100 % Helligkeit oder eine Halbtransparenz bevorzugen.

Die vierte Option *Musterfüllung* ist nicht so komplex. Dort wählen Sie aus einer Liste vorgegebener Muster eines aus. Jedes Muster hat eine Vordergrund- und Hintergrundfarbe, das heißt eine Musterfarbe, die auf einem einfarbigen Hintergrund liegt.

107

Grundlagen von Visio

Abbildung 1.79: *Der Aufgabenbereich* Füllung

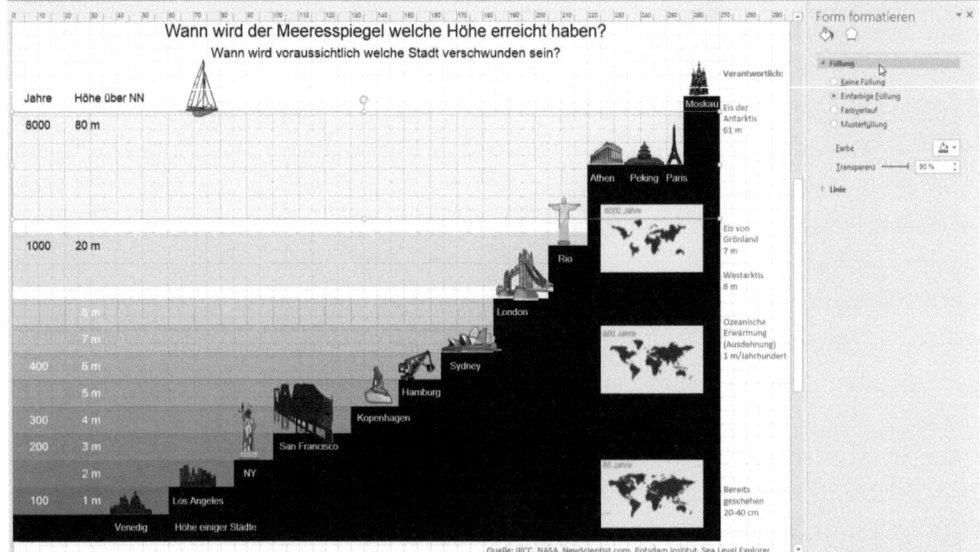

Interessanterweise drehen sich die Muster eines Shapes beim Drehen in Visio mit – sie bleiben nicht in der ursprünglichen Ausrichtung. Bei den Verläufen dagegen kann eingestellt werden, ob sie sich mitdrehen.

Da Musterfüllungen Formate der Shapes sind, die Größen der Shapes jedoch Attribute, verändern sich die Muster nicht beim Vergrößern und Verkleinern des Shapes. Größe und Muster sind zwei unabhängige Eigenschaften des Shapes und können nur mit großen Aufwand miteinander verknüpft werden.

Linie

Ähnliches wie bei der Füllung gilt bei Linien. Sie werden über das Kontextmenü, das Startprogramm für ein Dialogfeld *Start/Formenarten* oder [F3] im Aufgabenbereich *Form formatieren* in der Kategorie *Linie* eingeschaltet.

Wählen Sie zwischen den drei Optionen Keine Linie, Einfarbige Linie oder Farbverlaufslinie. Die Farboptionen sind identisch zu den Informationen, die Sie im Abschnitt Füllung finden.

Zusätzlich zur *Linienfarbe* finden Sie *Linienstärke*, *Kombinierter Typ* und *Strichtyp* (Linienmuster), *Abschlusstyp*, *Rundungsvoreinstellungen* und *Rundungsgröße*. An offene Linien *Pfeile* (Linienenden) positioniert werden, deren *Anfangspfeilgröße* und *Endpfeilgröße* im Aufgabenbereich festgelegt werden kann. Alle diese Optionen sind auch im Symbol *Linie*

Die Shapes und die Master-Shapes

in *Start/Formenarten* zu finden oder über [Umschalt]+[F3] zu erreichen (siehe **Abbildung 1.80**).

Interessanterweise können Sie eindimensionale Linien und zweidimensionale Rechtecke markieren und gleichzeitig in ihrer Linienbreite, Strichtyp oder Linienfarbe formatieren.

Abbildung 1.80: Die einzelnen Shapes wurden mit verschiedenen Linienstärken und Linienfarben formatiert.

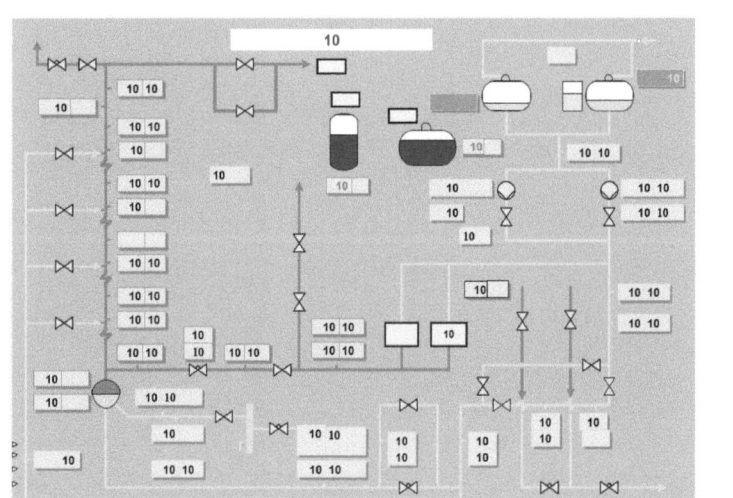

Offene Objekte können Pfeilspitzen besitzen, wie in **Abbildung 1.81**. Diese werden im selbigen Menübefehl *Pfeile* im Symbol *Start/Formenarten/Linie* eingestellt. Bei einer selbst erzeugten Linie sitzt der Beginn immer auf dem weißen Kästchen, das Ende immer auf dem ausgefüllten Kästchen. Wenn Sie es nicht mehr wissen, so beträgt die Chance, das richtige Ende oder den korrekten Anfang zu finden, 50%. Dafür gibt es eben das Rückgängig-Symbol ...

Sie können ein Linien-Shape auch drehen, indem Sie die Schaltfläche des Befehls *Enden umkehren* in der Symbolleiste für den Schnellzugriff anzeigen lassen und dann diese verwenden.

Grundlagen von Visio

Abbildung 1.81: *Die verschiedenen Linienenden im Aufgabenbereich in der Kategorie* Linie

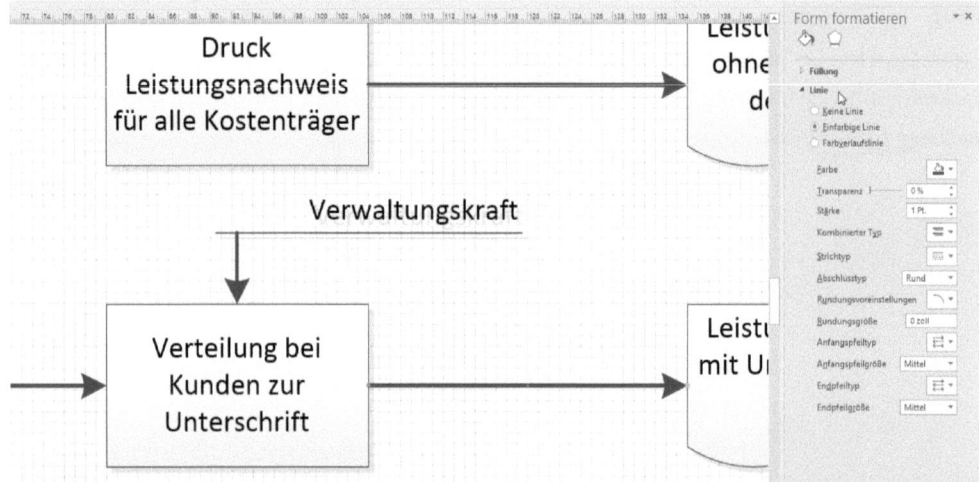

> **Hinweis**
> Wenn Sie ein komplexes Shape mit verschiedenen Formaten versehen möchten, dürfen Sie die einzelnen Elemente nicht über die Befehle *Kombinieren, Gesamtmenge, Schnittmengen*, und so weiter der Schaltfläche *Entwicklertools/Shape-Design/Vorgänge* zusammenfassen. Sie müssen die einzelnen Elemente als Gruppe zusammenhalten. Wenn Sie mit einem Klick die Gruppe markiert haben, führt ein weiterer Klick zu einem Mitglied der Gruppe, das unabhängig von der Gruppe formatiert werden kann, außer Sie haben dieses Möglichkeit über *Entwicklertools/Verhalten* deaktiviert.

Da die Linienstärke Formatattribute sind und keine Eigenschaften des Shapes, wie beispielsweise die Breite und Höhe, werden Linienstärken beim Vergrößern und Verkleinern von Shapes nicht verändert.

Effekte

Im Aufgabenbereich *Form formatieren* (dort das fünfeckige Symbol) oder über das Symbol *Effekte* in *Start/Formenarten* gelangen Sie in Visio zu der Kategorie Effekte mit seinen sechs Unterkategorien *Schatten, Spiegelung, Leuchteffekt, Weiche Kanten, 3D-Format* und *3D-Drehung*. In jedem dieser sechs Kategorien steht Ihnen ein Symbol *Voreinstellungen* zur Verfügung und eine Reihe an Schiebereglern, mit deren Hilfe Sie individuelle Einstellungen vornehmen können. Mit diesen Effekten können realistischen Fotoeffekt simuliert werden (siehe **Abbildung 1.82**).

Abbildung 1.82: Objekt mit Schatten und Spiegelung

Beachten sie, dass die Füllfarbe *Transparent* eines Shapes eine Transparenz aller Effekte bewirkt.

> Wenn Sie von einer Gruppe einen Effekt erzeugen, wird von jedem seiner Mitglieds-Elemente der Effekt konstruiert. Somit eignen sich die meisten Effekte nicht für gruppierte Shapes. Jedoch können Sie »schummeln«, indem Sie das Objekt kombinieren. Oder Sie duplizieren das Objekt und versehen das zweite Objekt mit dem gewünschten Effekt.

Shapes können über *Entwicklertools/Schutz* gegen das Formatieren geschützt werden. Dies wird im nächsten Kapitel erläutert.

Wenn Sie sehr viel mit Füllmustern, Linienmustern und Schatten zu tun haben, können Sie sich die entsprechenden Symbole in der Symbolleiste für den Schnellzugriff anzeigen lassen.

Abbildung 1.83: Ein linearer Verlauf

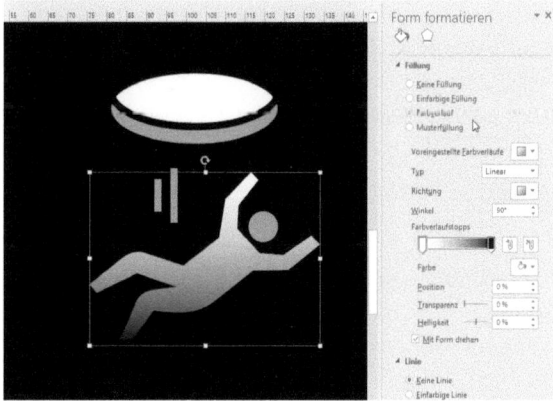

Grundlagen von Visio

1.6. Verbindungslinien

Visio unterscheidet, wie schon beschrieben, zwischen ein- und zweidimensionalen Objekten. Sie finden diese Eigenschaft im Dialogfeld des Befehls *Entwicklertools/Shape-Design/Verhalten*. Bei zweidimensionalen Shapes ist nicht an eine flächige Ausdehnung gedacht, sondern an ganz spezifische Eigenschaften von Objekten. Eindimensionale Objekte sind durch einen Beginn und ein Ende (»jeweils ein Kreis mit einem Punkt«) gekennzeichnet, zweidimensionale Objekte durch ein umfassendes Rechteck. Wenn Sie Objekte miteinander verbinden, geschieht dies in der Regel so, dass ein eindimensionales Objekt mit einem zweidimensionalen. Zweidimensionale Objekte werden selten an zweidimensionale Objekte geklebt, selten auch eindimensionale Objekte an eindimensionale Objekte. Aber möglich ist dies!

1.6.1. Verbinder erzeugen

Verbindungslinien finden Sie an zwei Stellen: Sie können über die Schaltfläche *Start/Tools/Verbinder* ([Strg]+[3]) erzeugt oder aus einer Schablone herausgezogen werden.

Die meisten (zweidimensionalen) Shapes, die Sie aufs Zeichenblatt ziehen, haben vorgegebene (graue) Verbindungspunkte, die Sie erkennen können, wenn Sie das Werkzeug *Verbindungspunkt* ([Umschalt]+[Strg]+[1]) aktivieren. Selbstverständlich muss das Kontrollkästchen *Verbindungspunkte* in *Ansicht/Visuelle Unterstützung* aktiviert sein. Diese Option ist keine Einstellung von Visio, sondern von der Datei.

- Wird nun das Werkzeug *Verbinder* aktiviert, kann an einen der Verbindungspunkte eine Verbindungslinie »geklebt« werden, wie in **Abbildung 1.84** erkennbar.
- Dazu wird das Ende der Verbindungslinie auf den Verbindungspunkt verschoben. Er klebt dort fest.

> **Hinweis**
> Wenn die Verbindungslinie nicht an dem Shape, das heißt an dem Verbindungspunkt des Shapes klebt, ist diese Option im Dialogfeld *Ausrichten und Kleben* des Startprogramms für ein Dialogfeld in *Ansicht/Visuelle Unterstützung* deaktiviert. Entweder wurde das Kontrollkästchen *Kleben* deaktiviert oder das Kontrollkästchen *Verbindungspunkte* in der Kategorie *Kleben*.
>
> Wurde die Funktionstaste [F9] gedrückt, so wurde (aus Versehen) das Klebeverhalten deaktiviert.

Wird nun das zweidimensionale Shape verschoben, so wandert die Linie mit. Wird die Linie verschoben, so löst sich die Verbindung.

Normalerweise werden die Verbinder gelöscht, wenn das Shape gelöscht wird, an dem die Verbindungslinie klebt. Wenn Sie dieses Verhalten untersagen möchten, dann deaktivieren Sie das Kontrollkästchen *Verbinder beim Löschen von Shapes löschen* im Backstagebereich *Datei/Optionen/Erweitert* in der Gruppe *Bearbeitungsoptionen*.

Verbindungslinien haben normalerweise (blaue) Kontrollgriffe. Mit ihnen kann die Position der waagrechten und der senkrechten Linie bestimmt werden. Ein exaktes Positionieren der Kontrollgriffe ist mithilfe des dynamischen Gitters oder der Hilfslinien möglich. Sie sehen dies in **Abbildung 1.84**.

Abbildung 1.84: *Mit dem Verbinder-Werkzeug wird eine Verbindungslinie gezogen*

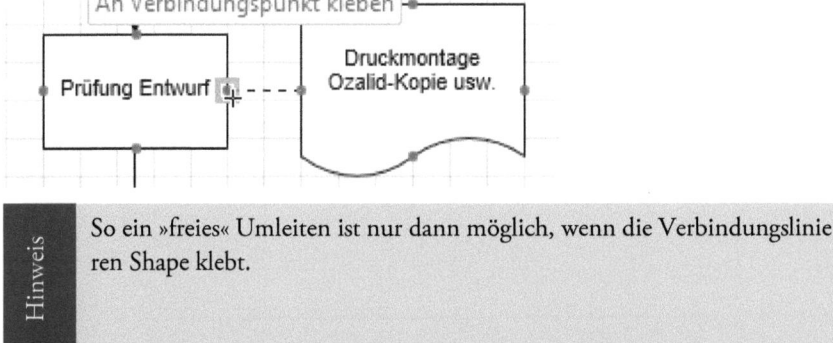

Hinweis
So ein »freies« Umleiten ist nur dann möglich, wenn die Verbindungslinie an zwei anderen Shape klebt.

Tipp
Wenn Sie frei umgeleitete Linien zurücksetzen möchten, können Sie dies schnell über das Kontextmenü der Verbindungslinie erreichen.

Tipp
Wenn Sie die Shift-Taste gedrückt halten, erzeugen Sie eine Ausbuchung aus der Linie. Mit gedrückter Strg-Taste ist es möglich, dass die Linie nun dem Punkt folgt und der Verbinder somit keine senkrecht aufeinander stehenden Linien besitzt.

Mit gedrückter [Umschalt]- oder [Strg]-Taste können Sie die Kontrollgriffe auch in anderen Winkeln und Ecken aus der Linie herausziehen:

Abbildung 1.85: *Man kann leicht mit [Umschalt]- oder [Strg]-Taste Ecken aus einer Verbinderlinie ziehen.*

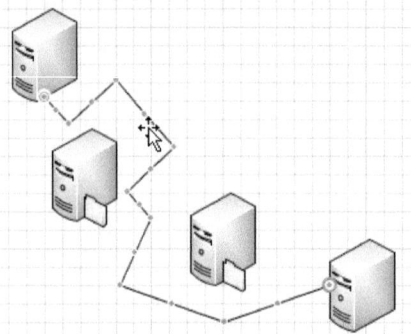

Beachten Sie, dass Verbinder nur auf einem Zeichenblatt zwei Shapes miteinander verbinden können. Es ist nicht möglich zeichenblattübergreifend zu verbinden.

Sollte ein Verbinder nicht knicken, kann dies mehrere Ursachen haben:

- Sie haben keinen Verbinder, sondern eine Linie verwendet. (Man kann dies über das Kontextmenü des Shapes herausfinden.)
- Sie haben im Kontextmenü des Verbinders die Option „Gerader Verbinder" aktiviert.
- Sie haben im Dialog *Seite einrichten* in der Registerkarte *Layout und Routing* die Option *Formatvorlage: Gerade* aktiviert.

Abbildung 1.86: *Das Gitter und das dynamische Gitter helfen beim Verschieben der Verbindungslinien.*

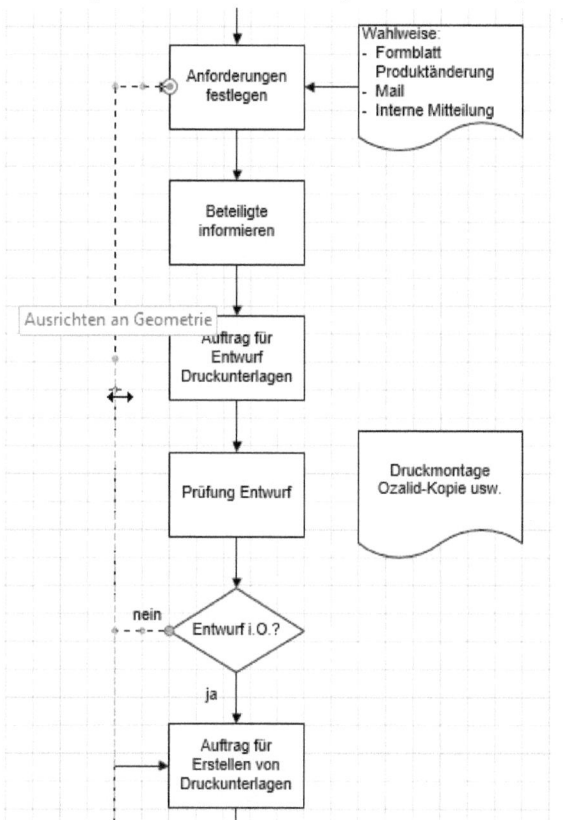

Visio stellt eine eigene Schablone unter *Visio-Extras/Verbinder* zur Verfügung (**Abbildung 1.87**), auf der Sie weitere Verbinder finden. Diese eindimensionalen Verbinder werden wie alle anderen Shapes auf das Zeichenblatt gezogen und können an ein zweidimensionales Shapes geklebt werden.

Grundlagen von Visio

Abbildung 1.87: *Mit den Verbindern aus der Schablone* Verbinder *steht eine Vielzahl an Verbindungslinien zur Verfügung*

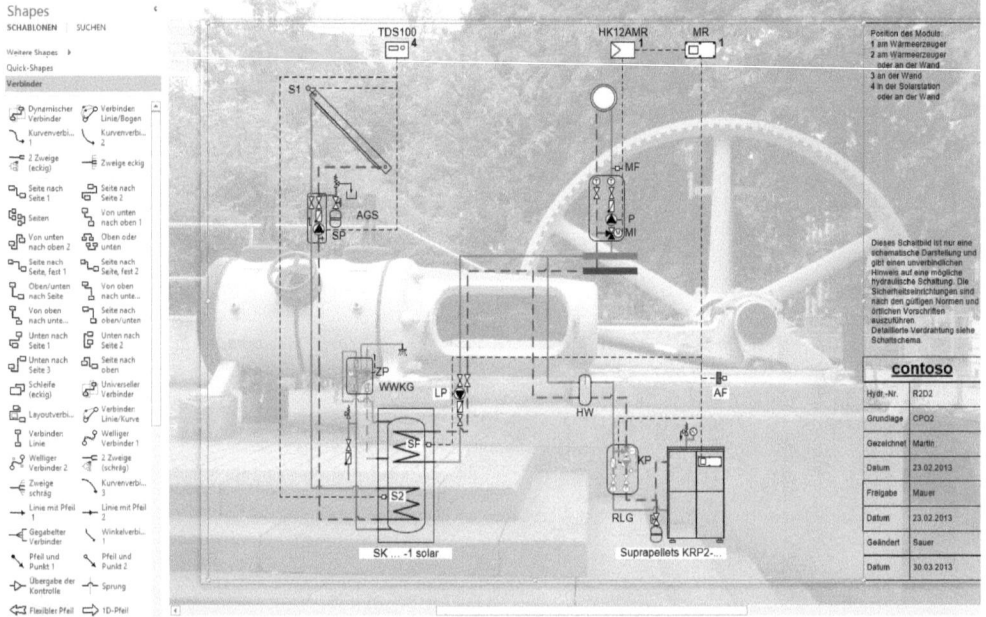

| Hinweis | Beachten Sie, dass die meisten der Verbinder der Verbinder-Schablone noch eine Reihe weiterer Varianten haben. Sie finden die anderen Optionen im Kontextmenü. Und beachten Sie, dass das Master-Shape *Dynamischer Verbinder* einige kleine Unterschiede zum Verbinder der Registerkarte *Start* aufweist: Er hat beispielsweise keinen Steuerpunkt, wenn Text eingegeben wird.
Umgekehrt: Beachten Sie, dass einige Shapes dieser Schablone gar keine Verbinder sind, was man leicht über das Kontextmenü feststellen kann. |
|---|---|
| Tipp | Wenn Sie zwischen Shape A und B eine Verbindungslinie gezogen haben, so ist diese markiert. Möchten Sie nun zwischen Shape A und C eine zweite Linie ziehen, geht Visio davon aus, dass Sie die erste, markierte Linie verschieben möchten. Deshalb sollten Sie nach Erzeugen der Linie die Markierung auflösen. Danach kann problemlos die zweite Verbindungslinie gezogen werden. |

An einigen Shapes existieren (gelbe) Steuerpunkte, wie beispielsweise das Shape *Ethernet* aus *Netzwerk/Netzwerk und Peripheriegeräte*, das Sie in **Abbildung 1.88** sehen. Das QuickInfo informiert Sie darüber, dass das Shape an ein anderes geklebt werden kann. Wird dieser Steuerpunkt herausgezogen, wird eine neue Verbindungslinie erzeugt, die dann an ein anderes Shape gehängt werden kann.

Abbildung 1.88: *Einige der Shapes, beispielsweise in der Schablone* Legenden-Shapes (Geschäft/Brainstorming) *oder* Netzwerk und Peripheriegeräte, *haben Kontrollelemente, um Verbindungen herzustellen*

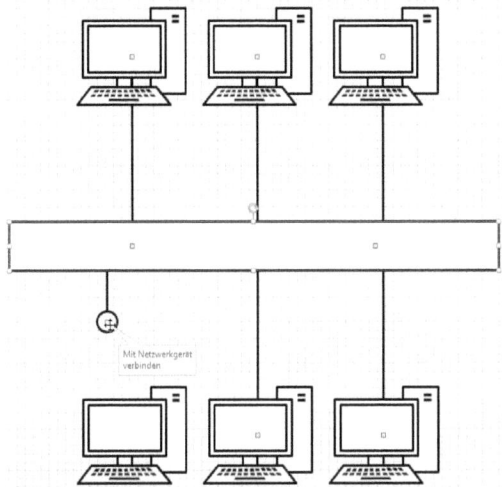

> **Hinweis**
>
> Warum löscht Visio die Verbinderlinie, wenn ein Shape entfernt wird? Nun – die Antwort ist trivial: an dem Shape klebt eine Verbinderlinie; der Anfangs- oder Endpunkt ist identisch mit der Position des Verbindungspunktes. Wird dieser gelöscht, hätte die Linie nur noch einen Punkt; das kann nicht sein.
>
> Erstaunlicher ist jedoch, dass dieses Verhalten nicht immer auftritt – manchmal bleibt die Linie auch stehen.

1.6.2. Statische und dynamische Verbindungen

Wenn die Linie am Objekt klebt, erscheint das Ende grün, wenn nicht, so ist es weiß oder grau.

Visio stellt zwei Arten von Verbindungen zur Verfügung: statische und dynamische Verbindungen. Statische Verbindungen sind dadurch gekennzeichnet, dass sie immer an der gleichen Stelle, das heißt am gleichen Verbindungspunkt, kleben, dynamische suchen sich nach einem Algorithmus die kürzeste Verbindungsstrecke zwischen zwei Shapes. Leider kann man in Visio den Unterschied zwischen einem statischen und einem dynamischen Verbinder nicht mehr erkennen. Wenn Sie eine Verbindungslinie auf ein Shape ziehen und das gesamte Shape grün markiert ist (im QuickInfo steht der Text *An Shape kleben* und nicht *An Verbindungspunkt kleben*), dann klebt die Verbindungslinie nicht an dem Endpunkt, sondern an einem beliebigen Punkt. Diese Technik zeigt **Abbildung 1.89**.

Grundlagen von Visio

Abbildung 1.89: *Der Verbinder ist im rechten Teil dynamisch, im linken statisch*

Verbindungen zwischen Shapes und Linien können dynamisch oder statisch sein.

- Um nun einen statischen Verbinder in einen dynamischen umzuwandeln (oder umgekehrt), wird die Linie von ihrem Bezugsshape herausgezogen.
- Die Verbindungslinie wird zurückgeführt und wieder an das Shape angeklebt.
- Wird sie an einen Verbindungspunkt gehängt, wird sie statisch.
- Wird sie im Shapes fallen gelassen, entsteht ein dynamischer Verbinder.

 Sollen sehr viele Shapes sehr schnell miteinander verbunden werden, kann ein vorhandenes Shape auf der Seite markiert und das Verbinder-Werkzeug aktiviert sein. Wird nun ein weiteres Shape auf die Seite gezogen, wird es automatisch mit einem dynamischen Verbinder an das bereits markierte Shape gehängt.

Wenn Sie auf das blaue Dreieck klicken, mit dem Shapes automatisch verbunden werden können, erzeugt Visio zwischen dem aktuell markierten und dem nächstliegenden Shape einen dynamischen Verbinder. Oder Sie klicken auf das kleine Symbol neben dem Dreieck und erzeugen ein neues Shape, das mit dem alten markiert ist. Es werden die ersten vier Shapes der Schablone vorgeschlagen – die Shapes, die sich auch in der Schablone Quick-Shapes befinden. Dieses Dreieck kann über *Ansicht/Visuelle Unterstüzung/AutoVerbinden* oder *Datei/Optionen/Erweitert* über das Kontrollkästchen *AutoVerbinden aktivieren* ein- und ausgeschaltet werden.

Abbildung 1.90: *Sie können auch die Option AutoVerbinden einschalten, um schnell zwei Shapes miteinander zu verbinden.*

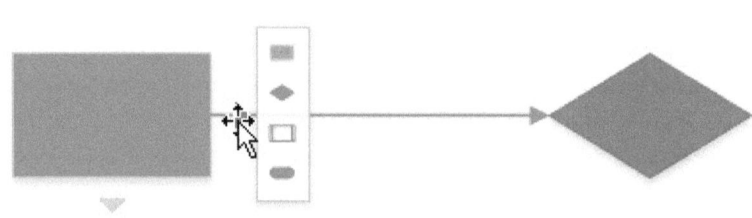

1.6.3. Kreuzende Linien

Wenn sich zwei Linien kreuzen, »springt« die waagrechte Linie über die senkrechte, wie in **Abbildung 1.91** zu sehen ist. Dieses Verhalten kann mit dem Befehl *Entwurf/Layout/Verbinder/Zeilensprünge anzeigen* oder im Dialogfeld *Seite Einrichten* auf der Registerkarte *Layout und Routing* eingestellt werden. Dort wird festgelegt, ob nur die waagrechten, nur die senkrechten, die zuletzt gezeichneten, zuletzt oder zuerst verbundenen Linien oder gar keine Linien einen Sprung erhalten. Diese Einstellung gilt für das gesamte Zeichenblatt (nicht für die gesamte Datei!). Außerdem kann festgelegt werden, wie dieser »Sprung« gestaltet werden soll: als Bogen, Lücke oder Vieleck. Und schließlich können noch die Proportionen festgelegt werden. Diese Sprünge funktioniert natürlich nur dann, wenn der Abstand zwischen den beiden Shapes, zwischen denen sich die Verbinderlinie befindet, groß genug ist.

Abbildung 1.91: Liniensprünge bei sich überkreuzenden Linien

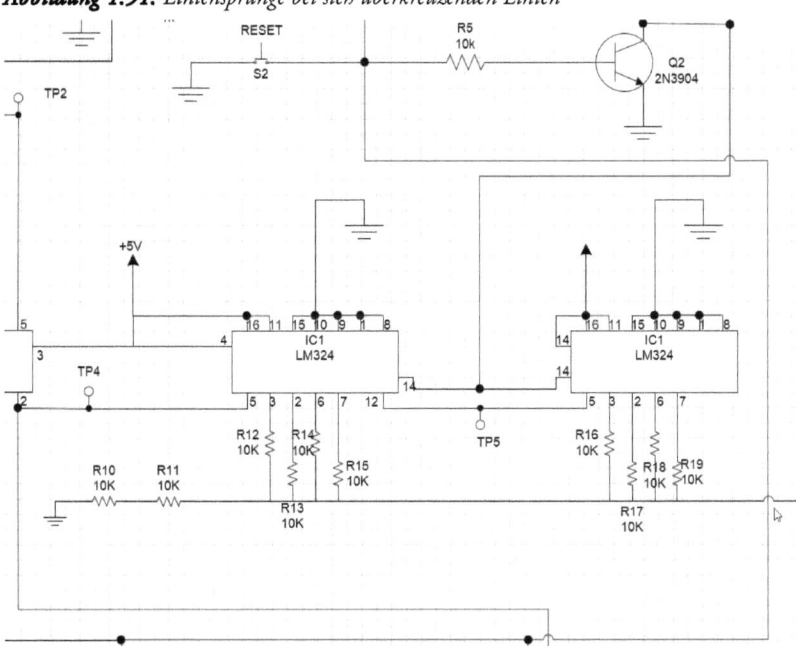

Grundlagen von Visio

Abbildung 1.92: *In der Registerkarte* Layout und Routing *des Dialogfelds* Seite einrichten *werden die Liniensprünge konfiguriert.*

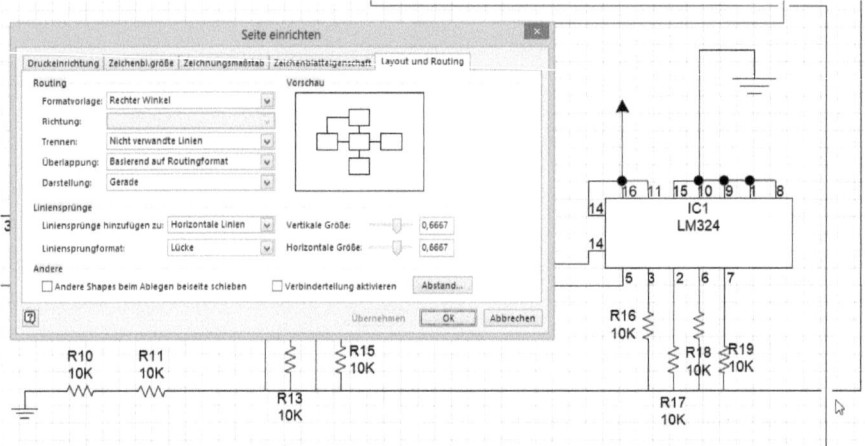

Bei *Überlappung* wird festgelegt, ob getrennte Verbindungslinien überlappt werden sollen:

- *Verwandte Linien* gibt an, dass sich aktuell nicht überlappende Verbindungslinien, die mit demselben Shape verbunden sind, sich überlappen sollen.
- *Alle Linien* legt fest, dass nebeneinander liegende Linien sich überlappen sollen
- *Keine Linien* gibt an, dass sich keine Verbinderlinien überlappen sollen.
- *Basierend auf Umleitungsformat* bestimmt, wie getrennte Linien überlappt werden.

Übrigens: Die Vertikale Größe und Horizontale Größe lässt sich bis maximal 1 hochschieben. Es ist jedoch auch eine manuelle Eingabe einer Zahl > 1 möglich. Ob das allerdings wirklich gewünscht ist?

Im Dialogfeld des Befehls *Entwicklertools/Shape-Design/Verhalten* können auf der Registerkarte *Verbinder* diese Liniensprünge individuell für jede Linie eingestellt werden (**Abbildung 1.93**). Wird dort keine Einstellung getroffen, wird die Voreinstellung der Seite verwendet.

> **Hinweis**
> Nur Verbinder können »springen«, das heißt, nur Verbinderlinien besitzen im Dialogfeld *Verhalten* die Registerkarte *Verbinder*. »Normale« Linien, die über das Linienwerkzeug gezeichnet wurden, sehen zwar auf den ersten Blick ähnlich aus, weisen jedoch kein Sprungverhalten auf.

Beachten Sie, dass Sie hierzu die Registerkarte *Entwicklertools* aktiviert sein muss – über die *Visio-Optionen/Erweitert/Im Entwicklermodus ausführen*.

Abbildung 1.93: *Liniensprünge können auch nur für eine Linie eingestellt werden.*

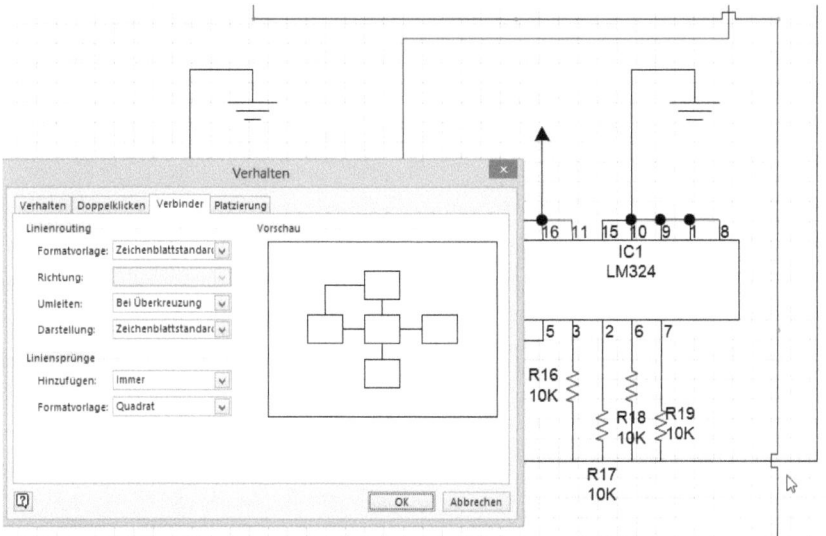

Die Option *Umleiten* erscheint interessant. Wird sie auf *Nie* gesetzt, durchschneidet der Verbinder andere Shapes. Lautet die Umleitung dagegen *Frei*, so versucht Visio stets die Linie um Shapes herumzuführen.

Im Dialogfeld zu *Entwurf/Seite einrichten* auf der Registerkarte *Layout und Routing* oder über *Shape/Layout konfigurieren* wird auch festgelegt, um welches Standardumleitungsformat für Verbinder für das Zeichenblatt es sich handelt. Mithilfe der Vorschau können Sie das gewünschte Format finden.

- Bei den Formatvorlagen *Rechter Winkel, Gerade, In Mitte zentrieren, Flussdiagramm, Baumförmig, Organigramm* oder *Einfach, Einf. horizontal/vertikal/ Einf. vertikal/horizontal* können Sie für das Diagramm eine Richtung oder einen Fluss wählen. Überprüfen Sie anhand der Vorschau (*Übernehmen*) die gewünschte Richtung.
- Die Einstellung *Richtung* gibt an, in welcher Richtung das Diagramm gezeichnet werden soll.
- *Ausrichtung* legt fest, ob die Shapes, die auf der gleichen Ebene liegen *Oben, Mitte* oder *Unten* ausgerichtet werden sollen.
- Mit *Abstand* wird der Abstand zwischen den einzelnen Shapes festgelegt.
- In der Gruppe *Verbinder* wird über *Formatvorlage* festgelegt, wie die Verbindungslinien liegen sollen. Dabei stehen Ihnen neun Varianten zur Verfügung.

Grundlagen von Visio

- Wählen Sie als Darstellung statt *Gerade* den Wert *Gekrümmt*, werden die Linien in Kurven dargestellt. Für Mindmapping-Diagramme ist dies sicherlich eine gute Darstellungsmöglichkeit.

Das Layout ist sicherlich eine gute Grundeinstellung, um Shapes und Verbinder schnell an ihre funktionelle Position setzen. Damit können kleinere Zeichnungen sehr schnell erzeugt werden. Bei größeren Zeichnungen kommen Sie jedoch an die Grenzen – dort ist immer »Nacharbeit« gefordert.

> **Hinweis**
> Die Option *Liniensprünge hinzufügen* bei *Seite einrichten* hat keine Auswirkungen, wenn der Verbinder gekrümmt und nicht rechtwinklig ist.

1.6.4. Neue Verbindungspunkte setzen, vorhandene verschieben und löschen

- Um einen neuen Verbindungspunkt zu erzeugen, markieren Sie zuerst das Shape, das mit einem neuen Verbindungspunkt versehen werden soll.
- Schalten Sie anschließend vom Werkzeug *Zeigertool* auf *Verbindungspunkt* um.
- Das Shape ist markiert; als Kennzeichen ist eine graue Linie sichtbar. Nun kann mit gedrückter **[Strg]**-Taste ein neuer Verbindungspunkt an eine beliebige Stelle gesetzt werden (**Abbildung 1.94**).

> **Tipp**
> Verbindungspunkte müssen nicht nur auf dem Rand des Shapes sitzen, sondern können sich auch innerhalb oder außerhalb des Shapes befinden. Jedes Shape kann beliebig viele Verbindungspunkte besitzen. Und natürlich können diese verschoben und gelöscht werden. Dazu wird ein Verbindungspunkt ohne gedrückter **[Strg]**-Taste markiert (er erscheint nun in der Farbe Magenta) und kann mit gedrückter Maustaste verschoben oder durch Drücken von **[Entf]** gelöscht werden.

Wenn Sie neue Verbindungspunkte an einem Shape hinzufügen, sollten diese genau in der Mitte des Shapes sitzen. Dies erreichen Sie über Führungslinien: Ziehen Sie das Shape auf die Hilfslinie, dann rastet es in der Mitte ein (alternativ können Sie es auch zueinander ausrichten). Und nun hilft Ihnen die Führungslinie beim exakten Positionieren des Verbindungspunkts. Am besten schalten Sie einen großen Zoomfaktor ein – das erleichtert auch die Positionierung des Verbindungspunkts. Ein numerisches Zentrieren ist mithilfe des ShapeSheets möglich.

Übrigens: Leider kann man das Neuanlegen von Verbindungspunkten nicht verhindern; ebenso auch nicht die Verbindungspunkte gegen Löschen und Verschieben schützen.

Abbildung 1.94: Mit gedrückter [Strg]-Taste können neue Verbindungspunkte hinzugefügt werden

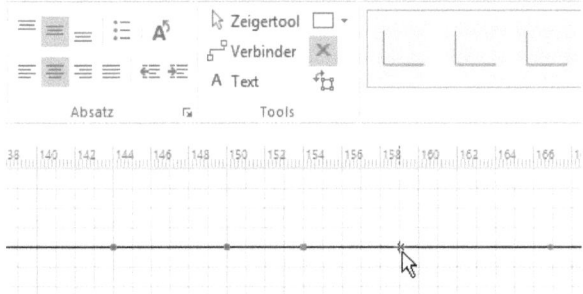

> **Hinweis**
> Wenn ein Shape keinen Verbindungspunkt besitzt, können Sie über das Dialogfeld in *Ansicht/Visuelle Unterstützung* die Option *Kleben an Shape-Geometrie* aktivieren. Dann wird ein neuer Verbindungspunkt erzeugt, wenn Sie einen Verbinder mit einem Shape verbinden. Er wird wieder gelöscht, wenn Sie den Verbinder herausziehen.

Wenn Sie die Registerkarte *Entwicklertools* aktiviert haben (*Datei/Optionen*), können Sie im Kontextmenü des Verbindungspunktes die Option *Nach innen und außen* wählen. Mit ihrer Hilfe ist es nun möglich, dass ein zweidimensionales Shape an einem anderen zweidimensionalen Shape klebt.

Wenn Sie die Version Visio Professional haben, dann finden Sie in der Schablone *Pläne und Grundrisse/Bauplan/HKL-Rohre* eine Reihe zweidimensionaler Shapes, die aneinander geklebt werden können, wie Sie in **Abbildung 1.95** sehen können.

Abbildung 1.95: Rechteckige Shapes können auch verbunden werden.

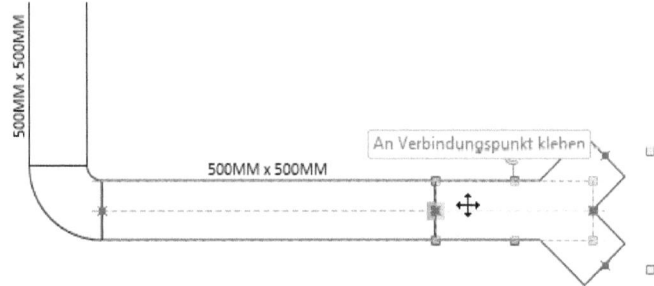

Leider kann man in Visio nicht erkennen, ob Shape A an B klebt oder umgekehrt. Das bedeutet: wenn ein Shape zur Seite gezogen wird, kann es sein, dass die Verbindung gelöst wird, es kann aber auch sein, dass das andere Shape *mitwandert*. In Beispiel in **Abbildung**

Grundlagen von Visio

1.96 klebt links das rechte Shape am linken, rechts das linke am rechten. Die Positionsänderung wird im unteren Teil deutlich.

Und: leider ist nicht ein Kleben in jedem Winkel möglich. Interessant wäre es, ein Rohr im 90°-Winkel zu verlegen und daran ein zweites Rohr zu kleben. Manchmal ist dies nicht möglich.

Abbildung 1.96: *Klebt A an B oder B an A?*

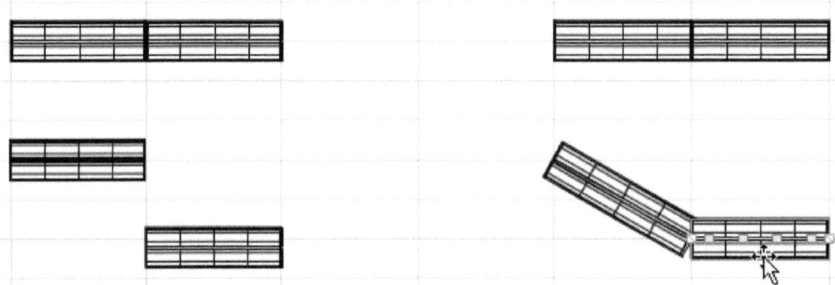

1.6.5. Linien mit mehr als zwei Enden

Problematisch wird es mit Verbindern, wenn mehr als zwei eindimensionale Shapes miteinander verbunden werden, beispielsweise bei Weichen oder Verzweigungen. In so einem Fall können Sie entweder an die Stelle der Verzweigung ein zweidimensionales Shape legen, mit dem mehrere Linien verbunden sind (quasi als Lötstelle). Oder Sie benutzen einen der »Multiconnectoren«. Bei ihnen kann aus einem Kontrollkästchen eine weitere Linie erzeugt werden.

Abbildung 1.97: *Mit Punkten als Leitungsverknüpfungen können Linien zusammengelötet werden.*

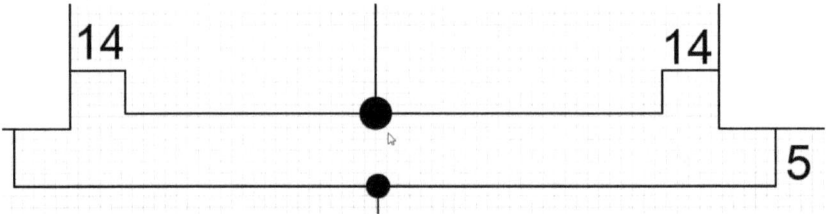

Eine dritte Möglichkeit besteht darin, an eine vorhandene Linie einen Verbindungspunkt zu befestigen, von der aus die weitere Linie verzweigt.

1.6.6. Neue Shapes auf Verbinderlinien

Was passiert, wenn ein Shape auf eine Verbinderlinie platziert wird? Das Verhalten der Linie hängt von der Einstellung des Zeichenblattes (*Entwurf/Zeichenblatt einrichten/Seite einrichten* Registerkarte *Layout und Routing*) ab. Wenn dort die Option *Verbinderteilung aktivieren* eingestellt ist, wird die ursprüngliche Verbinderlinie in zwei Linien geteilt und das neue Shape wird von beiden Seiten mit der Linie verbunden. Wenn Sie jedoch diese Option deaktiviert haben und die Option *Andere Shapes beim Ablegen beiseite schieben* eingeschaltet haben, wird die Linie um das Shape herumlaufen. Voraussetzung für beide Optionen ist natürlich, dass Linie lang genug ist.

Abbildung 1.98: *Die Verbinderlinien reagieren unterschiedlich – je nach gewählter Einstellung*

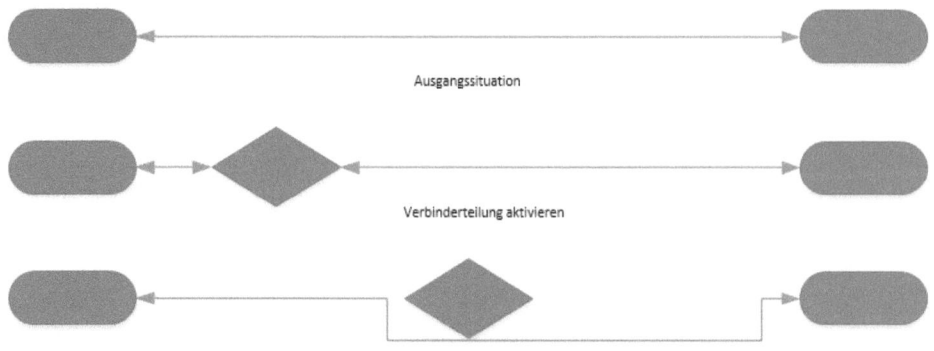

1.6.7. Beschriftungen auf Verbindungslinien

Für Beschriftungen gilt alles, was bereits beschrieben wurde. Ist ein Verbinder markiert, kann »auf« ihm Text eingegeben und später korrigiert werden. Soll der Text im Verhältnis zur Linie verschoben werden, muss das Textblock-(Textrotations-)werkzeug aktiviert werden. Wird der Cursor über den Text gezogen, erscheint ein weißer Mauszeiger mit einem Vierfachpfeil und einem QuickInfo, das besagt, dass der Text aus dem Verbinder gezogen werden kann (Reposition Text). Alternativ können Sie den Text mit dem Steuerelement verschieben, wenn der Verbinder ein Steuerelement anzeigt.

Wie kann man nun mehrere Texte zueinander ausrichten? Antwort: Mit einer Hilfslinie. Erstaunlicherweise rasten die Textblöcke dort auch ein (obwohl sie eigentlich Teil des Connector-Shapes sind).

> **Tipp:** Zwar können Sie keine Bilder auf Verbinder einfügen, aber Symbole, die Sie aus der Schriftart Wingdings (oder anderen Schriften) herausholen können, wie Sie in **Abbildung 1.68** sehen können.

Grundlagen von Visio

Tabelle 1.13: Verbinder und Verbindungspunkte

Funktion	Befehl / Tastenkombination	Schaltfläche
Verbinderwerkzeug	*Start/Tools/Verbinder* [Strg]+[3]	
Verbindungspunkt verschieben	*Start/Tools/Verbindungspunkt* [Umschalt]+[Strg]+[1]	
Verbindungspunkte anzeigen	*Ansicht/Visuelle Unterstützung/Verbindungspunkte*	
Verbinden		
Gerade Linien	*Entwicklertools/Shape-Design/Verhalten/Verbinder*	
Gekrümmte Linien	*Entwicklertools/Shape-Design/Verhalten/Verbinder*	
Verbinder zurücksetzen	*Entwicklertools/Shape-Design/Verhalten/Verbinder*	
Frei umleiten	*Entwicklertools/Shape-Design/Verhalten/Verbinder*	
Bei Überkreuzung umleiten	*Entwicklertools/Shape-Design/Verhalten/Verbinder*	
Nie umleiten	*Entwicklertools/Shape-Design/Verhalten/Verbinder*	
Seitenstandard	*Entwicklertools/Shape-Design/Verhalten/Verbinder*	
Keine Linien	*Entwicklertools/Shape-Design/Verhalten/Verbinder*	
Andere Shapes beim Ablegen beiseite schieben	*Entwicklertools/Shape-Design/Verhalten/Verbinder*	

1.7. Zusammenfassung

In diesem Kapitel wurden die wichtigsten Techniken von Visio 2013/2016 gezeigt. Es wurde beschrieben, wie Sie Schablonen öffnen, aus Schablonen Master-Shapes auf das Zeichenblatt ziehen, Shapes markieren, duplizieren, verschieben und in ihrer Größe verändern.

Zum ordentlichen und exakten Arbeiten wurden die Techniken der Führungslinien, das Gitter des Zeichenblattes, die beiden Techniken *Shape ausrichten* und *Shapes verteilen* und das Fenster *Größe und Position* vorgestellt.

Eine Besonderheit von Visio ist die klare Aufteilung der Formate in die drei zentralen Kategorien: Linie, Füllbereich und Text. Die einzelnen Formatierungsmöglichkeiten wurden ausführlich beschrieben. Sicherlich nehmen Effekte in professionellen Zeichnungen nur einen untergeordneten Stellenwert ein.

Ein wichtiges Shape in Visio sind Verbinder. Verbinder spiegeln physikalische Leitungen oder logische Beziehungen zwischen Geräten, Objekten, Menschen, Ereignissen, Prozessen, … wider. Sie sollten sich genau mit den Möglichkeiten und Einstellungen der Verbindungslinien auseinandersetzen, damit Sie schnell und effektiv eine Zeichnung erstellen können, bei der weitere Shapes eingefügt, Verbindungslinien geändert oder Shapes neue Verbindungspunkte erhalten können.

2 Fortgeschrittene Visio-Themen

Im vorherigen Kapitel wurden die Grundlagen von Visio beschrieben. Sie haben gesehen, wie Sie Schablonen öffnen, Shapes auf das Zeichenblatt ziehen, anordnen und verteilen. Es wurde beschrieben, wie den Shapes Text zugewiesen werden kann, wie der Text und die Shapes selbst formatiert werden können. Die Verbindungslinien wurden beschrieben.

Dieses Kapitel beschäftigt sich mit weiteren Funktionen, die Visio für bestimmte Shapes oder Vorlagen zur Verfügung stellt. Dabei steht im Zentrum der Betrachtung ein effizientes und schnelles Erstellen von Zeichnungen, wozu Visio eine Reihe von Hilfsmitteln zur Verfügung stellt: Designs und Layer. Es werden zwei Varianten beschrieben, wie Sie große Zeichnungen anlegen können: Zeichnungen, die ein großes Zeichenblatt besitzt oder Zeichnungen, die aus mehreren Zeichenblättern bestehen.

Einige der Ausführungen erklären Visio-Einstellungen und machen damit das Programm transparenter. Im zweiten Teil des Kapitels werden Hilfen und Werkzeuge vorgestellt, die dem Benutzer seine Arbeit erleichtern.

2.1. Formate übertragen

Visio unterscheidet konsequent vier Formatierungsbereiche: Linien, Füllungen, Effekte und Textformate. Wenn nun immer wieder die gleichen Formate auftauchen, können diese mit dem Pinsel *Format übertragen*-Pinsel ([Strg]+[Umschalt]+[P]) von einem Shape auf das nächste übertragen werden.

- Markieren Sie ein formatiertes Shape.
- Wählen Sie den Befehl *Start/Zwischenablage/Format übertragen*.
- Klicken Sie auf das zu formatierende Shape. Nun wird die Formatierung auf das anderes Shape übertragen. Eine Anwendung sehen Sie in **Abbildung 2.1**.

Ein Doppelklick auf diesen Pinsel hält ihn fest, das heißt: gibt die Möglichkeit frei, Formate von einem Shape nacheinander auf mehrere, voneinander unabhängige Shapes zu übertragen. Das dauerhafte Aktivieren des Pinsels funktioniert in Visio auch blattübergreifend; jedoch leider nicht dateiübergreifend.

Abbildung 2.1: Mit dem Pinsel Format übertragen *können Formatierungen kopiert werden.*

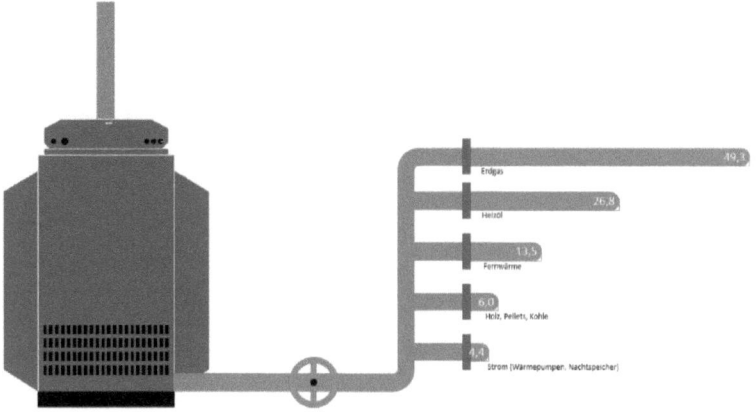

Die Taste [Esc] oder ein erneuter Klick auf die Schaltfläche schalten Sie die *Format-übertragen*-Funktion wieder aus. Die Nachteile liegen auf der Hand: Der Pinsel überträgt alle vier Format-Kategorien (Text, Linie, Füllbereich und Effekte), bei Änderungen von Formaten eines Shapes müssen die übrigen Shapes erneut formatiert werden und bei mehreren Seiten müssen auf allen Seiten die Formate erneut eingestellt werden. Dies Lösung dieser Probleme heißt Formatvorlagen oder Designs.

2.2. Formatvorlagen

Formatvorlagen sind Kategorien, die über ihren Namen aufgerufen werden, hinter denen sich Formate befinden. Bis zur Version 2000 hießen sie in Visio *Stile*. Angenommen, Sie möchten eine bestimmte Pfeilspitze, eine Linienart, eine Füllfarbe oder eine Schriftart mehrere Male verwenden. Dann können Sie ein Shape, also eine Linie oder ein Objekt, mit dieser Eigenschaft formatieren.

 Die Formatvorlagen werden standardmäßig seit Visio 2010 nicht im Menüband angezeigt. Damit Sie mit Ihnen arbeiten können, müssen Sie die drei Befehle »Formatvorlage« in die Symbolleiste für den Schnellzugriff oder in ein Register des Menübandes einfügen.

Ist das Objekt markiert, kann mit dem Befehl *Formatvorlagen Definieren* ein neuer Name für eine Formatvorlage festgelegt werden. Diese kann auf *Standard*, auf *Kein Format* oder auf einer anderen Formatvorlage basieren.

Die Vorlage kann auf einer anderen Vorlage basieren. Dieses kaskadierende Modell hat den Vorteil, dass Änderungen in der Basisvorlage sich auswirken auf alle Formatvorlagen, die auf ihr basieren.

Der Vorlagenname kann Merkmale der Kategorien *Text, Linie* und *Füllbereich* beinhalten oder lediglich aus einer oder zwei dieser Kategorien bestehen, wie Sie in **Abbildung 2.2** sehen können. Hierzu schalten Sie im Bereich *Enthält* die gewünschten Kategorien ein. Ein Klick auf die Schaltfläche *Hinzufügen* fügt der Datei diese Formatvorlage hinzu.

Abbildung 2.2: *Das Dialogfeld* Formatvorlage definieren

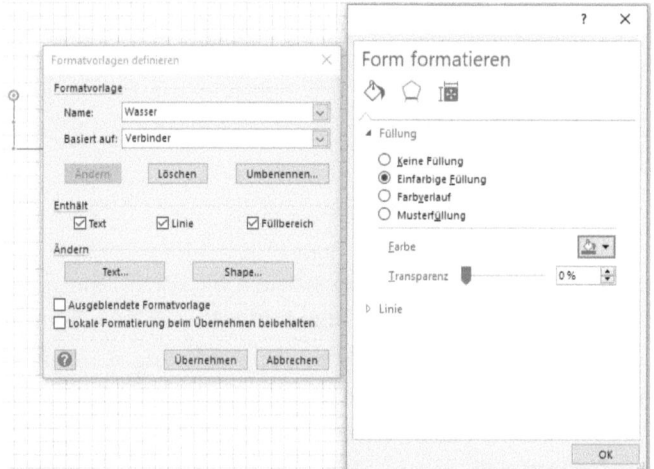

Hinweis	Da keine der Visio-Registerkarten ein Dropdownmenü für die Formatvorlagen zur Verfügung stellt, sollten Sie, wenn Sie regelmäßig damit arbeiten, sich eine eigene Schaltfläche in eine vorhandene Befehlsgruppe einfügen oder eine Gruppe für Formatvorlagen erstellen. Neben den oben beschriebenen drei Befehlen für Formatvorlagen sollten Sie sich noch die Befehle *Textformat* und *Formatvorlage* in die Symbolleiste für den Schnellzugriff oder auf die Registerkarte des Menübandes legen. Leider ist auch das Kontextmenü *Formatvorlage* in den Shapes seit Visio 2010 verschwunden.

Soll nun ein anderes Shape mit dieser Vorlage formatiert werden, genügt es, im Dropdownmenü auf den richtigen Formatvorlagennamen zu klicken. Dies sehen Sie in **Abbildung 2.3**.

Wird nur eine der Formatierungskategorien, beispielsweise nur Textattribute, unter einem Vorlagennamen gespeichert, dann finden sich diese Vorlagennamen nur im entsprechenden Dropdownmenü

Abbildung 2.3: *Die Vorlagennamen befinden sich im Dropdownmenü in der geänderten Symbolleiste für den Schnellzugriff.*

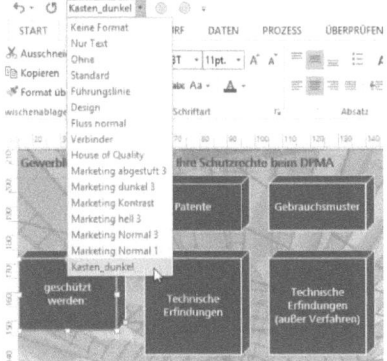

Wird über den Befehl *Formatvorlagen definieren* eine Eigenschaft einer Vorlage geändert, ändern sich alle Formatierungen aller Shapes, die auf dieser Vorlage basieren. Dies gilt für die gesamte Datei. Möchte der Benutzer nun einen mit einer Vorlage formatierten Shape nach eigenem Gusto formatieren, ohne dabei die Formatvorlage auszuschalten (das heißt auf *Ohne Formatvorlage* umzuschalten), kann er hart formatieren, das heißt so formatieren, als hätte das Shape keine Formatvorlage. Lokale Formatierungen haben gegenüber globalen Formatierungen, Formatvorlagen Vorrang.

Abbildung 2.4: *Die Vorlage* Text rechts *ist nur eine Text-Formatvorlage und hat keine Auswirkungen auf Linie und Füllung.*

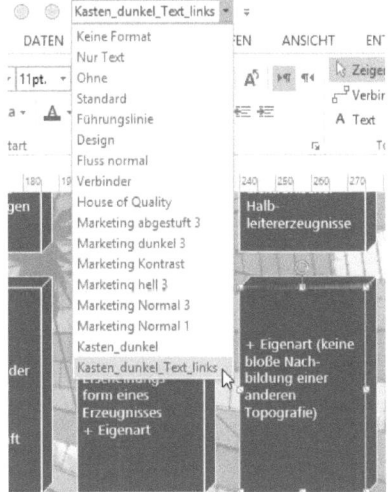

Die Liste aller Formatvorlagen befindet sich in der Dropdownliste *Formatvorlage*. Einzelne Formatvorlagen können ausgeblendet werden, indem Sie im Dialogfeld *Formatvorlagen definieren* das Kontrollkästchen *Ausgeblendete Formatvorlage* einschalten. Dann wird der Formatvorlagenname nicht mehr in der Dropdownliste angezeigt. Im gleichen Dialogfeld können Formatvorlagen gelöscht und umbenannt werden. Beim Löschen verschwinden die Formatierungen, die sich hinter der Vorlage verbergen – das Shape steht nun so da, wie es zuletzt auf dem Zeichenball »lokal« formatiert wurde.

> **Hinweis**
>
> Formatvorlagen können an Dokumentvorlagen gebunden werden. Somit hat der Benutzer beim Öffnen der Vorlage die Auswahlpalette der Formatvorlage zur Verfügung und braucht sich keine Gedanken über die Formatierung seiner Shapes zu machen. Dies kann für eine Firma mit mehreren Mitarbeitern interessant werden. Werden in einer Dokumentvorlage mehrere Formatvorlagen angelegt, so kann sichergestellt werden, dass die mit Visio erstellten Zeichnungen die gleichen Formatierungen aufweisen.
>
> **Tipp**
>
> Mit diesem Wissen können Sie nun Grundeinstellungen von Visio ändern: Ein selbst erzeugtes Shape verwendet immer die Formatvorlage *Normal*. Wird in einer Dokumentvorlage ein Attribut dieses Stils geändert und die Vorlage gespeichert, dann wird das neue Attribut in allen neuen Dateien verwendet, die auf dieser Formatvorlage basieren.

Wollen Sie beispielsweise die Standardschrift ändern, dann holen Sie sich die Vorlage, in der Sie die neue Schriftart oder -größe benötigen. Über die Schaltfläche *Formatvorlagen definieren* wird dem Stil *Standard* eine neue Schriftart oder -größe zugewiesen. Nun kann die Vorlage unter ihrem alten Namen gespeichert werden. Schon wird in allen Dateien, die auf dieser Vorlage basieren, automatisch die neue Schrift verwendet.

Auf diese Weise können auch Formatierungseigenschaften über Formatvorlagen an Shapes gebunden werden, die als Master-Shapes in Schablonen gespeichert sind. Zieht der Benutzer ein solches Shape aus der Schablone, dann verwendet er auch automatisch den damit verbundenen Formatvorlagennamen. Die damit verknüpften Eigenschaften können nun zentral geändert werden.

> **Hinweis**
>
> Ein interessanter Anwendungsfall sind Verbinder. Angenommen alle – oder die meisten – der Verbindungslinie einer Zeichnung sollen mit Pfeilspitze gestaltet werden. Da die Verbinder auf der Formatvorlage *Verbinder* basieren, muss man nur diese Formatvorlage ändern und alle Verbindungslinien besitzen Pfeilspitzen. Soll eine Linie jedoch ohne Pfeilspitze dargestellt werden, genügt es die Formatvorlage auf *Standard* umzuschalten.

Wird die Formatierung einer Vorlage geändert, wirkt sich dies auf alle Shapes der aktuellen Datei aus, die diese Vorlage verwenden. Wird eine Formatvorlage an eine Visio-Vorlage gebunden und mit ihr abgespeichert, dann wirken sich diese Änderungen auf alle neuen

Dokumente aus, die auf dieser Vorlage basieren. In Visio ist allerdings keine Option vorgesehen, mit der rückwirkend mittels Vorlagen Formatierungen geändert werden können. Dies ist Aufgabe der Programmierung.

> **Hinweis**
> Es gibt einige Firmen, die ihren Mitarbeitern verbieten, hart zu formatieren. Kein Mitarbeiter darf über *Füllbereich* oder die vorhandenen Befehle Formatierungen vornehmen. Ihnen wurden eine ganze Reihe von Formatvorlagen eingerichtet, deren Bedeutung ihnen natürlich erläutert wurde. Wenn nun ein Mitarbeiter eine Formatierung ändert, dann wählt er die entsprechende Formatvorlage aus. Nur so können Firmenstandards realisiert werden; nur so sehen Visio-Zeichnungen firmenweit einheitlich aus; nur so können Änderungen in Formaten in einer Zeichnung schnell durchgeführt werden.

2.3. Designs

Designvorlagen sind Formatierungskategorien, die über einen Namen verfügen. Sie haben Ähnlichkeiten mit Formatvorlagen, unterscheiden sich jedoch in einigen Punkten von diesen. Seit Visio 2010 unterstützt dieses Programm stärker die Designs als die Formatvorlagen.

Angenommen, Sie möchten eine bestimmte Pfeilspitze, eine Linienart, eine Füllfarbe oder eine Schriftart auf sämtliche Shapes des Zeichenblattes anwenden. dann sollten Sie einen Blick auf die Designs werfen, die Visio für Sie bereitstellt.

Öffnen Sie die Registerkarte *Entwurf* und klicken Sie in der Gruppe *Designs* auf die Schaltfläche *Weitere*. Dann öffnet sich die Liste mit den entsprechenden Designs. In der Gruppe *Varianten* finden Sie die vier Befehle *Farben, Effekte, Verbinder* und *Ornament*.

2.3.1. Designfarben

Wenn Sie den Befehl *Entwurf/Varianten/Farben* wählen, sehen Sie 26 verschiedene Designfarben. Wenn die Livevorschau aktiviert ist, dann sehen Sie das Ergebnis der Zeichnung. Ein Klick auf eine der Designfarben formatiert sämtliche Shapes entsprechend. Mehr noch: auch in den Schablonen erscheinen nun die neuen Farben.

Sollte Ihnen keines der Designs zusagen oder wollen Sie bestimmte Dinge modifizieren, können Sie ein vorhandenes Designfarbenset über das Kontextmenü duplizieren. Es befindet sich anschließend am oberen Rand des Aufgabenbereichs in der Kategorie *Benutzerdefiniert*. Im Kontextmenü des Designfarbensets können Sie die Farben ändern. Ein Beispiel zeigt **Abbildung 2.8**.

Fortgeschrittene Visio-Themen

Abbildung 2.5: *Mithilfe der Designs können Zeichnungen schnell formatiert werden*

Hinweis

Erstaunlicherweise ist – anders als in Visio 2010 – nicht mehr möglich die Textfarben von den Linienfarben getrennt zu formatieren. Mehr noch: War es in der Version 2010 möglich Gestaltungen für Verbinder, Füllbereiche, Füllmuster, Schatten, etc. einzustellen, wurde diese Option aus Visio 2013 entfernt und auch in 2016 nicht wieder eingeführt.

Beachten Sie auch folgendes: Wenn Sie eine VSD-Datei öffnen oder eine Zeichnung im Visio-Format 2003-2010 speichern, also eine Visio-Zeichnung, die von Microsoft Visio bis 2010 unterstützt wurde, stehen Ihnen die Designs zur Verfügung, die Visio in der Version 2010 anbot. Die Gruppe *Varianten* ist in der Registerkarte *Entwurf* ausgeblendet. Wird die Datei als VSDX-Datei gespeichert, dann steht Ihnen der Funktionsumfang zur Verfügung, den Visio in der aktuellen Version anbietet – also: *Designs* und *Varianten*.

Abbildung 2.6: *Mit einem Design können mehrere Shapes schnell formatiert werden.*

Sicherlich gibt es Zeichnungen, die konsequent in einem Farbschema formatiert sind. Jedoch sind die meisten Zeichnungen mit verschiedenen Farben gestaltet. Sie sollten also das Farbdesign als Grundlage verwenden. Sie können jederzeit davon abweichen, indem ein mit dem Design »weich« formatiertes Shape anschließend »hart« formatiert wird. Die Formate, die Sie über die Registerkarte *Start* oder über das Kontextmenü aktivieren können, haben Priorität gegenüber den Designs. Ebenso können Sie über das Kontextmenü das *Design entfernen*, wenn Sie nicht möchten, dass ein Design auf ein bestimmtes Shape angewendet wird.

Der Vorteil der Designs liegt auf der Hand: so können mehrere Shape schnell auf eine bestimmte Art und Weise formatiert werden, ohne dass man sich Farbeinstellungen und Effekttypen merken müsste.

2.3.2. Weitere Designeinstellungen

Zu jedem Design gibt es eine Reihe vorgegebener Varianten (*Farben, Effekte, Verbinder* und *Ornament*). Sie finden diese in der Gruppe *Varianten* neben der Gruppe *Designs*.

Abbildung 2.7: *Zu jedem Design existieren Varianten.*

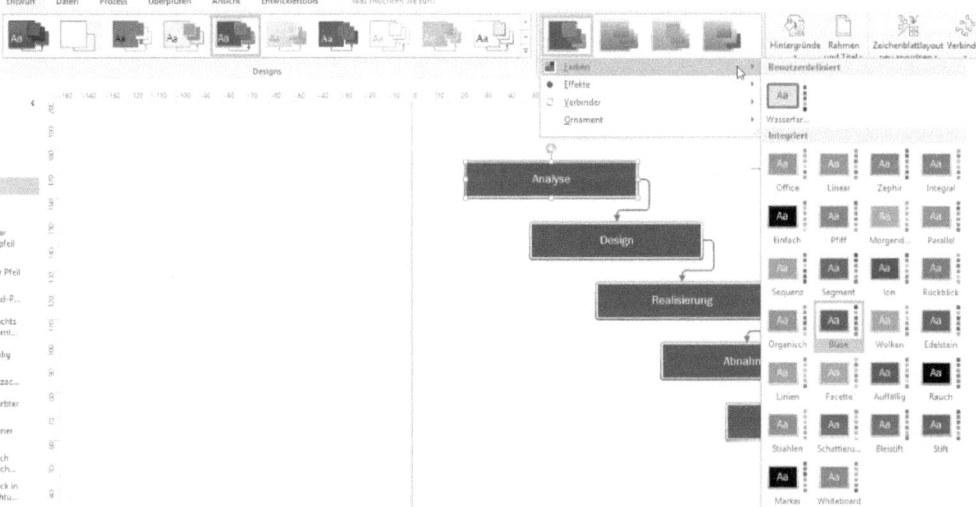

Abbildung 2.8: Aus den bestehenden Design entstehen schnell neue Designs.

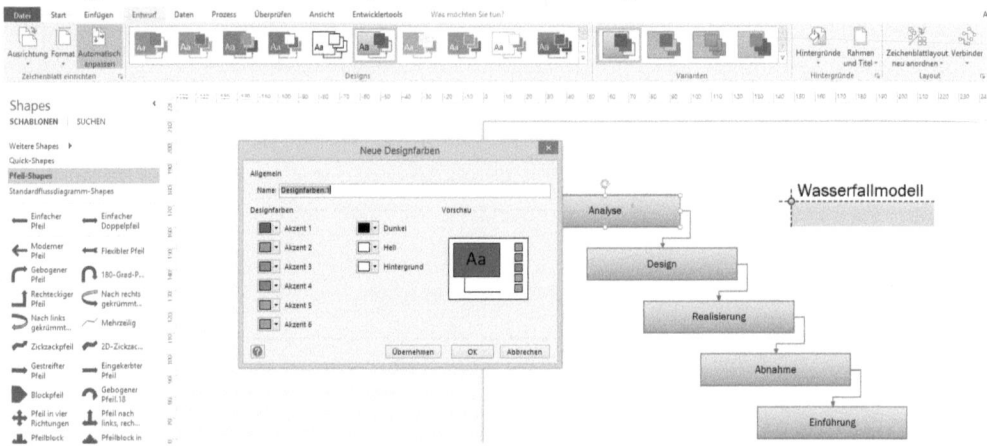

Designs können an Dokumentvorlagen gebunden werden. Dann hat der Benutzer beim Öffnen der Vorlage die Auswahlpalette der Designs zur Verfügung und braucht sich keine Gedanken über die farbliche Gestaltung seiner Shapes zu machen. Dies kann für eine Firma mit mehreren Mitarbeitern interessant werden. So kann sichergestellt werden, dass sämtliche Zeichnungen ein einheitliches Aussehen haben (siehe **Abbildung 2.8**).

2.4. Layer (Ebenen)

Viele Assistenten, Hilfsmittel und Werkzeuge in Visio arbeiten mit Layern (damit sind Ebenen im Sinne von Kategorien oder Klassen gemeint, zu denen bestimmte Shapes gehören). Wenn Sie aus einer Schablone einige Shapes auf das Zeichenblatt ziehen, kann es sein, dass diese Shapes auf Layern liegen. Dies kann mit dem Befehl *Start/Bearbeiten/Layer/Layereigenschaften* sichtbar gemacht werden. Die Liste, die nun angezeigt wird, gibt einen Überblick, welche Layer sich auf dem Zeichenblatt befinden.

> **Hinweis**
> Die Layer gehören zur Seite, nicht zur Datei. Wenn Sie einen Layer für ein Shape erstellen, dann existiert dieser Layer und seine Einstellungen nur auf diesem Zeichenblatt, also nicht auf den übrigen Blättern.

> **Hinweis**
> Leider wurde an einigen Stellen in Visio 2016 die Beschriftung *Layer* in Ebene geändert. Das ist einerseits nicht korrekt, andererseits verwirrend, weil die Bezeichnungsänderung nicht konsequent durchgeführt wurde. Layer und Ebene ist in Visio 2016 das Gleiche.

Wenn Sie wissen möchten, auf welchem Layer ein bestimmtes Shape liegt, markieren Sie das Shape und wählen *Start/Bearbeiten/Layer/Layer Zuweisen* (siehe **Abbildung 2.9**). Sie finden diesen Befehl leider nicht mehr im Kontextmenü des Shapes wie noch in Visio 2007.

> **Hinweis**
> Ein Shape kann auf keinem, auf einem Layer oder auf mehreren Layern liegen.

Abbildung 2.9: *Einige Shapes liegen auf mehreren Layern.*

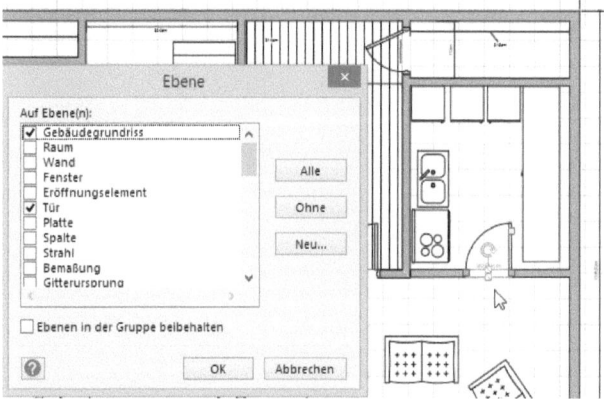

Möchten Sie einen neuen Layer (für das Zeichenblatt) einrichten, wählen Sie *Start/Bearbeiten/Layer/Layereigenschaften* und klicken dann im Dialogfeld auf *Neu,* um einen neuen Layer zu der Liste der bereits vorhandenen hinzufügen. Selbstredend muss der Name eindeutig sein – es darf kein Layer vorhanden sein, der bereits den Namen besitzt wie der Layer, der neu erzeugt wird.

Jeder Layer – sowohl die durch Visio erzeugte, als auch selbst generierte – können im Nachhinein umbenannt werden.

> **Hinweis**
> Damit Sie immer den Layernamen des markierten Shapes sehen können, sollten Sie das Symbol *Layer* in die Symbolleiste für den Schnellzugriff einfügen.

Möchten Sie einem Shape einen Layer zuweisen, markieren Sie das Shape und wählen im Befehl *Start/Bearbeiten/Layer/Layer zuweisen* einen vorhandenen Layer aus. Befindet sich noch kein Layer auf dem Zeichenblatt, dann werden Sie beim Öffnen des Dialogfeldes gefragt, wie der neue Layer heißen soll. Existieren bereits einige Layer, dann kann einer

Fortgeschrittene Visio-Themen

von ihnen ausgewählt werden. Sie können jedoch auch einen neuen Layer über die Schaltfläche *Neu* definieren, wie **Abbildung 2.10** zeigt.

Die Option *Layer in der Gruppe beibehalten* bedeutet, dass Kindelemente, die zur Gruppe hinzugefügt werden (*Start/Anordnen/Gruppieren/Zur Gruppe hinzufügen*) auch auf den Layer gelegt werden. Der Vorteil davon ist, dass beim Ausblenden aller Shapes, die auf einem Layer liegen, sämtliche Kindelemente mit ausgeblendet werden. Der Nachteil ist, dass die Anzahl (#) nicht korrekt ist.

Abbildung 2.10: *Neue Layer werden erstellt und an die Shapes gebunden.*

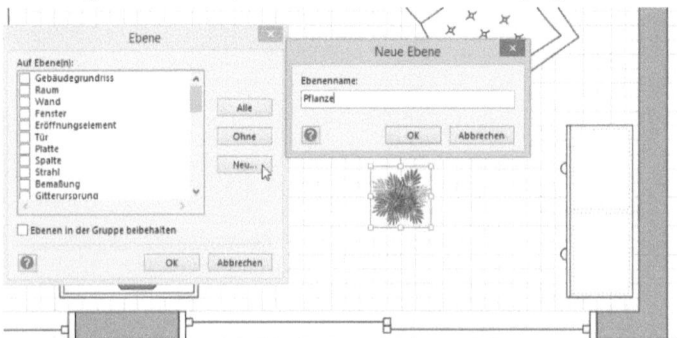

> **Hinweis**
>
> Wenn Sie über den Befehl *Start/Bearbeiten/Layer/Layereigenschaften* einen neuen Layer definieren, dann befindet sich (noch) kein Shape auf diesem Layer – er ist folglich leer. Wird über *Start/Bearbeiten/Layer/Layer zuweisen* ein neuer Layer generiert, dann liegt dieses Shape darauf.

Sie können ein Shape auch auf mehrere Layer legen. Wählen Sie einfach aus der Liste der Layer die entsprechenden aus, auf denen das Shape liegen soll. Theoretisch könnte man ein neues Shape mit der Schaltfläche *Alle* auf alle vorhandenen Layer legen – in der Praxis ist dies sicherlich kein übliches Vorgehen, da differenziert werden sollte, welches Shape auf welchem Layer oder welchen Layern liegt.

Während jeweils zwei Shapes voreinander oder hintereinander liegen können (die Reihenfolge kann über die Gruppe *Anordnen* der Registerkarte *Start* geändert werden), wohingegen Shapes auf Hintergrundseiten immer hinter Shapes auf Vordergrundseiten liegen, spielt die Zuordnung zu verschiedenen Layern keine Rolle für die Reihenfolge auf der Zeichnung. Layer haben keinen Einfluss darauf, ob Shapes voreinander oder hintereinander liegen. Vielfach werden Layer in Visio mit »transparenten Ebenen« beschrieben – besser wäre jedoch ein Vergleich: »Zugehörigkeit zu bestimmten Kategorien«.

Layer (Ebenen)

Abbildung 2.11: *An viele Shapes sind Layer gebunden.*

2.4.1. Funktionen der Layer: Layereigenschaften

Welche Funktion haben nun Layer? Eine Antwort auf diese Frage findet sich erneut im Dialogfeld *Start/Bearbeiten/Layer/Layereigenschaften*. Dort können mit der Einstellung *Sichtbar* die Shapes unsichtbar gemacht werden, die auf dem Layer liegen, wie Sie in **Abbildung 2.12** sehen. In der Seitenansicht erscheinen dagegen alle Shapes, das heißt: gedruckt werden alle Shapes.

Sollen umgekehrt einige Shapes nicht gedruckt, aber angezeigt werden, kann die Eigenschaft *Drucken* im Dialogfeld *Layereigenschaften* ausgeschaltet werden. Dann erscheinen die Shapes, die sichtbar, aber nicht druckbar sind, zwar auf dem Computerbildschirm, allerdings nicht auf dem Papier.

Fortgeschrittene Visio-Themen

Abbildung 2.12: *Mithilfe der Layer können schnell Teile der Zeichnung ausgeblendet werden.*

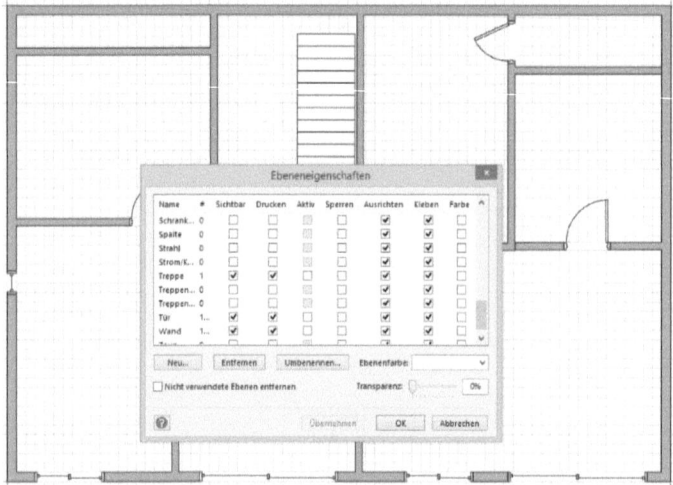

Abbildung 2.13: *Für dieses Bild wurden u.a. die Layer* Möbel *und* Pflanze *eingeblendet.*

> **Hinweis**
>
> Beachten Sie, dass viele Shapes in den Schablonen als Gruppen vorliegen. Das heißt: sie bestehen aus mehreren Mitglieds-Shapes. Einige dieser Kindelemente liegen nicht auf Layern im Gegensatz zur übergeordneten Gruppe. Wenn Sie beispielsweise aus der Schablone *Büroausstattung* (in *Pläne und Grundrisse/Bauplan*) das Shape *PC* oder *Terminal* herausziehen und nun die Layer *Computer* und *Geräte* unsichtbar machen, dann werden nur Teile ausgeblendet.

Layer (Ebenen)

Wird die Option *Sperren* eingeschaltet, können die Shapes nicht mehr markiert werden. Diese Option ist dann sinnvoll, wenn sichergestellt werden soll, dass der Benutzer nicht aus Versehen die Position oder die Gestalt eines Shapes ändert.

Wird die Option *Aktiv* bei einem Layer eingestellt, bedeutet dies, dass alle Shapes, die nun aus einer Schablone auf das Zeichenblatt gezogen werden, diesem Layer zugewiesen werden. *Aktiv* kann nicht eingestellt werden, wenn die Option *Sperren* des Layers aktiviert ist.

> **Hinweis**
>
> Liegen die Master-Shapes einer Schablone bereits auf einem Layer, wird die Einstellung *Aktiv* übergangen. Priorität haben in diesem Falle die »nativen« Layer.

Um Layer schneller zu erkennen, können ihnen verschiedene Farben zugewiesen werden. Damit wird allerdings die Möglichkeit einer benutzerdefinierten Formatierung durch Farben verhindert.

> **Hinweis**
>
> Liegt ein Shape auf mehreren Layern, greift zwar die Einstellung *Sperren*, jedoch nicht die *Farbe*. Sie müsste für alle Layer aktiviert werden. Jetzt erst wird sie angezeigt. Auch unterschiedliche Farben von verschiedenen Layern werden ignoriert.

Mithilfe der Layereigenschaften kann das Ausrichten und Kleben eines Shapes, beziehungsweise aller Shapes, die auf diesem Layer liegen, verhindert werden. Auch hier gilt: Diese Option wird dann deaktiviert, wenn sie für mindestens einen der Layer, auf denen das Shape liegt, ausgeschaltet wird.

> **Hinweis**
>
> Das Nummernzeichen (»#«) zeigt die aktuelle Zahl der Shapes, die sich auf diesem Layer befinden. Diese Zahl liefert jedoch nur bedingt Informationen (siehe **Abbildung 2.14**): Da es Shapes geben kann, die sich auf keinem Layer befinden, umgekehrt sich Shapes auf mehreren Layern befinden können, gibt die Summe keinen Aufschluss über die Gesamtzahl der Shapes. Andererseits gibt es Shapes, wie beispielsweise die Shapes in der Schablone *Bad- und Küchenplan*, die als Gruppe aus mehreren Shapes bestehen. Somit wird die Zählung unbrauchbar, weil meistens falsch.

Übrigens: Wenn Sie ein Shape auf einen Layer legen, können Sie ihn sperren, damit niemand dieses Shape ändert, löscht oder verschiebt. Eigentlich wäre es praktisch, diesen Layer auch für ein anderes Shape zu verwenden. Erstaunlicherweise taucht der Layername in der Liste der Layer nicht auf. Ein neues Anlegen wird mit einer Fehlermeldung quittiert. Also: Layer entsperren, nun kann er zugewiesen werden und anschließend den Layer wieder mit einem Schutz versehen.

Abbildung 2.14: *Ein Shape, zwei Layer, # = 124*

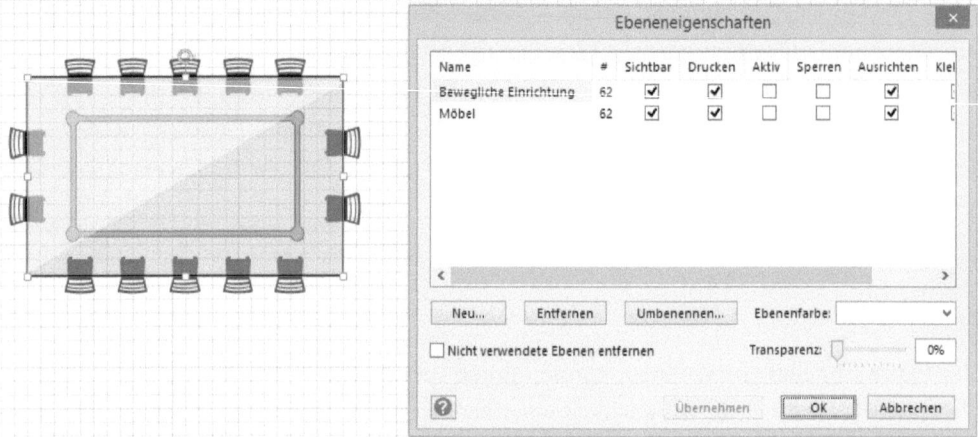

2.4.2. Auswahl aller Shapes auf einem Layer

Sollen alle Shapes markiert werden, die auf einem Layer liegen, verwenden Sie den Befehl *Start/Bearbeiten/Markieren/Nach Typ auswählen*. Dort finden Sie den Abschnitt *Ebene* (in Visio 2013: *Layer*). In diesem Abschnitt kann ein Layer oder können mehrere Layer gleichzeitig ausgewählt werden. Wenn Sie sehr viele Layer bis auf einen oder zwei auswählen möchten, können Sie mit der Schaltfläche *Alle* alle Layer auswählen und anschließend einen oder mehrere die Auswahl aufheben.

> **Hinweis:** Übrigens können auch Bilder, Führungslinien und Führungspunkte auf Layer gelegt werden.
>
> **Hinweis:** Das Löschen des Shapes bewirkt nicht das Löschen des Layers.

Jedes Shape hat nun drei Layer-Varianten: Ein Shape kann auf keinem Layer liegen, zu einem Layer oder zu mehreren Layern gehören. Soll die Zugehörigkeit eines Shapes zu einem Layer explizit ausgeschaltet werden, kann in der Symbolleiste für den Schnellzugriff der Befehl *Layer* hinzugefügt werden. Darüber kann nun *Ohne* eingeschaltet werden. Wird ein Shape auf mehrere Layer gelegt, erscheint im Befehl die Anzeige *Mehrere Layer*.

> **Hinweis**
>
> Visio selbst verwendet eine Reihe von Layern in verschiedenen Schablonen bei den entsprechenden Shapes. Wenn Sie beispielsweise die Schablone *Standardflussdiagramm-Shapes* verwenden, steht Ihnen der Layer *Flussdiagramm* zur Verfügung, in der Vorlage *Wegbeschreibung* der Layer *Freizeitanlagen, markantes Gebäude, Schiene, Straße* und *Verkehr*.
>
> In der Schablone *Büroausstattung* liegen die Layer *Elektrogerät, Strom/Komm., Drucker, Geräte* und noch viele weitere.
>
> Dynamische Verbinder liegen immer auf dem Layer *Verbinder*.

Leider werden benutzerdefinierte Layer nur für eine Seite erzeugt. Das bedeutet: Layer sind Eigenschaften des Zeichenblattes und nicht der Datei. Es ist in Visio nicht möglich, zeichenblattübergreifenden Layer zu erzeugen. Die einzige Möglichkeit, schnell Layer zu vervielfältigen, besteht darin, ein Shape, das einen bestimmten Layer verwendet, von einem Zeichenblatt zum nächsten zu kopieren. Layer werden also auf dem Blatt erzeigt, auf das das Shape kopiert wird oder auf das da Shape aus der Schablone herausgezogen wird.

2.5. Vorgänge

Visio stellt eine weitere Möglichkeit zur Verfügung, neue Elemente zu kreieren: die Vorgänge. Während sich Gruppen zu jedem beliebigen Zeitpunkt rückgängig machen lassen und bei Gruppen einzelne Elemente ihre Eigenständigkeit bewahren (beispielsweise Formatierungen), »verschmelzen« zwei oder mehrere Objekte durch die Vorgänge zu einem neuen Objekt, das nur noch über den Befehl *Rückgängig* in seine Komponenten zerlegbar ist. Dies allerdings nicht beliebig lange.

Viel schneller und deutlicher werden die Unterschiede der einzelnen Optionen im Befehl *Entwicklertools/Shape-Design/Vorgänge*, wenn Sie selbst zwei Objekte übereinander legen und die einzelnen Optionen ausprobieren. Prinzipiell können Sie alle Vorgänge für alle Shapes verwenden (mit unterschiedlichen Resultaten), allerdings ist die erste Gruppe (*Gesamtmenge, Kombinieren, In Einzelmengen zerlegen, Schnittmenge bilden* und *Subtrahieren*) für zweidimensionale Shapes reserviert, während die zweite Gruppe (*Verbinden, Zuschneiden und Abstand*) ihre Berechtigung in eindimensionalen Shapes findet.

Abbildung 2.15: *Die Vorgänge (Mengenoperationen) bei Rechtecken und Rechtecken*

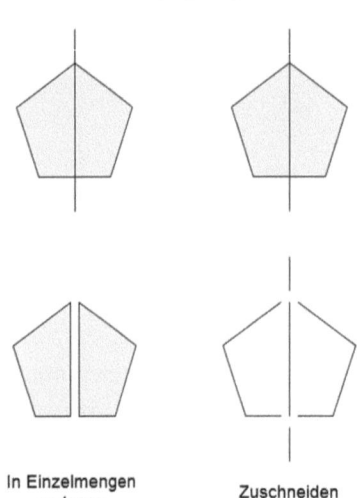

Zur besseren Ansicht wurden die Einzelteile des Resultats in **Abbildung 2.15** auseinander gezogen.

Einige der Optionen sehen auf den ersten Blick sehr ähnlich aus, weisen aber einige kleine Unterschiede auf. Beispielsweise löscht *Verknüpfen* alle vorhandenen Formate, da es das neue Shape in ein Linienobjekt verwandelt, während die Option *Gesamtmenge bilden* die Bezugsformate des gefüllten Shapes (des zuerst markierten Shapes) für das neue Shape übernimmt.

Abbildung 2.16: *Kurve anpassen*

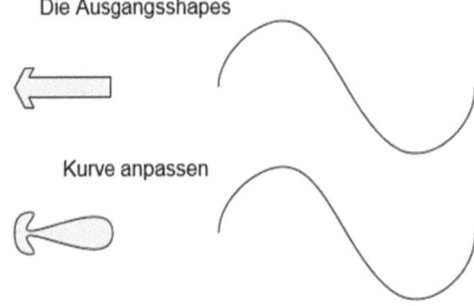

2.6. Container

Mit Hilfe der Container können mehrere Shapes zusammengefasst werden. Im Gegensatz zur Gruppierung sind Container visuelle Hüllen, die es ermöglichen, mehrere Shapes zusammenzufassen und somit eine Zeichnung zu gliedern.

Möchten Sie einen Container erstellen, gehen Sie folgendermaßen vor:

- Positionieren Sie die Shapes auf dem Zeichenblatt.
- Markieren Sie die Shapes, die Sie in den Container aufnehmen möchten.
- Wählen Sie den Befehl *Einfügen/Diagrammteile/Container* und wählen Sie dann im Menü einen der 14 vorhandenen Container aus.

Auch das umgekehrte Vorgehen ist möglich:

- Wählen Sie den Befehl *Einfügen/Diagrammteile/Container* und erstellen Sie so einen neuen Container.
- Positionieren Sie die Lage und die Größe des Containers.
- Ziehen Sie Shapes in den Container. Sie sind nun Teil des Containers.

Abbildung 2.17: Der Container umfasst mehrere Shapes

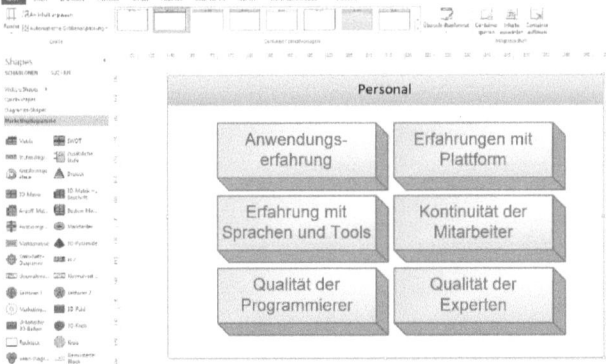

Nun wird die Registerkarte *Containertools/Format* eingeblendet, in der Sie Einstellungen für den Container vornehmen können:

- Mit der Schaltfläche *Ränder* wird der Abstand der Randlinien zu den einzelnen Shapes festgelegt.
- Mit der Schaltfläche *An Inhalt anpassen* werden die vier Ränder so verschoben, dass der Container bestmöglich die innenliegenden Shapes umfasst.

- Das Menü der Schaltfläche *Automatische Größenanpassung* erlaubt Ihnen ein automatisches Anpassen des Containers in Bezug auf seine Inhalte.
- Über die Gruppe *Containerformatvorlagen* ist es möglich, einen anderen Container auszuwählen.
- Mit Hilfe der Schaltfläche *Überschriftenformat* können Sie die Position der Überschrift verändern.
- Der Container kann gesperrt werden. Hierzu gibt es die Schaltfläche *Container sperren*. Dies bewirkt, dass Shapes, die sich im Container befinden, nicht mehr gelöscht werden können. Umgekehrt können keine neuen Shapes zum Container hinzugefügt werden. Allerdings kann der Container selbst gelöscht werden.
- Die Schaltfläche *Inhalte auswählen* selektiert sämtliche Shapes, die sich im Container befinden.
- Soll der Container gelöscht werden, dürfen Sie nicht die Schaltfläche [Entf] verwenden, weil sonst sämtliche Shapes, die innerhalb des Containers liegen, ebenfalls gelöscht werden. Sie müssen ihn mit der Schaltfläche *Container auflösen* löschen.

Wenn Sie ein Shape aus dem Container herauslösen möchten, dann genügt es, das Shape herauszuziehen. Wird ein Shape im Container fallen gelassen, dann wird es zum Container hinzugefügt. Beides setzt voraus, dass der Container nicht gesperrt ist. Verschieben Sie jedoch den gesperrten Container, dann werden Shapes, die nun scheinbar im Container liegen, nicht mit aufgenommen. Sie können nachträglich zum Container hinzugefügt werden, indem Sie über das Kontextmenü des Shapes den Befehl *Container/Dem zugrunde liegenden Container hinzufügen* wählen, wenn der Container nicht gesperrt ist.

Abbildung 2.18: Mehrere Container strukturieren die Zeichnung.

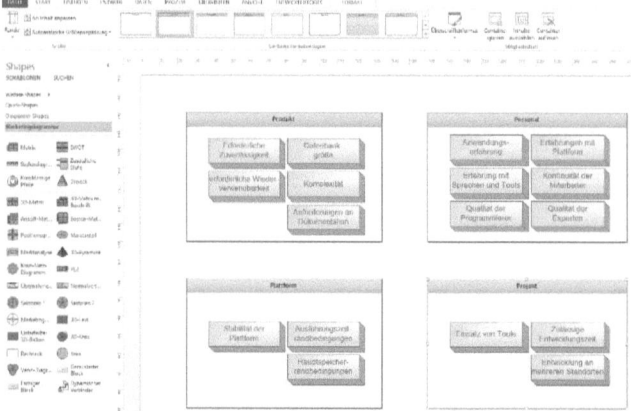

Sollen neue Shapes dem Container hinzugefügt werden, sorgen die Einstellungen im Menü der Schaltfläche *Automatische Größenpassung* für das Verhalten des Containers: Er kann dynamisch – in Abhängigkeit der darin befindlichen Shapes – vergrößert und verkleinert werden oder keine automatische Größenanpassung erfahren.

Ein Löschen des Containers bewirkt, dass die darin befindlichen Shapes ebenfalls gelöscht werden. Dies kann verhindert werden, indem der Container gesperrt wird.

Soll der Container gelöscht, die Shapes aber beibehalten bleiben, dann kann der Container aufgelöst werden. Am rechten Rand der Registerkarte *Format* finden Sie die Schaltfläche *Container auflösen*.

Es ist kein Container im eigentlichen Sinn, aber in vielen technischen Zusammenhängen wird das Shape »Zonen - 4« oder »Zonen - 8« aus der Schablone *Visio-Extras/Titelblöcke* verwendet. Bevor Sie das Shape benutzen, sollten Sie die Option »Automatisch anpassen« in der Registerkarte *Entwurf* in der Gruppe *Seite einrichten* deaktivieren. Beim Herausziehen aus der Schablone vergrößert sich das Shape auf Blattbreite und -höhe. Leider läuft die Nummerierung von rechts nach links; die Aufzählung der Buchstaben von unten nach oben. Wenn Sie eine andere Reihenfolge benötigen, können Sie das Zonen-Shape markieren, anschließend jeden der vier Balken selektieren und mit der Funktionstaste **[F2]** editieren. Der Text kann leicht geändert werden. Bei den beiden waagrechten Balken (mit Zahlenbeschriftung) befindet sich jeweils ein Tabulator zwischen den Zahlen.

Abbildung 2.19: *Die Zonen können geändert werden.*

Fortgeschrittene Visio-Themen

2.7. Legenden

Visio ermöglicht es, für ein Shape nur einen Text zuzulassen. Der Text kann zwar unabhängig von Shape platziert werden, jedoch kommt es häufig vor, dass ein Shape aus mehreren Texten bestehen soll, die unabhängig voneinander verschoben werden können. Oder man will die Texte bequem einzeln bearbeiten, ohne mit den anderen Texten in Konflikt zu geraten. Für diesen Zweck verwenden Sie Legenden.

Und so erstellen Sie eine Legende:

- Markieren Sie ein Shape auf dem Zeichenblatt.
- Verwenden Sie den Befehl *Einfügen/Diagrammteile/Legende* dem Shape eine neue Legende hinzufügen.
- Sie können die Legende im Verhältnis zum Shape verschieben, indem Sie es mit gedrückter Maustaste an eine andere Position ziehen.
- Um die Legende zu beschriften, beachten Sie, dass die Legende markiert ist (und nicht das Shape) und geben Sie den Text ein.
- Es stehen Ihnen die bekannten Formatierungseigenschaften für Text, Linie, Füllbereich und Effekte aus der Registerkarte *Start* zur Verfügung.
- Wenn Sie das Shape verschieben, dann verschiebt sich die Legende mit dem Shape – der Legendentext ist an das Shape gebunden.

> **Hinweis** Wenn die Legende markiert ist, dann ist der gelbe Steuerpunkt sichtbar. Wird er auf ein anderes Shape gezogen, dann ist die Legende mit diesem Shape verbunden.

Abbildung 2.20: *Eine Zeichnung mit mehreren Legenden*

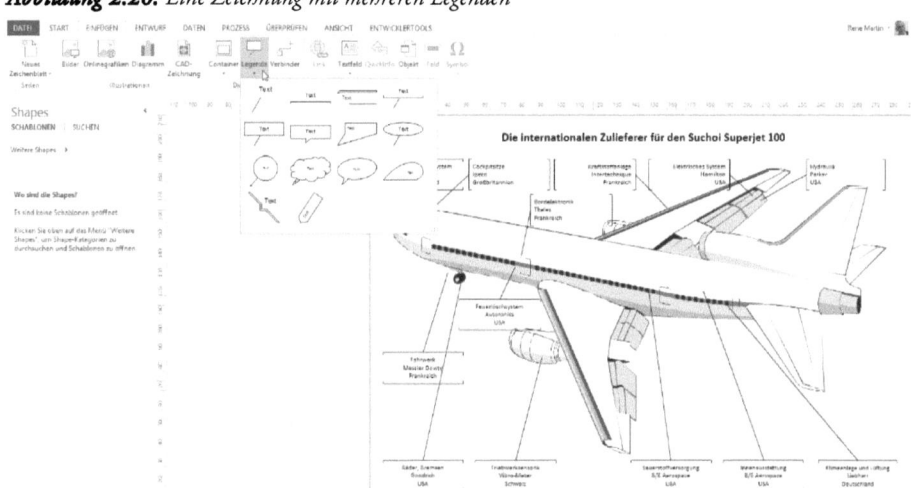

In Visio 2010 befanden sich im Kontextmenü der Legende einige interessante Optionen für das Formatieren der Legende. Diese sind leider in der aktuellen Version verschwunden.

Selbstverständlich kann einer Legende keine weitere Legende hinzugefügt werden. Umgekehrt kann ein Shape beliebig viele Legenden besitzen.

Interessant ist in diesem Zusammenhang auch das Legenden-Shape. Sie finden es in der Schablone »Netzwerk- und Peripheriegeräte«. Wenn Sie ein Shape aus einer Schablone ziehen und auf dem Legenden-Shape fallen lassen, werden Sie gefragt, ob die Legende dieses Shape des Zeichenblatts einsammeln und auflisten soll.

Abbildung 2.21: *Das Legenden-Shape*

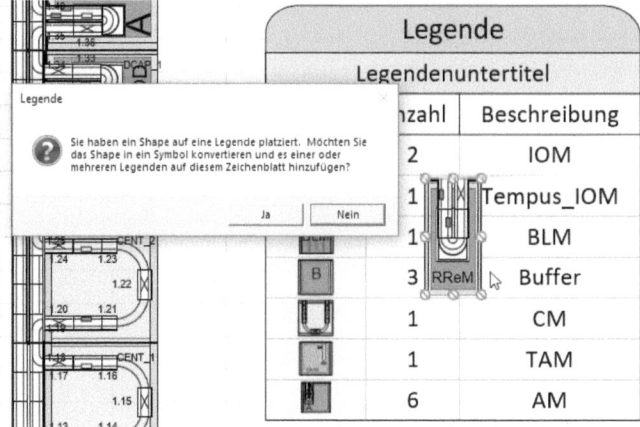

Im Kontextmenü des Shapes finden Sie die Optionen, ob die Anzahl der Shapes angezeigt werden soll. Selbstverständlich können Sie auch den Titel und den Untertitel ändern.

Abbildung 2.22: *Das Legenden-Shape wird konfiguriert.*

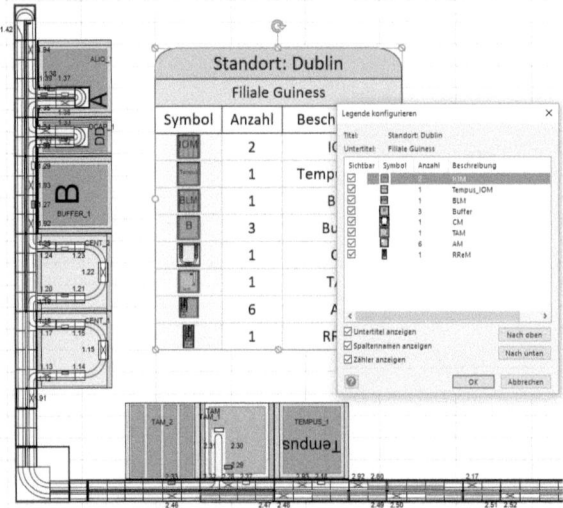

2.8. Erzeugen großer Dokumente

Mit gedrückter [Strg]-Taste kann das Zeichenblatt an einem der vier Ränder angefasst werden und in der Länge oder Breite vergrößert werden. Ebenso kann mit gedrückter [Strg]-Taste das Blatt mit der Maus an einer der vier Ecken gepackt und gedreht werden.

Alternativ finden Sie den Befehl *Automatisch anpassen* in der Registerkarte *Entwurf* in der Gruppe *Zeichenblatt einrichten*. Ist diese Option aktiviert, dann wird das Zeichenblatt automatisch vergrößert, wenn Shapes außerhalb angelegt werden. Befindet sich kein Shape auf einem dieser neu angelegten Blätter, dann werden die »überflüssigen«, das heißt leeren Seiten gelöscht. Diese Option finden Sie auch im Dialogfeld *Seite einrichten* in der Registerkarte *Zeichenblattgröße*. Sie heißt *Zeichenblatt von Visio nach Bedarf erweitern lassen*.

Mithilfe der Option *Ansicht/Seitenumbruch* können Sie den Verlauf der Papierränder ansehen. Selbstverständlich können Sie die Seitenumbrüche über *Datei/Drucken* in der *Seitenansicht* kontrollieren.

Übrigens kann Visio rechnen. Wenn Sie eine bestimmte Größe benötigen, können Sie in die beiden Textfelder *Benutzerdefinierte Größe* im Registerblatt *Zeichenblattgröße* des Dialogfeldes *Seite einrichten* auch Formeln eingeben wie 297*2 oder 210*3.

2.9. Mehrere Seiten

Bislang war zwar von mehreren Zeichnungen, Schablonen und Shapes die Rede, allerdings immer nur von einem Zeichenblatt. In Visio ist es möglich, mehrere Zeichenblätter anzulegen. Dabei hängen die Seiten nicht miteinander zusammen, sondern liegen getrennt nebeneinander – vergleichbar mit dem Präsentationsprogramm PowerPoint oder der Tabellenkalkulation Excel.

Ein neues Blatt wird über das Symbol ⊕ (*Zeichenblatt einfügen*) erzeugt, das Sie am unteren Rand neben dem Befehl *Alle* finden. Sie können ebenso mit der rechten Maustaste auf die Registerkarte eines beliebigen Zeichenblattes oder dem Befehl *Einfügen/Seiten/Neues Zeichenblatt* ein neues Blatt erzeugen (**Abbildung 2.23**). Oder mit der Tastenkombination [Umschalt]+[F11].

Abbildung 2.23: *Ein neues Zeichenblatt wird erzeugt.*

Wird ein neues Zeichenblatt über das Kontextmenü eingefügt, dann werden Eigenschaften abgefragt, die im Dialogfeld *Seite Einrichten* eingestellt und nachträglich verändert werden können. Auf diese Eigenschaften wird im Folgenden eingegangen.

Abbildung 2.24: *Legen Sie hier die Eigenschaften des Zeichenblatts fest.*

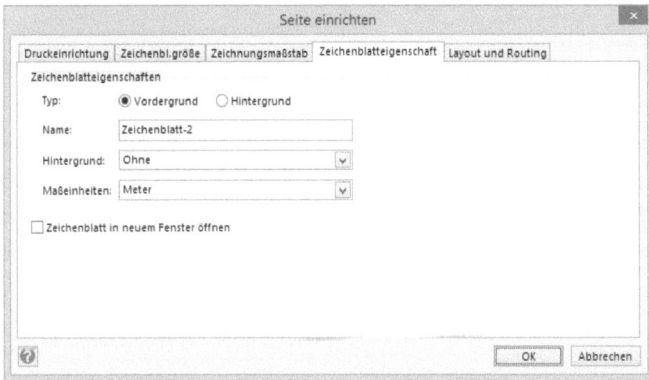

Seit Visio 2013 kann man ein Blatt duplizieren. Sie finden diesen Befehl im Kontextmenü des Zeichenblattes oder im Symbol *Einfügen/Seiten/Neues Zeichenblatt* und dort im Menübefehl *Dieses Zeichenblatt duplizieren*.

Im Befehl *Alle* finden Sie die Liste sämtlicher Zeichenblätter. Damit ist ein schnelles Wechseln zu einem anderen Zeichenblatt gegeben.

Fortgeschrittene Visio-Themen

Abbildung 2.25: *Mithilfe der Schaltfläche* Alle *ist es schnell möglich zu einem bestimmten Blatt zu navigieren.*

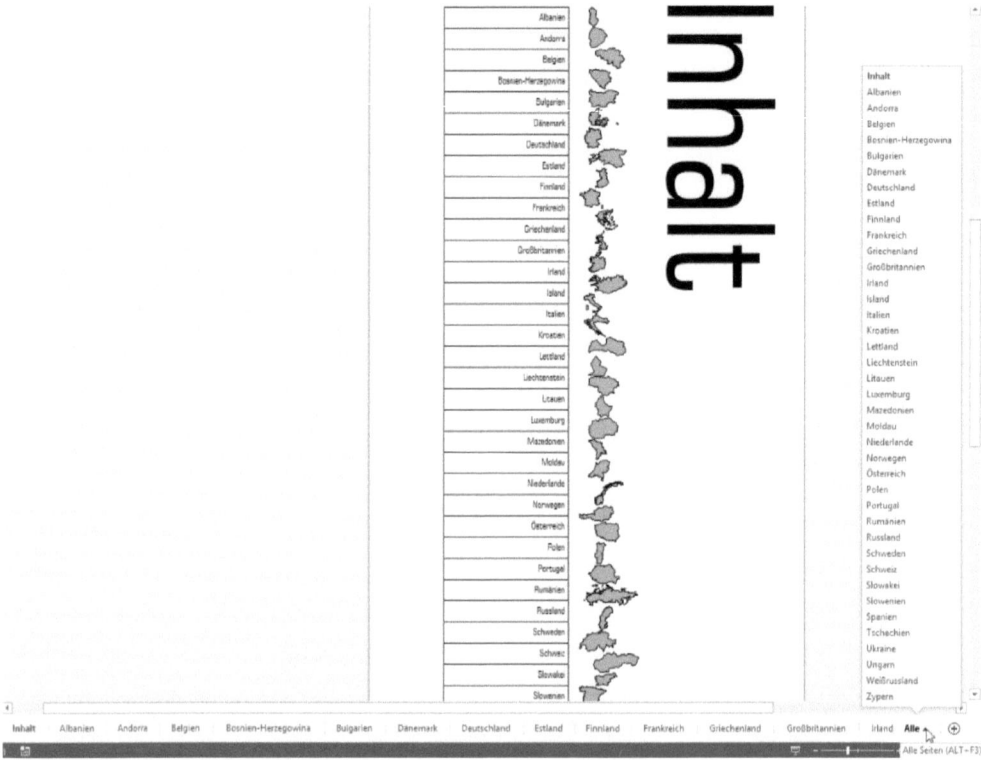

Sollen Blätter in ihrer Reihenfolge vertauscht werden, können sie mit gedrückter Maustaste verschoben werden, indem Sie im Blattregister die Registerkarte eines Zeichenblatts ziehen. Im Kontextmenü der Registerkarte eines Zeichenblattes finden Sie ebenfalls den Befehl *Zeichenblätter neu anordnen*. Dies erlaubt Ihnen die Reihenfolge der Blätter schnell zu ändern. Die Nummer des Zeichenblattes, auf dem Sie gerade arbeiten, sehen Sie links in der Statuszeile. Soll der Name eines Blattes geändert werden, genügt ein Klick mit der rechten Maustaste oder ein Doppelklick auf die aktuelle Bezeichnung der Registerkarte. Blätter können einfach über das gleiche Kontextmenü gelöscht werden. Dort kann ebenso die Reihenfolge der Blätter eingestellt werden (*Zeichenblätter neu anordnen*).

> **Hinweis** Innerhalb einer Zeichnungsdatei dürfen zwei Blätter nicht den gleichen Namen tragen!

Mehrere Seiten

Tipp: Wenn Sie eine neue Seite einfügen, wird sie nicht nur hinter die aktuelle Seite eingefügt, sondern übernimmt als Standardvorgaben auch die Einstellungen dieser Seite. Da zum Teil eine ganze Reihe von Eigenschaften von Seiten festgelegt werden, umgekehrt die Reihenfolge von Seiten allerdings schnell geändert werden kann, empfiehlt es sich, immer die Seite zu aktivieren, deren Eigenschaften für ein neues Zeichenblatt verwendet werden.

Besteht ein Dokument aus mehreren Seiten, kann in der Seitenansicht (Befehl *Datei/Drucken*) zwischen den einzelnen Seiten hin- und her geblättert werden. Hier stehen die Schaltflächen *Vorherige Seite* und *Nächste Seite* zur Verfügung.

Tabelle 2.14: *Die Zeichenblatt-Aktionen*

Funktion	Registerkarte / anderes Verfahren	Kontextmenü	Tastenkombination
Neues Zeichenblatt einfügen	*Einfügen*	*Einfügen*	[Umschalt]+[F11]
Zeichenblatt löschen		*Löschen*	
Zeichenblatt verschieben oder neu sortieren	*Mit gedrückter Maustaste ziehen*	*Zeichenblätter neu anordnen*	[Alt]+[F3]
Zeichenblatt umbenennen	*(Doppelklick)*	*Umbenennen*	
Wechseln zu einem anderen Zeichenblatt	*Mausklick auf das gewünschte Zeichenblatt*	*Zeichenblatt ...*	[Strg]+[Bild ab] und [Strg]+[Bild auf]
Weitere Zeichenblatteigenschaften	*Entwurf*	*Seite einrichten*	

Hinweis: Anders als in Word oder PowerPoint können in Visio leider nicht sämtliche Seiten einer Datei nebeneinander angezeigt werden. Sie müssen jede Seite einzeln anschauen.

Jedes der Zeichenblätter ist unabhängig vom vorgehenden und nachfolgenden Blatt. Zwar können Sie die Shapes, die darauf liegen verknüpfen, zwar werden Grundeinstellungen übernommen, jedoch können Sie die Seitenausrichtungen, die Seitengröße, den Maßstab und so weiter auf jedem Blatt anders einstellen – anders als in PowerPoint, wo innerhalb einer Präsentation nicht zwischen Hoch- und Querformat gewechselt werden kann.

Fortgeschrittene Visio-Themen

> **Hinweis:** Übrigens: Anders als in Excel ist es in Visio leider nicht möglich mehrere Zeichenblätter zu markieren und danach gleichzeitig zu bearbeiten oder gleichzeitig zu löschen. Wenn Sie auf mehreren Zeichenblättern gleiche Elemente haben möchten, sollten Sie überlegen, ob Sie nicht mit einem Hintergrund arbeiten. Oder Sie kopieren das Shape auf jedes Zeichenblatt, wo Sie allerdings die Position wieder einstellen müssen. Auch eine Option *Einfügen/Mehrere Zeichenblätter* fehlt in Visio. Ebenso finden Sie keine Einstellung, mit der Sie ein Inhaltsverzeichnis erzeugen können. Aber auch in Excel oder PowerPoint müssen Sie dies per Hand machen oder eine solche Funktionalität programmieren.

Das Thema *Maßstab* wird im Kapitel *Die Vorlagen der Kategorie Pläne und Grundrisse* erläutert, da nur dort ein Maßstab verwendet wird.

2.9.1. Visio als Präsentationsprogramm

Visio ist sicherlich nicht als Präsentationsprogramm. konzipiert. Werden Zeichnungen nach PowerPoint kopiert (oder verknüpft), lassen sich bessere Überblendeffekte und Animationen der einzelnen Seiten erreichen. Dennoch: Wählen Sie in einer mehrseitigen Visio-Zeichnung den Befehl *Ansicht/Ansichten/Präsentationsmodus*([F5]), können Sie mit einem Mausklick oder mit der Taste [Pfeil unten], beziehungsweise [Bild ab] übergangslos zur nächsten Seite gewechselt werden. Im Kontextmenü steht u.a. der Befehl *Gehe zu* zur Verfügung, mit dem Sie zu einer bestimmten Seite wechseln werden. **Abbildung 2.26** zeigt Ihnen eine solche Vollbilddarstellung.

> **Hinweis:** Die Navigation per Doppelklick-Verhalten auf ein Shape ist in der Vollbildansicht leider nicht möglich.

2.9.2. Vordergrund und Hintergrund

Stellen Sie sich vor, Sie müssen in einer Visio-Datei, die aus mehreren Zeichenblättern besteht, die Blätter alle auf die gleiche Art und Weise gestalten. Das heißt: Alle Blätter sollen das Firmenlogo rechts oben erhalten, um jede Seite herum soll ein Schmuckrahmen sitzen, die Seiten sollen nummeriert werden und so weiter. Nun – das ist ein Thema für Hintergrundseiten in Visio.

Mehrere Seiten

Abbildung 2.26: *Auch in Visio sind begrenzte Bildschirmanimationen möglich.*

Im Menü der Schaltfläche *Einfügen/Seiten/Neues Zeichenblatt* finden Sie neben dem Befehl *Leeres Zeichenblatt* auch den Befehl *Hintergrundzeichenblatt* zur Verfügung. Sie gelangen in das gleiche Dialogfeld, wenn Sie über das Kontextmenü ein neues Zeichenblatt einfügen. Auch dort können Sie auf der Registerkarte *Zeichenblatteigenschaft* festlegen, ob das neue Blatt ein Hintergrund- oder ein Vordergrundblatt ist (**Abbildung 2.27**).

Abbildung 2.27: *Ein neues (Hintergrund-)Zeichenblatt wird eingefügt.*

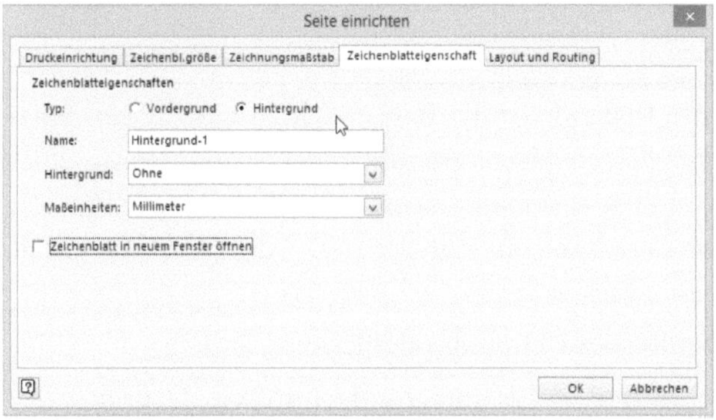

Abbildung 2.28: *Das neue Blatt wird als Hintergrund angelegt und mit Shapes versehen.*

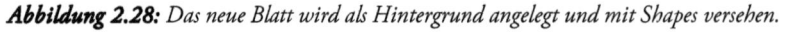

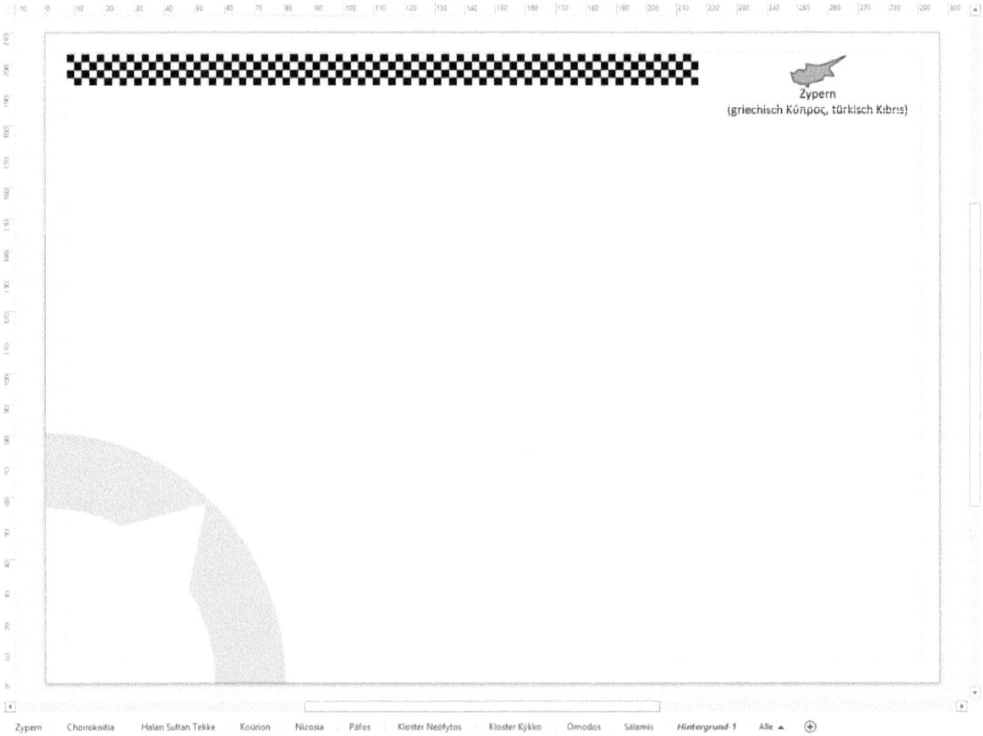

Hintergrundblätter erscheinen in der Reihenfolge der Registerkarten einer Visio-Zeichnung immer am Ende. Es ist nicht möglich ein Hintergrundblatt vor ein Vordergrundblatt zu ziehen. Die Namen der Hintergrundblätter sind mit kursiver Schrift formatiert. So können Sie auf einen Blick erkennen, ob es sich um ein Vordergrund- oder ein Hintergrundblatt handelt.

Leider ist es nicht möglich die Reihenfolge der Hintergrundblätter zu ändern.

Die Unterscheidung zwischen Vordergrund und Hintergrund ist wichtig. Gedruckt werden lediglich Vordergrundblätter. Hintergrundblätter dagegen dienen – wie der Name sagt – als Hintergrund: normalerweise für Vordergrundblätter. Alle Objekte, die auf einem Hintergrund platziert werden, können hinter den Zeichnungsobjekten eines Vordergrundblattes zu sehen sein (siehe **Abbildung 2.28**). Beispiel: In einer Zeichnung wird ein neues Blatt als Hintergrundblatt angelegt. Auf dieses werden verschiedene grafische Objekte oder Texte gelegt.

Dem Vordergrundblatt wird nun das andere Zeichenblatt über das Kontextmenü *Seite Einrichten* der Blattregisterkarte oder über den Befehl *Entwurf/Zeichenblatt einrichten* als Hintergrund zugewiesen, indem Sie auf der Registerkarte *Zeichenblatteigenschaft* des Dialogfeldes *Seite einrichten* auswählen. Und schon erscheinen die Objekte des Hintergrundblattes hinter den Objekten des Vordergrundblattes. Die Verbindung kann über *Seite Einrichten* jederzeit wieder getrennt werden. Alle Änderungen auf dem Hintergrundblatt wirken sich selbstverständlich auf das Vordergrundblatt aus, wie Sie in **Abbildung 2.29** sehen können.

Das hört sich alles viel komplizierter an als es in Wirklichkeit ist. Wird eine Zeichnung mit einem Vordergrund- und einem Hintergrundblatt erstellt, kann das Hintergrundblatt dem Vordergrundblatt zugewiesen werden. Befindet sich der Fokus auf dem Vordergrundblatt und wird nun ein neues Blatt eingefügt, dann greift es ebenfalls auf dasselbe Hintergrundblatt zu.

Übrigens: Wenn Sie einem Vordergrundblatt ein Hintergrund-Zeichenblatt zugewiesen haben und Sie über *Entwurf/Hintergründe* eines der Hintergründe auswählen, wird dieses Shape auf einem neuen Hintergrund abgelegt. Der erste Hintergrund bekommt nun den neuen Hintergrund als Hintergrund zugewiesen.

Jedoch kann die Sache noch komplexer gestaltet werden. Ein Hintergrundblatt kann wiederum auf ein Hintergrundblatt zugreifen. Das Vordergrundblatt besitzt also einen Hintergrund, welcher wiederum einen Hintergrund hat und so weiter. Aber es kann durchaus sinnvoll sein, komplexe Formatierungen auf mehrere Hintergrundblätter zu verteilen, die hintereinander gestapelt liegen.

Abbildung 2.29: Einer Vordergrundseite wird der Hintergrund zugewiesen.

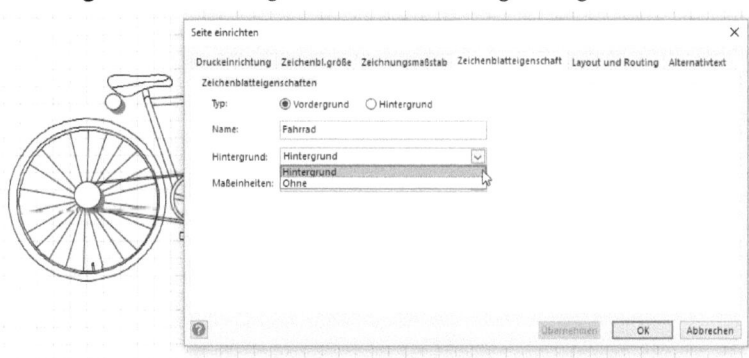

Fortgeschrittene Visio-Themen

Umgekehrt kann eine Visio-Zeichnung mehrere gleichberechtigte Hintergründe besitzen. Die erste Seite verwendet keinen Hintergrund, die nächsten fünf Seiten Hintergrund Nummer 1 und die weiteren vierzehn Seiten Hintergrund Nummer 2. So oder so ähnlich, lassen sich Beispiele in der Praxis aufbereiten. Dies wird in **Abbildung 2.30** dargestellt.

Abbildung 2.30: *Die schematische Darstellung einer Zeichnungsdatei – zehn Vordergrundseiten und zwei Hintergründe*

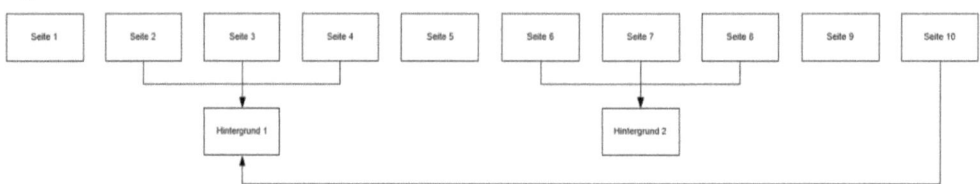

Wenn Sie mit den entsprechenden Befehl der Gruppe *Entwurf/Hintergründe* einen Hintergrund oder einen Rahmen und Titel einfügen, erzeugt Visio ein weiteres Hintergrund-Zeichenblatt. Visio passt dabei Hoch- und Querformat des Bildes beziehungsweise der Rahmen an.

Sie können feststellen, dass das Shape des Hintergrundes wirklich auf ein (neu erzeugtes) Hintergrundblatt gelegt wird, indem Sie über die Registerkarte *Entwicklertools/Zeichnungsexplorer* sich die Liste der Hintergründe ansehen. Sie werden VHintergrund-1, VHintergrund-2 etc. benannt.

Wenn Sie das das Hintergrundbild löschen möchten, klicken Sie auf den Befehl *Kein Hintergrund*, beziehungsweise *Kein Rand und Titel*. Wenn Sie einen anderen Hintergrund verwenden, wird das ursprüngliche Shape gelöscht, wie Sie leicht im Zeichnungsexplorer erkennen können. Hintergründe werden also nicht gestapelt.

Vordergrund und Hintergrund sind voneinander getrennt; sie haben keinerlei Verbindung zueinander. Vom Vordergrund aus können keine Shapes des Hintergrunds markiert (oder gar formatiert) werden. Auch können keine Shapes, die auf dem Vordergrund und auf dem Hintergrund liegen, miteinander verbunden werden. Alle Objekte eines Hintergrunds liegen immer hinter den Objekten eines Vordergrunds und sind grundsätzlich (auf dem Vordergrund) geschützt.

Wenn Sie ein Hintergrundblatt löschen, wird von sämtlichen Vordergrundblättern, die diesen Hintergrund verwendet haben, der Hintergrund mit einer Warnmeldung entfernt.

Vielleicht fragen Sie sich, ob man einem Blatt »ansehen« kann, ob es ein Vorder- oder Hintergrundblatt ist, Die Antwort ist einfach: Visio »gruppiert« zuerst die Vordergrundblätter und anschließend die Hintergrundblätter. Wird ein Vordergrundblatt zu einem Hintergrundblatt verändert, dann »wandert« es ans Ende der Zeichenblattregister. Und: die Namen der Hintergrundblätter werden in kursiver Schrift dargestellt.

Da Formatvorlagen stets für die gesamte Datei gelten, sind sie blattübergreifend. Damit stellt sich die Frage nach Vorder- und Hintergrund nicht – Formatvorlagen gelten auf allen Seiten.

Layer sind dagegen nur auf einer Seite definiert. Sollen sie auf mehreren Seiten vorhanden sein, müssen sie entweder auf jeder Seite neu erstellt werden oder Sie müssen das Shape, das den entsprechenden Layer verwendet, auf die entsprechenden Seiten kopieren.

Abbildung 2.31: Hintergründe können geschützt werden.

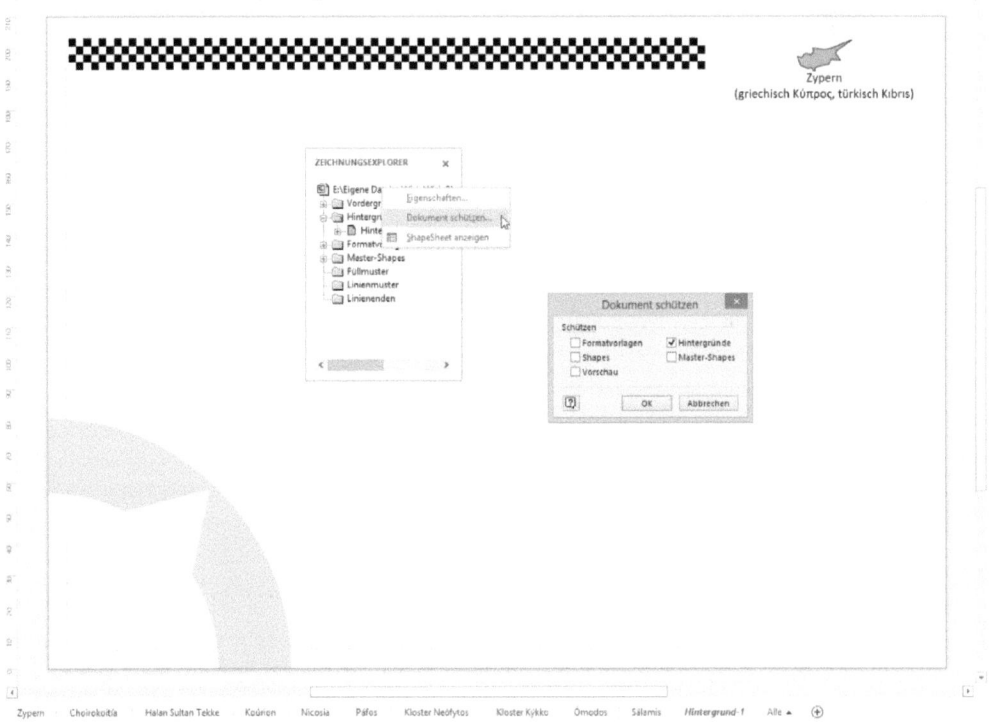

Fortgeschrittene Visio-Themen

> **Hinweis** Sollen Hintergrundblätter geschützt werden, kann das im *Zeichnungsexplorer* (Register *Entwicklertools*) erledigt werden, den Sie mit dem Kontrollkästchen *Entwicklertools /Einblenden/Ausblenden/Zeichnungsexplorer* einschalten.) Falls Sie die Registerkarte *Entwicklertools* nicht sehen, müssen Sie sie über den Befehl *Datei/Optionen/Erweitert/Im Entwicklermodus ausführen* aktivieren.) Klicken Sie im Zeichnungsexplorer mit der rechten Maustaste auf den Namen der Datei und wählen Sie den Kontextmenübefehl *Dokument schützen,* um das gleichnamige Dialogfeld zu öffnen. Dort können Sie Hintergründe, Shapes, Master-Shapes, Formatvorlagen und Vorschau deaktivieren. Damit der Schutz in Kraft tritt, muss die Datei gespeichert und geschlossen werden. Erst nach dem nächsten Öffnen ist der Hintergrund verborgen, kann nicht mehr hergeholt und damit auch nicht mehr modifiziert werden (siehe **Abbildung 2.32**)

Abbildung 2.32: *Nach dem Schützen kann der Benutzer keine neuen Hintergründe erstellen und keine vorhandenen bearbeiten.*

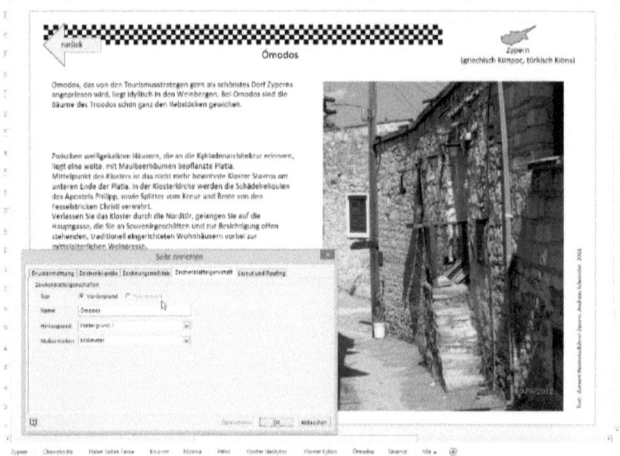

> **Hinweis** Beachten Sie jedoch, dass ein geschützter Hintergrund über den Zeichnungsexplorer vom Benutzer entfernt werden kann. Ebenso gelangt er über den Zeichnungsexplorer mit einem Doppelklick auf die Shapes des geschützten Hintergrundblattes. Leider stellt Visio keine Möglichkeit zur Verfügung, Hintergründe mit einem Kennwort zu schützen.

Eigentlich funktioniert es nicht: einen Hintergrund im Dateisystem so auszulagern, dass mehrere Vorlagen ihn verwenden können. Wenn Sie das Problem haben, dass sich regelmäßig Hintergründe mit Informationen ändern und diese an eine zentrale Stelle ausgelagert werden sollen, damit Änderungen in Kopf- und Fußzeile, in Logo und anderen grafischen Elementen schnell durchgeführt werden können, dann erstellen Sie ein Bild (JPG, TIF oder GIF) und speichern es ab. Dieses kann nun auf ein Hintergrundblatt beim

Einfügen verknüpft werden, so dass Änderungen an der Zeichnung eine Änderung des Hintergrundblattes nach sich ziehen.

Umgekehrt ist es nicht möglich einen vorhandenen Hintergrund von vielen gespeicherten Dateien nachträglich auszutauschen. Das müsste man programmieren.

In Excel ist es möglich ein Logo in einer Kopfzeile zu platzieren, die auf jeder Seite wiederholt wird. Eine solche Kachelung von Motiven eines Hintergrundes ist in Visio nicht möglich.

Die Vorteile von Hintergründen sind:

- Logo, Rahmen, Seitennummerierung, etc. sind an der richtigen Position platziert.
- Der Anwender kann nicht aus Versehen ein Logo verschieben.
- Man kann Hintergründe vor dem Benutzer verbergen.
- Mehrere Seiten können schnell auf die gleiche Art und Weise gestaltet werden.
- Mit Hintergründen kann das Corporate Design einer Firma umgesetzt werden.

Die Nachteile der Hintergründe sind:

- Der Hintergrund muss das gleiche Format wie der Vordergrund haben.
- Wird der Vordergrund vergrößert oder die Ausrichtung geändert, passt sich der Hintergrund nicht dynamisch an.
- Werden alle Shapes auf einem Vordergrund kopiert, werden die Elemente des Hintergrunds nicht kopiert.
- Auf Shapes auf dem Hintergrund kann nicht zugegriffen werden: Doppelklickverhalten, Klebeverhalten, Layer, …
- Anwender können verwirrt sein, dass mit [Strg]+[A] nicht alle Shapes markiert sind.
- Informationen, die eingetragen werden sollen (Verfasser, ein bestimmtes Datum, …) dann muss der Anwender etwas »umständlich« in den Hintergrund wechseln, um dort Informationen einzugeben oder auszutauschen.
- Ist die Option *Automatisch anpassen* in *Entwurf/Zeichenblatt einrichten* aktiviert, dann verbleibt der Hintergrund »starr« an seiner Position. Wird beispielsweise rechts vom Zeichenblatt ein neues Zeichenblatt eingefügt, verwendet das linke Zeichenblatt den Hintergrund. Werden nun die Shapes des linken Blatts gelöscht, wird folglich das Blatt entfernt und das Hintergrundblatt »hängt in der Luft«.

Fortgeschrittene Visio-Themen

2.9.3. Kopf- und Fußzeilen

Zugegeben: Die Technik der Hintergrundseiten ist weitaus komplexer als Kopf- und Fußzeilen. Dennoch: Für »kleine« Bedürfnisse genügt manchmal eine Kopfzeile oder Fußzeile.

Soll in einem mehrseitigen Dokument auf jeder Seite Text in einer Kopf- und/oder Fußzeile stehen, hilft der Befehl *Kopf- und Fußzeile bearbeiten* weiter, den Sie im Backstagebereich *Datei/Drucken* finden. Dort kann der Text eingetragen werden, der in einem Dokument auf jeder Seite erscheinen soll.

 Hinweis Dieser Text ist nicht auf dem Zeichenblatt zu sehen. Er erscheint erst, wenn Sie in die Seitenansicht wechseln.

Wenn Sie den Text in einem der jeweils drei Bereiche von Kopf- und Fußzeile um die Nummer des Zeichenblatts erweitern wollen, klicken Sie auf den Pfeil hinter einem der sechs Textfelder und wählen im Menü den Befehl *Zeichenblattnummer*. (**Abbildung 2.33**).

Abbildung 2.33: In die Kopf- und Fußzeile können Texte und Seitennummern eingetragen werden.

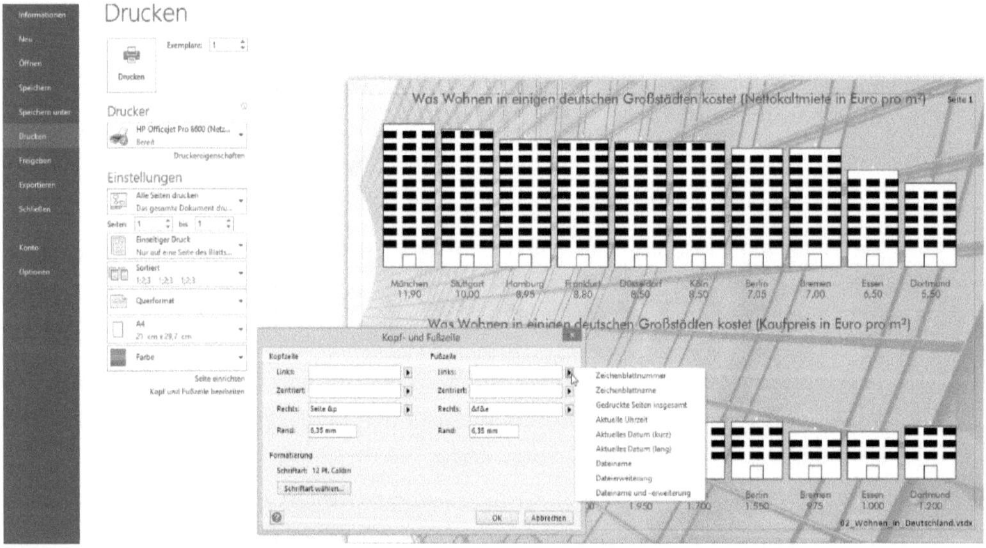

In den Textfeldern des Dialogfeldes *Kopf- und Fußzeile* können Sie die folgenden Elemente verwenden:

Tabelle 2.15: Die möglichen Einstellungen der Kopf- und Fußzeile

Bedeutung	Zeichen
Zeichenblattnummer	&p
Zeichenblattname	&n
Gedruckte Seiten insgesamt	&P
Aktuelle Uhrzeit	&t
Aktuelles Datum (Kurzform, zum Beispiel: 13.11.2016)	&d
Aktuelles Datum (Langform, zum Beispiel: Sonntag, 13. November 2013)	&D
Dateiname	&f
Dateierweiterung	&e
Dateiname und –erweiterung	&f&e

Wie in der Seitenansicht erkennbar, werden Kopf- und Fußzeile auf allen Seiten gedruckt – ein individuelles Ein- und Ausschalten ist nicht möglich. Dies kann umgangen werden, indem statt des einfachen Wegs über die Kopf- und Fußzeile mit Feldern und Hintergrundseiten gearbeitet wird.

> **Hinweis:** Zwar können über das Dialogfeld *Kopf- und Fußzeile* die Positionen der sechs Texte und die Schriftart und –größe definiert werden, jedoch ist es nicht möglich, Grafiken (Logos) einzufügen oder Texte individuell zu verschieben und zu formatieren. Das Arbeiten mit Hintergründen in Visio erweist sich als mächtigeres Tool als Kopf- und Fußzeile. Es ist vergleichbar mit den Mastern aus PowerPoint.

Kopf- und Fußzeile weisen folgende Nachteile auf:

- Sie sind auf dem Zeichenblatt nicht sichtbar.
- Es können innerhalb einer Datei keine unterschiedlichen Kopf- und Fußzeilen definiert werden.
- Sie sind problematisch beim Wechseln verschiedener Seitenformate oder Seitenausrichtungen.
- In *Ansicht/Ganzer Bildschirm* wird keine Kopf- und Fußzeile angezeigt.
- Ist die Zeichenblattgröße größer als die zu druckende Seite, also beispielsweise: Sie zeichnen auf Din A1 und drucken acht Seiten auf Din A4, dann befindet sich die Kopf- und Fußzeile auf jeder der acht Seiten.
- Kopf- und Fußzeilen können keine Bilder (Logos) enthalten.

- Es ist keine unterschiedliche Positionierung zwischen linker und rechter Kopfzeile möglich.
- Es sind keine unterschiedlichen Schriftarten und Schriftgrößen möglich.
- Sie können nicht auf einer Seite (Deckblatt) unterdrückt werden.

Deshalb stellen Kopf- und Fußzeilen zwar schnelle und einfache Optionen dar, Seiten zu nummerieren oder Texte, wie beispielsweise Dateinamen auf jeder Seite zu wiederholen. Die komplexere Technik in Visio liegt jedoch in dem Zusammenspiel von Vordergrund und Hintergrund. Vielleicht sind sie deshalb so gut versteckt und tauchen nicht in einer der Registerkarten von Visio auf.

2.9.4. Doppelklickverhalten von Shapes

Stellen Sie sich eine Visio-Datei vor, die aus mehreren Zeichenblättern besteht. Auf dem ersten Blatt – nennen wir es Übersicht oder Inhaltsverzeichnis – findet sich eine Großstruktur des Gebäudes, der Hauptprozesse, der wichtigsten Verantwortlichen und so weiter. Von jedem Element soll auf ein bestimmtes Zeichenblatt verzweigt werden, auf dem die Informationen genauer erläutert werden. Eine Technik, die Ihnen hilft, dies zu realisieren, heißt: Doppelklickverhalten.

Wird ein einfaches Shape erstellt, kann ihm ein Verhalten zum *Doppelklicken* zugewiesen werden. Wählen Sie hierzu den Befehl *Entwicklertools/Shape-Design/Verhalten* und wechseln Sie im Dialogfeld *Verhalten* zur Registerkarte *Doppelklicken*. Die Standardeinstellung bei Shapes lautet: *Standardaktion durchführen*. Das bedeutet: bei nicht gruppierten Shapes (auch bei Verbindern, Führungslinien und Bitmaps) wechseln Sie in den Textmodus. Bei Gruppen dagegen passiert nichts. Sie können für eine Gruppe das Doppelklickverhalten so einstellen, dass hierdurch der Text editiert wird, das Gruppenfenster geöffnet wird oder das ShapeSheet geöffnet und angezeigt werden. Ebenso können Makros an den Doppelklick gebunden werden.

Falls Sie die Registerkarte *Entwicklertools* nicht sehen, müssen Sie sie über das Kontrollkästchen *Datei/Optionen/Erweitert/Im Entwicklermodus ausführen* aktivieren.

Interessanter ist die Option, mit der beim Doppelklick auf ein Shape eine andere Seite geöffnet wird. So können Shapes zu Hyperlinks werden, mit deren Hilfe sich der Benutzer von Seite zu Seite bewegen kann. Zugleich können weitere Informationen auf verschiedenen Seiten verteilt werden. Auf Seite 1 kann sich das Grobraster einer Zeichnung, eines Verlaufsplans oder eines Apparats befinden. Auf weiteren Seiten verteilen sich die unterschiedlichen Informationen. Um diese Informationen sichtbar zu machen, kann der

Mehrere Seiten

Doppelklick jedes der Shapes eingestellt werden, dass durch diese Aktion zu einer anderen Seite gewechselt wird (siehe **Abbildung 2.34**).

> **Hinweis**
>
> Wird der Name des Zeichenblatts geändert, ändert sich nicht automatisch der Verweis auf dieses Blatt. Im Dialogfeld *Verhalten* muss der Verweis auf die richtige Seite neu eingestellt werden. Sie erhalten dann einen Sicherheitshinweis!
>
> Bei umfangreichen Dokumenten sollte selbstverständlich der Verweis in beide Richtungen funktionieren – dort kann ein Shape liegen, das mittels Doppelklick zur ersten Seite führt.

Abbildung 2.34: *Das Dialogfeld, mit dem das Doppelklick-Verhalten eingestellt wird*

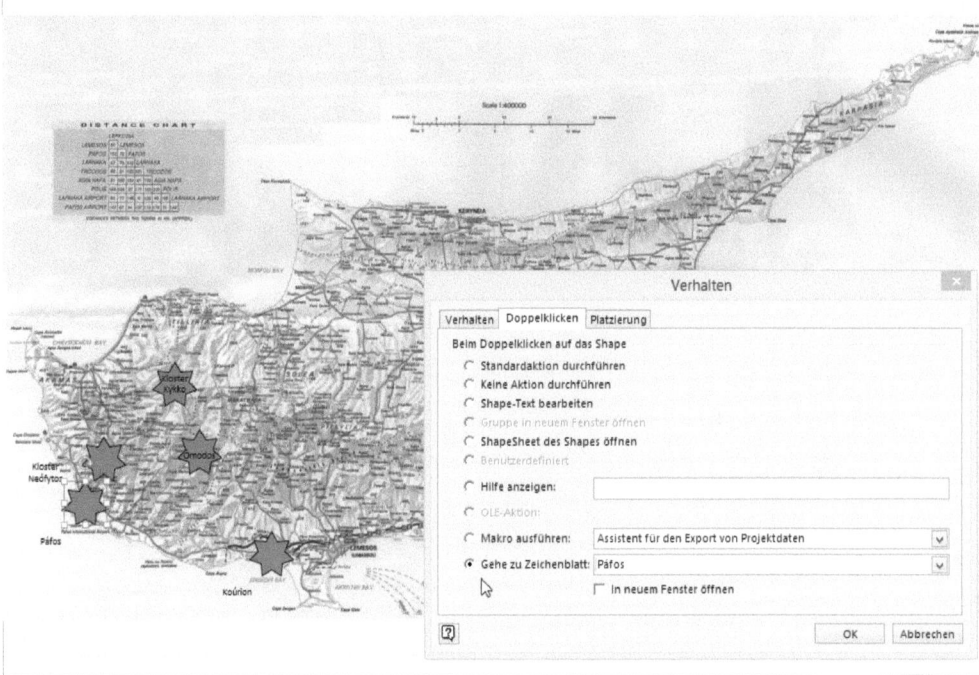

Die Beispielzeichnung zeigt eine Landkarte auf der mehrere Shapes liegen. Ein Doppelklick auf eines der Sterne führt zu einer neuen Seite, auf der weitere Informationen zu finden sind. Um das Zurückkehren zu erleichtern, wurden auf jeder Seite drei weitere Shapes installiert: Mit einem geht es zur Startseite zurück, mit einem zur vorhergehenden und mit einem zur nächsten Seite. Alle Shapes arbeiten mit dem Doppelklickverhalten, das im Dialogfeld *Verhalten* aktiviert wurde. Die Shapes, hinter denen diese Links liegen, wurden

Fortgeschrittene Visio-Themen

aus der Schablone *Standardflussdiagramm-Shapes* herausgeholt und etwas modifiziert (**Abbildung 2.35**).

> **Tipp**
> Übrigens: Falls Sie möchten, dass die »Zurück«-Shapes nicht gedruckt werden, können Sie das Drucken im Dialogfeld *Verhalten* (Registerkarte *Entwicklertools*) und dort über die Einstellung *Nicht druckbares Shape* deaktivieren.

Abbildung 2.35: *Doppelklick auf bestimmte Shapes führt zu einem anderen Zeichenblatt*

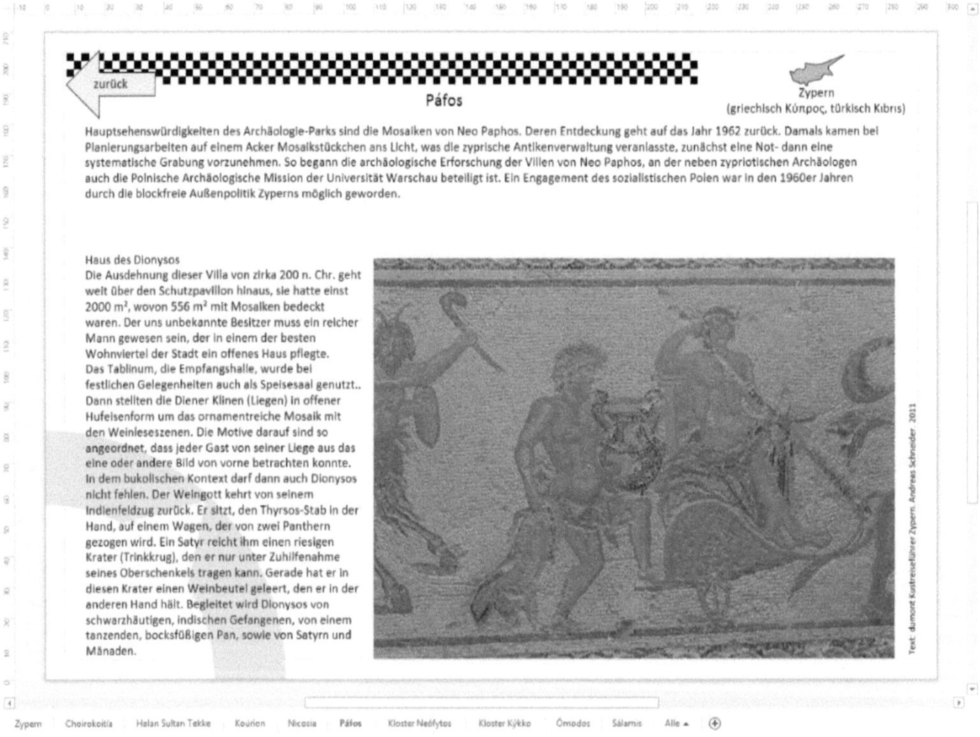

> **Hinweis**
> Ohne Programmierung ist es nicht möglich mit einem Doppelklick auf eine andere (Visio-)Datei zu verzweigen.

2.9.5. Hyperlinks

Es gibt noch eine weitere Möglichkeit Shape mit Zeichenblättern zu verknüpfen: Hyperlinks. Sie weisen Ähnlichkeiten zum Doppelklickverhalten auf. Hyperlinks werden über

den Befehl *Einfügen/Link/Link* oder über das Kontextmenü *Hyperlink* festgelegt. Dort kann als Adresse eine URL oder eine bestimmte Datei angegeben werden. Die Adresse kann weggelassen werden, wenn der Hyperlink innerhalb der Datei funktionieren soll.
Folgende Varianten sind dabei denkbar:

- Sprung auf eine Internetadresse (URL)
- Sprung auf eine Internetadresse (URL) und dort auf eine Textmarke
- Öffnen eines Mailprogramms (beispielsweise Outlook) und Erstellen einer E-Mail an einen bestimmten Adressaten
- Sprung auf eine andere Visio-Datei
- Sprung auf eine andere Visio-Datei und dort auf ein bestimmtes Zeichenblatt
- Sprung auf eine andere Nicht Visio-Datei
- Sprung auf ein Word-Dokument und dort auf eine Textmarke
- Sprung auf eine Excel-Tabelle und dort auf eine bestimmte Zelle oder einen Zellnamen
- Sprung auf eine PowerPoint-Datei und dort auf eine Foliennummer oder einen Folientitel
- Sprung auf ein anderes Zeichenblatt innerhalb der aktuellen Datei
- Sprung auf ein anderes Shape (auch auf dem gleichen Zeichenblatt)

Abbildung 2.36: *Der Hyperlink wird festgelegt.*

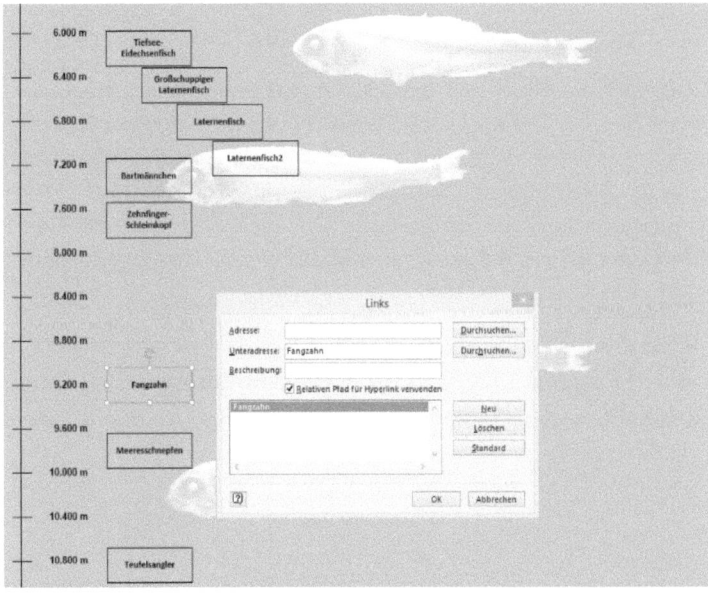

Wurde eine andere Visio-Datei als Adresse festgelegt, kann nun ein Zeichenblatt als Unteradresse verwendet wird. Visio schlägt die Blattnamen in der Dropdownliste vor. Soll der Sprung innerhalb der gleichen Datei auf ein anderes Zeichenblatt erfolgen, kann dieses ebenfalls über die Unteradresse ausgewählt werden. Dies sehen Sie in **Abbildung 2.36**. Es lässt sich sogar ein Shape festlegen, welches angesprungen wird.

Ist der Hyperlink nun eingestellt, erkennen Sie ihn durch das Hyperlinksymbol, wenn Sie den Mauszeiger über das Shape bewegen.

> **Hinweis**
> Anders als beim Browser wird der Hyperlink nicht dadurch aktiviert, indem auf das Shape geklickt wird. Der Hyperlink wird über das Kontextmenü ausgelöst oder indem das Shape mit gedrückter **[Strg]**-Taste angeklickt wird.

Das Hyperlinksymbol wird nur dann neben dem Mauszeiger angezeigt, wenn der Standard-Mauszeiger aktiviert ist (siehe **Abbildung 2.37**).

Abbildung 2.37: *Der Hyperlink wird mit der [Strg]-Taste oder über das Kontextmenü aktiviert.*

> **Hinweis**
> Das Dialogfeld *Off-Page-Referenz* öffnet sich automatisch, wenn Sie aus der Schablone *Standardflussdiagramm-Shapes* das Shape *Off-Page-Referenz* auf ein Zeichenblatt ziehen. Dieses Shape können Sie mit einem neuen Zeichenblatt oder mit einem existierenden verlinken. Auf dem zweiten Zeichenblatt erstellt – falls diese Option aktiviert ist – Visio eine Referenz zurück zum ursprünglichen Zeichenblatt. Und schließlich kann der Assistent den Text synchronisieren lassen, das heißt: er wird auf beiden Shapes gleichzeitig angezeigt.

Interessant ist Folgendes: Wird diese Zeichnung als HTML-Datei gespeichert, so werden die Hyperlinks in echte Links (Hotspots) umgewandelt (siehe **Abbildung 2.39**). Damit kann nicht nur ein Verweis auf eine andere Stelle im Dokument erzeugt werden, sondern auch auf eine andere URL.

Abbildung 2.38: *Das Shape* Off-Page-Referenz *ermöglicht ein schnelles Verlinken zweier Seiten*

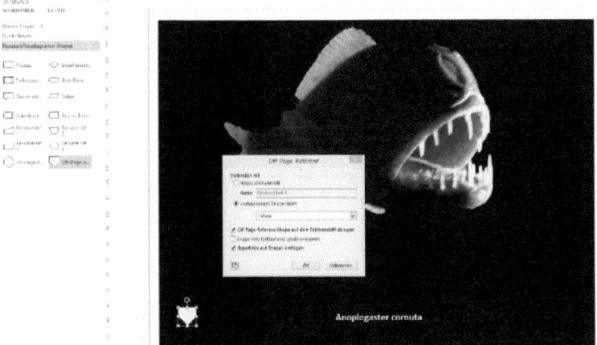

Abbildung 2.39: *Der Hyperlink im Browser*

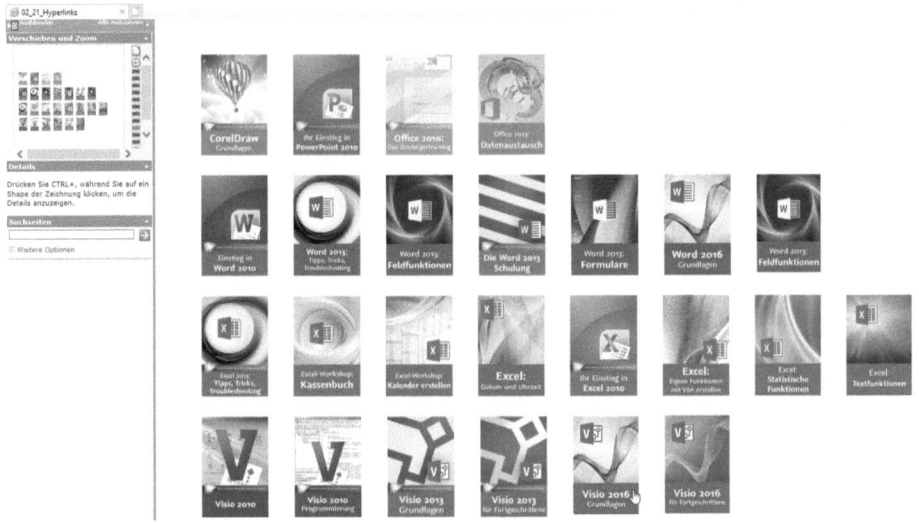

Wenn Sie die Datei als PDF speichern, werden die Hyperlinks ebenfalls mitgenommen. Achtung: sie werden jedoch nicht ins PDF-Dokument exportiert, wenn Sie die Datei über einen PDF-Drucker drucken.

Wenn Sie mit einem Hyperlink auf eine Internetadresse verweisen, genügt es in Visio eine URL in der Form *www.microsoft.com* anzugeben. Sie müssen das *http* nicht mehr angeben wie in früheren Versionen.

Wenn Sie auf eine E-Mail-Adresse verlinken, dann müssen Sie diese mit *mailto* beginnen, beispielsweise: mailto:rene.martin@compurem.de.

Wenn ein Zeichenblattname ein Leerzeichen enthält, funktioniert der Hyperlink darauf. Steht jedoch das Leerzeichen am Ende des Zeichenblattnamens, dann funktioniert der Hyperlink nicht. Visio zeigt auch keine Fehlermeldung an. Umgekehrt erhalten Sie eine Warnmeldung, wenn Sie auf eine Datei verweisen, die gelöscht wurde. Wurde ein Zeichenblatt innerhalb einer Datei umbenannt, funktioniert der Hyperlink darauf noch immer – die Zieladresse wird ebenfalls angepasst. Seit Visio 2013 funktioniert auch ein Hyperlink auf ein Hintergrundblatt. Liegt das Shape mit dem Hyperlink auf dem Hintergrundblatt, kann die Hyperlink-Funktionalität natürlich nicht verwendet werden, weil das Shape auf dem Vordergrundblatt nicht mit der [Strg]-Taste angeklickt werden kann.

Möchten Sie einen Hyperlink haben, mit dem Sie auf die Startseite oder Übersichtsseite zurückspringen können, müssen Sie auf jeder der angesprungenen Seiten einen Hyperlink erzeugen, der auf diese Seite verweist.

Hinweis	Beachten Sie, dass Sie relative oder absolute Hyperlinks verwenden können. Wenn die aktuelle Datei gespeichert ist (sie muss gespeichert sein!), und wenn Sie einen Hyperlink auf eine andere Datei erstellen, können Sie über das Kontrollkästchen im Dialogfeld den Pfad relativ verwenden oder nicht relativ (also absolut). Ein relativer Pfad wie beispielsweise Aufwandsschätzung.vsdx bedeutet, dass die Zieldatei im gleichen Verzeichnis liegt wie die Quelldatei und beide Dateien so problemlos weitergegeben werden können. Eine absolute Adresse wie U:\Users\User\Documents\Visio\Aufwandsschätzung.vsdx bedeutet das er auf diese Adresse zugreift, unabhängig von der Speicherposition des aktuellen Visio-Datei. Dies kann interessant sein, wenn sich die Zieldatei im Netzwerk befindet. Beachten Sie, dass es leider nicht möglich ist, alle relativen Hyperlinks mit einem Klick in absolute zu verwandeln oder umgekehrt. Dies müsste man programmieren.

Es ist übrigens möglich einem Shape mehrere Hyperlinks hinzuzufügen. Klicken Sie hierzu auf die Schaltfläche *Neu* im Dialogfeld *Hyperlink*. Nun stehen zwei oder mehrere Hyperlinks im Kontextmenü zur Verfügung. Wenn Sie mit der [Strg]-Taste auf das Shape klicken, erhalten Sie die Auswahl sämtlicher Hyperlinks.

Und schließlich: wenn Sie den Hyperlink nicht auf der ausgedruckten Seite sehen möchten, dann aktivieren Sie das Kontrollkästchen *Nicht druckbares Shape* in *Entwicklertools/Shape-Design/Verhalten* und dort in der Registerkarte *Verhalten*.

Übrigens müssen Sie nicht nur mit Hyperlinks auf andere Dokumente verweisen. Sie können eine Exceltabelle, ein Worddokument oder eine PDF-Datei in einer Visio auch

Felder

einbinden. Hierzu steht Ihnen der Befehl *Einfügen/Test/Objekt* zur Verfügung. Der Vorteil liegt auf der Hand: das eingebettete Dokument wird mit der Visio-Zeichnung weitergegeben. Der Nachteil: Die Dateigröße wächst.

2.10. Felder

Sicherlich kennen Sie das Symbol in Word, Excel oder PowerPoint, mit dem Sie eine Seitennummerierung in die Kopfzeile einfügen. Ebenso wie in Word ein Feld eingefügt wird, gibt es auch solche Felder in Visio.

Soll eine Seitennummerierung nicht auf jeder Seite stehen oder soll sie an einer bestimmten Stelle auf dem Zeichenblatt zu finden sein, muss ein Hintergrund für die Blätter aktiviert werden, dem eine solche benutzerdefinierte Formel zugewiesen wird. Dort wird mit der Textfeldschaltfläche ein Rechteck aufgezogen, in das ein Feld eingefügt wird. Felder werden über den Befehl *Einfügen/Text/Feld* zu finden. Im Dialogfeld *Feld* kann über die Kategorie *Zeichenblattinfo* ausgewählt werden, ob die Zeichenblattnummer oder die Gesamtseitenanzahl (Anzahl der Zeichenblätter) benötigt wird (**Abbildung 2.40**). Soll beides auf dem Hintergrund-Zeichenblatt zu finden sein, muss das Dialogfeld zweimal aktiviert werden.

Abbildung 2.40: Ein Feld wird eingefügt.

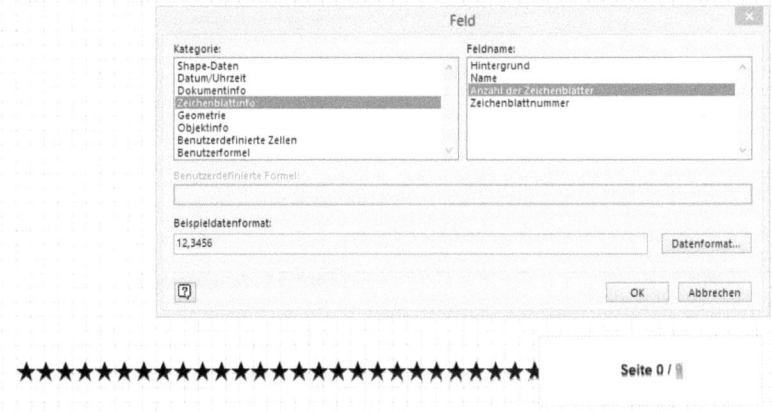

Auf einem Hintergrund wird die Seitennummer mit »0« gekennzeichnet, um deutlich zu machen, dass sich auf diesem Blatt etwas befindet, dass dies allerdings nicht die aktuelle Seitennummer ist. Erst auf der ersten Vordergrundseite beginnt die Zählung mit 1. Die Anzahl der Zeichenblätter, genauer: die Anzahl der Vordergrundseiten, wird schon auf der Hintergrundseite korrekt angezeigt (**Abbildung 2.41**).

Abbildung 2.41: *Auf einer Vordergrundseite stehen korrekt Seitenzahl und Gesamtseitenzahl.*

Wird ein neues Blatt eingefügt, ein vorhandenes gelöscht oder ein Blatt verschoben, aktualisiert sich automatisch die Feldfunktion und zeigt die korrekte Blattnummer und die richtige Gesamtseitennummer an.

In der gleichen Kategorie findet sich auch der Name des aktuellen Zeichenblatts und der Name des verwendeten Hintergrunds, falls diese angezeigt werden sollen. Auf dem Hintergrundblatt lautet der Blattname selbstverständlich so, wie das Hintergrundblatt heißt, der Hintergrundblattname ist leer, wenn das Hintergrundblatt kein weiteres Hintergrundblatt hat. Auch hier werden die Informationen auf den Vordergrundblättern richtig angezeigt: Blattname und Hintergrundblattname. Ein Ändern des Blattnamens und ein Zuweisen eines anderen Hintergrunds bewirkt eine sofortige Änderung der Felder.

In der Kategorie *Datum/Uhrzeit* finden sich verschiedene Datumsvorschläge, die über ein Feld an einen Hintergrund gebunden werden können: das Erstelldatum das aktuelle Datum, das Datum der letzten Bearbeitung und das Druckdatum. Das Gleiche findet sich auch für die Uhrzeit. Für beide steht eine Reihe von Formatierungsmöglichkeiten zur Verfügung.

In der folgenden Tabelle werden alle Feldfunktionen aufgelistet:

Tabelle 2.16: *Die Liste der Feldfunktionen und ihre Formatierungen*

Kategorie	Feld	Formatierungsoptionen
Shape-Daten		
Datum/Uhrzeit	Erstelldatum/-zeit	24.12.2018
	Aktuelle(s) Datum/Uhrzeit	Montag, 24. Dezember 2018
	Datum/Uhrzeit der letzten Bearbeitung	24. Dezember 2018
	Datum/Uhrzeit des Ausdrucks	24.12.18
		2018-12-24
		18-12-24
		18/12/2018

Kategorie	Feld	Formatierungsoptionen
		24. Dez.2018
		Dezember 18
		Dez-18
		24.24.2018 16:20
		24.12.2018 16:20:09
		4:20
		4:20:09
		16:20
		16:20:09
Dokumentinfo	Erstellt von	Standard
	Beschreibung	Großbuchstaben
	Verzeichnis	Kleinbuchstaben
	Dateiname	
	Schlüsselwörter	
	Thema	
	Titel	
	Manager	
	Firma	
	Kategorie	
	Hyperlinkbasis	
Zeichenblattinfo	Hintergrund	Standard
	Name	Großbuchstaben
	Anzahl der Zeichenblätter	Kleinbuchstaben
	Zeichenblattnummer	
Geometrie	Breite	Allgemein
	Höhe	Nummer:
	Winkel	- Dezimalstellen
		- 1000er-Trennzeichen
		- Einheiten (Allgemein, Grad, Bogenmaß, Fuß und Zoll)
Objektinfo	Daten 1	Standard
	Daten 2	Großbuchstaben
	Daten 3	Kleinbuchstaben

Fortgeschrittene Visio-Themen

Kategorie	Feld	Formatierungsoptionen
	ID	
	Master-Shape	
	Name	
	Typ	
	Benutzerdefinierte Zellen	
	Benutzerformel	

Abbildung 2.42: *Mit benutzerdefinierten Formeln können Flächen berechnet werden.*

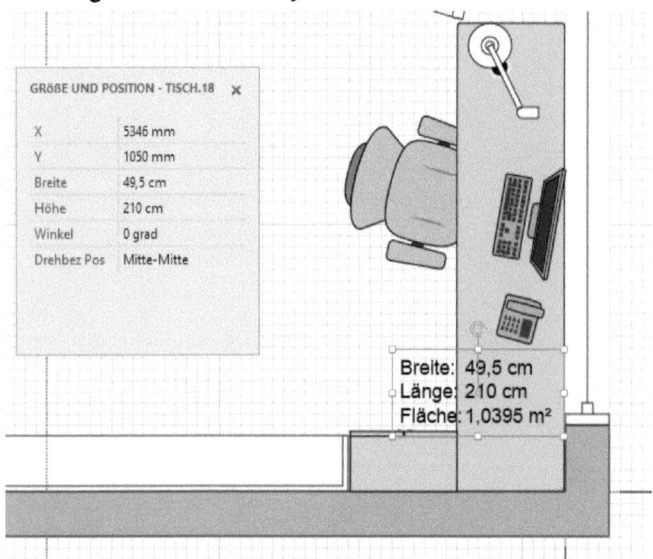

So können beispielsweise Rechtecke ihren Flächeninhalt als Text anzeigen, wie **Abbildung 2.42** zeigt. Dazu wird in der Benutzerformel

=Height*Width

eingefügt. Sie berechnet stets die Fläche eines Rechtecks mit einem kleinen Rundungsfehler.

> **Hinweis**
>
> Übrigens kann man mit der Benutzerformel auch rechnen. Beispielsweise die Fläche eines Kreises:
>
> =Width*Width/4*PI()
>
> Oder einer Ellipse:
>
> =Width*Height/4*PI()
>
> Oder von einem Parallelogramm:
>
> =ABS(Geometry1.X1-Geometry1.X2)*Height

> **Hinweis**
>
> Wenn Sie die Feldfunktion ändern möchten, müssen Sie den Text editieren und das Feld markieren. Danach zeigt der Befehl *Einfügen/Text/Feld* die eingegebene Feldfunktion an. Mit dieser Technik können Sie Feldfunktionen einsehen, die bereits in bestimmten Shapes vorhanden sind.

Übrigens sind die Felder in Visio recht unflexibel. Man kann nur die aktuelle Seitennummer angeben – nicht – beispielsweise »beginnt ab Seite x« oder »Anzahl der querformatigen Seiten« oder »Anzahl der Seiten ohne Deckblätter« …

2.11. Kommentar und QuickInfo

Wenn Sie einem Shape eine Information hinzufügen möchten, die der Benutzer sieht, wenn er mit der Maus darüberfährt, wählen Sie *Einfügen/Text/QuickInfo* und geben Sie in Dialogfeld *Shape-QuickInfo* einen »Hilfetext« in das geöffnete Fenster. Es erscheint, wenn der Mauszeiger sich über das Shape bewegt, ohne dass das Shape markiert sein muss (siehe **Abbildung 2.43**).

Abbildung 2.43: *Der QuickInfo-Text wird angezeigt, wenn der Mauszeiger über das Shape fährt.*

Fortgeschrittene Visio-Themen

Sie können den Befehl *Einfügen/Text/QuickInfo* auch verwenden, um den Text einer bestehenden QuickInfo zu ändern oder um ihn zu löschen. Um einen Zeilenumbruch zu erzeugen drücken Sie die Tastenkombination [Strg]+[Enter].

> **Hinweis**
>
> Vor allem bei Funktionen wie Schutzmechanismen oder Doppelklickverhalten leistet das QuickInfo gute Dienste. Aber auch bei Erläuterungen zu technischen Spezifikationen kann es eingesetzt werden.
>
> Beachten Sie jedoch, dass man nicht den Hilfetext für Hyperlinks und QuickInfos gleichzeitig anzeigen lassen kann.

Abbildung 2.44: *Nachdem ein Kommentar erzeugt wurde, wird er angezeigt, sobald auf das gelbe Symbol geklickt wird.*

> **Tipp**
>
> Wenn mehrere Shapes die gleiche Quick-Info erhalten sollen, markieren Sie zuerst die gewünschten Shapes und verwenden dann den Befehl *Einfügen/Text/QuickInfo*.

> **Hinweis**
>
> Werden Shapes, die mit einem QuickInfo versehen sind, gruppiert, so werden die Informationen auch angezeigt, obwohl der Mauszeiger sich eigentlich über die Gruppe bewegt. Umgekehrt ist es möglich verschiedenen Mitgliedsshapes einer Gruppe unterschiedliche Quickinfos zuzuweisen. So könne die Komponenten oder Details besser erklärt werden.

Mit dem Befehl *Überprüfen/Kommentare/Neuer Kommentar* können Sie an ein markiertes Shape einen Kommentar einfügen. Dieser erscheint, wenn Sie auf das gelbe Symbol klicken. Wird der Mauszeiger lediglich über das gelbe Kommentarsymbol gezogen, erscheint nur die Information »Kommentare«. Wurde kein Shape markiert, steht der Kommentar in der linken, oberen Ecke.

Zu einem Kommentar kann der gleiche Verfasser oder ein anderer Benutzer einen weiteren Kommentar hinzufügen. Wird er angeklickt, öffnet sich das Kommentarfenster, in dem der eine letzte Kommentar oder alle Kommentare zu sehen sind.

Sollen die Kommentare nicht sichtbar sein, können sie über den Menübefehl *Tags anzeigen* im Symbol *Überprüfen/Kommentare/Kommentarbereich* ausgeblendet werden.

Ist der Kommentar geöffnet, kann er über das Löschen-Symbol im Kommentarfenster gelöscht werden. Beachten Sie, dass er nicht mit der Taste **[Entf]** gelöscht werden kann, da er ein Teil des Shapes ist.

Die Texte in den Kommentaren können nicht formatiert werden.

Selbstverständlich werden Kommentare nicht ausgedruckt, wie Sie leicht über die Seitenansicht feststellen können. Anders als in Excel gibt es in Visio keine Einstellung, mit der Sie Kommentare ausdrucken können.

> **Hinweis**
>
> Wenn Sie viel mit Kommentaren arbeiten, dann bietet es sich an, sich mit den anderen Befehlen der Registerkarte *Überarbeiten* vertraut zu machen. Dort finden Sie neben dem Kommentartool auch ein Freihandtool, mit dem bestimmte Teile der Zeichnung gekennzeichnet werden können. Wird das Werkzeug aktiviert, wird die Registerkarte *Freihandtools/Stifte* angezeigt, in der sich ein »Kugelschreiber«, und »Textmarker« befinden, mit denen in unterschiedlichen Farben Teile gekennzeichnet werden können.
>
> Mithilfe des Überarbeitungsbereiches, der mit dem Befehl *Überprüfen/Kommentare /Kommentarbereich* geöffnet werden kann, können sämtliche Markups eines Zeichenblattes aufgelistet werden. Die Befehle *Nächster* und *Vorheriger* im Aufgabenbereich *Kommentare* springen dabei jeweils von einem Kommentarfeld zum nächsten. Dies funktioniert auch zeichenblattübergreifend. So können schnell sämtliche Kommentare abgearbeitet werden. Dies sehen Sie in **Abbildung 2.45**.

Abbildung 2.45: *Mehrere Autoren haben Kommentare eingegeben – sie sind gut erkennbar und können bequem angesprungen werden.*

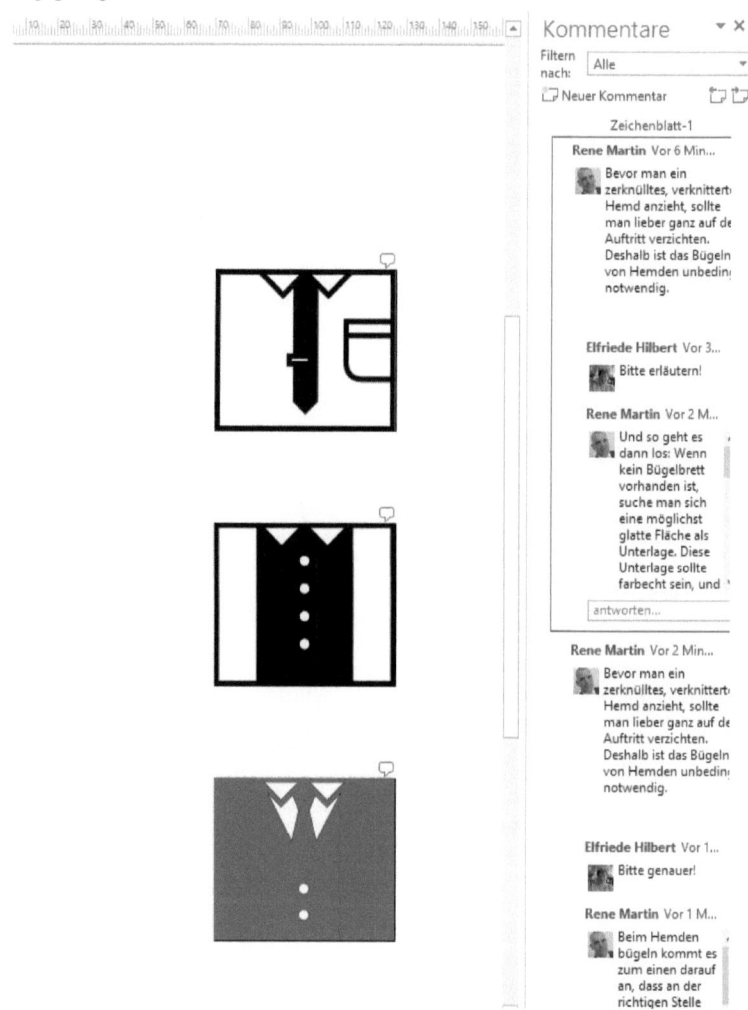

Im Überarbeitungsbereich finden Sie den Befehl: *Löschen*. Hat ein Autor Kommentare zu Kommentaren eingefügt, dann kann jeder Autor seine eigenen Kommentare und auch die Kommentare des anderen löschen.

Sollen sämtliche Kommentare ausgeblendet werden, genügt ein Klick auf den Befehl *Tags anzeigen*. Möchten Sie schnell sämtliche Kommentare löschen, dann finden Sie im Befehl *Datei/Informationen* die Schaltfläche *Persönliche Informationen entfernen*. Sie löscht alle Kommentare der Datei (allerdings auch die Dateieigenschaften und Vorlagendateinamen).

Tabelle 2.17: Die Bearbeitungmöglichkeiten der Kommentare/Markups

Funktion	Registerkarte/Befehlsgruppe	Schaltfläche
Neuer Kommentar	Überprüfen/Kommentare	
Kommentar bearbeiten	Überprüfen/Kommentare	
Kommentar löschen	Kommentar öffnen	
Alle Kommentare löschen	Datei/Informationen/Persönliche Informationen entfernen	
Alle Markups anzeigen / ausblenden	Überprüfen/Kommentare/Kommentarbereich	
Freihandtool	Überprüfen/Kommentare/Freihand	
Gehe zum nächsten Markup	Aufgabenbereich *Kommentare*	
Gehe zum vorherigen Markup	Aufgabenbereich *Kommentare*	
Markups löschen	Kommentar öffnen oder: Aufgabenbereich *Kommentare*	

2.12. Schaltflächen in Schnellzugriffsleiste und Menüband

Wenn Sie neue Befehle in die Symbolleiste für den Schnellzugriff hinzufügen möchten, dann können Sie es bequem über die Pfeil-Schaltfläche erledigen, die Sie am Ende der Symbolleiste finden. Über den Befehl *Weitere Befehle* gelangen Sie in das Dialogfeld. Alternativ können Sie auch den Befehl *Datei/Optionen* verwenden und im Dialogfeld *Visio-Optionen* zur Kategorie *Symbolleiste für den Schnellzugriff* wechseln.

Fortgeschrittene Visio-Themen

Abbildung 2.46: *Die Symbolleiste für den Schnellzugriff anpassen*

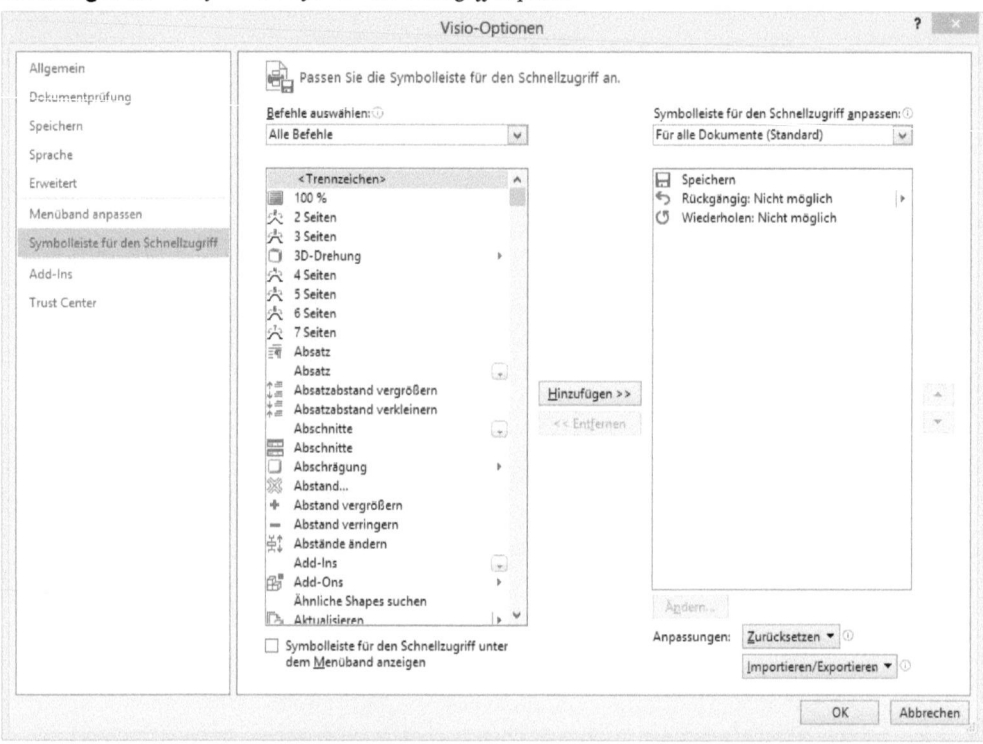

Sie finden sämtliche Befehle, die Ihnen in Visio zur Verfügung stehen im Kombinationsfeld *Befehle auswählen*. Die Kategorien sprechen für sich: *Häufig verwendete Befehle*, *Nicht im Menüband enthaltene Befehle*, *Alle Befehle*, die einzelnen Registerkarten, die immer sichtbar sind: *Datei*, *Start*, etc. und auch die kontextbezogenen Registerkarten, die nur unter bestimmten Bedingungen eingeblendet werden: *Format*, *Stifte*, *Entwurf*, *Containertools*, *Schablonen* und *Symbol-Editor*.

Wählen Sie eine Schaltfläche im linken Listenfeld aus und klicken Sie auf die Schaltfläche *Hinzufügen*. Es wird nun unter dem Befehlen des rechten Listenfeldes angezeigt. Die Position kann mit den beiden Pfeilen *Nach oben* und *Nach unten* verändert werden.

Mit der Schaltfläche *OK* werden die Änderungen übernommen. Selbstverständlich kann jede selbstdefinierte Schaltfläche wieder über die Schaltfläche *Entfernen* gelöscht werden. Im Dialogfeld oder auch in dem Pfeil hinter der Symbolleiste für den Schnellzugriff findet sich die Option, mit deren Hilfe die Symbolleiste unter dem Menüband angezeigt werden kann. Ein vollständiges Wegblenden existiert nicht.

Schaltflächen in Schnellzugriffsleiste und Menüband

Ganz ähnlich wie die Symbolleiste für den Schnellzugriff verändert wird, wird auch das Menüband angepasst. Wählen Sie hierzu *Datei/Optionen* und wechseln Sie in das Dialogfeld *Visio-Optionen* zur Kategorie *Menüband anpassen* oder den entsprechenden Befehl im Kontextmenüs des Menübandes.

Nun können Sie an einer beliebigen Stelle eine neue Registerkarte erzeugen, indem Sie auf *Neue Registerkarte* klicken. Wenn Sie eine neue Registerkarte erzeugen, heißt sie *Neue Registerkarte (Benutzerdefiniert)*. Sie sollte über das Kontextmenü umbenannt werden.

Jede Registerkarte muss mindestens eine Gruppe besitzen. Sie lautet zu Beginn *Neue Gruppe (Benutzerdefiniert)*. Auch sie sollte umbenannt werden. Zu dieser Gruppe kann natürlich eine weitere Gruppe – theoretisch beliebig viele Gruppen – hinzugefügt werden.

In diese Gruppe kann nun vom linken Listenfeld ein Befehl oder mehrere Befehle in die Gruppe hinzugefügt werden. Hinter dem Befehl *Umbenennen* können Sie sowohl die Beschriftung des Symbols ändern als auch ein anderes Symbol auswählen. Microsoft Visio stellt Ihnen 180 Befehle zur Verfügung.

> **Hinweis**
> Über das Kontextmenü kann das Menüband minimiert werden. Sollte es Ihnen aus Versehen passieren, dass das Menüband nur die Registerkartenbezeichnungen anzeigt, können Sie über das Kontextmenü, mithilfe eines Doppelklicks oder über die Tastenkombination **[Strg]+[F1]** jederzeit wieder das Minimieren des Menübandes ausschalten.

Abbildung 2.47: Eine neue Registerkarte wird erstellt. Ihr werden neue Symbole hinzugefügt.

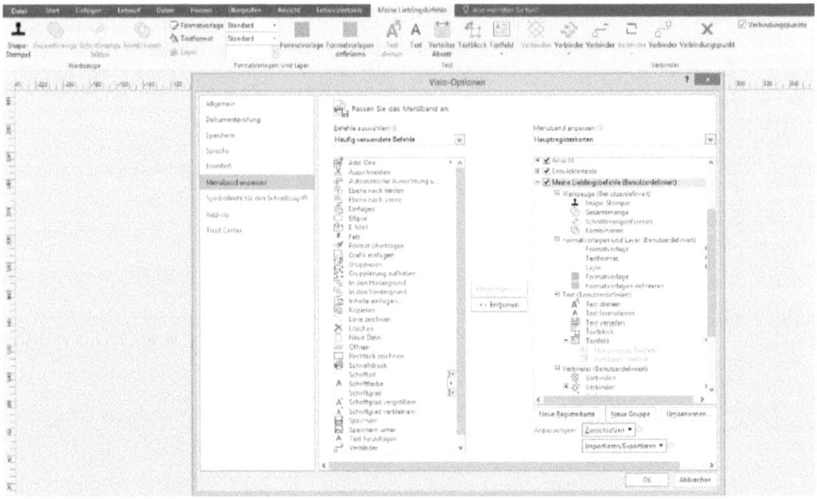

2.13. Drucken und Seitenansicht

Sicherlich weiß jeder, der mit Softwareprogrammen arbeitet, wie man einen Ausdruck startet. Wie in vielen anderen Windows-Programmen steht Ihnen die Tastenkombination [Strg]+[P] oder der Befehl *Datei/Drucken* zum Ausdruck zur Verfügung (siehe **Abbildung 2.48**). Dennoch hat Visio einige Besonderheiten, die nun im Einzelnen erläutert werden.

Im linkes Teil des Backstagebereichs kann der Drucker eingestellt werden. Dort kann der Druck in eine Datei umgeleitet werden. Letzteres ist für Belichtungen wichtig. Wenn Sie Ihre Datei an ein Belichtungsstudio geben möchten, wo es belichtet wird, dieses Studio allerdings kein Visio hat, dann müssen Sie selbst »drucken«. Sie installieren den richtigen Belichter als neuen Drucker (in der Regel einen Linotronic-Postscriptdrucker) und können nun so tun, als stünde dieses Gerät neben Ihrem Schreibtisch. Sie drucken in eine Datei, wobei der Dateiname angegeben wird. Dieses fertig »gedruckte« Dokument wird im Studio nur noch auf den Belichter kopiert. Normalerweise akzeptieren die meisten Druckereien auch PDF-Dokumente.

Im ersten Symbol im Backstagebereich in der Kategorie *Einstellungen* wird der auszudruckende Bereich ausgewählt. *Alle Seiten drucken* druckt alle Blätter, *Aktuelle Seite drucken* eben nur das aktuelle, am Bildschirm sichtbare Blatt. Unter *Benutzerdefinierter Druck* kann eine Auswahl der zu druckenden Seiten angegeben werden. Und *Auswahl drucken* druckt die markierten Shapes. Da nur auf einer Seite markiert werden kann, wird folglich nur das aktuelle Zeichenblatt markiert. Ist nichts markiert, ist diese Option nicht aktivierbar. Sie können auch die *Aktuelle Ansicht* drucken. Dies kann interessant sein, wenn Sie einen Screenshot drucken wollen. Außerdem können Sie in dem Menü das Vordergrundzeichenblatt ohne Hintergrund drucken oder in einer hohen Qualität ausdrucken.

Mithilfe der übrigen Schaltflächen können Sie die Seiten sortieren (diese Option macht nur dann Sinn, wenn mehrere Seiten mehrmals ausgedruckt werden. Somit kann entschieden werden, ob Seite 1 – 2 – 3 – ... 1 – 2 – 3 – ... gedruckt werden oder 1 – 1 – 2 – 2 – 3 – 3 – ...), hoch oder quer drucken, das Druckformat festlegen und schließlich können Farben als Schwarz-Weiß-Töne gedruckt werden.

Abbildung 2.48: *Das Drucken-Dialogfeld im Backstage-Bereich*

Sie können für jedes beliebige Shape den Ausdruck verhindern, indem Sie über *Entwicklertools/Verhalten* die Option *Nicht druckbares Shape* einschalten. Oder Sie schalten für eine größere Anzahl von Shapes, die alle auf demselben Layer liegen, die Option *Drucken* über den Befehl *Start/Layer/Layereigenschaften* aus.

Wenn ein Shape auf nicht druckbar gestellt wurde, wird kein Teil gedruckt. Es ist also nicht möglich, Linie und Hintergrundfarbe nicht zu drucken, jedoch den Text. Wenn Sie so etwas realisieren möchten, müssen Sie mit zwei Shapes arbeiten: einem druckbaren für den Text und eine nicht-druckbaren.

Abbildung 2.49: *Das hintere Shape ist nicht druckbar – die vorderen sind transparent. Dadurch klickt man »durch« die vorderen Rechtecke.*

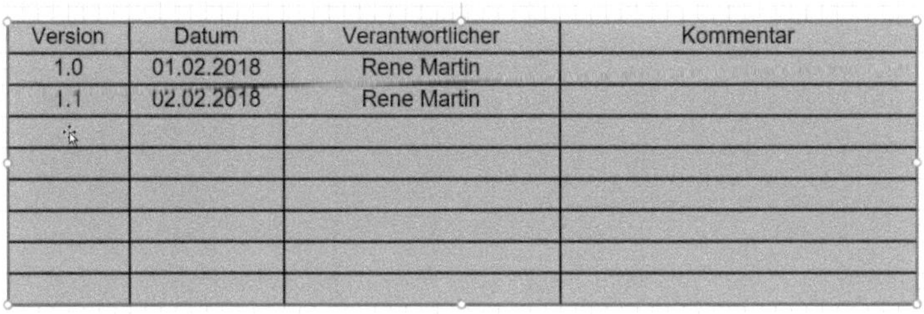

Version	Datum	Verantwortlicher	Kommentar
1.0	01.02.2018	Rene Martin	
1.1	02.02.2018	Rene Martin	

Fortgeschrittene Visio-Themen

Abbildung 2.50: Der Hintergrund wird nicht gedruckt.

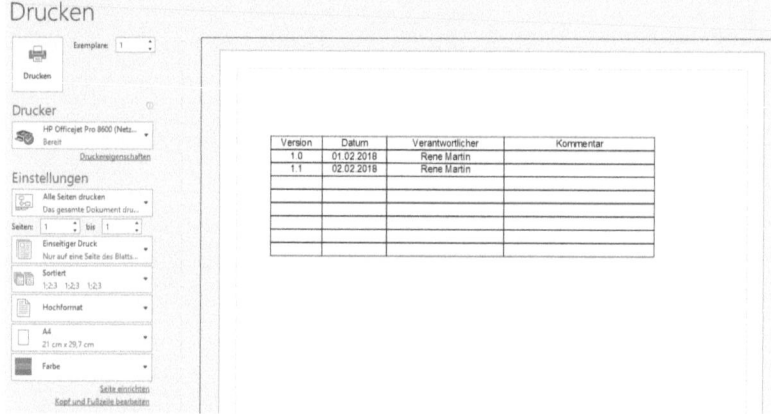

Abbildung 2.51: Die Lösung: Die vorderen Shapes werden eingefärbt.

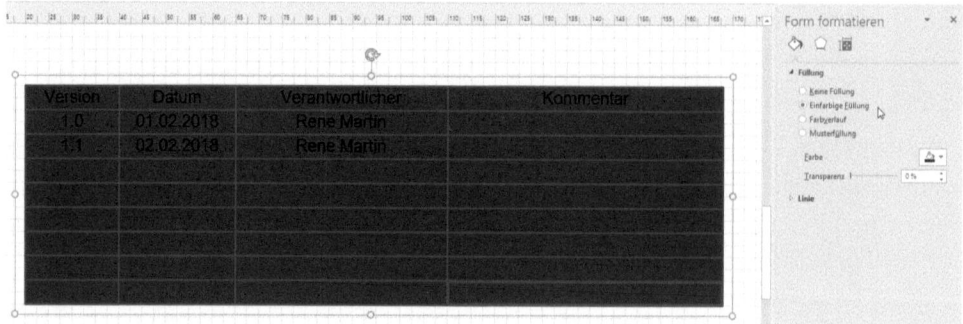

Abbildung 2.52: Die Transparenz wird auf 100% gesetzt.

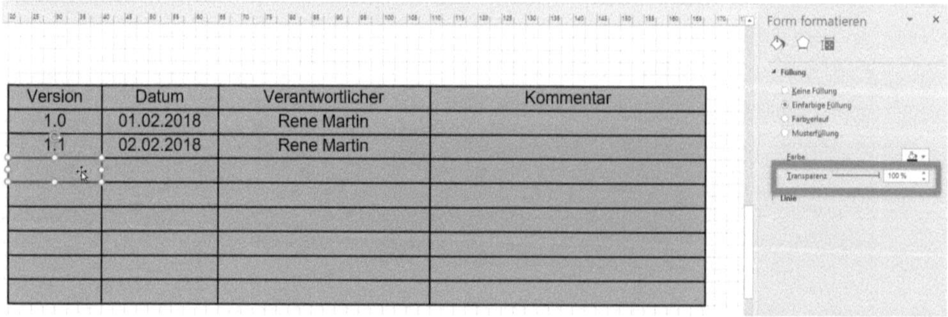

Vor dem Ausdruck empfiehlt es sich, das Aussehen der Seite über die Seitenansicht zu kontrollieren (siehe **Abbildung 2.53**). Diese erreichen Sie über den Befehl *Datei/Drucken*. In der Statuszeile können Sie mit dem Werkzeug *Zoom* die Ansicht verkleinern oder vergrößern. Sind mehrere Seiten aktiv, kann zwischen ihnen mit den Befehlen mit den Pfeilen gewechselt werden. Sie gelangen von diesem Fenster in das Drucken-Dialogfeld und in das Dialogfeld *Seite einrichten* und *Kopf- und Fußzeile bearbeiten*.

Der Befehl *Schließen* (der Pfeil oben links im Backstagebereich) oder die Taste [Esc] führen zum Ende der Seitenansicht.

Abbildung 2.53: *Die Seitenansicht*

Tabelle 2.18: Drucken und Seitenansicht

Funktion	Tastenkombination	Befehl	Schaltfläche
Abbildung 2.54: *Das Drucken-Dialogfeld im Backstage-Bereich* Drucken	[Strg]+[P]	*Datei/Drucken*	🖶
Seitenansicht		*Datei/Drucken*	🖶

Im Dialogfeld des Befehls *Entwurf/Zeichenblatt einrichten* finden sich wichtige Informationen über das Layout der Seite. Dort finden Sie zwei Befehle für die Ausrichtung der Seite (Hochformat und Querformat) und für die Größe (A4, A3, …), falls der Drucker dieses Format unterstützt. Im Startprogramm für ein Dialogfeld *Zeichenblatt einrichten* haben Sie die Möglichkeit, die Zeichnung zu skalieren – auf eine bestimmte Prozentzahl oder auf eine bestimmte Anzahl Seiten. Ebenso könnten Sie die Gitterlinien (gemeint: das Raster) ausdrucken lassen.

> **Hinweis**
>
> Ebenso wie Excel unterstützt Visio die Möglichkeit eine »große« Zeichnung, das heißt: eine Zeichnung, die auf einem Zeichenblatt erstellt wurde, das größer ist als das Papier, auf dem sie ausgedruckt wird, auf eine Seite zu skalieren. Sie finden diese Option im Dialogfeld *Seite einrichten* (Startprogramm für ein Dialogfeld *Zeichenblatt einrichten* in *Entwurf/Zeichenblatt einrichten*) in der Registerkarte *Druckeinrichtung*.

Unabhängig von der Druckereinstellung ist die Zeichenblattgröße. Sie kann an die Druckerpapiergröße angepasst sein, kann jedoch auch ein anderes Format besitzen. Angenommen, sie möchten einen Raum auf einem DIN A2-Blatt zeichnen. Ihr Drucker kann jedoch nur DIN A4 ausdrucken. Also wird die Seite, auf der gezeichnet wird, in einzelne Teile zerlegt und ausgedruckt. Dies kann über *Ansicht/Anzeigen/Seitenumbruch* sichtbar gemacht werden.

Der Zeichnungsmaßstab ist interessant für exakte Bemaßungen am Lineal, über das Fenster Größe und Position, bei der Flächenberechnung oder bei Linien zur Bemaßung (Schablone *Visio-Extras/Bemaßung – Technik*). Der Maßstab wird ausführlich im Kapitel über Raumpläne erläutert.

Die Zeichenblatteigenschaften betreffen Vorder- und Hintergrund und werden dort beschrieben.

Layout und Routing betrifft die Verbinder auf dem Zeichenblatt. Die Einstellungen werden in dem entsprechenden Kapitel beschrieben.

Wenn Sie ein Shape nicht drucken können, kann es verschiedene Ursachen:

- Das Shape liegt auf einem Hintergrund-Zeichenblatt und Sie haben die Option »Hintergrund« nicht drucken aktiviert.
- Über *Entwicklertools/Verhalten* wurde das Shape als *nicht druckbar* gekennzeichnet.
- Das Shape liegt auf einem Layer, dessen Mitglieder nicht gedruckt werden.
- Sie haben die Option »Auswahl drucken« aktiviert – das zu druckende Shape wurde jedoch nicht selektiert.

2.14. Speichern

Ebenso wie das Drucken ist das Speichern hinlänglich bekannt. Aber auch hier gibt es einige Dinge zu beachten.

Wenn Sie über den Backstagebereich *Datei/Speichern* oder *Datei/Speichern Unter* steht Ihnen die Möglichkeit zur Verfügung, die Dateien unter SkyDrive, SharePoint oder lokal auf Ihren Computer zu speichern. Weitere Informationen zu SharePoint finden Sie in Kapitel 5 Visio im Team.

Seit Visio 2013 existiert die Option nicht alle Seiten zu speichern, sondern im Dialogfeld *Speichern unter* über die Schaltfläche *Optionen* auszuwählen, welche Zeichenblätter gespeichert werden sollen.

2.14.1. OneDrive und SkyDrive

Wenn Sie Ihre (Visio-)Dateien auf OneDrive (in Visio 2016) oder SkyDrive (in Visio 2013), Ihrer privaten Cloud, speichern, haben Sie von überall aus Zugriff auf diese Inhalte. Ihre Visiodokumente, aber auch Ihre Fotos, Dokumente und anderen wichtigen Dateien stehen auf Ihrem Smartphone, Tablet oder PC bereit. Damit sind Sie nicht mehr an die Festplatte Ihres PCs gebunden.

Um OneDrive oder SkyDrive zu verwenden, müssen Sie sich mit einer E-Mail-Adresse bei https://login.live.com/, beziehungsweise bei www.skydrive.com anmelden. Nun können Sie Visio-Dokumente (und andere Dateien) teilen, mit wem Sie möchten.

Abbildung 2.55: Sie können ein neues Konto erstellen oder das Konto wechseln.

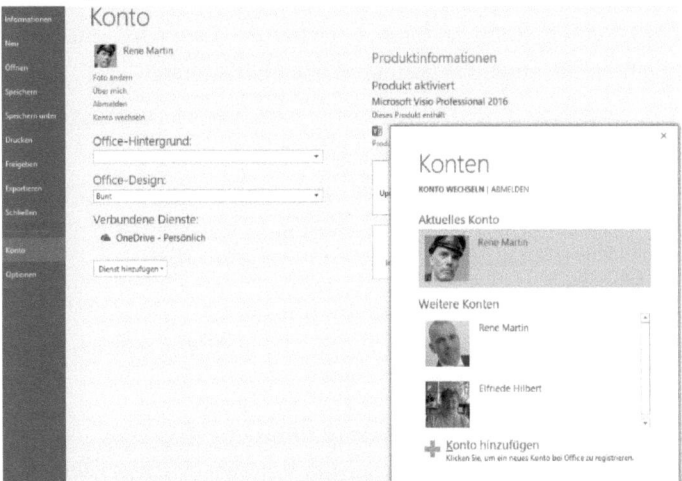

Nun können Sie von jedem Rechner aus, der über eine Internetverbindung verfügt, auf Ihre Visio-Dateien (aber auch Fotos und andere Dokumente) zugreifen, diese speichern und einfach freigeben. Sie können OneDrive oder SkyDrive unterwegs mit der Smartphone-App auch unterwegs verwenden.

Abbildung 2.56: *OneDrive*

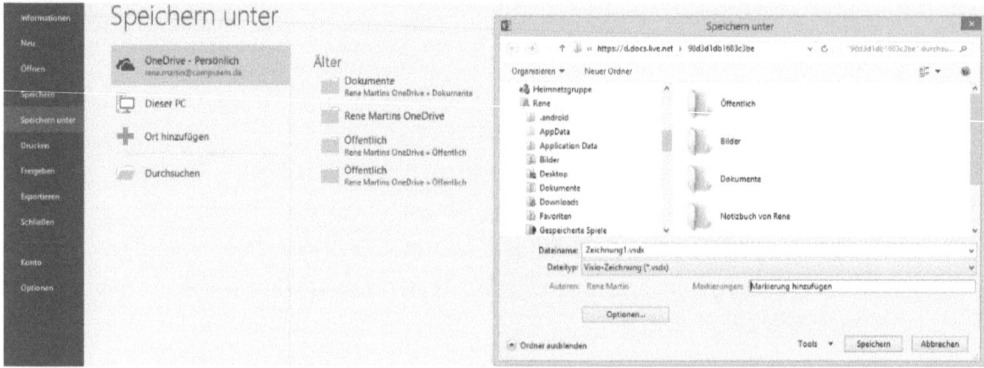

2.14.2. Computer

Beim Speichern auf Ihrer lokalen Festplatte oder einem Netzwerklaufwerk schlägt Visio im Backstagebereich die zuletzt verwendeten Ordner vor. Sie können diesen verwenden oder über die Schaltfläche *Durchsuchen* einen anderen Speicherort (Laufwerk oder Verzeichnis) auszuwählen. Dort wählen Sie auch das geeignete Speicherformat.

> **Hinweis**
> Beachten Sie, dass in Visio 2013 die neuen Formate VSDX, VSTX, VSSX beziehungsweise VSDM, VSTM und VSSM eingeführt wurden. Die letzten drei Formate unterstützen Makros, die ersten drei nicht. Die Unterschiede zwischen den Dateitypen Zeichnung, Vorlage und Schablone werden ausführlich in Kapitel 6 Anpassen von Visio beschrieben. Die Formate unterscheiden sich nicht zwischen Visio 2013 und Visio 2016.

Natürlich können Sie Ihre Zeichnung auch in ein älteres Visio-Format 2003-2010 speichern. Oder exportieren, damit sie in einem anderen Programm geöffnet werden kann. Dies wird im nächsten Abschnitt genauer erläutert.

> **Tipp**
> Übrigens befindet sich in Visio – anders als in den anderen Office-Anwendungen – rechts unten in der Statuszeile ein Symbol, mit dem Sie schnell in eine andere, schon geöffnete Datei wechseln können.

Beim Speichern werden einige Eigenschaften mit dem Dokument gespeichert. Wenn Sie diese sehen möchten, können Sie in *Datei/Optionen/Informationen* im Symbol *Eigenschaften* Einblick in die *Dateiinfos* erhalten. Während sämtliche Eigenschaften auf der Registerkarte *Dateiinfo* geändert werden können, sind die Eigenschaften der anderen beiden Registerkarten *Allgemein* und *Inhalte* fest.

> **Tipp**
>
> Sie können sämtliche persönlichen Informationen aus Ihrem Dokument entfernen, indem Sie auf die Schaltfläche *Persönliche Informationen entfernen* klicken. Sie finden diese Schaltfläche im Backstagebereich *Datei/Informationen*. Mithilfe der ersten Registerkarte *Persönliche Informationen* können Sie folgende Elemente aus dem Dokument entfernen:
>
> - Dateieigenschaften
> - Kommentare
> - Bearbeitungsmarkierungen
> - Dateipfade der Schablonen
> - Den Namen der Vorlage
> - Zeitstempel und Überprüfungsprobleme
>
> Auf dem Registerblatt *Dateigrößenkomprimierung* können entfernt werden:
>
> - Das Vorschaubild
> - Nicht verwendete Master-Shapes
> - Nicht verwendete Designs und Datengrafiken
> - Nicht verwendete Überprüfungsregelsätze

2.14.3. Das neue Dateiformat

Vielleicht haben Sie sich gefragt, warum Visio mit der Version 2013 ein verändertes Dateiformat mit einer neuen Endung einführt. Schließlich gab es auch ein neues Dateiformat von Version 2000 zu 2002 und von 2002 zu 2003. Aber die Endung VSD wurde für alle Dateien beibehalten. Die Gründe für einen Wechsel in der Dateiendung sind folgende:

- Microsoft ist häufig vorgeworfen worden, dass man an einer Office-Datei nicht erkennen kann, ob Makros daran gebunden sind oder nicht. Mit Visio 2013 wird deutlich, dass eine Datei mit der Endung VSDX keine Makros enthalten kann, während eine VSDM-Datei Makros enthalten kann (aber nicht müssen).

- Microsoft wurde oft vorgehalten, dass die binären Dateiformate nicht transparent seien. Anwender und Programmierer wüssten nicht – so die Beschuldigung – was alles in einem Word-, Excel- oder Visio-Dokument verborgen ist. Mit VSDX wird dies transparent: Eine VSDX-Datei ist nichts anderes als ein gezipptes Archiv von mehreren XML-Dateien. Sie können dies leicht sehen:

Benennen Sie eine Datei um, indem Sie hinter die Dateiendung VSDX die Endung ZIP hängen. Ignorieren Sie die Warnmeldungen von Windows. Entzippen Sie diese Datei. Sie erhalten mehrere XML-Dateien, die in verschiedenen Ordnern verteilt sind. Jede dieser XML-Dateien ist eine Textdatei, die mit jedem beliebigen Editor oder auch mit einem Browser, beispielsweise dem Internet Explorer geöffnet werden kann. Nun kann Einblick in sämtliche Informationen genommen werden. Damit ist der Vorwurf, dass nicht-öffentliche Informationen im Dokument verborgen sind, entkräftet.

Sicherlich ist ein XML-Editor, wie beispielsweise der integrierte XML-Editor aus Visual Studio besser als ein gewöhnlicher Editor geeignet, das XML-Dokument zu bearbeiten. Mit den meisten höheren Programmiersprachen (VB.NET, C#, C++, VB, VBA, Java, JavaScript, PHP, ...) können Sie auf das Dokument zugreifen und die Informationen auslesen, beziehungsweise bearbeiten.

Abbildung 2.57: Das gezippte XML-Archiv einer Visio-Datei

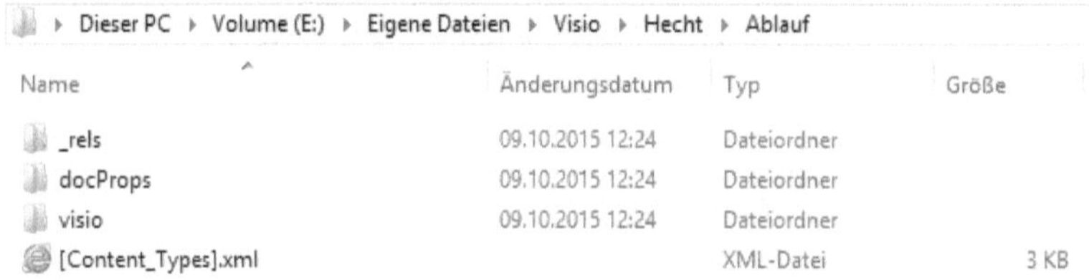

Name	Änderungsdatum	Typ	Größe
_rels	09.10.2015 12:24	Dateiordner	
docProps	09.10.2015 12:24	Dateiordner	
visio	09.10.2015 12:24	Dateiordner	
[Content_Types].xml		XML-Datei	3 KB

Wird eine Visio-Datei nicht richtig gespeichert, versucht ein Assistent beim Öffnen der Datei diese wiederherzustellen. Da es sich hierbei nicht um binären Code, sondern um Textdateien handelt, die einem strengen Format (eben XML) unterworfen sind, ist das Wiederherstellen leichter und gelingt auch fast immer.

- Es ist möglich eine Visio-Datei zu erstellen, das heißt per Programmierung mit einer beliebigen Programmiersprache zu generieren, ohne dass Visio auf dem Rechner installiert sein muss. Am Ende müssen diese XML-Dateien, die natürlich einer bestimmten Spezifikation folgen, nur noch gezippt werden – und die Visio-Datei ist fertig. So kann also per Programmierung in einem Workflow eine Visio-Datei generiert werden, die danach sofort als Druckauftrag an den Drucker geschickt wird.

- Da Visio-Dateien nun komprimierte Dateien sind, ist die Dateigröße kleiner als bei den alten VSD-Dateien, die im nicht gezippten Binärformat vorlagen.

2.14.4. Ein Wort zu XML

XML ist sicherlich eine der faszinierenden (Auszeichnungs-)Sprachen und Metasprachen der letzten Jahre. Es geht dabei um ein allgemeines Austauschformat, das jedes Datenbanksystem lesen und exportieren kann. Ebenso sollte jedes Ausgabegerät XML-fähig sein. Ausgehend von einigen Schwächen in HTML – das Vermengen von Daten und

Formatierungsanweisungen – wurde diese neue Sprache entwickelt. Zwar wurde mit den Cascading Style Sheets (CSS) in HTML die Möglichkeit geschaffen, Formatierungsanweisungen an einer Stelle zentral abzulegen, wie es in Satz- und Textverarbeitungsprogrammen schon lange Usus ist. Darüber hinaus wurden mit den beiden Tags <DIV> und <SPAN> zwei »freie« Tags geschaffen, an die Formatierungen gebunden werden können. Dennoch: Ganz befriedigend sind beide Lösungsansätze nicht. Diese Lücke will XML schließen.

Microsoft hat sich früh für XML interessiert und diese Technologie in seine Produkte integriert. Schon Visio 2002 verfügte über einen XML-Export. Der Internet Explorer unterstützt seit mehreren Versionen XML, da Microsoft bei der Entwicklung des XML-Standards maßgeblich beteiligt war.

Bis Visio 2010 war es möglich, jede Zeichnung in das allgemeine VDX- (oder VSX- oder VTX-) Format abspeichern. Dieses Format wird seit Visio 2013 nicht mehr unterstützt, da jede VSDX-Datei intern aus mehreren XML-Dateien besteht.

Übrigens können Sie jede Visio-Zeichnung ins Format SVG exportieren (speichern unter). Dabei handelt es sich um eine XML-Datei, in der sämtliche Informationen in XML-Tags gespeichert sind.

2.15. Austausch mit anderen (Office-) Programmen

Um Visio-Dateien in andere (Office-)Programme zu exportieren oder andere Elemente nach Visio zu importieren, stehen Ihnen vier Möglichkeiten zur Verfügung.

- Kopieren und Einfügen
- Verknüpfen
- Einbetten
- Exportieren und Importieren

Diese werden im Folgenden näher erläutert.

2.15.1. Kopieren und Einfügen

Die allseits bekannte Kopieren- und Einfügen-Funktion braucht wohl nicht erläutert zu werden. Die Zeichnung wird in Visio erstellt, alle Shapes werden markiert (*Start/Bearbeiten/Markieren/Alles Auswählen* oder [Strg]+[A]) und in einer anderen Datei eingefügt. Zum Beispiel in einer Word-Datei in einer Tabelle, wie Sie **Abbildung 2.58** erkennen können.

Beachten Sie, dass Sie nicht ein einzelnes Shape nach Word kopieren können und dort als Autoform weiter verarbeiten können.

Fortgeschrittene Visio-Themen

Abbildung 2.58: *Kopieren und Einfügen (hier: in ein Word-Dokument)*

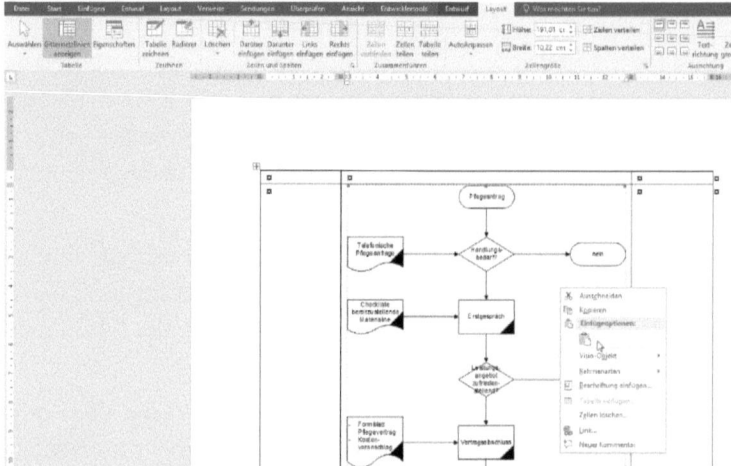

Von Word aus kann die Datei über das Kontextmenü oder über einen Doppelklick oder über das Kontextmenü bearbeitet werden. Dadurch wird eine OLE-Verbindung von Word nach Visio aufgebaut.

> **Tipp**
> Die besten Ergebnisse erzielen Sie, wenn Sie in Visio die einzelnen Shapes zuerst gruppieren. Beachten Sie, dass Sie beim Markieren nicht die Hilfslinien markieren. Denn sie sollen nicht im anderen Programm erscheinen.

Umgekehrt funktioniert es ebenso: Sie können in Visio Objekte aus Dateien, Tabellen und Diagramme aus Excel oder Texte aus Word einfügen.

> **Hinweis**
> Wenn Sie einem Vordergrund-Zeichenblatt einen Hintergrund zugewiesen haben, würde beim Markieren sämtlicher Shapes nur die Shapes des Vordergrundblattes markiert werden. Wenn Sie sowohl die Shapes auf dem Vordergrund als auch die Shapes auf dem Hintergrund verwenden möchten, müssen Sie nicht auf den Hintergrund verzichten. Legen Sie in diesem Fall die Shapes auf ein Zeichenblatt. Oder einfacher: Markieren Sie kein Shape auf dem Vordergrundblatt und kopieren nun das Vordergrundblatt. Damit werden auch die verknüpften Informationen des Hintergrundblattes mit kopiert.

Übrigens kann man problemlos eine Visio-Zeichnung in OneNote eingefügt werden, wie Sie in **Abbildung 2.59** sehen.

Austausch mit anderen (Office-) Programmen

Abbildung 2.59: OneNote und Visio

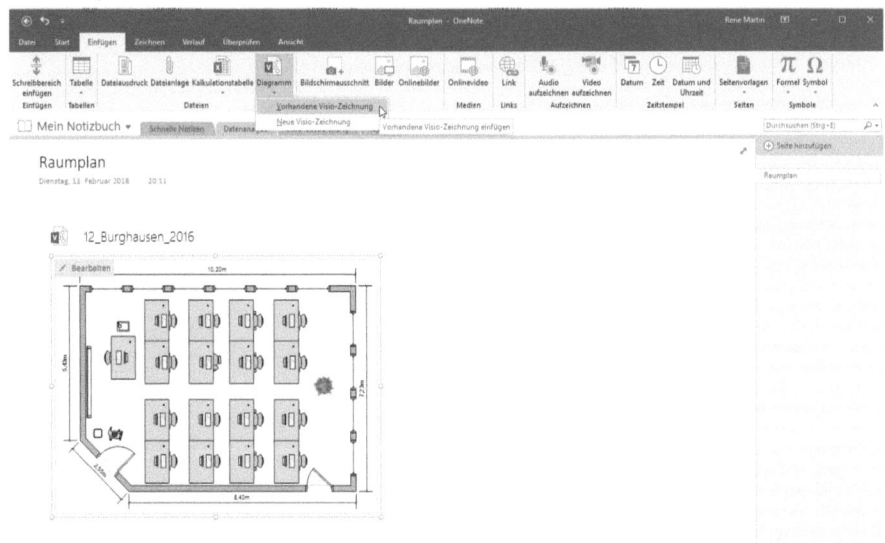

2.15.2 Verknüpfen

Wird die Zeichnung in Visio gruppiert (dies ist unbedingt notwendig) und kopiert, kann sie in einem anderen Programm, beispielsweise Word, Excel oder PowerPoint), über den Befehl *Start/Einfügen/Inhalte einfügen* verknüpft werden (**Abbildung 2.60**). Dann stellt Word eine direkte OLE-Verbindung zu Visio her, die automatisch aktualisiert wird. Die Einstellungen hierzu finden Sie in Word im Kontextmenü des Objekts.

Abbildung 2.60: Visio-Zeichnungen können nach Word verknüpft werden

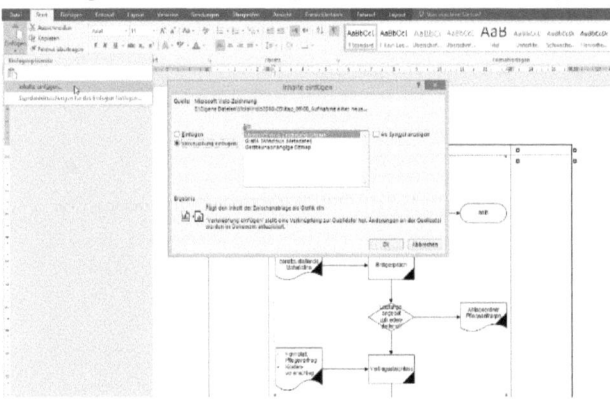

Word speichert nun nicht mehr die Zeichnung ab, sondern lediglich die Information, wo sich die Zeichnung befindet (siehe **Abbildung 2.61**). Änderungen in Visio werden automatisch in Word übernommen. Mit der Tastenkombination [Alt]+[F9] kann der Code der Feldfunktion eingesehen werden. Mit der gleichen Tastenkombination kann diese Ansicht wieder ausgeschaltet werden.

> **Hinweis**
>
> Weitere Informationen über Ihre Verknüpfungen finden Sie in Word über *Datei/Informationen/Verknüpfungen mit Dateien bearbeiten*. Allerdings müssen Sie das Dokument speichern!

Abbildung 2.61: Die Zeichnung ist lediglich in das Word-Dokument hineinverknüpft – die Verknüpfungen können eingesehen werden.

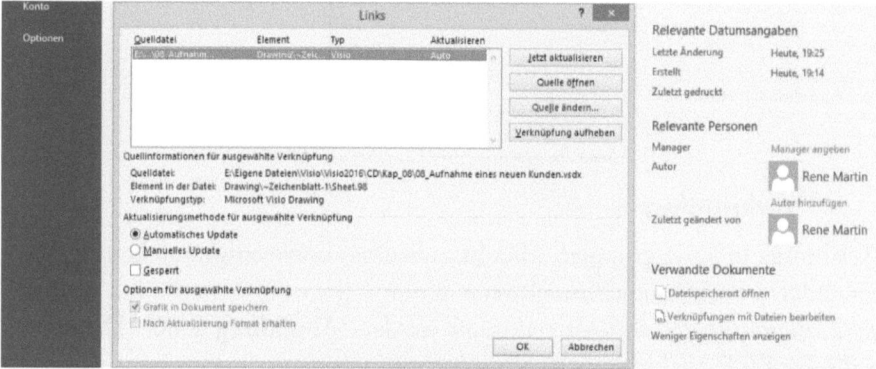

Übrigens können Sie Visio-Zeichnungen (oder auch nur einzelne Shapes) in fast jedes Microsoft Office-Produkt einfügen. Aber auch in andere Programme, beispielsweise Bildbearbeitungsprogramme. Und auch umgekehrt.

Austausch mit anderen (Office-) Programmen

Abbildung 2.62: Von Visio in andere Programme – von anderen Programmen nach Visio

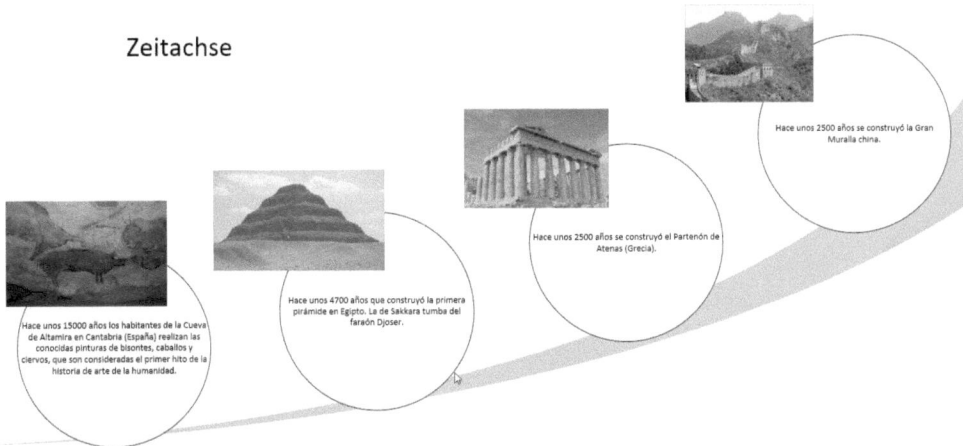

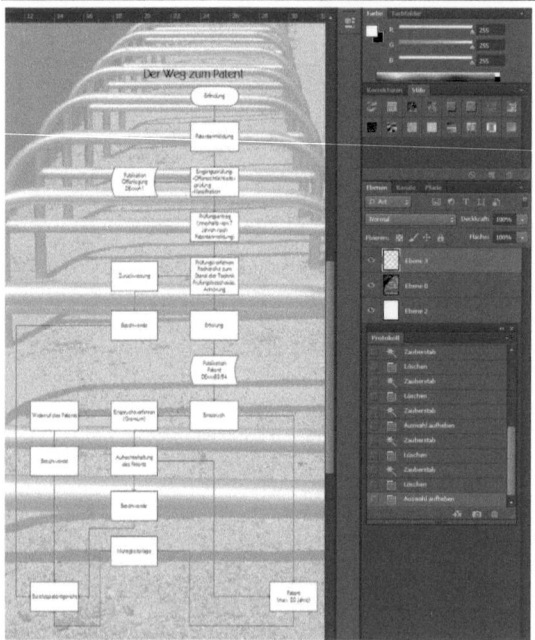

2.15.3 Einbetten

Was ist aber zu tun, wenn Sie beispielsweise in Word eine Visio-Zeichnung erstellen möchten, die Sie nicht als getrennte Dateien halten möchten, sondern lediglich in Word eingebettet lassen wollen? Dafür ist der Befehl *Einfügen/Text/Objekt/Objekt* zuständig. Nun wird auf das installierte Visio zugegriffen; es wird eine OLE-Verbindung hergestellt und Sie können von Word aus die Visio-Funktionalitäten benutzen.

In der zweiten Registerkarte *Aus Datei erstellen* ist es möglich auf eine gespeicherte Datei zuzugreifen und ihren gesamten (!) Inhalt einzubetten beziehungsweise verknüpft einzufügen. Würde die Originaldatei geändert werden, fänden sich diese Änderungen in der Datei, in der sich die Verknüpfung befindet (siehe **Abbildung 2.63**).

Austausch mit anderen (Office-) Programmen

Abbildung 2.63: *Von Word wird auf Visio zugegriffen.*

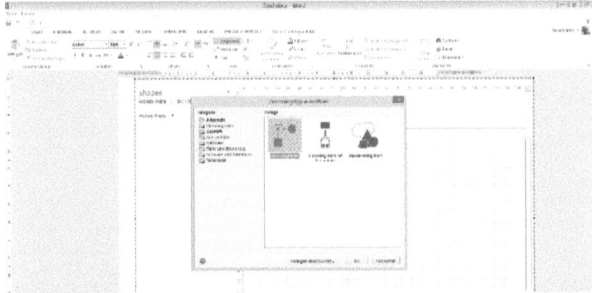

Dieser Weg steht Ihnen auch zur Verfügung, wenn Sie Visio nach Visio verknüpfen möchten. Stellen Sie sich vor, Sie haben eine »Master«-Datei. Diese wird möglicherweise geändert, soll aber in mehreren Visio-Zeichnungen zur Verfügung stehen. Dann können Sie diese gespeicherte Datei über *Einfügen/Text/Objekt/Aus Datei erstellen* ausgewählt werden. Wenn Sie nun die Option »Mit Datei verknüpfen« aktivieren, werden Änderungen an der Masterdatei in den Zieldateien auch angezeigt.

Leider erweist sich dieser Weg als nicht »stabil«, da Visio manchmal Änderungen an den Zeichnungen vornimmt, die so nicht gewünscht sind.

Und schließlich können Sie natürlich auch Objekte in Visio einbetten. Beispielsweise, wenn Sie mit einer Visio-Zeichnung ein PDF weitergeben möchten.

2.15.4. Exportieren und Importieren

Visio stellt beim Speichern neben den Schablonen, Zeichnungen und Vorlagen noch eine Reihe weiterer Exportmöglichkeiten zur Verfügung (**Abbildung 2.64**). Dateien können nicht nur in der älteren Visio-Version (2003-2010), sondern in ein anderes Format exportiert werden.

Fortgeschrittene Visio-Themen

Abbildung 2.64: *Visio stellt eine große Anzahl Exportoptionen zur Verfügung.*

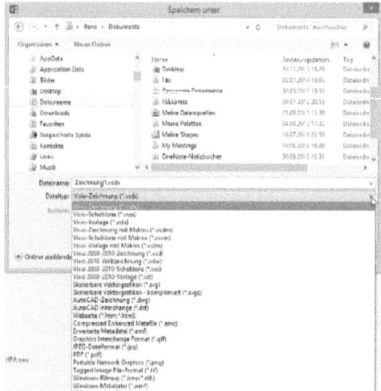

Dabei stehen die in Tabelle 2.19 gezeigten Exportformate zur Verfügung:

Tabelle 2.19: *Die Exportformate, die Visio zur Verfügung stellt*

Formatgruppe	Format	Dateierweiterung
Internetformat	Hypertext Markup Language	HTM und Html
	Skalierbare Vektorgrafiken	SVG und SVGZ
	PDF	PDF
Vektorgrafikformate	AutoCAD	DWG und DXF
	Erweiterte Metadatei (Enhanced Metafile)	EMF
	Windows Metafile	WMF
Pixelformate	Compressed Enhanced Metafile	EMZ
	Graphics Interchange Format	GIF
	JPEG Format	JPG
	Portable Network Graphics	PNG
	Tagged Image File Format	TIF
	Windows Bitmap	BMP und DIB

Bei einigen der Exportformate sind weiterer Einstellungen vorzunehmen, beispielsweise beim Exportieren ins *.jpg* (**Abbildung 2.65**), *.png* oder *.tif*-Format:

Abbildung 2.65: Export ins jpg-Format

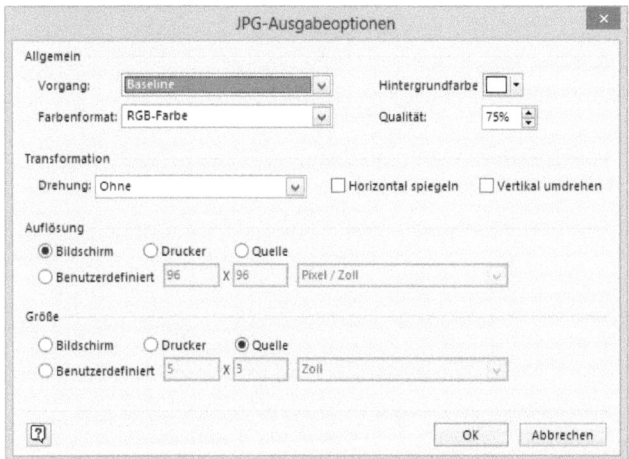

In diesen Formaten können Visio-Dateien in andere Programme eingelesen werden. Was tun Sie, wenn Sie eine Visio-Zeichnung verschicken möchten, der Empfänger allerdings kein Visio hat und dennoch die Datei sehen (und drucken) möchte. Dann könnten Sie die Zeichnung exportieren (GIF oder JPG kann wohl auf jedem Rechner geöffnet werden). Es ist nicht mehr nötig, das kostenpflichtige Programm Acrobat zu erwerben oder eines der vielen kostenlosen Tools zur Erstellung von PDF-Dokumenten zu verwenden, um eine Visio-Zeichnung als PDF-Datei speichern. PDF-Dokumente können direkt aus Visio heraus erstellt werden. Da Acrobat Reader auf nahezu jedem Rechner vorhanden ist, handelt es sich hierbei um ein universelles Format. Beachten Sie, dass beim Export in PDF die Hyperlinks erhalten bleiben. Beim Druck in einen PDF-Drucker werden Hyperlinks gelöscht.

Oder Sie kopieren die Visio-Zeichnung in eine Word-Datei und verschicken diese. Vorausgesetzt, dass auf dem anderen Rechner Word installiert ist. Aber auch das kostenlose openOffice.org und libreOffice besitzen Importfilter für DOC- und DOCX-Dateien, so dass Visio-Zeichnungen auch unter Linux angesehen und ausgedruckt werden können.

Ebenso können problemlos Auto-CAD-Zeichnungen in den Formaten DWG und DXF eingefügt werden. Allerdings fehlen einige Import- und Exportformate, beispielsweise EPS.

2.15.5. CAD-Zeichnung

Wenn Sie mit einem CAD-Programm arbeiten, in dem Sie DWG oder DXF-Dateien erstellt haben, dann müssen Sie vor dem Import nach Visio einige Dinge beachten, damit

Fortgeschrittene Visio-Themen

die Zeichnung problemlos nach Visio übernommen werden und dort weiter verarbeitet werden kann.

Abbildung 2.66: *Eine CAD-Zeichnung: Die Räume müssen als Raumpolygone vorliegen.*

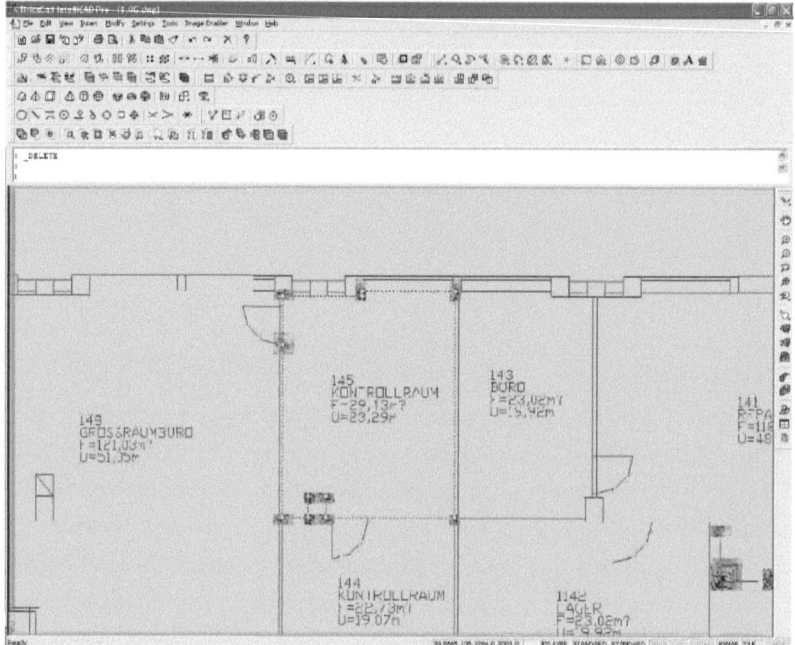

Voraussetzungen vor dem Konvertieren im CAD-Programm

Einige Voraussetzungen müssen in Ihrem CAD-Programm sichergestellt werden, damit die Konvertierung nach Visio funktioniert und das Weiterverarbeiten der Daten keine Probleme bereitet.

In Ihrem CAD-Programm müssen die Räume als Flächenpolygone vorliegen (siehe **Abbildung 2.66**). Falls Sie die Objekte beschriftet haben, muss sich der Text in der Mitte der Fläche befinden) und darf lediglich aus einem Textblock bestehen (**Abbildung 2.68**).

Austausch mit anderen (Office-) Programmen

Abbildung 2.67: Beschriftungen müssen in der Mitte des Raumes und als ein Textblock vorliegen (anders als in dieser Zeichnung).

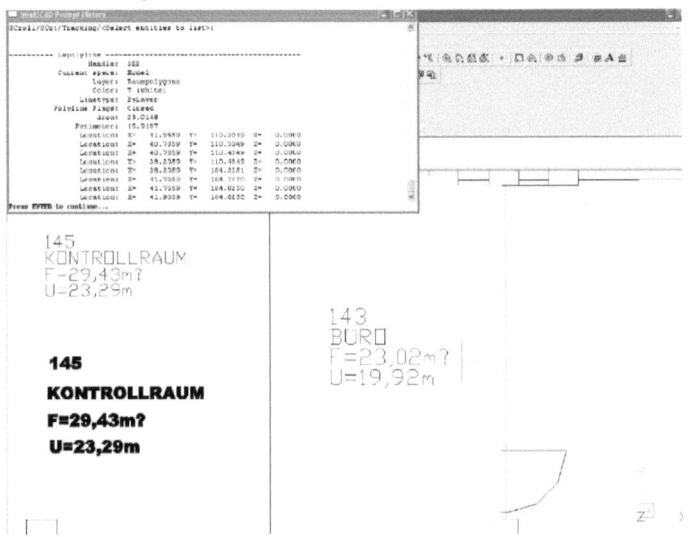

Abbildung 2.68: Das Raumpolygon muss als geschlossene Polylinie vorliegen.

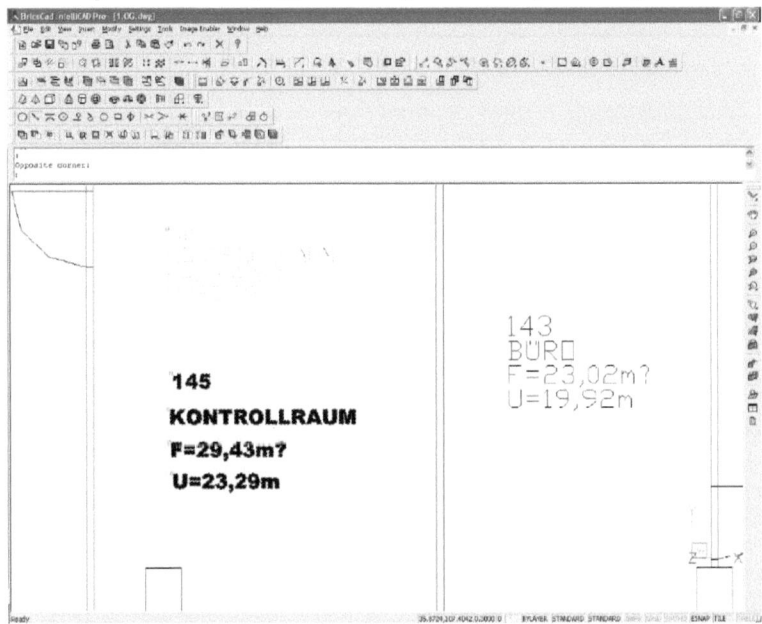

Vor dem Konvertieren

Bevor Sie die Zeichnung konvertieren, sollten Sie in Visio einige der Seiteneinstellungen vornehmen. Stellen Sie hierfür in *Entwurf/Zeichenblatt einrichten/Ausrichtung* oder im Startprogramm für ein Dialogfeld *Zeichenblatt einrichten* in *Entwurf/Zeichenblatt einrichten* in der Registerkarte *Druckeinrichtung* Hoch- oder Querformat ein.

In der Registerkarte *Zeichnungsmaßstab* wird der gewünschte Maßstab festgelegt (siehe **Abbildung 2.69**). Ein geeigneter Maßstab ist Metrisch/1:200. Selbstverständlich können Sie auch einen anderen Maßstab verwenden. Wenn Sie den Maßstab kennen, können Sie ihn naturgemäß in diesem Dialogfeld einstellen.

Abbildung 2.69: *Der Zeichnungsmaßstab*

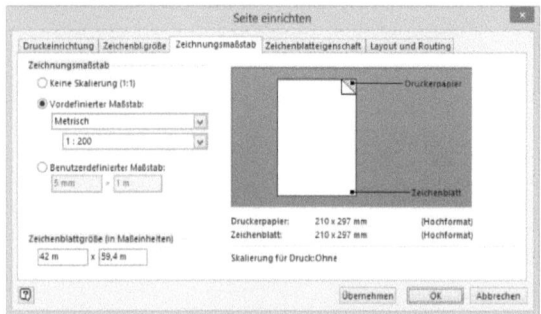

Auf der Registerkarte *Zeichenblattgröße* wählen Sie die Größe des Blatts aus, auf dem sich anschließend die Zeichnung befinden wird. Visio geht bei der vordefinierten Größe beim Standard von US-amerikanischen Formaten aus – Sie sollten die vordefinierte Größe auf *Metrisch* umstellen und anschließend die Papiergröße auswählen.

> Beachten Sie, dass die Seitenorientierung mit der Papierorientierung (Registerkarte *Druckeinrichtung*) übereinstimmen sollte. Also: wenn bei Druckereinrichtung Querformat gewählt wird, sollte auch bei der Zeichenblattgröße die Ausrichtung auf quer eingeschaltet werden.

Die übrigen beiden Registerkarten mit ihren Einstellungen spielen für die Konvertierung keine Rolle.

Das Importieren

Mit dem Befehl *Einfügen/Illustrationen/CAD-Zeichnung* kann eine vorhandene, gespeicherte Datei eingefügt werden.

Austausch mit anderen (Office-) Programmen

> **Hinweis** Sollte dieser Befehl kein Dialogfeld zeigen, ist möglicherweise der CAD-Filter nicht oder nicht korrekt installiert. Installieren Sie hierzu Visio neu.

Wenn Sie keine DWG-Datei besitzen, das Konvertieren aber dennoch nachvollziehen möchten, können Sie die Beispielsdatei aus dem Ordner *Visio Content\1031* verwenden. Er befindet sich in dem Ordner, in den Sie Visio installiert haben. Dort liegen die beiden Dateien *BLDGPLAN.DWG* und *BLOCKS.DWG*. Sie (oder jede andere Zeichnung) kann geöffnet werden.

Abbildung 2.70: *Die Eigenschaften der CAD-Zeichnung*

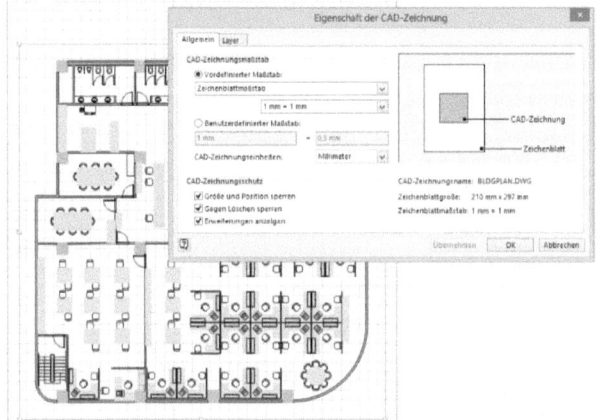

Wenn Sie kein CAD-Programm zur Verfügung haben, können Sie die DWG-Datei in einem der kostenlosen DWG-Viewer ansehen.

Anschließend startet der Konvertierungsassistent, in dessen Dialogfeld einige Einstellungen vorgenommen werden können (siehe **Abbildung 2.70**).

Visio schlägt als Standard immer einen vordefinierten Maßstab vor.

> **Hinweis** Dieser vordefinierte Maßstab sollte normalerweise nicht geändert werden. . Dabei empfiehlt es sich, den Maßstab auf das gleiche Verhältnis zu setzen, wie der Maßstab der CAD-Zeichnung. Sollten Sie nicht die Information besitzen, in welchem Maßstab die Originalzeichnung erstellt wurde und auch keine Möglichkeit mehr haben, an die Originaldaten und -informationen heranzukommen, dann sehen Sie im Vorschaufenster das Verhältnis von CAD-Zeichnung zu Zeichenblatt. In der Regel beträgt der Maßstab 1:200.

Ferner kann es erforderlich sein, die Maßeinheiten zu definieren. Da in der CAD-Umgebung in der Regel ohne Einheiten gearbeitet wird, kann es sein, dass die *CAD-Zeichnungseinheiten* angepasst werden müssen.

Wenn Sie ein Verhältnis auswählen, bei dem die Zeichnung nur einen geringen Teil des Blattes einnimmt oder umgekehrt weit über das Zeichenblatt hinausragt, werden Sie erneut gefragt, ob Sie das wirklich möchten. In diesem Dialogfeld haben Sie die Möglichkeit, den CAD-Maßstab an das Zeichenblatt oder umgekehrt anzupassen.

> **Hinweis**
> Sie sollten die beiden Optionen *Größe und Position sperren* und *Gegen Löschen sperren* deaktivieren. Die Option *Erweiterungen anzeigen* ist dagegen sinnvoll.

Die beiden Optionen *Größe und Position sperren* und *Gegen Löschen sperren* kann auch nachträglich in der Visio-Zeichnung deaktiviert werden. Sie verhindern – wie der Name sagt – ein Verschieben, beziehungsweise ein Verändern der Zeichnung. Sollten Sie eine oder beide der Optionen im Nachhinein deaktivieren wollen, dann geschieht es über die Registerkarte *Entwicklertools/Shape-Design/Schutz* oder das Kontextmenü. Erkennbar sind die aktivierten Schutzmechanismen an den grauen Größenänderungs-Steuerpunkten des Shapes.

Abbildung 2.71: *Die Layer der Originalzeichnung*

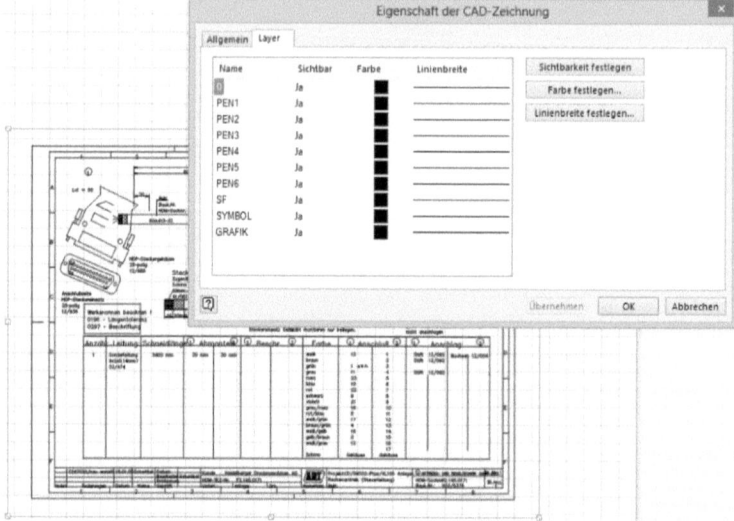

Auf der Registerkarte *Layer* werden alle Layer der Originalzeichnung aufgelistet. Dort könnten Sie entscheiden, ob die Objekte auf einem Layer mit einer anderen Farbe, mit einer anderen Linienstärke oder schlicht nicht dargestellt werden.

> **Hinweis**
> Manchmal zeigt Visio beim Importieren einer DWG- oder DXF-Datei eine Fehlermeldung an Ignorieren Sie die Datei – meist funktioniert der Import problemlos.

Das Konvertieren

Nur wenn Sie Microsoft Visio Professional oder Microsoft Visio Premium erworben haben, dann steht Ihnen der Assistent zum Konvertieren zur Verfügung.

Nachdem das Objekt auf dem Zeichenblatt eingefügt wurde, muss noch ein weiterer Schritt vorgenommen werden, damit es in Visio weiter verarbeitet werden kann: Es muss konvertiert werden.

> **Hinweis**
> Die Konvertierung einer CAD-Zeichnung ist nur in Visio-Professional möglich. Beachten Sie, dass Sie nicht die Gruppierung der Zeichnung auflösen sollten, sondern immer den Konvertierungsassistenten verwenden sollten. Beim Aufheben der Gruppierung wird die interne Größe verändert.

Im Kontextmenü des importierten Objekts findet sich der Eintrag *CAD-Zeichnung-Objekt/Konvertieren*. Der Assistent, der so gestartet wird (**Abbildung 2.72**), besteht aus mehreren Schritten:

Im ersten Schritt wird nach dem Layer gefragt, dessen Objekte konvertiert werden sollen. Sie können einen Layer, mehrere Layer oder alle Layer auswählen.

Mit Hilfe der Schaltfläche *Erweitert* legen Sie fest, ob Sie die ausgewählten DWG-Layer löschen, ausblenden oder alle DWG-Layer löschen möchten. DWG-Bemaßungen können in Visio-Bemaßungen oder in Linien und Text konvertiert werden.

Fortgeschrittene Visio-Themen

Abbildung 2.72: *Der Konvertierungsassistent*

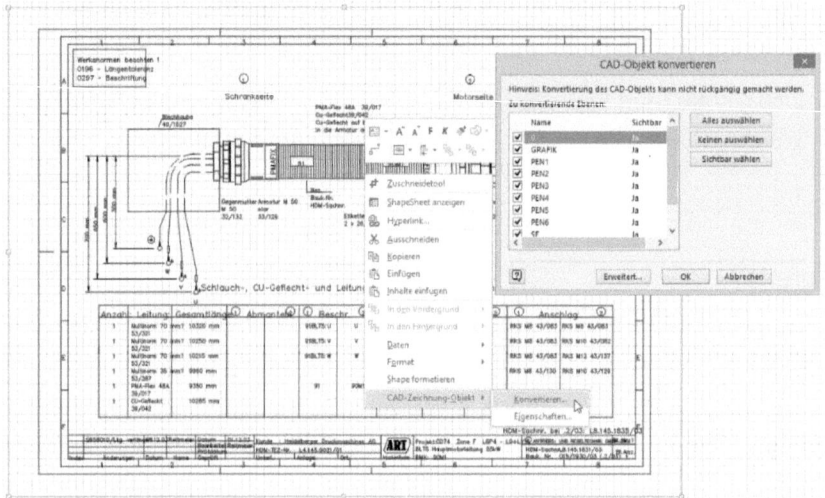

Und schließlich können Schraffierungsmuster in Visio-Schraffuren konvertiert werden oder auch nicht.

 | Um in Visio vernünftig weiter arbeiten zu können, ist es angebracht, Bemaßungen in Linien und Text zu konvertieren, beziehungsweise Schraffierungsmuster nicht in Visio-Shapes zu konvertieren.

Abbildung 2.73: *Konvertierungsassistent – empfohlene Einstellungen*

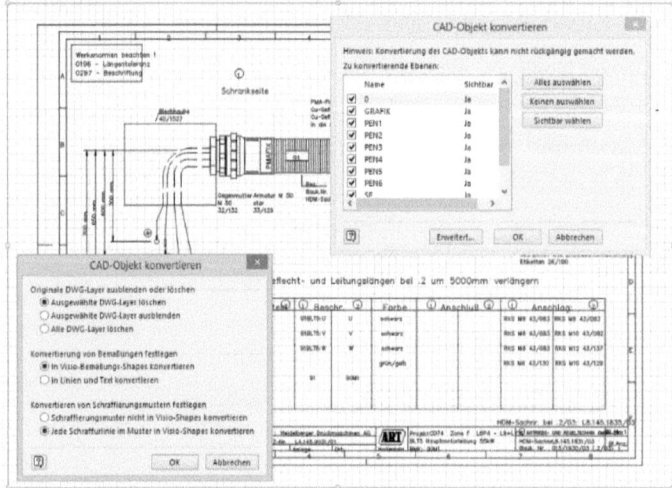

Nach der Konvertierung bilden die Räume oder die anderen importierten CAD-Zeichnungen nun geschlossene Shapes, was sich leicht anhand einer Füllfarbe nachweisen lässt. Das Ergebnis sehen Sie in **Abbildung 2.74**.

Abbildung 2.74: Der Raum besteht nun aus Visio-Shapes.

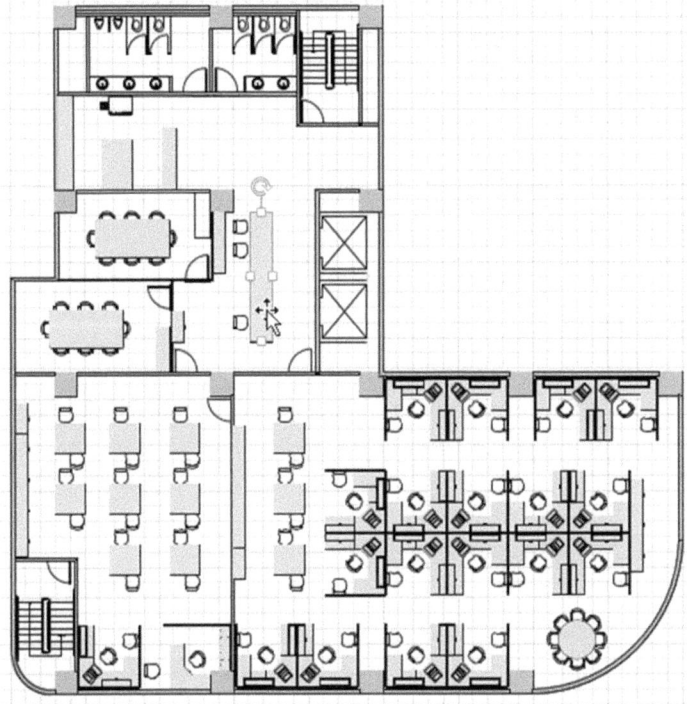

> Hinweis
>
> Manchmal passiert es, dass nach dem Konvertieren die Schrift sehr klein oder auch sehr groß wird. Dann müssen in einem weiteren Schritt alle Visio-Shapes markiert werden, auf denen sich Text befindet. Dies geschieht über den Befehl *Start/Bearbeiten/Markieren/Auswahl nach Typ*, indem der entsprechende Layer markiert wird. Von allen Objekten kann nun die Schriftgröße angepasst werden.

Übrigens können Sie seit Visio 2013 DWG und DXF-Dateien in Visio direkt über den Befehl *Datei/Öffnen* öffnen. Dann besitzt die Zeichnung Schutzmechanismen, die sich über den Befehl *Entwicklertools/Schutz* aufheben lassen. Die Zeichnungen können beschnitten werden. Und natürlich können diese Zeichnungen weiter konvertiert werden. Auch die Layer werden auf diese Weise übernommen.

Fortgeschrittene Visio-Themen

Hinweis: Das Öffnen von CAD-Dateien funktioniert problemlos. Allerdings stürzt der Konvertierungsassistent ab, wenn die CAD-Dateien eine Größe von ungefähr 10 MByte überschreiten.

Abbildung 2.75: *Die Datei war zu groß*

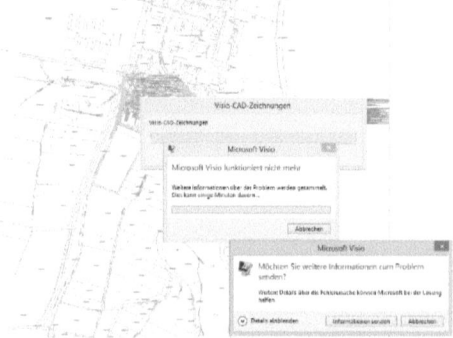

Selbstverständlich können Sie Visio-Zeichnungen als DWG oder DXF speichern. Allerdings werden dabei einige Elemente nicht übernommen, beispielsweise Linienstärken, Schraffuren oder Pfeilspitzen.

2.15.6. Export als HTML-Datei

Auch für HTML besitzt Visio einen Filter. Ist eine ein- oder mehrseitige Visio-Zeichnung fertig gestellt, sollte sie (vor dem Export ins HTML-Format) als Visio-Zeichnung gespeichert werden. Danach kann sie (über den Befehl *Datei/Speichern Unter* als HTML gespeichert werden. Jede Seite wird einzeln in eine Pixelgrafik (oder in das Microsoft-eigene Format VML) transformiert.

Hinweis: Die Einstellungen, die Sie vornehmen können, finden sich hinter der Schaltfläche *Veröffentlichen*! Wenn Sie die Visio-Standard-Version installiert haben, wird diese Schaltfläche leider nicht gezeigt

Austausch mit anderen (Office-) Programmen

Abbildung 2.76: *Eine Visio-Zeichnung kann schnell in eine HTML-Datei konvertiert werden.*

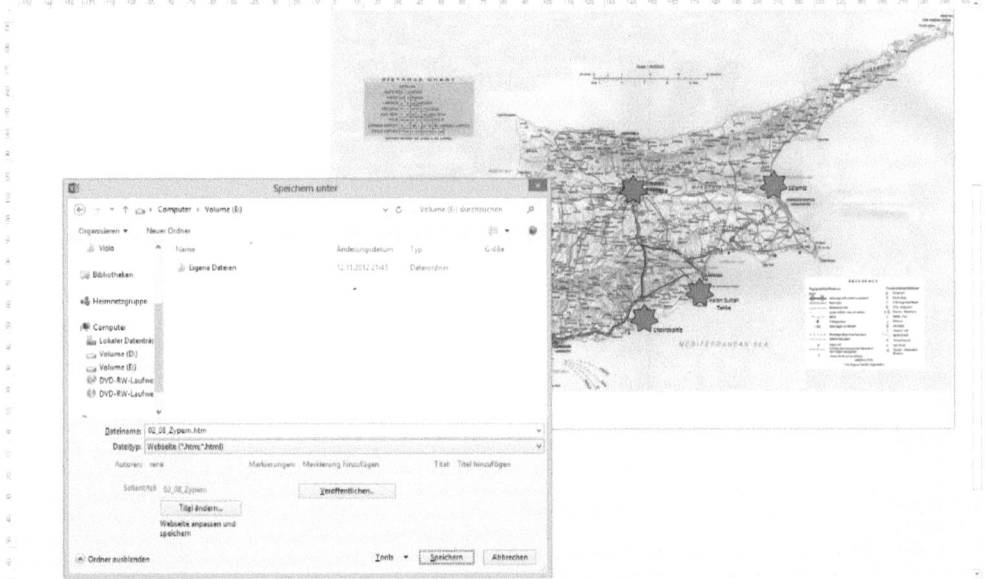

Abbildung 2.77: *Die Optionen finden Sie, wenn Sie im Dialogfeld* Speichern unter *auf die Schaltfläche* Veröffentlichen *klicken.*

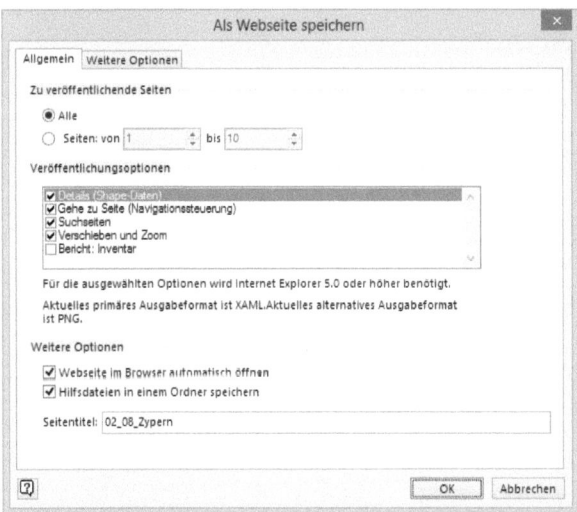

Auf der Registerkarte *Allgemein* finden Sie die Option mit der festgelegt wird, welche Seite oder Seiten exportiert wird. Optional können exportiert werden:

209

Fortgeschrittene Visio-Themen

- Details (Shape-Daten)
- Gehe zu Seite (Navigationssteuerung)
- Suchseiten
- Verschieben und Zoom
- Bericht: Inventar

Abbildung 2.78: *Die Ansicht im Internet Explorer*

Die Option *Webseite im Browser automatisch öffnen* erklärt sich von selbst. Visio öffnet, falls diese Einstellung aktiviert ist, den Standardbrowser.

Beim Exportieren können Sie die »Hilfsdateien« in einem getrennten Ordner speichern lassen. Dies sind im Wesentlichen die Zeichnung selbst als Grafik, die Pfeile und Kästchen für die Zoom-Fenster, ein paar JavaScript-Funktionen, die in js-Dateien gekapselt sind und einige XML- und CSS-Dateien.

Wie leicht im HTML-Code nachvollzogen werden kann, wird jede Seite einzeln konvertiert, ein (kleiner) Kopf hinzugefügt und am linken Framerand eine Bildlaufleiste eingefügt, mit der vor- und zurückgeblättert werden kann. Im Mozilla Firefox erscheint sie als Auflistung von Hyperlinks im Framerahmen. Dieser Code kann selbstredend nachbearbeitet werden. Naturgemäß wurde der HTML-Export in Visio für den Microsoft Internet Explorer / Edge entwickelt. Der HTML-Inhalt ist spezifisch für diesen Browser ausgerichtet.

Austausch mit anderen (Office-) Programmen

Sehr angenehm ist, dass Hyperlinks als solche übernommen werden. Sie können auf ein anderes Zeichenblatt verweisen oder auf eine externe URL.

 Beachten Sie, dass der Ordnername, der erzeugt wird, den Dateinamen mit dem Zusatz »Dateien« enthält. Leider verwendet er dabei die Großschreibung und wird im HTML-Code an mehreren Stellen benutzt. Wenn Sie diese HTML-Datei mit dem Ordner auf einem Unix-Server veröffentlichen, dürfen Sie die Groß-/Kleinschreibung nicht ändern.

Auf der Registerkarte *Weitere Optionen* kann das Ausgabeformat der Webseite ausgewählt werden. Es stehen Ihnen folgende Formate zur Verfügung:

- XAML
- SVG
- JPG
- PNG
- GIF
- VML

Da die skalierbaren Vektorgrafikformat XAML, SVG und VML nicht von jedem Browser unterstützt werden, stellt Visio ein alternatives Format (JPG, PNG und GIF) für die übrigen Browser zur Verfügung.

Die Auflösung des Zielbildschirms kann festgelegt werden und das Stylesheet, falls die HTML-Datei mit einer CSS-Datei verknüpft werden soll.

 Beachten Sie, dass SVG intern eine XML-Datei ist. Das heißt: man kann die Zeichnung sowohl im Browser ansehen als auch mit einer Programmiersprache die entsprechenden Informationen aus den XML-Knoten auslesen. Allerdings scheint Visio bei einer Dateigröße von zirka 5 Mbyte Schwierigkeiten beim Export nach SVG zu haben.

2.15.7. Export ins PDF-Format

Seit Office 2007 können Microsoft Office-Dokumente direkt aus den entsprechenden Applikationen ins PDF-Format konvertiert, das heißt exportiert werden, ohne dass Sie dafür über das Programm Acrobat aus dem Hause Adobe oder ein anderes, kostenloses PDF-Erstellungsprogramm verfügen. Sie können direkt aus Visio heraus über *Datei/Speichern unter* eine PDF-Datei erstellen. Der Acrobat PDF-Drucker wird über *Datei/Drucken* ausgewählt.

Fortgeschrittene Visio-Themen

Abbildung 2.79: *Auch, wenn Sie den Adobe Acrobat nicht besitzen, können Sie aus Visio-Zeichnungen PDF-Dateien erstellen.*

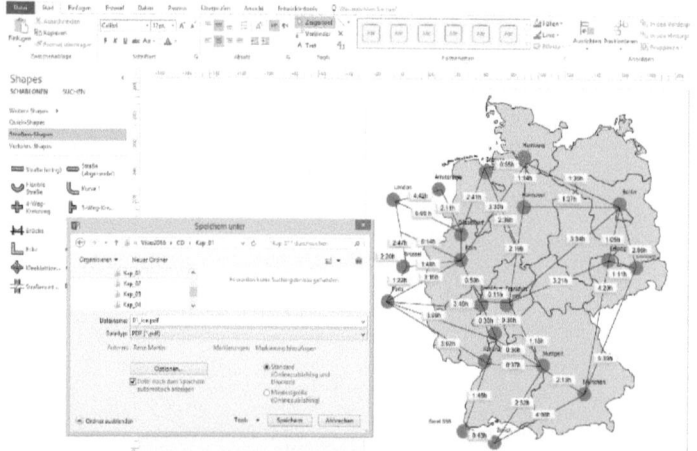

Hinweis	Verwechseln Sie nicht den Acrobat Reader, der kostenlos im Internet heruntergeladen werden kann und nur zum Betrachten der Dateien dient, mit dem mächtigen Programmpaket Acrobat, mit welchem PDF-Dateien erstellt werden können.

Abbildung 2.80: *Das erstellte PDF-Dokument können Sie in Adobe Acrobat oder Adobe Reader öffnen.*

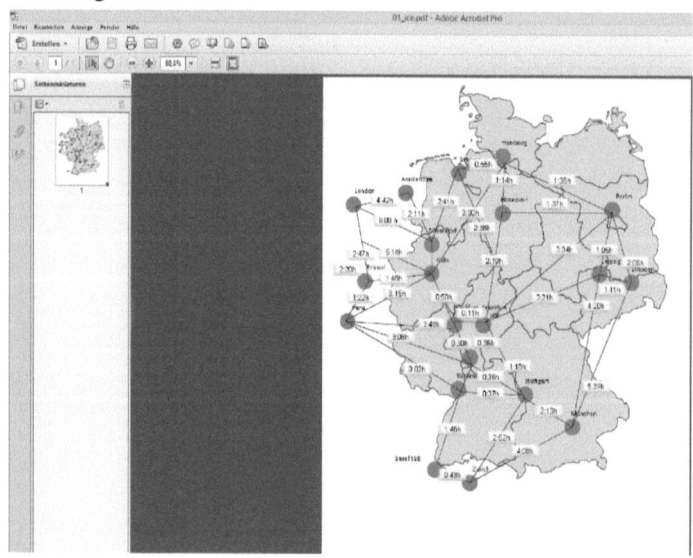

212

Sämtliche Exporteinstellungen, die Sie im Befehl *Datei/Speichern unter* finden, stehen Ihnen auch über den Befehl *Datei/Exportieren* zur Verfügung. Und: Sie müssen nicht den Adobe Reader verwenden – inzwischen zeigen die meisten Browser PDF-Dokumente an. Auch wenn Sie mit Word 2016 PDF-Dokument öffnen (und bearbeiten) können – PDF-Dateien, die aus Visio heraus gespeichert wurden, schafft Word meistens nicht zu öffnen.

2.16. Die Hilfsprogramme

Visio stellt eine ganze Reihe Hilfsprogramme zur Verfügung. Nun ist Schluss mit dem Suchen im Befehl *Einfügen/Text/Objekt* nach dem richtigen Programm. Einige der Programme werden von anderen Office-Produkten (beispielsweise Word oder Excel) verwendet und stehen hier »leihweise« zur Verfügung. Andere Programme sind Visio-Add-Ins, die permanent oder je nach geladener Vorlage benutzt werden können. Die Office-Programme Formeleditor, Microsoft Graph und ClipArt sollen nur kurz gestreift werden, weil sie keine proprietären Visio-Add-Ins sind.

2.16.1. Der Formeleditor

Mit dem Befehl *Einfügen/Text/Objekt/Microsoft Formel-Editor 3.0* öffnen Sie ein Hilfsprogramm, mit dem leicht mathematische Formeln erzeugt werden können. Sie sehen es in **Abbildung 2.81**.

Wird dieses Programm geöffnet, wird eine OLE-Verbindung zu diesem Programm aufgebaut – alle Visio-Funktionen sind ausgeschaltet. Deshalb empfiehlt es sich, vorher dem Zoom zu vergrößern und dann erst den Formeleditor zu öffnen.

Abbildung 2.81: *Der Formeleditor*

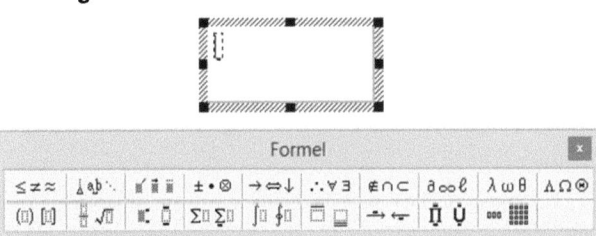

Verteilt auf 19 Schaltflächen finden Sie eine große Anzahl mathematischer Symbole. Die Bilder auf den Schaltflächen geben dabei jeweils an, um welche Kategorie es sich handelt. Mit einem Klick können einzelne Symbole eingefügt werden. Eine Reihe von Zeichen besitzen mehrere Stellen, an denen Texte oder Zahlen stehen können. Ein Klick mit der Maus führt dorthin. Ebenso können Sie sich mit den Pfeiltasten über eine schon

Fortgeschrittene Visio-Themen

vorhandene Formel bewegen. Achten Sie dabei auf den Unterstrich – er gibt Aufschluss über die aktuelle Cursorposition.

Abbildung 2.82: *Eine Gleichung wird erstellt.*

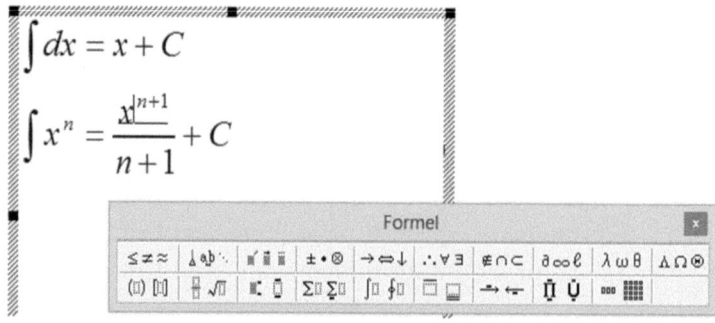

> **Hinweis:** Sobald Sie losgetippt haben, fällt auf, dass die kursive Schrift eingeschaltet ist. In der verwendeten Formatvorlage *Mathematik* ist dies standardmäßig eingestellt. Die Einstellungen finden Sie im Befehl *Formatvorlage/Definieren*. Dagegen werden die bekanntesten Funktionen (sin, cos, arcsin, arccos, sinh, cosh, ln, log, ...) erkannt und als Funktionen dargestellt (siehe *Formatvorlage/Definieren*)

Weitere Einstellungen finden sich im Befehl *Format/Abstand*. Dort lassen sich Größe, Position, Linienstärke und Abstände einer ganzen Reihe von Elementen einer Formel verändern.

Wenn Sie dagegen nur einen Abstand verändern möchten, können Sie den Cursor an die Stelle setzen, zwischen denen eine Lücke geschaffen werden soll. Hinter der zweiten Schaltfläche verbergen sich verschiedene Abstände. Deren Bedeutung zeigt Tabelle 2.19:

Tabelle 2.20: *Zeichen werden eingefügt und verbreitern die Zeichenabstände.*

Schaltfläche	Bedeutung	Tastenkombination
ȧ	Kein Zwischenraum	[Umschalt]+[Leertaste]
ab	1-Punkt-Leerzeichen	[Strg]+[Alt]+[Leertaste]
a b	Schmales Leerzeichen (1/6 Em)	[Strg]+[Leertaste]
a b	Breites Leerzeichen (1/3 Em)	[Strg]+[Umschalt]+[Leertaste]
a b	Em-Zeichen	

Ist ein Zeichen markiert, kann mit gedrückter [Strg]-Taste und einer Pfeiltaste dieses Zeichen nach links, rechts, oben oder unten versetzt werden.

Die Hilfsprogramme

Sollen mehrere Formeln untereinander gesetzt werden, kann das Ausrichtzeichen (ein Dreieck mit Spitze nach oben) aktiviert werden. Alle Formeln, die dieses Zeichen beinhalten, richten sich nun daran aus. Übrigens können Formeln auch über den Befehl *Format Bei = Ausrichten* ausgerichtet werden. So kann eine ordentliche Formelschreibweise erfolgen (siehe **Abbildung 2.83**).

Mit einem Klick auf das Zeichenblatt gelangen Sie zurück zu Visio, wo das Formel-Objekt problemlos verschoben, kopiert oder gelöscht werden kann. Soll es verändert werden, genügt ein Doppelklick auf die Formel; nun befindet sich der Cursor wieder darin und die Formel kann weiter bearbeitet werden.

Abbildung 2.83: *Mehrere Formeln werden linksbündig oder am Gleichheitszeichen ausgerichtet.*

Tabelle von unbestimmten Integralen:

$$\int dx = x + C$$

$$\int x^n = \frac{x^{n+1}}{n+1} + C$$

$$\int \frac{dx}{x} = \ln|x| + C$$

$$\int e^x dx = e^x + C$$

$$\int a^x dx = \frac{a^x}{\ln a} + C$$

$$\int \sin x\, dx = -\cos x + C$$

$$\int \cos x\, dx = \sin x + C$$

$$\int \tan x\, dx = -\ln|\cos x| + C$$

$$\int \frac{dx}{\cos^2 x} = \tan x + C$$

$$\int \frac{dx}{\sin^2 x} = -\cot x + C$$

$$\int \frac{dx}{\sqrt{1-x^2}} = \arcsin x + C$$

$$\int \sinh x\, dx = \cosh x + C$$

$$\int \cosh x\, dx = \sinh x + C$$

$$\int \frac{dx}{\cosh^2 x} = \tanh x + C$$

$$\int \frac{dx}{\sinh^2 x} = -\coth x + C$$

$$\int \frac{dx}{1-x^2} = \operatorname{ar\,tanh} x + C$$

$$\int \frac{dx}{\sqrt{1+x^2}} = \operatorname{ar\,sinh} x + C = \ln(x+\sqrt{1+x^2}) + C$$

$$\int \frac{dx}{\sqrt{x^2-1}} = \operatorname{ar\,cosh}|x|\cdot\operatorname{sgn} x + C = \ln|x+\sqrt{x^2-1}| + C$$

2.16.2. Diagramme

Statt langer, ausführlicher und vollständiger Erläuterungen des Diagramm-Assistenten stelle ich Ihnen drei Diagramm-Beispiele vor.

Nachdem Sie das Programm über den Befehl *Einfügen//Diagramm* gestartet haben, öffnet sich der Diagramm-Assistent von Excel. Am unteren Rand sehen Sie zwei Registerkarten: *Diagramm1* und »Tabelle1« (**Abbildung 2.84**).

In *Tabelle1* befinden sich die Beispieldaten, die als Diagramm angezeigt werden. Wechseln Sie dorthin, markieren Sie die Tabelle über das Kästchen zwischen dem Spaltenkopf A und Zeilenkopf 1 und löschen Sie die Daten.

Nun werden die Daten eingetragen. Die erste Zeile (über der Zeile 1) und die erste Spalte (vor der Spalte A) sollten Sie für Beschriftungen verwenden, beides ist allerdings nicht notwendig. Ob die Daten untereinander oder nebeneinander eingegeben werden, spielt keine Rolle.

Abbildung 2.84: *Der Diagramm-Assistent*

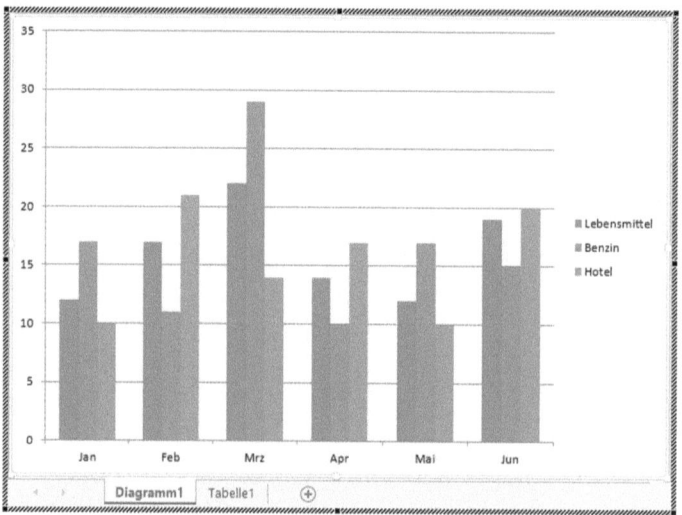

Danach wechseln Sie in das erste Blatt *Diagramm1*, wo das Diagramm modifiziert und formatiert wird. Nachträgliche Änderungen der Zahlen können jederzeit auf dem Tabellenblatt vorgenommen werden.

Die Hilfsprogramme

Abbildung 2.85: *Die Daten werden eingegeben*

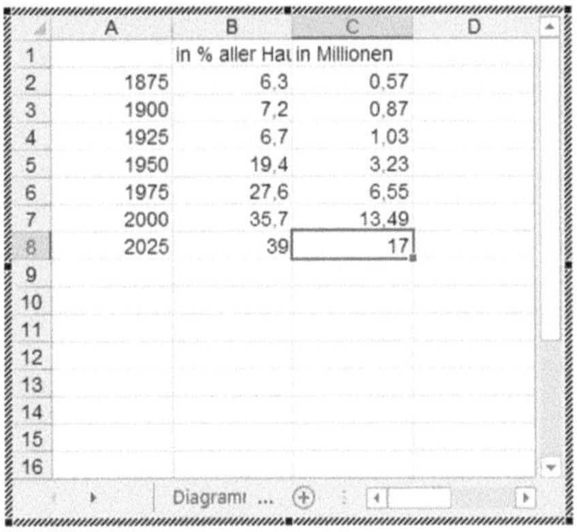

	A	B	C	D
1		in % aller Hau	in Millionen	
2	1875	6,3	0,57	
3	1900	7,2	0,87	
4	1925	6,7	1,03	
5	1950	19,4	3,23	
6	1975	27,6	6,55	
7	2000	35,7	13,49	
8	2025	39	17	

Im nächsten Schritt wird über den Befehl *Diagrammtools/Entwurf/Typ/Diagrammtyp ändern* der entsprechende Typ ausgewählt. Die häufigsten Typen sind sicherlich Säule, Linie, Kreis und Balken. In unserem Beispiel in **Abbildung 2.86** wird der Verbundstyp gewählt. Dabei kann zwischen verschiedenen Diagrammtypen unterschieden werden: Säulen, Balken, Linien oder Flächen, die entweder nebeneinander, übereinander, hintereinander oder auf 100% gestapelt werden. Da in unserem Beispiel entscheiden wir uns für Säulen und Linien, wobei die Linien auf einer Sekundärachse dargestellt werden.

Abbildung 2.86: *Ein Diagramm von Typ Verbund*

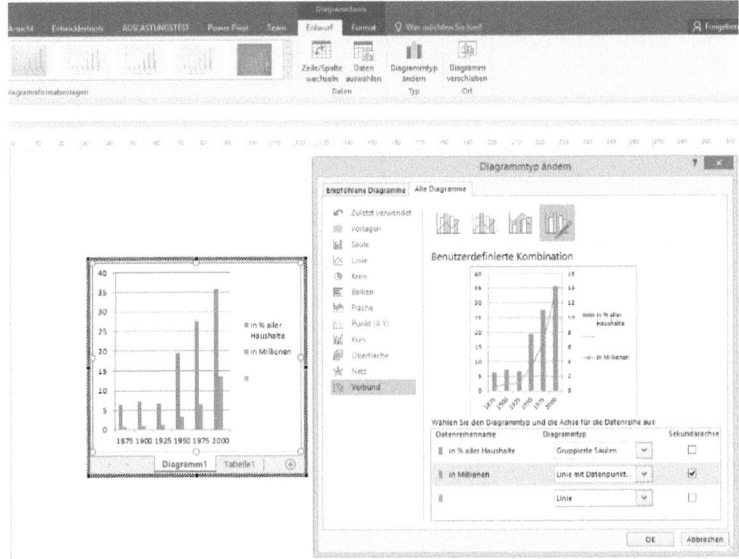

Das Diagramm besteht aus einer Reihe von Elementen. Diese können einzeln angeklickt werden. Mit der Pfeiltaste ([Pfeil links], [Pfeil rechts], [Pfeil oben] oder [Pfeil unten]) durchläuft die Markierung alle Elemente und zeigt die Namen links in der Eingabezeile an, wenn das Menü *Layout* ausgewählt wurde. Jedes dieser Elemente kann formatiert werden. In kontextbezogenen Registerkarten *Entwurf* und *Format* finden Sie die entsprechenden Einstellungen.

> **Hinweis**
> Beachten Sie, dass Excel von der vorgegebenen Größe des Datenbereichs ausgeht. Dies muss über den Befehl *Entwurf/Daten/Daten auswählen* geändert werden.

In diesem Diagramm wurde die Skalierung der Achsen geändert, die Beschriftung formatiert, eine andere Gitternetzlinie eingefügt, eine sekundäre X-Achse verwendet. Und schließlich werden noch die beiden Y-Achsen ausgeblendet und anstelle der Legende ein erklärendes Beschriftungsfeld eingefügt.

Abbildung 2.87: *In den einzelnen Dialogfeldern sind sehr viele Einstellungen verborgen.*

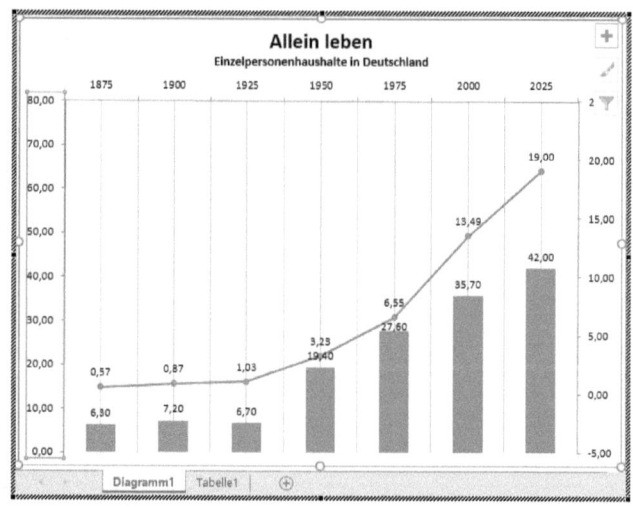

Abbildung 2.88: Das fertige Diagramm

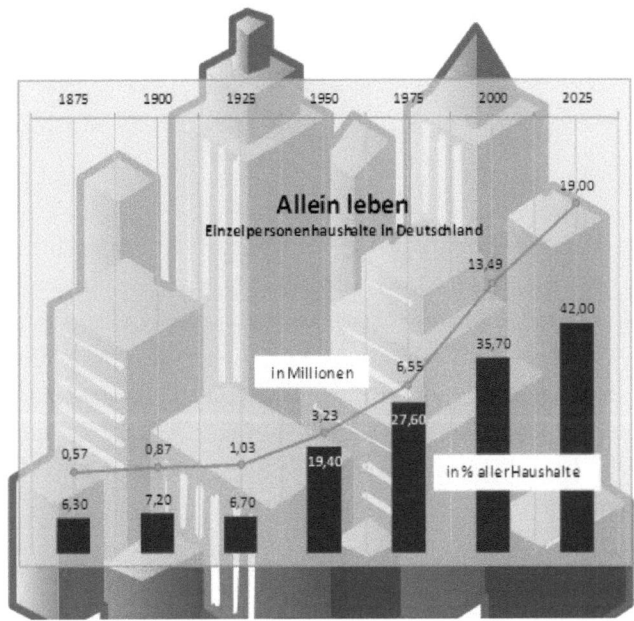

Eine Reihe von Elementen kann mit der Taste [Entf] gelöscht werden: Legende, Achsen, Gitternetzlinien und Text. Sollen sie wieder hergeholt werden, finden Sie sie auf der Registerkarte *Diagrammtools/Entwurf*. Dort können Titel, Legende, Datenbeschriftungen, Datentabelle, Achsen, Gitternetzlinien wieder angezeigt, modifiziert und formatiert werden. Das fertige Diagramm sehen Sie in **Abbildung 2.88**.

Ein weiteres Beispiel: Es soll ein Kreisdiagramm erzeugt werden, das die aktuelle Sitzverteilung eines Parlaments wiedergibt. Die Daten werden eingetragen (**Abbildung 2.89**) und ein Kreisdiagramm ausgewählt. Graph kann nicht bei einem Kreis- oder Ringdiagramm aus mehreren Datenreihen mehrere Kreisdiagramme erzeugen. Man müsste mehrere Diagramme schaffen und diese nebeneinander legen. Oder man fügt in die letzte Zelle die Summe der Daten ein.

Fortgeschrittene Visio-Themen

Abbildung 2.89: *Die Daten werden eingegeben.*

	A	B
1		gesamt
2	CDU/CSU	246
3	SPD	153
4	AfD	92
5	FDP	80
6	Die Linke	69
7	Bündnis 90/Die Grünen	67
8	fraktionslos	2
9		709

Hier ist es unbedingt zu beachten, dass die Datenreihen in der richtigen Richtung laufen, das heißt beispielsweise von oben nach unten gelesen werden, sonst erhalten Sie überhaupt keine Kreissegmente. Die Einstellung finden Sie über *Diagrammtools/Entwurf/Zeile/Spalte wechseln*. Der Kreis ist in einem Quadrat, die Zeichnungsfläche, eingefasst – wird diese vergrößert, dann vergrößert sich der Kreis. Soll eines der Segmente eingefärbt werden, ist mit einem Klick der gesamte Kreis zu markieren, mit einem zweiten Klick das entsprechende Segment. Über den Befehl *Diagrammtools/Format/Fülleffekt* gelangen Sie in das Formatierungsdialogfeld des Datenpunkts.

Abbildung 2.90: *Das formatierte Ringdiagramm*

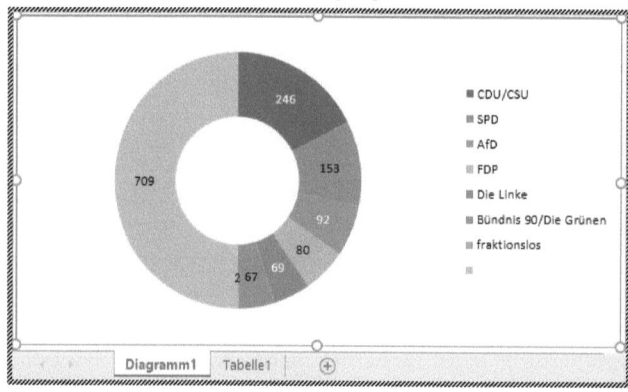

> **Tipp**
>
> Da der Plenarsaal als Kreis (oder Ring) dargestellt werden soll, muss er auf die Hälfte verkleinert werden. Dazu wird in der Datentabelle (Blatt Tabelle1) die Summe der vorhandenen Werte hinzugefügt. Über den Befehl Diagrammtools/Layout/Auswahl formatieren *gelangen Sie zu den Reihenoptionen, wo Datenpunkte formatiert werden können. Dort kann der Kreis um 270° gedreht werden. Nun kann die untere Hälfte mit* Diagrammtools/Format/Fülleffekt/Keine Füllung *»wegformatiert« werden (siehe* **Abbildung 2.90** *und* **Abbildung 2.91***).*

Abbildung 2.91: Die untere Hälfte des Diagramms wurde »wegformatiert«.

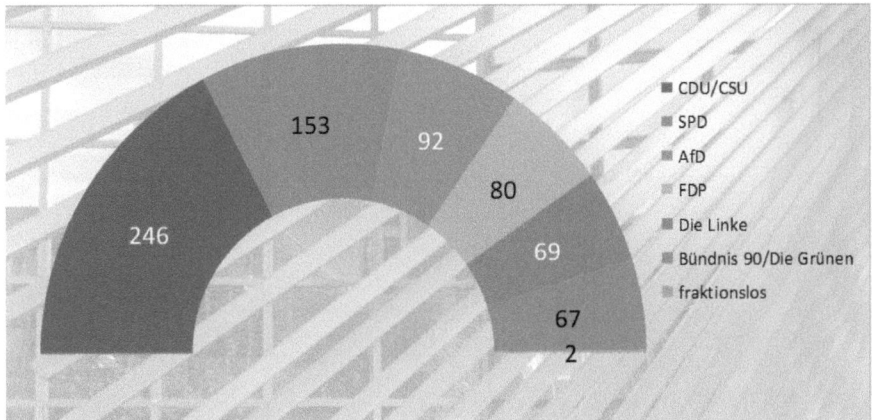

Der Vollständigkeit halber noch ein weiteres Diagramm – in **Abbildung 2.92** sehen Sie ein Liniendiagramm.

Abbildung 2.92: Ein Liniendiagramm

2.16.3. Bilder und Grafiken

Sollte ein Bild, eine Vektor- oder Pixelgrafik, auf der Festplatte gespeichert vorliegen, kann es problemlos über den Befehl *Einfügen/Illustrationen/Bilder* eingefügt werden. In **Abbildung 2.93** sehen Sie eine Beispielzeichnung.

Fortgeschrittene Visio-Themen

> **Hinweis:** Beachten Sie, dass Bilder im JPG-Format nur eingefügt werden können, wenn sie im RGB-Modus vorliegen. Mit den Druckfarben CMYK gespeicherte Bilder können nicht eingefügt werden.

> **Hinweis:** Sehr große Bilder werden von Visio beim Importieren verkleinert. Es kann dabei zu Qualitätsverlusten kommen. Wenn Sie dies unterbinden möchten, müssen Sie die Datei mit der Endung .zip umbenennen, das Archiv entzippen und in dem entsprechenden Ordner visio/media das komprimierte Bild durch das alte ersetzen. Es muss den gleichen Dateinamen tragen wie im Visio-Archiv. Anschließend zippen Sie die Ordner und Dateien wieder und benennen diese Datei mit der Endung *.vsdx.

Visio besitzt Filter für die wichtigsten Grafikformate (EMZ, EMF, GIF, JPG (und JPEG), PNG, SVG (und SVGZ), TIF (und TIFF), BMP, DIB, WMF). Bedauerlicherweise werden Corel Draw-Bilder (CDR), Adobe Illustrator-Grafiken (AI) und Adobe Photoshop-Grafiken (PSD) nicht importiert. Sie müssten in den entsprechenden Grafikprogrammen in ein importierbares Format konvertiert werden.

Das eingefügte Bild wird wie ein Shape behandelt (es ist intern ein Shape): es kann verschoben, vergrößert und verkleinert und gelöscht werden. Ebenso können Sie ihm eine Umrandungslinie hinzufügen, das Bild drehen oder kippen, ausrichten und verteilen, mit anderen Shapes gruppieren,...

> **Hinweis:** Die Aktionen im Menü des Befehls *Entwicklertools/Shape-Design/Vorgänge* können nicht auf das Bild angewandt werden. Es kann nicht beschnitten oder zugeschnitten werden, man kann auch kein Loch hineinstanzen (Kombinieren). Mit jedem dieser Vorgänge wird das Bild aus dem Rahmen gelöscht.

Wenn das Bild markiert ist, kann über die Registerkarte *Bildtools/Format* die Helligkeit, der Kontrast und der Gammawert des Bildes herauf- oder heruntergesetzt werden. Mit den Befehlen *Helligkeit* und *Transparenz* gelangen Sie zu dem Dialogfeld *Optionen für Bildkorrekturen*. Mit ihrer Hilfe kann die Transparenz, die Unschärfe, das Scharfzeichnen und Entrauschen aktiviert werden. In der Vorschau können Sie das Ergebnis kontrollieren.

In der zweiten Registerkarte *Komprimierung* kann die Dateigröße des Bildes komprimiert werden, was jedoch zu Qualitätsverlusten führen kann. Wurde das Bild beschnitten, können die beschnittenen Teile, die nur ausgeblendet sind, ganz entfernt werden, was eine Verringerung der Bildgröße zur Folge hat.

Die Hilfsprogramme

Abbildung 2.93: *Ein Bild wurde eingefügt und halbtransparent hinter die Shapes gelegt.*

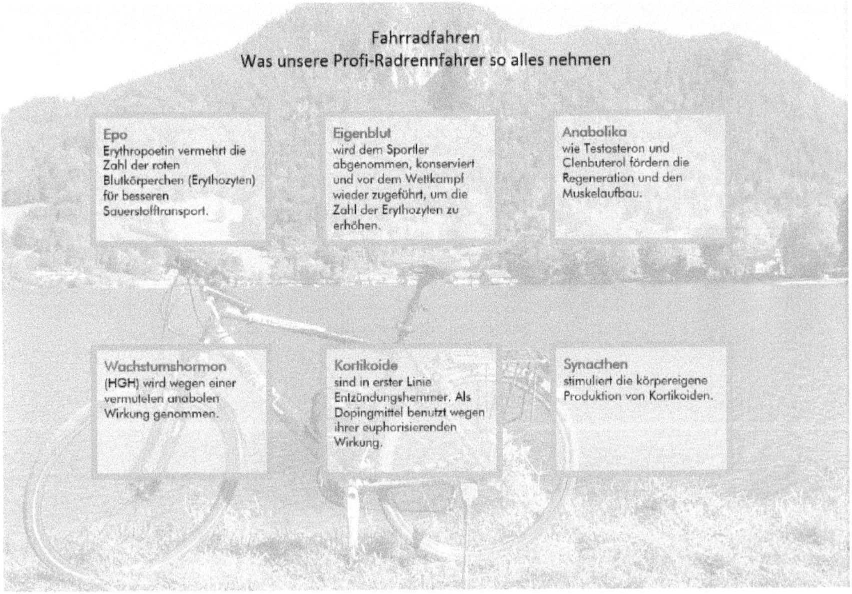

Ebenso kann die Druckauflösung des Bildes geändert werden, wenn klar ist, dass das Bild für die Darstellung in einer HTML-Seite auf dem Bildschirm oder für den Druck optimiert werden soll.

Wenn Sie das Zuschneidetool ausgewählt haben, können Sie das Bild am Rand an einem der vier seitlichen Größenänderungs-Steuerpunkten ziehen. Es wird nun nicht skaliert, sondern – wie der Name sagt – zugeschnitten.

> **Tipp** Wenn Sie das Zuschneidetool aktiviert haben, können Sie mit der Maus das Bild innerhalb des Rahmens verschieben. Das kann sinnvoll sein, wenn der Rahmen eine Farbe besitzt oder Sie einen anderen Bildausschnitt zeigen möchten.

Tabelle 2.21: *Die wichtigsten Befehle zur Bildgestaltung*

Aktion	Tastenkombination	Befehl	Schaltfläche
Bild einfügen		*Einfügen/Illustrationen/Bilder*	
Bild zuschneiden / Zuschneidetool	[Umschalt]+[Strg]+[2]	*Bildtools/Format/Anordnen/Zuschneidetool*	
Bild drehen	[Strg]+[L] oder [Strg]+[R]	*Bildtools/Format/Anordnen/Drehen* oder:	

Fortgeschrittene Visio-Themen

Aktion	Tastenkombination	Befehl	Schaltfläche
		Start/Anordnen/Positionieren/Shapes drehen	
Bild horizontal spiegeln	[Strg]+[H]	*Bildtools/Format/Anordnen/Drehen* oder: *Start/Anordnen/Positionieren/Shapes drehen*	
Bild vertikal umdrehen	[Strg]+[J]	*Bildtools/Format/Anordnen/Drehen* oder: *Start/Anordnen/Positionieren/Shapes drehen*	
Bild in den Vordergrund	[Umschalt]+[Strg]+[F]	*Bildtools/Format/Anordnen/In den Vordergrund* oder: *Start/Anordnen/In den Vordergrund*	
Bild in den Hintergrund	[Umschalt]+[Strg]+[B]	*Bildtools/Format/Anordnen/In den Hintergrund* oder: *Start/Anordnen/In den Hintergrund*	
Linienbreite		*Bildtools/Format/Bildeffekte/Linie* oder *Start/Formenarten/Linie*	
Bild formatieren		*Bildtools/Format/Anpassen/Helligkeit/Optionen für Bildkorrekturen* Oder *Bildtools/Format/Anpassen/Kontrast/Optionen für Bildkorrekturen* Oder *Bildtools/Format/Anpassen/Kontrast*	
Helligkeit		*Bildtools/Format/Anpassen/Helligkeit*	
Kontrast		*Bildtools/Format/Anpassen/Kontrast*	
AutoAusgleich		*Bildtools/Format/Anpassen/AutoAusgleich*	

Die Hilfsprogramme

Aktion	Tastenkombination	Befehl	Schaltfläche
Bild komprimieren		*Bildtools/Format/Anpassen/ Bild komprimieren*	
Transparenz		*Bildtools/Format/Anpassen/Helligkeit /Optionen für Bildkorrekturen*	
		Oder	
		Bildtools/Format/Anpassen/Kontrast/ Optionen für Bildkorrekturen	
		Oder	
		Bildtools/Format/Anpassen/Kontrast	

Abbildung 2.94: *Verschiede Einstellungsmöglichkeiten eines Bildes*

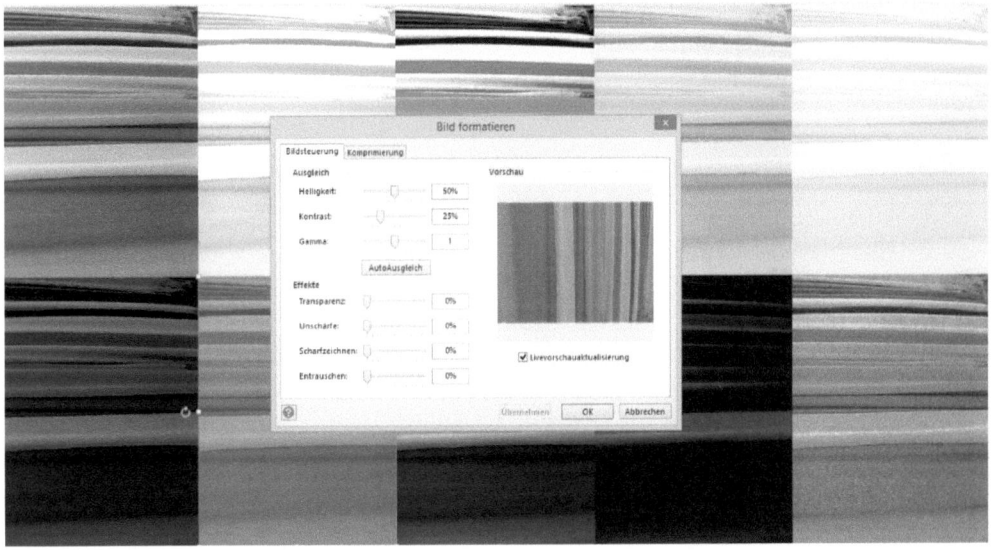

Sie können Bilder auch über die Schaltfläche Onlinegrafiken (*Einfügen/Illustrationen/Onlinegrafiken*) herunterladen. Dort kann über einen Suchbegriff ein bestimmtes Bild gefunden werden. In den Onlinegrafiken stehen Ihnen eine Reihe lizenzgebührfreie Fotos und Illustrationen zur Verfügung.

> **Hinweis:** Die Suchergebnisse enthalten aber auch Bildmaterial, das unter Creative Commons lizenziert ist. Lesen Sie die spezifische Lizenz für jedes Bild, das Sie verwenden möchten, um sicherzustellen, dass Sie die dargelegten Bedingungen erfüllen können.

Sollte die Suche nicht erfolgreich sein, kann ein Bild oder mehrere Bilder ausgewählt werden (siehe **Abbildung 2.95**).

Abbildung 2.95: *In den Onlinegrafiken wird der Suchbegriff eingegeben und anschließend das Bild ausgewählt.*

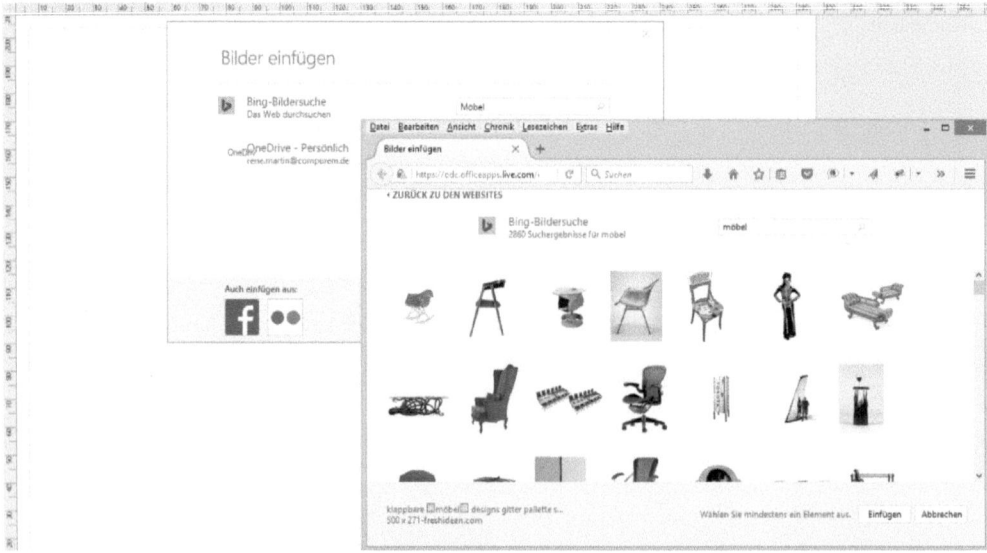

Eingefügte Grafiken können nun wie Shapes behandelt werden: Sie können sie löschen, verschieben, duplizieren und verzerren. Selbstverständlich kann die Reihenfolge geändert werden – in **Abbildung 2.96** wurde das Bild hinter die anderen Shapes gelegt. Ebenso sind einige Formatierungsmöglichkeiten vorhanden – wenn es sich um Pixelgrafiken handelt, sind die Schaltflächen in *Bildtools/Format* aktiv, bei Vektorgrafiken dagegen nicht.

Die Hilfsprogramme

Abbildung 2.96: *Das Bild kann mit Visio-Shapes kombiniert werden.*

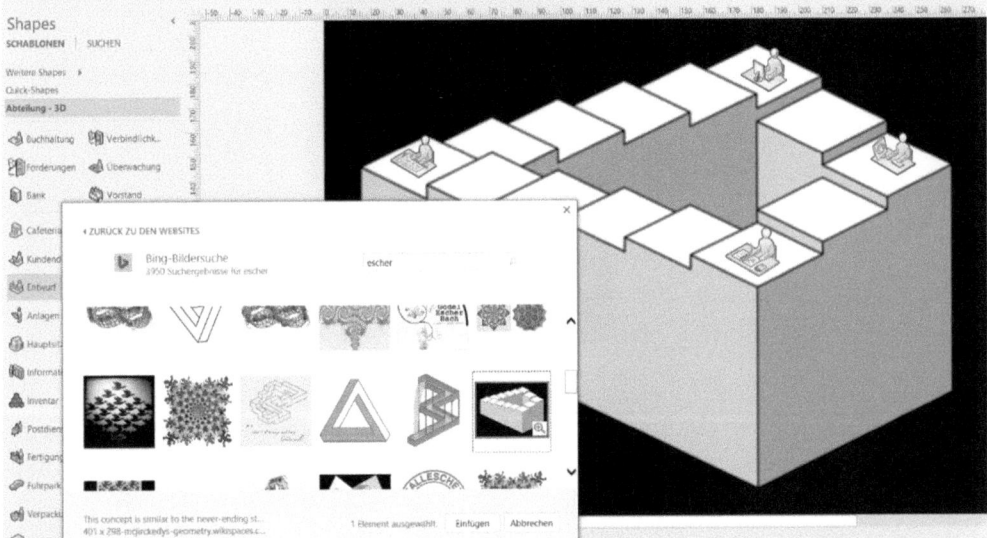

Der Befehl *Einfügen/Illustrationen/CAD-Zeichnung* erlaubt den Import von CAD-Zeichnungen (DWG, DXF und DGN-Dateien). Im Ordner *Visio Content\1031* wird eine AutoCAD-Zeichnung mitgeliefert, die Sie importieren können. Dies wird im Abschnitt 2.15.5 CAD-Zeichnung ausführlich erläutert.

Übrigens: Wenn Sie in Visio ein Bild mit transparentem Hintergrund (also GIF, PNG oder TIF) einfügen und dann dieses Bild komprimieren, wird der transparente Hintergrund durch eine Farbe ersetzt. Das Bild wird intern als JPEG gespeichert und unterstützt deshalb keine Transparenz. Das Gleiche passiert manchmal beim Vergrößern oder Verkleinern eines Bildes, beziehungsweise beim Zoomen - manchmal wird der transparente Hintergrund gelöscht. Glücklicherweise tritt dieser Effekt nur selten auf.

Abbildung 2.97: *Der transparente Hintergrund verschwindet.*

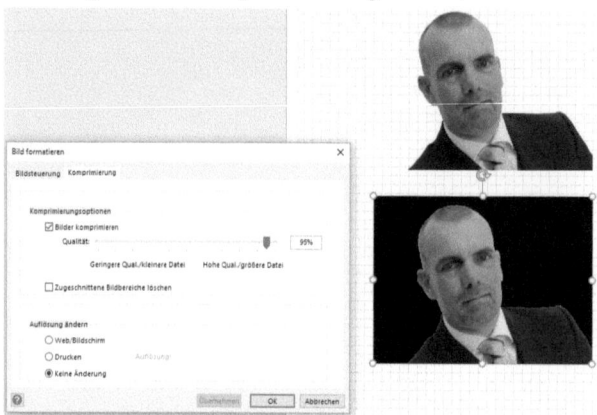

Alle anderen, auf Ihrem Rechner installierten Programme können über den Befehl *Einfügen/Text/Objekt* eingebettet werden. Visio erstellt dazu automatisch eine OLE-Verknüpfung.

2.16.4.   Die Rechtschreibhilfe und AutoKorrektur

Über den Befehl *Überprüfen/Dokumentprüfung/Rechtschreibung* oder über die Funktionstaste **[F7]** kann die Rechtschreibhilfe aufgerufen werden. Eine Markierung oder das gesamte Dokument werden auf Tippfehler oder Rechtschreibfehler überprüft. Visio vergleicht dabei Wort für Wort des geschriebenen Texts mit einem vorhandenen Wörterbuch. Wird ein Wort nicht gefunden, dann gibt es zwei Möglichkeiten. Entweder das Wort ist richtig und nur nicht vom Lexikon erkannt, wie in **Abbildung 2.98**. Dann kann mit *Ignorieren* über den vermeintlichen Fehler hinweggegangen werden. Oder, wenn das Wort mehrmals auf dem Zeichenblatt auftaucht, über alle vermeintlichen Fehler. Oder es kann zu einem Benutzerwörterbuch hinzugefügt werden.

Die Hilfsprogramme

Abbildung 2.98: *Dies ist kein Fehler (der Schmetterling heißt so) – der vermeintliche Fehler kann ignoriert werden, immer (alle) ignoriert werden oder hinzugefügt werden.*

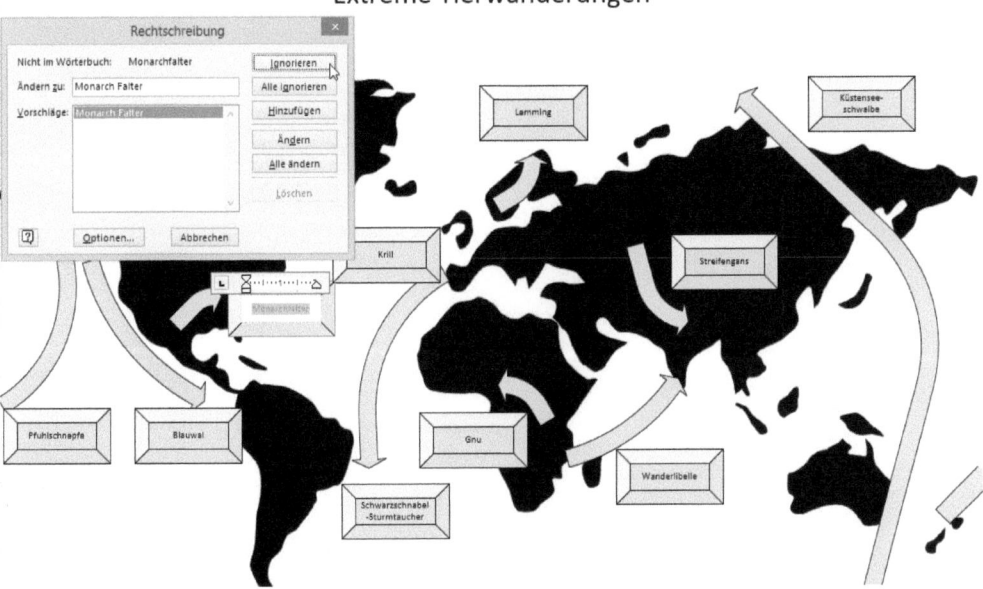

Handelt es sich allerdings wirklich um einen Fehler (wie in **Abbildung 2.99**), kann ein richtiger Vorschlag aus der Vorschlagsliste das falsch geschriebene Wort ersetzen. Sollte kein Vorschlag oder kein geeigneter Vorschlag in der Liste vorhanden sein, dann muss der Fehler manuell korrigiert werden. Anschließend müssen Sie die Korrektur mit *Ändern* bestätigen oder sie im gesamten Dokument ersetzen (*Alle ändern*). Das Benutzerwörterbuch wird über die Schaltfläche *Optionen* ausgewählt. Auf dieser Registerkarte finden sich weitere Einstellungen:

- Wörter in Großbuchstaben ignorieren
- Wörter mit Zahlen ignorieren
- Internet- und Dateiadressen ignorieren
- Wiederholte Wörter kennzeichnen
- Deutsch: Neue Rechtschreibung verwenden
- Großbuchstaben behalten den Akzent
- Vorschläge nur aus dem Hauptwörterbuch

Fortgeschrittene Visio-Themen

- Französische Modi: Traditionelle und neue Rechtschreibung
- Rechtschreibung während der Eingabe überprüfen
- Rechtschreibfehler ausblenden

Abbildung 2.99: *Dies ist ein Fehler – er kann geändert werden.*

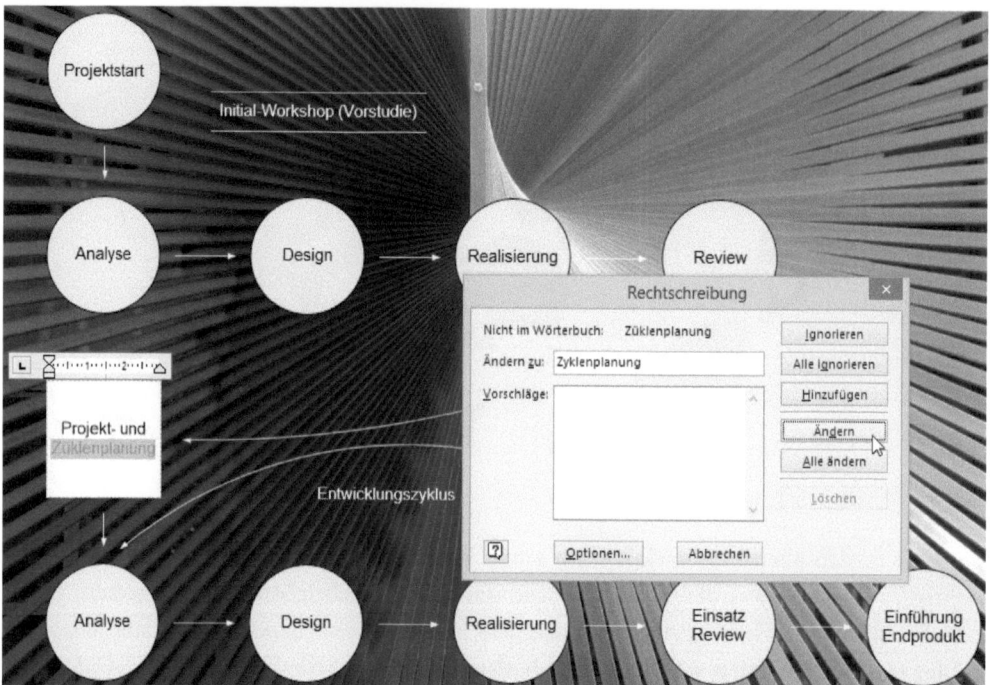

> **Hinweis**
> Visio ist sicherlich kein Textverarbeitungs- oder Satzprogramm. Deshalb stellt die Visio-Rechtschreibung nur eine begrenzte Hilfe zur Verfügung. Visio besitzt keine Grammatikprüfung. Ebenso existiert in Visio keine Trennhilfe. Dies erscheint bei den doch recht kurzen Texten auch gar nicht nötig.

Neben der Rechtschreibprüfung existiert ein Thesaurus, der Ihnen Synonyme zu einem bestimmten Begriff liefert. Und Visio verfügt über ein Übersetzungsprogramm, das ermöglicht, einen Begriff in verschiedene Sprachen oder aus verschiedenen Sprachen zu übersetzen. Insgesamt stehen Ihnen 36 Sprachen zur Verfügung.

Wenn Ihr Text nicht über zu viele Fachbegriffe oder Fremdwörter verfügt, können Sie die automatische Rechtschreibprüfung aktivieren (siehe **Abbildung 2.100**). Sie finden das entsprechende Kontrollkästchen *Rechtschreibung während der Eingabe überprüfen* im Dialogfeld *Visio-Optionen (Datei/Optionen)* in der Kategorie *Dokumentprüfung*. Die Tipp–

fehler oder die nicht erkannten Begriffe werden beim Eingeben, also im Textmodus, mit einer roten Wellenlinie unterstrichen.

Abbildung 2.100: *Visio zeigt bereits beim Schreiben die unbekannten Wörter an.*

Die *AutoKorrektur* arbeitet – wie der Name bereits sagt – automatisch. Die Einstellungen können über den Befehl *Datei/Optionen/Dokumentprüfung/Autokorrektur-Optionen* eingesehen und geändert werden (**Abbildung 2.101**).

Im unteren Teil des Dialogfelds befindet sich eine große Liste von Kürzeln oder Fehlern, die automatisch in einen anderen Begriff geändert werden. Geben Sie in Visio beispielsweise die Lackfarbe »HTP« ein, wird es in »HTTP« korrigiert, aus »FRA« wird »Frau«, aus der Gemeinde »Weng« wird »Wenig« aus dem Chinesen »Wei« wird »Wie«. Diese Liste kann verlängert werden. Wenn Sie diese – falschen – Korrekturen nicht möchten, löschen Sie sie aus der Liste der AutoKorrektur-Optionen. Umgekehrt können Sie dort eigene Tippfehler oder auch lange Fachbegriffe eingeben, die Sie häufig verwenden. Beispielsweise: Ersetze »DZ« durch »DOHZ-Zylinderkopfdichtung«. Achten Sie darauf, dass das Kürzel kein Wort ist, welches in der deutschen Sprache oder in Ihren Texten vorkommt, da es sonst automatisch ersetzt wird.

Sehr angenehm ist die Option *Unbeabsichtigtes Verwenden der Feststelltaste korrigieren*. Sollten Sie beim Tippen aus Versehen die Feststelltaste-Taste drücken, wird das falsch geschrieben Ergebnis automatisch korrigiert und diese Option wieder zurückgesetzt.

Abbildung 2.101: *Das Autokorrektur-Dialogfeld*

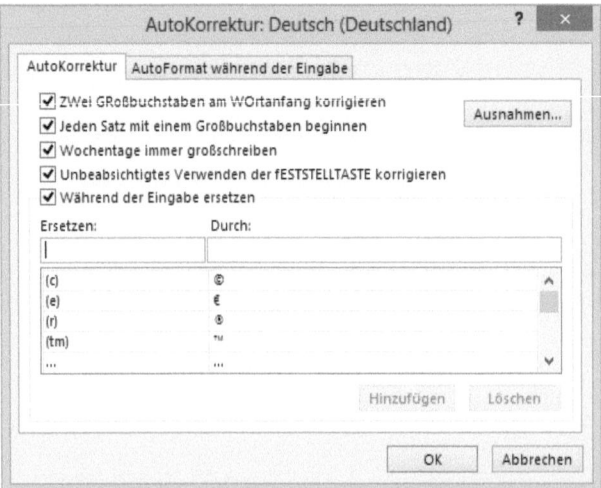

Über den Nutzen *Wochentage immer groß schreiben,* kann man sicherlich geteilter Meinung sein (in der englischen Sprache ist er sinvoll) – die beiden anderen Einstellungen *Jeden Satz mit einem Großbuchstaben beginnen* und *Zwei Großbuchstaben am Wortanfang korrigieren* sollten Sie ausschalten. Auch wenn für beide Optionen Ausnahmen vorgesehen sind, die erweiterbar sind – technische und kaufmännische Spezifikationen sollten nicht automatisch korrigiert werden. Sonst wird aus der Abkürzung für Rechtsanwältin »RAin« der Text »Rain«. Die Liste der Beispiele lässt sich beliebig fortsetzen.

2.16.5. Die Suchen-Funktion

Abbildung 2.102: Der Suchen-Dialogfeld

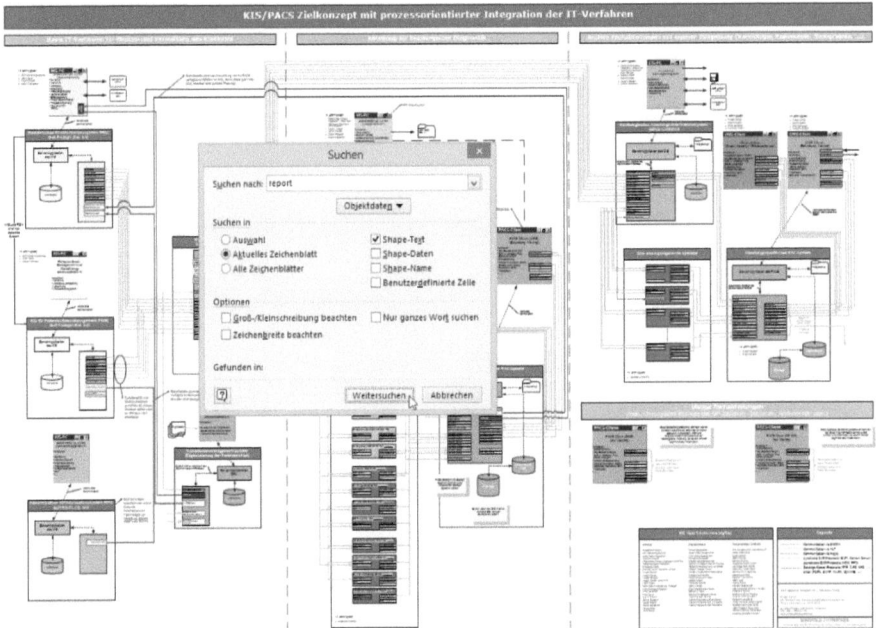

Bei größeren Zeichnungen kann es schon leicht vorkommen, dass man den Überblick verliert. Abhilfe schafft die Suchen-Funktion, die Sie über *Start/Bearbeiten/Suchen* erreichen (**Abbildung 2.102**). Dort geben Sie ein Stichwort ein, nach dem gesucht werden soll.

Wenn Sie auf die Schaltfläche *Weitersuchen* klicken, wird das erste Shape gefunden, das dieses Wort enthält. Wird es gefunden, wird der Zoomfaktor vergrößert, die Ansicht wird so eingerichtet, dass das Wort auf der Seite sichtbar ist. Visio schaltet in den Texteingabemodus um.

Abbildung 2.103: *Der Suchtext wurde gefunden.*

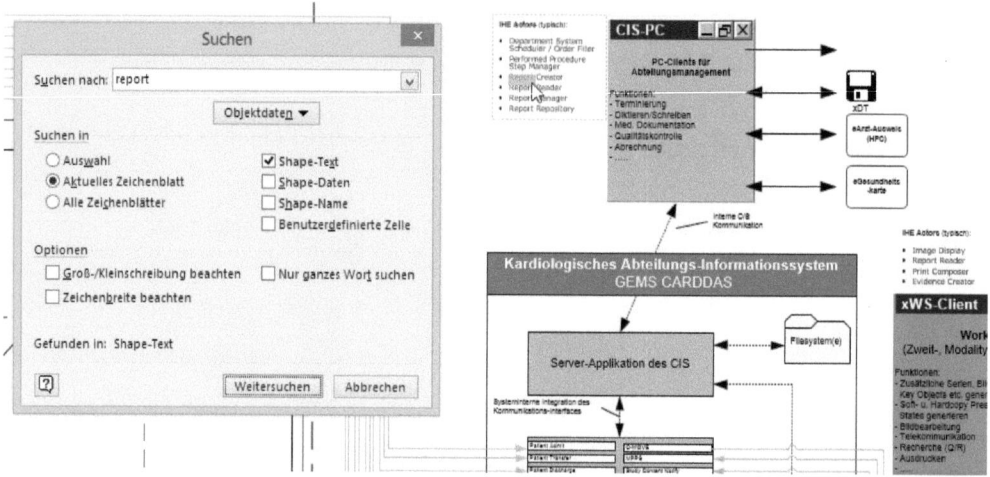

Wird der Suchbegriff nicht gefunden, dann erhalten Sie die Meldung »Wir konnten das gesuchte Element nicht finden«. Als Suchoptionen stehen Ihnen zur Verfügung:

- Sie können nur die markierten Shapes durchsuchen.
- Sie können nur das aktuelle Zeichenblatt durchsuchen.
- Sie können sämtliche Blätter der Zeichnung durchsuchen.
- Sie können nach dem (sichtbaren) Text auf den Shapes suchen.
- Sie können in den Shape-Daten suchen.
- Sie können nach Shape-Namen suchen.
- Sie können in »benutzerdefinierten Zellen« suchen (im ShapeSheet).
- Sie können nach Groß-und Kleinschreibung unterscheiden lassen.
- Sie können nur ganze Wörter suchen lassen (»Visio« wird somit nicht in »Vision« gefunden).
- Die Zeichenbreite ist für nicht-lateinische Alphabete interessant (beispielsweise für Katakana – eine Silbenschrift der japanischen Sprache).

Wenn Ihre Shape-Texte Sonderzeichen beinhalten, können Sie auch nach ihnen suchen lassen. Hinter der Schaltfläche *Objektdaten* finden sich Zeichen für die Suche nach:

- Tabulatorzeichen (→)
- Manueller Umbruch (¶)

- Optionaler Trennstrich
- Caretzeichen (Accent Circumflex; ^)
- Beliebiges Zeichen

2.17. Zusammenfassung

In diesem Kapitel wurden die wichtigsten Techniken beschrieben, die Sie für größere Dokumente benötigen. Sie sollten konsequent mit Formatvorlagen oder Designs arbeiten, Zeichnungen auf mehrere Zeichenblätter verteilen und sich wiederholende Informationen auf einem Hintergrundblatt platzieren.

Arbeiten Sie konsequent mit Layern – Sie erleichtern die Mehrfachselektion, das teilweise Ausdrucken von Zeichnungen. Darüber hinaus werden Layer in vielen Assistenten verwendet.

Ebenso wurden einige wichtige Hilfsmittel von Visio beschrieben: dazu zählen Felder, Kommentare (Markups) und einige der Hilfsprogramme, die die tägliche Arbeit erleichtern.

3 Shape-Daten

In den vorangegangenen Kapiteln wurde bereits erwähnt, dass Shapes nicht nur geometrische Objekte sind, sondern über weitere Funktionen verfügen – eine sogenannte »Intelligenz« besitzen. Eine der Funktionen sind die Shape-Daten. Und diese sind sicherlich auch eine der Stärken von Visio gegenüber vielen Grafikprogrammen. Schon in den allerersten Visio-Versionen war es möglich, Informationen an Shapes zu binden und diese auszulesen und in eine Datenbank zu schreiben. Mit jeder Version wurde diese Technologie erweitert und verbessert – so auch mit den aktuellen Versionen 2013 und 2016. Da das Thema Daten eine zentrale Rolle in Visio spielt, soll ihm ein eigenes Kapitel gewidmet werden.

Ein Relikt aus den ersten Visio-Versionen finden Sie im Dialogfeld *Shape-Name*, das Sie mit dem Befehl *Entwicklertools/Shape-Design/Shape-Name* öffnen. Dort waren die drei Felder »Daten 1«, »Daten 2« und »Daten 3« für die Shape-Daten reserviert. Diese Informationen spielen in den neueren Versionen keine Rolle mehr.

> **Hinweis**
> Beachten Sie, dass Sie die Registerkarte *Daten* nicht zur Verfügung haben, wenn Sie Visio Standard installiert haben. Damit stehen Ihnen die Elemente, die Sie im Abschnitt *Daten* als Beschriftungstext des Shapes, Daten neben den Shapes anzeigen lassen, Externe Daten mit Shapes verknüpfen und Pivotdiagramme finden, nicht zur Verfügung. Sie finden diese Dinge nur, wenn Sie Visio Professional oder Visio Enterprise installiert haben.

3.1. Shapes mit vorhandenen Daten

Viele der vorhandenen Shapes besitzen bereits Felder für Shape-Daten. Sie können sofort verwendet werden. Einige Shapes, wie beispielsweise das Shape *Monat* oder *Woche* aus der Vorlage *Terminplan/Kalender* (beziehungsweise aus der Schablone *Terminplan/Kalender-Shapes* oder *Terminplan/Zeitachsen-Shapes*) zeigen ihre Shapes-Daten beim Herausziehen aus der Schablone (siehe **Abbildung 3.1**).

Shapes mit vorhandenen Daten

Abbildung 3.1: Die Informationen werden beim Herausziehen angefragt.

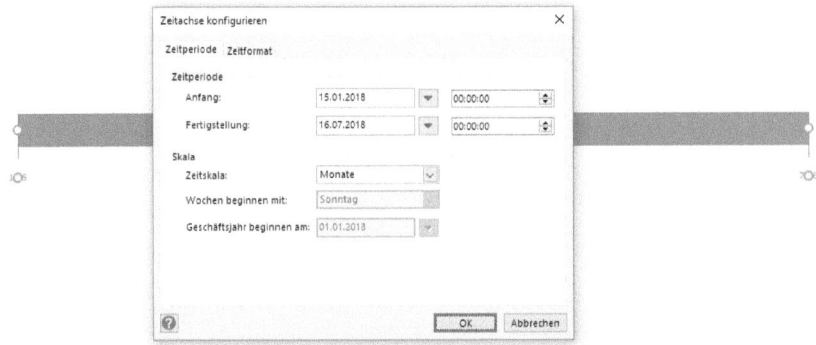

> **Hinweis**
> In Visio 2002 und 2003 hießen die Shape-Daten *benutzerdefinierte Eigenschaften* (Custom Properties) und bis Visio 2000 *Datenfelder* (User-defined Cells).

Andere Shapes zeigen ihre Shape-Daten nicht sofort. Um zu erkennen, ob es möglich ist, Informationen an das Shape zu binden, öffnen Sie über das Kontextmenü *Daten/Shape-Daten*, über die Registerkarte *Ansicht/Anzeigen/Aufgabenbereiche* das *Fenster 'Shape-Daten'* oder über die Registerkarte *Daten*, falls Sie Visio Professional oder Enterprise installiert haben. Dort werden die – zumeist leeren – Datenfelder angezeigt.

> **Hinweis**
> Viele Shapes haben bereits vorbelegte Informationen in den Shape-Daten, wie beispielsweise die Schrauben aus der gleichnamigen Schablone, die Wände, Türen (siehe **Abbildung 3.2**) und Fenster aus den Schablonen *Pläne und Grundrisse/Bauplan*, die perspektivischen Blöcke aus der gleichnamigen Schablone oder die Elemente der Schablone Websiteübersicht-Shapes, deren Daten mit »Unbekannt« vorbelegt sind.

Abbildung 3.2: Viele Shapes sind mit Daten vorbelegt.

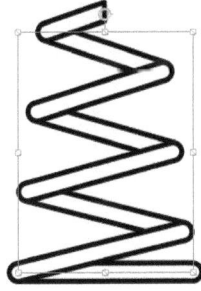
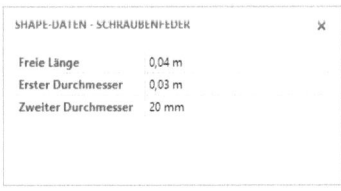

237

Shape-Daten

Hinweis: Beachten Sie, dass einige der Shape-Daten dynamischen Charakter annehmen können. Wenn Sie beispielsweise eine Vierkantschraube aus der Schablone auf das Zeichenblatt ziehen und anschließend im Kontextmenü die Maße einstellen, werden zusätzlich zum Gewindedurchmesser auch noch die Schaftlänge und die Gewindelänge angezeigt.

Sie finden die Shape-Daten nicht nur in dem entsprechenden Fenster, sondern vielfach auch über bestimmte Optionen im Kontextmenü (meist beschriftet mit *Eigenschaften*), wie Sie in **Abbildung 3.3** sehen können. Sollte nichts voreingestellt sein, können Sie es über das Kontextmenü *Daten/Shape-Daten* oder über den Befehl *Ansicht/Anzeigen /Aufgabenbereiche/Shape-Daten* öffnen.

Abbildung 3.3: *Über das Kontextmenü können die Datenfelder angezeigt werden*

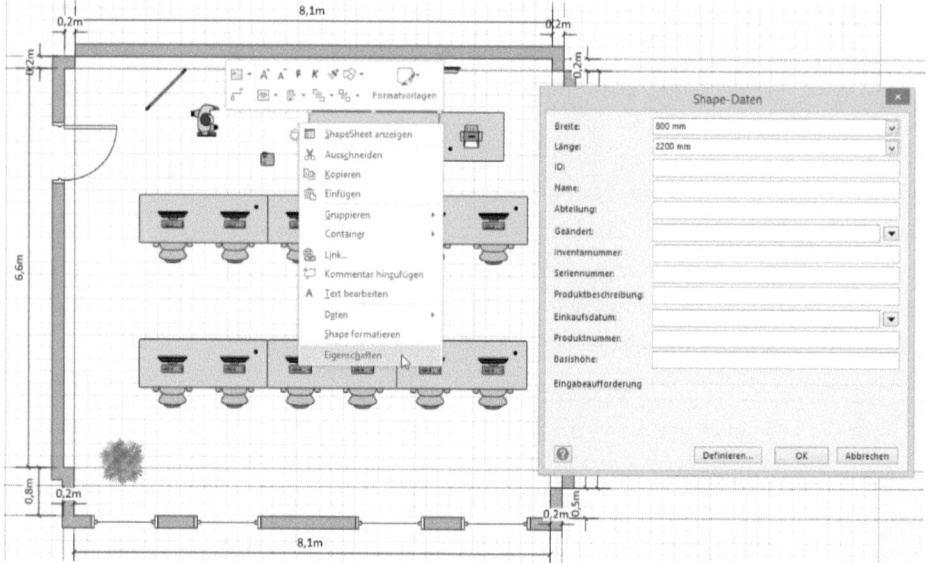

Wenn keine Shape-Daten angezeigt werden, kann dies folgende Ursachen haben:
- Kein Shape wurde ausgewählt.
- Das falsche Shape wurde ausgewählt.
- Mehrere Shapes wurden markiert, die unterschiedliche Shape-Daten besitzen.
- In einer Gruppe wurde ein Kindelement markiert.
- Dem Shape wurden keine Shape-Daten definiert.

3.2. Neue Shape-Daten erzeugen

Angenommen, Sie haben ein neues Shape erzeugt. An dieses möchten Sie nun weitere – nicht sichtbare, aber dennoch abrufbare – Informationen binden. Dies erledigt der Assistent der Shape-Daten, den Sie im Kontextmenü des Shapes finden: *Daten/Shape-Daten definieren* oder im Kontextmenü des Fensters *Shape-Daten* (**Abbildung 3.4**). Es öffnet sich ein Assistent, mit dessen Hilfe die einzelnen Datenfelder erstellt werden können.

Abbildung 3.4: *Das Dialogfeld, mit dem Sie neue Datenfelder definieren können*

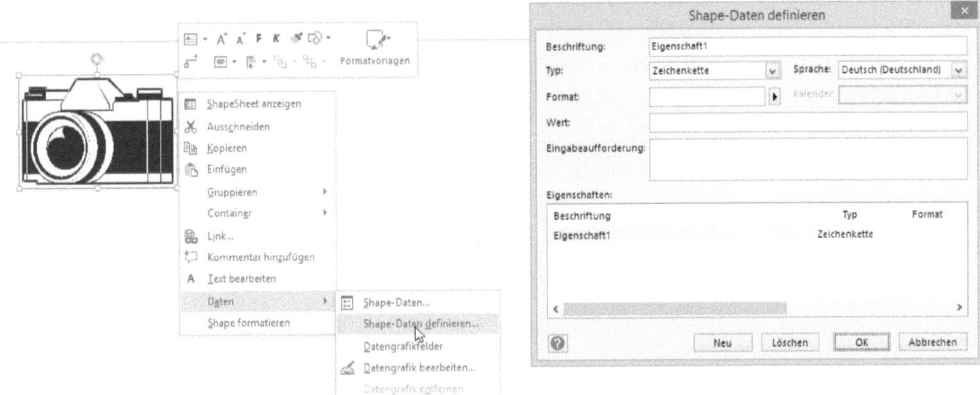

Im Feld *Beschriftung* wird der Name eingetragen, den der Benutzer zu sehen bekommt. Die Daten selbst werden in einem spezifischen Format gespeichert (**Abbildung 3.5**). Dafür stehen folgende Typen zur Verfügung:

Tabelle 22: *Die Liste der Datentypen*

Typ	Beschreibung
Zeichenkette	Reiner Text: alle Zeichen, auch Ziffern und Satzzeichen sind erlaubt
Nummer	Nur Zahlen
Feste Liste	Aus einer vorgegebenen Liste kann etwas ausgewählt werden.
Variable Liste	Aus einer vorgegebenen Liste kann etwas ausgewählt werden; es können aber auch andere Werte eingegeben werden.
Boolesch	Wahrheitswert: Ja oder Nein / Wahr oder Falsch
Währung	Wie Nummer – allerdings auf vier Stellen nach dem Komma gerundet
Datum	Datumsangaben
Dauer	Zeitliche Dauer; sie wird in Sekunden, Minuten, Stunden, Tagen, Wochen, Monaten oder Jahren gemessen

Shape-Daten

Abbildung 3.5: *Neue Datenfelder werden definiert.*

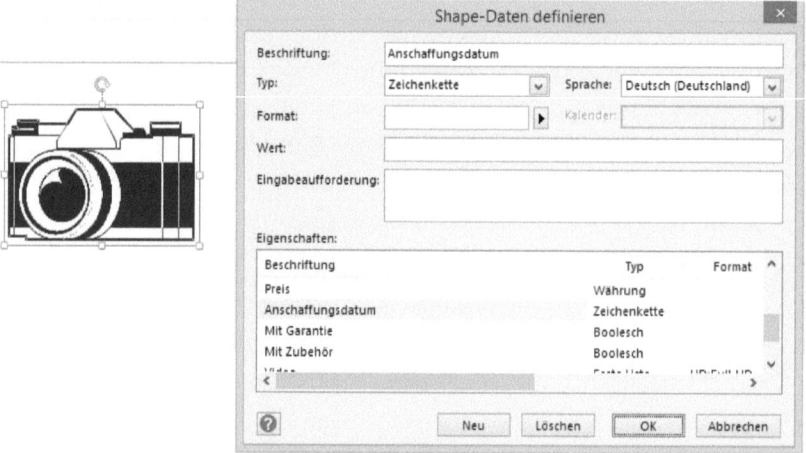

Für einige der Datenformate stehen nun wiederum Formate zur Verfügung:

Tabelle 23: *Die Liste der vorhandenen Formatierungsmöglichkeiten*

Typ	Formate	Beispiel
Zeichenkette	*Normal*	Visio
	GROSSBUCHSTABEN	VISIO
	Kleinbuchstaben	visio
Nummer	*Allgemein*	1234,5678
	Allgemeine Einheiten	1234,5678 Kisten
	Ganze Zahl	1235
	Ganze Zahl mit Einheiten	1235 Kisten
	Gleitzahl	1234,5678
	Gleitkommazahl mit Einheiten	1234,5678 Kisten
	Bruch	1234/567
	Bruch mit Einheiten	1234/567 Kisten
Währung	*Systemeinstellung*	1.234,57 € (die Einstellung der Systemsteuerung)
	€3 (Ganzzahl mit Einheit)	1.235 €
	€2,75 (Kommazahl mit Einheit)	1.234,57 €
	2,75 Euro (Zahl mit Währung)	1.234,57 Euro
	2,75 EUR (Zahl mit Währungskürzel)	1.234,57 EUR

240

Neue Shape-Daten erzeugen

Datum	*03.10.1993* (Kurzes Datum (Systemeinstellung))	07.04.2018
	Sonntag, 3. Oktober 1993 (Langes Datum)	Samstag, 7.April 2018
	3. Oktober 1993 (d. MMMM yyyy)	7. April 2018
	03.10.93 (dd.MM.yy)	07.04.18
	1993-10-03 (yyyy-MM-dd)	2018-04-07
	93-10-03 (yy-MM-dd)	07-04-18
	01/10/1993 (dd/MM/yyyy)	07/04/2018
	03. Okt. 1993 (dd. MMM. yyyy)	07. Apr. 2018
	03/10/93 (dd/MM/yy)	07/04/18
	Oktober 93 (MMMM yy)	April 18
	Okt-93 (MMM-yy)	Apr-18
	03.10.1993 17:00 (dd.MM.yyyy HH:mm)	07.04.2018 00:00
	03.10.1993 17:00:00 (dd.MM.yyyy HH:mm:ss)	07.04.2018 00:00:00
Uhrzeit	*5:00* (h:mm am/pm)	2:45
	5:00:00 (hh:mm am/pm)	2:45:00
	17:00 (HH:mm)	14:45
	17:00:00 (HH:mm:ss)	14:45:00
Dauer	*Wochen* ([w]'aw.')	2 aw.
	Tage ([d]'vt.')	14 vt.
	Stunden ([h]'vs.')	336 vs.
	Minuten ([m]'vm.')	20160 vm.
	Sekunden ([s]'as.')	1209600 as.
	Stunden und Minuten ([h]:[mm])	336:00
	Minuten und Sekunden ([m]:[ss])	20160:00

Und wozu das Ganze? Angenommen, es sollen Zahlen hinter den Zeichnungsobjekten hinterlegt werden, können Sie mit Hilfe der Assistenten oder per Programmierung diese Zahlen einsammeln und die Gesamtsumme berechnen. Beispielsweise für Anschaffungskosten oder für Gesamtkosten des Projekts. Lägen die Daten als reiner Text vor, dann könnten sie nicht summiert oder weiterberechnet werden.

Soll das Datenfeld vorbelegt werden, kann in das Feld *Wert* der entsprechende Wert hineingeschrieben werden. Wird später dieser Wert geändert, steht in dieser Zeile der aktuelle Wert. Eine andere Bedeutung hat diese Eingabezeile bei den beiden Listen. Dort werden

Shape-Daten

die einzelnen Einträge hintereinander, durch Semikola getrennt, hineingeschrieben. Beispielsweise so:

1;2;3;4;5;6

oder so:

A;B;C;D;E;F

Der Unterschied zwischen festen und variablen Listen besteht darin, dass aus festen Listen nur eine der Vorgaben ausgewählt werden kann (wie in **Abbildung 3.6**), bei variablen Listen kann etwas aus der Liste ausgewählt werden oder ein anderer Wert hineingeschrieben werden, der sich anschließend als weiteres Element in der Liste befindet.

Abbildung 3.6: *Eine benutzerdefinierte Eigenschaft mit fester Liste*

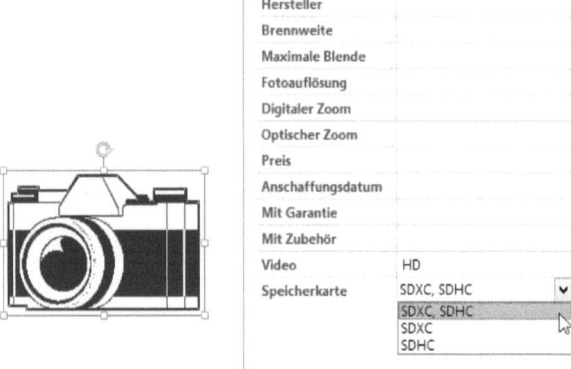

Die Eingabeaufforderung ist als Hilfe und Unterstützung für den Benutzer gedacht.

Ist ein Feld für Shape-Daten definiert, kann mit der Schaltfläche *Neu* die nächste Eigenschaft erzeugt werden. Mit der Schaltfläche *Löschen* werden vorhandene Datenfelder gelöscht.

Besitzt ein Shape Shape-Daten, können diese über das Fenster *Shape-Daten*, das Sie über die Registerkarte *Daten*, die Registerkarte *Ansicht/Aufgabenbereiche* oder das Kontextmenü aufgerufen, gefüllt oder verändert werden. Wird erst später festgestellt, dass noch weitere Shape-Daten hinzugefügt werden sollen, genügt ein Klick auf den Befehl *Shape-Daten definieren*, um erneut den Datenfeld-Assistenten zu öffnen. Nun können die vorhandenen benutzerdefinierten Eigenschaften modifiziert oder neue hinzugefügt werden (**Abbildung 3.7** und **Abbildung 3.8**).

Abbildung 3.7: Viele Shapes aus Schablonen besitzen schon Daten, beispielsweise die Tischtennisplatte aus der Schablone Bürozubehör (Pläne und Grundrisse/Bauplan).

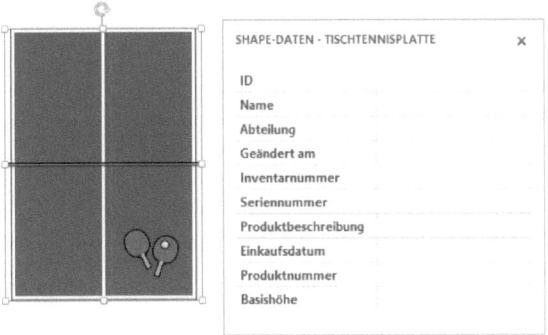

Abbildung 3.8: Ein Drucker aus der Schablone Netzwerk und Peripheriegeräte (Netzwerk) *mit seinen Shape-Daten*

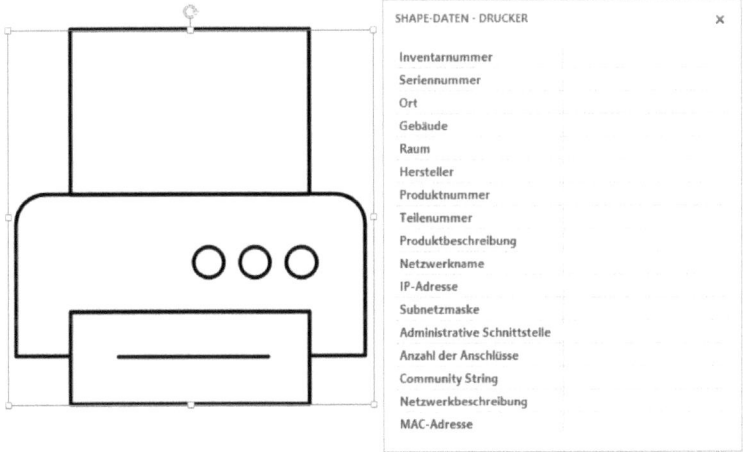

Bislang wurde nur gezeigt, wie Shape-Daten an Shapes auf einem Zeichenblatt erzeugt werden. Wird nun dieses Shape als Master-Shape in eine Schablone gezogen, besitzen alle neuen Shapes, die mithilfe dieses Master-Shapes erstellt werden, die Datenfelder. Umgekehrt können Sie auch die eigenen Shapes in selbsterzeugten Schablonen bearbeiten. Dort kann man dem Master-Shape neue Daten hinzufügen.

Am Ende dieses Kapitels wird gezeigt, wie Sie mithilfe der Shape-Berichte die Informationen »einsammeln« können. Es wird gezeigt, wie aus diesen Daten eine Inventarliste erzeugt werden kann oder wie mit mehreren Datenfelder-Zahlen gerechnet werden kann, beispielsweise wie die Gesamtsumme berechnet werden kann.

Shape-Daten

Wenn Sie im Dialogfeld *Visio-Optionen* (*Datei/Optionen/Erweitert* Gruppe *Allgemein*) die Option *Im Entwicklermodus ausführen* aktivieren, können Sie den Shape-Daten einen Sortierschlüssel hinzufügen (**Abbildung 3.9**). Dies ist die Reihenfolge, in der der Benutzer sie in der Liste sieht.

Abbildung 3.9: *Sie erhalten weitere Informationen, wenn Sie den* Entwicklermodus *aktivieren*

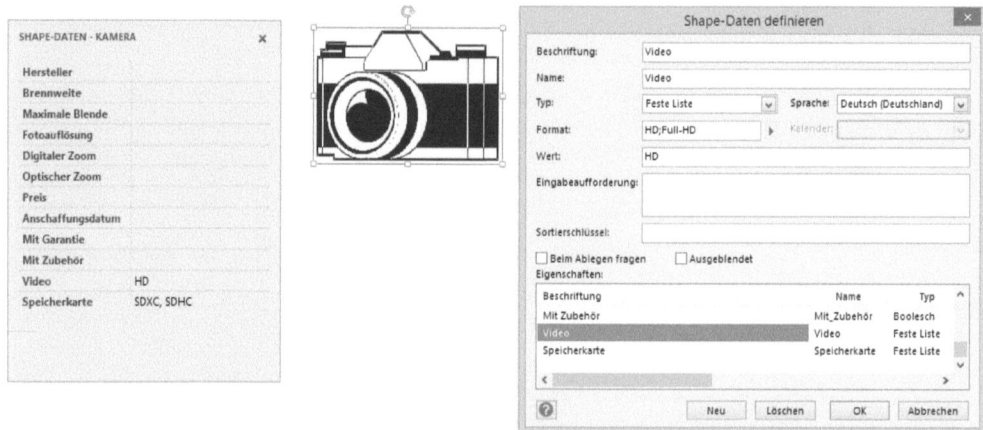

Angenommen, Sie haben bereits mehrere Shape-Daten definiert und stellen nun fest, dass in der Liste ein Feld fehlt, das Sie gerne in der Hierarchie weiter oben stehen soll. Dann können Sie den bereits vorhandenen Feldern Werte zuweisen, beispielsweise 100, 200, 300, 400 und 500. Die beiden neuen Werte erhalten anschließend den Sortierschlüssel 250 und 270, werden folglich zwischen 200 und 300 angezeigt. Kommen nun drei weitere Felder hinzu, dann könnten sie den Sortierschlüssel 250, 260 und 270 erhalten; und anschließend die letzten zwei 265 und 267. In dieser Reihenfolge werden sie anschließend aufgelistet.

Mithilfe dieser Option können auch Eigenschaften ausgeblendet werden, was für die Programmierung oder für interne Berechnungen wichtig ist.

> **Hinweis**
>
> Wenn Sie den Entwicklermodus eingeschaltet haben, so stellen Sie fest, dass einige der Shapes ausgeblendete Datenfelder besitzen, wie beispielsweise in **Abbildung 3.10** zu sehen. In ihnen werden Informationen gespeichert, die intern verwendet werden, die der Benutzer normalerweise nicht zu Gesicht bekommen sollte. Beispielsweise beinhalten die Shapes aus der Schablone *Möbel* eine *Shape-Klasse*, einen *Shape-Typ* und einen *Teil-Shape-Typ*.

Neue Shape-Daten erzeugen

> **Hinweis**
> Vielleicht ist Ihnen aufgefallen, dass auch ein *Name* angezeigt wird. Er wird ebenso für interne Zwecke verwendet: Per Programmierung wird auf den Namen, nicht auf die Beschriftung zugegriffen. Der Name ist für den internen Gebrauch reserviert, die Beschriftung für den Anwender.

Und schließlich finden Sie die Einstellung *Beim Ablegen fragen*. Wird sie aktiviert, und wird das Shape in eine Schablone gezogen, dann wird beim Herausziehen aus der Schablone auf das Zeichenblatt diese benutzerdefinierte Eigenschaft oder Eigenschaften abgefragt. Bei einigen Shapes hat Visio dies bereits realisiert: Beim Herausziehen werden bestimmte Grundeinstellungen abgefragt, beispielsweise bei einigen Shapes der Schablone *Marketingdiagramme, Diagramm-Shapes*.

Abbildung 3.10: *Normalerweise nicht sichtbare Shape-Daten*

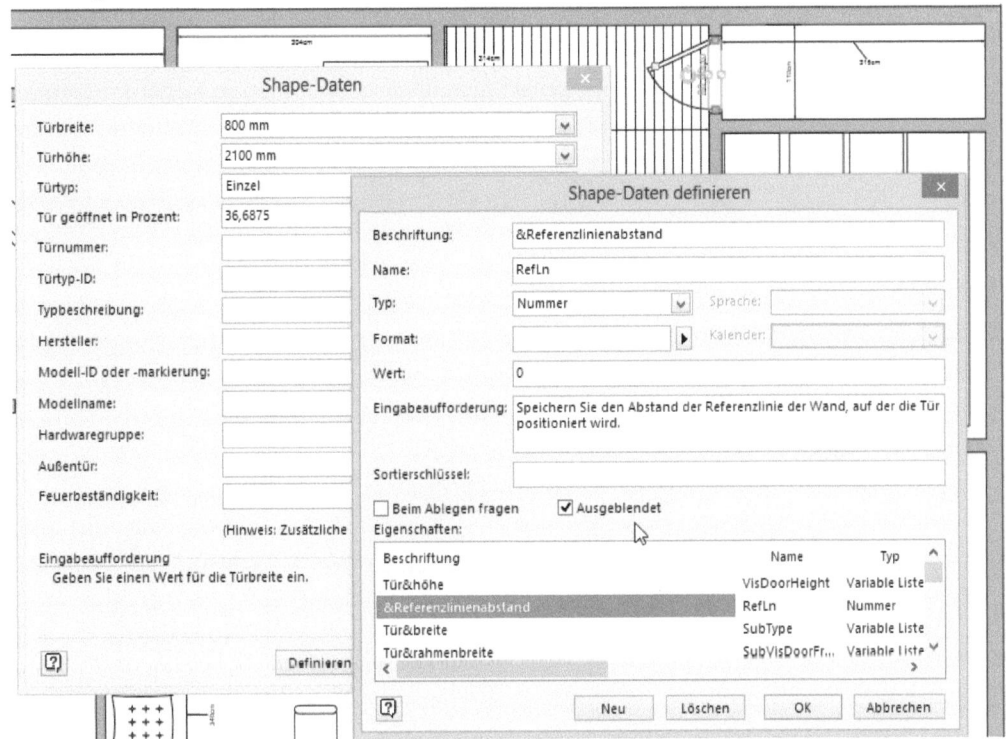

Shape-Daten

Abbildung 3.11: *Beim Herausziehen werden bei einigen Shapes Informationen abgefragt – hier: die Anzahl der angezeigten Pfeile*

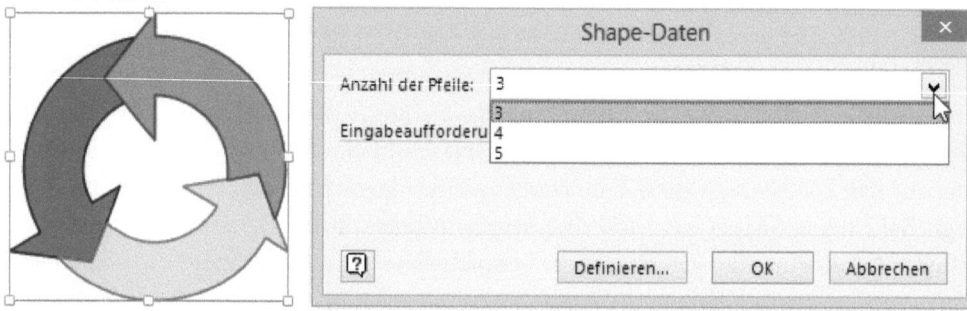

3.3. Shape-Datensätze

Stellen Sie sich folgendes Szenario vor: Sie haben ein Shape mit mehreren Daten definiert und stellen nun fest, dass Sie diese Daten als Eigenschaften an ein anderes oder an mehrere andere Shapes übergeben möchten. Normalerweise müssten Sie beim zweiten Shape die gleichen Shape-Daten erneut definieren. Doch dafür stellt Visio das Fenster *Shape-Datensätze* zur Verfügung. Und so gehen Sie vor, um Daten von einem Shape auf ein anderes zu übertragen:

- Definieren Sie die Daten in einem Shape.
- Öffnen Sie das Fenster *Shape-Daten* (Registerkarte *Daten* oder *Ansicht/Aufgabenbereiche*).
- Klicken Sie mit der rechten Maustaste auf das Fenster *Shape-Daten* und öffnen Sie über das Kontextmenü das Fenster *Shape-Datensätze*.
- Dort können Sie die Daten mit dem Link *Hinzufügen* zu einem neuen Satz aus den in Visio ausgewählten Shapes erstellen. Alternativ können Sie einen neuen (leeren) Satz erstellen oder einen neuen Satz aus einem bereits bestehenden Satz erstellen (um ihn anschließend zu modifizieren).
- Sie müssen die Daten nicht vorher – wie in Punkt 1 beschrieben – definieren, sondern können Sie im Fenster *Shape-Datensätze* definieren.
- Die beiden Schaltflächen *Löschen* und *Umbenennen* erklären sich von selbst.

Abbildung 3.12: Ein neuer Shape-Datensatz wird hinzugefügt.

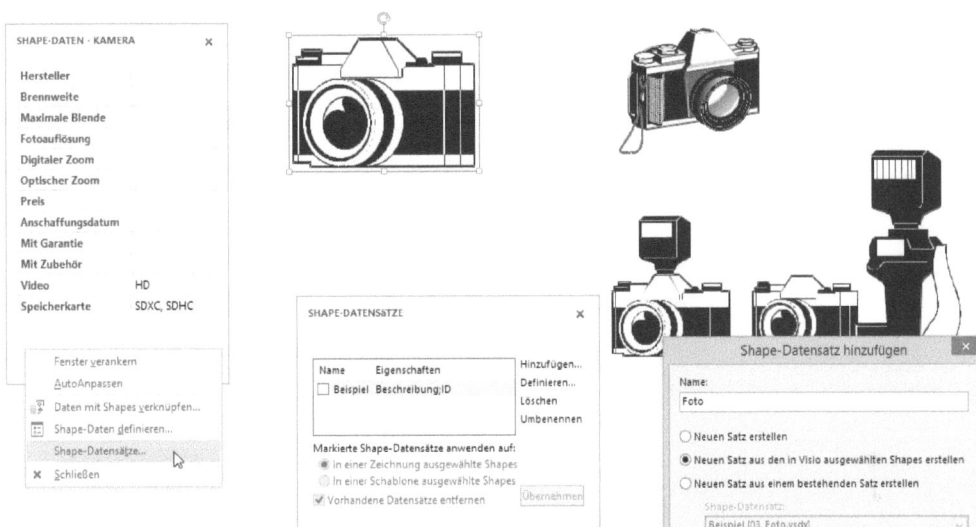

Wenn Sie nun einen oder mehrere eigene Shape-Datensätze erstellt haben, können Sie diese auf ein anderes oder mehrere Shapes übertragen. Gehen Sie dabei wie folgt vor:

- Öffnen Sie das Fenster *Shape-Datensätze* wie oben beschrieben.
- Wählen Sie einen oder mehrere Shape-Datensätze aus.
- Markieren Sie ein oder mehrere Shapes auf dem Zeichenblatt.
- Entscheiden Sie sich, ob Daten, die durch andere Datensätze erstellt wurden, entfernt werden sollen oder nicht. Schalten Sie entsprechend das Kontrollkästchen ein oder aus.
- Klicken Sie auf die Schaltfläche *Übernehmen.*
- Alternativ können Sie auch die Daten der Shape-Datensätze auf Shapes einer Schablone übertragen.

> **Hinweis:** Beachten Sie, dass Master-Shapes in Schablonen, die Microsoft Visio liefert, nicht geändert werden können. Wenn Sie es versuchen, so erhalten Sie die Frage, ob Visio die gewählten Master-Shapes in eine benutzerdefinierte, das heißt eigene, Schablone kopiert und dort Ihre Änderungen anwenden soll.

Shape-Daten

Abbildung 3.13: *Die Shape-Daten können nun problemlos auf andere Shapes übertragen werden.*

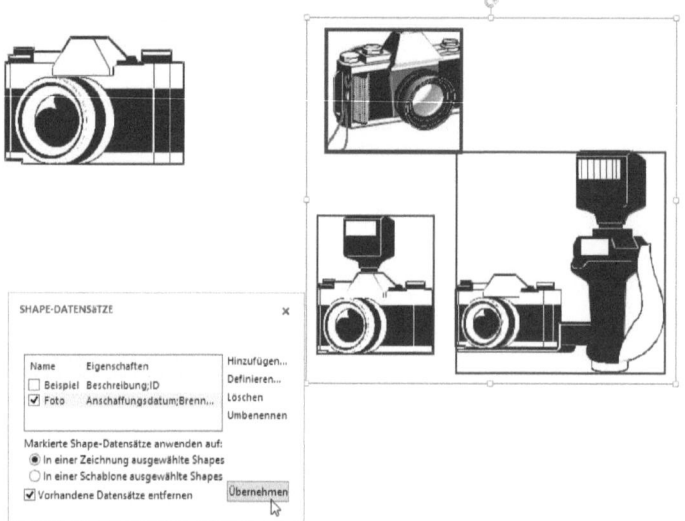

3.4. Daten als Beschriftungstext des Shapes

Normalerweise werden die Shape-Daten über das Fenster *Shape-Daten* (Registerkarte *Daten* oder *Ansicht*) angezeigt, eingegeben und geändert. Die Anzeige kann jedoch auch erfolgen, wenn Sie im Textmodus über den Befehl *Einfügen/Text/Feld* auf eines der Informationen zugreifen. Sie können auf diese Art als reine Information angezeigt werden (**Abbildung 3.14**) oder als Teil des Textes (**Abbildung 3.15**).

Abbildung 3.14: *Die Shape-Daten werden eingetragen.*

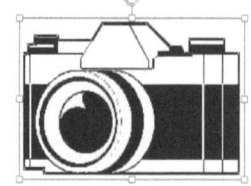

Abbildung 3.15: Texte können auch aus mehreren Daten zusammengesetzt werden.

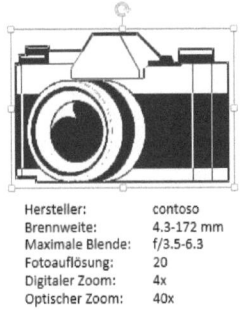

Selbstverständlich können sämtliche eingegebenen Daten im Fenster *Shape-Daten* geändert oder gelöscht werden.

Übrigens: Da die Datenquelle über den Assistenten *Externe Daten mit Shapes verknüpfen* an die Zeichnung gebunden werden kann (siehe Abschnitt 3.7), ist es leicht möglich externe Informationen, die sich beispielsweise in einer Exceltabelle befinden, auf einem Shape anzeigen zu lassen. Ein Beispiel sehen Sie in **Abbildung 3.35**.

3.5. Daten neben den Shapes anzeigen lassen

Es ist nicht nur möglich, die Daten als Text anzeigen zu lassen oder in den Text zu integrieren, sondern seit Visio 2007 ist es möglich, bei einem oder mehreren Shapes die Daten neben dem Shape zur Anzeige zu bringen.

> **Hinweis:** Diese Variante ist allerdings nur möglich, wenn Sie Visio Professional oder Enterprise installiert haben.

Wenn Sie auf der Registerkarte *Daten* das Symbol *Datengrafiken* auswählen (Gruppe *Daten anzeigen*), öffnet sich eine Auswahlliste. Wählen Sie vorher eines oder mehrere Shapes auf Ihrem Zeichenblatt aus. In Visio stellt keine der Vorlagen Datengrafiken zur Verfügung. Falls Ihre eigene Vorlage schon Datengrafiken besitzt, wenden Sie eine der vorgegebenen Datengrafiken aus.

Shape-Daten

Hinweis: Falls Sie kein Shape ausgewählt haben, erhalten Sie eine Fehlermeldung. Falls das ausgewählte Shape keine Shape-Daten enthält, erhalten Sie einen anderen Hinweis mit der Option, neue Shape-Daten zu generieren. Wenn Sie Shapes mit Shape-Daten auswählen, werden nur an den Shapes die Daten angezeigt, die auch darüber verfügen.

Jede der Datengrafiken verlangt mindestens ein Shape-Datenfeld, das angezeigt werden soll. Ganz gleich, ob sie eine Vorlage auswählen oder eine »Neue Datengrafik« erstellen – sie können die vier Elemente auswählen, die angezeigt werden sollen: Text, Datenbalken, Symbolsatz und Farbe nach Werten. Sie werden im Folgenden beschrieben.

3.5.1. Text

Wenn Sie als Element *Text* auswählen, müssen Sie anschließend das Datenfeld bestimmen, dessen Inhalt angezeigt werden soll. Die Art der Anzeige regelt die Beschriftung. Wenn Sie den Text nicht – wie standardmäßig vorgeschlagen – rechts und in der Mitte haben möchten, deaktivieren Sie die Option *Standardposition verwenden* und wählen die vertikale und/oder horizontale Ausrichtung.

Zahlen können formatiert dargestellt werden. Dabei stehen die bereits beschriebenen Kategorien mit den entsprechenden Formaten zur Verfügung:

Tabelle.24: *Die verschiedenen Werteformate*

Kategorie	Beispiel
Allgemein	Einheiten anzeigen:
	- Allgemein
	- Grad
	- Bogenmaß
	- Fuß und Zoll
Nummer	Dezimalstellen
	1000er Trennzeichen
	Einheiten anzeigen:
	- Allgemein
	- Grad
	- Bogenmaß
	- Fuß und Zoll
Währung	Dezimalstellen
	Format:
	- €123

Daten neben den Shapes anzeigen lassen

Kategorie	Beispiel
	EUR 123
	Euro 123
	123 €
	123 EUR
	123 Euro
Datum/Uhrzeit	Sprache
	Kalender
	Format:
	- 07.04.2018
	- Samstag, 07. April 2018
	- 2018-04-07
	- 18-04-07
	- 07/04/2018
	- 07. Apr. 2018
	- 07/04/18
	- April 07
	- Apr-07
	07.04.2018 23:46
	07.04.2018 23:46:09
	11:46
	11:46:09
	23:46
	23:46:09
Prozentsatz	Dezimalstellen
Bruch	- Bis zu einer Ziffer
	- Bis zu zwei Ziffern
Text	Großschreibung:
	- Standard
	- Großbuchstaben
	- Kleinbuchstaben
Dauer	Wochen
	Tage
	Stunden

Shape-Daten

Kategorie	Beispiel
	Minuten
	Sekunden
	Stunden und Minuten
	Minuten und Sekunden

Der Schriftgrad für den Wert (beispielsweise »Rene Martin«) kann festgelegt werden, ebenso wie der Schriftgrad für die Beschriftung (beispielsweise »Besitzer«). Anstelle der Beschriftung kann ein anderer oder kein Beschriftungstext angezeigt werden.

Abbildung 3.16: *Die Einstellungen* Text

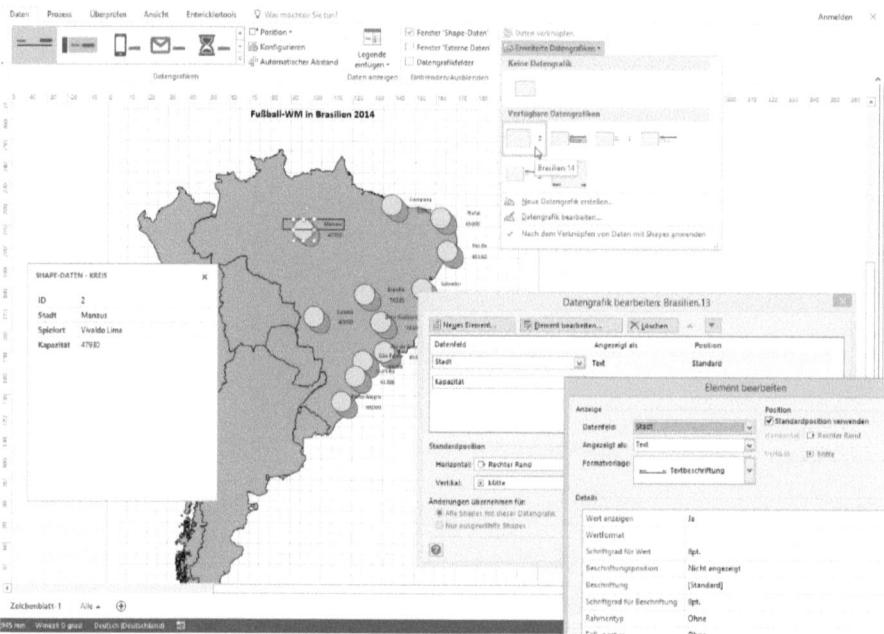

Für den Rahmentyp stehen ihn Ihnen die Umrissoptionen *Ohne*, *Unten* und *Umriss* (also Kasten) zur Verfügung. Der Füllungstyp kann *ohne* oder *Ausgefüllt* sein, der Beschriftungsabstand *Links*, *ohne* oder *Rechts*. Der *horizontale Abstand* (*links*, *ohne* und *rechts*) und der *vertikale Abstand* bestimmen den Versatz. Der Wert kann *angezeigt* oder *nicht angezeigt* werden und mit *Beschriftung* kann zusätzlich eine Beschriftung eingefügt werden. *Wertlänge* gibt die Anzahl der angezeigten Buchstaben an.

Beachten Sie, dass nicht jede der Beschriftungsoptionen über jedes Detail verfügt.

Daten neben den Shapes anzeigen lassen

 Beachten Sie auch, dass es in Visio sehr schwierig ist, längere Texte, die mit Hilfe einer Datengrafik angezeigt werden, an die gewünschte Position zu verschieben. Manchmal ist ein Feld die bessere Wahl, weil der Text mit dem Werkzeug *Textblock* frei verschoben werden kann.

3.5.2. Datenbalken

Die Datenbalken sind für Zahlen gedacht, die grafisch aufbereitet werden sollen. Ein Balken gibt die Grenzen vor, in denen sich die Werte bewegen: *Mindestwert* und *Höchstwert*. Im Feld *Details* sind die gleichen Einstellungen wie beim Text zu finden. Zur Zahl und zur grafischen Darstellung gibt es eine Beschriftung. Die Wertposition und die Beschriftungsposition können *nicht angezeigt* werden, *links*, *rechts*, *oben*, *unten* oder *innen* liegen. Für den Beschriftungsabstand stehen die Varianten *links*, *ohne* und *rechts* zur Verfügung.

Für die Darstellung des Balkens kann eine aus 13 Formatvorlagen ausgewählt werden.

Abbildung 3.17: *Datenbalken als* Status anzeigen

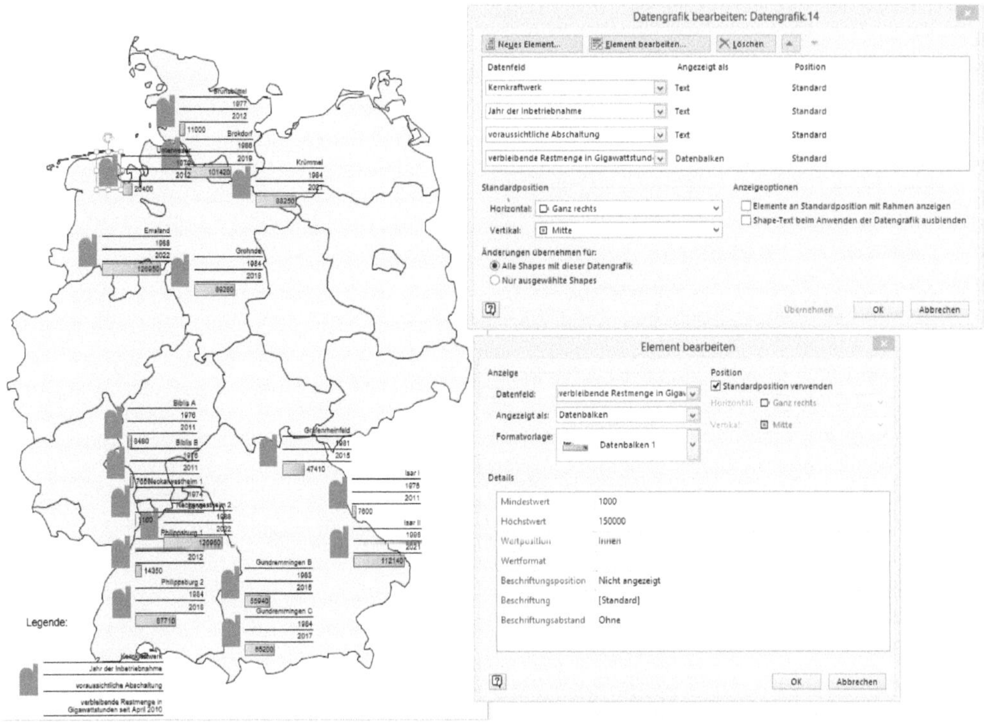

Shape-Daten

3.5.3. Symbolsatz

Wird die dritte der vier Optionen ausgewählt, hat der Benutzer die Möglichkeit, Texte oder Zahlen bedingt zu formatieren. Das bedeutet: Für ein Datenfeld wird eine Beschriftungsreihe ausgewählt. Jedes der vier oder fünf Symbole kann mit den folgenden Vergleichsoperatoren

- ist gleich
- ist nicht gleich
- ist größer als
- ist größer als oder gleich
- ist kleiner als

- ist kleiner als oder gleich
- liegt zwischen
- enthält
- enthält nicht

mit einem Wert verglichen werden. Dementsprechend wird das korrespondierende Symbol angezeigt.

Abbildung 3.18: *Die Balken zeigen deutlich die Verteilung*

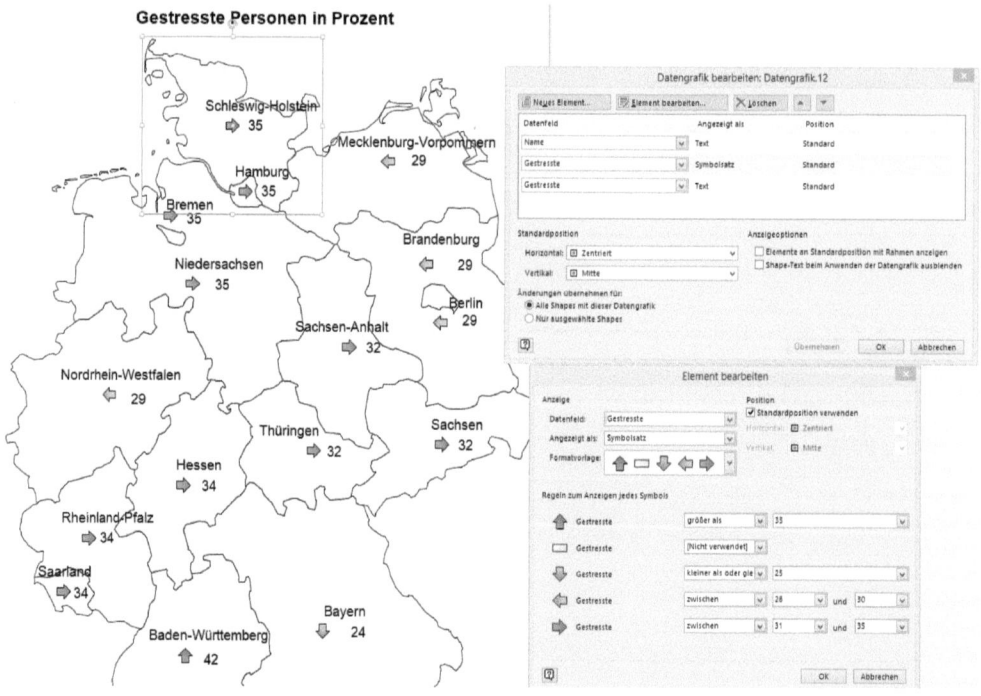

Daten neben den Shapes anzeigen lassen

3.5.4. Farbe nach Wert

Ähnlich wie der Symbolsatz funktioniert die Einstellung *Farbe nach Wert* (**Abbildung 3.19**). Dort kann für eine bestimmte Zahl oder einen Wertebereich (einschließlich ... zwischen ...) eine Füllfarbe oder eine Textfarbe definiert werden. Dabei können beliebig viele Farbzuweisungen stattfinden. Ein Beispiel könnte sein den Status eines technischen Gerätes zu dokumentieren. Ein Beispiel dafür wird im Kapitel Sharepoint (Kapitel 5) gezeigt.

Abbildung 3.19: Auch durch Farben können die Größen der Daten visualisiert werden

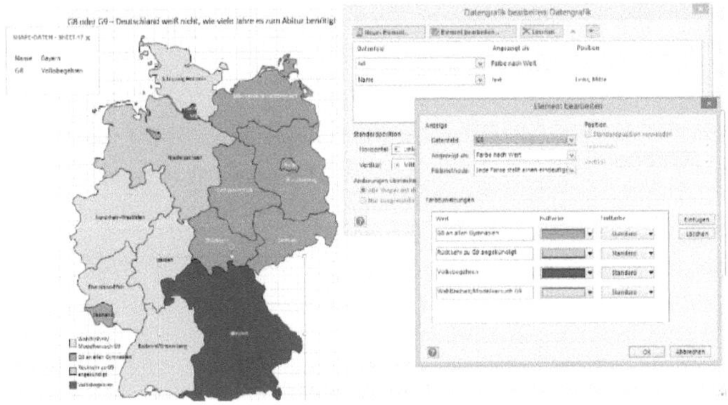

3.5.5. Weitere Optionen

Selbstredend kann jede der Optionen modifiziert werden. Über das Symbol kann jedoch nicht nur die Datengrafik bearbeitet werden – Sie können ihr über das Kontextmenü einen sprechenden Namen geben, sie können die Datengrafik duplizieren und löschen. Oder Sie können Shapes auswählen, die diese Grafik verwenden.

> **Hinweis**
> Zum schnellen Erkennen, welches Shape bereits eine bestimmte Datengrafik verwendet, können die entsprechenden Formen über das Auswahlmenü selektiert werden.

Leider ist das frei verschiebbare Fenster *Datengrafiken* von Visio 2007 nicht mehr verfügbar.

Shape-Daten

> **Hinweis**
>
> Auch wenn die Optionen der Datenelemente flexibel und vielseitig sind – einige Optionen können leider nicht eingestellt werden:
>
> - die Position der Symbolsätze
> - die Anzahl der Symbolsätze (mehr als fünf Symbole sind nicht möglich)
> - benutzerdefinierte Symbolsätze
> - exakte Position der Texte
> - vorgegebener Textrahmen
> - mehr als vier Farben nach Werten
> - ein schnelles Ein- und Ausblenden der Datenelemente
>
> Wenn Sie letztere Option wünschen, dann müssen Sie die Datenelemente auf einen Layer legen – so kann mit einem Klick der Text oder die Symbole ein- beziehungsweise ausgeblendet werden.

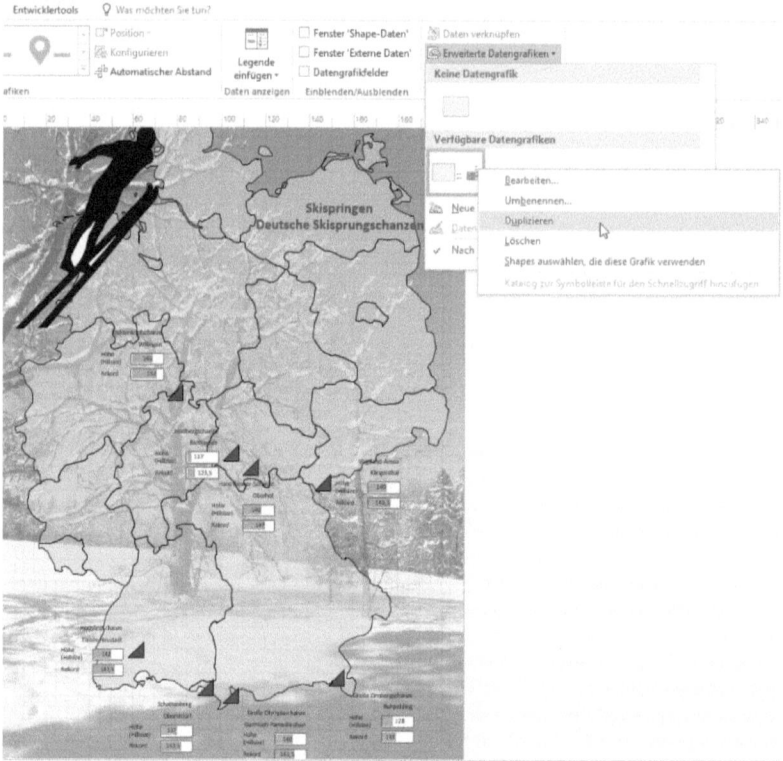

Abbildung 3.20: *Nicht benötigte Datengrafiken werden gelöscht; eine Grafik wird dupliziert und modifiziert*

3.6. Daten einsammeln und wegschreiben (Berichte)

Eine der Stärken von Visio besteht darin, dass Shapes mit Daten zu verknüpft werden können. Möchten Sie die Daten nicht nur in einem Fenster oder als Beschriftung auf oder neben dem Shape anzeigen, stellt Visio auch ein leistungsstarkes Tool zur Verfügung: die *Berichte*. Sie gelangen in den Assistenten mit dem Befehl *Überprüfen/Berichte/Shape-Berichte*.

> **Hinweis** Obwohl die Berichte mit Daten zu tun haben, tauchen sie in einer anderen Registerkarte auf: *Überprüfen* und nicht *Daten*. Der Grund liegt auf der Hand: in jeder Visio-Version stehen die Berichte zur Verfügung – also auch in Visio Standard.

Dort werden Ihnen – je nach verwendeter Vorlage – mehrere Berichte angeboten, die Sie verwenden (*ausführen*) oder modifizieren (*ändern*) könnten. Im Folgenden wird der Assistent (*Neu*) beschrieben, mit dessen Hilfe ein neuer Bericht erstellt wird.

3.6.1. Die Definition eines neuen Berichts

Im ersten Schritt werden Sie gefragt, ob Sie die Shapes auf einem – dem aktuellen – Zeichenblatt oder auf allen Zeichenblättern der gesamten Zeichnung einsammeln möchten. Alternativ ist es möglich, bestimmte Shapes zu markieren und aus ihren Informationen einen Bericht zu generieren.

> **Hinweis** Normalerweise werden Sie nicht sämtliche Shapes »einsammeln«. Visio würde dann auch Führungslinien, Verbindungslinien, Textfelder, Rahmen und Titel, etc. im Bericht aufnehmen.

Üblicherweise wird im ersten Schritt eine Auswahl der Shapes getroffen, an die bestimmte Felder gebunden sind. Dies geschieht über die Schaltfläche *Erweitert*. Dort können Sie folgendes auswählen:

Tabelle 25: *Auswahl der Shape über bestimmte Optionen*

Eigenschaft	Bedingung	Wert
Angezeigter Text	ist gleich ist nicht gleich vorhanden	Shapes, die mit einem bestimmten Text beschriftet sind
AutoDiscovery-Shapes	vorhanden	WAHR FALSCH

Shape-Daten

Eigenschaft	Bedingung	Wert
Breite Höhe	ist gleich ist nicht gleich ist kleiner als ist kleiner als oder gleich ist größer als ist größer als oder gleich	alle Shapes, deren Breite oder Höhe unter oder über einem bestimmten Wert liegt oder die exakt eine bestimmte Breite oder Höhe haben (interessant für Mobiliar)
Layername / Ebenenname	ist gleich ist nicht gleich	die Liste der Layer (Ebenen)
Master-Shapename	ist gleich ist nicht gleich vorhanden	die Liste der Master-Shapenamen (sie wird in *Entwicklertools/Shape-Design/Verhalten* angezeigt)
Shape-ID	ist gleich ist nicht gleich ist kleiner als ist kleiner als oder gleich ist größer als ist größer als oder gleich	die Shape-ID (sie wird in *Entwicklertools/Shape-Design/Verhalten* angezeigt)
Shape-Name	ist gleich ist nicht gleich	der Shape-Name (er wird in *Entwicklertools/Shape-Design/Verhalten* angezeigt)
X-Position Y-Position	ist gleich ist nicht gleich ist kleiner als ist kleiner als oder gleich ist größer als ist größer als oder gleich	die (numerische) Lage des Shapes (interessant für Raumpläne)
die Liste sämtlicher Datenfelder auf allen Shapes	ist gleich ist nicht gleich ist kleiner als ist kleiner als oder gleich ist größer als ist größer als oder gleich vorhanden	Shapes, in deren Datenfelder bestimmte Informationen eingetragen wurden

Daten einsammeln und wegschreiben (Berichte)

> **Hinweis:** Sicherlich ist die häufigste Eigenschaft der Ebenenname (Layername) (**Abbildung 3.21**), da über ihn auf verschiedene und verschiedenartige Shapes zugegriffen werden kann. Für technische Zeichnungen und Raumpläne sind natürlich auch Master-Shape-Namen denkbar, Shape-Datenfelder, die mit einem bestimmten Wert gefüllt sind (»alle Schrauben, die einen Gewindedurchmesser M5 haben«) oder geometrische Informationen (»alle Tische, die breiter als 60 cm sind«)

Abbildung 3.21: Die Einstellung Ebenenname (Layername)

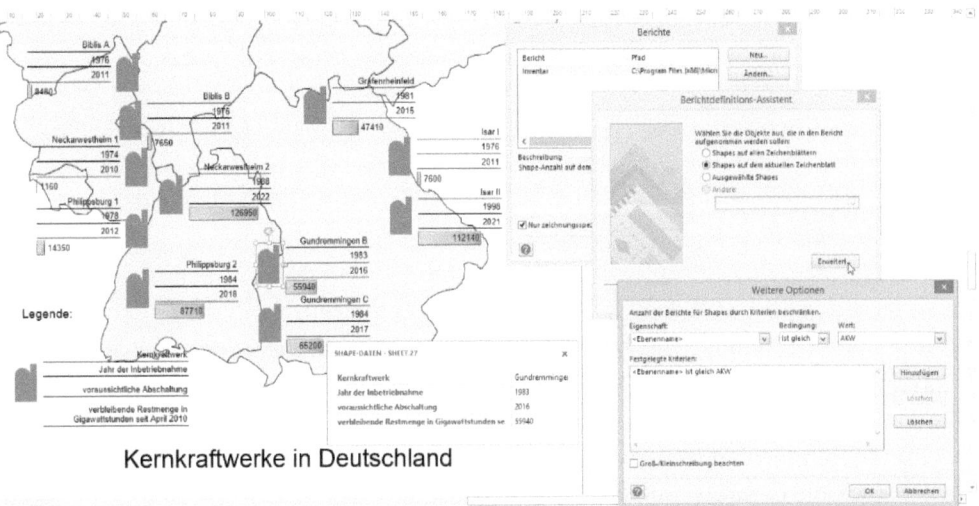

> **Hinweis:** Sie können mehrere Kriterien auswählen, die mit einem logischen UND verknüpft werden. Leider ist keine Verknüpfungsauswahl für ein ODER vorgesehen.

Im zweiten Schritt wählt der Benutzer die Eigenschaften aus, die im Bericht angezeigt werden sollen. Dabei stehen unter anderem zur Verfügung:

- der angezeigte Text
- die Breite
- die Höhe
- der Master-Shape-Name
- die Shape-ID
- der Shape-Name

Shape-Daten

- die X-Position
- die Y-Position
- die Datenfelder

Abbildung 3.22: *Einige der Datenfelder wurden ausgewählt*

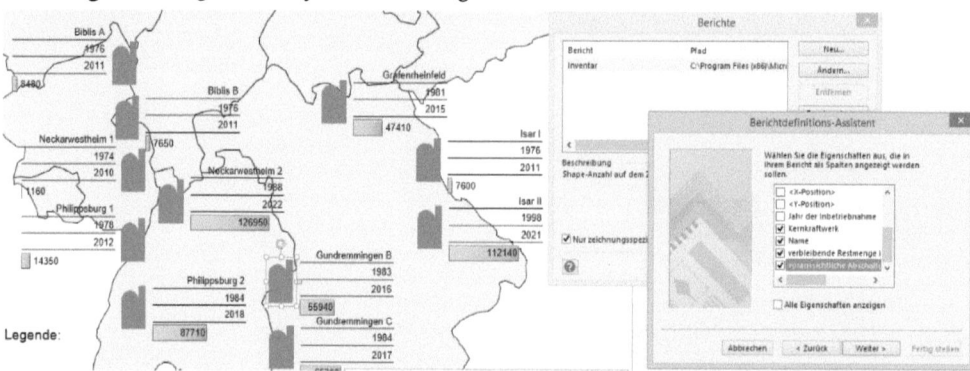

Im vorletzten Schritt wird der Titel eingegeben, der erscheint, wenn der Bericht als Shape auf der Visio-Zeichnung eingefügt wird. Über die Schaltfläche *Teilsummen* können die Informationen gruppiert werden. Über die Schaltfläche *Optionen* öffnet sich ein Dialogfeld, in dem Sie alle Werte anzeigen lassen können, gleiche Werte zusammengefasst oder nur die Teilsummen angezeigt werden können. Zusätzlich zu den Einzelwerten können Sie sich auch die Gesamtsummen anzeigen lassen.

 **Hinweis** Mithilfe der Option des Gruppierens könnten Duplikate ausgeschlossen werden.

In der unteren Liste *Teilsummen* werden die Funktionen ausgewählt, die auf die entsprechenden Daten angewandt werden sollen:

- Anzahl (für Texte und Zahlen)
- Gesamt (Summe)
- Mittelwert
- Maximum
- Minimum
- Median

Die nicht zusammengefassten, beziehungsweise berechneten Daten, können als Sortierkriterien verwendet werden. Diese finden Sie hinter der zweiten Schaltfläche.

Mit *Format* werden die Einheiten angezeigt und die Anzahl der Nachkommastellen festgelegt.

Sämtliche Einstellungen des Berichtes müssen gespeichert werden. Sie können (lokal) in der aktuellen Zeichnung gespeichert werden oder auch in einer bestimmten Datei.

Tipp: Das Speichern der Berichtsdefinition in einer Datei hat die Vorteile, dass die Berichtdefinition weitergegeben werden kann und dass andere Zeichnungen den gleichen Bericht aus ihren Daten generieren können.

Nachdem die Berichtsdefinition fertig gestellt wurde, wird der Bericht »ausgeführt«. Dabei stehen zwei Varianten zur Verfügung:

- als Daten, die in einem Visio-Shape auf der Zeichnung angezeigt werden
- als externe Datei, die gespeichert wird.

3.6.2. Daten speichern in einem Visio-Shape

Wenn Sie sich für die Variante entscheiden, die Daten in einem Visio-Shape (wie in **Abbildung 3.23**) zu speichern, sollten Sie sich überlegen, ob eine Kopie der Berichtsdefinition erzeugt wird oder ob Sie eine Verknüpfung mit der Berichtsdefinition möchten. Wenn Sie sich für den ersten Fall entscheiden, wird eine lokale Kopie der Berichtsdefinition im Shape erzeugt. Das bedeutet: Wählen Sie über das Kontextmenü *Bericht aktualisieren*, so gelangen Sie in das Dialogfeld *Bericht aktualisieren*. Dort finden Sie nun eine Kopie Ihres Berichtes. Sie können nun sowohl diese Kopie modifizieren als auch den ursprünglichen Bericht ändern – beide sind unabhängig voneinander. Bei Auswahl von *Verknüpfung mit Berichtdefinition* steht Ihnen diese Option nicht zur Verfügung.

Ganz gleich für welche Variante Sie sich entscheiden – über das Kontextmenü *Bericht erstellen* werden Änderungen der Shapes im Bericht angezeigt.

Bericht aktualisieren öffnet erneut das gleichlautende Dialogfeld, so dass die Definition modifiziert werden könnte.

Der Bericht wird als eingebettete Excel-Tabelle gespeichert. Dies können Sie leicht herausfinden, indem Sie mit einem Doppelklick (oder über das Kontextmenü *Arbeitsblatt-Objekt/Bearbeiten*) das Shape öffnen. Das bedeutet, dass in Excel die Formatierungen angepasst werden können. Ein Klick auf das Zeichenblatt führt zurück zu Visio.

Im Kontextmenü finden Sie auch noch die Option *Arbeitsblatt-Objekt/Öffnen*, mit der die Tabelle in einem neuen (Excel-) Fenster geöffnet wird. Über *Arbeitsblatt-Objekt/Konvertieren* kann es in eine ältere Excelversion herunter konvertiert werden.

Abbildung 3.23: *Die Daten werden als Visio-Shape in der Zeichnung angezeigt.*

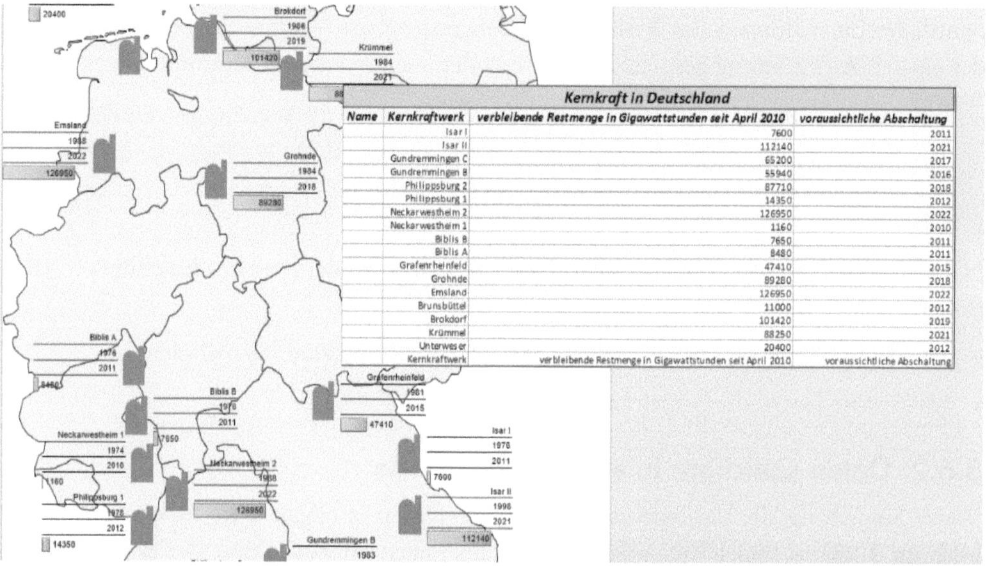

Kernkraft in Deutschland			
Name	Kernkraftwerk	verbleibende Restmenge in Gigawattstunden seit April 2010	voraussichtliche Abschaltung
	Isar I	7600	2011
	Isar II	112140	2021
	Gundremmingen C	65200	2017
	Gundremmingen B	55940	2016
	Philippsburg 2	87710	2018
	Philippsburg 1	14350	2012
	Neckarwestheim 2	126950	2022
	Neckarwestheim 1	1160	2010
	Biblis B	7650	2011
	Biblis A	8480	2011
	Grafenrheinfeld	47410	2015
	Grohnde	89280	2018
	Emsland	126950	2022
	Brunsbüttel	11000	2012
	Brokdorf	101420	2019
	Krümmel	88250	2021
	Unterweser	20400	2012
	Kernkraftwerk	verbleibende Restmenge in Gigawattstunden seit April 2010	voraussichtliche Abschaltung

So einfach man Berichte erstellen kann – bei einigen Wünschen gibt es jedoch ein paar Dinge zu beachten:

- Wenn Sie den Dateinamen mit in den Bericht integrieren möchten, müssen Sie ein Feld auf einem Shape erzeugen, das den Namen der Datei anzeigt. Anschließend kann er als angezeigter Text »eingesammelt« werden.
- Wenn Layernamen mit exportiert werden sollen, muss der Layername in einem Datenfeld stehen. Der erste Layername kann über die benutzerdefinierte Formel

  =ThePage!Layers.Name

  hergeholt werden.
- Leider ist keine Aktualisierung per Hyperlink möglich. Dies muss manuell oder per Programmierung erfolgen.
- Berichtsexporte können leider nicht »mitprotokolliert« werden. Auch dies müsste per Programmierung erfolgen.
- Wenn Sie unterschiedliche Berichte haben möchten, die verschiedene Dinge anzeigen, können Sie Shapes auf mehrere Layer legen und nun beispielsweise die Shapes von

Layer1 in Bericht1, die Shapes von Layer2 in Bericht2, ... anzeigen lassen, wie Sie in **Abbildung 3.24** sehen können.

- Übrigens können Sie den Bericht verwenden, wenn Sie wissen möchten, wie viele Shapes sich auf dem Zeichenblatt oder in der Datei befinden.

Abbildung 3.24: Verschiedene Exportvarianten

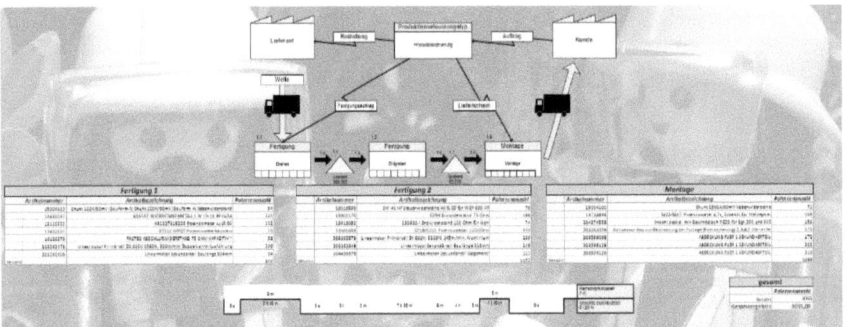

- Kann man pro Standort in Visio die Abteilungen zusammenfassen und die Stundenzahl der einzelnen Mitarbeiter summieren?

Übrigens können Sie einen Bericht auf einem Zeichenblatt auch in eine Schablone ziehen. Damit wird die Berichtsdefinition mitkopiert. Wenn Sie den Bericht in der nächsten Zeichnung wieder benötigen, ziehen Sie ihn einfach aus der Schablone heraus. Die vier Shapes *Messgeräteliste*, *Rohrleitungsliste*, *Ventilliste* und *Zubehörliste* in der Schablone *Konstruktion/Verfahrenstechnik/Prozessanmerkungen* verdeutlicht dies.

Abbildung 3.25: Vorbereitete Berichte in Schablonen

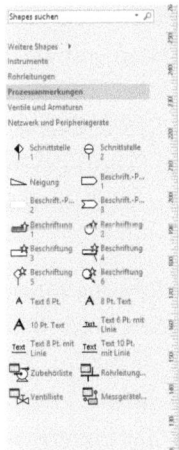 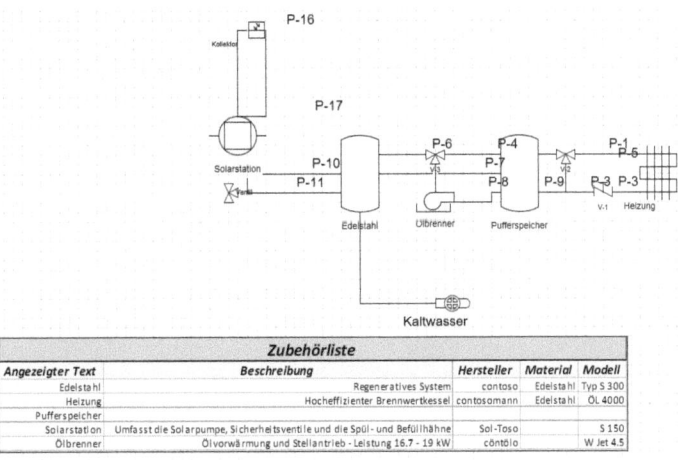

Shape-Daten

Abbildung 3.26: *Auch abteilungsweise kann gruppiert werden.*

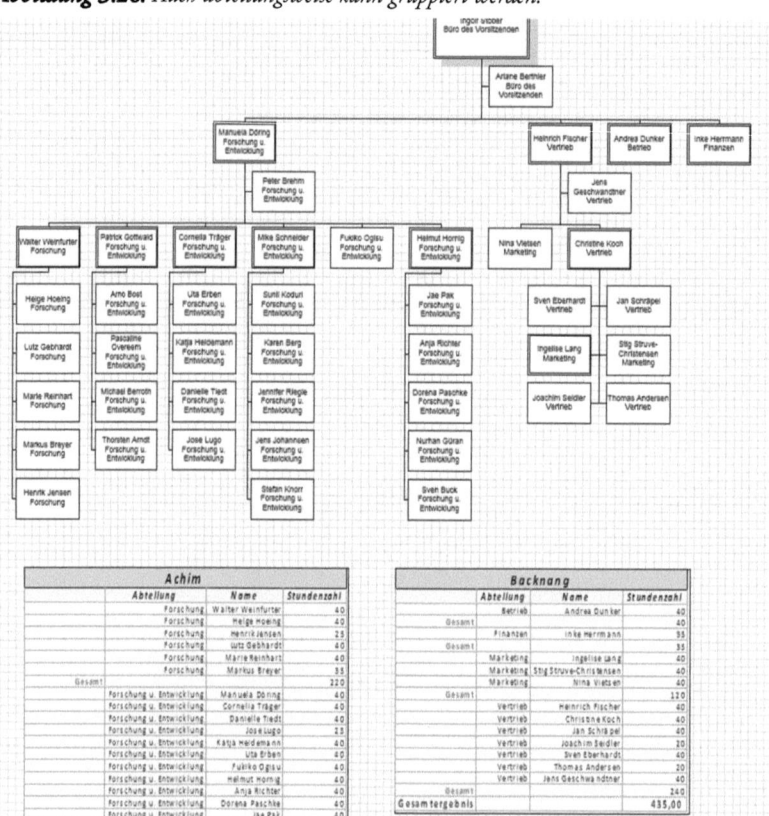

- Klar – man kann: man muss die Shapes geschickt auf Layer legen (beispielsweise entspricht der Layername dem Standortnamen) und die entsprechenden Daten eintragen (Abteilung, Name des Mitarbeiters, Stundenzahl, ...) Anschließend kann man mit Hilfe des Assistenten Überprüfen/Berichte mehrere Berichte erstellen (pro Standort einen), in dem jeweils die Shapes des Standortes eingesammelt werden. Im Schritt „Teilsummen" können die Stunden summiert und die Abteilungen gruppiert werden, wie **Abbildung 3.26** zeigt.

- Wenn Sie Daten nach Excel exportieren, müssen darauf achten, dass die Informationen keine Punkte haben, da diese in Excel als Datumsinformation interpretiert wird (beispielsweise aus Abteilung 3.5 wird Abteilung 03. Mai) und keine führende Nullen, da diese beim Export gelöscht werden. Eine mögliche Lösung könnte sein vor die Daten ein Hochkomma (') zu schreiben; diese Information wird von Excel als Text interpretiert.

3.6.3. Daten in externer Datei speichern

Drei Formate stehen Ihnen für den Datenexport zur Verfügung:

- Excel
- HTML
- XML

Abbildung 3.27: *Verschiedene Exportoptionen – als Bericht in einem Shape, als Excel-Mappe und als HTML-Datei*

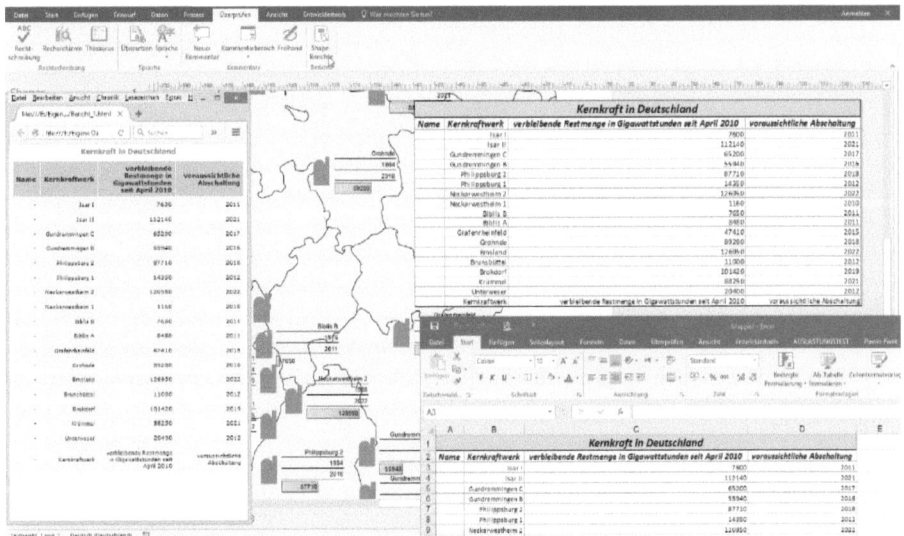

Während beim Auswählen von *Excel* die Applikation Excel geöffnet wird und die Daten (ohne sie zu speichern) dort angezeigt werden (wie Sie in **Abbildung 3.27** sehen können), muss beim HTML- und XML-Export ein Speicherort und ein Dateiname angegeben werden.

Die HTML-Datei besteht aus einer Tabelle mit den Daten, die mit einem CSS-Stylesheet verknüpft ist. Selbstverständlich kann diese (Text-) Datei bearbeitet werden.

In der XML-Datei finden sich nicht nur die Daten als Werte in den entsprechenden Tags, sondern auch die formatierten Werte als Attribute in den Tags, die Formatierungsinformationen als Attribute in den entsprechenden Tags. Und am Anfang wird eine XSD-Schema-Datei eingebettet, die die Daten der Liste validiert.

3.7. Externe Daten mit Shapes verknüpfen

Es gibt auch den umgekehrten Weg: Angenommen, Sie haben Daten in einer Excel-Tabelle oder in einer Datenbank gespeichert. Dann können Sie die Liste mit einer

Shape-Daten

bestehenden Zeichnung verknüpfen, so dass die (externen) Daten als Datenfelder zu den Shapes hinzugefügt werden.

> **Hinweis** Damit das Verknüpfen funktioniert, muss die Liste einen Schlüsselwert besitzen. Legen Sie in den Datenbanken (z.B. in Access oder SQL Server) einen Primärschlüssel auf das eindeutige Feld oder generieren Sie in Excel eine Zählerspalte, die als Schlüsselspalte fungiert.
>
> **Hinweis** Erstaunlicherweise klappt folgende Sache nicht: Wenn in eine Access-Datenbank Tabellen aus einer anderen Access-DB verknüpft wurden, können diese nicht nach Visio verknüpft werden.

Wählen Sie hierzu aus der Registerkarte *Daten* das Symbol *Benutzerdefinierter Import* (in Visio 2013: *Daten mit Shapes verknüpfen*). Der Assistent fragt Sie nach der Datenquelle – je nach Programm, beziehungsweise Server wird ein anderer Filter verwendet. In Visio 2016 steht Ihnen ein Schnellimport zur Verfügung – er wählt aus dem Assistenten die Standardoptionen aus.

Wenn Sie sich für Excel entscheiden, wählen Sie im zweiten Schritt den Namen der gespeicherten Datei und im dritten Schritt den Namen des Tabellenblattes. Im nächsten Schritt werden Sie gefragt, ob Sie sämtliche Informationen aus der Excel-Liste benötigen oder lediglich einige der Spalten, die einzeln auswählbar sind.

> **Hinweis** Bei einer Excel-Tabelle mit mehreren Tausend Datensätzen erhalten Sie eine Warnmeldung, dass es möglicherweise zu Schwierigkeiten kommt (siehe **Abbildung 3.28**). Bei mir gab es bei meinen Tests jedoch keine Komplikationen.

Abbildung 3.28: *Der Warnhinweis kann (mit Nein) übergangen werden – die Daten werden problemlos importiert.*

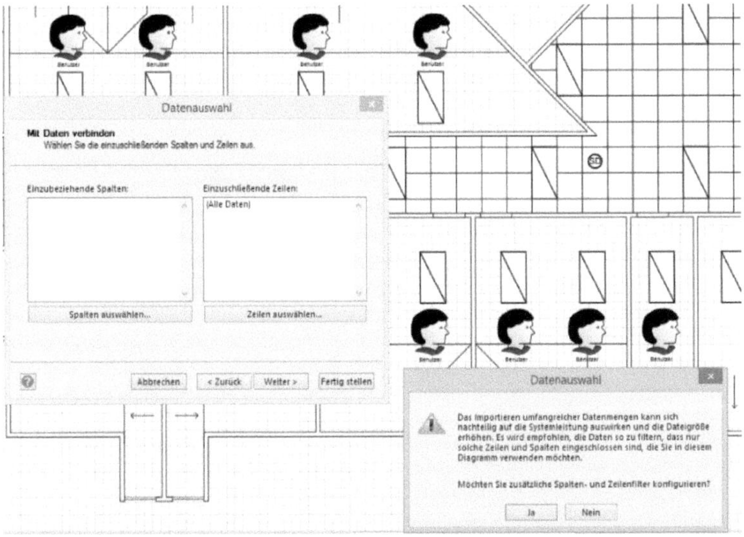

Im unteren Teil des Visio-Bildschirms werden nun die importierten Daten angezeigt. Per Drag & Drop kann ein Datensatz auf das Zeichenblatt gezogen werden und dort auf einem Shape fallen gelassen werden. Sofort wird eine Datengrafik erstellt. Die Datengrafik können Sie selbstverständlich in *Daten/Datengrafiken* ändern.

Vielleicht ist es trivial – es soll dennoch erwähnt werden: Wurden mehrere Shapes miteinander zu einer Gruppe zusammengefasst, ist es nicht möglich, ein Datensatz der externen Quelle auf ein Mitgliedsshape der Gruppe fallen zu lassen. Man kann nur die Gruppe selbst mit dem Datensatz verbinden.

Welcher Datensatz mit einem Shape verknüpft wurde, ist am Verknüpfungssymbol im Fenster *Externe Daten* leicht erkennbar. Sie erkennen es deutlich in **Abbildung 3.29**.

Shape-Daten

Abbildung 3.29: *Die Daten werden auf das Shape gezogen und sind nun im Fenster* Shape-Daten *sichtbar*

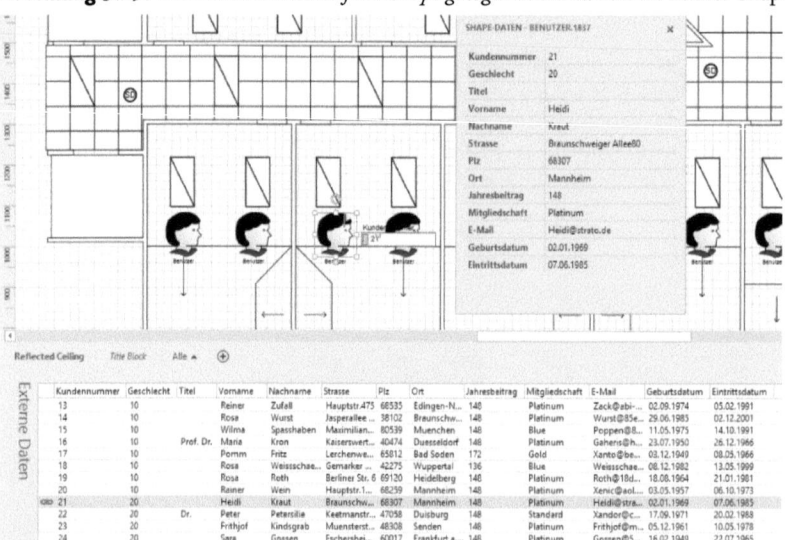

Abbildung 3.30: *Die Datengrafiken können die Daten auf den Shapes anzeigen*

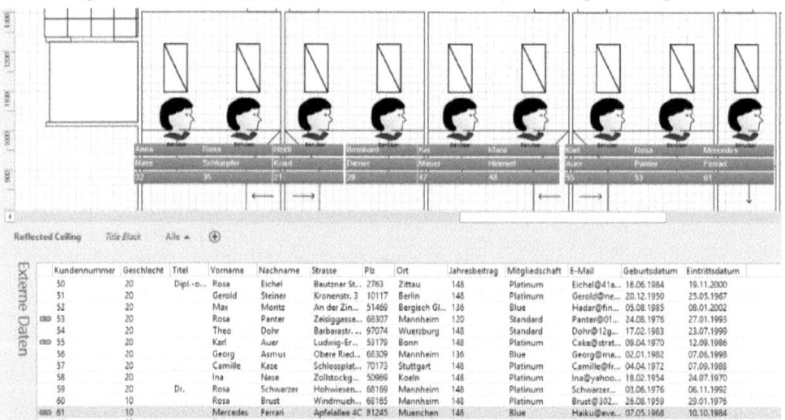

Verfügt ein Shape bereits über eine Verknüpfung, und verknüpfen Sie einen anderen Datensatz mit diesem Shape, erhalten Sie eine Warnmeldung, in der Sie gefragt werden, ob die Verknüpfung zum ersten Datensatz gelöscht werden soll (siehe **Abbildung 3.31**).

Diese Einstellung kann im Kontextmenü des Fensters *Externe Daten Datenquelle/Eigenschaften* geändert werden. Ihnen steht ebenso die Möglichkeit zur Verfügung, vorhandene Daten stillschweigend (also ohne Nachfrage an den Benutzer) zu ersetzen oder nicht zu ersetzen.

Externe Daten mit Shapes verknüpfen

Abbildung 3.31: Daten können ersetzt werden

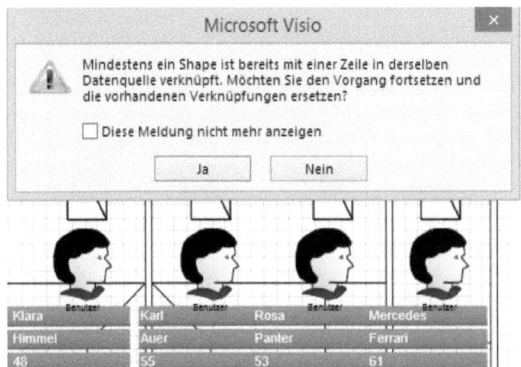

> **Hinweis**
>
> Es ist also nicht möglich, zwei Datensätze mit einem Shape zu verknüpfen. Dies erscheint so auch sinnvoll.

Der umgekehrte Weg ist jedoch denkbar. Ein Datensatz kann mit mehreren Shapes aus der Zeichnung problemlos verknüpft werden.

Wenn Sie sich fälschlicherweise das Fenster für externe Daten ausgeblendet haben, können Sie es wieder über die Registerkarte *Daten/Fenster für externe Daten* sichtbar machen.

Das Kontextmenü des Fensters für externe Daten (**Abbildung 3.32**) verfügt über einige interessante Einstellungen, die im Folgenden beschrieben werden:

Abbildung 3.32: Das Kontextmenü des Fensters für externe Daten bietet eine Reihe von Einstellmöglichkeiten

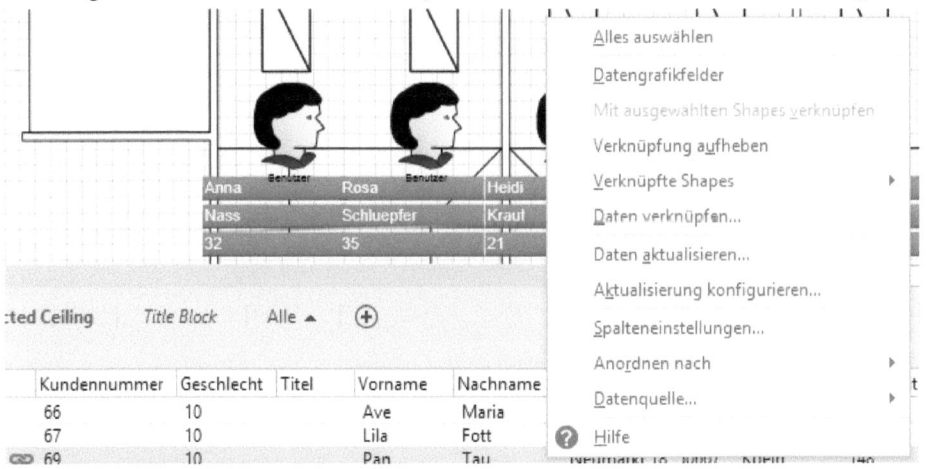

269

3.7.1. Alles auswählen

Damit haben Sie die Möglichkeit, sämtliche Datensätze aus der Liste auszuwählen. Dies kann sinnvoll sein, wenn Sie sämtliche Verknüpfungen lösen möchten.

> **Tipp**
> Mit gedrückter [Strg]- oder [Umschalt]-Taste können mehrere Datensätze in diesem Fenster selektiert werden.

3.7.2. Mit ausgewählten Shapes verknüpfen

Vielleicht ist die Technik, den Datensatz mit Drag & Drop aus dem Fenster auf das Shape zu ziehen die schnellste Methode und sehr effizient. Es geht aber auch, indem Sie ein Shape oder mehrere Shapes auf der Zeichnung markieren und verknüpfen nun einen ausgewählten Datensatz mit dem Befehl *mit ausgewähltem Shape verknüpfen*.

Wenn Sie mehrere Datensätze ausgewählt haben, wird nur einer der Datensätze mit dem Shape, beziehungsweise mit den Shapes verknüpft. Sie müssen die Verknüpfung einzeln herstellen.

> **Hinweis**
> Da auch Führungslinien, Verbinder, Bilder, Textfelder, Rahmen und Titel, ... Shapes sind, können Sie auch mit Daten verknüpft werden. Achten Sie darauf, dass diese Objekte nicht selektiert sind; außer – Sie möchten Ihnen explizit Daten hinzufügen.

> **Hinweis**
> Zar kann man die importierten Daten sortieren, indem man auf die Titelzeile klickt. Allerdings stellt Visio keine Filterfunktion oder Suchfunktion in den importierten Daten zur Verfügung. Das wäre interessant und wichtig, wenn beispielsweise 10.000 Datensätze importiert werden und nun ein ganz bestimmter an ein bestimmtes Shape gebunden werden soll.

3.7.3. Verknüpfung aufheben

Mit der Option *Verknüpfung aufheben* aus dem Kontextmenü wird die Beziehung zwischen der Datentabelle und dem Shape gekappt. Beachten Sie, dass damit nicht die Daten des Shapes gelöscht werden; auch nicht die Datenfelder, in welche nichts eingetragen wurde. Und: Da noch die Datengrafik angezeigt wird, sind die »alten« Daten noch immer neben dem Shape sichtbar. Sie müssten ausgeblendet oder explizit gelöscht werden.

3.7.4. Verknüpfte Shapes

Zwar ist am Symbol vor dem Datensatz gut zu erkennen, ob ein Datensatz mit einem oder mehreren Shapes verknüpft wurde, jedoch nicht mit welchem. Hier schafft der Eintrag *Verknüpfte Shapes* Abhilfe. Er zeigt den Namen des verknüpften Shapes, oder – bei mehreren verknüpften Shapes – sämtliche Namen. Wird einer der Namen ausgewählt, wird das Shape nicht nur markiert, sondern die Bildschirmansicht wird so verschoben, dass das verknüpfte Shape in der Mitte des Fensters sichtbar ist.

> **Hinweis:** Zusätzlich zum Namen des Shapes (genauer: zum Namen des Master-Shapes) werden auch noch die Namen der Zeichenblätter angezeigt, auf denen sich das Shape befindet.

3.7.5. Automatisch verknüpfen

Der Assistent *Automatisch verknüpfen* setzt voraus, dass Shapes auf dem Zeichenblatt bereits ein Datenfeld besitzen, das mit einem Feld aus der Liste korrespondiert. Die Namen müssen dabei nicht identisch sein. Und, dass die Datentypen (Text, Zahl oder Datum) des Datenfeldes identisch sind mit den Daten aus der Liste.

> **Hinweis:** Da in Datenbanken ein Primärschlüssel auf mehrere Felder gelegt werden kann, können auch mehrere Felder miteinander verknüpft werden.

Abbildung 3.33: Dieser Datensatz wurde fälschlicherweise mit mehreren Shapes verknüpft

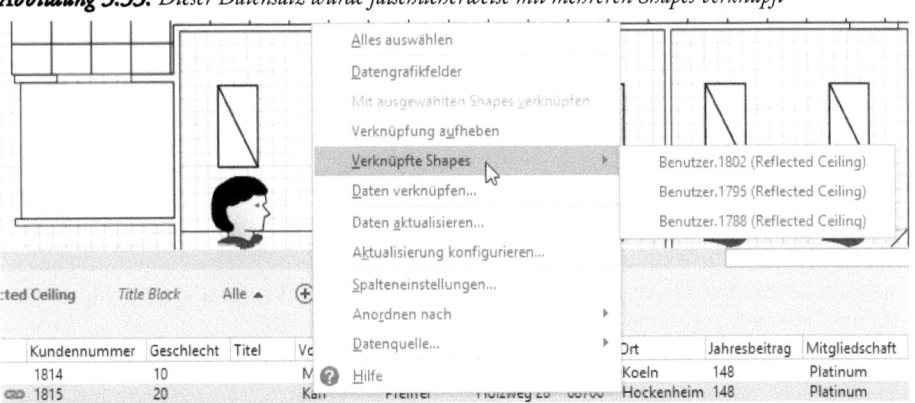

Der Assistent fragt ab, ob nur die ausgewählten Shapes oder alle Shapes der aktuellen Zeichenblattseite verknüpft werden sollen. Im zweiten Schritt ist auszuwählen, welche Felder

Shape-Daten

der Daten mit welchen Feldern der Liste korrespondieren. Der dritte Schritt dient lediglich der Kontrolle: Dort werden noch einmal die gewünschten Verknüpfungseinstellungen angezeigt und können nun aktiviert werden.

Sie finden diese Einstellung auch in der Registerkarte *Daten/Automatisch verknüpfen*.

3.7.6. Daten aktualisieren

Die Liste der Daten, die im unteren Fenster angezeigt wird, enthält keine direkte Verknüpfung zu der ursprünglichen Datenliste. Damit Änderungen in der Excel-Tabelle oder in der Datenbank übernommen werden, muss die Liste aktualisiert werden. Danach stehen die neuen Werte in der Liste und damit selbstverständlich auch in den entsprechenden Shapes.

> **Hinweis**
> Ein Zurückschreiben der Daten ist nicht möglich. Das bedeutet: Werden Daten in den Shapes oder in der angezeigten Liste geändert, kann damit nicht in Excel oder Access weiter gearbeitet werden.

Sie finden diese Einstellung auch in der Registerkarte *Daten/Daten aktualisieren*.

3.7.7. Aktualisierung konfigurieren

Im Dialogfeld *Aktualisierung konfigurieren* können Sie die Datenquelle ändern. Dies ist sinnvoll, wenn die Excel-Datei einen anderen Namen trägt oder in ein anderes Verzeichnis gespeichert wurde. Oder auch, wenn die Shape-Daten mit einer anderen Datenquelle verknüpft werden sollen, in der sich die aktuellen Werte befinden.

In diesem Dialogfeld kann auch der eindeutige Bezeichner (Primärschlüssel) geändert werden. Alternativ haben Sie die Möglichkeit, die Zeilennummer als Primärschlüssel zu verwenden. Dort können Sie Benutzeränderungen an Shape-Daten überschreiben lassen.

> **Hinweis**
> Diese Einstellung ist sehr wichtig. Angenommen, der Anwender überschreibt Daten in einem Datenfeld, das mit einem Datensatz aus der Liste verknüpft ist. Man könnte meinen, dass das Aktualisieren der Daten bewirkt, dass vom Anwender geänderte Daten zurückgesetzt werden. Weit gefehlt! Es werden nur die Daten überschrieben, die in der Liste nicht mehr mit der Datenquelle korrespondieren. Schalten Sie diese Option ein, damit die Benutzerdaten nach der Aktualisierung zurückgesetzt werden.

Ebenso können Sie eine automatische Aktualisierung anstoßen.

3.7.8. Spalteneinstellungen

Über dieses Fenster kann die Reihenfolge der Spalten geändert werden. Dies kann interessant sein, um die Felder in einer korrekten Reihenfolge (beispielsweise: Vorname – Zuname – Straße – PLZ – Ort) angezeigt zu bekommen (siehe **Abbildung 3.34**).

Dort können auch die Namen umbenannt werden, damit nicht die möglicherweise kryptischen (Feld-) Namen aus der Datenbank angezeigt werden. Umgekehrt können Sie die Namen auch wieder auf ihren alten Standard zurücksetzen.

Abbildung 3.34: Die Reihenfolge und die Einheiten der Felder können geändert werden

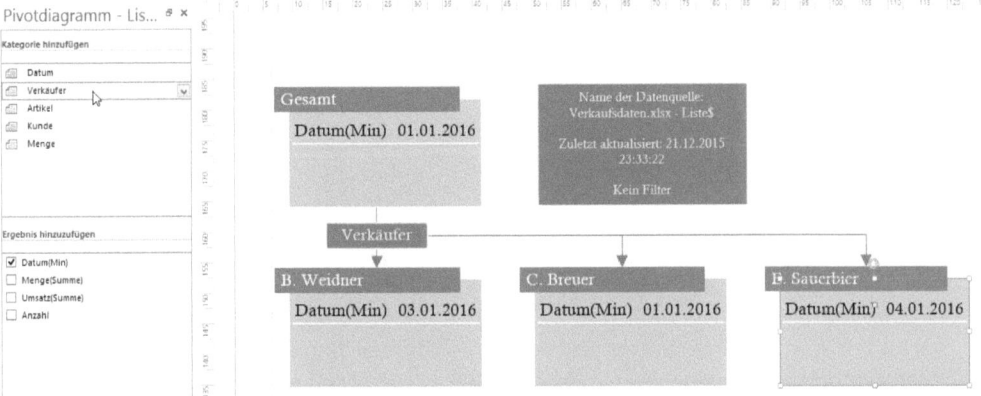

Manchmal passiert es beim Importieren von Fremddaten, dass der Datentyp nicht korrekt erkannt wird. Vor allem, wenn die ersten Felder leer sind, haben viele Assistenten Schwierigkeiten damit, Datum und Zahl korrekt zu identifizieren. Abhilfe schafft hier die Schaltfläche *Datentyp*. Dort kann der korrekte Datentyp eingestellt werden, den Sie für Berechnungen benötigen. Es stehen folgende Typen zur Verfügung:

- Nummer
- Boolesch
- Währung
- Datum
- Dauer
- Zeichenkette

Die Breite der ausgewählten Spalten kann (numerisch) festgelegt werden.

Shape-Daten

> **Hinweis** Es ist sicherlich leichter, die Spaltenbreite mit Hilfe der Maus in den Spaltenköpfen zu verändern.

3.7.9. Der Menübefehl *Anordnen nach*

Über den Menübefehl *Anordnen nach* wird die Reihenfolge der Einträge festgelegt. Als letzter Eintrag befindet sich in der Liste *ursprüngliche Reihenfolge* mit der die Liste wieder in die Reihenfolge gebracht werden kann, wie sie zu Beginn war.

> **Hinweis** Schneller geht die Sortierung sicherlich mit einem Klick auf den entsprechenden Spaltenkopf. Diese Technik ist aus dem Windows-Explorer und dem Dialogfeld *Öffnen* hinlänglich bekannt.

3.7.10. Datenquelle

Der letzte der Einträge des Kontextmenüs weist vier weitere Unterpunkte auf.

- *Datenquelle/Hinzufügen* fügt, wie der Name bereits sagt, eine weitere Liste hinzu. Er startet des Assistenten neu. Sie könnten es auch über dem Symbol *Daten/Externe Daten/Daten mit Shapes verknüpfen* erledigen, wenn Sie eine weitere Liste benötigen.

- *Datenquelle/Umbenennen* erlaubt Ihnen, der Registerkarte einen anderen Namen zu geben. Analog zu den Zeichenblattnamen und den Tabellenblattnamen in Excel kann der Blattname auch mit einem Doppelklick auf die Registerkarte umbenannt werden.

- *Datenquelle/Entfernen* trennt die Beziehung zwischen der Originalliste und der in Visio angezeigten Liste. Das heißt: Die Zeichnung steht nun ohne an sie gebundene Liste da.

- *Datenquelle/Eigenschaften* zeigt erneut den Blattnamen mit der Option an, ihn umzubenennen, den Typ der ursprünglichen Datenquelle und ihren Speicherort, die Gesamtzeilenanzahl und die Anzahl der verknüpften Zeilen. Wichtig in diesem Dialogfeld erscheint die Option, was mit Daten passiert, die aus der Liste auf ein Shape gezogen werden, das bereits mit einem Datensatz verknüpft ist. Zur Standardvariante, dass der Benutzer gefragt wird, gibt es noch die beiden anderen Möglichkeiten, die Daten stillschweigend zu überschreiben oder nicht zu ersetzen.

Externe Daten mit Shapes verknüpfen

3.7.11. Daten verknüpfen und als Beschriftungstext anzeigen

Was machen Sie, wenn Sie in einer Excel-Tabelle bereits Daten erfasst haben und diese auf verschiedenen Shapes anzeigt haben möchten? Wenn Sie nicht den Weg über die Datengrafiken gehen möchten, können Sie folgenden Weg wählen:

- Erstellen Sie einen Verbinder. Fügen Sie ihm ein Datenfeld ein – beispielsweise *Preis*. Es muss den gleichen Namen haben wie die Spalte, die
- Editieren Sie den Text des Verbinders und fügen über *Einfügen/Text/Feld* das Datenfeld ein.
- Die Datenquelle wird mit der Zeichnung verknüpft.
- Ziehen Sie den entsprechenden Datensatz auf das zugehörige Shape und die Information wird nun angezeigt.
- Unglücklicherweise zeigt Excel die Daten ein zweites Mal über eine Datengrafik auf dem Shape an. Da das nicht gewünscht ist, muss man in dieser Datengrafik die Felder löschen.

Und nun können die Datensätze auf das Diagramm gezogen werden.

Abbildung 3.35: Die Daten werden auf der Verbindungslinie angezeigt.

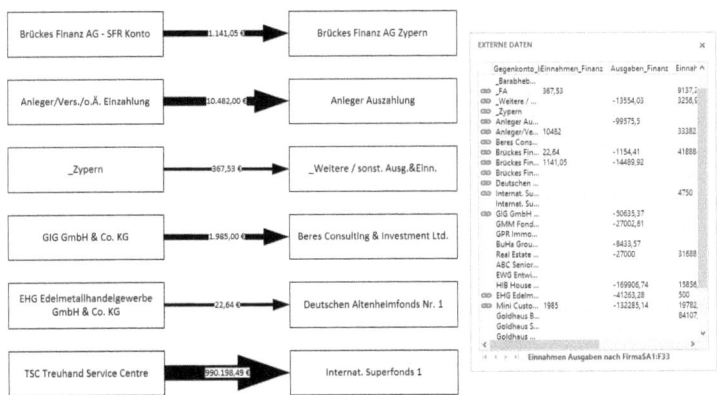

275

Shape-Daten

3.7.12. Datengrafikfelder

Abbildung 3.36: *Datengrafikfelder*

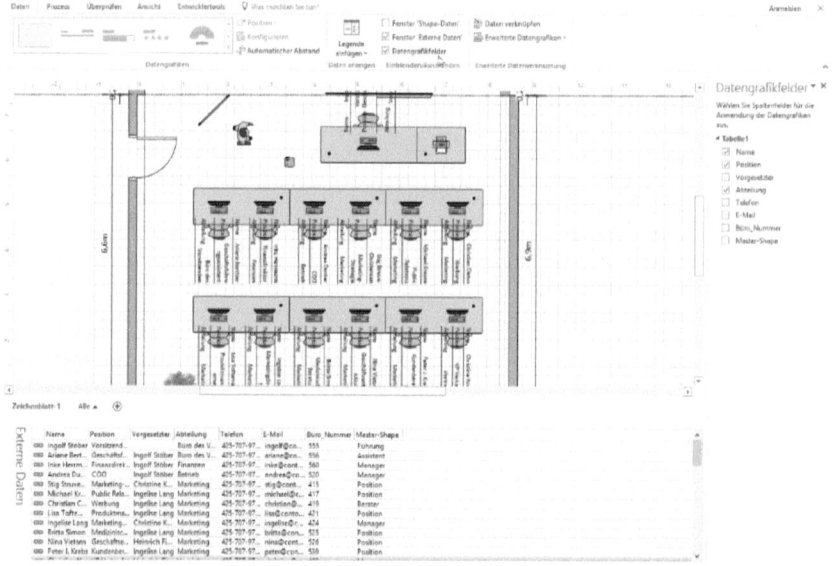

Eine interessante Neuerung in Visio 2016 stellen die *Datengrafikfelder* dar. Bindet man eine Datenquelle an Visio, kann man nun das Fenster Datengrafikfelder in *Daten / Einblenden/Ausblenden* einschalten. Der Aufgabenbereich öffnet sich und stellt nun die Möglichkeit zur Verfügung, weitere Daten anzeigen zu lassen oder bereits bestehende auszublenden. Ein Beispiel hierzu sehen Sie in **Abbildung 3.36**.

Wird nun eines der Feldnamen im Aufgabenbereich *Datengrafikfelder* markiert, werden die Symbole der Gruppe *Datengrafiken* aktiv. Anstelle eines Beschriftungstextes kann man nun ein Symbol aus dieser Liste wählen. Leider nehmen diese Symbole sehr viel Platz ein und können in der Größe nicht verändert werden. Mit der Schaltfläche *Konfigurieren* gelangen Sie erneut in den Dialog *Datengrafikfeld*, wo Sie weitere Einstellungen der Datengrafiken vornehmen können. Ein Ergebnis, das sicherlich noch ausbaufähig ist, sehen Sie in **Abbildung 3.37**.

Abbildung 3.37: *Symbole statt Beschriftungen bei den Datengrafikfeldern*

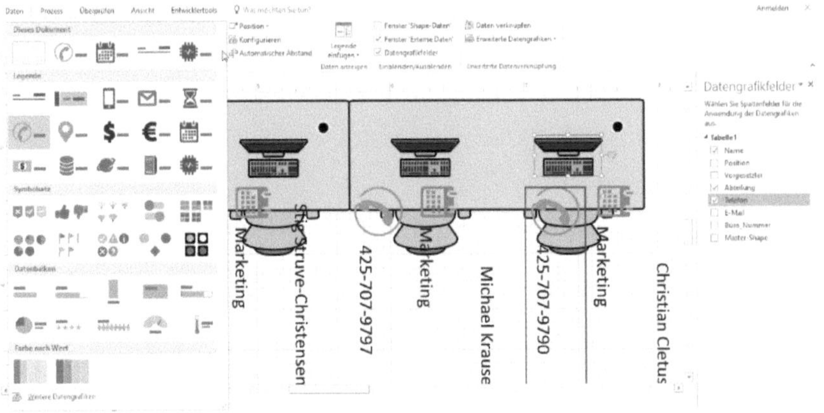

3.8. Pivotdiagramme

Wer Pivottabellen aus Excel kennt, findet sich sicherlich schnell in diesem in Visio 2013 neu hinzugekommenen Werkzeug zurecht. Der Grundgedanke ist recht simpel: In einer Liste stehen Informationen, die sich wiederholen, beispielsweise Verkäufernamen, die Waren an bestimmte Kunden verkaufen. Dabei machen sie bei jedem Kundenbesuch einen bestimmten Umsatz und verkaufen eine bestimmte Anzahl (Paletten). Folgende Fragestellungen könnten nun in Pivottabellen ausgewertet werden:

- Welcher Verkäufer macht welchen Umsatz?
- Welcher Verkäufer macht bei welchem Kunden welchen Umsatz?
- Welcher Verkäufer verkauft welchen Artikel wie oft?
- Welcher Verkäufer besucht welchen Kunden wie oft?
- Welcher Verkäufer hat Spitzen-Umsatzwerte?
- Welcher Kunde kauft durchschnittlich welchen Artikel?
- Welcher Artikel wird am schlechtesten verkauft?
- ...

> **Hinweis:** Das Werkzeug Pivotdiagramm steht Ihnen nur in Visio Professional zur Verfügung.

Shape-Daten

Wenn Sie die Daten in einer Excel-Liste halten, sollten Sie die Datenstruktur einhalten, wie sie aus den Datenbanken bekannt ist und wie sie im Abschnitt »Externe Daten mit Shapes verknüpfen« gefordert wurde. Alternativ können die Daten auch in einer Access- oder SQL Server-Datenbank gehalten werden oder einer anderen Datenbank, auf die Sie ODBC-Zugriff haben. Auch Microsoft SharePoint ist als Datenquelle möglich.

> **Hinweis**
> Um ein Pivotdiagramm zu erstellen, müssen Sie die Vorlage *Pivotdiagramm* verwenden, die Sie in der Kategorie *Geschäft* finden.

Der Assistent fragt Sie nach der Datenquelle – je nach Programm, beziehungsweise Server wird ein anderer Filter verwendet.

Wenn Sie sich für Excel entscheiden, wählen Sie im zweiten Schritt den Namen der gespeicherten Datei und im dritten Schritt den Namen des Tabellenblattes. Im nächsten Schritt werden Sie gefragt, ob Sie sämtliche Informationen aus der Excel-Liste benötigen oder lediglich einige der Spalten, die einzeln auswählbar sind.

> **Hinweis**
> Bei einer Excel-Tabelle mit mehreren Tausend Datensätzen erhalten Sie eine Warnmeldung, dass es möglicherweise zu Schwierigkeiten kommt. Bei mir gab es bei meinen Tests jedoch keine Komplikationen.

Nachdem der Assistent durchlaufen wurde und die Daten eingefügt wurden, wird eine Schablone Pivotdiagramm-Shapes mit dem Shape *Pivotknoten* geöffnet. Außerdem werden die beiden Schablonen Abteilung und Workflowobjekte geöffnet, die sich darüber befinden. Sie sollten die beiden Fenster an den unteren Rand des Bildschirms ziehen. In diesem Fenster befinden sich die Informationen, die Sie für die Pivottabelle benötigen.

> **Tipp**
> Ziehen Sie dieses Fenster unbedingt aus der linken Leiste heraus und lassen es im unteren Fensterbereich anzeigen. Das ist übersichtlicher, wie Sie in **Abbildung 3.38** sehen.

Die Ergebnisse, die Sie anzeigen lassen möchten, wählen Sie aus dem mittleren Fenster *Ergebnis hinzufügen* aus – beispielsweise der Umsatz (**Abbildung 3.39**). Das Shape wird markiert und eine Kategorie (beispielsweise die Summe) wird über das Dropdownmenü hinzugefügt.

Pivotdiagramme

> **Hinweis**
> Leider erhalten Sie keinen Hinweis, wenn Sie eine Kategorie an sich selbst hinzufügen. Visio macht dies – das Ergebnis ist nichtssagend.

Abbildung 3.38: *Das Gerüst der Pivottabelle*

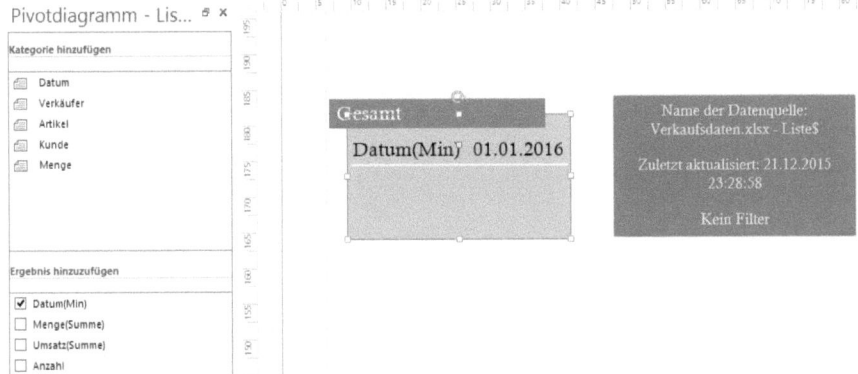

Abbildung 3.39: *Der Umsatz wird nach Verkäufern aufgeteilt*

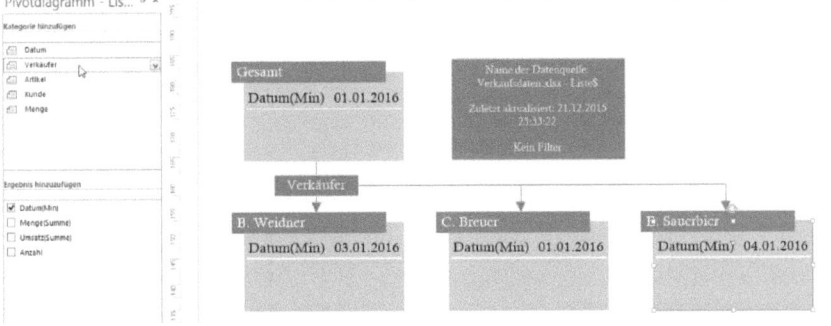

Sie können auch mehrere Shapes auf dem Zeichenblatt wählen, zu denen Sie die Kategorien hinzufügen möchten. Ebenso finden Sie die Auswahlliste der Kategorien im Kontextmenü der Shapes. Wenn Sie falsche Kategorien hinzugefügt haben oder der Meinung sind, dass die Informationen nicht aussagekräftig sind, können Sie die Shapes löschen.

Es ist sinnvoll, ein Ergebnis (beispielsweise die Summe der Umsätze) anzeigen zu lassen. Sie können jedoch zu einem »Ergebnis« eine weitere Funktion anzeigen lassen, beispielsweise die Summe, die Spitzenwerte (Maximum) und die Durchschnittswerte der Umsatzzahlen.

Shape-Daten

Zusätzlich können Sie sich auch eine weitere Spalte anzeigen lassen, beispielsweise die die verkauften Mengenzahlen summieren. Sämtliche Informationen werden in den Shapes dargestellt (siehe **Abbildung 3.40**).

Abbildung 3.40: *Die Summe der Umsatzzahlen und das Maximum*

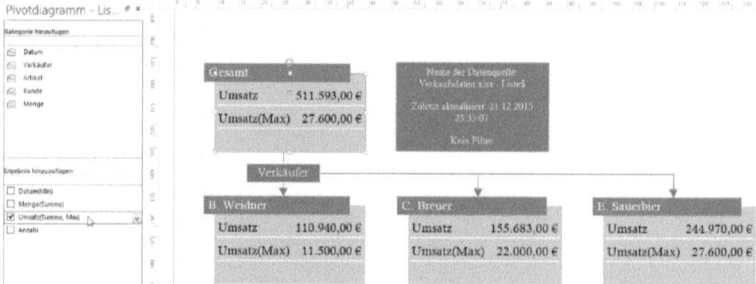

3.8.1. Gestaltung eines Diagramms

Für die Gestaltung stehen Ihnen einige Optionen zur Verfügung. Im Kontextmenü des Shapes *Shape anwenden* werden die beiden Schablonen *Workflowabteilungenbteilung* und *Workflowobjekte* dargestellt. Wenn Sie eine weitere Schablone öffnen, beispielsweise *Netzwerk und Peripheriegeräte*, wird auch diese aufgelistet. Wird nun aus einer Schablone ein Shape gewählt, so erscheint es als »Symbol« neben dem Text in der Liste.

 Es ist sinnvoll, mehrere Shapes zu markieren und ihnen mit einem einzigen Klick ein bestimmtes Symbol zuzuweisen.

Die Anordnung der untergeordneten Shapes kann über *Pivotdiagramm/Layoutrichtung* und *Pivotdiagramm/Layoutausrichtung* festgelegt werden (siehe **Abbildung 3.41**).

Pivotdiagramme

Abbildung 3.41: *Eine Unterebene, deren Elemente untereinander dargestellt werden*

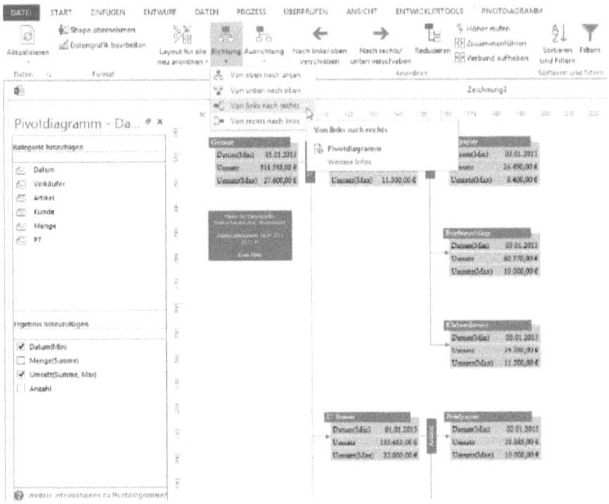

Wenn Sie die Shapes per Hand verschieben oder einzelne Shapes löschen, stimmt die Anordnung nicht mehr. Sie kann über die Registerkarte *Pivotdiagramm/Layout für alle neu anordnen* wieder hergestellt werden. Wie die Menübefehle deutlich sagen, kann mit *Pivotdiagramm/Höher Stufen* und *Pivotdiagramm/Reduzieren* die vertikale Reihenfolge verändert, beziehungsweise ausgeblendet werden.

Auch der Menübefehl *Pivotdiagramm/Zusammenführen* erklärt sich von selbst: Werden mehrere Shapes, die auf der gleichen horizontalen Ebene liegen zusammengeführt, werden in einem Shape sämtliche Teilinformationen angezeigt.

Hinweis

Selbstverständlich können nur Shapes der gleichen Ebene, ja sogar nur Shapes, die vom gleichen übergeordneten Shape abgeleitet sind, zusammengeführt werden. Dies ist auch vernünftig.

Das Aufheben der Zusammenführung finden Sie im Symbol *Pivotdiagramm/Verbund aufheben*.

Tipp

Vergessen Sie nicht, dass die Daten in den Shape-Daten gespeichert werden (*Daten/Fenster Shape-Daten* oder *Ansicht/Aufgabenbereiche/Shape-Daten*). Und diese werden wiederum als Datengrafik angezeigt (*Daten/Datengrafiken* oder auch *Pivotdiagramm/Datengrafik bearbeiten*), wo sie geändert werden können.

281

3.8.2. Die Optionen des Diagramms

Über das Symbol *Pivotdiagramm/Aktualisieren/Datenoptionen* gelangen Sie zu den Grundeinstellungen. Die wichtigsten darunter betreffen Anzeigeoptionen:

- Titel
- Datenlegende
- Verbinder
- Strukturplan-Shapes

Daneben kann die Anzahl der Elemente beschränkt werden (die Grundeinstellung beträgt 20) und dafür gesorgt werden, dass Änderungen an den Originaldaten sich innerhalb eines Zeitintervalls aktualisieren.

Interessant erscheint die Schaltfläche *Datenquelle ändern*. Mit ihr wird der Assistent gestartet, der jedoch nun die Möglichkeit zulässt, den Pivotknoten mit einer anderen Datenquelle zu verbinden (**Abbildung 3.42**).

Abbildung 3.42: Auch hier stehen wieder viele Gestaltungsmöglichkeiten zur Verfügung

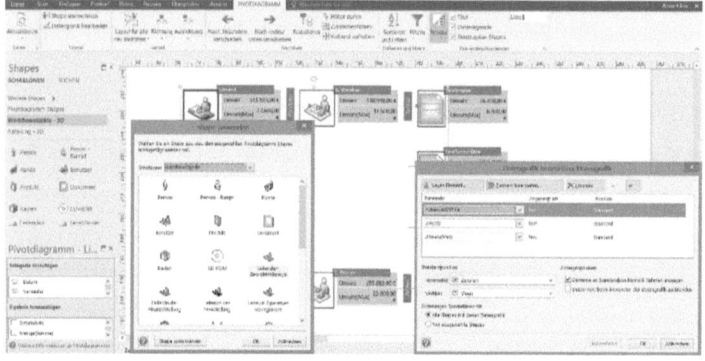

3.9. Zusammenfassung

Die Tatsache, dass Visio an seine Shapes Daten speichern lässt, macht es zu einem flexiblen Werkzeug, das weit über die Grenzen der herkömmlichen Grafikwerkzeuge hinausweist. Nicht nur die Tatsache der Datenspeicherung, sondern auch die Fähigkeit, verschiedene Datentypen zu vergeben, rückt Visio ein Stück weiter in Richtung Datenbanken, beziehungsweise macht es zu einem Werkzeug zur Visualisierung von Daten einer Datenquelle. Dass der Export der Daten auf vielfältige Art möglich sein muss, versteht sich von selbst. Auch die visuelle Darstellung der Pivottabellen beeindruckt und macht Visio zu einem leistungsfähigen Werkzeug zur visuellen Datenauswertung.

4 Arbeiten mit Assistenten

Die Visio-Assistenten befinden sich in DLL-Dateien sie sind in bestimmten Vorlagen oder Schablonen gespeichert. Einige von ihnen stehen in Visio immer zur Verfügung, andere werden nur dann aktiviert, wenn die richtige Vorlage oder die entsprechenden Shapes verwendet werden. Die meisten der Assistenten beinhalten eine Reihe Erläuterungen, vieles ist selbsterklärend. Die Abbildungen, die Sie in Visio sehen, sprechen für sich.

Da viele Assistenten an Vorlagen gebunden sind, wird diese in dem entsprechenden Kapitel erläutert – es folgen nun einige Bemerkungen zum Arbeiten den Assistenten, die immer zur Verfügung stehen.

Ein wenig verborgen im Register *Ansicht/Add-Ons* (siehe **Abbildung 4.1**) und aufgeteilt in verschiedene Ordner, befindet sich eine Reihe von Assistenten, die hier vorgestellt werden:

Abbildung 4.1: *Hier finden Sie die meisten der Assistenten.*

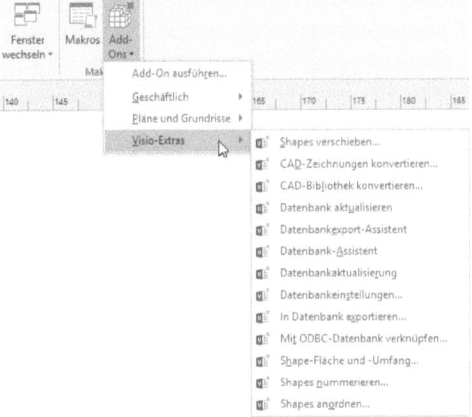

Leider sind viele der hier vorgestellten Assistenten nur in Visio Professional verfügbar – nicht in Visio Standard.

4.1. Layout konfigurieren

Einer der wenigen Assistenten, die sich nicht in der Registerkarte *Ansicht* befinden, sondern den Sie dem Befehl *Entwurf/Layout/Zeichenblattlayout neu anordnen/Weitere Layoutoptionen* erreichen, ist das Dialogfeld *Layout konfigurieren*, das eine Reihe von Einstellungen für verschiedene Arten von Diagrammen zulässt, wie Sie in **Abbildung 4.2** sehen.

Arbeiten mit Assistenten

Abbildung 4.2: *Das Dialogfeld* Layout konfigurieren

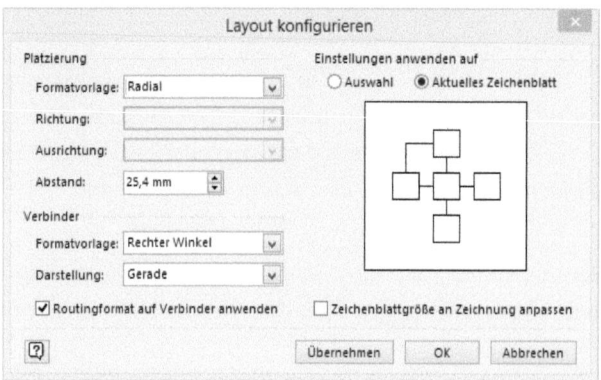

Abbildung 4.3: *Die nach Augenmaß erstellte Zeichnung kann mit dem Assistenten schnell in ein ordentliches Diagramm verwandelt werden.*

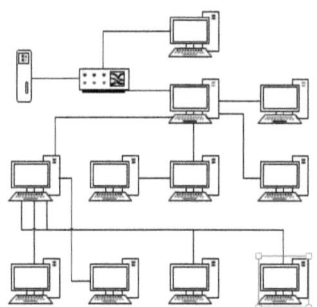

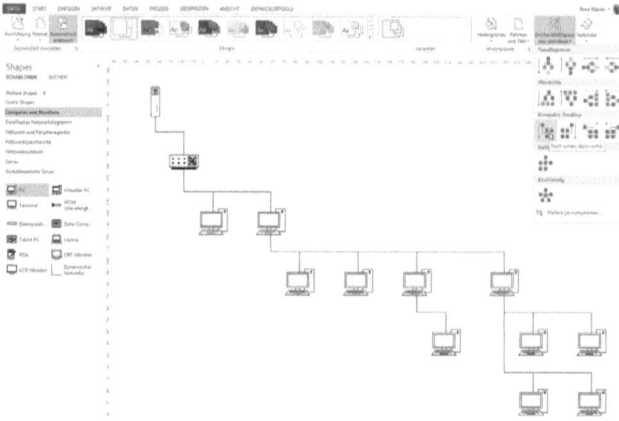

Dabei spielt die Reihenfolge, in der die Shapes auf das Zeichenblatt gezogen wurden, eine große Rolle. Nun werden alle Shapes eines Zeichenblatts gemäß der Einstellung angeordnet. Dies kann eine Hilfe darstellen, wenn eine große Menge Shapes auf ein Zeichenblatt gezogen wird und diese danach schnell in eine Ordnung gebracht werden sollen, wie es beispielsweise in **Abbildung 4.3** dargestellt wird. Individuelle Wünsche werden naturgemäß nicht berücksichtigt. Allerdings kann das Layout nach der Optimierung per Hand geändert und verbessert werden. Im Folgenden ein Beispiel, bei dem verschiedene Computer angeordnet wurden.

Mithilfe des Textfeldes *Abstand* können noch die Abstände zwischen den Shapes festgelegt werden. Ist die Option *Routingformat für Verbinder anwenden* ausgewählt, kann darüber festgelegt werden, wie die Verbindungslinien laufen: gerade, sie knicken in der Mitte, in unteren Bereich oder an einer anderen Stelle.

4.2. Shapes nummerieren

Nur wenn Sie Microsoft Visio Professional oder Microsoft Visio Premium erworben haben, dann steht Ihnen der Assistent *Shapes nummerieren* zur Verfügung.

Mit dem Befehl *Ansicht/Makros/Add-Ons/Visio-Extras/Shapes nummerieren* können alle (oder bestimmte) Shapes auf einer Zeichnung durchnummeriert werden. Dabei stehen Ihnen auf den beiden Registerkarten mehrere Optionen zur Verfügung. Den Assistenten sehen Sie in **Abbildung 4.4**.

Abbildung 4.4: *Shapes können automatisch durchnummeriert werden*

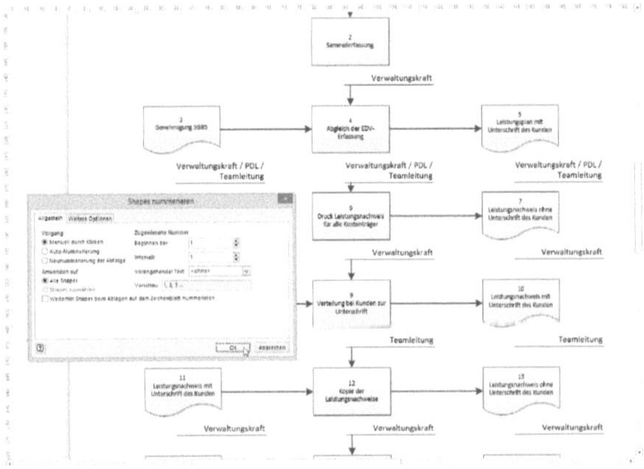

Sicherlich ist die sinnvollste der Optionen das manuelle Durchnummerieren. Dazu wählen Sie diese Option und klicken nacheinander die Shapes an, die eine fortlaufende Nummer erhalten sollen. Wenn Sie die Nummerierung ändern möchten, starten Sie erneut den Assistenten, tragen die Nummer ein, bei der er beginnen soll und nummerieren neu.

Bei der Option *Auto-Nummerierung* haben Sie die Wahl zwischen allen Shapes (des Zeichenblattes) oder allen markierten Shapes (*Shapes auswählen*).

In der zweiten Registerkarte *Weitere Optionen* wählen Sie zusätzlich die Abfolge aus:

- *Links nach rechts, oben nach unten*
- *Oben nach unten, links nach rechts*
- von hinten nach vorne (*Hintergrund zu Vordergrund*)
- *Reihenfolge der Auswahl*

Wenn Sie auf der Registerkarte *Allgemein* in das Textfeld *vorangehenden Text* einen Text eingeben oder auswählen, können Sie in der Registerkarte *Weitere Optionen* festlegen, ob der Text vor oder nach der Nummer angezeigt werden soll.

Aktivieren Sie die Option *Shape-Nummern ausblenden*, erhalten die Shapes zwar eine Nummer, – diese wird jedoch nicht angezeigt. Sie kann jedoch jederzeit sichtbar gemacht werden: Die Nummer ist nun an das Shape gebunden; genauer: an die Shape-Daten. Die Nummer kann über den Aufgabenbereich *Shape-Daten* (Kontrollkästchen *Daten/Fenster Shape-Daten* oder über den Befehl *Ansicht/Anzeigen/Aufgabenbereiche/Shape-Daten*) mithilfe der Option *Shape-Nummer verbergen* von FALSE auf TRUE gesetzt werden (oder umgekehrt).

In den Shape-Daten befindet sich übrigens auch die Shape-Nummer, die dort per Hand modifiziert werden könnte.

Hinweis	Bei der Auto-Nummerierung. Zwar werden Verbindungslinien von der Nummerierung ausgenommen, wenn dies auf der Registerkarte *Weitere Optionen* eingeschaltet ist, aber Führungslinien werden wie zweidimensionale Shapes behandelt und auch nummeriert.

Übrigens kann die Aktion dieses Assistenten rückgängig gemacht werden. Werden nun sehr viele der vorhandenen Shapes gelöscht, verändert, oder neue hinzugefügt, können Sie als dritte Option die *Neunummerierung der Abfolge* einschalten.

Hinweis	Ein Löschen der Shape-Nummern ist in diesem Assistenten nicht vorgesehen; jedoch kann über eine Neunummerierung bei der die *Shape-Nummern ausgeblendet* werden, die Anzeige deaktiviert werden.

Abbildung 4.5: In der zweiten Registerkarte Weitere Optionen *steht eine Reihe von Einstellungen zur Verfügung.*

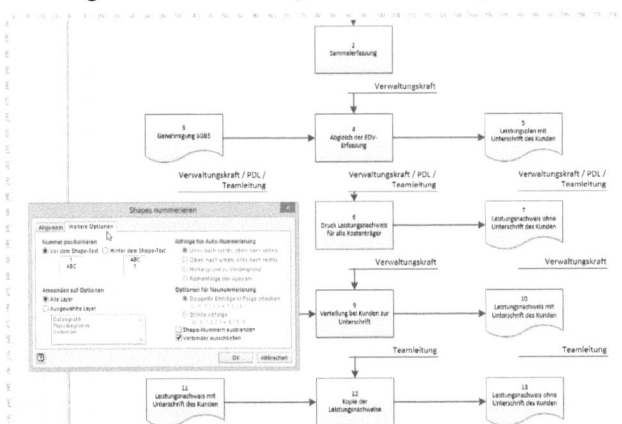

4.3. Shapes verschieben

Im Befehl *Ansicht/Makros/Add-Ons/Visio-Extras* steht Ihnen ein Assistent zum exakten Verschieben und Duplizieren von Shapes zur Verfügung. Sie sehen das zugehörige Dialogfeld in **Abbildung 4.6**.

Abbildung 4.6: Der Assistent *Shapes verschieben*

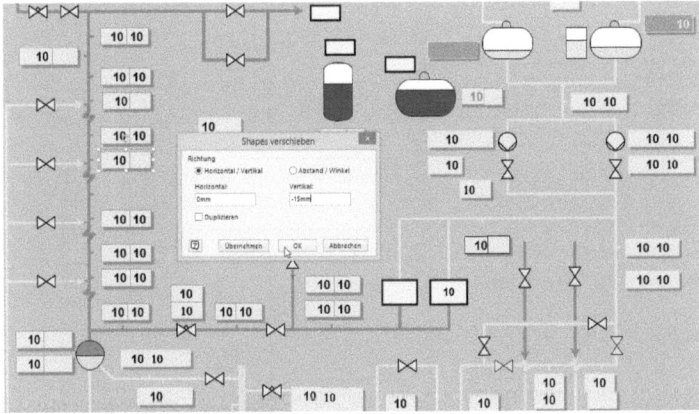

Der Assistent ist modal, das heißt, nachdem die Schaltfläche *Übernehmen* angeklickt wurde, bleibt das Dialogfeld offen und Sie können auf dem Zeichenblatt weiterarbeiten. Nun kann ein weiteres Shape markiert werden, das erneut verschoben wird. Dies kann interessant sein, wenn Sie zum Beispiel wissen, dass ein Shape eine Breite von 25 mm hat (dies erfahren Sie im *Fenster Größe und Position,* das Sie über *Ansicht/Anzeigen/Aufgabenbereiche* öffnen können). Nun soll dieses Shape dupliziert werden, so dass der Abstand

Arbeiten mit Assistenten

zwischen dem neuen und dem alten Shape 5 mm beträgt. Geben Sie also 30 mm horizontal sowie 0 mm vertikal ein und schalten Sie das Kontrollkästchen *Duplizieren* ein. Ein Klick auf die Schaltfläche *OK* lässt das Dialogfeld offen. Nun kann das neue Shape markiert werden und erneut *Übernehmen* angeklickt werden. So wird eine Reihe von Duplikaten erzeugt, die alle den gleichen Abstand zueinander haben.

> **Hinweis**
> Die Aktion dieses Assistenten kann zwar rückgängig gemacht werden, aber leider nicht wiederholt werden.

4.4. Shapes anordnen

Eine schnelle Möglichkeit, um sehr viele Duplikate zu erstellen, steht im Assistenten *Shapes anordnen* (Befehl *Ansicht/Makros/Add-Ons/Visio-Extras*) zur Verfügung (siehe **Abbildung 4.7**). Dort wählen Sie die zu duplizierenden Shapes aus – in horizontaler und vertikaler Richtung. Der Abstand berechnet sich dabei vom Shape-Mittelpunkt aus oder wird von den Shape-Kanten gemessen. Möchten Sie nur in eine Richtung duplizieren, tragen Sie bei der anderen Richtung die Zahl 1 ein.

Abbildung 4.7: Der Assistent Shapes anordnen

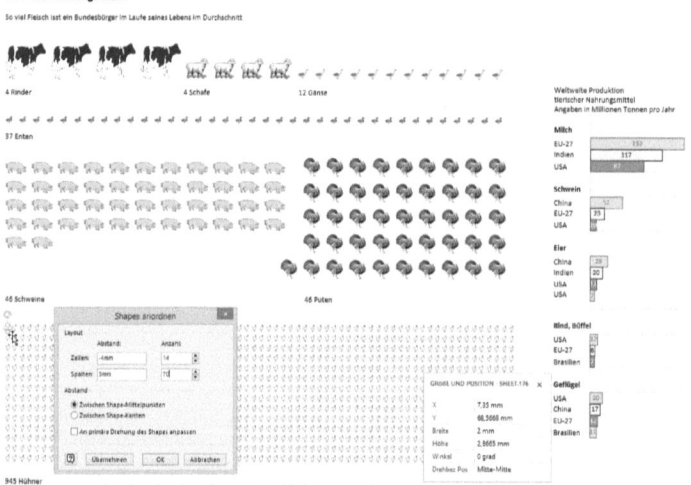

Wenn Sie die Option *An primäre Drehung des Shapes anpassen* aktivieren, werden die Shapes in der Originalrichtung und nicht in der angezeigten Richtung auf dem Zeichenblatt dupliziert, wenn das Shape gedreht wurde.

> Eigentlich schade, dass Microsoft den Assistenten Shapes anordnen nicht weiter nach vorne geholt hat, beziehungsweise überarbeitet hat. Denn mit seiner Hilfe kann man schnell Diagramme erstellen, bei denen Shapes viele Male nebeneinander und übereinander stehen.

4.5. Shape-Fläche und –Umfang berechnen

Abbildung 4.8: Die Fläche und der Umfang werden berechnet – mit einem kleinen Rundungsfehler.

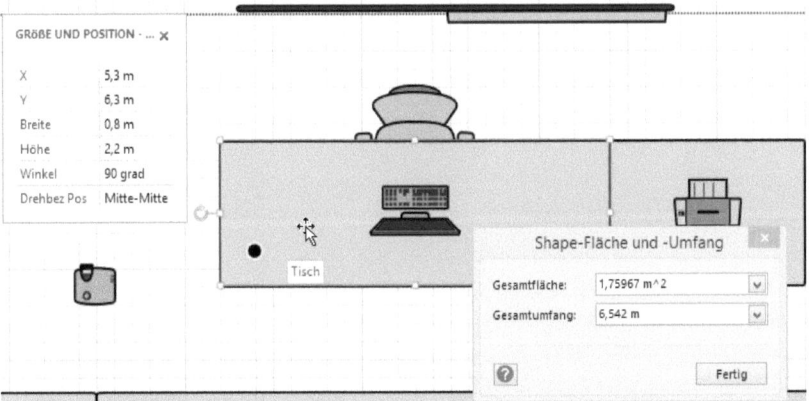

Über den Befehl *Ansicht/Makros/Add-Ons/Visio-Extras/Shape-Fläche und -Umfang* kann Einblick in die Länge des Umfangs und in die Größe der Fläche eines Shapes genommen werden, wie Sie in **Abbildung 4.8** sehen. Leider können Sie mit diesem Assistenten nicht die Fläche oder den Umfang in das Shape eintragen. Sie müssten sich die gewünschte Angabe mit Kopieren ([Strg]+[C] im Dialogfeld) und Einfügen übertragen, was den Assistenten nahezu obsolet macht. Bei komplizierten zusammengesetzten Shapes versagt bisweilen die eine oder andere Berechnung und liefert ein 0-Ergebnis.

4.6. CAD-Zeichnungen konvertieren

Mit dem Assistenten, den Sie mit dem Befehl *Ansicht/Makros/Add-Ons/Visio Extras/CAD-Zeichnungen konvertieren* aufrufen, können Sie eine DWG- oder DXF Zeichnung direkt in Visio öffnen und sofort als Visio-Shape konvertieren (siehe **Abbildung 4.9**). Damit sparen Sie sich einen Schritt, der über die Registerkarte *Einfügen/Illustrationen/CAD-Zeichnung* auszuführen wäre. Visio erzeugt in diesem Assistenten eine neue leere Datei, auf der die CAD-Zeichnung abgelegt und anschließend umgewandelt wird. Den Prozess können Sie beobachten, da das Programm den Bildschirm neu aufbaut. Anschließend können Sie mit den einzelnen Elementen als Visio-Shapes weiter verarbeiten.

Arbeiten mit Assistenten

Abbildung 4.9: *Der Assistent* CAD-Zeichnungen konvertieren *öffnet und konvertiert in eine Visio-Zeichnung.*

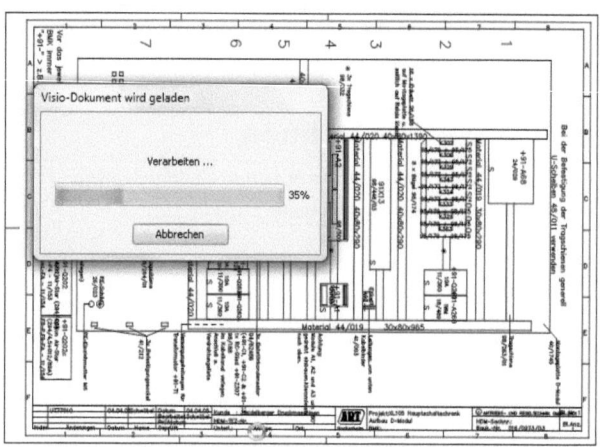

Die einzelnen Schritte des Konvertierens werden ausführlich in Kapitel 2 beschrieben.

4.7. CAD-Bibliothek konvertieren

Noch einen Schritt weiter als der Assistent *CAD-Zeichnungen konvertieren* geht der Assistent *Ansicht/Makros/Add-Ons/Visio Extras/CAD-Bibliothek konvertieren.* Er konvertiert nicht nur eine DWG oder DXF-Zeichnung direkt in Visio und öffnet sie anschließend, sondern fügt die verschiedenen Shapes der Zeichnung in eine Schablone ein (siehe **Abbildung 4.10**). Damit sparen Sie sich die beiden Schritte, die CAD-Zeichnung zu öffnen (*Einfügen/Illustrationen/CAD-Zeichnung*) und die einzelnen Shapes einzeln in eine neue Schablone zu ziehen.

Abbildung 4.10: *Der Assistent* CAD-Bibliothek konvertieren *speichert die Master-Shapes in einer Schablone.*

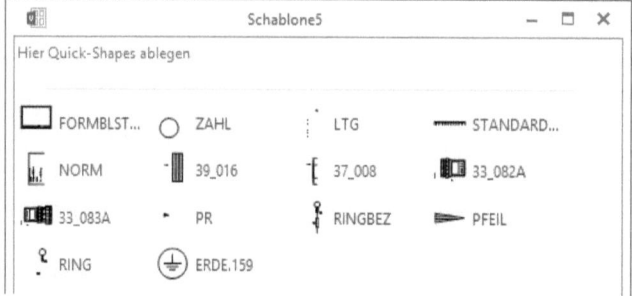

4.8. Datenbank-Assistent

Einer der komplexesten Assistenten, die Visio zur Verfügung stellt, ist der Assistent zum Austausch von Daten mit einer Datenbank. Hierbei handelt es sich nicht nur um einen Assistenten, sondern um mehrere, die im Folgenden erklärt werden. Sie finden im Befehl *Ansicht/Makros/Add-Ons/Visio-Extras* folgende Assistenten, die mit dem Thema Datenbankaustausch zu tun haben:

- Der *Datenbankexport-Assistent*
- Der *Datenbank-Assistent*
- *Datenbank aktualisieren* und *Datenbankaktualisierung*
- Datenbankmodell auffrischen (im Kontextmenü)
- *Datenbankeinstellungen*
- *In Datenbank exportieren*
- *Mit ODBC-Datenbank verknüpfen*

4.8.1. Der Assistent Mit Datenbank verknüpfen

ODBC (Open Database Connectivity) bezeichnet einen einheitlichen Mechanismus zum Zugriff auf alle Datenbanksysteme, die einen ODBC-Treiber zur Verfügung stellen. Dies ist zwar eine etwas ältere Technologie, aber sie hat den großen Vorteil der Plattformunabhängigkeit. Dabei ist es gleichgültig, ob Sie eine Datenbank von Microsoft (Access, SQL-Server, …) oder eine Nicht-Microsoft-Datenbank (mySQL, Oracle, …) verwenden.

So gehen Sie vor, um einen ODBC-Treiber zu erstellen.

- Um einen ODBC-Treiber auf Ihrem Rechner in Windows zu erstellen, klicken Sie auf den Befehl *Start/Einstellungen/Systemsteuerung/Verwaltung* oder suchen in Windows das App *Systemsteuerung* und wählen dort *Verwaltung* und anschließend *ODBC-Datenquellen* oder direkt dieses App. Ebenso können Sie direkt in Visio auf den Befehl *Ansicht/Makros/Add-Ons/Visio-Extras/Mit ODBC-Datenbank verknüpfen* (**Abbildung 4.11**) klicken. Möglicherweise schlägt das Dialogfeld bereits einen Treiber aus einer mitgelieferten Beispieldatei vor. Diesen können Sie ändern, indem Sie über die Schaltfläche *Erstellen* eine *Benutzerdatenquelle (nur für diesen Computer)* erstellen.

Arbeiten mit Assistenten

Abbildung 4.11: Ein neuer ODBC-Treiber wird eingerichtet

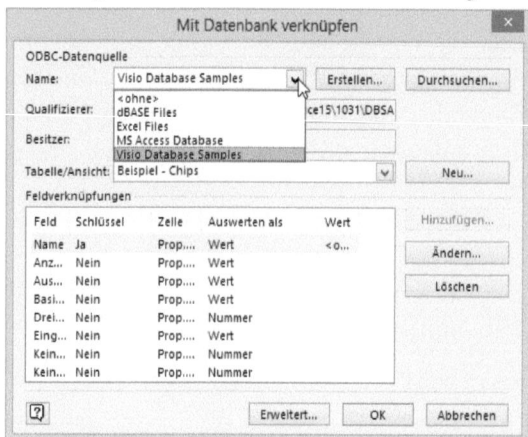

- Klicken Sie auf die Schaltfläche *Weiter*. Der nächste Schritt des Assistenten zu dem Sie gelangen, nachdem Sie auf die Schaltfläche *Weiter* geklickt haben, führt zur Frage, um welche Art von Treiber es sich handelt. Zur Auswahl stehen Access, SQL, aber auch Paradox, dBase, Oracle, FoxPro und einige weitere.
- Nach der Auswahl (beispielsweise Access) werden Sie aufgefordert, diese Aktion fertig zu stellen.

Abbildung 4.12: Der Treiber wird ausgewählt

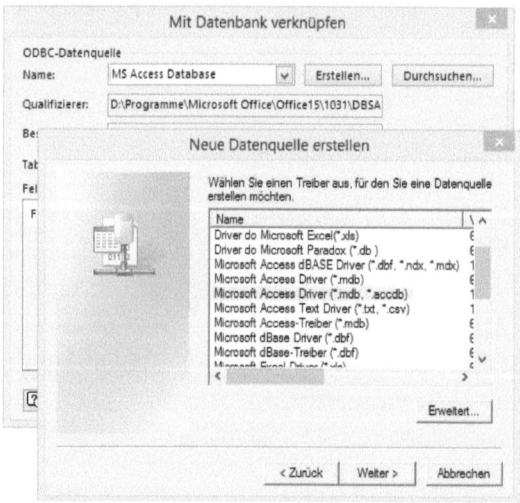

292

- Klicken Sie auf die Schaltfläche *Weiter*. Anschließend wählen Sie eine vorhandene Datenbank aus (wie in **Abbildung 4.13**) oder erstellen eine ganz neue. Die ODBC-Datenquelle, mit der auf diese Datenbank zugegriffen wird, erhält notwendigerweise einen Namen und optional eine Beschreibung (siehe **Abbildung 4.14**).

Abbildung 4.13: *Eine bestehende Datenbank wird ausgewählt.*

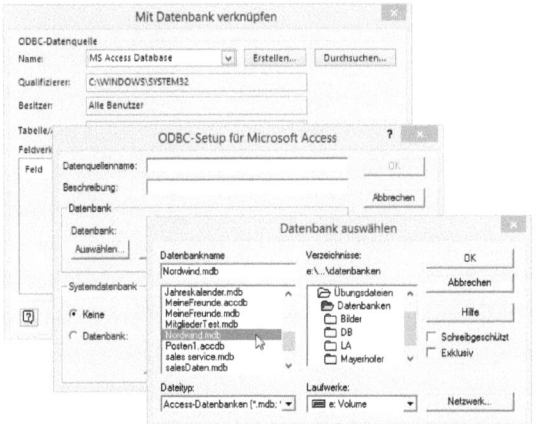

Abbildung 4.14: *Der ODBC-Treiber erhält einen Namen.*

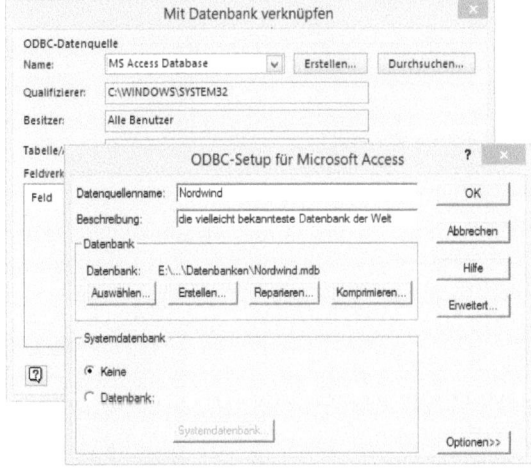

Natürlich müssen Sie den Treiber mit einer vorhandenen Datenbank verbinden oder für ihn eine neue Datenbank anlegen. Geben Sie hierzu den Speicherort und den Datenbanknamen an.

Arbeiten mit Assistenten

- Nachdem der ODBC-Treiber erstellt wurde, kann er in der Liste über das Kombinationsfeld *Name* ausgewählt werden, wie Sie in **Abbildung 4.15** sehen.
- Nun kann eine vorhandene Tabelle (**Abbildung 4.16**) oder Abfrage ausgewählt oder eine neue Tabelle kann erstellt werden.

Abbildung 4.15: *Nun kann der ODBC-Treiber verwendet werden.*

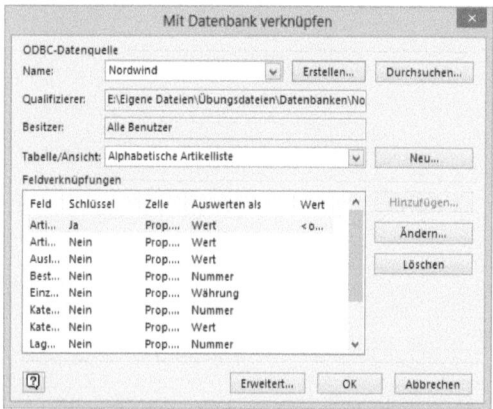

Abbildung 4.16: *Eine neue Tabelle wird eingerichtet.*

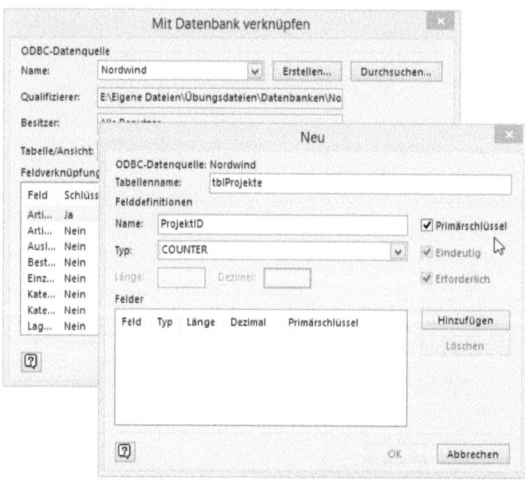

Wenn Sie eine neue Tabelle erstellen, sollten Sie ein Feld für den Primärschlüssel festlegen. Für die übrigens Felder stehen folgende Datentypen zur Verfügung:

Binary, VarBinary, LongBinary, Counter, Bit, Byte, SmallInt, Integer, Real, Double, Currency, DateTime, Guid, Char, VarChar und LongChar

- Legen Sie die einzelnen Felder fest, die in der Tabelle benötigt werden und weisen ihnen die korrekten Datentypen zu.
- Danach wird die Tabellen-Erstellung mit der Schaltfläche *OK* bestätigt. Noch kann sie geändert und gelöscht werden.
- Anschließend wird mit der Schaltfläche *OK* der Assistent bestätigt. Damit ist die Zeichnung mit der Datenbank verknüpft.

Natürlich können Sie auch direkt auf eine vorhandene Datenbank zugreifen oder eine neue erstellen. Der Nachteil ist allerdings, dass beim Weitergeben dieser Zeichnung auf dem Zielrechner das gleiche Datenbankformat, das heißt die gleiche Access-Version installiert sein muss.

4.8.2. Der Datenbankexport-Assistent

Nachdem Sie einen Treiber erstellt haben und eine Datenbank auf Ihrem Rechner installiert ist, kann der Datenexport beginnen.

- Rufen Sie den Assistenten mit dem Befehl *Ansicht/Makros/Add-Ons/Visio Extras/ Datenbankexport-Assistent* auf.

Abbildung 4.17: *Die Zeichnung wird ausgewählt.*

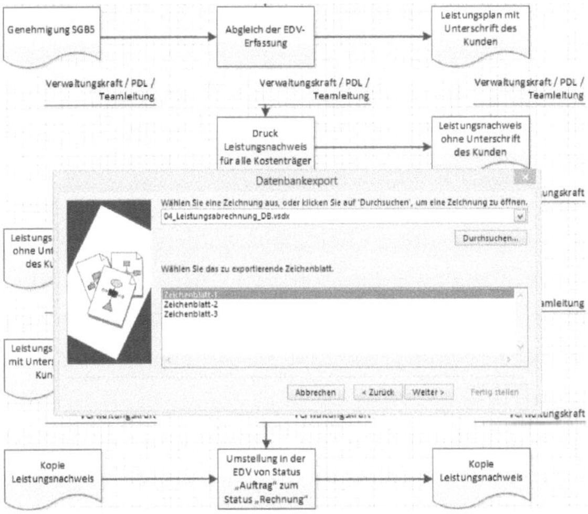

- Im zweiten Schritt werden Sie gefragt, ob Sie Daten exportieren möchten, die sich in der bereits geöffneten Zeichnung befinden oder ob Sie eine Zeichnung öffnen möchten. Abhängig von der gewählten Datei müssen Sie ein Zeichenblatt auswählen, auf

Arbeiten mit Assistenten

dem sich die Shapes befinden (siehe **Abbildung 4.17**). Leider können nicht mehrere Blätter gleichzeitig ausgewählt werden.

- Klicken Sie auf die Schaltfläche *Weiter*. Im nächsten Dialogfeld werden Sie gefragt, welche der Shapes auf dem Zeichenblatt Sie exportieren möchten. Da Sie normalerweise nicht Verbinder in der Datenbank aufgelistet haben möchten, müssen Sie diese ausschließen. Entweder Sie wählen die Shapes manuell aus oder, was effektiver erscheint, Sie wählen Shapes aus, die auf einem oder auf mehreren Layern liegen. Im Beispiel eines Flussdiagramms wäre dies der Layer *Flussdiagramm* (siehe **Abbildung 4.18**).

Abbildung 4.18: Die zu exportierenden Shapes werden ausgewählt.

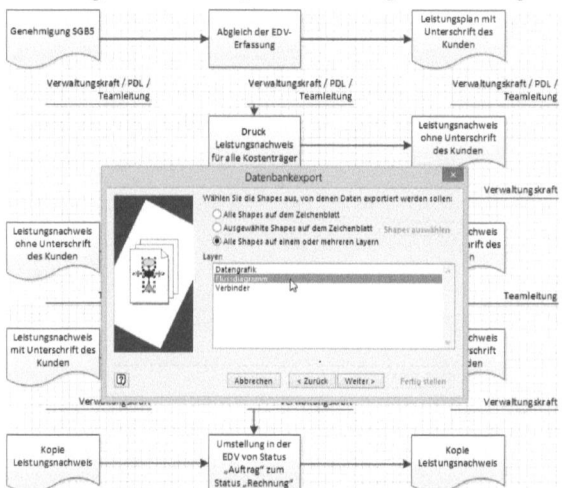

- Klicken Sie auf die Schaltfläche *Weiter*. Im folgenden Dialogfeld wählen Sie die Informationen aus, die Sie speichern möchten. Dabei werden zwischen Datenfeldern unterschieden, die mit »Prop.« gekennzeichnet sind. Daneben nimmt der beschriftende Text (*Shape.Text*) eine zentrale Rolle ein. Und schließlich können Sie auf geometrische Informationen wie Lage und Größe zugreifen.

Datenbank-Assistent

Abbildung 4.19: Die zu exportierenden Shape-Daten, Texte und Shape-Eigenschaften werden ausgewählt.

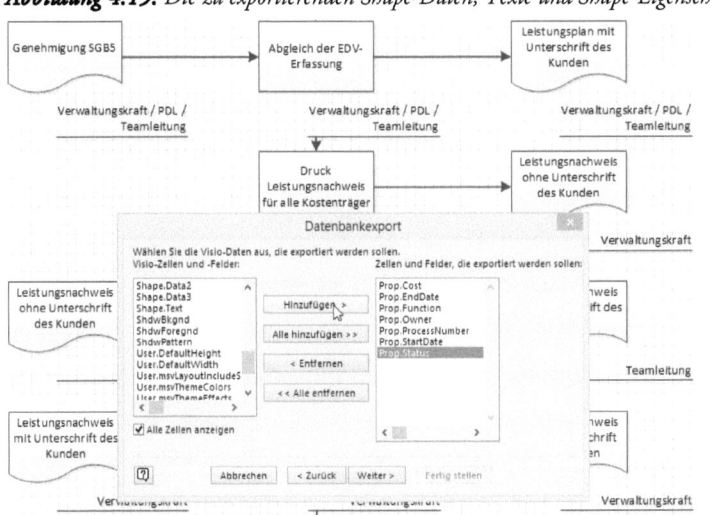

- Die einzelnen Elemente werden mit der Schaltfläche *Hinzufügen* ins rechte Fenster geschoben, von wo aus sie bei einem Fehler wieder mit der Schaltfläche *Entfernen* entfernt werden können (siehe **Abbildung 4.19**).

- Klicken Sie auf die Schaltfläche *Weiter*. Schließlich wählen Sie ihre ODBC-Datenquelle aus (siehe **Abbildung 4.20**), die in der Liste auftaucht. Auch an dieser Stelle könnten Sie eine ODBC-Datenquelle erstellen.

Abbildung 4.20: Die ODBC-Quelle wird ausgewählt.

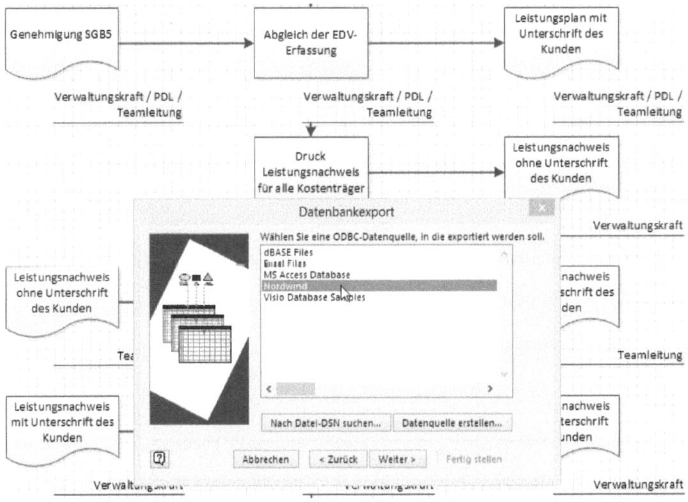

Arbeiten mit Assistenten

- Anschließend wählen Sie den Tabellennamen aus und legen fest, in welchem Feld das *Schlüsselfeld* gespeichert wird (siehe **Abbildung 4.21**). Dies ist naturgemäß das Feld, auf das der Primärschlüssel gelegt wurde.

Abbildung 4.21: Die Tabelle wird ausgewählt und das Schlüsselfeld wird festgelegt.

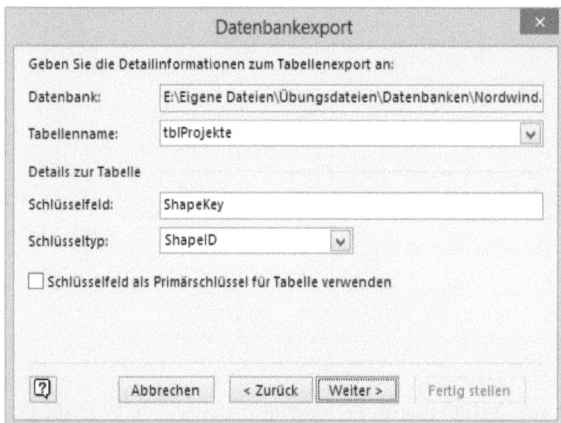

> **Hinweis**
>
> Falls Sie keine eindeutigen Informationen in Ihren Shapes haben, die als Schlüsselfeld dienen, verwenden Sie die Shape-ID. Sie wird von Visio für jedes neue Shape generiert und kann über *Entwicklertools/Shape-Design/Shape-Name* eingesehen werden.

- Im nächsten Dialogfeld können Sie Detailinformationen für die Exportzuordnung festlegen. Dabei kann jedem der Felder ein bestimmter Feldname und ein Typ zugewiesen werden (siehe **Abbildung 4.22**).

Abbildung 4.22: Die Felddatentypen können geändert werden.

Und schließlich bietet Ihnen der Assistent an, Änderungen an den Shapes per Kontextmenü des Zeichenblattes in die Tabelle zu schreiben (siehe **Abbildung 4.23**).

Abbildung 4.23: Für das Zeichenblatt kann ein Kontextmenü festgelegt werden.

Klicken Sie nun auf die Schaltfläche *Weiter*. Im letzten Dialogfeld werden die ausgewählten Informationen aufgelistet. Sollten Sie einen Fehler gemacht haben, können Sie ihn mit der Schaltfläche *Zurück* korrigieren (siehe **Abbildung 4.24**).

Abbildung 4.24: Die Verbindung ist hergestellt.

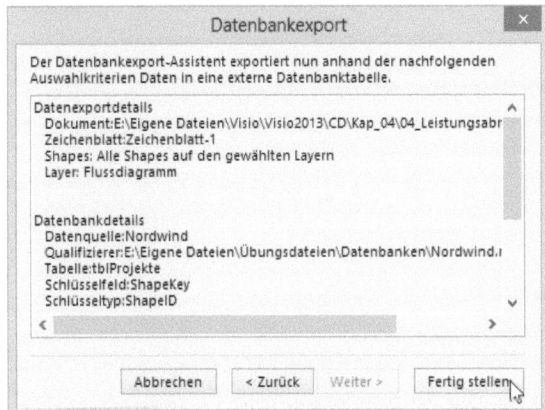

Damit wurden die Shape-Daten der Zeichnung in die Datenbank exportiert.

4.8.3. Der Assistent Datenbank aktualisieren

Mit dem *Datenbankexport-Assistenten* sind nun die Daten in die Datenbank geschrieben. Die Datenbank kann geöffnet werden, die Ergebnisse können eingesehen werden kann, wie Sie in **Abbildung 4.25** sehen können. Werden die Daten auf der Zeichnung geändert,

Arbeiten mit Assistenten

können Sie über das Kontextmenü (**Abbildung 4.26**) neu in die Tabelle geschrieben werden. Analog steht Ihnen dieser Befehl über den Befehl *Ansicht/Makros/Add-Ons/Visio-Extras/Datenbank aktualisieren* zur Verfügung.

> Beim Aktualisieren der Datenbank wird die ursprüngliche Tabelle gelöscht und durch eine neue ersetzt. Sollten Sie also in der Datenbank Daten ändern, werden diese gelöscht.

Wenn Sie einen Export in eine Access-Datenbank-Tabelle ausführen, muss diese Datenbank geschlossen sein. Erst dann funktioniert der korrekte Austausch.

Abbildung 4.25: *Das Ergebnis des Tabellenexports*

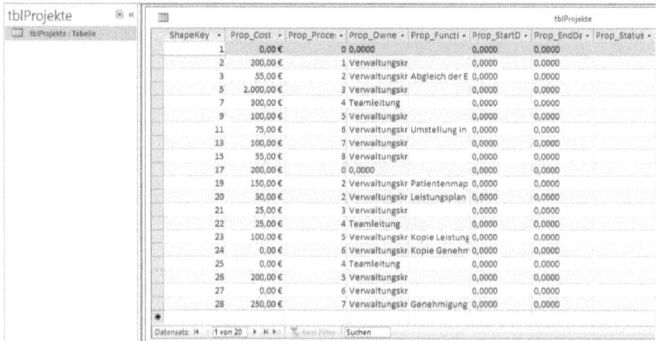

Abbildung 4.26: *Über das Kontextmenü des Zeichenblattes können die geänderten Daten exportiert werden.*

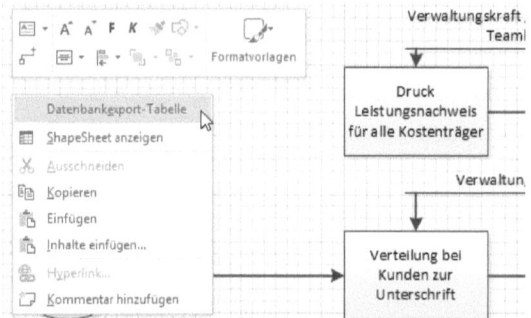

Werden in der Datenbank einige der Daten geändert, können sie mit dem Assistenten *Datenbankmodell auffrischen* von der Datenbank ins Shape zurück geschrieben werden. Dieser Assistent hat leider einen Nachteil: Zwar werden die Daten ordentlich von Visio nach Access exportiert, allerdings nicht zurück. Nun könnte es doch sein, dass ein Anwender in der Datenbank Werte ändern möchte und diese per Mausklick zurück nach Visio schreiben möchte. Auch hierfür stellt Visio einen Assistenten zur Verfügung.

4.8.4. Der Datenbank-Assistent

Sehr viele Ähnlichkeiten mit dem Datenbankexport-Assistenten hat der Datenbank-Assistent.

- Öffnen Sie den Assistenten über den Befehl *Ansicht/Makros/Add-Ons/Visio-Extras/Datenbank-Assistent*.

- Die ersten beiden Schritte des Assistenten wurden bereits im Abschnitt »Der Datenbankexport-Assistent« beschrieben. Es wird eine Zeichnung und ein Zeichenblatt ausgewählt und es wird festgelegt, ob die Shapes der Zeichnung exportiert werden sollen (siehe **Abbildung 4.27**).

Abbildung 4.27: Der erste Schritt des Datenbank-Assistenten

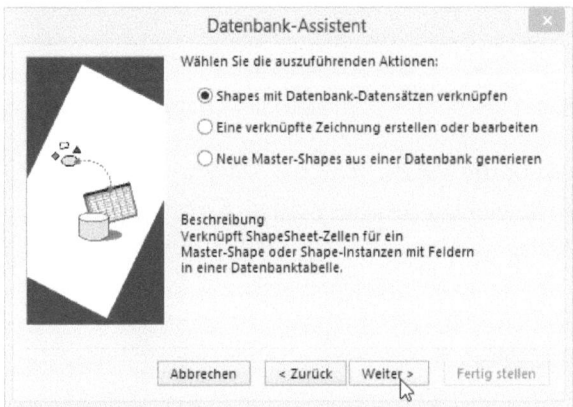

Abbildung 4.28: Der zweite Schritt des Datenbank-Assistenten

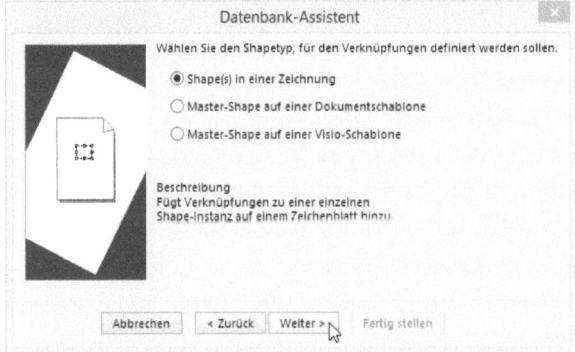

- Anschließend müssen Sie die Shapes einzeln mit gedrückter [Umschalt]- oder [Strg]-Taste in der Liste auswählen (siehe **Abbildung 4.29**). Alternativ können Sie über die Schaltfläche *Shapes auswählen* in der Zeichnung markiert werden. Leider können nicht

alle Shapes, die auf einem Layer liegen, verwendet werden, sondern sie müssen einzeln selektiert werden. Da eine direkte Verbindung zwischen den Shapes und den Datenbankfeldern erzeugt wird, ist dieser Schritt jedoch verständlich.

Abbildung 4.29: *Die Shapes werden selektiert.*

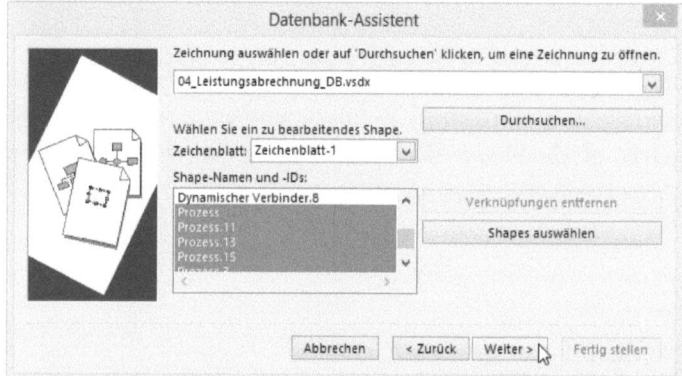

- Nun wird wieder die Datenquelle (**Abbildung 4.30**) und die Tabelle der zugehörigen Datenbank ausgewählt, in welche die Daten geschrieben werden. Dabei kann – ebenso wie beim *Datenbankexport-Assistenten* – eine vorhandene Tabelle gewählt oder eine neue Tabelle generiert werden.

Abbildung 4.30: *Die Datenquelle wird gewählt.*

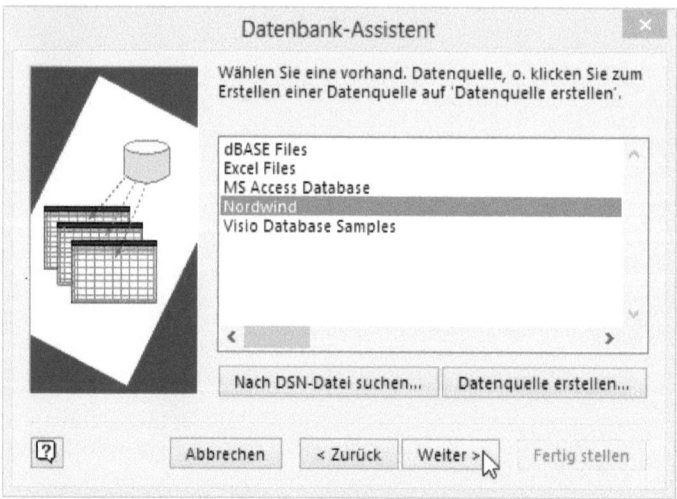

Abbildung 4.31: *Die Tabelle wird gewählt.*

- Im nächsten Schritt wird gefragt, über wie viele Felder sich der Primärschlüssel erstreckt (siehe **Abbildung 4.32**). In der Regel liegt der Primärschlüssel auf einer Spalte – es können aber auch auf mehrere Felder ein Primärschlüssel gelegt werden. Nachdem die Frage nach der Anzahl beantwortet ist, muss das Feld (beziehungsweise die Felder) ausgewählt werden, das den Datensatz eindeutig festlegt. Dies ist in der Regel der ShapeKey.

Abbildung 4.32: *Für den Primärschlüssel wird die Anzahl der Felder festgelegt.*

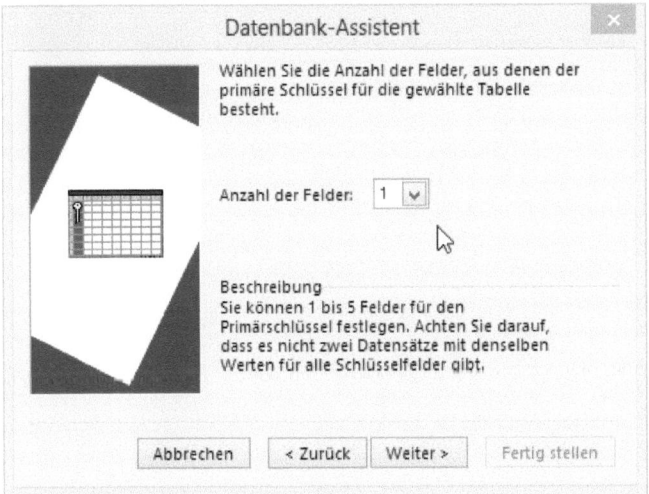

Abbildung 4.33: *Für den Primärschlüssel wird das Feld oder die Felder ausgewählt.*

- Nun können Standard-Werte für das Schlüsselfeld festgelegt werden.
- Im nächsten Schritt können Aktionen für die einzelnen Shapes festgelegt werden (siehe **Abbildung 4.34**). Damit sind Einträge im Kontextmenü gemeint, die den Datenbankaustausch steuern.

Abbildung 4.34: *Die Daten können aktualisiert werden.*

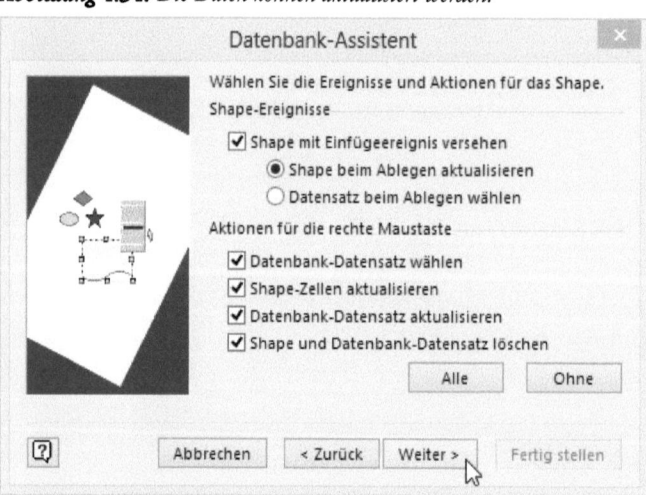

- Nun wird die Shape-Zelle ausgewählt, in welcher der primäre Schlüsselfeldwert gespeichert werden soll.

- Danach werden die Verknüpfungen festgelegt. Einer Zelle eines Shapes wird ein Datenbankfeld zugewiesen. Dies geschieht, indem Sie aus der linken Liste und aus der mittleren Liste jeweils einen Eintrag auswählen und ihn mit der Schaltfläche *Hinzufügen* in die rechte Liste schieben (siehe **Abbildung 4.35**). Der Begriff *Zelle* ist hier nicht ganz korrekt gewählt, da sich in der linken Liste nicht nur Shape-Daten, sondern auch der Text der Shapes und geometrische Eigenschaften befinden.

Abbildung 4.35: *Die Verknüpfungen werden festgelegt.*

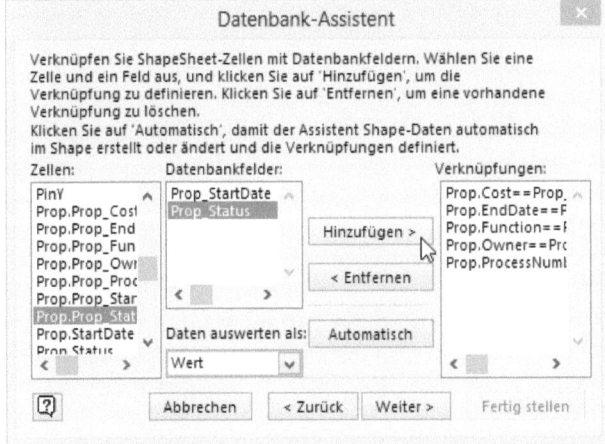

- Und zu Schluss wird eine Zusammenfassung (**Abbildung 4.36**) angezeigt, anhand derer kontrolliert werden kann, ob alle Einstellungen korrekt vorgenommen wurden.

Abbildung 4.36: *Das letzte Dialogfeld*

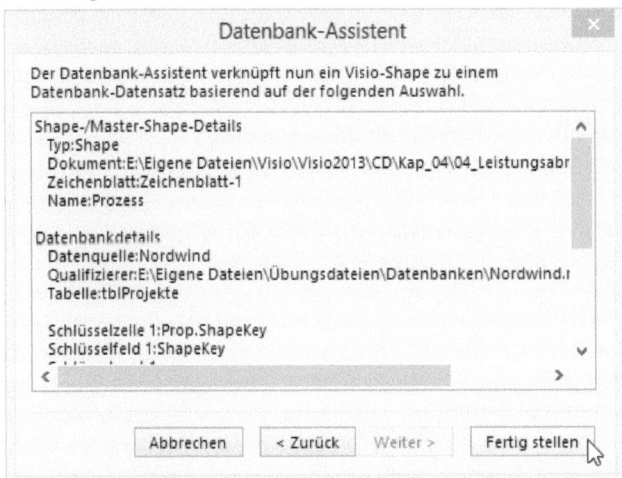

Werden nun Datenfelder in der Visio-Zeichnung geändert, können sie mit Hilfe des Kontextmenüs *Datenbankexport-Tabelle* oder über den Befehl *Ansicht/Makros/Add-Ons/Visio-Extras/Datenbank aktualisieren* erneut in die Tabelle geschrieben werden.

4.8.5. Datenbankmodell auffrischen

Der Datenexport aus der Zeichnung in die Datenbank funktioniert mit dem Kontextmenü, das Sie durch den *Datenbankexport-Assistenten* erhalten ebenso wie durch das Kontextmenü, das Resultat des *Datenbank-Assistenten* ist. In letzterem Assistenten ist es allerdings möglich, dass Sie die Daten in der Tabelle der Datenbank ändern und nach Visio zurückschreiben.

Für diesen Schritt stehen Ihnen zwei Varianten zur Verfügung. Mithilfe des Befehls *Ansicht/Makros/Add-Ons/Visio-Extras/Datenbankmodell auffrischen* werden die aktuellen Daten von der Datenbank nach Visio zurück geschrieben. Wurde in einem der letzten Schritte die Option *Aktionen* ausgewählt, befinden sich nun in jedem Shape vier neue Kontextmenüs (siehe **Abbildung 4.37**): *Datenbank-Datensatz wählen*, *Shape-Datenfelder aktualisieren*, *Datenbank-Datensatz aktualisieren* und *Shape und Datensatz löschen*.

Die Bedeutung dieser vier Befehle im Einzelnen:

- *Datenbank-Datensatz wählen*

  Die Daten dieses Shapes könnten in einen anderen Datensatz geschrieben werden und damit einen existierenden Datensatz löschen.

- *Shape-Datenfelder aktualisieren*

  Die Daten dieses einen Datensatzes werden von der Datenbank nach Visio in das eine ausgewählte Shape geschrieben.

- *Datenbank-Datensatz aktualisieren*

  Die Daten dieses einen Shapes werden in die Datenbank exportiert.

- *Shape und Datensatz löschen*

  Damit wird nicht nur das Shape in Visio gelöscht, sondern auch der zugehörige Datensatz aus der Datenbank entfernt.

Datenbank-Assistent

Abbildung 4.37: Von der Datenbank (Access) nach Visio: die Shape-Datenfelder werden aktualisiert.

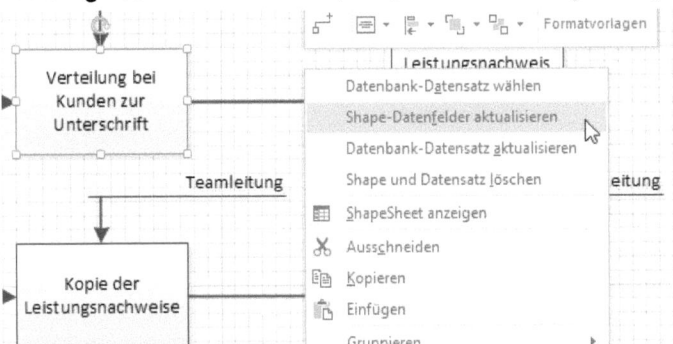

Abbildung 4.38: Nun befinden sich die Daten in den Shape-Datenfeldern.

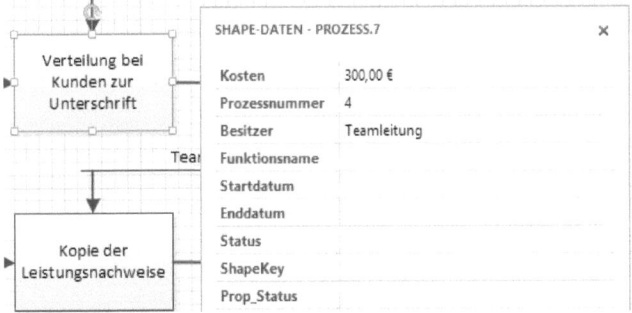

4.8.6. Datenbankeinstellungen

Interessant ist in diesem Zusammenhang der Assistent *Datenbankeinstellungen*. Sie sehen ihn in **Abbildung 4.39**. Mit ihm kann das Zeitintervall festgelegt werden, mit dem die Daten von Visio nach Access geschrieben werden. Hier wird ebenfalls eingestellt, ob die Auffrischung manuell geschieht oder automatisch. Letzteres ist sicherlich angenehm, aber raubt dafür dem Rechner Ressourcen.

Abbildung 4.39: Datenbankeinstellungen

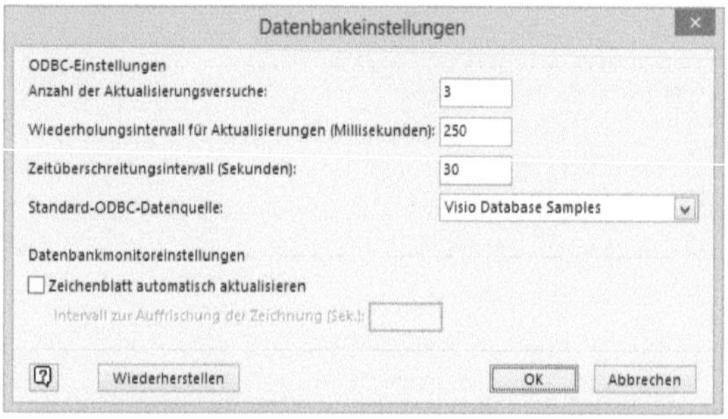

4.8.7. Weitere Assistenten

In den ersten drei Kapiteln und in den Kapiteln, in denen bestimmte Vorlagen vorgestellt werden, werden die übrigen Assistenten beschrieben. Der Vollständigkeit halber werden sie an dieser Stelle nur aufgelistet und nicht noch einmal im Detail beschrieben.

- Berichte (Kapitel 3)
- Pivotdiagramm (Kapitel 3)
- Export in eine HTML-Seite (als Webseite speichern) (Kapitel 2)
- Organigramm-Assistent (Kapitel 9)
- Funktionsübergreifendes Flussdiagramm (Kapitel 8)
- Diagrammüberprüfung (Kapitel 89)
- Gantt-Diagramm (Kapitel 10)
- Verfahrenstechnik (Kapitel 112)
- Websiteübersicht (Kapitel 12)
- UML (Kapitel 13)

4.8.8. Zusammenfassung

Ein wenig umständlich sind sie schon – die Datenbank-Assistenten. Für kleinere Zeichnungen, in den häufig Änderungen vorgenommen werden, die immer aktuell in eine Datenbank geschrieben werden soll, sind sie sicherlich ausreichend. Allerdings nicht für große Zeichnungen, die aus mehreren Zeichenblättern bestehen, auf denen sich komplexe Daten befinden. So etwas kann und muss programmiert werden.

Allerdings zeigen diese Assistenten sehr gut, worum es Visio geht: Wie schon mehrfach erwähnt, ist Visio kein »reines« Grafik- oder gar Präsentationsprogramm, sondern bietet die Möglichkeiten, in den Shapes Daten zu speichern und diese Daten einzusammeln. Zum »Sammeln« stehen Ihnen der Assistent *Berichte* und die in diesem Kapitel beschriebenen Assistenten zum Datenbankexport zur Verfügung. Leider müssen sehr viele Einstellungen vorgenommen werden, bei denen selbstredend eine Reihe von Fehlern möglich sind. Um so etwas zu beschleunigen, können Exporte per Programmierung durchgeführt werden. Unter Visio liegt die Programmiersprache VBA, mit deren Hilfe auf Shapes und auf benutzerdefinierte Eigenschaften zugegriffen werden kann und diese in eine Datenbank oder nach Excel exportiert werden können. Oder Sie verwenden die mächtige Entwicklungsumgebung Visual Studio.NET mit ihren Programmiersprachen VB.NET oder C#, um auf Visio zuzugreifen und diese Daten in eine Datenbank zu schreiben.

5 Visio im Team

Ebenso wie auch die anderen Anwendungsprogramme von Microsoft geht Visio immer mehr in Richtung Teamarbeit. Bereits in Kapitel 2 wurde gezeigt, wie mehrere Anwender Kommentare in ein Dokument einfügen können. Wie man schnell überprüfen kann, welcher Anwender wann was in ein Dokument kommentiert hat. In den Kommentarthreads werden diese übersichtlich zusammengefasst.

Ebenso wie die Kollegen der Microsoft Office-Palette können Diagramme in Office 365 gespeichert werden. Damit können die Diagramme angesehen und mit Kommentaren versehen werden, ohne dass Visio auf dem Rechner installiert sein muss. Während der Austausch über SharePoint schon in Visio 2010 – allerdings nur mit Visio Enterprise – möglich war, so ist die Option das Speichern in der Cloud, also auf einem SkyDrive nun erst mit Visio 2013 möglich. Die Cloud-Technologie wurde bald darauf in OneDrive umbenannt. Diese beiden Techniken werden in diesem Kapitel beschrieben.

5.1 OneDrive

Wenn Sie noch kein Microsoft-Konto besitzen, dann können Sie in Visio über *Datei /Konto* ein Konto anlegen. Gehen Sie dabei wie folgt vor:

- Wählen Sie im Backstage-Aufgabenbereich *Datei/Konto* die Schaltfläche Anmelden.
- Wählen Sie in dem Anmeldefenster den Link Registrieren.
- Tragen Sie dort Ihre E-Mail-Adresse ein und ein Kennwort, das aus mindestens acht Zeichen besteht.
- Sie müssen einige persönliche Daten eintragen: Ihren Namen, Land und Postleitzahl, Geschlecht und Geburtsdatum.
- Tippen Sie die Buchstaben und Ziffern ab, die in dem Fenster angezeigt werden und stimmen Sie den Bestimmungen zum Datenschutz zu.
- Anschließend erhalten Sie eine Mail von Microsoft in Ihrem Postfach. Diese muss zur Bestätigung zurückgesandt werden.
- Nun können Sie sich mit Ihrer E-Mail-Adresse und Ihrem Kennwort anmelden, wie in **Abbildung 5.1** sichtbar.

Abbildung 5.1: Die Anmeldung

Anmelden

Microsoft-Konto Was ist das?

rene.martin@compurem.de

••••••••••

Anmelden

- Im Backstage-Aufgabenbereich über *Datei/Konto* können Sie ein Foto und weitere Informationen über sich hinterlegen.

Abbildung 5.2: Ein Foto kann hinterlegt werden.

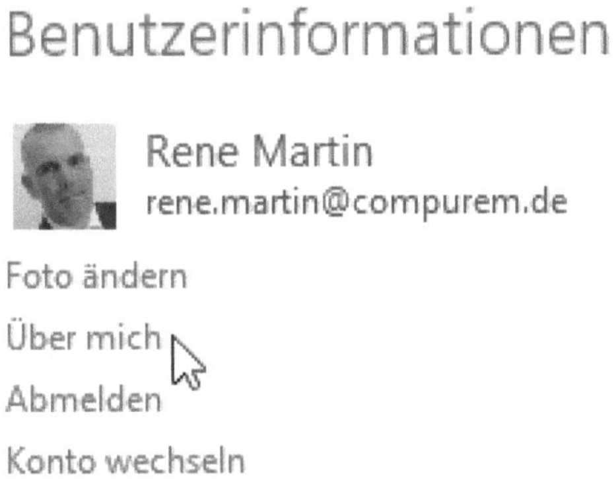

Benutzerinformationen

Rene Martin
rene.martin@compurem.de

Foto ändern

Über mich

Abmelden

Konto wechseln

- Dort können Sie sich nach getaner Arbeit wieder abmelden.
- Sie sehen nun rechts in der Titelleiste, dass Sie angemeldet sind.

5.2. Dateien in OneDrive speichern

Microsoft stellt Ihnen 7 GByte Arbeitsspeicher für Ihr Konto zur Verfügung. Dort können Sie eine große Anzahl Dokumente ablegen, auf die Sie von jedem Ort Zugriff haben – Voraussetzung ist lediglich eine Internetverbindung.

Und so gehen Sie vor, wenn Sie eine Visio-Datei auf Ihr OneDrive speichern möchten:

- Melden Sie sich mit Ihrem Namen und Ihrem Kennwort an Ihrem Konto an.
- Erstellen Sie ein Dokument.
- Wählen Sie unter *Datei/Speichern unter* den Befehl OneDrive. Klicken Sie auf die Schaltfläche *Durchsuchen*.

Abbildung 5.3: *Eine Datei wird auf OneDrive gespeichert.*

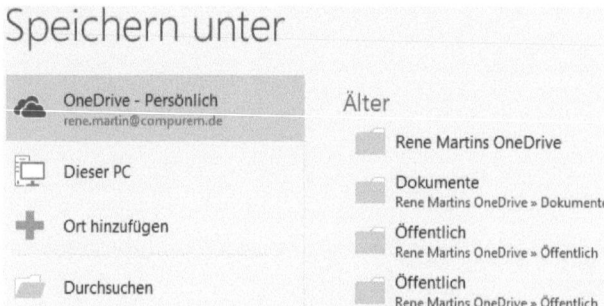

- Öffnen Sie einen der drei Ordner *Öffentlich*, *Bilder* oder *Dokumente*. Sie können auch weitere Ordner erstellen. Speichern Sie Ihre Datei dort ab.

Damit wird die Datei auf Ihr OneDrive-Konto hochgeladen. Sie können diese Datei nun über *Datei/Öffnen* wieder von der gleichen Stelle herholen.

Abbildung 5.4: *Sie können die Datei von jedem beliebigen Ort öffnen – so als wäre sie lokal auf Ihrem Rechner gespeichert.*

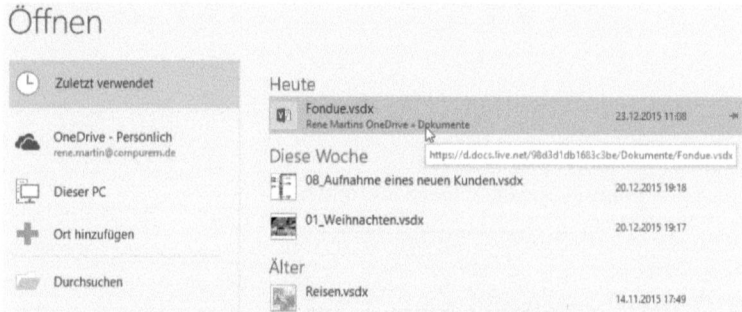

5.3. Dateien in OneDrive freigeben

Wenn mehrere Personen an einer Datei arbeiten sollen, dann müssen Sie diese über *Datei/Freigeben* für jeden einzelnen Bearbeiter zur Verfügung stellen. Und so laden Sie die Kollegen ein:

- Wählen Sie unter *Datei/Freigeben* den Namen oder die E-Mail-Adresse der Person, die Sie einladen möchten. Wählen Sie, ob die andere Person die Datei bearbeiten kann oder nur anzeigen kann.

Abbildung 5.5: *Eine andere Person wird eingeladen.*

Freigeben
Für Personen freigeben
Mit Personen teilen
E-Mail
Freigegeben für
Rene Martin

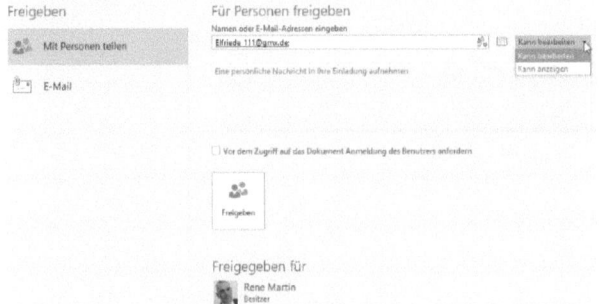

- Im Backstage-Aufgabenbereich werden sämtliche Personen aufgelistet, die diese Datei sehen und/oder ändern dürfen. Über das Kontextmenü können Sie die Berechtigung ändern oder den Benutzer entfernen.

Abbildung 5.6: *Mehrere Personen wurden eingeladen.*

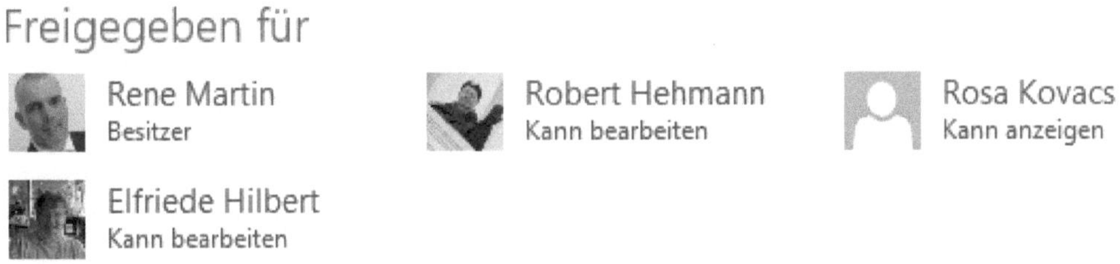

Freigegeben für
Rene Martin
Besitzer
Robert Hehmann
Kann bearbeiten
Rosa Kovacs
Kann anzeigen
Elfriede Hilbert
Kann bearbeiten

Abbildung 5.7: *Bequemer geht es nicht: die Datei kann per Link geöffnet werden.*

OneDrive
In Visio öffnen
Herunterladen
Geteilt > Öffentlich
03_Windrose
Kann anzeigen
13_Katar
Kann anzeigen
Fondue
Kann anzeigen

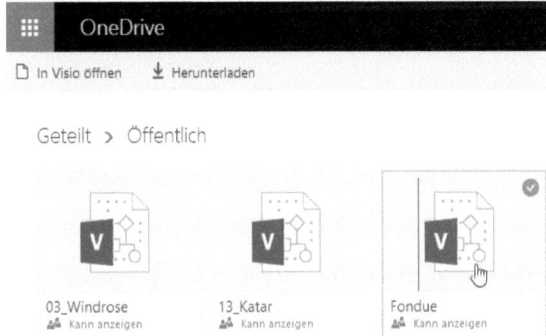

- Der andere Anwender erhält daraufhin eine Benachrichtigung per Mail.
- Klickt der andere Anwender in seinem Emailkonto auf seinen Link, wird diese Datei auf seinem Rechner geöffnet. Zur Sicherheit wird erneut nachgefragt, ob diese Datei aus einer vertrauenswürdigen Quelle stammt.

Visio im Team

- Und nun kann die andere Person diese Datei weiterbearbeiten. Wenn dies gewünscht ist, kann die Datei wieder auf OneDrive hochgeladen werden.

Abbildung 5.8: *Nun können mehrere Anwender eine Datei gleichzeitig bearbeiten.*

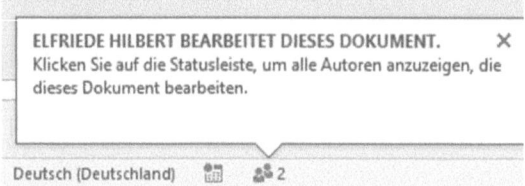

So können mithilfe von OneDrive Dateien ausgetauscht werden, ohne dass man diese Datei sich per Mail zuschicken muss oder sich im gleichen Netz befinden muss.

 Übrigens müssen Sie nicht jede Datei einzeln freigeben. Wenn Sie sich im Internet bei OneDrive anmelden, können Sie einen Ordner an andere Personen freigeben. Diese können nun sämtliche Dateien bearbeiten, die sich in diesem Ordner befinden.

Abbildung 5.9: *Ganze Ordner können freigegeben werden*

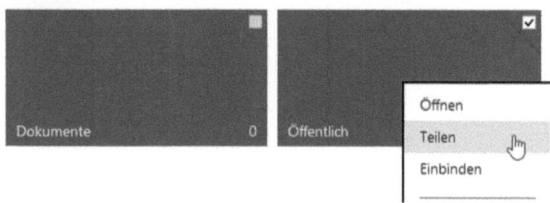

Abbildung 5.10: *Man sieht sofort, ob es sich bei dem freigegebenen Objekt um eine Datei oder um einen Ordner handelt.*

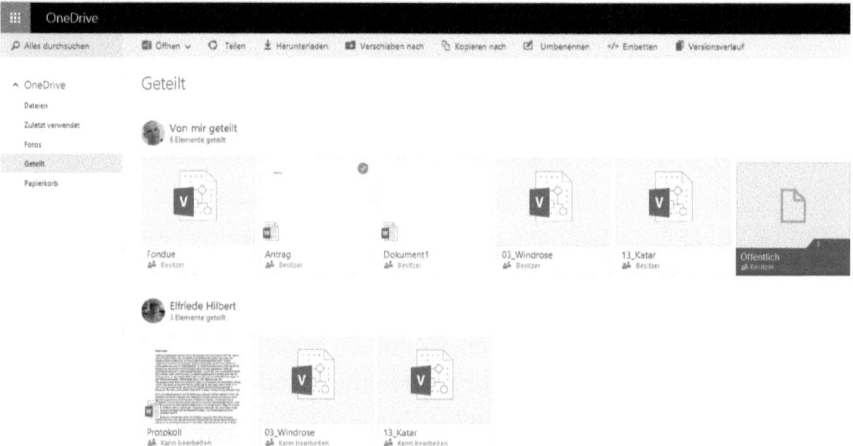

5.4. SharePoint-Listen verwenden

Bereits in Kapitel 3 »Shape-Daten« wurde gezeigt, wie man auf Daten zugreifen kann, die in einer Excel-Liste oder eine Access-Datenbank gespeichert sind. Natürlich können solche Listen auch auf einer eigenen Profilseite (MySite) gespeichert sein. Dabei können die Daten per Hand eingegeben werden oder über das ActiveDirectory beziehungsweise eine Datenbank, wie beispielsweise den SQL-Server ausgelesen werden.

Und so erstellen Sie eine Zeichnung mit Daten, die aus SharePoint ausgelesen werden:

- Öffnen Sie eine Vorlage, beispielsweise die Vorlage *Detailliertes Netzwerkdiagramm*. Erstellen mit Hilfe der Shapes der Schablonen Ihre Zeichnung.
- Starten Sie den Assistenten Datenauswahl über *Daten/Externe Daten/Daten mit Shapes verknüpfen*. Wählen Sie im ersten Schritt die Option *Microsoft SharePoint Foundation-Liste*.
- Tragen Sie Adresse der SharePoint-Liste in das Feld *Website* ein.
- Wählen Sie die Liste aus, mit der Sie eine Verbindung herstellen möchten.

Abbildung 5.11: *Die Liste wird ausgewählt.*

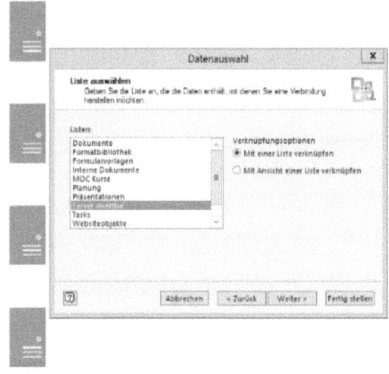

- Verbinden Sie anschließend die angezeigten Datensätze mit den Shapes der Zeichnung. Das detaillierte Vorgehen wird in Kapitel 3 »Shape-Daten« beschrieben.
- Falls nötig: Lassen Sie sich in Visio zu den Shapes die Daten in einer Datengrafik anzeigen. Das Ergebnis sehen Sie in **Abbildung 5.12**.

Abbildung 5.12: *Die Daten aus SharePoint werden mit den Shapes verknüpft.*

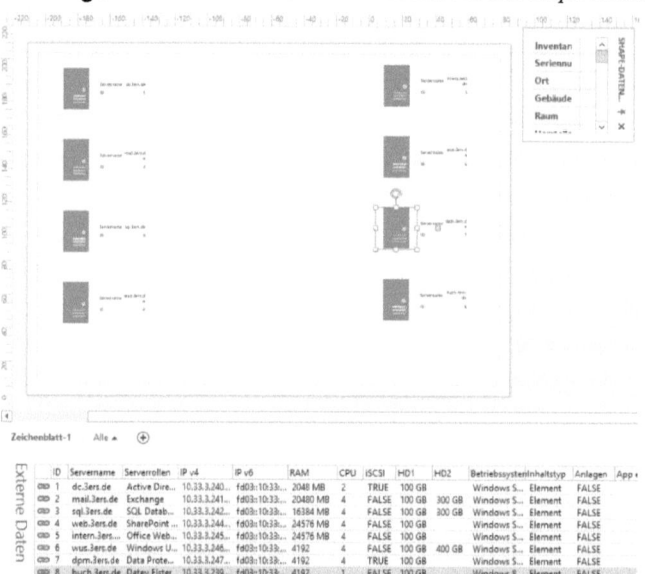

- Über den Visio Web Access-Toolbereich können Sie festlegen, wann die Zeichnung aktualisiert wird. Dort können Sie Optionen festlegen, wie beispielsweise in welchen Intervallen aktualisiert werden soll, was aktualisiert werden soll, ob bestimmte Layouts oder Darstellungen verwendet werden sollen.

Damit Sie den Visio Web Access-Toolbereich öffnen können, versetzen Sie ihn in den Bearbeitungsmodus, entweder mit einem Klick auf den Link *Klicken Sie hier, um den Toolbereich zu öffnen* oder über das Startprogramm des Webparts und dort auf *Webpart bearbeiten*.

Wenn der Benutzer, der die Webzeichnung anzeigt, Silverlight 3.0 oder höher installiert hat, wird die Webzeichnung mithilfe von Silverlight dargestellt. Andernfalls wird sie als Bilddatei im PNG-Format dargestellt. Wenn das Webpart niemals Silverlight verwenden soll, auch wenn Silverlight auf dem Computer des anzeigenden Benutzers installiert ist, können Sie diese Option auswählen.

Wenn die Webzeichnung mit einer externen Datenquelle verbunden ist, können Sie festlegen, dass der Webpart die Datenquelle regelmäßig auf aktuelle Daten überprüfen soll. Geben Sie die Anzahl von Minuten für das Intervall zwischen den einzelnen Datenaktualisierungen ein. Belassen Sie den Wert bei 0 (null), wenn die Benutzer die Daten manuell durch Klicken auf die Schaltfläche Aktualisieren in der Diagrammanzeige aktualisieren sollen.

Einen Workflow mit SharePoint in Visio designen

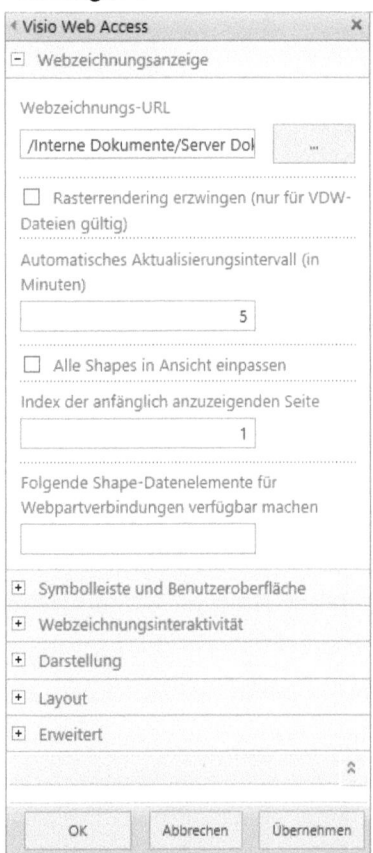

Abbildung 5.13: Der Visio Web Access-Toolbereich

Es gibt eine Option für Webpartverbindungen, über die die Shape-Daten ausgewählter Shapes an andere Webparts gesendet werden können. Es werden nur die in diesem Feld angegebenen Datenfelder gesendet. Geben Sie die Namen der zu sendenden Datenfelder durch Semikola getrennt ein.

5.5. Einen Workflow mit SharePoint in Visio designen

Wenn ein Benutzer in SharePoint das Recht hat, kann er eine Bedingung oder eine Aktion festlegen. Diese kann dann in Visio dargestellt werden. Und so gehen Sie vor:

- Klicken Sie hierzu in SharePoint auf die Schaltfläche *Neuer Workflow*.

- Tragen Sie einen Namen für den Workflow ein – geben Sie optional eine Beschreibung an. Bestätigen Sie das Dialogfeld mit *OK*.

Abbildung 5.14: Ein neuer Workflow

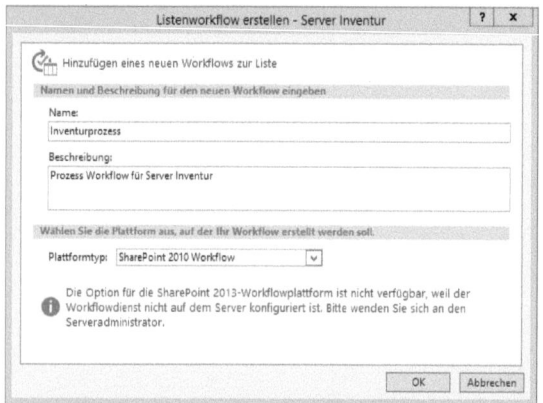

- Wählen Sie einen Speicherort aus, wohin Sie diese VWI-Datei veröffentlichen möchten.

- Starten Sie Visio. Öffnen Sie eine neue Zeichnung mit der Vorlage *Microsoft SharePoint 2010-Workflow*. (Erstaunlicherweise nicht in der Vorlage *Microsoft SharePoint 2016-Workflow!*) Wählen Sie dort über die Registerkarte *Prozess* das Symbol *Importieren* aus der Gruppe SharePoint-Workflow.

- Visio generiert aus der VWI-Datei eine Zeichnung, die den Workflow visualisiert. In **Abbildung 5.15** sehen Sie einen einfachen Workflow – das Versenden einer E-Mail.

Abbildung 5.15: Aus der VWI-Datei wird eine Zeichnung generiert.

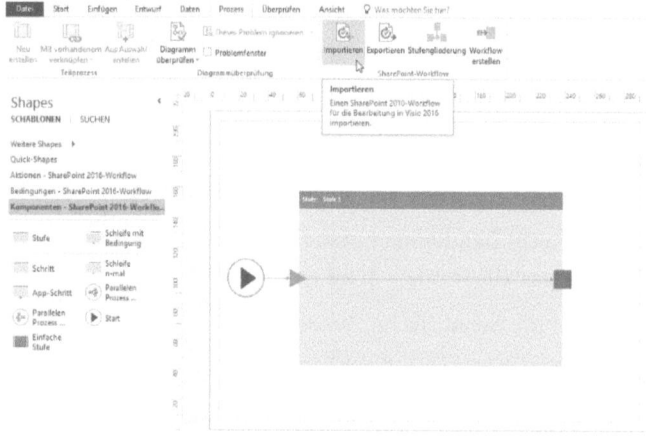

|  | Leider werden die Eigenschaften des SharePoint-Workflows nicht mitgenommen. Die Daten der Shapes sind leer. |

- Wenn Sie möchten, können Sie die Visio-Zeichnung modifizieren.
- Falls es gewünscht ist, können Sie über *Prozess/SharePoint-Workflow/Exportieren* die geänderte Zeichnung in eine neue VWI-Datei exportieren.
- Nun können Sie auch auf einer SharePoint Server-Webparts-Seite diese Zeichnung anzeigen lassen.

Abbildung 5.16: *Die fertige Zeichnung in Visio Web Access*

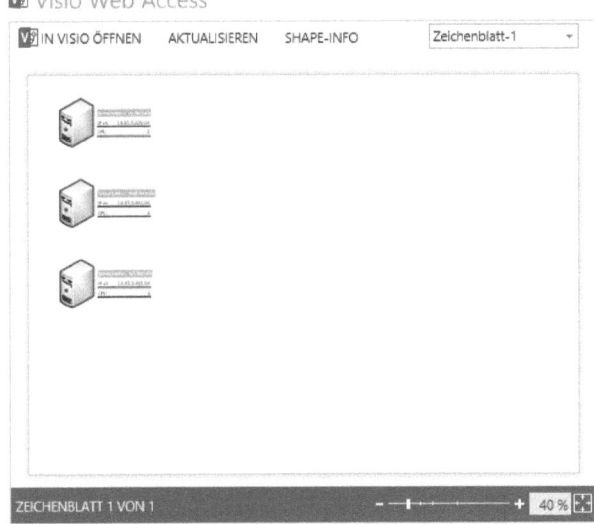

5.6. Zusammenfassung

Microsoft geht immer mehr Richtung Internet. Dabei verwischen die Grenzen zwischen lokalem Computer und Cloud. Man muss schon genau hinsehen um festzustellen, wo die Datei eigentlich liegt. Dies ist keine Visio-spezifische Technik – auch die anderen Anwendungsprogramme der Microsoft Office-Palette folgen dieser Strategie. Und auch das neueste Betriebssystem – Windows 10 ermöglicht einen leichten und schnellen Austausch über die Geräte. Da Visio sogar auf einem Tablet zu bedienen ist benötigt man nur noch einen Rechner mit Internetverbindung und kann seine Dokumente überall bearbeiten, beziehungsweise allen Kollegen zur Verfügung stellen.

6 Visio anpassen

Visio liefert mehrere Tausend Shapes für sehr unterschiedliche Anwendungsbereiche. Dennoch kann es schnell vorkommen, dass unter den vorhandenen Shapes sich nicht das richtige für Ihre Bedürfnisse befindet. Beispielsweise, weil in Ihrer Firma eigene Symbole für bestimmte abstrakte Vorgänge oder für konkrete, technische Elemente festgelegt wurden. Dann müssen Sie neue Shapes anlegen, in Schablonen speichern und möglicherweise Vorlagen dafür definieren. Wie dies funktioniert, wird in diesem Kapitel gezeigt.

6.1. Eigene Füllmuster und Linienmuster erstellen

Zwar stellt Visio 24 verschiedene Füllmuster, 23 Linienarten und 45 Pfeilspitzen zur Verfügung. Aber hausinterne Normen verlangen manchmal nach eigenen Mustern oder Linienarten. Oder Sie möchten bestimmte Pfeilspitzen.

So erstellen Sie ein eigenes Füllmuster:

- Öffnen Sie die Registerkarte *Entwicklertools*, indem Sie in *Datei/Optionen/Menüband anpassen* das Kontrollkästchen *Entwicklertools* einschalten.

- Öffnen Sie den Zeichnungsexplorer über die Registerkarte *Entwicklertools/Einblenden/Ausblenden/Zeichnungsexplorer*. Sollte die Registerkarte *Entwicklertools* nicht vorhanden sein, dann öffnen Sie sie über den Befehl *Datei/Optionen/ Erweitert/Im Entwicklermodus ausführen*.

- Wählen Sie im Kontextmenü des Ordners Füllmuster des Zeichnungsexplorers den Befehl Neues Muster, wie Sie in *Abbildung* **6.1** sehen. Damit können Füll- und Linienmuster oder neue Linienenden erzeugt werden.

Abbildung 6.1: *Ein neues (Füll-)Muster wird erzeugt.*

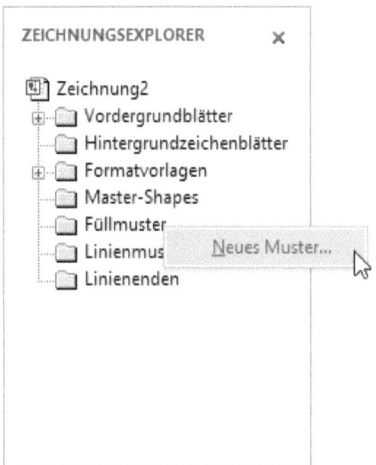

- Wird ein neues Füllmuster angelegt, so wird der Name des Musters eingegeben und festgelegt, ob das Muster gekachelt, zentriert oder gezoomt wird. Bei den ersten beiden Einstellungen steht darüber hinaus die Option *Skaliert* zur Verfügung. Das Dialogfeld sehen Sie in **Abbildung 6.2**.

Abbildung 6.2: *Die Eigenschaften des neuen Musters*

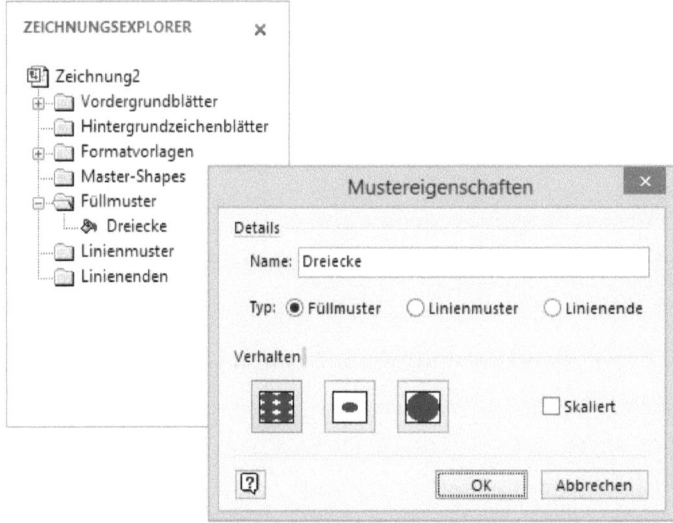

- Damit hat ein neues Muster einen neuen Namen. Nun muss das Muster noch erstellt werden. Öffnen Sie dazu den entsprechenden Knoten im Zeichnungsexplorer und doppelklicken Sie auf den Namen des Musters oder klicken Sie das Muster mit der rechten Maustaste an und wählen Sie im Kontextmenüs den Befehl *Muster-Shape bearbeiten*. Hierdurch wird das Zeichenblatt geöffnet, auf dem Sie das neue Muster erstellen.

Die einzelnen Elemente, aus denen das Muster besteht, müssen dabei als Gruppe vorliegen.

- Schließen Sie das Musterfenster (Sie sehen eines in **Abbildung 6.3**) und bestätigen Sie die Frage nach der Aktualisierung mit *Ja*.

Abbildung 6.3: *Das neue Muster wird erstellt.*

Eigene Füllmuster und Linienmuster erstellen

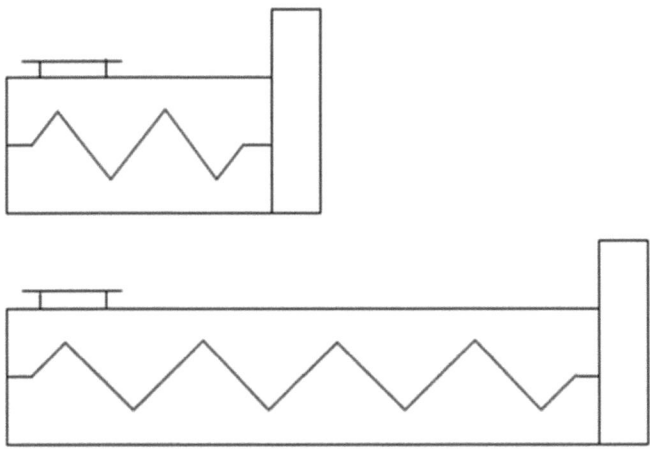

Das Verhalten des Musters wirkt sich bei der Größenänderung des Shapes aus. Normalerweise entspricht die Größe des Shapes nicht der Zeichenblattgröße. Die drei Verhaltensoptionen gekachelt, zentriert oder gezoomt legen dabei fest, wie sich das Muster innerhalb des Shapes verhält. Die folgende Beispielzeichnung **Abbildung 6.4** zeigt die Verwendung zweier Muster, die sich jeweils unterschiedlich verhalten.

Abbildung 6.4: *Gekachelt (skaliert und nicht skaliert), zentriert und gezoomt*

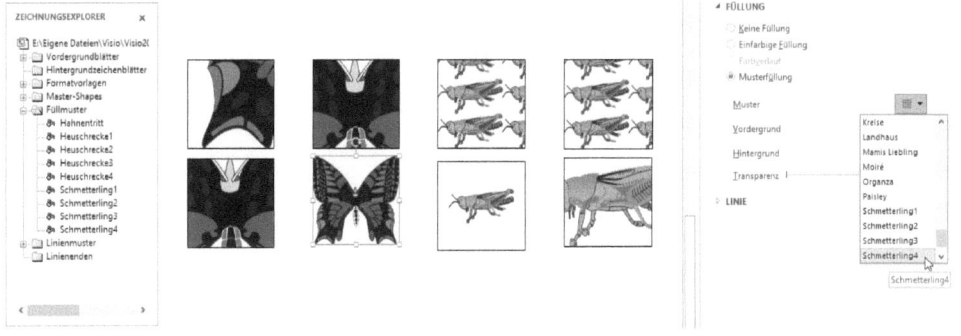

Es existieren insgesamt drei verschiedene Mustertypen: Füllmuster, Linienmuster und Linienenden.

> Hinweis: Beachten Sie, dass Linienmuster und Linienenden immer horizontal zu zeichnen sind.

323

Visio anpassen

- Nun erscheinen alle selbst erstellten Muster mit dem von Ihnen gewähltem Namen in der Liste der Muster im Dialogfeld *Füllbereich* beziehungsweise *Linie* (Registerkarte *Start*). Mit ihnen kann nun gearbeitet werden (**Abbildung 6.5Abbildung**).

Abbildung 6.5: *Das neue Muster wird verwendet*

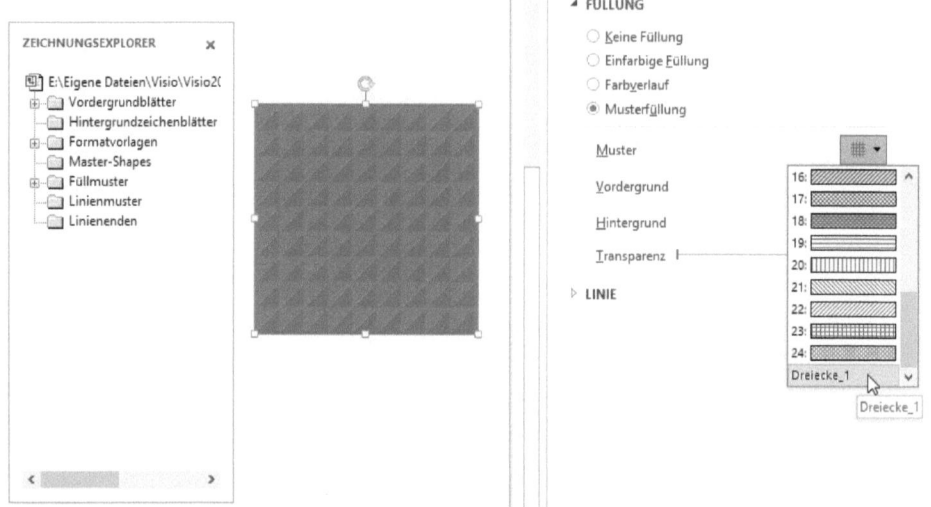

Hinweis	Die neuen Muster stehen stets am unteren Ende der Liste. Wird ein Muster verwendet, das im Fenster *Zeichnungsexplorer* nachträglich geändert wird, so wird das Muster bei den Shapes, die es verwenden, aktualisiert.

Analog gilt dies für das Linienmuster (**Abbildung 6.6**) und die Linienenden. Textmuster können keine erstellt werden, da über die Gruppe *Start/Schriftart* keine benutzerdefinierten Schriften aufgerufen werden können.

Eigene Füllmuster und Linienmuster erstellen

Abbildung 6.6: *Benutzerdefinierte Pfeilspitzen*

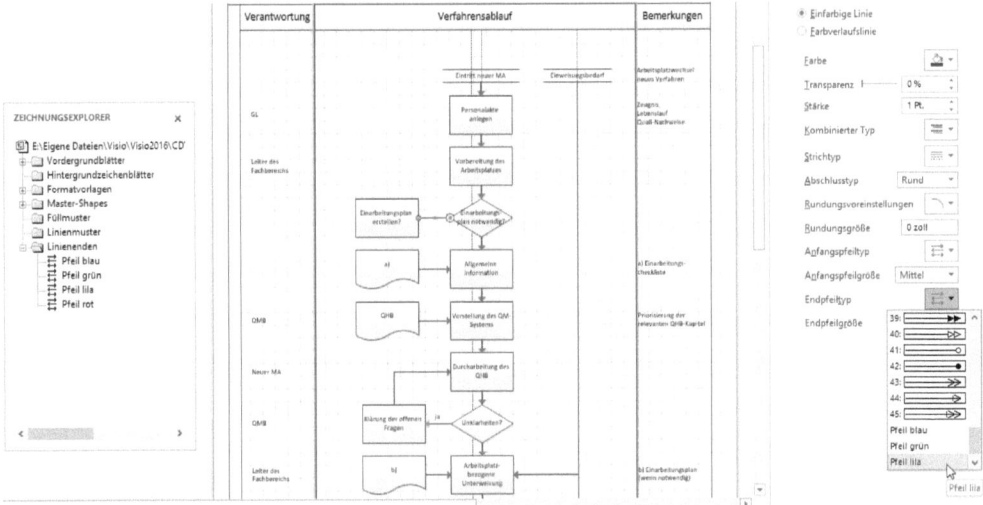

Mit dieser Technik können Sie bunte Pfeilspitzen erzeugen. Oder auch Pfeilspitzen, die nicht ganz am Ende der Linie sitzen, sondern etwas weiter davor

Abbildung 6.7: *Eigene Pfeilspitzen*

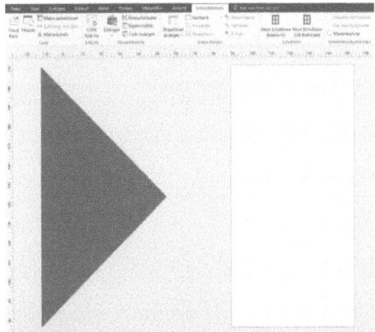

> **Hinweis**
> Alle selbst erzeugten Formate, die sich nun im Zeichnungsexplorer befinden, werden mit der Datei gespeichert. Dann stehen in neuen Zeichnungen im Dialogfeld *Füllbereich* die selbst definierten Füllmuster und im Dialogfeld *Linie* die selbst erzeugten Linienenden und Linienmuster zur Verfügung.

Nun können alle Shapes, die sich in dieser Datei befinden, mit den Mustern formatiert werden. Selbstverständlich sind selbst definierte Muster nicht in einer Schablone sichtbar. Sie können lediglich sichtbar gemacht werden, indem der Zeichnungsexplorer geöffnet

Visio anpassen

wird. Auch beim Formatieren können Sie die selbstdefinierten Muster erst dann sehen, wenn Sie am unter Ende der Liste nachsehen.

Abbildung 6.8: *Mit diesem Wissen können Sie doppelte Linien erzeugen.*

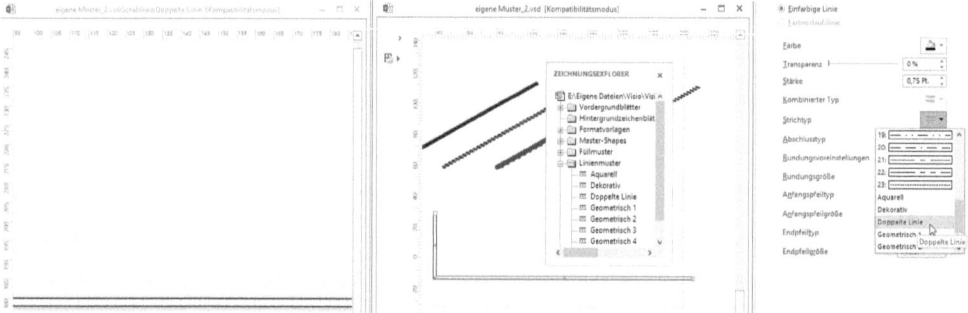

Übrigens können benutzerdefinierte Muster auch als Formatvorlagen abgespeichert werden. Umgekehrt können Formatvorlagen aber nur die Gestaltungselemente verwenden, die von Visio oder über andere Muster vorgegeben sind. Das bedeutet, dass *Muster* völlig neue Muster generiert, während *Formatvorlagen* nur auf vorhandene Muster zurückgreifen. Erstaunlicherweise können selbstdefinierte Muster nicht an Designs gebunden werden. Aber Sie können Designs und Muster mischen.

Wie dies funktioniert kann in den drei Schablonen *Benutzerdefinierte Muster – unskaliert*, *Benutzerdefinierte Muster – skaliert* und *Benutzerdefinierte Linienmuster* in der Kategorie *Visio-Extras* eingesehen werden. Wird die Schablone geöffnet, stehen Ihnen auf der Zeichnung weitere Füllmuster oder Linienmuster zur Verfügung, mit denen gearbeitet werden kann. Welches Muster auf der Zeichnung verwendet wurde, lässt sich im Zeichnungsexplorer einsehen, wie Sie in **Abbildung 6.9** sehen können.

Abbildung 6.9: *Die Visio-Schablonen mit den Mustern werden verwendet*

Eigene Füllmuster und Linienmuster erstellen

> Beachten Sie, dass die von Visio zur Verfügung gestellten Muster nur dann sichtbar werden, wenn die Hintergrundfarbe auf weiß gestellt wird.

Abbildung 6.10: *Rolle und Schnecke*

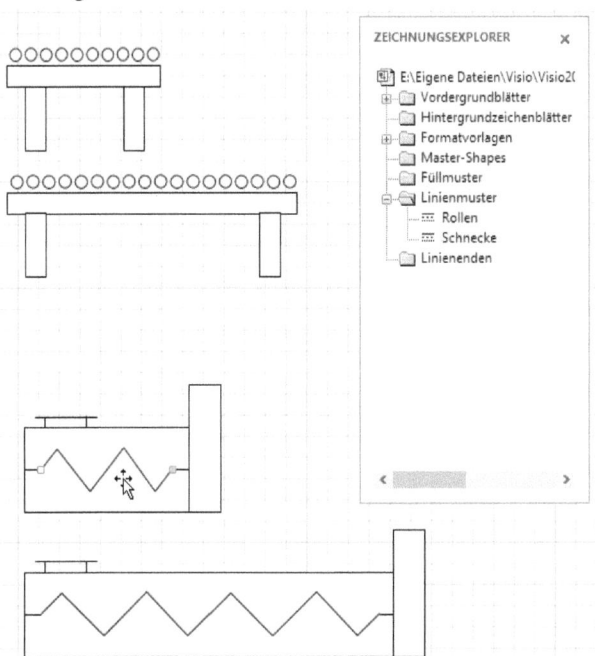

Und mit diesem Wissen ist es nicht mehr schwierig eigene Linienmuster für technische Zeichnungen zu erstellen. Beispielsweise ein Förderband, bei dem mehr Rollen erscheinen, wenn es in die breite gezogen wird. Der »Trick« liegt darin ein skaliertes Linienmuster zu erzeugen, das aus mehreren horizontal nebeneinander liegenden Kreisen besteht. Ebenso kann eine Zickzacklinie erstellt werden mit der Mustereigenschaft skaliert, die beim Verlängern mehr Zacken anzeigt. Sie sehen das Ergebnis in **Abbildung 6.10:** Rolle und Schnecke.

> Beachten Sie, dass Sie keine eigenen Schriften definieren können – lediglich Linien- und Füllmuster können selbst erstellt werden. Um eigene Fonts oder Zeichen zu erstellen, verwenden Sie das Windows-Programm Eudcedit.

6.2. Eigene Shapes erstellen

Es gibt zwei Varianten, neue Shapes zu erstellen: Sie können entweder vorhandene Shapes modifizieren oder ganz neue Shapes anlegen. In diesem Kapitel wird der Fokus auf die zweite Technik gelegt: auf das Generieren von neuen Shapes.

6.2.1. Die Standardelemente

- Öffnen Sie ein leeres Zeichenblatt.
- Öffnen Sie die Registerkarte *Start*. Dort finden Sie in der Gruppe *Tools* die sechs Werkzeuge *Rechteck/Quadrat*, *Ellipse/Kreis*, *Linie*, *Freihandform*, *Bogen* und *Bleistift*. Wählen Sie eines der Werkzeuge aus, um ein neues Objekte zu erzeugen.
- Lassen den Mauszeiger los und ziehen danach mit gedrückter linker Maustaste ein Rechteck auf dem Zeichenblatt auf. Wird ein weiteres Objekt benötigt, dann kann das nächste Objekt durch Ziehen erzeugt werden. Sie müssen nicht erneut den Befehl aktivieren – es bleibt aktiv.

> **Hinweis**
> Wenn Sie beispielsweise ein kleines Rechteck auf einem großen zeichnen möchten, kann es passieren, dass Visio davon ausgeht, dass Sie das zuerst gezeichnete Objekt, das noch markiert ist, verschieben möchten. Abhilfe schafft ein Auflösen der Markierung oder ein Zeichnen des zweiten Objekts neben dem ersten. Anschließend kann man es über das erste verschieben.

Wird beim Aufziehen die [Umschalt]-Taste gedrückt, erzeugt Visio Quadrate und Kreise. Wird bei der einfachen Linie die [Umschalt]-Taste gedrückt, wird sie nur waagrecht, senkrecht oder im Winkel von 45 Grad gezeichnet.

Möchten Sie dagegen das Objekt verschieben, vergrößern oder verkleinern, sollten Sie das Zeigertool (Standardzeiger, weißer Pfeil) aus der Registerkarte *Start* oder [Strg]+[1] verwenden.

Der Umgang mit Bogen und Freihandzeichnen erfordert ein wenig Geschick, die Sie sicherlich schnell erwerben, wenn Sie einige Objekte gezeichnet haben. Der Unterschied zwischen *Bogen* und *Freihandzeichnen* besteht darin, dass mit dem Werkzeug *Bogen* nur eine Viertelellipse gezeichnet werden kann. Mit der Freihandlinie können Sie komplexe Figuren erstellen. Jedoch können Sie mehrere Bögen hintereinander anfügen. Zeichen Sie einfach den zweiten Bogen vom Endpunkt des ersten ausgehend bis zum Ende, lassen die Maus los und zeichnen anschließend den dritten Teilbereich.

Wie werden Shapes erstellt, die aus geraden und gebogenen Linien bestehen? Hierzu könnten Sie mit dem Bleistiftwerkzeug arbeiten, wie Sie in **Abbildung 6.11** sehen können.

Eigene Shapes erstellen

Zeichnen Sie Linie für Linie des neuen Objekts, wobei Sie nach jeder Linie die Maustaste loslassen. Erzeugen Sie zuerst nur gerade Linien. Jede neue Linie wird an den Endpunkt der zuletzt gezeichneten angesetzt. Wenn Sie weitere Knoten benötigen, müssen Sie mit gedrückter [Strg]-Taste auf die Linie klicken, um einen weiteren Punkt zu erzeugen, den Sie dann verschieben können. Soll das Objekt geschlossen sein, ziehen Sie die letzte Linie bis zum Beginn der ersten. Das Objekt wird automatisch geschlossen. Zwischen zwei Linienendpunkten befindet sich nun jeweils ein Knoten. Wird er mit dem aktivierten Bleistiftwerkzeug verschoben, so entsteht eine Rundung. Im Befehl *Datei/Optionen/Erweitert* stehen Ihnen einige Einstellungen zur Freihandform-Zeichnung zur Verfügung

Abbildung 6.11: *Ein neues Shape wird erstellt.*

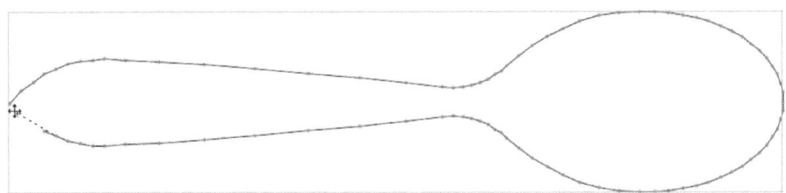

Abbildung 6.12: *Die Optionen der Freihandform-Zeichnung*

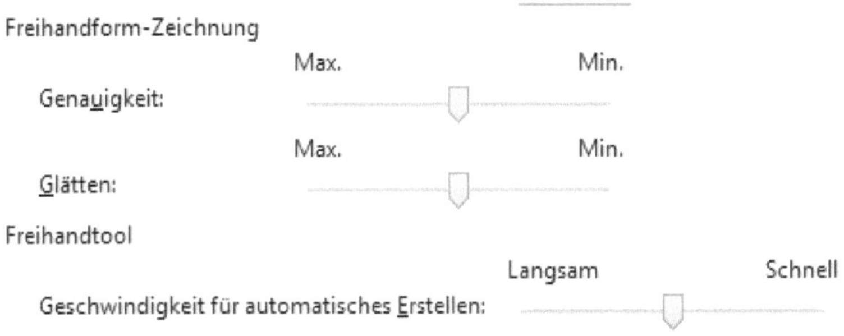

- Wird ein Shape mehrmals benötigt, kann es kopiert und eingefügt werden. Oder Sie duplizieren es mittels [Strg]+[D] oder *Start/Zwischenablage/Einfügen/Duplizieren*. Oder Sie verschieben es mit gedrückter [Strg]-Taste.
- Das Formatieren von Shapes wurde im ersten Kapitel hinlänglich beschrieben. Auf die Effekte, Linien- und Füllformate soll hier nicht noch einmal eingegangen werden.
- Wenn Sie die Reihenfolge der Shapes verändern möchten, können Sie ein markiertes Shape an eine andere Position über die Befehle *Start/Anordnen/Ebene nach hinten/In den Hintergrund* oder *Start/Anordnen/Ebene nach vorne/In den Vordergrund* legen.

Visio anpassen

- Soll im neuen Shape ein Vorgabetext stehen, kann dieser hineingeschrieben werden. Der Benutzer kann ihn jederzeit problemlos überschreiben.

Abbildung 6.13: Eine Zeichnung, die aus mehreren Einzelteilen besteht

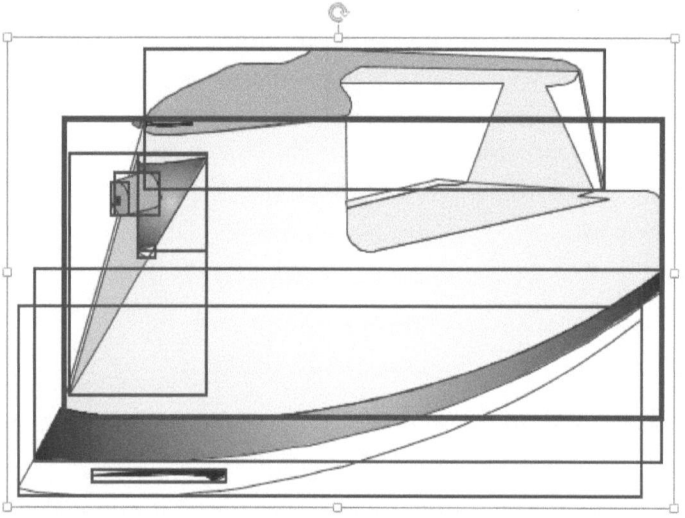

6.2.2. 1D- und 2D-Shapes

Wenn Sie mit den Werkzeugen *Linien*, *Bogen*, *Bleistift* oder *Freihandzeichnen* eine einzelne Linie oder Kurve erzeugen, ist sie immer eindimensional. Fügen Sie jedoch im Anschluss eine weitere Linie an, so wird das Objekt, das nun aus zwei Teilstrecken oder Teilkurven besteht, zu einem zweidimensionalen Objekt. Erkennbar ist dies an den Markierungspunkten die Sie erhalten, wenn Sie das Werkzeug *Zeigertool* aktivieren: Eindimensionale Shapes sind ausgerichtet – besitzen also einen Anfangs- und Endpunkt, während zweidimensionale Shapes Markierungspunkte aufweisen. Dies ist deutlich in **Abbildung 6.14** zu erkennen. Sie können diese Eigenschaft explizit im Dialogfeld *Verhalten* in *Entwicklertools/Shape-Design* einsehen, wo eindimensionale Shapes in Rechtecke und Rechtecke in eindimensionale Shapes konvertieren werden können.

Beachten Sie, dass beim Konvertieren in ein eindimensionales Shapes die Anfangs- und Endpunkte immer links und rechts liegen. Das heißt: Sie sollten das zu konvertierende Shape waagrecht konstruieren.

Eigene Shapes erstellen

Abbildung 6.14: *Ein Kreis (Am Mittelpunkt ziehbarer Kreis) als* Linie *und ein Kreis als* Rechteck

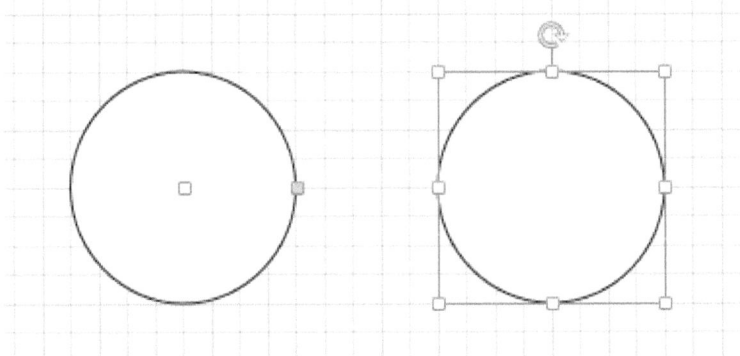

Übrigens: So wie Sie eigene 2-dimensionale Shapes erstellen können (und in einer Schablone speichern können), können Sie auch 1-dimensionale Shapes, beispielsweise Verbinder erstellen. Das kann interessant sein, wenn sie bereits vorformatiert sein sollen (dicke und dünne Linien, rot für Strom, blau für Wasser, grau für Gas, ...) bestimmte Pfeilspitzen besitzen sollen, auf bestimmten Layern liegen sollen (Stromkabel, Netzwerkkabel, ...) oder mit bestimmten Texten versehen sind, beispielsweise die Ja-Verbinder mit einem grünen Haken, die Nein-Verbinder mit einem roten x. Die Symbole kann man der Schriftart Wingdings entnehmen.

Abbildung 6.15: *Selbst erstellte Verbinder*

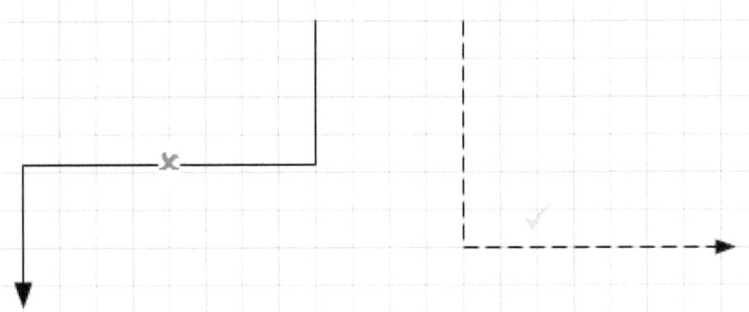

6.2.3. Offene und geschlossene Shapes

Während die Frage nach Ein- und Zweidimensionalität nur eine Frage des Verhaltens beim Verbinden ist, betrifft die Frage nach offenen und geschlossenen Objekten die Formatierung. Nur ein geschlossenes Objekt kann eine Füllfarbe besitzen, nur ein offenes Objekt kann Pfeilspitzen an den Linienenden haben (siehe **Abbildung 6.16**).

Visio anpassen

Wenn Sie ein offenes Objekt schließen möchten, markieren Sie es, wählen eines der Linien-Werkzeuge aus und ziehen eine Linie vom Anfangspunkt zum Endpunkt. Das Verwenden der Füllfarbe zeigt Ihnen, dass es nun geschlossen ist.

Abbildung 6.16: *Mehrere offene und geschlossene Shapes*

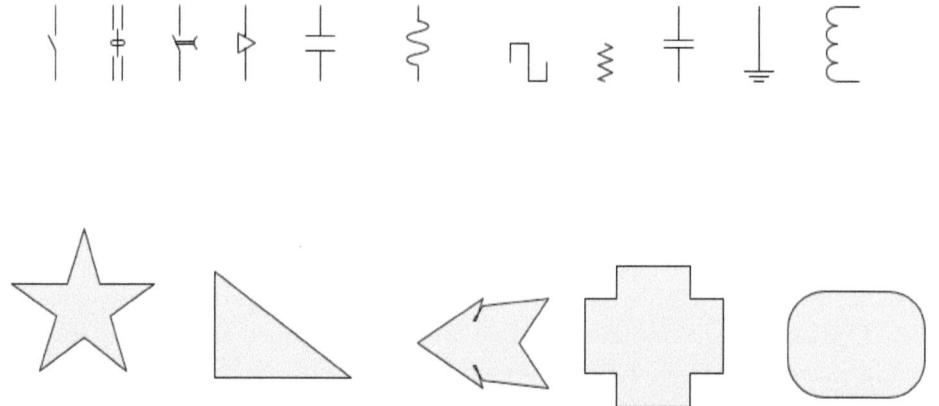

6.2.4. Gruppieren

Zwei oder mehrere Shapes können zu einer Gruppe zusammengefasst werden. Dies hat den Vorteil, dass sie wie ein Objekt behandelt werden. Um zwei oder mehrere Shapes zu gruppieren, werden sie markiert und mit dem Befehl *Start/Anordnen/ Gruppieren/Gruppieren*, der Tastenkombination [Strg]+[G] oder [Umschalt]+[Strg]+[G] oder dem Kontextmenü (*Gruppieren/Gruppieren*) gruppiert. Wird die Gruppe erneut markiert, erscheinen die Größenänderungs-Kontrollpunkte um alle Elemente dieser Gruppe. Visio erstellt nun ein neues Shape. Wurden drei Shapes auf einem Zeichenblatt zu einer Gruppe zusammengefasst, so befinden sich nun vier Objekte auf dem Blatt.

Eigene Shapes erstellen

Abbildung 6.17: *Mehrere Shapes werden zu einer Gruppe zusammengefasst.*

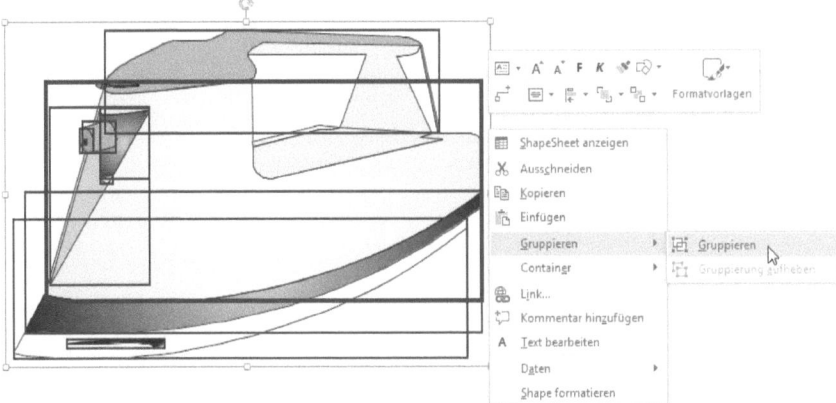

 **Tipp** Soll nun ein Element der Gruppe bearbeitet werden, beispielsweise formatiert, verschoben, verändert oder gelöscht, genügt ein zweiter Klick auf dieses Gruppenmitglied, um ein Element der Gruppe zu markieren – nun kann es verändert werden, so, als wäre es kein Teil der Gruppe (siehe **Abbildung 6.18**).

Abbildung 6.18: *Ein Mitglied der Gruppe wurde markiert.*

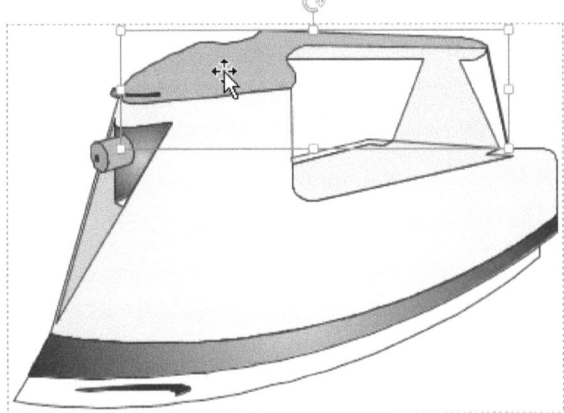

Tipp Dies ist eine Visio-spezifische Technik. Die klassische Variante vieler Grafikprogramme sieht vor, die Gruppe aufzuheben (über den Befehl *Start/Anordnen/Gruppieren /Gruppierung Aufheben*, **[Umschalt]**+**[Strg]**+**[U]** oder das Kontextmenü) oder eine bestimmte Tastenkombination zu drücken, um in die Gruppe zu gelangen. In Visio können Sie so leicht einen Teil der Gruppe verändern, sodass die Gruppe zusammengefasst bleibt.

Um ein Element aus einer vorhandenen Gruppe herauszuholen, kann dieses markiert werden und über den Befehl *Start/Anordnen/Gruppieren/Aus Gruppe entfernen* extrahiert werden.

Soll ein weiteres Element zur Gruppe hinzugefügt werden, darf keine neue Gruppe erstellt werden, sondern Sie sollten dieses Element und die Gruppe markieren und über den Befehl *Start/Anordnen/Gruppieren/Zur Gruppe hinzufügen* zusammenführen. Würden Sie eine neue Gruppe erstellen, also zwei Gruppen ineinander schachteln, hätten Sie zum einen ein Objekt mehr, was bei einer großen Anzahl von Objekten den Speicher unnötig belastet. Ärgerlicher dagegen ist, dass es nun sehr mühsam ist, an ein Shape in der inneren Gruppe zu gelangen: Sie müssten mehrmals auf die Gruppe klicken, bis Sie zu dem inneren Element gelangen.

Auf diese Art und Weise ist es möglich, ein Shape zu erstellen, das über verschiedene Elemente verfügt, die getrennt voneinander bearbeitet werden können. Dies wird im Abschnitt Ein Beispiel verwendet und erläutert.

Alternativ kann man auch über das Kontextmenü in die Gruppe gelangen. Visio öffnet nun ein zweites Fenster, in dem man die Mitgliedsschapes, verschieben, formatieren, löschen oder neue Shapes hinzufügen kann. Interessanterweise zeigt er diese Aktionen im ersten Fenster synchron an.

> **Hinweis** Natürlich kann die Gruppe über *Entwicklertools/Shape-Design/Verhalten* geschützt werden, so dass der Benutzer nicht versehentlich mit einem zweiten Klick in ein Shape der Gruppe gelangt. Allerdings kann die Gruppe nicht so geschützt werden, dass der Anwender diese nicht auflösen kann.

Vielleicht fragen Sie sich, warum man ein einzelnes Shape in eine Gruppe konvertieren kann (*Start/Anordnen/Gruppieren/In Gruppe konvertieren*)? Über *Entwicklertools/Shape-Design/Verhalten* kann festgelegt werden, dass diese Gruppe *abgelegte Shapes annehmen* kann. So können andere Teilelemente, bei denen die Option *Shape beim Ablegen der Gruppe hinzufügen* aktiviert wurde, zur Gruppe hinzugefügt werden.

Ebenso können Sie die Gruppe öffnen und das Shape innerhalb seiner Gruppe mit weiteren Shapes versehen – also auf Basis eines Shapes eine Gruppe zusammenstellen.

Übrigens können Sie auch Visio-Shapes, Verbinder und Pixelgrafiken zu einem Shape gruppieren und dieses in einer Schablone speichern. Die kann bei technischen Dokumentationen interessant sein.

Eigene Shapes erstellen

Abbildung 6.19: *Gruppe mit mehreren unterschiedlichen Shapes*

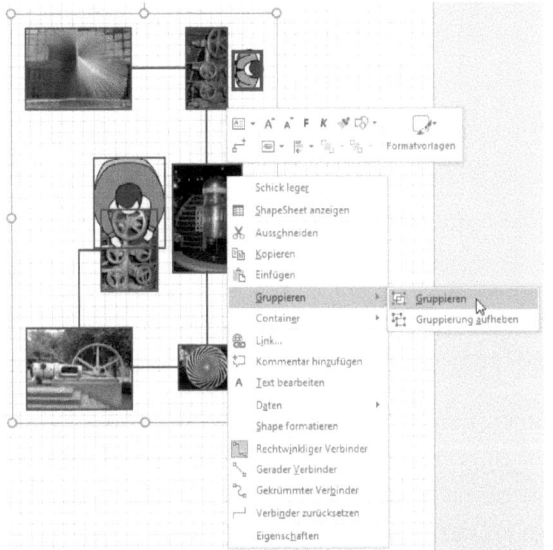

6.2.5. Mehrere Texte durch Gruppieren zu einem Shape zusammenfassen

Manchmal ist es nötig, in einem Shape mehrere Texte zu platzieren, wie beispielsweise in dem Shape. Natürlich können diese Informationen durch ein Absatzzeichen voneinander getrennt werden. Natürlich könnten Sie in Visio mit Legenden arbeiten. Dies wird ausführlich in Kapitel 3 beschrieben.

Soll allerdings der Benutzer voneinander getrennte Informationen eingeben können, die sich nicht beeinflussen, also beispielsweise nicht verschieben, können entweder mehrere Textfelder oder mehrere beschriftete Shapes zu einem Shape gruppiert werden. Am besten ist es, wenn die Texte schon vorbelegt sind – so, wie dies Visio in einigen Shapes vorgemacht hat. Ändert der Benutzer nun die Texte, kann er mit einem Klick die Gruppe markieren, mit einem zweiten Klick eines der Mitglieds-Shapes auswählen und dort den Text eingeben. Sie könnten ebenso das Gruppenverhalten im Dialogfeld *Entwicklertools/Shape-Design/Verhalten* ändern, sodass der erste Klick bereits eines der Mitglieds-Shapes markiert. Der Nachteil dieser Variante ist, dass der Benutzer beim Verschieben des Shapes leicht nur ein Teil verschieben kann und nicht die ganze Gruppe.

Abbildung 6.20: *Gruppe mit mehreren unabhängigen Shapes*

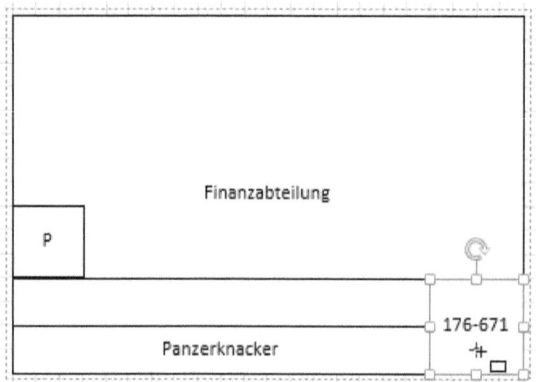

Übrigens: Falls Sie es benötigen: Sie können natürlich die Ausgangsposition des Textes ändern, indem Sie das Werkzeug *Textblock* aktivieren. Entweder ein Vorgabetext wird angezeigt, oder Sie löschen den Text, nachdem Sie ihn verschoben haben. Sobald der Anwender Text eingibt, steht der Text dann an der gewünschten Position – beispielsweise unterhalb des Shapes.

Und: selbstverständlich können Sie auch Felder verwenden (*Einfügen/Text/Feld*), damit das neue Shape bereits mit bestimmten Informationen vorbelegt ist (Dateiname, aktuelles Datum, Ersteller der Datei, Seitennummer, ...)

6.2.6. Vorgänge

Visio stellt eine weitere Möglichkeit zur Verfügung, neue Elemente zu kreieren: die Vorgänge. Während sich Gruppen zu jedem beliebigen Zeitpunkt rückgängig machen lassen und bei Gruppen einzelne Elemente ihre Eigenständigkeit bewahren (beispielsweise Formatierungen), »verschmelzen« zwei oder mehrere Objekte durch die Vorgänge zu einem neuen Objekt, das nur noch über den Befehl *Rückgängig* in seine Komponenten zerlegbar ist. Dies allerdings nicht beliebig lange.

Viel schneller und deutlicher werden die Unterschiede der einzelnen Optionen im Befehl *Entwicklertools/Shape-Design/Vorgänge*, wenn Sie selbst zwei Objekte übereinander legen und die einzelnen Optionen ausprobieren. **Abbildung 6.21** zeigt die verschiedenen Möglichkeiten, wobei bei allen Vorgängen die Reihenfolge der Markierung eine Rolle spielt. Prinzipiell können Sie alle Vorgänge für alle Shapes verwenden (mit unterschiedlichen Resultaten), allerdings ist die erste Gruppe (*Gesamtmenge, Kombinieren, In Einzelmengen zerlegen, Schnittmenge bilden* und *Subtrahieren*) für zweidimensionale Shapes reserviert, während die zweite Gruppe (*Verbinden, Zuschneiden und Abstand*) ihre Berechtigung eher in eindimensionalen Shapes findet.

Zur besseren Ansicht wurden die Einzelteile des Resultats in **Abbildung 6.21** auseinander gezogen.

Abbildung 6.21: Die Vorgänge (Mengenoperationen) bei Rechtecken und Linien

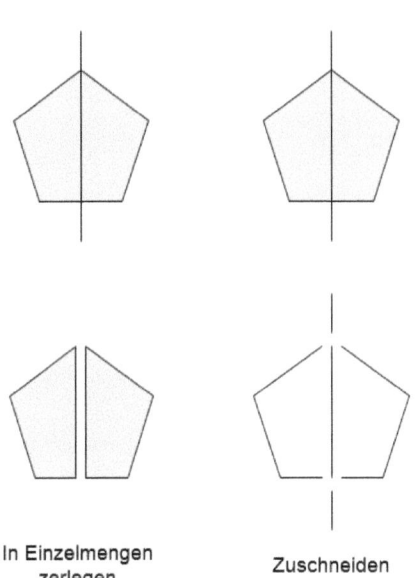

Abbildung 6.22: Die Vorgänge (Mengenoperationen) bei Rechtecken und Rechtecken

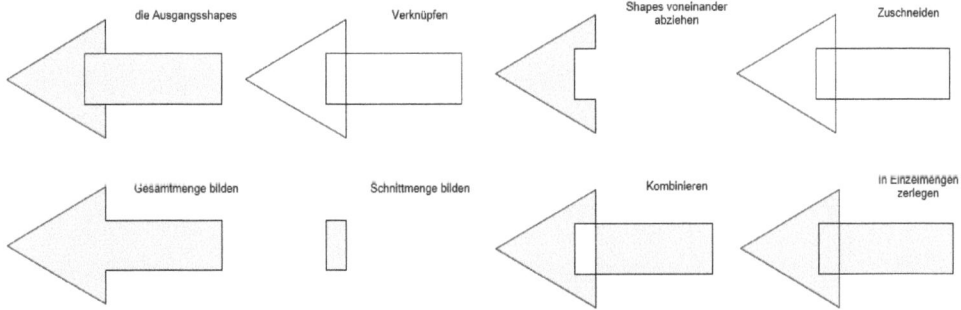

Einige der Optionen sehen auf den ersten Blick sehr ähnlich aus, weisen aber einige kleine Unterschiede auf. Beispielsweise löscht *Verknüpfen* alle vorhandenen Formate, da es das neue Shape in ein Linienobjekt verwandelt, während die Option *Gesamtmenge bilden* die

Bezugsformate des gefüllten Shapes (des zuerst markierten Shapes) für das neue Shape übernimmt.

Abbildung 6.23: *Kurve anpassen*

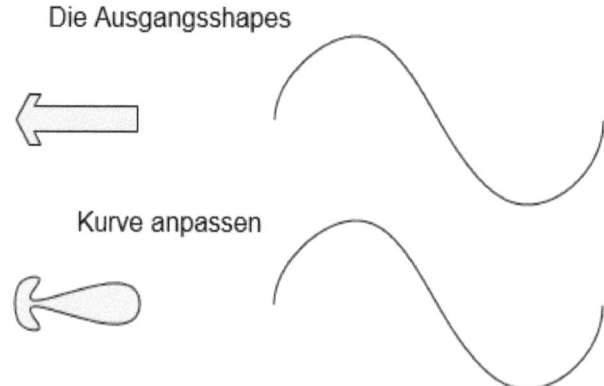

Tabelle 1.26: *Die Unterschiede zwischen Gruppieren und Vorgänge*

Gruppieren	Vorgänge
Kann rückgängig gemacht werden (Gruppierung aufheben)	Kann nicht rückgängig gemacht werden, das heißt in die ursprünglichen Teile zerlegt werden.
Behält die Formate der einzelnen Shapes	Nur ein Format für Linie, Füllbereich und Text
Jedes Shape kann einen Text beinhalten	Nur ein Text ist möglich
Mehrere Shapes: Ein Gruppenshape und mehrere Mitgliedsshapes	Nur ein Shape
Kann neue Mitgliedsshapes aufnehmen (Zur Gruppe hinzufügen)	Kann nur über erneutes Kombinieren oder Gesamtmenge bilden erneut Shapes aufnehmen.
Kann neue Mitgliedsshapes aufnehmen, wenn bei der Gruppe die Option *abgelegte Shapes annehmen* eingestellt ist. Bei den neuen Shapes muss die Option *Shape beim Ablegen der Gruppe hinzufügen* aktiviert sein.	Kann keine neuen Shapes aufnehmen.

Eigene Shapes erstellen

Und so kann man leicht mit Hilfe der Mengenoperationen neue Shapes generieren. Beispielsweise kann man eine Gabel erzeugen, indem man drei Rechtecke über die vordere Fläche legt, wie Sie in **Abbildung 6.24** sehen können.

Abbildung 6.24: Ein neues Shape wird durch Kombinieren erstellt.

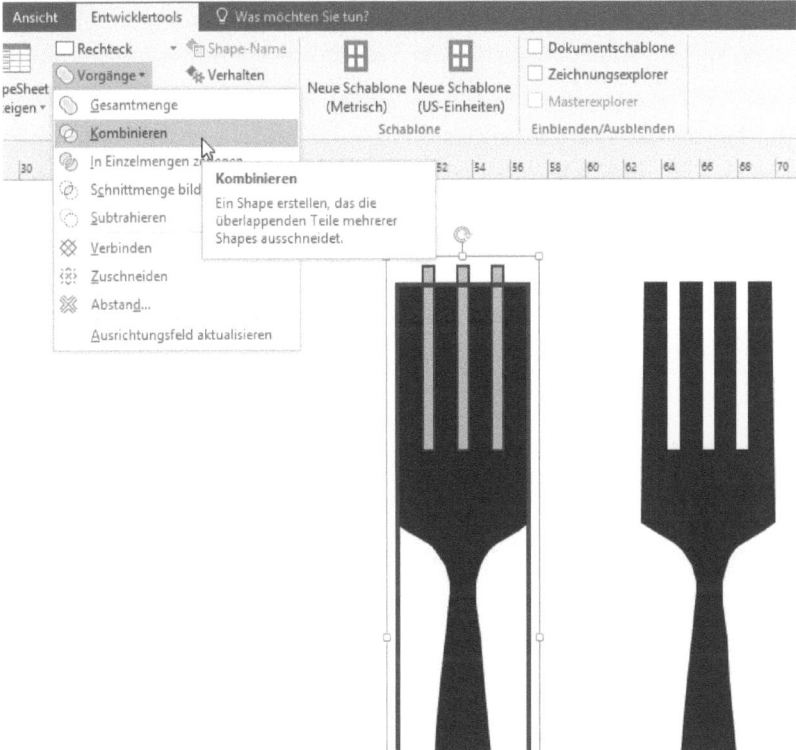

6.2.7. Verbindungspunkte einfügen

Soll das neue Shape Verbindungspunkte erhalten, wählen Sie den Befehl *Start/Tools/Verbindungspunkt*. Mit gedrückter [Strg]-Taste wird auf dem Shape ein neuer Verbindungspunkt eingefügt.

Etwas problematisch gestaltet sich das exakte Positionieren des Verbindungspunkts in der Mitte des Shapes. Dies können Sie am besten mit Hilfe von Führungslinien lösen: Ziehen Sie aus dem Lineal eine Hilfslinie heraus und verschieben Sie das Shape auf diese Linie. Wenn es sich genau auf der Mitte befindet, werden die Markierungspunkte rot.

Visio anpassen

Tipp — Oder Sie markieren die Hilfslinie und anschließend das Shape. Nun kann das Shape im Verhältnis zur Hilfslinie mithilfe der Ausrichten-Option zentriert werden, so dass leicht der obere und der untere Mittelpunkt gefunden werden kann.

Analog könnten Sie an die beiden anderen Mittelpunkte zwei Verbindungspunkte positionieren. Und auf diese Weise können Sie an die vier Eckpunkte des Shapes Verbindungspunkte platzieren.

Wenn Sie möchten, dass an das zweidimensionale Shape ein anderes zweidimensionales geklebt wird, dann müssen Sie im Kontextmenü des Verbindungspunktes die Option *Nach innen und außen* einschalten.

Abbildung 6.25: *Ein neuer Verbindungspunkt wird gesetzt.*

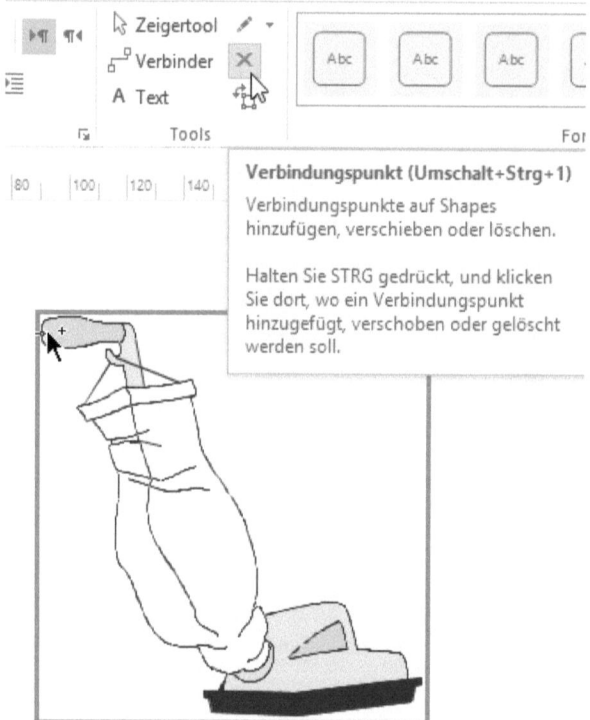

6.2.8. Shape-Daten eintragen

Soll an das Shape eine oder mehrere benutzerdefinierte Eigenschaften gebunden werden, können Sie dies über das Kontextmenü oder über das Fenster *Shape-Daten* (Registerkarte

Eigene Shapes erstellen

Daten oder *Ansicht/Anzeigen/Aufgabenbereiche*) erreichen (Siehe **Abbildung 6.26**). Nun öffnet sich ein Assistent, mit dessen Hilfe die einzelnen Datenfelder erstellt werden können.

Abbildung 6.26: *Das Dialogfeld, mit dem neue Datenfelder definiert werden können*

Im Feld *Beschriftung* wird der Name eingetragen, den der Benutzer zu sehen bekommt. Die Daten selbst werden in einem spezifischen Format gespeichert (**Tabelle 1.27**). Dafür stehen folgende Typen zur Verfügung:

Tabelle 1.27: *Die Liste der Datentypen*

Typ	Beschreibung
Zeichenkette	Reiner Text: alle Zeichen, auch Ziffern und Satzzeichen sind erlaubt
Nummer	Nur Zahlen
Feste Liste	Aus einer vorgegebenen Liste kann etwas ausgewählt werden.
Variable Liste	Aus einer vorgegebenen Liste kann etwas ausgewählt werden; es können aber auch andere Werte eingegeben werden.
Boolesch	Wahrheitswert: Ja oder Nein / Wahr oder Falsch
Währung	Wie Nummer – allerdings auf vier Stellen nach dem Komma gerundet

Visio anpassen

Typ	Beschreibung
Datum	Datumsangaben
Dauer	Zeitliche Dauer; sie wird in Sekunden, Minuten, Stunden, Tagen, Wochen, Monaten oder Jahren gemessen

Für einige der Datenformate stehen nun wiederum Formate zur Verfügung:

Tabelle 1.28: *Die Liste der vorhandenen Formatierungsmöglichkeiten*

Typ	Formate	Beispiel
Zeichenkette	*Normal*	Visio
	GROSSBUCHSTABEN	VISIO
	Kleinbuchstaben	visio
Nummer	*Allgemein*	1234,5678
	Allgemeine Einheiten	1234,5678 Kisten
	Ganze Zahl	1235
	Ganze Zahl mit Einheiten	1235 Kisten
	Gleitzahl	1234,5678
	Gleitkommazahl mit Einheiten	1234,5678 Kisten
	Bruch	1234/567
	Bruch mit Einheiten	1234/567 Kisten
Währung	*Systemeinstellung*	1.234,57 € (die Einstellung der Systemsteuerung)
	€3 (Ganzzahl mit Einheit)	1.235 €
	€2,75 (Kommazahl mit Einheit)	1.234,57 €
	2,75 Euro (Zahl mit Währung)	1.234,57 Euro
	2,75 EUR (Zahl mit Währungskürzel)	1.234,57 EUR
Datum: Teil 1:		
Datum	*03.10.1993* (Kurzes Datum (Systemeinstellung))	07.04.2018
	Sonntag, 3. Oktober 1993 (Langes Datum)	Samstag, 7.April 2018
	3. Oktober 1993 (d. MMMM yyyy)	7. April 2018
	03.10.93 (dd.MM.yy)	07.04.18
	1993-10-03 (yyyy-MM-dd)	2018-04-07
	93-10-03 (yy-MM-dd)	07-04-18
	01/10/1993 (dd/MM/yyyy)	07/04/2018
		07. Apr. 2018

Eigene Shapes erstellen

Typ	Formate	Beispiel
	03. Okt. 1993 (dd. MMM. yyyy)	07/04/18
	03/10/93 (dd/MM/yy)	April 18
	Oktober 93 (MMMM yy)	Apr-18
	Okt-93 (MMM-yy)	07.04.2018 00:00
	03.10.1993 17:00 (dd.MM.yyyy HH:mm)	07.04.2018 00:00:00
	03.10.1993 17:00:00 (dd.MM.yyyy HH:mm:ss)	
Datum Teil 2:		
Uhrzeit	*5:00* (h:mm am/pm)	2:45
	5:00:00 (hh:mm am/pm)	2:45:00
	17:00 (HH:mm)	14:45
	17:00:00 (HH:mm:ss)	14:45:00
Dauer	*Wochen* ([w]'aw.')	2 aw.
	Tage ([d]'vt.')	14 vt.
	Stunden ([h]'vs.')	336 vs.
	Minuten ([m]'vm.')	20160 vm.
	Sekunden ([s]'as.')	1209600 as.
	Stunden und Minuten ([h]:[mm])	336:00
	Minuten und Sekunden ([m]:[ss])	20160:00

Und wozu das Ganze? Angenommen, es sollen Zahlen hinter den Zeichnungsobjekten hinterlegt werden, können Sie mit Hilfe der Assistenten oder per Programmierung diese Zahlen einsammeln und die Gesamtsumme berechnen. Beispielsweise für Anschaffungskosten oder für Gesamtkosten des Projekts. Lägen die Daten als reiner Text vor, dann könnten sie nicht summiert oder weiterberechnet werden.

Soll das Datenfeld vorbelegt werden, kann in das Feld *Wert* der entsprechende Wert hineingeschrieben werden. Wird später dieser Wert geändert, steht in dieser Zeile der aktuelle Wert. Eine andere Bedeutung hat diese Eingabezeile bei den beiden Listen. Dort werden die einzelnen Einträge hintereinander, durch Semikola getrennt, hineingeschrieben. Beispielsweise so:

    1;2;3;4;5;6

oder so:

    A;B;C;D;E;F

Visio anpassen

Der Unterschied zwischen festen und variablen Listen besteht darin, dass aus festen Listen nur eine der Vorgaben ausgewählt werden kann, bei variablen Listen (wie in **Abbildung 6.27**) kann etwas aus der Liste ausgewählt werden oder ein anderer Wert hineingeschrieben werden, der sich anschließend als weiteres Element in der Liste befindet.

Abbildung 6.27: *Eine benutzerdefinierte Eigenschaft mit variabler Liste*

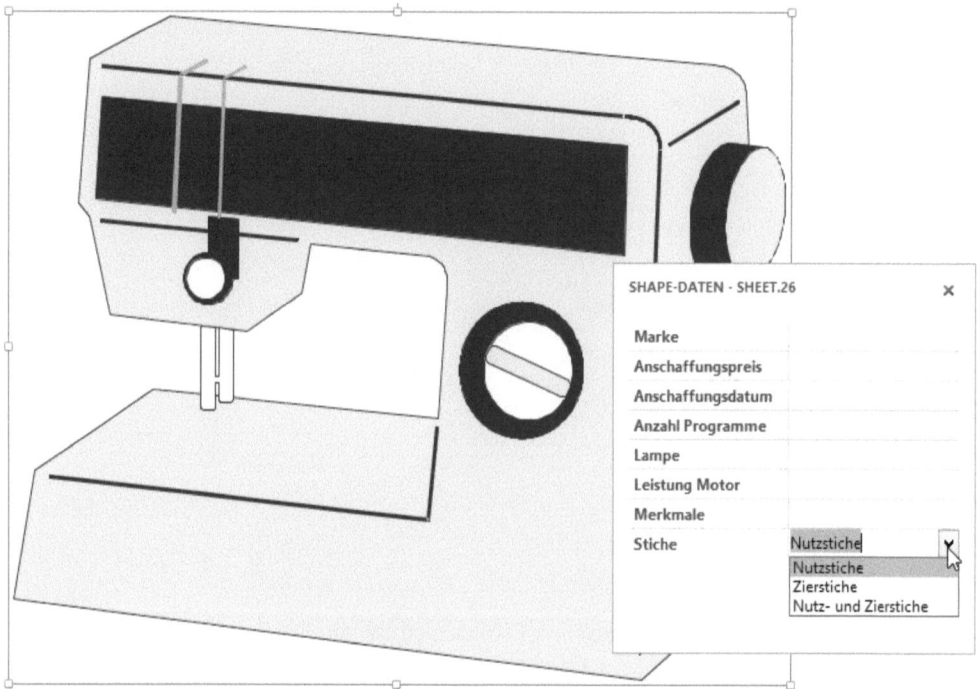

Die Eingabeaufforderung ist als Hilfe und Unterstützung für den Benutzer gedacht.

Ist ein Feld für Shape-Daten definiert, kann mit der Schaltfläche *Neu* die nächste Eigenschaft erzeugt werden. Mit der Schaltfläche *Löschen* werden vorhandene Datenfelder gelöscht.

Besitzt ein Shape Shape-Daten, können diese über das Fenster *Shape-Daten*, das Sie über die Registerkarte *Daten,* die Registerkarte *Ansicht/Aufgabenbereiche* oder das Kontextmenü aufgerufen, gefüllt oder verändert werden. Wird erst später festgestellt, dass noch weitere Shape-Daten hinzugefügt werden sollen, genügt ein Klick auf den Befehl *Shape-Daten definieren*, um erneut den Datenfeld-Assistenten zu öffnen. Nun können die vorhandenen benutzerdefinierten Eigenschaften modifiziert oder neue hinzugefügt werden (**Abbildung 6.28** und **Abbildung 6.29**).

Eigene Shapes erstellen

Abbildung 6.28: *Viele Shapes aus Schablonen besitzen schon benutzerdefinierte Eigenschaften, beispielsweise ein PC aus der Schablone* Büroausstattung (Pläne und Grundrisse/Bauplan).

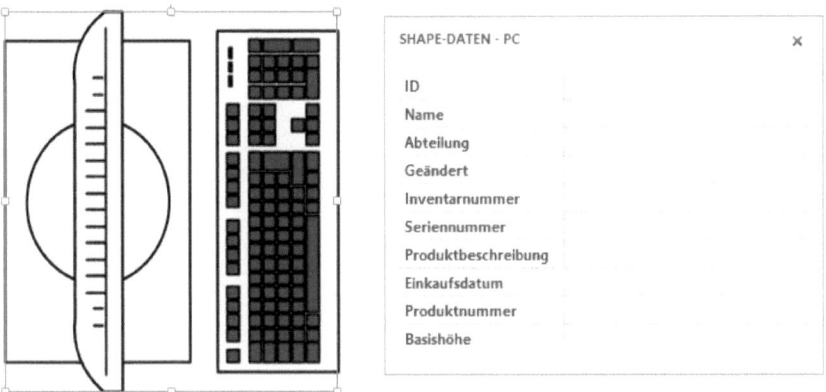

Abbildung 6.29: *Ein Drucker aus der Schablone* Netzwerk und Peripheriegeräte (Netzwerk) *mit seinen Shape-Daten*

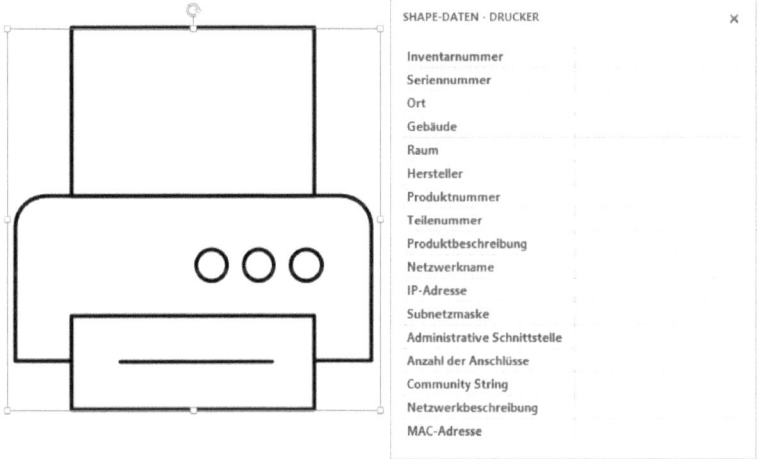

Bislang wurde nur gezeigt, wie Shape-Daten an Shapes auf einem Zeichenblatt erzeugt werden. Wird nun dieses Shape als Master-Shape in eine Schablone gezogen, besitzen alle neuen Shapes, die mithilfe dieses Master-Shapes erstellt werden, die Datenfelder. Umgekehrt können Sie auch die eigenen Shapes in selbsterzeugten Schablonen bearbeiten. Dort kann man dem Master-Shape neue Daten hinzufügen.

Wenn Sie im Dialogfeld *Visio-Optionen* (*Datei/Optionen/Erweitert* Gruppe *Allgemein*) die Option *Im Entwicklermodus ausführen* aktivieren, können Sie den Shape-Daten einen

Sortierschlüssel hinzufügen. Dies ist die Reihenfolge, in der der Benutzer die Daten in der Liste sieht.

Angenommen, Sie haben bereits mehrere Shape-Daten definiert und stellen nun fest, dass in der Liste ein Feld fehlt, das Sie gerne in der Hierarchie weiter oben stehen soll. Dann können Sie den bereits vorhandenen Feldern Werte zuweisen, beispielsweise 100, 200, 300, 400 und 500. Die beiden neuen Werte erhalten anschließend den Sortierschlüssel 250 und 270, werden folglich zwischen 200 und 300 angezeigt. Kommen nun drei weitere Felder hinzu, dann könnten sie den Sortierschlüssel 250, 260 und 270 erhalten; und anschließend die letzten zwei 265 und 267. In dieser Reihenfolge werden sie anschließend aufgelistet.

Mithilfe dieser Option können auch Eigenschaften ausgeblendet werden, was für die Programmierung oder für interne Berechnungen wichtig ist.

> **Hinweis**
> Wenn Sie den Entwicklermodus eingeschaltet haben, so stellen Sie fest, dass einige der Shapes ausgeblendete Datenfelder besitzen, wie beispielsweise in **Abbildung 6.30** zu sehen. In ihnen werden Informationen gespeichert, die intern verwendet werden, die der Benutzer normalerweise nicht zu Gesicht bekommen sollte. Beispielsweise beinhalten die Shapes aus der Schablone *Möbel* eine *Shape-Klasse*, einen *Shape-Typ* und einen *Teil-Shape-Typ*.

Eigene Shapes erstellen

Abbildung 6.30: *Normalerweise nicht sichtbare Shape-Daten*

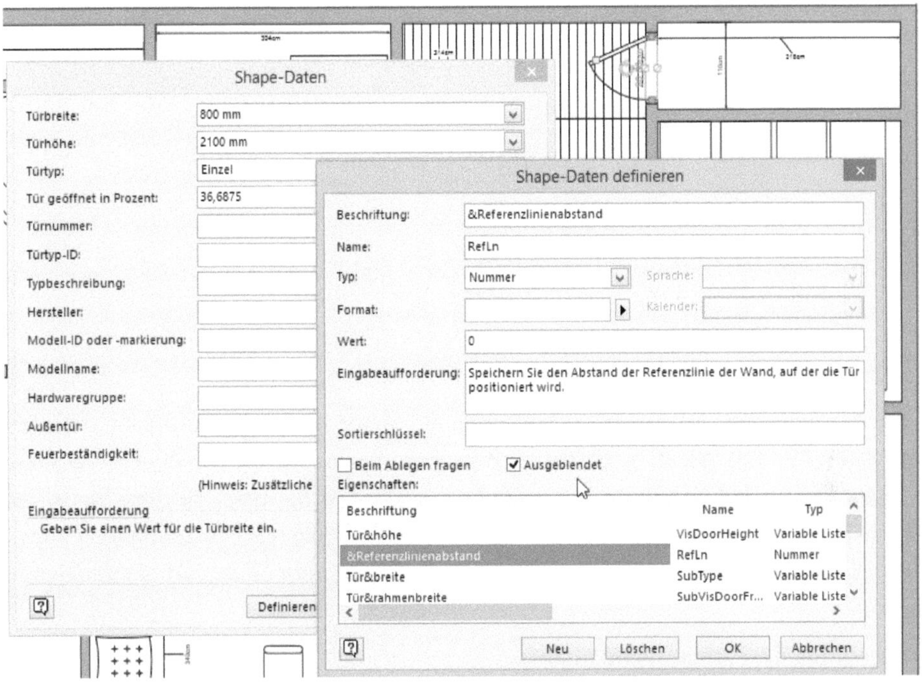

> **Hinweis**
> Vielleicht ist Ihnen aufgefallen, dass auch ein *Name* angezeigt wird. Er wird ebenso für interne Zwecke verwendet: Per Programmierung wird auf den Namen, nicht auf die Beschriftung zugegriffen. Der Name ist für den internen Gebrauch reserviert, die Beschriftung für den Anwender.

Und schließlich findet sich die Einstellung *Beim Ablegen fragen*. Wird sie aktiviert, und wird das Shape in eine Schablone gezogen, dann wird beim Herausziehen aus der Schablone auf das Zeichenblatt diese benutzerdefinierte Eigenschaft oder Eigenschaften abgefragt. Bei einigen Shapes hat Visio dies bereits realisiert: Beim Herausziehen werden bestimmte Grundeinstellungen abgefragt, beispielsweise bei einigen Shapes der Schablone *Marketingdiagramme, Diagramm-Shapes*.

Visio anpassen

Abbildung 6.31: *Beim Herausziehen werden bei einigen Shapes Informationen abgefragt – hier: die Anzahl der angezeigten Pfeile*

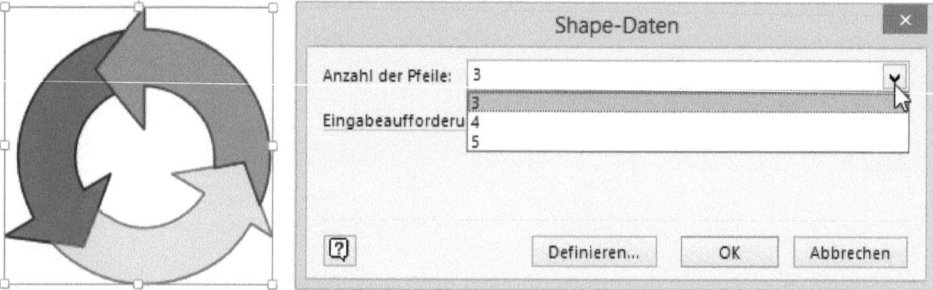

6.2.9. Shape-Datensätze

Stellen Sie sich folgendes Szenario vor: Sie haben ein Shape mit mehreren Daten definiert und stellen nun fest, dass Sie diese Daten als Eigenschaften an ein anderes oder an mehrere andere Shapes übergeben möchten. Normalerweise müssten Sie beim zweiten Shape die gleichen Shape-Daten erneut definieren. Doch dafür stellt Visio das Fenster *Shape-Datensätze* zur Verfügung. Und so gehen Sie vor, um Daten von einem Shape auf ein anderes zu übertragen:

- Definieren Sie die Daten in einem Shape.
- Öffnen Sie das Fenster *Shape-Daten* (Registerkarte *Daten* oder *Ansicht/Aufgabenbereiche*).
- Klicken Sie mit der rechten Maustaste auf das Fenster *Shape-Daten* und öffnen Sie über das Kontextmenü das Fenster *Shape-Datensätze*.
- Dort können Sie die Daten mit dem Link *Hinzufügen* zu einem neuen Satz aus den in Visio ausgewählten Shapes erstellen. Alternativ können Sie einen neuen (leeren) Satz erstellen oder einen neuen Satz aus einem bereits bestehenden Satz erstellen (um ihn anschließend zu modifizieren).
- Sie müssen die Daten nicht vorher – wie in Punkt 1 beschrieben – definieren, sondern können Sie im Fenster *Shape-Datensätze* definieren.
- Die beiden Schaltflächen *Löschen* und *Umbenennen* erklären sich von selbst.

Eigene Shapes erstellen

Abbildung 6.32: Ein neuer Shape-Datensatz wird hinzugefügt.

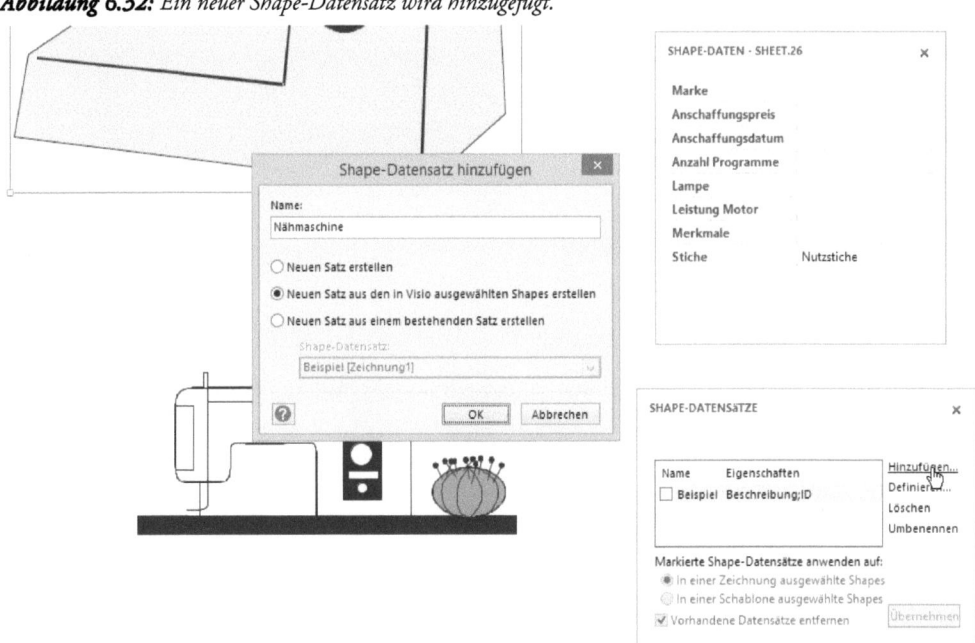

Wenn Sie nun einen oder mehrere eigene Shape-Datensätze erstellt haben, können Sie diese auf ein anderes oder mehrere Shapes übertragen. Gehen Sie dabei wie folgt vor:

- Öffnen Sie das Fenster *Shape-Datensätze* wie oben beschrieben.
- Wählen Sie einen oder mehrere Shape-Datensätze aus.
- Markieren Sie ein oder mehrere Shapes auf dem Zeichenblatt.
- Entscheiden Sie sich, ob Daten, die durch andere Datensätze erstellt wurden, entfernt werden sollen oder nicht. Schalten Sie entsprechend das Kontrollkästchen ein oder aus.
- Klicken Sie auf die Schaltfläche *Übernehmen*.
- Alternativ können Sie auch die Daten der Shape-Datensätze auf Shapes einer Schablone übertragen.

> **Hinweis**
>
> Beachten Sie, dass Master-Shapes in Schablonen, die Microsoft Visio liefert, nicht geändert werden können. Wenn Sie es versuchen, so erhalten Sie die Frage, ob Visio die gewählten Master-Shapes in eine benutzerdefinierte, das heißt eigene, Schablone kopiert und dort Ihre Änderungen anwenden soll.

Visio anpassen

Abbildung 6.33: *Die Shape-Daten können nun problemlos auf andere Shapes übertragen werden.*

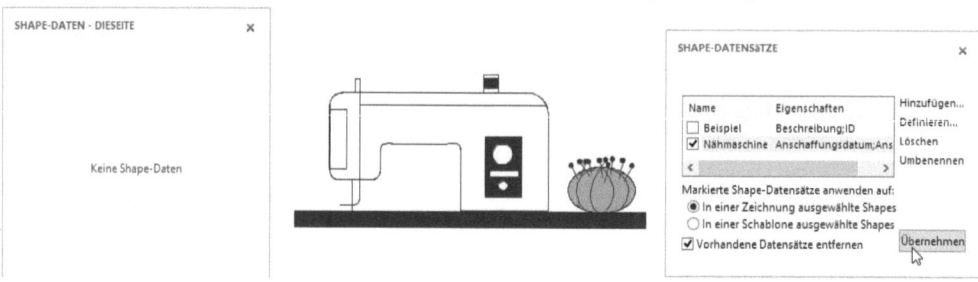

6.2.10. Layer

Auch die Layer sind Eigenschaften des Shapes. Liegt ein Shape noch auf keinem Layer, kann ihm über den Befehl *Start/Bearbeiten/Layer/Layer zuweisen* ein neuer Layer zugewiesen werden (siehe **Abbildung 6.34Abbildung**). In einer leeren Zeichnung existiert dieser Layer noch nicht. Erst nachdem das erste Shape auf das Zeichenblatt gezogen wird, das sich auf einem neuen Layer befindet, wird der Layer in der Liste *Start/Bearbeiten/Layer/Layereigenschaften* angezeigt.

Abbildung 6.34: *Ein neuer Layer*

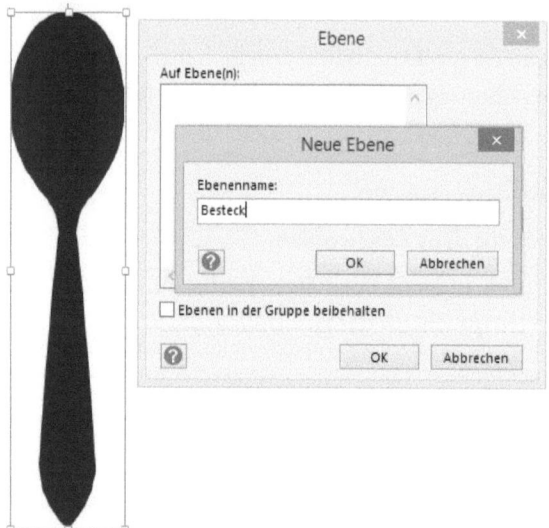

Beachten Sie, wie Visio mit gruppierten Shapes und Layern umgeht:
- Nur wenn die Gruppe auf dem Layer liegt, wird sie von Berichten erfasst.

- Liegt die Gruppe auf einem Layer, aber nicht ihre Mitglieds-Shapes, dann werden diese beim Ausblenden der Elemente des Layers nicht ausgeblendet.
- Liegen die Gruppe und die Elemente der Gruppe auf einem Layer, dann ist die Zählung der Elemente, die auf dem Layer liegen, nicht korrekt.

Viele Assistenten, Hilfsmittel und Werkzeuge in Visio arbeiten mit Layern (damit sind Ebenen im Sinne von Kategorien oder Klassen gemeint, zu denen bestimmte Shapes gehören). Wenn Sie aus einer Schablone einige Shapes auf das Zeichenblatt ziehen, kann es sein, dass diese Shapes auf Layern liegen. Dies kann mit dem Befehl *Start/Bearbeiten /Layer/Layereigenschaften* sichtbar gemacht werden. Die Liste, die nun angezeigt wird, gibt einen Überblick, welche Layer sich auf dem Zeichenblatt befinden.

> **Hinweis:** Die Layer gehören zur Seite, nicht zur Datei. Wenn Sie als Layer für ein Shape erstellen, dann existiert dieser Layer und seine Einstellungen nur auf diesem Zeichenblatt, ist also nicht blattübergreifend.

Wenn Sie wissen möchten, auf welchem Layer ein bestimmtes Shape liegt, markieren Sie das Shape und wählen *Start/Bearbeiten/Layer/Layer Zuweisen* (siehe **Abbildung 6.35**). Sie finden diesen Befehl leider nicht mehr im Kontextmenü des Shapes wie noch in Visio 2007.

> **Hinweis:** Ein Shape kann auf keinem, auf einem Layer oder auf mehreren Layern liegen.

Möchten Sie einen neuen Layer (für das Zeichenblatt) einrichten, wählen Sie *Start/Bearbeiten/Layer/Layereigenschaften* und klicken dann im Dialogfeld *Layereigenschaften* auf *Neu*, um einen neuen Layer zu der Liste der bereits vorhandenen hinzufügen. Selbstredend muss der Name eindeutig sein – es darf kein Layer vorhanden sein, der bereits den Namen besitzt wie der Layer, der neu erzeugt wird.

Jeder Layer – sowohl die durch Visio erzeugte, als auch selbst generierte – können im Nachhinein umbenannt werden.

> **Hinweis:** Damit Sie immer den Layernamen des markierten Shapes sehen können, sollten Sie das Symbol *Layer* in die Symbolleiste für den Schnellzugriff einfügen.

Abbildung 6.35: *Einige Shapes liegen auf mehreren Layern.*

Möchten Sie einem Shape einen Layer zuweisen, markieren Sie das Shape und wählen im Befehl *Start/Bearbeiten/Layer/Layer zuweisen* einen vorhandenen Layer aus. Befindet sich noch kein Layer auf dem Zeichenblatt, dann werden Sie beim Öffnen des Dialogfeldes gefragt, wie der neue Layer heißen soll. Existieren bereits einige Layer, dann kann einer von ihnen ausgewählt werden. Sie können jedoch auch einen neuen Layer über die Schaltfläche *Neu* definieren, wie **Abbildung 6.36** zeigt.

Abbildung 6.36: *Neue Layer werden erstellt und an die Shapes gebunden.*

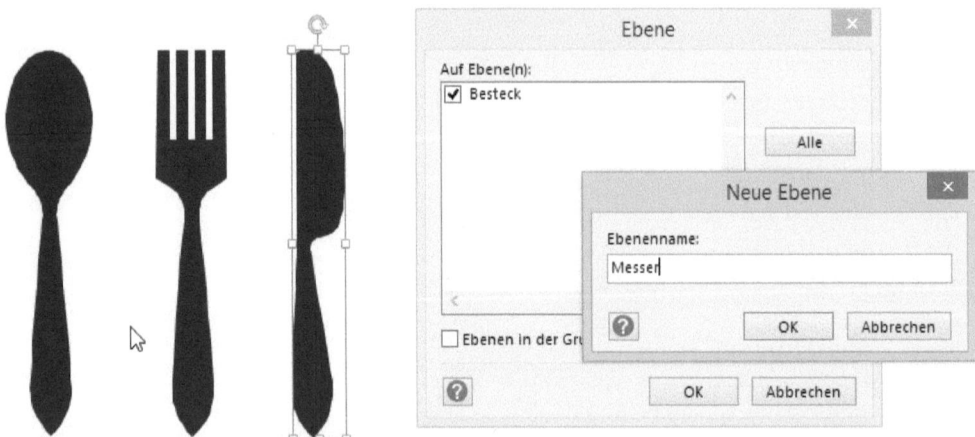

Die Option *Layer in der Gruppe beibehalten* bedeutet, dass Kindelemente, die zur Gruppe hinzugefügt werden (*Start/Anordnen/Gruppieren/Zur Gruppe hinzufügen*) auch auf den

Eigene Shapes erstellen

Layer gelegt werden. Der Vorteil davon ist, dass beim Ausblenden aller Shapes, die auf einem Layer liegen, sämtliche Kindelemente mit ausgeblendet werden. Der Nachteil ist, dass die Anzahl (#) nicht korrekt ist.

> **Hinweis**
> Wenn Sie über den Befehl *Start/Bearbeiten/Layer/Layereigenschaften* einen neuen Layer definieren, dann befindet sich (noch) kein Shape auf diesem Layer – er ist folglich leer. Wird über *Start/Bearbeiten/Layer/Layer zuweisen* ein neuer Layer generiert, dann liegt dieses Shape darauf.

Abbildung 6.37: *An viele Shapes sind Layer gebunden.*

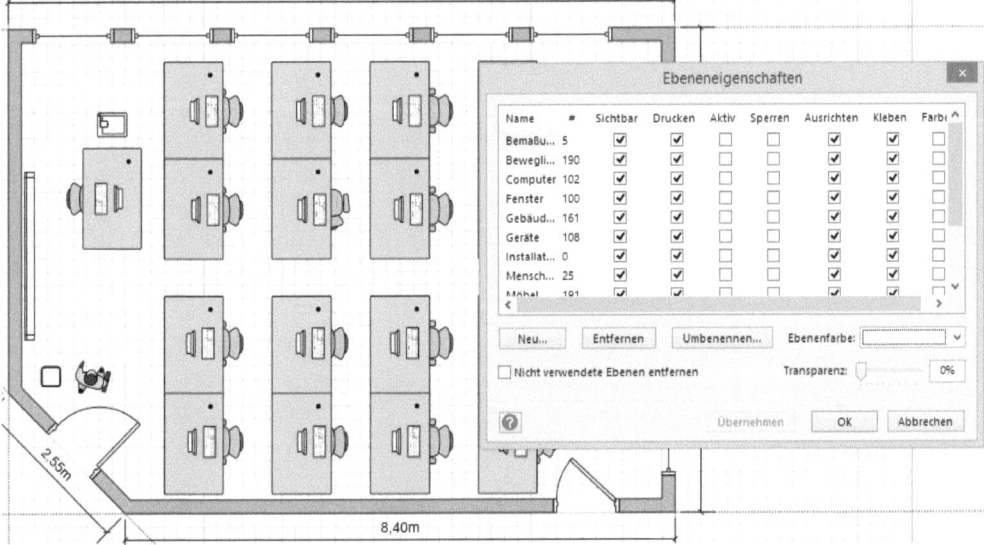

Sie können ein Shape auch auf mehrere Layer legen. Wählen Sie einfach aus der Liste der Layer die entsprechenden aus, auf denen das Shape liegen soll. Theoretisch könnte man ein neues Shape mit der Schaltfläche *Alle* auf alle vorhandenen Layer legen – in der Praxis ist dies sicherlich kein übliches Vorgehen, da differenziert werden sollte, welches Shape auf welchem Layer oder welchen Layern liegt.

Während jeweils zwei Shapes voreinander oder hintereinander liegen können (die Reihenfolge kann über die Gruppe *Anordnen* der Registerkarte *Start* geändert werden), wohingegen Shapes auf Hintergrundseiten immer hinter Shapes auf Vordergrundseiten liegen, spielt die Zuordnung zu verschiedenen Layern keine Rolle für die Reihenfolge auf der Zeichnung. Layer haben keinen Einfluss darauf, ob Shapes voreinander oder

Visio anpassen

hintereinander liegen. Vielfach werden Layer in Visio mit »transparenten Ebenen« beschrieben – besser wäre jedoch ein Vergleich: »Zugehörigkeit zu bestimmten Kategorien«.

6.2.11. Funktionen der Layer: Layereigenschaften

Welche Funktion haben nun Layer? Eine Antwort auf diese Frage findet sich erneut im Dialogfeld *Start/Bearbeiten/Layer/Layereigenschaften*. Dort können mit der Einstellung *Sichtbar* die Shapes unsichtbar gemacht werden, die auf dem Layer liegen, wie Sie in **Abbildung 6.38** sehen. In der Seitenansicht erscheinen dagegen alle Shapes, das heißt: gedruckt werden alle Shapes.

Abbildung 6.38: *Mithilfe der Layer können schnell Teile der Zeichnung ausgeblendet werden.*

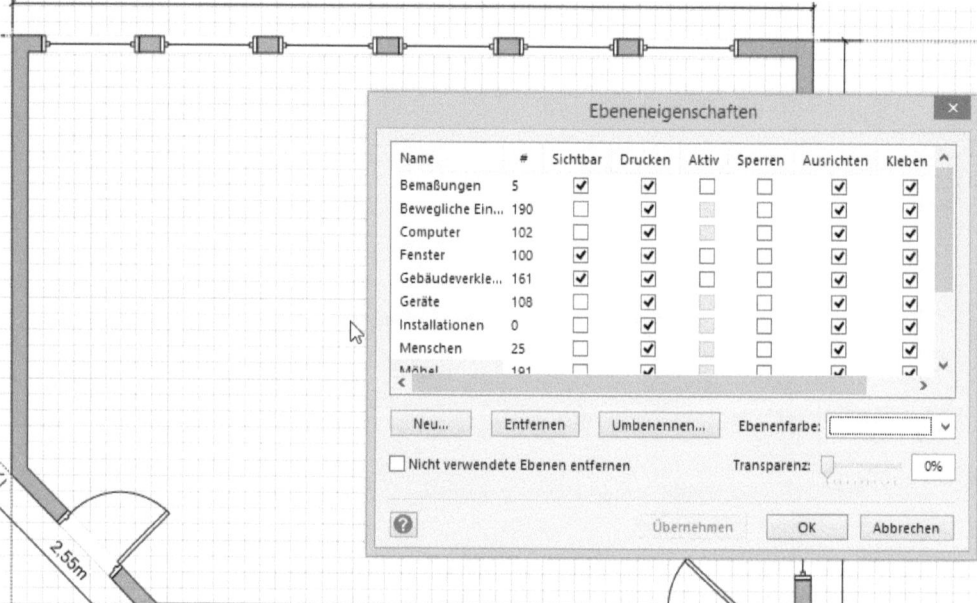

Sollen umgekehrt einige Shapes nicht gedruckt, aber angezeigt werden, kann die Eigenschaft *Drucken* im Dialogfeld *Layereigenschaften* ausgeschaltet werden. Dann erscheinen die Shapes, die sichtbar, aber nicht druckbar sind, zwar auf dem Computerbildschirm, allerdings nicht auf dem Papier.

Eigene Shapes erstellen

> **Hinweis**: Beachten Sie, dass viele Shapes in den Schablonen als Gruppen vorliegen. Das heißt: sie bestehen aus mehreren Mitglieds-Shapes. Einige dieser Kindelemente liegen nicht auf Layern im Gegensatz zur übergeordneten Gruppe. Wenn Sie beispielsweise aus der Schablone *Büroausstattung* (in *Pläne und Grundrisse/Bauplan*) das Shape *PC* oder *Terminal* herausziehen und nun die Layer *Computer* und *Geräte* unsichtbar machen, dann werden nur Teile ausgeblendet.

Abbildung 6.39: *Für dieses Bild wurden u.a. die Layer* Computer *und* Geräte *ausgeblendet.*

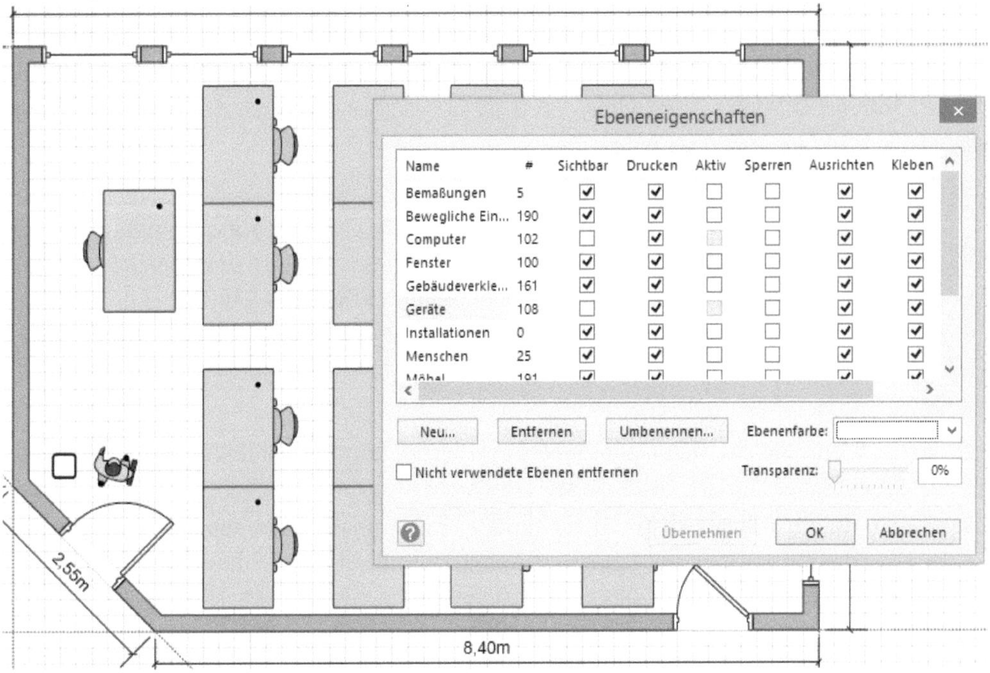

Wird die Option *Sperren* eingeschaltet, können die Shapes nicht mehr markiert werden. Diese Option ist dann sinnvoll, wenn sichergestellt werden soll, dass der Benutzer nicht aus Versehen die Position oder die Gestalt eines Shapes ändert.

Wird die Option *Aktiv* bei einem Layer eingestellt, bedeutet dies, dass alle Shapes, die nun aus einer Schablone auf das Zeichenblatt gezogen werden, diesem Layer zugewiesen werden. *Aktiv* kann nicht eingestellt werden, wenn die Option *Sperren* des Layers aktiviert ist.

> **Hinweis**: Liegen die Master-Shapes einer Schablone bereits auf einem Layer, wird die Einstellung *Aktiv* übergangen. Priorität haben in diesem Falle die »nativen« Layer.

Um Layer schneller zu erkennen, können ihnen verschiedene Farben zugewiesen werden. Damit wird allerdings die Möglichkeit einer benutzerdefinierten Formatierung durch Farben verhindert.

> **Hinweis**
> Liegt ein Shape auf mehreren Layern, greift zwar die Einstellung *Sperren*, jedoch nicht die *Farbe*. Sie müsste für alle Layer aktiviert werden. Jetzt erst wird sie angezeigt. Auch unterschiedliche Farben von verschiedenen Layern werden ignoriert.

Mithilfe der Layereigenschaften kann das Ausrichten und Kleben eines Shapes, beziehungsweise aller Shapes, die auf diesem Layer liegen, verhindert werden. Auch hier gilt: Diese Option wird dann deaktiviert, wenn sie für mindestens einen der Layer, auf denen das Shape liegt, ausgeschaltet wird.

> **Hinweis**
> Das Nummernzeichen (»#«) zeigt die aktuelle Zahl der Shapes, die sich auf diesem Layer befinden. Diese Zahl liefert jedoch nur bedingt Informationen (siehe **Abbildung 6.40**): Da es Shapes geben kann, die sich auf keinem Layer befinden, umgekehrt sich Shapes auf mehreren Layern befinden können, gibt die Summe keinen Aufschluss über die Gesamtzahl der Shapes. Andererseits gibt es Shapes, wie beispielsweise die Shapes in der Schablone *Bad- und Küchenplan*, die als Gruppe aus mehreren Shapes bestehen. Somit wird die Zählung unbrauchbar, weil meistens falsch.

Übrigens: Wenn Sie ein Shape auf einen Layer legen, können Sie ihn sperren, damit niemand dieses Shape ändert, löscht oder verschiebt. Eigentlich wäre es praktisch, diesen Layer auch für ein anderes Shape zu verwenden. Erstaunlicherweise taucht der Layername in der Liste der Layer nicht auf. Ein neues Anlegen wird mit einer Fehlermeldung quittiert. Also: Layer entsperren, nun kann er zugewiesen werden und anschließend den Layer wieder mit einem Schutz versehen.

Abbildung 6.40: Ein Shape, zwei Layer, # = 25

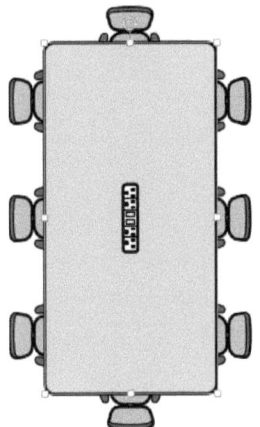
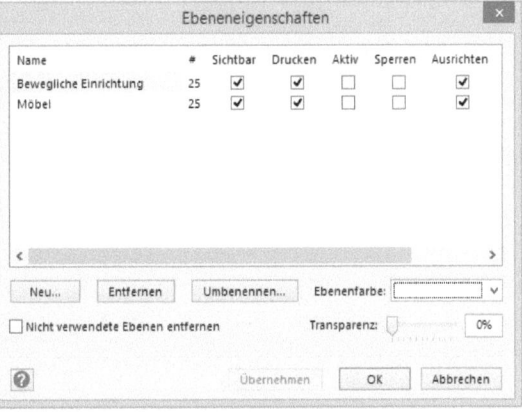

6.2.12. Auswahl aller Shapes auf einem Layer

Sollen alle Shapes markiert werden, die auf einem Layer liegen, verwenden Sie den Befehl *Start/Bearbeiten/Markieren/Nach Typ auswählen*. Dort finden Sie den Abschnitt *Ebene* (in Visio 2013: *Layer*). In diesem Abschnitt kann ein Layer oder können mehrere Layer gleichzeitig ausgewählt werden. Wenn Sie sehr viele Layer bis auf einen oder zwei auswählen möchten, können Sie mit der Schaltfläche *Alle* alle Layer auswählen und anschließend einen oder mehrere die Auswahl aufheben.

> **Hinweis:** Übrigens können auch Bilder, Führungslinien und Führungspunkte auf Layer gelegt werden.

> **Hinweis:** Das Löschen des Shapes bewirkt nicht das Löschen des Layers.

Jedes Shape hat nun drei Layer-Varianten: Ein Shape kann auf keinem Layer liegen, zu einem Layer oder zu mehreren Layern gehören. Soll die Zugehörigkeit eines Shapes zu einem Layer explizit ausgeschaltet werden, kann in der Symbolleiste für den Schnellzugriff der Befehl *Layer* hinzugefügt werden. Darüber kann nun *Ohne* eingeschaltet werden. Wird ein Shape auf mehrere Layer gelegt, erscheint im Befehl die Anzeige *Mehrere Layer*.

Visio anpassen

> **Hinweis**
>
> Visio selbst verwendet eine Reihe von Layern in verschiedenen Schablonen bei den entsprechenden Shapes. Wenn Sie beispielsweise die Schablone *Standardflussdiagramm-Shapes* verwenden, steht Ihnen der Layer *Flussdiagramm* zur Verfügung, in der Vorlage *Wegbeschreibung* der Layer *Freizeitanlagen, markantes Gebäude, Schiene, Straße* und *Verkehr*.
>
> In der Schablone *Büroausstattung* liegen die Layer *Elektrogerät, Strom/Komm., Drucker, Geräte* und noch viele weitere.
>
> Dynamische Verbinder liegen immer auf dem Layer *Verbinder*.

Leider werden benutzerdefinierte Layer nur für eine Seite erzeugt. Das bedeutet: Layer sind Eigenschaften des Zeichenblattes und nicht der Datei. Es ist in Visio nicht möglich, zeichenblattübergreifenden Layer zu erzeugen. Die einzige Möglichkeit, schnell Layer zu vervielfältigen, besteht darin, ein Shape, das einen bestimmten Layer verwendet, von einem Zeichenblatt zum nächsten zu kopieren. Layer werden also auf dem Blatt erzeugt, auf das das Shape kopiert wird oder auf das das Shape aus der Schablone herausgezogen wird.

6.2.13. Verhalten

Einige weitere Eigenschaften können im Befehl *Entwicklertools/Shape-Design/Verhalten* voreingestellt werden. Die Registerkarte *Entwicklertools* blenden Sie mit dem Kontrollkästchen *Im Entwicklermodus ausführen* im Dialogfeld *Visio-Optionen* (*Datei/Optionen/ Erweitert*) ein.

- Schon genannt wurde die Option eindimensional und zweidimensional (Linie oder Rechteck).

- Soll das Shape nicht gedruckt, also nur angezeigt werden, kann dies in diesem Dialogfeld eingestellt werden (*Nicht druckbares Shapes*). Hilfslinien werden beispielsweise nicht ausgedruckt.

Übrigens: Wenn Sie mehrere Shapes gruppieren, können Sie einen visuellen Platzhalter schaffen, indem eines oder mehrere der Shapes nicht gedruckt werden: So kann man in Visio »visuelle Platzhalter« schaffen. Wie in dem Beispiel, bei der auf der schraffierten Fläche ein technisches Gerät stehen wird.

Eigene Shapes erstellen

Abbildung 6.41: *Ein Teil des Geräts (die Arbeitsfläche davor) wird nicht gedruckt.*

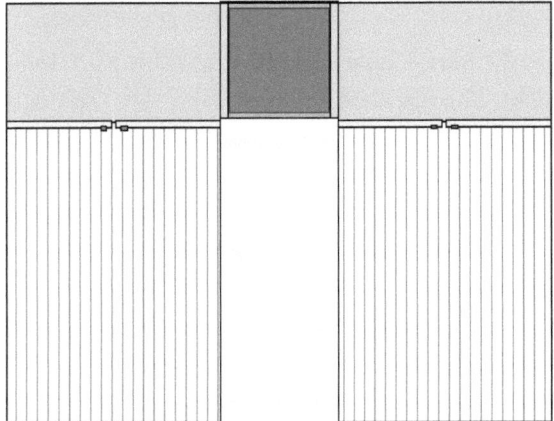

- Ebenso könnten dem Shape die Größenänderungs-Steuerpunkte (»Auswahlpunkte«), Kontrollpunkte (»Steuerpunkte«) und das Ausrichtungsfeld (die »gestrichelte Linie« um das Shape) verborgen werden.
- Handelt es sich bei dem Shape um eine Gruppe, können einige spezifische Einstellungen vorgenommen werden. Wird die Gruppe vergrößert, dann wird festgelegt, ob die Mitglieds-Shapes mit skalieren oder nicht (*Mit Gruppe skalieren*). Außerdem wird voreingestellt, ob die Markierung zuerst die Gruppe und anschließend die Mitglieds-Shapes oder umgekehrt markieren (Option *Auswahl*).

 Wenn Sie nicht möchten, dass der Anwender aus Versehen oder mit Absicht in ein Kindelement der Gruppe klickt, sollten Sie unbedingt die Option *Auswahl – Nur Gruppe* aktivieren. Leider wurden einige gruppierte Visio-Shapes ohne diesen Schutzmechanismus erstellt, wie beispielsweise einige Möbelstücke. In **Abbildung 6.42** sehen Sie, wie fälschlicherweise der Stuhlsitz aus seiner Gruppe herausbewegt werden kann. Dies sollten Sie bei eigenen Shapes unterbinden.

Abbildung 6.42: *Das Kind kann leicht aus der Gruppe »herausgezogen« werden.*

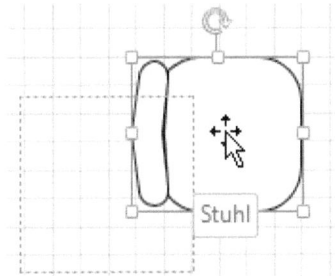

Visio anpassen

- Wird die Option *Text der Gruppe bearbeiten* deaktiviert, ist es nicht möglich, der Gruppe einen Text zuzuweisen. Er wird in eines seiner Kindelemente geschrieben.
- In der Registerkarte *Doppelklicken* wird die Aktion festgelegt, die ausgeführt wird, wenn der Benutzer auf ein Shape doppelklickt. Die Standardaktion ist dabei das Verändern von vorhandenem Text. Man könnte jegliche Aktion unterbinden oder bei Gruppen das Gruppenfenster öffnen, wenn häufig Gruppen bearbeitet werden. Interessant sind die Aktionen *Gehe zu Zeichenblatt*, mit der Benutzer schnell zu einem anderen Zeichenblatt navigieren kann und *Makro ausführen*, mit der ein Makro aktiviert wird. Dieses muss natürlich zuvor programmiert werden.

Zugleich können weitere Informationen auf verschiedenen Seiten verteilt werden. Auf Seite 1 kann sich das Grobraster einer Zeichnung, eines Verlaufsplans oder eines Apparats befinden. Auf weiteren Seiten verteilen sich die unterschiedlichen Informationen. Wird gewünscht, dass diese Informationen sichtbar werden, kann der Doppelklick für jedes der Shapes so eingestellt werden, dass durch diese Aktion eine andere Seite angesprungen wird (siehe **Abbildung 6.43**).

> **Hinweis**
> Wird der Name des Zeichenblatts geändert, ändert sich nicht automatisch der Verweis auf dieses Blatt. Im Dialogfeld *Entwicklertools/Shape-Design/Verhalten/Doppelklicken* muss der Verweis auf die richtige Seite neu eingestellt werden, da Visio dies nicht aktualisiert. Bei umfangreichen Dokumenten sollte der Verweis in beide Richtungen funktionieren.

Abbildung 6.43: *Das Dialogfeld, über welches das Verhalten und das Doppelklick-Verhalten eingestellt wird*

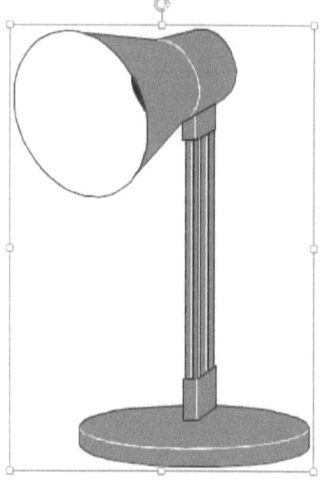
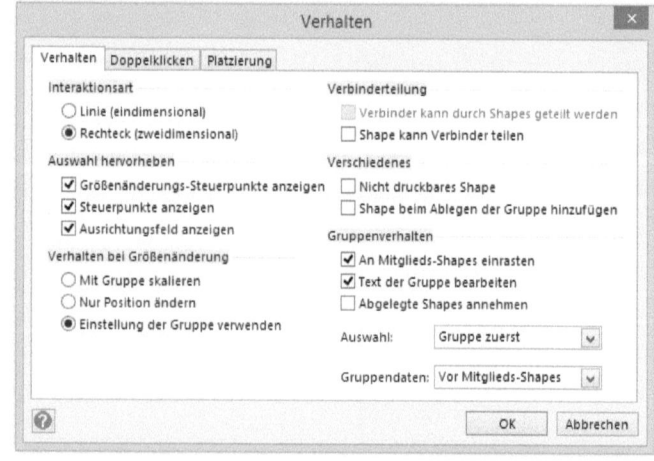

Die Registerkarte *Platzierung* legt fest, wie ein 2D-Shape mit dem dynamischen Verbinder-Shape interagiert, und ob es nach Wahl des Befehls *Shape/Shape-Layout konfigurieren* in eine Anordnung aufgenommen wird. Sie können angeben, dass ein dynamischer Verbinder das 2D-Shape erkennt und dieses umgeht, anstatt es zu durchkreuzen. 2D-Shapes, die von dynamischen Verbindern erkannt werden, tragen auch die Bezeichnung *platzierbare Shapes*.

- Die Option *Entscheidung durch Visio* überlässt Visio die Entscheidung, wann das Shape platzierbar gemacht wird. Die Grundlage liefert der Typ des Verbinders, den Sie an das Shape kleben. Das Shape wird automatisch platzierbar, wenn Sie einen dynamischen Verbinder daran kleben. *Ausrichten und umleiten* macht ein 2D-Shape in jedem Fall platzierbar. Der dynamische Verbinder wird immer umgeleitet, und das Shape wird bei einer automatischen Anordnung immer mitberücksichtigt. *Nicht ausrichten und umleiten* legt fest, dass ein 2D-Shape nie platzierbar ist. Es wird von dynamischen Verbindern nicht erkannt und bleibt bei einer automatischen Anordnung unberücksichtigt.

- Die Option *Während der Platzierung nicht verschieben* legt fest, dass das Shape bei der Wahl des Befehls *Entwurf/Layout/Zeichenblattlayout neu anordnen/Weitere Layoutoptionen* nicht verschoben werden soll.

- Die Option *Überlappung anderer Shapes zulassen* gibt an, dass sich andere Shapes bei der Wahl des Befehls *Entwurf/Layout/Zeichenblattlayout neu anordnen/Weitere Layoutoptionen* auf dem markierten Shape platzieren lassen.

- Mit der Option *Andere Shapes beim Ablegen beiseite schieben* geben Sie an, dass sich vorhandene Shapes in einer Zeichnung automatisch an ein platzierbares Shape anpassen, das auf dem Zeichenblatt abgelegt, verschoben oder in der Größe geändert wird.

- Die Option *Beiseiteschieben dieses Shapes beim Ablegen anderer Shapes nicht zulassen* gibt an, dass das markierte Shape nicht verschoben wird, wenn andere Shapes auf dem Zeichenblatt abgelegt werden, unabhängig davon, ob die Option *Andere Shapes beim Ablegen beiseite schieben* aktiviert ist.

- Die Optionen *Horizontal umleiten* und *Vertikal umleiten* legen fest, dass der dynamische Verbinder das 2D-Shape horizontal oder vertikal durchlaufen kann (eine Linie durch die Mitte des Shapes zeichnet).

Wenn Sie einen eindimensionalen Verbinder erzeugen möchten, steht Ihnen im Dialogfeld *Verhalten* eine vierte Registerkarte zur Verfügung. Darin kann voreingestellt werden, wie die Linie umgeleitet wird und wie die Linie reagiert, wenn sie über ein schon vorhandene gezogen wird. Also, ob sie einen Liniensprung erhält oder nicht.

> **Hinweis**
>
> Die vierte Registerkarte erhalten Sie nur, wenn Sie einen anderen Verbinder verwenden. »Gewöhnliche« eindimensionale Linien zeigen diese Registerkarten nicht an.

6.2.14. QuickInfo und Hyperlink

Wenn Sie einem Shape eine Information hinzufügen möchten, die der Benutzer sieht, wenn er mit der Maus darüber fährt, wählen Sie *Einfügen/Text/QuickInfo* und geben Sie in Dialogfeld *Shape-QuickInfo* einen »Hilfetext« in das geöffnete Fenster. Es erscheint, wenn der Mauszeiger sich über das Shape bewegt, ohne dass das Shape markiert sein muss (siehe **Abbildung 6.44**).

Abbildung 6.44: *Der QuickInfo-Text wird angezeigt, wenn der Mauszeiger über das Shape fährt.*

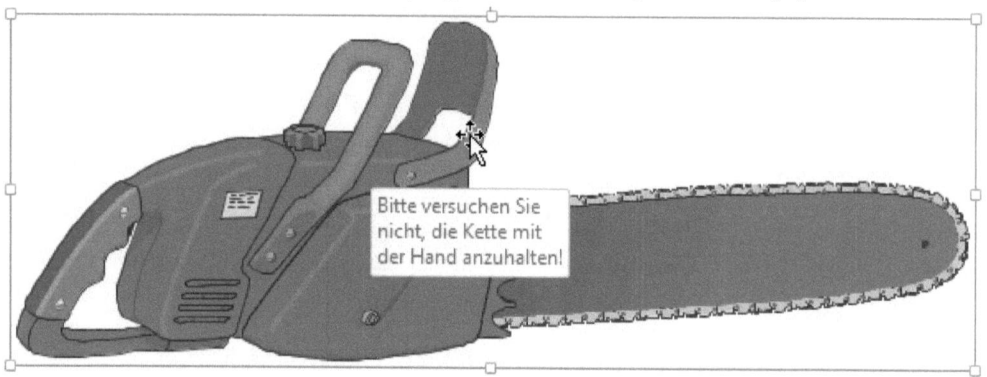

Sie können den Befehl *Einfügen/Text/QuickInfo* auch verwenden, um den Text einer bestehenden QuickInfo zu ändern oder um ihn zu löschen.

> **Hinweis**
>
> Vor allem bei Funktionen wie Schutzmechanismen, Verhaltenseinstellungen oder Doppelklickverhalten leistet das QuickInfo gute Dienste. Aber auch bei Erläuterungen zu technischen Spezifikationen kann es eingesetzt werden.
>
> Beachten Sie jedoch, dass man nicht den Hilfetext für Hyperlinks und QuickInfos gleichzeitig anzeigen lassen kann.
>
> Und: mit gedrückter **[Strg]**-Taste können Sie einen Zeilenumbruch erwirken.

Wenn Sie mehrere Shapes, die jeweils ein QuickInfo besitzen, gruppieren, dann wird nicht nur das QuickInfo der Gruppe angezeigt, sondern auch das QuickInfo jedes einzelnen Mitgliedsshapes. Das kann praktisch sein, bei der detaillierten Erläuterung von komplexen Geräten, die aus mehreren Teilen bestehen.

6.2.15. Maßstab

Wenn Sie möchten, dass ein Shape in einem bestimmten Maßstab gespeichert wird, sollten Sie wie folgt vorgehen:

- Stellen Sie den geeigneten Maßstab des Zeichenblattes ein.
- Erstellen Sie das Shape. Stellen Sie die korrekte Größe ein, die das Shape in der Wirklichkeit einnehmen soll.
- Wird dieses Shape in einer Schablone gespeichert, behält es seinen Maßstab. Das bedeutet: Wenn das Shape auf ein Zeichenblatt gezogen wird, bei dem ein Maßstab eingestellt ist, wird es im Verhältnis des Maßstabs vergrößert oder verkleinert. Besitzt das Zeichenblatt keinen Maßstab, wird das Shape im Faktor 10 vergrößert oder verkleinert, damit es auf dem Zeichenblatt angezeigt werden kann. Dieses Verhalten ist Ihnen sicherlich schon aufgefallen, wenn Sie ein Shape aus der Schablone *Büromöbel* auf ein leeres Zeichenblatt ohne Maßstab ziehen.

6.2.16. Schutz vor Veränderungen

Wenn Sie schon mit Visio gearbeitet haben, dann ist Ihnen sicherlich schon aufgefallen, dass einige intelligente Shapes bestimmte Schutz-Mechanismen besitzen. Sie finden die Optionen unter *Entwicklertools/Shape-Design/Schutz* (siehe **Abbildung 6.45**).

Abbildung 6.45: *Die Schutzeinstellungen im Dialogfeld* Entwicklertools/Shape-Design/Schutz

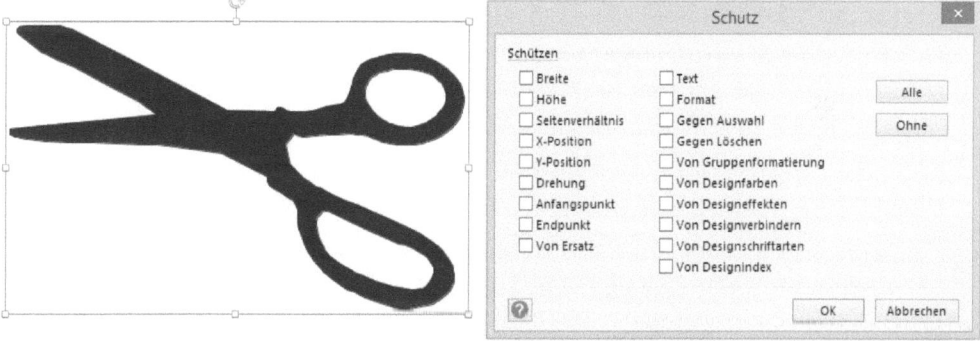

Dort können folgende Eigenschaften des Shapes geschützt werden:

- Es ist interessant, die Höhe und Breite zu schützen, beispielsweise bei einem Logo.
- Um sicherzustellen, dass ein Shape quadratisch oder kreisförmig bleibt, kann das Seitenverhältnis geschützt werden. Dann wächst es auch beim seitlichen Ziehen nach oben.

Visio anpassen

- Wird die X-Position geschützt, kann es nur senkrecht verschoben werden, bei geschützter Y-Position nur waagrecht. Diese Eigenschaft kann interessant sein, wenn das Shape sich beispielsweise nur in der Mitte der Seite befinden darf (als Überschriftentext). Oder nicht verschoben werden darf (Logo).

- Für eindimensionale Shapes lautet die analoge Einstellung: Anfangspunkt und/oder Endpunkt schützen. Soll ein Shape eine bestimmte Lage beibehalten, kann es vor einer Drehung des Anwenders bewahrt werden.

- Seit Visio 2013 und 2016 gibt es die Möglichkeit ein Shape durch ein anderes zu ersetzen (*Start/Bearbeiten/Shape ändern*). Wenn Sie dies verhindern wollen, schalten Sie den entsprechenden Schutzmechanismus ein (Shape ändern).

- Dem Anwender kann verboten werden, Text einzugeben oder zu ändern. Ebenso können das Formatieren und das Formatieren der Gruppe unterbunden werden. Und: selbstverständlich kann das Formatieren beim Einstellen von Designfarben, beziehungsweise Designeffekten unterdrückt werden.

- Soll das Shape nicht entfernt werden dürfen, können Sie es gegen Löschen schützen. Damit kann es allerdings auch nicht ausgeschnitten werden. Erstaunlicherweise erhält der Benutzer nach dem Versuch des Ausschneidens einen Hinweis – das Shape befindet sich dennoch im Zwischenspeicher und kann nun wieder eingefügt werden.

- Darf der Benutzer das Shape noch nicht einmal markieren, wird diese Option eingeschaltet. Sie wird allerdings erst dann wirksam, wenn im Fenster *Entwicklertools/Einblenden/Ausblenden/Zeichnungsexplorer* im Kontextmenü (*Dokument schützen*) das Kontrollkästchen *Shapes* aktiviert ist. Damit können die geschützten Shapes weder mit der Maus noch mit Tastenkombinationen oder Befehlen (*Start/Bearbeiten/Markieren/Alles markieren* oder *Start/Bearbeiten/Markieren/Nach Typ auswählen*) aktiviert werden. Dies gilt auch für neue Shapes, bei denen diese Option eingeschaltet wird.

> **Hinweis**
> Wenn Sie ein bestimmtes Shape auf diese Weise schützen, können Sie außerdem ein Kennwort vergeben. Achtung: Es wird kein zweites Mal nach diesem Kennwort gefragt.

Viele der Schutzeinstellungen sind sofort an den grauen Größenänderungs-Steuerpunkten sichtbar. Viele Shapes, die Visio zur Verfügung stellt, sind gegen bestimmte Aktionen (Drehen, Größe verändern usw.) geschützt. Als Benutzer könnten Sie alle Schutzmechanismen aufheben. Ein effektiverer Schutz bietet sicherlich das ShapeSheet – aber auch darüber ist für jeden Anwender möglich, den Schutz aufzuheben.

6.2.17. Copyright eintragen

Wenn Sie ein Shape erstellt haben, können Sie ihm über das Dialogfeld *Entwicklertools/Shape-Design/Shape-Name* im Feld *Copyright* einen Copyright-Eintrag hinzufügen. Wird dieses Dialogfeld geschlossen und später erneut geöffnet, bleibt der Copyright-Vermerk deaktiviert, kann also nicht mehr geändert werden. Dies ist interessant, wenn Sie für mehrere Mitarbeiter Shapes zur Verfügung stellen, die daraus Zeichnungen generieren und möglicherweise weitergeben. Jeder, der Visio besitzt, kann die Zeichnungen öffnen und die Shapes in Schablonen speichern, das heißt kopieren. Um einen Hinweis darauf zu geben, woher die Shapes kommen, können sie mit einem Copyright-Vermerk gekennzeichnet werden, wie in **Abbildung 6.46**.

Abbildung 6.46: Shapes können mit einem Copyright-Vermerk versehen werden.

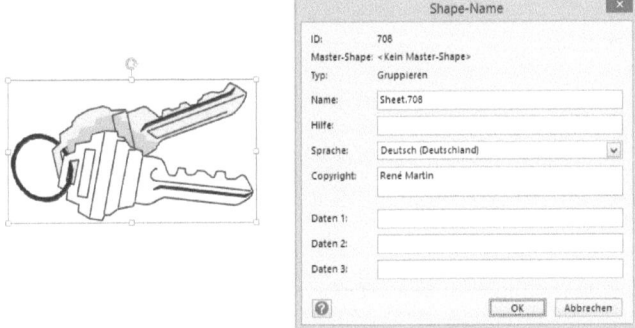

Abbildung 6.47: Das Copyright kann nicht geändert werden.

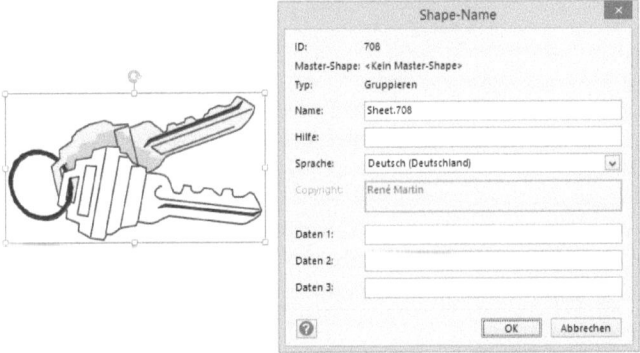

Übrigens verwendet Microsoft Visio für all seine Shapes ein Copyright.

Visio anpassen

Natürlich kann man das Copyright leicht entfernen, indem man beispielsweise die Gruppierung aufhebt und anschließend die Shapes wieder gruppiert. Allerdings verlieren Sie so sämtliche Einstellungen der Gruppe, wie beispielsweise die Daten, die Verbindungspunkte, das Verhalten oder Schutzmechanismen, die nun wieder eingeschaltet werden müssten.

6.3. Eigene Schablonen erstellen

Soll nun an eine geöffnete Datei (eine Zeichnung oder eine Vorlage) eine neue Schablone gebunden werden, muss im ersten Schritt eine neue Schablone erzeugt werden. Wählen Sie hierzu aus dem Aufgabenbereich *Shapes (Ansicht/Anzeigen/Aufgabenbereiche) Weitere Shapes/Neue Schablone*.

Für die meisten Shapes spielt der Maßstab keine Rolle. Wenn Sie maßstabsgetreue Raumpläne erzeugen möchten, sollten Sie in Europa selbstverständlich die metrische Schablone verwenden.

Die neue (leere) Schablone weist im rechten oberen Eck ihres Titels einem roten Stern auf. Er weist darauf hin, dass die Schablone zum Editieren geöffnet ist.

Wird auf dem Zeichenblatt ein neues Shape kreiert, kann dieses per Drag & Drop in eine leere Schablone gezogen werden, wie in **Abbildung 6.48** zu sehen ist. Wird beim Ziehen die [Strg]-Taste gedrückt, bleibt das Shape auf dem Zeichenblatt – es wird lediglich eine Kopie in die Schablone gezogen.

Abbildung 6.48: *Eine neue leere Schablone wird an das Dokument gebunden. In sie wird das neue Shape gezogen.*

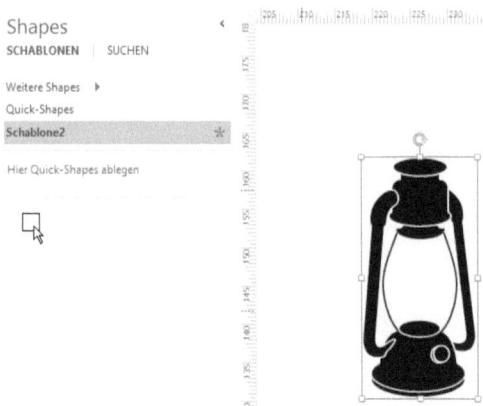

Eigene Schablonen erstellen

In der Schablone werden vom Shape, das nun zum Master-Shape geworden ist, ein Icon und eine Beschriftung erzeugt. Beide können geändert werden. Ein Klick mit der rechten Maustaste auf das Icon öffnet das Kontextmenü, in dem Sie den Befehl *Master-Shape bearbeiten/Master-Shape-Eigenschaften* (siehe **Abbildung 6.49**) verwenden. Im gleichnamigen Dialogfeld können die Beschriftung, der Text, der in der Statusleiste und in der QuickInfo (Eingabeaufforderung) erscheint, die Größe und Ausrichtung des Icons geändert werden. Die Schlüsselwörter sind für die Suche interessant.

Abbildung 6.49: *Die Eigenschaften des Master-Shapes*

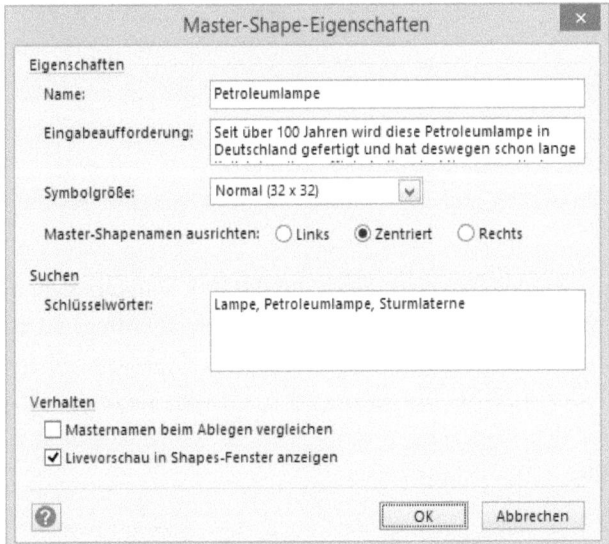

Das Symbolbild kann über den Kontextmenübefehl *Master-Shape bearbeiten/Symbolbild bearbeiten* angepasst werden. Dort kann in einem weiteren Fenster jedes der 32×32 Pixel verändert werden. Ebenso stehen Ihnen als Hilfsmittel das *Bleistifttool*, der Farbeimer (*Fläche einfärben*), die *Lassoauswahl* und die *Bereichsauswahl* (Rechteck) zur Verfügung, mit der Bereiche kopiert und gelöscht werden können, wie in **Abbildung 6.50** ersichtlich. Übrigens können Sie auch ein Symbolbild kopieren und in ein anderes einfügen – damit steht es als Grundlage zur weiteren Bearbeitung zur Verfügung.

> **Hinweis**
> Leider kann das Bild nicht als ICO-Datei gespeichert werden. Leider kann auch keine ICO-Datei importiert werden. Sie können lediglich aus einem Grafikprogramm, das ICO-Dateien unterstützt, herauskopiert und in den Symboleditor eingefügt werden.

Visio anpassen

Abbildung 6.50: *Das Symbolbild kann leider nicht verändert werden.*

> **Hinweis**
> Ein Schließen des Fensters, in dem das Icon bearbeitet wird, führt automatisch und ohne Nachfrage zu einer Änderung des Icons in der Schablone. Um die Änderungen zu verwerfen, müssten Sie die Rückgängig-Funktion aktivieren.
>
> So war es bis Visio 2010. In Visio 2013 und 2016 funktioniert dies erstaunlicherweise nicht mehr.

Soll das Master-Shape selbst geändert werden, könnten Sie es auf das Zeichenblatt ziehen, dort bearbeiten und wieder zurück in die Schablone ziehen. Dies würde allerdings zu einem Verlust des Icons und der Eigenschaften führen. Besser ist der Weg, das Master-Shape zu editieren (auch dieser Befehl findet sich im Kontextmenü in *Master-Shape bearbeiten/Master-Shape bearbeiten*) und mit den Änderungen abzuspeichern. Sie gelangen auch per Doppelklick auf das Master-Shape in das Editorfenster.

> **Hinweis**
> Erstaunlicherweise liegt das Shape häufig nicht auf dem angezeigten Zeichenblatt. Sie müssen möglicherweise den Zoom verkleinern und das Shape mit [Strg]+[A] suchen. Selbstverständlich können Sie es zurück auf das Zeichenblatt ziehen.

Wenn Sie die Registerkarte *Entwicklertools* eingeschaltet haben (*Datei/Optionen/Erweitert/Allgemein/Im Entwicklermodus ausführen*), dann finden Sie dort in der Gruppe *Einblenden/Ausblenden* das Kontrollkästchen *Masterexplorer*. Es zeigt, aus welchen einzelnen Mitglieds-Shapes das Shape zusammengesetzt wurde und welche Formatvorlagen verwendet wurden. SO kann Einblick in den Aufbau des Shapes genommen werden.

Eigene Schablonen erstellen

Abbildung 6.51: Der Masterexplorer

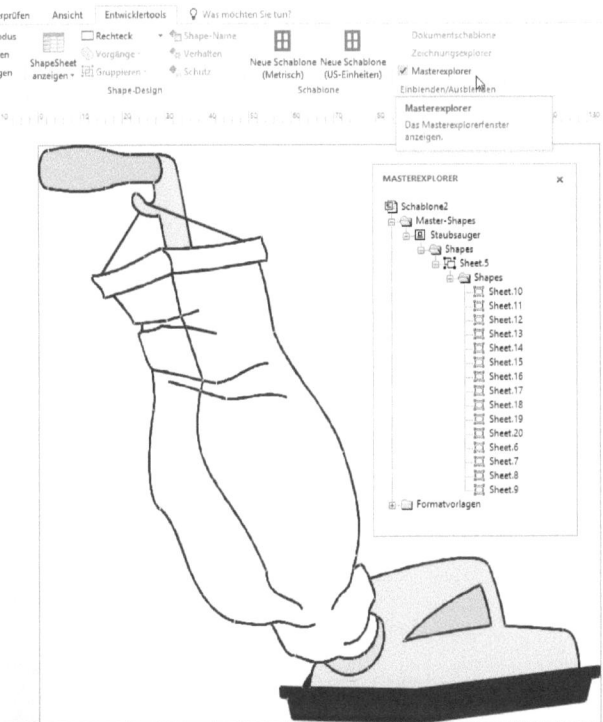

> **Tipp**
> Um aus einem Master-Shape ein weiteres (ähnliches) zu erzeugen, kann das Master-Shape kopiert und eingefügt werden. Oder Sie verschieben es innerhalb der Schablone mit gedrückter **[Strg]**-Taste. Ein (markiertes) Master-Shape kann gelöscht werden. Mit gedrückter **[Umschalt]**-Taste können wahlweise einzelne Shapes in einer Schablone markiert werden.

Sie können Master-Shapes direkt in einer Schablone erzeugen: Mit dem Befehl *Neues Master-Shape* werden die Eigenschaften festgelegt. Anschließend können Icon und Master-Shape geändert werden.

Abbildung 6.52: Das Kontextmenü der Symbole

> **Tipp**
>
> Wenn Master-Shapes von einer Schablone in eine andere kopiert werden sollen, kann der Weg über das Zeichenblatt gewählt werden: Raus aus der Schablone auf die Zeichnung, raus aus der Zeichnung in die neue Schablone. Aber dieser Weg führt zu Verlusten (beispielsweise des Icons und des Namens). Auch hier empfiehlt sich das Kopieren und Einfügen eines Master-Shapes über das Kontextmenü oder gleich das Ziehen eines Master-Shapes von einer Schablone in eine andere.

6.3.1. Die Quick-Shapes

In Visio 2010 wurde die Technik der Quick-Shapes entwickelt. Damit soll die Suche nach einem bestimmten und wichtigen Shape vermieden werden.

Shapes, die sich im oberen Teil befinden, also in dem Teil, der mit »Hier Quick-Shapes ablegen« beschriftet ist, werden zusätzlich in der Schablone *Quick-Shapes* angezeigt. Der Trennstrich zeigt an, welche Shapes auch in den Quick-Shapes ausgelagert sind und welche »nur« in der Schablone auftauchen.

Selbstverständlich können Sie die Lage nachträglich ändern – ein Shape in die Quick-Shapes aufnehmen oder wieder zurück in den »allgemeinen« Bereich ziehen. So wie Sie auch die Reihenfolge der übrigen Shapes in der Schablone durch Drag & Drop ändern können.

Eigene Schablonen erstellen

Abbildung 6.53: *Eigene Master-Shapes der Schablonen* Schablone2 *und* Schablone3 *befinden sich in den Quick-Shapes.*

Übrigens können Sie auch vorhandene Master-Shapes aus einer Schablone ziehen, verändern und wieder in einer Schablone speichern – wie beispielsweise die beiden Shapes »Zonen - 4« und »Zonen - 8«, wie sie in **Abbildung 6.54** sehen können. Übrigens: Wenn Sie das Shape nicht in die Schablone ziehen können, weil auf dem Shape ein Schutzmechanismus liegt, können Sie es auch auf dem Zeichenblatt kopieren und in der Schablone einfügen.

Abbildung 6.54: *Ein geändertes Shape*

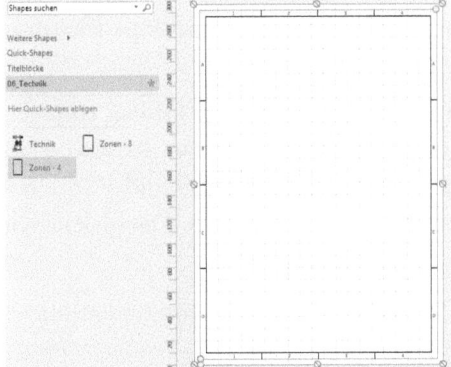

6.3.2. Die Schablone speichern

Damit die Schablone sich in die Liste der übrigen Schablonen einreiht, gibt es in Visio zwei Möglichkeiten. Wenn Sie nur für sich, das heißt auf Ihrem lokalen Rechner, neue Shapes in neuen Schablonen benötigen, speichern Sie die Schablone im Ordner *Meine Shapes*. Sie stehen sofort in der Liste *Weitere Shapes/Meine Shapes* zur Verfügung.

> **Hinweis** Dieser Pfad kann im Befehl *Datei/Optionen/Erweitert* in der Schaltfläche *Dateispeicherorte* im Textfeld *Meine Shapes* angepasst werden.

So stellt sich die Frage, was zu tun ist, wenn man eine oder mehrere Schablonen für alle Mitarbeiter im Hause verteilen möchte, damit sie alle auf die gleichen Shapes zugreifen können. Ein lokales Verteilen ist umständlich.

6.3.3. Eigene Schablonen weitergeben

Sehr ähnlich wie bei den Dokumentvorlagen in Word (oder Excel oder PowerPoint) kann im Dialogfeld *Visio-Optionen* (Befehl *Datei/Optionen/Erweitert*) über die Schaltfläche *Dateispeicherorte* das gleichnamige Dialogfeld geöffnet und dort im Textfeld *Schablonen* der Pfad eingestellt werden, in den Visio zusätzliche Schablonen »zieht«. Sie können auch mehrere Pfade angeben – sie werden durch ein Semikolon voneinander getrennt.

Das bedeutet folgendes: Visio ermittelt drei Speicherorte der Schablonen:

- Im Ordner, in dem die Datei *Visio.exe* installiert ist, befindet sich ein Unterordner *1031*. Dieser Speicherort ist fest an Visio gebunden und kann nicht geändert werden.
- Im Ordner *Eigene Dateien/Meine Shapes* (dieser Ordner kann verschoben werden)
- In den Ordnern, die in *Datei/Optionen/Dateispeicherorte* unter *Schablonen* festgelegt werden.

Wenn Sie in der Liste der von Visio vorgegebenen Ordner einen weiteren Ordner einfügen möchten, legen Sie in dem Schablonenordner ein weiteres Verzeichnis an. Es wird dann angezeigt, wenn sich Schablonen, das heißt Dateien mit der Endung VSS und VSSX, beziehungsweise VSSM darin befinden, wie in **Abbildung 6.55** ersichtlich. Das gleiche gilt auch für den Ordner *Meine Shapes*.

> **Hinweis** Manchmal passiert es, dass Visio die Liste der Schablonen oder Ordner nicht automatisch aktualisiert. Sie erhalten stets die aktuelle Liste, wenn Sie Visio schließen und neu öffnen.

Eigene Schablonen erstellen

Abbildung 6.55: *Eigene Schablonen können in eigenen Ordnern gespeichert werden (hier:* Wirbeltiere und Insekten in Fauna*).*

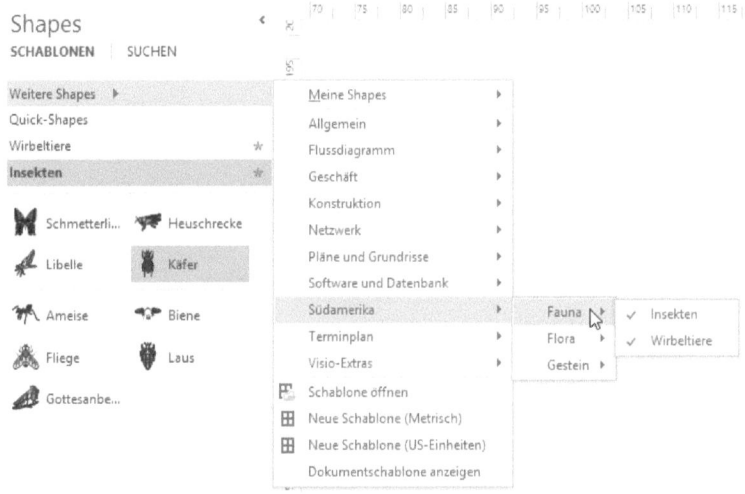

Prinzipiell können Ihre Schablonen an jedem beliebigen Ort auf der Festplatte oder im Netzwerk liegen, solange sie darauf Leserechte haben. Sie können sie von jedem Speicherort über den Aufgabenbereich *Shapes* über *Weitere Shapes/Schablone öffnen* in Ihre Zeichnung einbinden.

Denkbar wären sogar mehr als drei Pfadangaben, aber die meisten Visio-Anwender kommen in der Regel mit zwei Pfaden aus: einem lokalen, in dem sich Schablonen befinden, in denen der Benutzer eigene Änderungen vornehmen kann und einem globalen, der selbstverständlich auf einem schreibgeschützten Laufwerk liegen kann (aber nicht muss). Dieser Pfad muss per Hand an jedem Visio lokal eingegeben oder nach der Installation eingestellt werden. Er befindet sich in der Registrierung im Schlüssel *StencilPath* in:

HKEY_CURRENT_USER\Software\Microsoft\Office\16.0\Visio\Application

Die Praxis zeigt, dass es vernünftig ist, einige Ordner anzulegen, in denen sich Schablonen für die firmenweite Benutzung befinden.

6.3.4. Eigene Schablonen modifizieren

Soll ein weiteres Shape in die neue, benutzerdefinierte Schablone aufgenommen werden, kann es einfach hineingezogen werden. Visio »bemerkt«, dass die Schablone schreibgeschützt ist und fragt, ob der Schutz aufgehoben werden soll, damit sie bearbeitet werden kann. Alternativ kann der Schreibschutz über das Kontextmenü entfernt werden. Die geänderte Schablone muss selbstverständlich anschließend wieder gespeichert werden.

Visio anpassen

Das Öffnen und Modifizieren von Schablonen funktioniert bei selbst erstellten Schablonen – jedoch nicht bei den Schablonen, die Visio zur Verfügung stellt.

> Mit einem kleinen Trick könnten Sie jedoch auch die von Visio zur Verfügung gestellten Schablonen modifizieren: Kopieren Sie aus dem Ordner 1031 die entsprechende Schablone in Ihren eigenen Ordner. Nun ist es sogar möglich, die Standard-Schablonen von Visio zu modifizieren. Dennoch sollten Sie davon Abstand nehmen. Es ist sinnvoll die Organisation über eigene, neue Schablonen zu vorzunehmen. Dort können Sie natürlich auch Shapes hineinziehen, die Visio bereits zur Verfügung stellt.

Was ist zu tun, wenn Sie die Vorlage firmenweit unter einem bestimmten Namen ablegen, beispielsweise unter *contoso_Werkzeuge.vssx*, jedoch möchten, dass der Benutzer in der Titelzeile den Text *Werkzeuge* sieht? Öffnen Sie die Schablone zur Bearbeitung und ändern Sie über das Kontextmenü der Titelzeile in den Eigenschaften den *Titel*. Er wird – unabhängig vom Dateinamen – in der Titelzeile angezeigt.

Beachten Sie auch Folgendes: Zwar können Sie jedes Shape aus jeder (Visio-)Schablone in eigene Schablonen ziehen (oder kopieren) und so speichern. Allerdings sind an einigen Shape Assistenten gebunden, die nicht am Shape und auch nicht an der Schablone, sondern an der Vorlage hängen. Wenn Sie diese Assistenten verwenden möchten, müssen Sie die Vorlage und die Schablonen von Visio kopieren. Nur dann stehen die Assistenten in den Shapes in Ihren Schablonen zur Verfügung.

Da in Visio sämtliche Elemente als Shape behandelt werden, können auch fast alle Elemente in Schablonen gespeichert werden: Linien (eindimensionale Shapes), Rechtecke (zweidimensionale Shapes), Verbinderlinien oder Pixelbilder. Sie können über die Befehle *Bilder* und *Onlinegrafiken* aus *Einfügen/Illustrationen* Bilder auf Ihr Zeichenblatt einfügen und diese in einer Schablone speichern. Dies kann für Logos interessant sein, die so als Bilddatenbank weitergegeben wird.

Eigene Schablonen erstellen

Abbildung 6.56: *Eine Bilderdatenbank.*

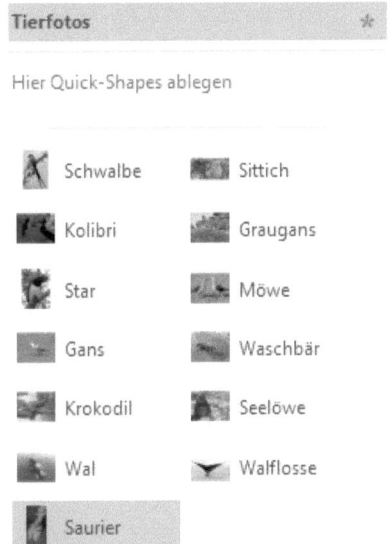

> **Hinweis**
>
> Leider können Bilder nicht direkt als Dateien aus dem Windows-Explorer in eine Schablone eingefügt werden. Sie müssen den Umweg über ein Zeichenblatt gehen.
>
> Erstaunlicherweise können zwar Hilfslinien in eine Schablone gezogen werden, aber beim Herausziehen quittiert Visio dies mit einer Fehlermeldung. Das erscheint mir aber auch nicht tragisch – die wenigsten Anwender wollen sicherlich »benutzerdefinierte Führungslinien« speichern.
>
> Umgekehrt können Sie auch nicht den Inhalt einer Schablone ausdrucken. Sie müssten sämtliche Shapes auf ein Zeichenblatt ziehen. Schablonen können nicht gedruckt werden.

Sie können alle Shapes in Schablonen speichern:

- 1-dimensionale Shapes (Linien)
- 2-dimensionale Shapes (Rechtecke)
- Bilder (siehe oben)
- Verbinder
- Führungslinien (ein wenig ungewöhnlich)
- Vorbereitete Berichte (siehe Abschnitt 3.6.1 Die Definition eines neuen Berichts)

Visio anpassen

Beachten Sie, dass jede Visio-Zeichnung immer eine Dokumentschablone besitzt. Im Befehl *Weitere Shapes* finden Sie diese *Dokumentschablone*. Darin werden sämtliche Shapes mitprotokolliert, die Sie aus einer Schablone auf Ihr Zeichenblatt ziehen. Weitere Informationen zur Dokumentschablone finden Sie im gleichlautenden Abschnitt in diesem Kapitel.

>
> **Auf der Seite**
> https://www.microsoft.com/de-de/download/details.aspx?id=13443
> finden Sie einige interessante, kostenlose Schablonen, die Sie herunterladen können. Dort finden Sie auch Schablonen mit Landkarten, die in Visio bis zur Version 2000 integriert waren – danach sind sie verschwunden.

Abbildung 6.57: *Die Landkarten, die man kostenlos herunterladen kann.*

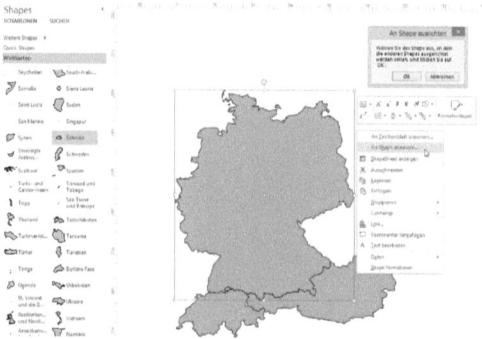

Auch wenn Sie Visio Standard installiert haben, stehen Ihnen sämtliche Schablonen und damit Shapes zur Verfügung – sie sind lediglich ausgeblendet: Wechseln Sie im Windows-Explorer in den Ordner, in dem Visio installiert ist (bspw: C:\Program Files (x86)\Microsoft Office\root\Office16\ und anschließend in den Unterordner Visio Content\1031). Dort finden Sie alle Schablonen von Visio-Professional. Um welche Schablone es sich dabei handelt sehen Sie in den Eigenschaften:

Abbildung 6.58: *Alle Shapes von Visio.*

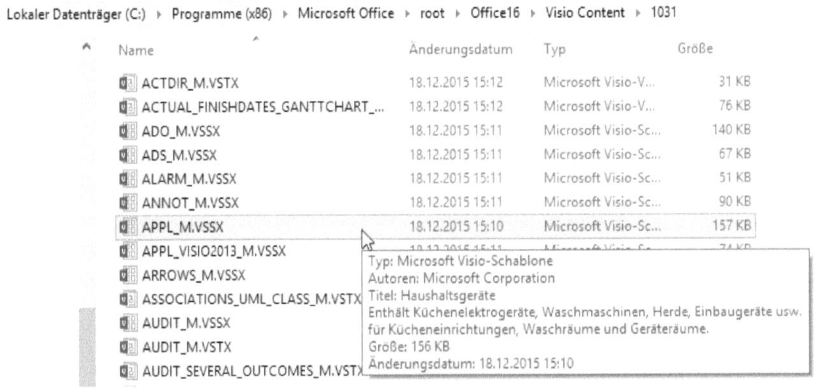

6.4. Eigene Vorlagen erstellen

Visio stellt eine ganze Reihe an Vorlagen zur Verfügung. Beim Start von Visio werden Sie gefragt, mit welcher Vorlage Sie arbeiten möchten. Ist bereits eine Datei geöffnet, die auf einer bestimmten Vorlage beruht, kann für eine neue Zeichnung eine weitere Vorlage geöffnet werden, indem Sie mit dem Befehl *Datei/Neu* eine Vorlage auswählen.

> **Hinweis**
> Die Vorlagen befinden sich im Ordner *1031* unterhalb des Ordners, in dem Visio installiert ist. Allerdings ist seit der Version 2003 die Unterteilung der Kategorien, in denen die Vorlagen und Schablonen liegen, nicht mehr als Unterordner auf der Festplatte abgebildet.

Natürlich könnte ein solcher Ordner an jeder anderen Stelle der Festplatte oder des Servers liegen – allerdings wird die Vorlage nur mit dem Befehl *Datei/Neu/Neu aus vorhandenem* gefunden.

> **Hinweis**
> Manchmal passiert es, dass Visio die Liste der Vorlagen oder Ordner nicht automatisch aktualisiert. Sie erhalten stets die aktuelle Liste, wenn Sie Visio schließen und neu öffnen.

Ähnlich wie Schablonen kann auch für Vorlagen eine eigene Ordnerstruktur eingerichtet werden. Sie wählen einen Speicherort über den Befehl *Datei/Optionen/Erweitert/ Dateispeicherorte* aus und ändern ihn im Eingabefeld *Vorlagen*.

Wird nun eine Datei als Vorlage mit der Endung VSTX, VSTM oder VST in diesen Ordner gespeichert, erscheint sie in der Liste der Vorlagen über den Ordnern. Wird in diesem

Visio anpassen

festgelegten Ordner ein Unterordner angelegt, wird der neue Ordner in die Liste der bestehenden Ordner eingereiht.

> **Hinweis:** Damit der neue Ordner in der Liste angezeigt wird, muss sich mindestens eine Datei mit der Endung VSTX, VSTM oder VST in diesem Ordner befinden.

Vorlagen haben gegenüber Zeichnungen den Vorteil, dass der Benutzer nach dem Ändern von vorhandenen Elementen gefragt wird, unter welchem Namen er diese Änderungen speichern möchte. Zeichnungen und Vorlagen enthalten nicht nur Shapes auf dem Zeichenblatt, Schablonen mit den Master-Shapes, sondern auch weitere Merkmale wie Layer, Stile und Makros, aber auch Maßstab, Ausrichtung und die übrigen Zeichenblatteigenschaften. Diese werden nun im Einzelnen erläutert.

Selbstverständlich können Sie auch eine Zeichnung wie eine Vorlage behandeln und diese über den Befehl *Datei/Neu/Kategorien/Neu aus vorhandenem* öffnen.

Vorlagen können eine Reihe von Einstellungen beinhalten. Dazu gehören die Folgenden.

6.4.1. Seite einrichten

Alle Optionen aus den einzelnen Registerkarten des Dialogfeldes *Entwurf/Seite einrichten* können an Vorlagen gebunden werden. Dazu gehören Zeichenblattgröße und –ausrichtung, Druckereinrichtung, der Maßstab und die Einstellungen auf der Registerkarte *Layout und Routing*. Wichtige Überlegungen, die Sie treffen sollten bezüglich der Vorlage beziehen sich folglich auf:

- Ausrichtung (Hoch- oder Querformat)
- Zeichenblattgröße (DIN-A4, DIN-A3 usw.)
- Zeichnungsmaßstab (keine Skalierung, 1:1000, 1:500, 1:200, 1:100, 1:50, 1:25 1:20, 1:10, 1:5, 1:2,5, 1:2, 1:1, 10:1, 20:1 und 50:1)

> **Hinweis:** Eine Vorlage mit einem Zeichnungsmaßstab einzurichten ist nur dann sinnvoll, wenn Schablonen mit Shapes verwendet werden, die im gleichen oder in einem ähnlichen Maßstab angelegt wurden. Sonst werden die Shapes, die auf das Blatt gezogen werden, sehr klein oder sehr groß dargestellt.

- Zeichenblatteigenschaften (Name des Zeichenblatts)
- verfügt die Vorlage über einen Hintergrund oder nicht?

- Layout und Routing (Routing: rechter Winkel, Gerade, Flussdiagramm, Baumförmig usw.)
- Liniensprünge (horizontal, vertikal, ohne)
- Liniensprungformat (Bogen, Lücke, usw.)

6.4.2. Mehrere Seiten einrichten

Eine Vorlage kann mehrere Zeichenblätter beinhalten. Dies ist interessant, wenn Sie mit einem Hintergrund arbeiten. An eine Vordergrundseite kann eine Hintergrundseite gebunden sein. Auf ihr befinden sich Kopf- und Fußzeile, Logo, Beschriftung, Seitennummerierung und ähnliches. Das Vorgehen funktioniert folgendermaßen:

- Erstellen Sie ein neues Hintergrundzeichenblatt (*Einfügen/Seiten/Neues Zeichenblatt/Hintergrundzeichenblatt*) und legen Sie die Elemente auf das Blatt, die Sie benötigen, z.B.:
- Rahmen
- Linien
- geometrische Objekte
- Bilder
- Textfelder als beschriftender Text
- Textfelder mit Feldfunktionen für Seitennummerierung, Dateiname, aktuelles Datum, etc.)
- Shapes aus Schablonen
- Verknüpfen Sie das Vordergrundblatt über das Dialogfeld *Seite einrichten* aus *Entwurf/Zeichenblatt einrichten/Zeichenblatteigenschaft* mit dem Hintergrund.
- Erstellen Sie, falls nötig, weitere Hintergrundblätter.
- Blenden Sie, falls gewünscht, die Hintergrundblätter im Zeichnungsexplorer *Entwicklertools/Einblenden/Ausblenden/Zeichnungsexplorerfenster*) im Kontextmenü *Dokument schützen* aus.

6.4.3. Schablonen

Damit beim Öffnen der Vorlage die gewünschten Schablonen sichtbar sind, können diese an eine Vorlage gebunden werden. Sie werden hierzu einfach über den Befehl *Weitere Shapes* geöffnet.

Abbildung 6.59: *An eine mehrseitige Vorlage können Schablonen gebunden werden.*

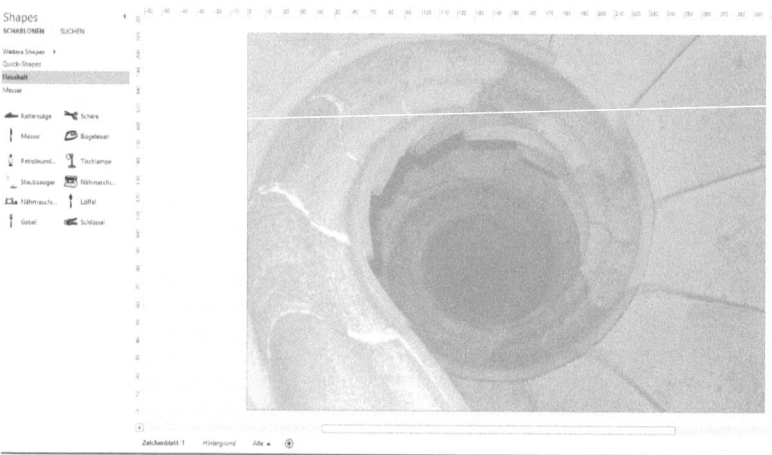

6.4.4. Formatvorlagen

Wenn Sie der Symbolleiste für den Schnellzugriff den Befehl *Formatvorlagen definieren* hinzugefügt haben, können Sie für die drei Formatierungskriterien *Text*, *Füllung* und *Linie* Formatvorlagen erstellen. Diese werden an die Zeichnungsvorlage gebunden und stehen dann dem Benutzer zur Verfügung.

 Beachten Sie, dass eine Formatvorlage alle drei der Formatierungskriterien beinhalten kann, oder nur zwei oder auch lediglich nur eine. Dies ist wichtig, da nur die Formatvorlagen in den Befehlen aufgelistet werden, die auch Elemente aus dieser Kategorie beinhalten. Und: Formatvorlagen können selbstdefinierte Füllmuster, Linienmuster und Pfeilspitzen beinhalten.

Unabhängig von der Formatvorlage kann die Standardschriftart und -größe festgelegt werden. Markieren Sie hierzu kein Shape und wählen anschließend Schriftname, Schriftgrad, Zeilenabstand, Ausrichtung, … Dies wird als Standard für Texte verwendet, die in Textboxen stehen.

6.4.5. Muster

Zu Beginn dieses Kapitels wurde beschrieben, wie Sie eigene Füllmuster, Linienmuster und Linienenden erzeugen. Diese werden entweder an eine Zeichnung gebunden, damit sie in der gesamten Zeichnung zur Verfügung stehen. Oder sie werden in einer Vorlage erzeugt, so dass neue Zeichnungen, die auf dieser Vorlage basieren, diese Muster beinhalten. Mit ihnen kann der Benutzer arbeiten und schnell formatieren. Sie finden die selbsterzeugten Muster im Dialogfeld *Start/Shape/Linie/Linienoptionen* und *Start/Shape/Füllen/Füllbereichsoptionen* am Ende der Liste.

6.4.6. Design

Sie können über die Registerkarte *Entwurf/Varianten/Farben/Neue Designfarbe erstellen Designs* für Akzent1 bis Akzent6 eigene Farben definieren, mit denen schnell die gesamte Zeichnung formatiert wird.

Beachten Sie, dass Sie –anders als in Visio 2010 – keine komplexen Designeffekte erstellen können. Und beachten Sie, dass Ihnen die Designvarianten nur dann zur Verfügung stehen, wenn Sie die Zeichnung im Visio Format 2013/2016 speichern (VSDX, VSDM, VSTX oder VSTM).

6.4.7. Layer

Auf den ersten Blick scheint es unsinnig zu sein, einer »leeren« Vorlage Layer zuzuweisen. Dennoch gibt es einen Grund, warum auch eine Vorlage Layer haben kann und nicht nur die Shapes, die anschließend auf das Zeichenblatt gezogen werden: Werden in der Vorlage die Layer eingestellt, können ihnen bereits bestimmte Eigenschaften zugewiesen werden (beispielsweise nicht druckbar oder mit einer bestimmten Farbe vorbelegt). Werden nun Shapes, die ebenfalls auf diesen Layern liegen, auf das Zeichenblatt gezogen, wird ihnen automatisch diese Layereigenschaft zugewiesen. Die wichtigsten Layereigenschaften sind:

- sichtbar
- druckbar
- aktiv (neue Shapes werden automatisch auf diesen Layer gelegt)
- gesperrt (für weitere Bearbeitung)
- ausrichtbar (an anderen Shapes)
- klebbar (an anderen Shapes, Hilfslinien, Kontrollpunkten und Verbindungspunkten)
- mit einer (Linien-)Farbe vorbelegt

Sie finden die Layereigenschaften in der Registerkarte *Start/Bearbeiten/Layer /Layereigenschaften*.

6.4.8. Farbpalette

In Visio 2003 konnten 23 Grundfarben festgelegt werden. Da in den Designfarben komplexere Farbzuweisungen getroffen werden können, spielte schon in Visio 2003 die

Farbpalette keine große Rolle mehr. Sie ist nun seit Visio 2013 verschwunden, weil sie komplett durch Designs ersetzt wurde.

6.4.9. Lineale und Gitter

Sämtliche Einstellungen aus *Ansicht/Anzeigen/Lineal und Gitter* und *Ansicht/Visuelle Unterstützung/Ausrichten und Kleben* werden in der Vorlage gespeichert. So stehen speziellen technischen Zeichnungen spezifische Gitterfangpunkte zur Verfügung. Die wichtigsten Einstellungen im Dialogfeld *Ausrichten und Kleben* sehen Sie in **Abbildung 6.60**:

Abbildung 6.60: *Die Registerblatt* Allgemein *des Dialogfeldes* Ausrichten und Kleben

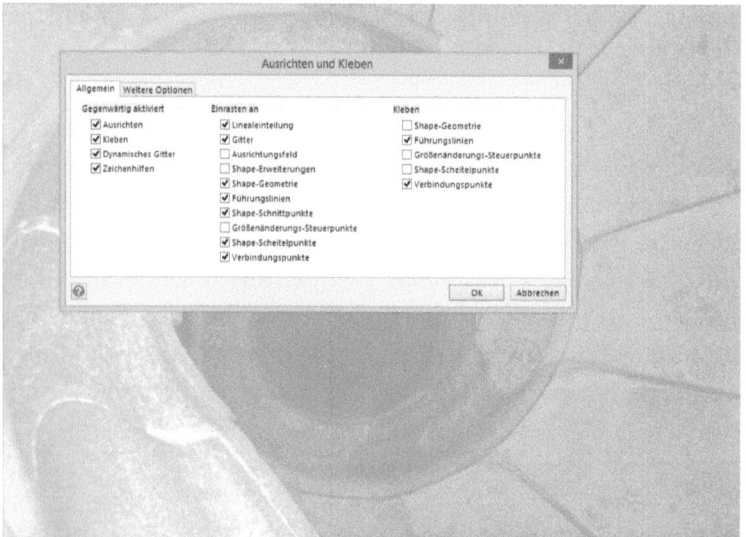

Für das dynamische Gitter stehen folgende Zeichenhilfen auf der Registerkarte *Weitere Optionen* zur Verfügung. Sie sehen einen Ausschnitt in **Abbildung 6.61**.

Abbildung 6.61: *Das Registerblatt* Weitere Optionen *des Dialogfeldes* Ausrichten und Kleben

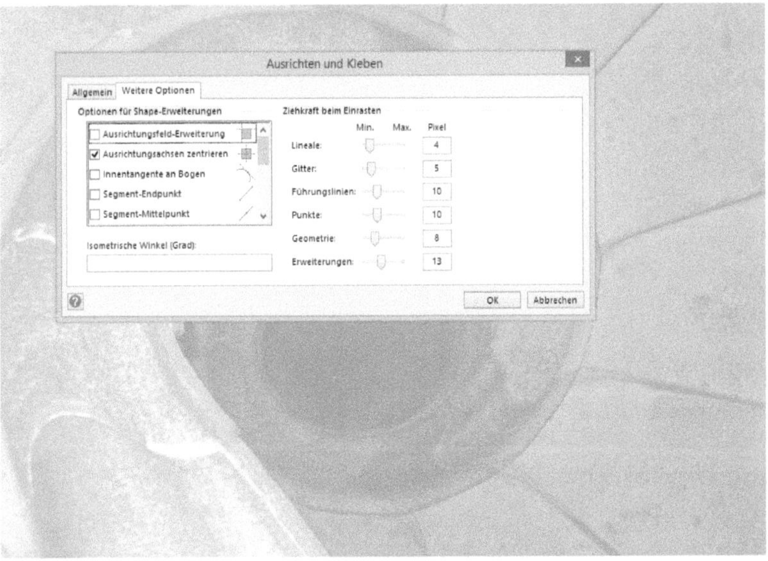

> **Hinweis**
> Es kann durchaus üblich sein, in Vorlagen für technische Zeichnungen einen festen Gitterabstand zu bestimmen, dafür jedoch das Ausrichten am Lineal zu deaktivieren. So wird gewährleistet, dass sich die Shapes nur innerhalb eines bestimmten Gitters bewegen. Allerdings ist es trotzdem möglich, dass selbst gezeichnete Shapes »zwischen« die Rasterlinien fallen.

6.4.10. Shape-Layout

Auch die Einstellung *Entwurf/Layout/Zeichenblattlayout neu anordnen/Weitere Layoutoptionen* sollte konform sein mit dem Zeichnungstyp, für den die Vorlage gewählt wurde. Dabei stehen als Formatvorlagen zur Verfügung:

- Radial
- Flussdiagramm
- Kreisförmig
- Kompakte Struktur
- Hierarchie

Darüber hinaus kann die Richtung, die Ausrichtung und der Abstand festgelegt werden. Auch für die Verbinder sollte eine der folgenden Optionen voreingestellt sein:

- Rechter Winkel
- Gerade
- In Mitte zentrieren
- Flussdiagramm
- Baumförmig
- Organigramm
- Einfach
- Einfach horizontal/vertikal
- Einfach vertikal/horizontal

mit den beiden Darstellungsoptionen gerade und gekrümmt.

6.4.11. Neue Registerkarten

Da das neue Dateiformat VSDX intern ein gezipptes Archiv aus mehreren XML-Dateien darstellt, können neue Registerkarten hinzugefügt werden. Gehen Sie dabei wie folgt vor:

- Speichern Sie eine Visio-Datei ab und schließen Sie diese.
- Ändern Sie die Endung in ZIP.
- Entpacken Sie diese Datei.
- Öffnen Sie die Datei *.rels* aus dem Ordner *_rels*.
- Darin finden Sie den Text:

  ```
  <Relationships xmlns="http://schemas.openxmlformats.org/package/2006/relationships">
  <Relationship Id="rId3" Type="http://schemas.openxmlformats.org/package/2006/relationships/ metadata/core-properties" Target="docProps/core.xml"/>
  ```

- Ändern Sie sie in:

  ```
  <Relationships xmlns="http://schemas.openxmlformats.org/package/2006/relationships">
  <Relationship Id="rId7" Type="http://schemas.microsoft.com/office/ 2006/relationships/ui/extensibility" Target="ribbon/ribbon.xml"/>
  <Relationship Id="rId3" Type="http://schemas.openxmlformats.org/package/2006/relationships/ metadata/core-properties" Target="docProps/core.xml"/>
  ```

Achten Sie darauf, dass die Id (hier: *rId7*) eindeutig ist, das heißt innerhalb des Dokumentes nicht mehr auftaucht.

Eigene Vorlagen erstellen

- Speichern Sie die Datei unter dem gleichen Namen *.rels*.
- Erstellen Sie einen Ordner *ribbon* und darin eine Textdatei *ribbon.xml*.
- Sie könnte folgenden Text enthalten:

```xml
<?xml version="1.0" encoding="utf-8"?>
<customUI
    xmlns="http://schemas.microsoft.com/office/2006/01/customui">
  <ribbon startFromScratch="false">
    <tabs>
      <tab id="tabWerkzeuge" label="eigene Werkzeuge">
        <group id="grpWerkzeuge01" label="Werkzeuge">
          <button idMso="LayerDialog" size="large"/>
          <button idMso="LayerPropertiesDialog" size="large"/>
          <separator id="sep1"/>
          <button idMso="ShapeName" size="large"/>
          <button idMso="ShapeBehavior" size="large"/>
          <button idMso="ShapeProtection" size="large"/>
          <separator id="sep2"/>
          <button idMso="ShapesObjectUnion" size="large"/>
          <button idMso="ShapesObjectCombine" size="large"/>
          <button idMso="ShapesObjectSubtract" size="large"/>
          <button idMso="ShapesObjectIntersect" size="large"/>
          <button idMso="ShapesObjectFragment" size="large"/>
        </group>
        <group id="grpWerkzeuge02" label="Ansichtssachen">
          <toggleButton idMso="SizeAndPositionWindow" size="large"/>
          <toggleButton idMso="ShapeDataWindow" size="large"/>
          <toggleButton idMso="ShapeExternalDataWindow" size="large"/>
          <toggleButton idMso="PanAndZoomWindow" size="large"/>
        </group>
        <group id="grpWerkzeuge03" label="Elemente anzeigen">
          <checkBox idMso="ShowGrid"/>
          <checkBox idMso="ShowPageBreaks"/>
          <checkBox idMso="ShowGuides"/>
          <checkBox idMso="ShowRulerVisio"/>
        </group>
```

Visio anpassen

```
                <group id="grpWerkzeuge04" label="Hilfen einblenden">
                  <checkBox idMso="DynamicGrid"/>
                  <checkBox idMso="AutoConnect"/>
                  <checkBox idMso="ConnectionPoints"/>
                </group>
                <group id="grpWerkzeuge05" label="Werkzeuge einblenden">
                  <checkBox idMso="DocumentStencil"/>
                  <checkBox idMso="FormatExplorer"/>
                  <checkBox idMso="MasterExplorer"/>
                  <checkBox idMso="DrawingExplorer"/>
                </group>
              </tab>
            </tabs>
          </ribbon>
        </customUI>
```

Speichern Sie die Datei und zippen Sie die Ordner und die Datei *[Content_Types].xml*. Benennen Sie die Datei um, so dass sie die Endung VSDX lautet. Das Ergebnis sehen Sie in **Abbildung 6.62**.

Abbildung 6.62: *Eine Vorlage mit einer neuen Registerkarte.*

Übrigens: Nicht nur für Registerkarten kann der gezippte XML-Code verwendet werden. Wenn Sie in eine Visio-Zeichnung ein sehr großes Bild, beispielsweise in der Größe von 8000 × 5000 Pixel einfügt, komprimiert Visio dieses Bild. Um das Bild in der Originalgröße zu erhalten, muss man die VSDX-Datei entzippen, dort das Bild suchen und durch das Original ersetzen.

6.4.12. VBA-Code

Diesem Thema ist ein gleichnamiges Kapitel gewidmet: An eine Visio-Vorlage oder eine Visio-Zeichnung kann VBA-Code (Visual Basic for Applications) gebunden werden, mit dem Assistenten oder Funktionen entwickelt wurden, die nur für diese Datei arbeiten.

6.4.13. Eigene Vorlagen weitergeben

Vorlagen werden ähnlich wie Schablonen behandelt – deshalb gilt das oben bereits Beschriebene auch hier: Werden in einer größeren Firma an zentraler Stelle Shapes, Schablonen und Vorlagen erstellt, kann in *Datei/Optionen/Erweitert/Dateispeicherorte* ein Netzwerk-Pfad eingestellt werden. Werden mehrere Ordner verwendet, werden diese durch ein Semikolon voneinander getrennt. Beispielsweise so:

1031\Lösungen;U:\FuerAlle\Visio\Schablonen

Alternativ dazu können die Vorlagen als Dateien verschickt werden und in einem vorhandenen Ordner oder einem neuen Ordner in

1031

gespeichert werden. Die Praxis zeigt, dass es sinnvoll ist, mehrere Ordner anzulegen, das heißt die Visio-Vorlagen von den selbstdefinierten zu trennen. Die zweite Variante ist interessant, wenn mehrere Mitarbeiter mit nicht-vernetzten Rechnern arbeiten, beispielsweise mit Laptops.

Abbildung 6.63: *Neue Vorlagen wurden erstellt*

6.4.14. Speichern, Schließen und Öffnen

Auch über die beiden Befehle *Schließen* und *Beenden* muss wohl nichts gesagt werden. Interessanter dagegen ist das Speichern und das Öffnen. Wenn Sie eine Datei mit dem Befehl *Datei/Speichern* (oder *Datei/Speichern unter*) speichern, können Sie diese als Visio-Zeichnung (*Drawing, Zeichnung:* VSDX, VSDM oder VSD) als Visio-Vorlage (*Template, Vorlage:* VSTX, VSTM oder VST), oder als Visio-Schablone (*Stencil, Schablone:* VSSX, VSSM oder VSS) speichern.

Visio anpassen

Anders als in den Visio-Versionen bis 2010, sind diese drei Dateiformate nicht mehr identisch. Ein Blick ins »Innere« des XML-Archivs zeigt, dass dort die Informationen ContentType="application/vnd.ms-visio.drawing.main+xml", ContentType="application/vnd.ms-visio.template.main+xml", beziehungsweise ContentType="application/vnd.ms-visio.stencil.main+xml" in der Datei *[Content_Types].xml* stehen.

Die ersten beiden Optionen: Zeichnung und Vorlage sind sicherlich aus anderen Programmen (beispielsweise Textverarbeitungsprogrammen) bekannt. Wird eine Datei als Zeichnung gespeichert, kann sie als solche wieder geöffnet und weiter bearbeitet werden. Wird dagegen eine Zeichnung als Vorlage gespeichert, kann sie wie eine Zeichnung geöffnet werden. Sie enthält alle Merkmale der Zeichnungsdatei, nur mit dem Unterschied, dass ein Speichern die Frage nach dem Dateinamen, das heißt nach dem Zeichnungsnamen, nach sich zieht.

> **Hinweis**
> Auf welchen der Ordner Visio zugreift, wenn der Befehl *Datei/Öffnen* gewählt wird, wird über den Befehl *Datei/Optionen/Erweitert* mit der Schaltfläche *Dateispeicherorte* im Textfeld *Zeichnungen* festgelegt. Der dort definierte Ordner wird zuerst aufgerufen, nachdem nach dem Start von Visio das erste Mal eine Datei gespeichert oder geöffnet wird.

Eine Vorlage bedeutet, wie der Name sagt, dass sie als Raster, als Muster, als Grundlage für andere Zeichnungen verwendet wird. Um dem Anwender bestimmte Grundelemente einer neuen Zeichnung zur Verfügung zu stellen, werden diese als Vorlage abgespeichert.

Der in Visio 2013 eingeführte (und in Visio 2016 auch verwendete) Unterschied zwischen –x und –m ist eigentlich klar: eine VSDX-, VSTX- oder VSSX-Datei kann keine Makros enthalten. Eine solche Datei kann bedenkenlos geöffnet werden. Dagegen kann eine VSDM-, VSTM- oder VSSM-Datei VBA-Code enthalten, muss aber nicht zwangsläufig mit Programmiercode gespeichert sein. Auf die älteren VSD-, VST- und VSS-Datentypen sollten Sie verzichten, weil dann nicht mehr Visio-Funktionalitäten der aktuellen Version unterstützt werden. Sie sind zum Austausch sinnvoll – oder falls in Ihrer Firma noch eine ältere Visio-Version im Einsatz ist.

Abbildung 6.64: Mit der Vorlage kann eine neue Zeichnung erstellt werden.

Übrigens basiert eine Datei auf einer oder auf keiner Vorlage, wie Sie in den Eigenschaften sehen können. Das bedeutet: es geht nicht, dass ein Zeichenblatt auf einer Vorlage basiert, ein anderes Zeichenblatt auf einer anderen Vorlage. Die Vorlage, aus der eine Datei erstellt wurde, ist Grundlage für alle Zeichenblätter dieser Datei. Umgekehrt ist es auch nicht möglich im Nachhinein in einer Datei die Vorlage zu wechseln.

6.4.15. Dokumentschablone

Wenn Sie eine Visio-Zeichnung erstellen, speichern Sie immer die benutzten Master-Shapes mit der Zeichnung ab. Sie können sie über den Befehl *Weitere Shapes/Dokumentschablone* (oder: *Entwicklertools/Einblenden/Ausblenden/Dokumentschablone*) sichtbar machen. Dann öffnet sich eine neue Schablone mit der Titelleiste *Dokumentschablone*. Dort werden alle jemals in dieser Zeichnung verwendeten (und natürlich auch die noch benutzten) Shapes aufgelistet. Werden Master-Shapes gelöscht, zu denen kein Smart-Shape mehr auf dem Zeichenblatt vorliegt, dann passiert gar nichts. Werden Master-Shapes gelöscht, zu denen noch Shapes auf einer Seite liegen, werden Sie gefragt, ob diese Shapes von dem Master-Shape getrennt werden sollen. Das Ergebnis kann wiederum in *Entwicklertools/Shape-Design/Shape-Name* des Shapes eingesehen werden: Dort steht nun als Master-Shape-Name:

Visio anpassen

<Kein Master>. Über diesen Befehl *Shape-Name* kann herausgefunden werden, auf welchem Master-Shape ein Shape basiert. Oder umgekehrt: ob das Shape »lokal« auf dem Zeichenblatt erstellt wurde und nicht aus einer Schablone herausgezogen wurde.

Hinweis: Leider kann man nicht herausfinden aus welcher Schablone das Master-Shape herausgezogen wurde, dessen Instanz als Shape auf dem Zeichenblatt zu sehen ist. Weder im Shape noch im Master-Shape in der Dokumentschablone.

Wird ein Master-Shape in der Dokumentschablone geändert, werden alle Instanzen dieses Master-Shapes auf der Zeichnung auch geändert. Da die Dokumentschablone eine lokale Schablone ist, welche an die Datei gebunden ist, wirken sich diese Änderungen nur auf die aktuelle Zeichnung aus.

Tipp: Wird dagegen das Master-Shape in der Dokumentschablone bearbeitet (formatiert oder verändert), werden alle Shapes der Zeichnung, denen dieses Master-Shape zugrunde liegt, ebenso formatiert. Dies ist eine schnelle Methode, um in einer Zeichnung ein Shape eines bestimmten Typs im Nachhinein zu ändern ohne alle Shapes einzeln anfassen zu müssen. Wird der Name des Master-Shapes in der Dokumentschablone geändert, werden alle Instanzen umbenannt.

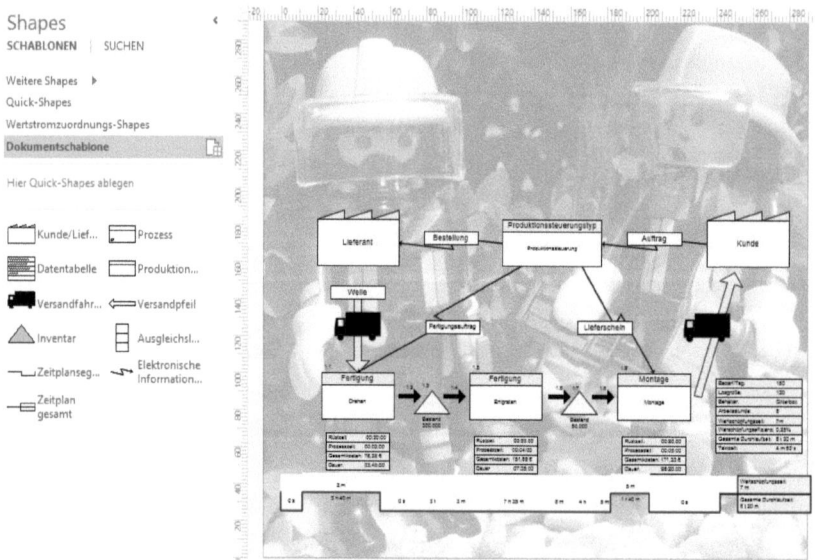

Abbildung 6.65: *Die verwendeten Shapes der Zeichnung*

Abbildung 6.66: *Wird das Master-Shape in der Dokumentschablone geändert, werden alle Shapes, die darauf basieren, geändert.*

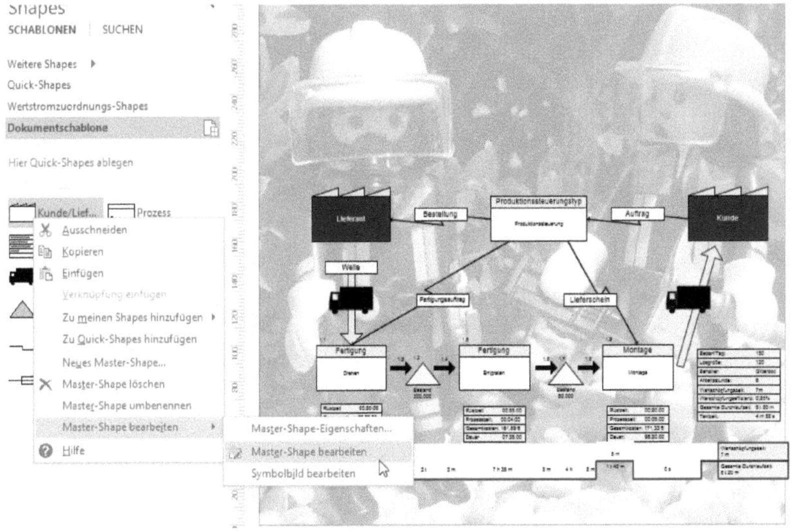

Die dokumenteigene Schablone, in der die verwendeten Master-Shapes angezeigt werden, kann nicht umbenannt werden. Dies ist verständlich, da Visio sonst in einen Konflikt zwischen verwendeten Shapes und Shapes der Schablone käme. Denn jedes neu verwendete Shapes wird in dieser Schablone angezeigt.

Natürlich gilt: Wenn ein Shape auf ein Zeichenblatt gezogen wird, verändert sich die Liste der Shapes in der Dokumentschablone. Wird das Shape auf der Zeichnung gelöscht und die zugehörige Schablone geschlossen, liegt das Master-Shape noch immer in der Dokumentschablone. Zwar kann die Aufzählung nicht editiert werden, aber jedes einzelne Master-Shape kann gelöscht werden. Sollte sich allerdings noch ein Shape auf dem Zeichenblatt befinden, das mit dem Master-Shape erstellt wurde, erhält der Benutzer eine Frage, ob die Beziehung zwischen Master-Shape und verwendetem Shape gelöscht werden soll.

> **Hinweis**
>
> Wenn Sie eine Zeichnung (eine VSDX-Datei) weitergeben, geben Sie sämtliche Master-Shapes weiter, die Sie jemals auf das Zeichenblatt gezogen haben. Auch wenn die Shapes inzwischen gelöscht wurden, sind die Master-Shapes noch immer in der Zeichnung vorhanden. Wenn Sie dies unterbinden möchten, müssen Sie nicht mühsam alle Master-Shapes der Dokumentschablone einzeln löschen. Sie können Sie über den Befehl *Nicht verwendete Master-Shapes entfernen* löschen, den Sie in *Datei/Informationen/persönliche Informationen entfernen* und dort in der Registerkarte *Dateigrößenkomprimierung* finden.

Abbildung 6.67: Nicht verwendete Master-Shapes entfernen

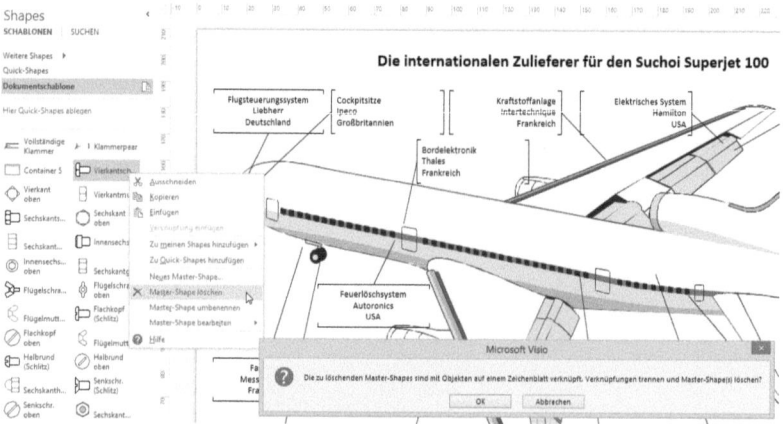

6.4.16. Dateieigenschaften

In der Kategorie *Speichern* des Dialogfeldes *Visio-Optionen* (*Datei/Optionen*) können Sie das Kontrollkästchen *Beim ersten Speichern nach Dokumenteigenschaften fragen* einschalten und so festlegen, dass Visio beim ersten Speichern nach den Dateieigenschaften fragen soll. Diese benutzerdefinierten Eigenschaften, die beim Speichern festgelegt werden können, können im Dialogfeld des Befehls *Datei/Informationen/Eigenschaften* sofort geändert oder erst später gesetzt werden. Sie sehen es in **Abbildung 6.68**. In diesem Dialogfeld finden Sie weitere Eigenschaften, die dort nicht geändert werden können. Auf der Registerkarte *Allgemein* befinden sich der Dateiname, der Name der zugehörigen Vorlage, der Speicherort und die Größe. Diese Angaben stehen auch direkt in der Backstage-Ansicht *Datei/Informationen*. In der Registerkarte *Inhalte* werden alle Zeichenblätter und verwendete Master-Shapes aufgelistet.

Mit Hilfe der Schaltfläche *Persönliche Informationen entfernen* auf der Backstage-Ansicht *Datei/Informationen* können schnell diese Daten gelöscht werden. Dies kann interessant sein, wenn eine Visio-Zeichnung weitergegeben wird und Sie nicht möchten, dass der Empfänger Informationen wie *Autor* oder *Kategorien* mitgeliefert bekommt.

Ebenso kann die Dateigröße über die Schaltfläche darunter verringert werden. Dort stehen folgende Varianten zur Verfügung, die eine Dateigröße reduzieren lassen:

- Das Vorschaubild kann entfernt werden.
- Die nicht verwendeten Master-Shapes können entfernt werden
- Nicht verwendete Designs und Datengrafiken können entfernt werden

Eigene Vorlagen erstellen

- Interaktive Überprüfungsregelsätze können entfernt werden, beispielsweise bei Flussdiagrammen, Workflowdiagrammen oder BPMD-Diagrammen.
- Persönliche Informationen können gelöscht werden.
- Daten aus externen Datenquellen, die in einer Visio-Zeichnung eingebunden sind, werden gelöscht.

Abbildung 6.68: Die vom Benutzer festgelegten Eigenschaften im Befehl Datei/Informationen/Eigenschaften

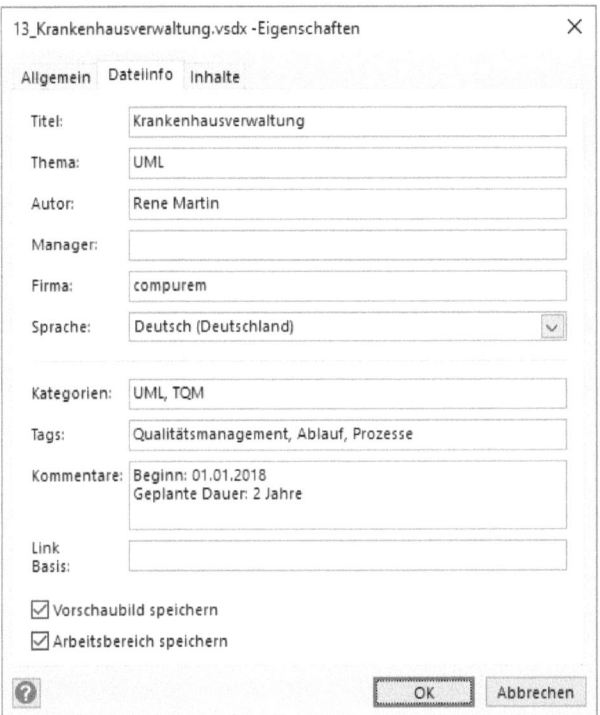

Tabelle 1.29: Die Befehle zum Erstellen, Öffnen, Speichern und Schließen von Zeichnungen

Funktion	Tastenkombination	Befehl	Schaltfläche
Neue leere Vorlage		*Datei/Neu*	
Neue Vorlage	[Strg]+[N]	*Datei/Neu*	
Öffnen	[Strg]+[O] [Strg]+[F12] [Strg]+[Alt]+[F2]	*Datei/Öffnen*	

393

Funktion	Tastenkombination	Befehl	Schaltfläche
Schablone öffnen		*Ansicht/Aufgabenbereiche/Shapes Weitere Shapes*	
Speichern	[Strg]+[S] [Umschalt]+[F12] [Alt]+[Umschalt]+[F2]	*Datei/Speichern*	
Speichern unter	[F12] [Alt]+F2]	*Datei/Speichern unter*	
Datei-Eigenschaften		*Datei/Informationen/Eigenschaften*	
Schließen	[Strg]+[F4]	*Datei/Schließen*	
Beenden	[Alt]+[F4]	*Datei/Beenden*	

6.4.17. Ein Beispiel

Diese etwas theoretischen Ausführungen sollen an einem konkreten Beispiel erläutert werden. Dabei wird das Zusammenspielen zwischen Shapes, Schablonen und Vorlagen konkret beschrieben.

Die Aufgabe

Gegeben sei eine große Firma, die beschließt, in Visio ihre Ablaufdiagramme zu erstellen. Bislang wurde sie in einem Grafikprogramm erzeugt, was regelmäßig zu verschiedenen Problemen führte. Diese Firma hat firmenweit standardisierte Objekte für verschiedene Teile des Ablaufdiagramms, wie sie in Visio nicht vorhanden sind.

Das Shape

Im ersten Schritt werden die Shapes auf einem leeren Zeichenblatt gezeichnet. Da auf jedem Shape mehrere Texte stehen sollen, werden sie entweder mit Linien oder Rechtecken erzeugt. Besteht das Shape aus mehreren, unabhängigen Rechtecken, könnte jedes von ihnen beschriftet werden. Besteht das Shape allerdings aus Linien, müssen Sie noch Textfelder hinzufügen, damit die einzelnen Texte eingegeben werden können. Damit die Shapes gleich groß werden, kann das Fenster Größe und Position geöffnet werden (Befehl *Ansicht/Anzeigen/Aufgabenbereiche*). Oder es werden Hilfslinien aufgezogen, zwischen welche die Shapes eingespannt werden. Da es sich um ein Shape handelt, bei dem einzelne Teile unabhängig von den anderen beschriftet werden, muss es am Ende gruppiert werden.

Beachten Sie, dass Gruppen in Gruppen in Visio sehr unschöne Lösungen darstellen: Sie sollten die Gruppe immer flach lassen. Wurde ein Shape vergessen, kann es nachträglich zur Gruppe hinzugefügt werden (*Start/Anordnen/Gruppieren/Zur Gruppe hinzufügen*). Das Ergebnis sehen Sie in **Abbildung 6.69**.

Abbildung 6.69: *Die Shapes werden erzeugt.*

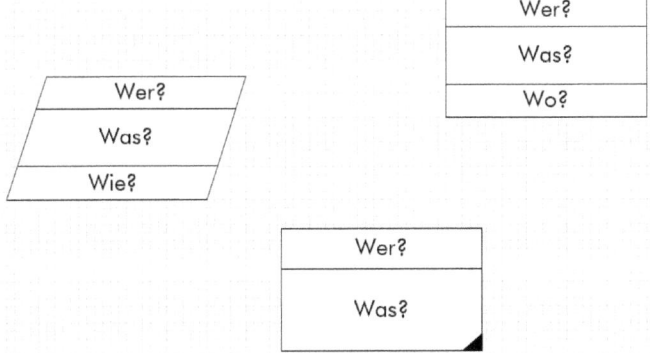

Damit jeder Anwender weiß, womit die Shapes beschriftet werden, schreiben Sie als Vorgabe einen Text in die entsprechenden Felder. Dies könnte ein Beispielstext sein, oder eine Erklärung, wofür diese Textteile verwendet werden.

Doch nicht genug. Die Shapes benötigen noch Verbindungspunkte. Dazu wird jedes Shape auf zwei orthogonale Hilfslinien gesetzt; so, dass die vier Markierungspunkte in der Mitte genau auf den Hilfslinien sitzen. Dann kann mit gedrückter [Strg]-Taste mithilfe des Verbinderwerkzeugs vier neue Verbindungspunkte gesetzt werden. Ein großer Zoomfaktor hilft dabei (siehe **Abbildung 6.70**).

 **Hinweis**: Versuchen Sie nicht, die Shapes per Augenmaß zu formatieren. Dies kann zu ungenauen Ergebnissen führen. Sitzen die Verbindungspunkte nicht genau in der Mitte des Shapes, werden die Shapes zueinander ausgerichtet und verbunden, dann wären die Linien nicht gerade.

Abbildung 6.70: *Die Verbindungspunkte werden erzeugt*

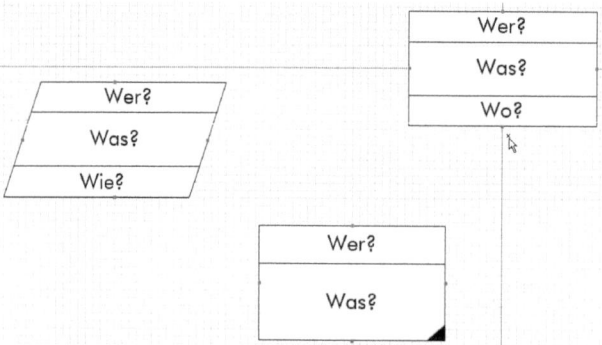

Damit wären die Shapes fertiggestellt. Einige Kleinigkeiten sollten noch bedacht werden. Angenommen die festgelegte Normgröße darf nicht geändert werden. Dann kann dies über den Befehl *Entwicklertools/Shape-Design/Schutz* geregelt werden: Dort können die Optionen *Breite* und *Höhe* gesperrt werden. Ebenso könnten die einzelnen Teile der Gruppe gesperrt werden (Befehl *Verhalten*).

Werden die Shapes mit Informationen versehen und diese »eingesammelt«, kann das Shape auf einen Layer gelegt werden: *Start/Bearbeiten/Layer/Layer zuweisen*. Entweder erzeugen Sie einen neuen Layer oder verwenden den Layer *Flussdiagramm*, da dieser von den Shapes der Visio-Schablone *Standardflussdiagramm* verwendet wird.

Werden Shape-Daten benötigt, können Sie an das Shape gebunden werden: *Daten/Einblenden/Ausblenden/Fenster Shape-Daten* oder über das Kontextmenü *Daten/Shape-Daten*. Soll der Benutzer diese Eigenschaften bereits eintragen, wenn das Shape aus der Schablone gezogen wird, muss der Entwicklermodus eingeschaltet werden (*Datei/Optionen/Erweitert* in der Gruppe *Allgemein* die Option *Im Entwicklermodus ausführen* aktivieren*)*. Nun verfügt das Eigenschaften-Dialogfeld über die Option *Beim Ablegen fragen*. Würde das Shape nur aus einem Element bestehen und wäre es nicht gruppiert, könnten Sie über *Einfügen/Text/Feld/Shape-Daten* die Werte direkt im Shape anzeigen lassen. Da es sich bei diesen Shapes allerdings um Shapes im Shapes handelt, auf die Bezug genommen wird, ist es nicht ganz einfach einzurichten. Die Lösung heißt *ShapeSheet* und wird im nächsten Kapitel beschrieben.

Sollen die Shapes nicht nur firmenweit zur Verfügung stehen, beziehungsweise, besteht die Gefahr des »Stehlens« durch Mitarbeiter, kann an die Shapes ein Copyright gebunden werden: *Entwicklertools/Shape-Design/Shape-Name*. Der Benutzer kann diesen Copyright-Eintrag nur löschen, indem er das Shape in seine Bestandteile zerlegt (hier: indem er die Gruppierung aufhebt – *Start/Anordnen/Gruppieren/Gruppierung aufheben*). Allerdings führt dies zu einem Verlust aller bereits eingestellten Optionen (Schutz, Verbindungspunkte, Layer, Eigenschaften usw.), was einer Neukonstruktion gleichkommt.

Hinweis: Auch per Programmierung ist mir keine Möglichkeit bekannt, wie Sie den Copyright-Text modifizieren oder löschen könnte.

Formatvorlagen werden in diesem Beispiel nicht benötigt. Wenn Sie das Shape explizit von Designfarben, Designeffekten, Designverbindern, Designschriftarten und Designindex schützen möchten, dann schalten Sie die entsprechenden Kontrollkästchen in *Entwicklertools/Shape-Design/Schutz* ein. Änderungen im Shape-Verhalten (Registerkarte *Entwicklertools*) werden hier nicht vorgenommen.

Die Schablone

Die erstellten Shapes sollen nun in einer Schablone gespeichert werden. Dazu wird eine neue, leere Schablone geöffnet (*Weitere Shapes/Neue Schablone*). In diese werden die Shapes gezogen. Dort kann über das Kontextmenü (*Master-Shape bearbeiten/Master-Shape-Eigenschaften*) der Name geändert werden. Ebenso sollten Sie eine Eingabeaufforderung vergeben, die erscheint, wenn der Mauszeiger sich über das Shape bewegt. Und für eine Suche können Schlüsselwörter eingetragen werden. Dies sehen Sie in **Abbildung 6.71**.

Abbildung 6.71: *Die Master-Shape-Eigenschaften*

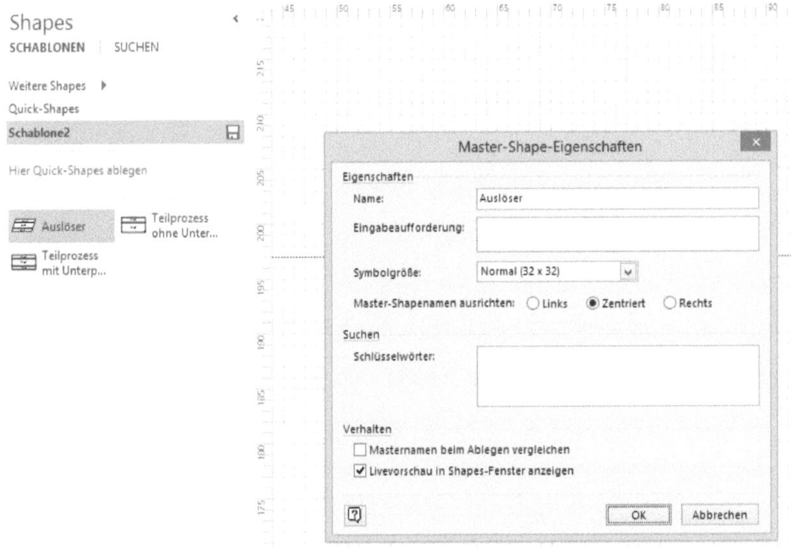

Visio anpassen

Außerdem können Sie über das Kontextmenü das Symbol ändern. Wichtiger ist wohl das Master-Shape selbst. Es kann nachträglich über das Kontextmenü (oder einem Doppelklick) in einem eigenen Fenster bearbeitet werden. Werden andere Master-Shapes aus anderen Schablonen benötigt, können diese Schablonen geöffnet werden und die Shapes direkt von einer Schablone in die noch offene Schablone gezogen werden.

Analog können die Shapes aber auch auf das Zeichenblatt gezogen werden, dort bearbeitet und modifiziert werden und anschließend in der neuen Schablone untergebracht werden (siehe **Abbildung 6.72**).

Abbildung 6.72: Andere Shapes werden in der Schablone abgelegt.

Zum Schluss wird die Schablone gespeichert. In der Gruppe *Allgemein* (Menü *Datei/Optionen/Erweitert*) finden Sie die *Dateispeicherorte,* wenn Sie diese anklicken wird das Dialogfeld *Dateispeicherorte* geöffnet, in dem der Speicherpfad für die Schablonen steht. Zum Testen sollte die Schablone entweder in einen vorhandenen Unterordner oder in einen

398

neuen Unterordner gespeichert werden. Wird die Schablone geschlossen und zum Arbeiten geöffnet (*Weitere Shapes*), kann sie über das Kontextmenü (*Schablone bearbeiten*) wieder geöffnet und modifiziert werden.

Die Vorlage

Nachdem die Schablone oder die Schablonen mit den Shapes vorbereitet sind, können sie an Vorlagen gebunden werden, mit denen gearbeitet wird. Hier könnten Sie – analog zu den Schablonen – eine vorhandene Vorlage öffnen, ändern und unter einem anderen Namen speichern oder eine ganz neue Vorlage erstellen. Im Folgenden wird wiederholt, wie eine neue Vorlage generiert wird und was dabei zu beachten ist.

Über *Datei/Neu/Leere Zeichnung* wird eine neue leere Zeichnung geöffnet.

> **Hinweis:** Wenn Sie bereits in einer Vorlage arbeiten, führt die Tastenkombination **[Strg]+[N]** dazu, dass eine zweite Vorlage des gleichen Vorlagentyps geöffnet wird. Um wirklich eine neue, leere Vorlage zu erhalten, müssen Sie den Befehl verwenden oder sollten sämtliche offenen Dateien schließen. Im Dialogfeld des Befehls *Datei/Informationen/Eigenschaften/Erweiterte Eigenschaften* können Sie auf der Registerkarte *Allgemein* kontrollieren, ob die leere Datei auf keiner Vorlage basiert.

Zuerst wird in der Zeichnung Hoch- oder Querformat eingestellt (*Entwurf/Zeichenblatt einrichten/Ausrichtung*): Für unsere Flussdiagramme ist Querformat gut geeignet. Ebenso liegt kein Zeichnungsmaßstab vor. Lediglich auf der Registerkarte *Layout und Routing* des Dialogfeldes *Seite einrichten* sollte die Option *Flussdiagramm* gewählt werden, was sich vorteilhaft auf die Verbinder auswirkt. Dort könnten Sie Liniensprünge ein- und ausschalten (siehe **Abbildung 6.73**).

Visio anpassen

Abbildung 6.73: *Das Dialogfeld* Seite Einrichten der Vorlage

Da die Verbindungslinien bei einem Flussdiagramm Pfeilspitzen haben sollen, wird die Formatvorlage *Verbinder* geändert.

> **Hinweis**
>
> In einer neuen, leeren Datei steht dieser Formatvorlagenname noch nicht in der Liste der vorhandenen Formatvorlagen. Erst nachdem ein dynamischer Verbinder auf das Zeichenblatt gezogen wurde, kann nun über einen Befehl, der in die Symbolleiste für den Schnellzugriff gezogen wurde *(Formatvorlage definieren)* der Stil *Verbinder* so geändert werden, dass sich am Ende Pfeilspitzen befinden. Diese Änderung wird mit der Vorlage gespeichert.

An die Vorlage werden eigene oder bereits vorhandene Schablonen gebunden (*Weitere Shapes*). Die Reihenfolge der Schablonen kann per Drag & Drop geändert werden. Außerdem kann die wichtigste Schablone ausgewählt werden – sie erscheint dann beim Öffnen der Vorlage im Vordergrund.

Die Vorlage muss nicht nur aus einem Zeichenblatt bestehen, sondern kann auch bereits mehrere Seiten beinhalten. In unserem Beispiel wird diese Eigenschaft benötigt. Über *Einfügen/Seiten/Neues Zeichenblatt/Hintergrundzeichenblatt* wird ein neues Zeichenblatt von Typ *Hintergrund* erzeugt. Dort wird das Firmenlogo platziert (*Einfügen/Illustrationen/*

Bilder), dort können weiterer Text oder weitere grafische Elemente stehen. Im unteren Bereich soll sich die Seitennummerierung befinden. Dazu wird ein Textfeld aufgezogen, mit dem Text »Seite« und einem Leerzeichen beschriftet. Der Textmodus muss geöffnet bleiben. Denn dann kann über *Einfügen/Text/Feld* die Feldfunktion *Zeichenblattinfo/Zeichenblattnummer* als aktuelle Seitenzahl angezeigt werden.

> **Hinweis** Da Sie sich auf dem Hintergrundblatt befinden wird »Seite 0« angezeigt. Erst wenn das Hintergrundblatt an ein Vordergrundblatt gebunden wird, erhält es die korrekte Seitenzahl. Der Grund für dieses Verhalten ist einfach: Das Hintergrundblatt wird nicht ausgedruckt, sondern stellt lediglich die Hintergrundinformationen für das Vordergrundblatt zur Verfügung.

Wechseln Sie zum Vordergrundblatt und weisen Sie dort im Dialogfeld des Befehls *Entwurf/Seite einrichten* auf der Registerkarte *Zeichenblatteigenschaften* das Hintergrundblatt zu.

> **Hinweis** Das Vordergrundblatt ist vom Typ *Vordergrund*, allerdings besitzt es einen Hintergrund. Das Hintergrundblatt ist dagegen vom Typ *Hintergrund* und hat keinen Hintergrund. Wenn Sie hier fehlerhafte Einstellungen vornehmen, druckt Visio entweder gar nichts aus, weil Sie nur Hintergründe haben, oder die falschen Seiten (beispielsweise die Hintergründe getrennt von den Vordergründen).

Soll dem Anwender die Bearbeitung des Hintergrundes verboten – besser: erschwert – werden, kann über den Zeichnungsexplorer (Registerkarte *Entwicklertools*) ein Schutz eingeschaltet werden. Dort können alle Hintergründe geschützt werden. Jedoch Achtung: Dieser Schutz wird erst dann wirksam, wenn Sie die Datei speichern, schließen und erneut öffnen. Über das gleiche Fenster kann der Schutz auch wieder aufgehoben werden.

Um dem Benutzer einige Zeichenhilfen zur Verfügung zu stellen, kann über *Ansicht/Visuelle Unterstützung/Ausrichten und Kleben* das *Dynamische Gitter* aktiviert werden. Weitere Optionen dazu finden Sie auf der zweiten Registerkarte *Weitere Optionen*. Nachdem nun alle Einstellungen in der Vorlage vorgenommen sind, kann sie gespeichert werden. Beachten Sie, dass Sie explizit den Dateityp *Vorlage* (VSTX) und den Speicherordner angeben müssen. Ebenso wie die Schablonen werden sie in einem Ordner abgelegt, der im Dialogfeld *Visio-Optionen* (*Datei/Optionen/Erweitert*) in der Gruppe *Allgemein* unter der Schaltfläche *Dateispeicherorte* festgelegt werden kann. Dieses Dialogfeld kann über die *Visio-Optionen* (*Datei/Optionen/Erweitert*) geöffnet werden. Danach kann die Vorlage getestet werden (über *Datei/Neu*). Soll die Vorlage geändert werden, wird sie geöffnet, als würden Sie aus der Vorlage eine neue Zeichnung generieren. Nachdem sie modifiziert ist, kann sie erneut als Vorlage unter dem gleichen Namen oder unter einem anderen Namen gespeichert werden. Diese Vorgehensweise unterscheidet Visio von Word.

Um die Dateigröße zu verringern sollten Sie vor Auslieferung der Vorlage die Mastershapes in der Dokumentschablone löschen. Entweder indem Sie die Dokumentschablone öffnen und dort die Mastershapes markieren und entfernen, oder indem Sie auf den Befehl *Nicht verwendete Master-Shapes entfernen* klicken, den Sie in *Datei/Informationen/persönliche Informationen entfernen* und dort in der Registerkarte *Dateigrößenkomprimierung* finden.

Mit der Vorlage arbeiten

Wurden die Vorlage, die Schablone und die Shapes gründlich getestet, kann sie dem Benutzer zur Verfügung gestellt werden. Entweder werden die Dateien in den richtigen Ordner kopiert oder sie werden auf einem Server bereitgestellt. Wird nun Visio geöffnet, stehen die neuen Vorlagen zum Erstellen von neuen Zeichnungen zur Verfügung.

Der Benutzer sollte die Arbeitstechniken kennen: Das Ziehen der Shapes aus den Schablonen, das Markieren der Elemente der Gruppe, das Ändern des Texts, das Verbinden der Shapes, das ordentliche Ausrichten mit *Start/Anordnen/Ausrichten/Shapes ausrichten* und *Start/Anordnen/Positionieren/verteilen*.

Auch das Vergrößern der einseitigen DIN-A4-Seite stellt kein Problem dar. Der Anwender kann eine neue Seite hinzufügen, wobei Visio die Einstellungen der Standardseite als Grundoptionen vorschlägt. Die Seite könnte auch mit gedrückter [Strg]-Taste am Rand vergrößert werden, was sich in *Seite einrichten* niederschlägt. Dort könnten Sie die Einstellungen auch ändern. Ist die Option *Automatisch anpassen* in der Registerkarte *Entwurf* aktiviert, kann ist dieses Wissen obsolet.

Eigene Vorlagen erstellen

Abbildung 6.74: Mit der Vorlage können viele neue Zeichnungen erstellt werden.

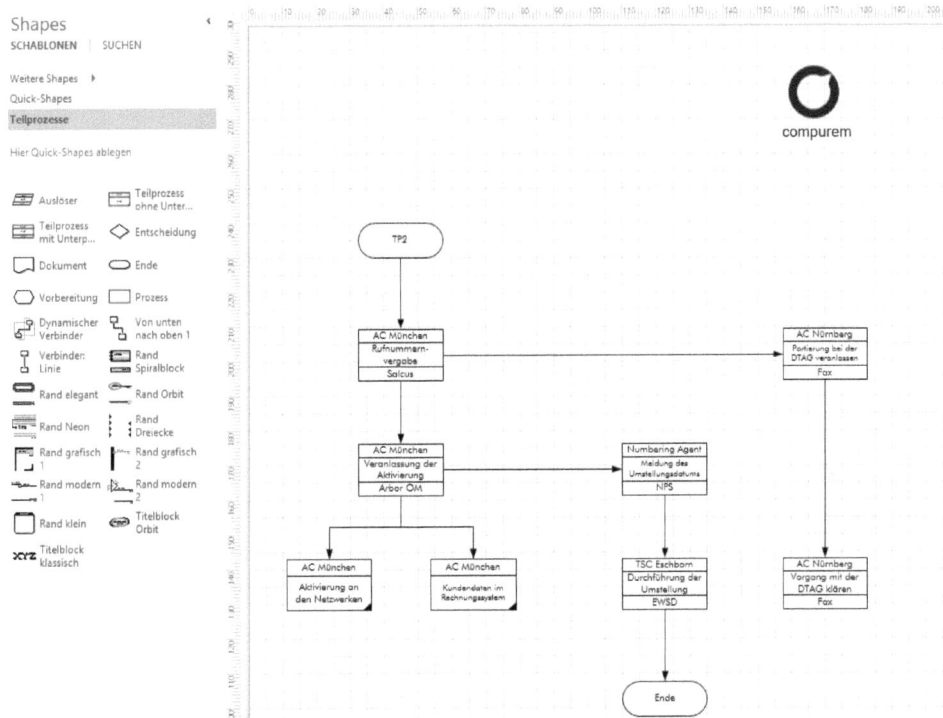

Soll ein Bericht erzeugt werden, der exportiert wird, steht der Assistent *Überprüfen/Shape-Berichte* zur Verfügung. Die Datei kann nach Word oder PowerPoint exportiert werden oder als HTML-Seite gespeichert werden. Auch hier muss der Benutzer über die Einstellungsmöglichkeiten informiert sein, die sich hinter der Schaltfläche *Veröffentlichen* verbergen. Am besten über eine Schulung.

6.4.18. Ein weiteres Beispiel

In Visio kann man das Zeichenblatt und die Druckereinstellungen einrichten. Das heißt: man kann auf DIN-A-0 zeichnen und auf DIN-A-4 drucken. Damit man weiß, auf welcher Seite sich der Ausschnitt befindet, hat mich jemand gefragt, ob man mit Hilfe von Kästchen die Seitennummer visualisieren kann. Klar – ein paar Codezeilen – und schon sind die (dynamischen) Kästchen fertig. Gute Idee!

Abbildung 6.75: *Eine dynamische Vorlage*

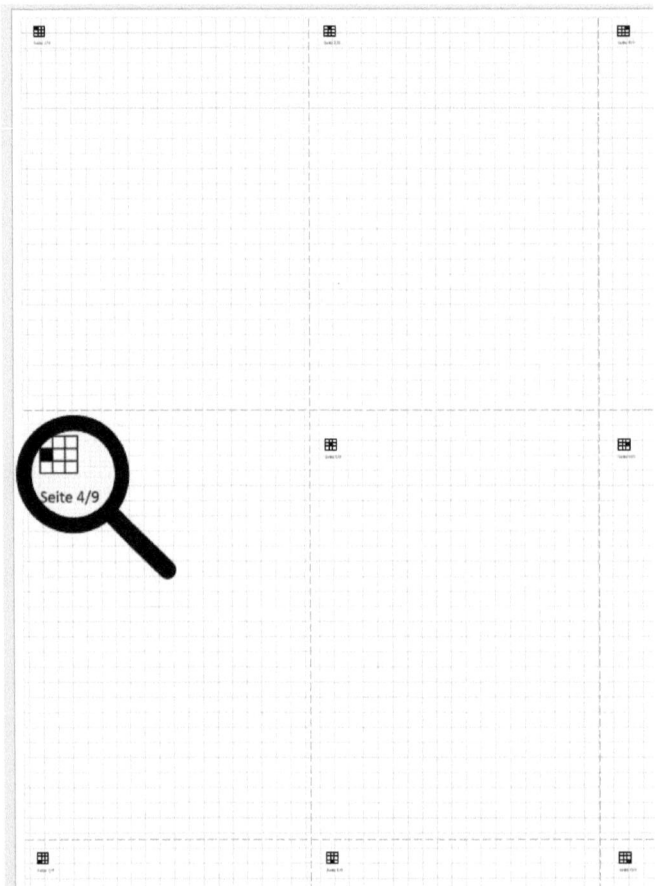

6.4.19. Zusammenfassung

In diesem Kapitel wurde gezeigt, wie Sie eigene Shapes für Ihre Bedürfnisse erstellen, diese in Schablonen speichern und eigene Vorlagen für Firmenzwecke definieren. In der folgenden Auflistung finden Sie sämtliche Techniken, die Sie hierzu verwenden können.

Shapes erstellen

Für das Erstellen von neuen Shapes stehen Ihnen folgende Werkzeuge zur Verfügung:

Erstellen und Modifizieren von Shapes

- die Werkzeuge *Rechteck, Ellipse, Linie, Freihandform, Bogen* und *Bleistift*
- die exakte Größe: *Ansicht/Aufgabenbereich/Größe und Position*
- *Start/Anordnen/Positionieren/Shapes drehen*
- *Entwicklertools/Vorgänge/Gesamtmenge*
- *Entwicklertools/Vorgänge/Kombinieren*
- *Entwicklertools/Vorgänge/In Einzelmengen zerlegen*
- *Entwicklertools/Vorgänge/Schnittmenge bilden*
- *Entwicklertools/Vorgänge/Subtrahieren*
- *Start/Anordnen/Gruppieren/Gruppieren*
- *Start/Anordnen/Gruppieren/Zur Gruppe hinzufügen*
- *Start/Anordnen/Ebene nach vorne* oder *Start/Anordnen/Ebene nach hinten*

Lage der Shapes verändern

- *Start/Anordnen/Ausrichten/Shapes ausrichten*
- *Start/Anordnen/Positionieren/Shape-Abstände anpassen*
- *Ansicht/Anzeigen/Aufgabenbereiche/Größe und Position*

Formatierungen der Shapes

- *Start/Schriftart*
- *Start/Formenarten/Linie*
- *Start/Formenarten/Füllen*
- *Start/Formenarten/Effekte*
- *Formatvorlage*
- *Start/Bearbeiten/Layer/Layer zuweisen*
- *Start/Tools/Verbindungspunkt*

Intelligenz der Shapes

- *Ansicht/Anzeigen/Aufgabenbereiche/Shape-Daten*
- *Entwicklertools/Shape-Design/Schutz*

- *Entwicklertools/Shape-Design/Verhalten/Verhalten*
- *Entwicklertools/Shape-Design/Verhalten/Doppelklicken*
- *Entwicklertools/Shape-Design/Verhalten/Platzierung*
- *Entwicklertools/Shape-Design/Shape-Name/Copyright*
- *Einfügen/Text/QuickInfo*

Schablonen erstellen

Beim Erstellen von neuen Schablonen können Sie folgende Aktionen einsetzen:

- Shapes aus einem Zeichenblatt in eine neue Schablone ziehen
- Master-Shapes aus einer vorhandenen Schablone in eine neue Schablone ziehen
- Master-Shapes kopieren und einfügen
- Neues Master-Shape
- Master-Shape umbenennen
- Symbolbild bearbeiten
- Master-Shape bearbeiten

Vorlagen erstellen

Für das Erstellen von neuen Vorlagen stehen Ihnen folgende Werkzeuge zur Verfügung:

Einstellungen der Seite

- *Entwurf/Zeichenblatt einrichten/Druckeinrichtung*
- *Entwurf/Zeichenblatt einrichten/Zeichenblattgröße*
- *Entwurf/Zeichenblatt einrichten/Zeichnungsmaßstab*
- *Entwurf/Zeichenblatt einrichten/Zeichenblatteigenschaft*
- *Entwurf/Zeichenblatt einrichten/Layout und Routing*
- *Einfügen/Seiten/Neues Zeichenblatt/Leeres Zeichenblatt*
- *Einfügen/Seiten/Neues Zeichenblatt/Hintergrundzeichenblatt*

Formateinstellungen

- *Formatvorlagen definieren*
- *Entwurf/Designs*

- *Entwurf/Varianten*
- *Start/Bearbeiten/Layer/Layereigenschaften*

Weitere Einstellungen
- *Weitere Shapes* (Schablonen)
- *Überprüfen/Kommentare/Neuer Kommentar*
- *Einfügen/Diagrammteile/Container*
- *Einfügen/Diagrammteile/Legende*
- *Ansicht/Visuelle Unterstützung/Ausrichten und Kleben*
- *Ansicht/Anzeigen/Lineal und Gitter*
- *Ansicht/Makros/Add-Ons*

7 Die Vorlagen der Kategorie Allgemein

Die drei Vorlagen der Kategorie *Allgemein* unterliegen – wie der Name sagt – keiner spezifischen Verwendung, sondern können für Zeichnungen, Darstellungen, Diagramme oder Grafiken jedwelcher Art verwendet werden. Dennoch: Auch und gerade hier stellen die Shapes nicht nur reine geometrische Objekte dar, sondern verfügen über bestimmte Mechanismen, die Sie kennen sollten, um effektiv eine Zeichnung zu erstellen.

7.1 Die Vorlage Standarddiagramm

Wenn Sie diese Vorlage im Menü *Datei/Neu/Allgemein/Standarddiagramm* öffnen, erhalten Sie ein leeres Zeichenblatt im Querformat mit den der Schablone *Standard-Shapes*. Darin befinden sich einige interessante Shapes für Zeichnungen. Die Shapes können auf das Zeichenblatt gezogen, ausgerichtet und beschriftet werden.

> **Hinweis**
>
> Den Master-Shapes in der Schablone sieht man es nicht an – erst, wenn sie auf das Zeichenblatt gezogen werden: einige der Shapes der Schablone *Standardformen* sind eindimensional, das heißt: sie haben eine Richtung und sind durch Anfang und Ende definiert. Dazu gehören sämtliche Pfeile, aber auch der ausziehbare Kreis, den Sie in **Abbildung 7.1** sehen können.
>
> Beachten Sie auch, dass ein Design (über die Registerkarte *Entwurf*) aktiviert wurde. Wenn Sie also keine blauen Shapes möchten, dann aktivieren Sie das Design *Einfach* oder *Kein Design*.

Abbildung 7.1: *Der* Kreis *ist ein* Rechteck, *der* ausziehbare Kreis« *eine* Linie

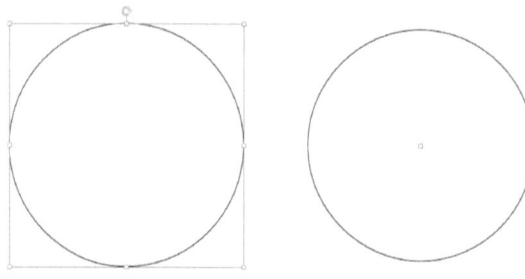

Sämtliche zweidimensionale Shapes oder *Rechtecke* besitzen Verbindungspunkte, an die Pfeile oder dynamische Verbinder geklebt werden können. Keines der Shapes besitzt Shape-Daten, keines verfügt über besondere Einstellungen im Kontextmenü. Jedoch

können die Formen geändert werden: Fast alle der Shapes besitzen Steuerpunkte, mit deren Hilfe ihre Form geändert werden kann, wie **Abbildung 7.2** zeigt.

Abbildung 7.2: Die Steuerpunkte erlauben eine problemlose Veränderung der Shapes

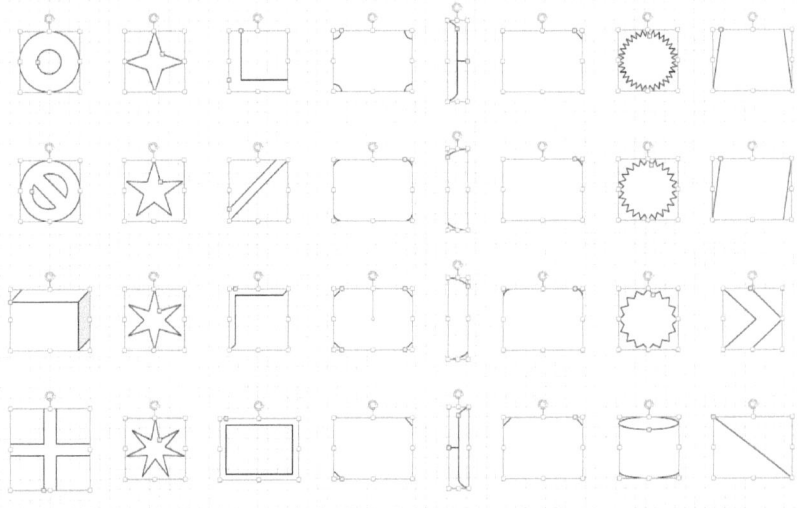

Dies bedeutet umgekehrt: Da die Transformation mithilfe der Kontrollpunkte vorgesehen ist, sind viele dieser Shapes geschützt: Wenn Sie das Quadrat in die Breite ziehen, bleiben Höhe und Breite gleich groß. Es bleibt quadratisch und verliert nicht diese Eigenschaft.

Wenn Sie den Bleistift (in der Registerkarte *Start* oder *Entwicklertools*) einschalten, können die flexiblen Pfeile nicht mehr modifiziert werden – die Ecken sind geschützt. Dies sehen Sie deutlich in **Abbildung 7.3**.

Abbildung 7.3: Unter den flexiblen Pfeilen liegen Schutzmechanismen

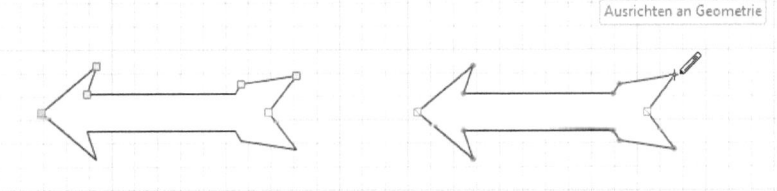

7.1.1. Erstellen eines Diagramms

So erstellen Sie ein Diagramm mit der Vorlage *Standarddiagramm*:

Die Vorlagen der Kategorie Allgemein

- Wählen Sie über den Befehl *Datei/Neu/Allgemein/Standarddiagramm* die Vorlage.
- Ziehen Sie aus der Schablone *Standardformen* die Master-Shapes auf das Zeichenblatt an der Stelle, wo sie später benötigt werden.
- Markieren Sie die Shapes, die auf einer horizontalen oder vertikalen Linie liegen sollen.
- Richten Sie die Shapes über einen der Befehle *Start/Anordnen/Position/Shapes ausrichten* (*Linksbündig*, *Horizontal zentrieren*, *Rechtsbündig*, *Oben ausrichten*, *Vertikal zentrieren* oder *Unten ausrichten*) aus.
- Wiederholen Sie den Vorgang bei den übrigen Shapes mithilfe der Wiederholfunktion [F4].
- Beschriften Sie die Shapes, indem Sie die Shapes markieren und den Text eingeben.

Abbildung 7.4: *Eine Zeichnung, die mit der Vorlage* Standarddiagramm *erstellt wurde*

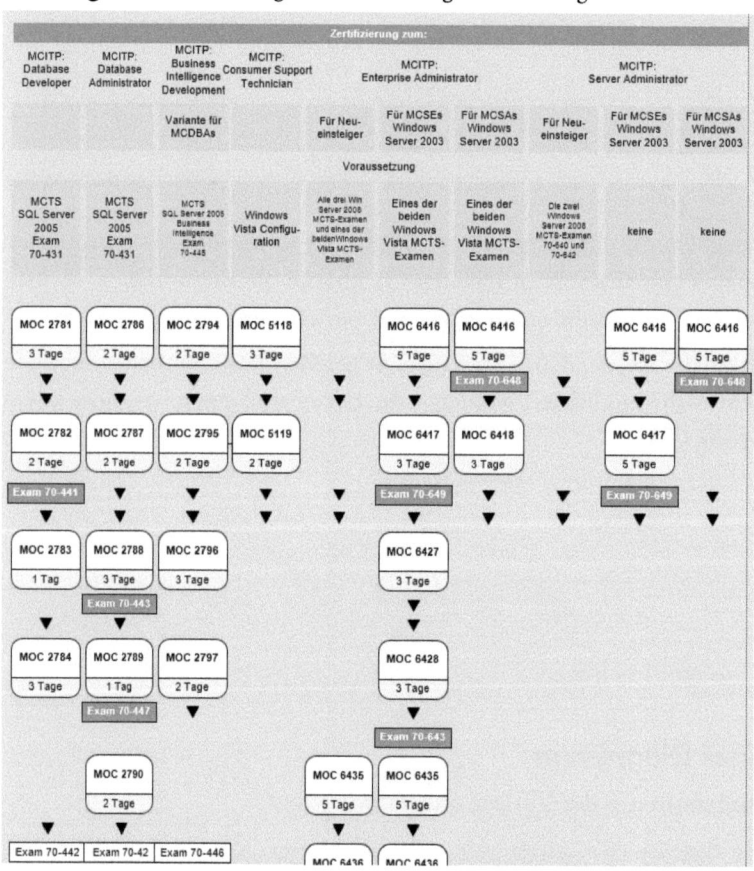

- Formatieren Sie – falls nötig – den Text mit dem Befehl *Start/Schriftart*.
- Verändern Sie – falls nötig – die Form der Shapes.
- Verbinden Sie – falls nötig – die Shapes miteinander.
- Wird Ihre Zeichnung größer als Din-A4, legen Sie die Shapes außerhalb des Zeichenblattes ab – da in der Vorlage die Option *Entwurf/Seite einrichten/Automatisch anpassen* eingeschaltet ist, wird die Seite automatisch vergrößert.
- Die Ränder des Ausdrucks lassen sich über den Befehl *Ansicht/Anzeigen/Seitenumbruch* sichtbar und unsichtbar machen.
- Speichern Sie die Datei über den Befehl *Datei/Speichern unter*, falls gewünscht.
- Kontrollieren Sie die Datei über *Datei/Drucken/Seitenansicht*.
- Drucken Sie die Datei, falls gewünscht.

7.1.2. Verwenden der Rahmen und Titel

Falls Sie einen Rahmen oder Titel auf der Zeichnung benötigen, wechseln Sie in der Registerkarte *Entwurf*.

- Wählen Sie einen der 14 Titelblöcke auf dem Zeichenblatt.
- Visio generiert ein neues Hintergrundzeichenblatt. Wechseln Sie auf dieses Zeichenblatt und markieren dort den Titel.
- Da die Titel aus mehreren Teilen gruppiert sind, müssen Sie zuerst das entsprechende Mitglied der Gruppe markieren.
- Geben Sie den Text ein oder löschen Sie die Textteile aus der Vorgabe, die Sie nicht benötigen.
- Die zentrieren sich automatisch auf dem Zeichenblatt und verwenden die Gesamtzeichnungsbreite, wie beispielsweise in **Abbildung 7.5**. Ein Verbreitern des Zeichenblattes sorgt dafür, dass sich der Titel dynamisch vergrößert.
- Sie können den Titel nicht verschieben. Falls Sie ihn löschen möchten, können Sie ihn auf dem Hintergrundblatt löschen oder indem Sie aus der Registerkarte *Entwurf/Hintergründe/Rahmen und Titel* die Option *Kein Rand und Titel* wählen.

Die Vorlagen der Kategorie Allgemein

Abbildung 7.5: *Eine Zeichnung mit Titel. Das Bild wurde in den Hintergrund gelegt.*

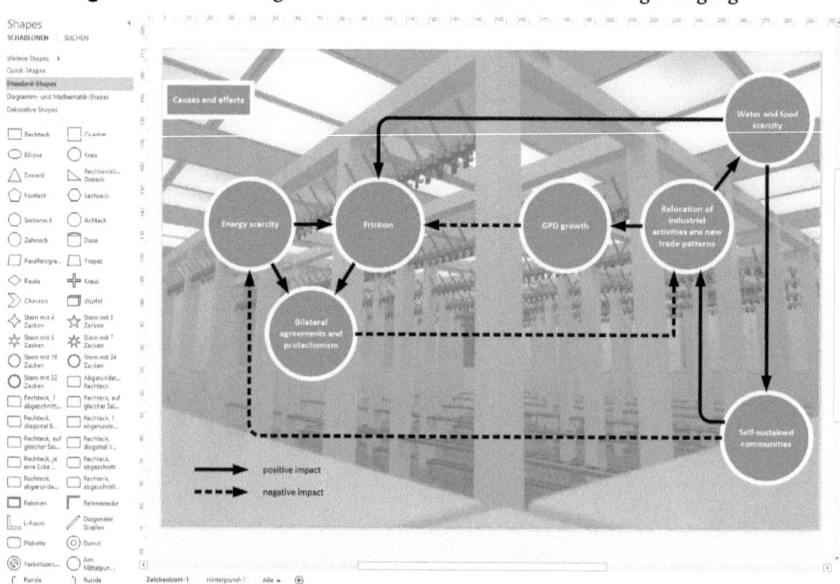

7.1.3. Verwenden der Visio-Hintergründe

- Wenn Sie der Zeichnung einen Hintergrund hinzufügen möchten, wechseln Sie in die Registerkarte *Entwurf*.

- Wählen Sie einen der Hintergründe aus. Es wird automatisch zentriert, passt sich der Zeichenblattgröße an und liegt auf dem Hintergrundblatt *VHintergrund-1* (siehe **Abbildung 7.6**).

- Wenn Sie sich für einen anderen Hintergrund entscheiden, wird der bisherige Hintergrund gelöscht.

- Möchten Sie weitere Elemente für den Hintergrund verwenden, klicken Sie auf das Zeichenblatt *VHintergrund-1* und fügen dort Shapes, geometrische Objekte, Bilder, Logos, Texte, … ein. Sie erscheinen automatisch auf dem Vordergrundblatt, da dieser den Hintergrund verwendet (*Entwurf/Seite einrichten/Zeichenblatteigenschaft*).

- Wenn Sie sich nun doch entscheiden, den Hintergrund zu löschen, können Sie *Kein Hintergrund* aus der Registerkarte *Entwurf* verwenden.

Abbildung 7.6: Eine Zeichnung mit dem Hintergrund Telesto

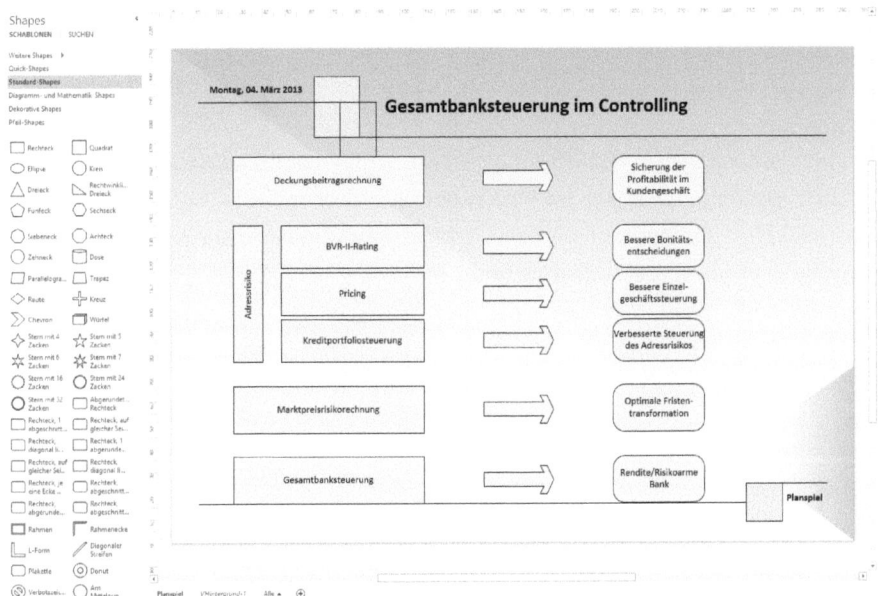

7.1.4. Verwenden der Container

Möchten Sie einen Container erstellen, gehen Sie folgendermaßen vor:

- Markieren Sie die Shapes, die Sie in den Container aufnehmen möchten.
- Wählen Sie aus der Registerkarte *Einfügen* Gruppe *Diagrammteile* den Befehl *Container* und dort einen der zwölf vorhandenen Container aus.

Auch das umgekehrte Vorgehen ist möglich:

- Erstellen Sie über die Registerkarte *Einfügen* Gruppe *Diagrammteile* über den Befehl *Container* einen neuen Container.
- Positionieren Sie die Lage und die Größe des Containers.
- Ziehen Sie Shapes in den Container. Sie sind nun Teil des Containers.

Nun erscheint eine neue Registerkarte *Format*, in der Sie Einstellungen über den Container vornehmen können:

- Mit Hilfe der Schaltfläche *Ränder* wird der Abstand der Randlinien zu den einzelnen Shapes festgelegt.

- Mit Hilfe der Schaltfläche *Überschriftenformat* können Sie die Position der Überschrift verändern.
- Über die Gruppe *Containerformatvorlagen* ist es möglich, einen anderen Container auszuwählen.
- Der Container kann gesperrt werden. Hierzu gibt es die Schaltfläche *Container sperren*. Dies bewirkt, dass Shapes, die sich im Container befinden, nicht mehr gelöscht werden können. Umgekehrt können keine neuen Shapes zum Container hinzugefügt werden. Allerdings kann der Container selbst gelöscht werden.
- Die Schaltfläche *Inhalte auswählen* selektiert sämtliche Shapes, die sich im Container befinden.
- Mit Hilfe der Schaltfläche *An Inhalt anpassen* werden die vier Ränder so verschoben, dass der Container bestmöglich die innenliegenden Shapes umfasst.

Wenn Sie ein Shape aus dem Container herauslösen möchten, dann genügt es, das Shape herauszuziehen. Wird ein Shape im Container fallen gelassen, dann wird es zum Container hinzugefügt. Beides setzt voraus, dass der Container nicht gesperrt ist. Verschieben Sie jedoch den Container, dann werden Shapes, die nun scheinbar im Container liegen, nicht mit aufgenommen. Sie können nachträglich zum Container hinzugefügt werden, indem Sie über das Kontextmenü des Shapes den Befehl *Container/Dem zugrunde liegenden Container hinzufügen* wählen.

Sollen neue Shapes dem Container hinzugefügt werden, dann sorgen die Einstellungen hinter der Schaltfläche *Automatische Größenpassung* für das Verhalten des Containers: Er kann dynamisch – in Abhängigkeit der darin befindlichen Shapes – vergrößert und verkleinert werden oder keine automatische Größenanpassung erfahren.

Ein Löschen des Containers bewirkt, dass die darin befindlichen Shapes ebenfalls gelöscht werden. Dies kann verhindert werden, indem der Container gesperrt wird.

Soll der Container gelöscht, die Shapes aber beibehalten bleiben, dann kann der Container aufgelöst werden. Am rechten Rand der Registerkarte *Format* finden Sie die Schaltfläche *Container auflösen*.

7.1.5. Legenden

Während Container mehrere Shapes zusammenfassen, also visuell gruppieren, erläutern Legenden Dinge zu bestimmten Shapes. Man könnte sie auch Kommentare nennen – aber dieser Begriff hat in Visio eine andere Bedeutung.

Und so erstellen Sie eine Legende

- Markieren Sie ein Shape auf dem Zeichenblatt.
- Fügen Sie über die Registerkarte *Einfügen/Diagrammteile/Legende* dem Shape eine neue Legende hinzu.
- Sie können die Legende im Verhältnis zum Shape verschieben, indem Sie es mit gedrückter Maustaste an eine andere Position ziehen.
- Um die Legende zu beschriften, beachten Sie, dass die Legende markiert ist (und nicht das Shape) und geben Sie den Text ein.
- Es stehen Ihnen die bekannten Formatierungseigenschaften für Text, Linie und Füllbereich aus der Registerkarte *Start* zur Verfügung.
- Wenn Sie das Shape verschieben, dann verschiebt sich die Legende mit dem Shape – der Legendentext ist an das Shape gebunden.

 Wenn die Legende markiert ist, dann ist der gelbe Steuerpunkt sichtbar. Wird er auf ein anderes Shape gezogen, dann ist die Legende mit diesem Shape verbunden.

Im Kontextmenü der Legende finden Sie vier interessante Optionen für die Legende:

- Beschriftungsformatvorlage. Darüber kann das Design der Legende geändert werden.
- Ausrichtung. Legt die Position des Textes im Verhältnis zur Legende fest.
- Beschriftungslinie. Legt fest, ob die Linie ausgeblendet dargestellt wird, aus der Mitte des Shapes oder vom Rand des Shapes zur Legende dargestellt wird.
- Größe mit Text ändern. Sorgt dafür, dass sich das Shape Legende vergrößert oder verkleinert, wenn Text eingegeben oder gelöscht wird.

In Kapitel 2.7 Legenden wird das Shape »Legende« beschrieben, das Sie in der Schablone »Netzwerk- und Peripheriegeräte« finden.

7.2. Die Vorlage Blockdiagramm

Wenn Sie die Vorlage *Datei/Neu/Allgemein/Blockdiagramm* öffnen, erhalten Sie ein hochformatiges Zeichenblatt mit den beiden Schablonen *3D-Block-Shapes* und *Blöcke*. Keines der Shapes der beiden Schablonen *Blöcke* und *3D-Block-Shapes* besitzt Shape-Daten. Jedoch verfügen die Shapes über mannigfache Funktionalitäten in puncto:

- Steuerpunkte
- Schutz

Die Vorlagen der Kategorie Allgemein

- Kontextmenü
- Automatismen

Einige der Pfeile aus der Schablone *Blöcke* liegen als 1D-Shapes, andere als 2D-Shapes vor. Viele besitzen einen Steuerpunkt, mit deren Hilfe die Krümmung, Spitze oder Tiefe (siehe Shape *3D-Feld*) geändert werden kann. Die Shapes *Konzentrischer Layer 1* bis *3* verfügen einen Kontrollpunkt, mit denen die Textposition schnell verändert, beziehungsweise die Größe des inneren Loches modifiziert werden kann.

Über das Kontextmenü können bei den Pfeilen die Schweife geöffnet oder geschlossen werden. Auch die *3D-Block-Shapes* bieten über das Kontextmenü eine komfortable Möglichkeit an, eines oder beide der Enden zu öffnen.

> **Hinweis**
> Beachten Sie die beiden Shapes *Auto-Höhe* und *Auto-Feldbreite*. Die grauen Größenänderungs-Steuerpunkte weisen darauf hin, dass ein Schutzmechanismus unter diesen beiden Textfelder liegt. Und tatsächlich: Wenn Sie Text eingeben, verändert sich die Größe der Shapes je nach Menge des getippten Textes. Der Unterschied zwischen beiden Shapes liegt darin, dass die *Auto-Höhe* eine variable Breite hat. Sie kann im Nachhinein in die Breite gezogen werden.

7.2.1. Erstellen eines Diagramms mit Blöcken

Für allgemeine Zeichnungen, in denen schematisch Unterteilungen einer Gesamtheit dargestellt wird, eignet sich die Vorlage *Blockdiagramm*.

- Wählen Sie über den Befehl *Datei/Neu/Allgemein/Blockdiagramm* die Vorlage aus.
- Ziehen Sie aus der Schablone *Blöcke* die Master-Shapes auf das Zeichenblatt an der Stelle, wo sie später benötigt werden.
- Markieren Sie die Shapes, die auf einer horizontalen oder vertikalen Linie liegen sollen.
- Richten Sie die Shapes über den Befehl *Start/Anordnen/Position* aus.
- Wiederholen Sie den Vorgang bei den übrigen Shapes mithilfe der Wiederholfunktion **[F4]**.
- Verteilen Sie die Shapes, falls nötig: mit *Start/Anordnen/Position*.
- Beschriften Sie die Shapes, indem Sie die Shapes markieren und den gewünschten Text eingeben.
- Formatieren Sie – falls nötig – den Text mit *Start/Schriftart*.

Abbildung 7.7: *Eine Beispielzeichnung*

```
┌─────────────────────────────────┐
│    Der neue Contoso-Konzern     │
│ Die vier Sektoren und ihre Divisionen │
└─────────────────────────────────┘
```

Industrie	„Green City"	Energie	Medizintechnik
Umsatz alt 35 Milliarden Euro		Umsatz alt 25 Milliarden Euro	Umsatz alt 12 Milliarden Euro
Umsatz neu zirka 18 Milliarden Euro	Umsatz neu zirka 22 Milliarden Euro	Umsatz neu zirka 22 Milliarden Euro	Umsatz neu zirka 14 Milliarden Euro
Industrielösungen	Gebäudetechnik	Fossile Energien	Bildgebung und Therapie
Industrieautomatisierung	Mobilität	Erneuerbare Energien	Klinische Produkte
Antriebstechnik	Stromverteilung	Öl und Gas	Diagnostik
Gebäudetechnik		Stromübertragung	
Mobilität		Stromverteilung	

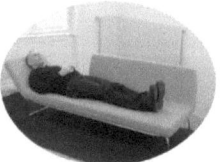

- Wird Ihre Zeichnung größer als Din-A4, legen Sie die Shapes außerhalb des Zeichenblattes ab – da in der Vorlage die Option *Entwurf/Seite einrichten/Automatisch anpassen* eingeschaltet ist, erhalten Sie so ein größeres Zeichenblatt.
- Die Ränder des Ausdrucks lassen sich über die Option *Ansicht/Anzeigen/Seitenumbruch* sichtbar oder unsichtbar machen.
- Falls Sie mehr als ein Zeichenblatt benötigen, fügen Sie es über die Registerkarte *Einfügen/Seiten/Leeres Zeichenblatt* ein.
- Speichern Sie die Datei.
- Kontrollieren Sie die Datei über *Datei/Drucken/Seitenansicht*.
- Drucken Sie die Datei, falls gewünscht.

Die Vorlagen der Kategorie Allgemein

Abbildung 7.8: Eine Zeichnung mit Blöcken

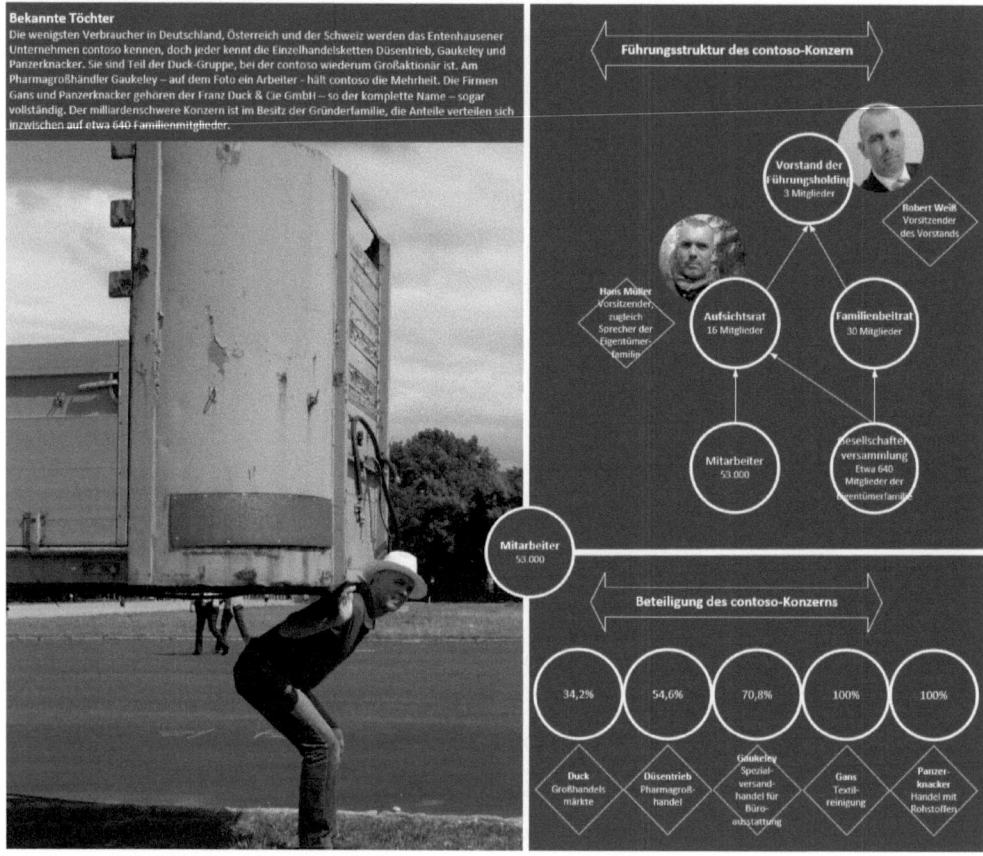

7.2.2. Erstellen eines Diagramms mit 3D-Blöcken

In der Vorlage *Blockdiagramm* gibt es neben der Schablone *Blöcke* eine andere Schablone, in der sich Shapes befinden, mit denen einzelne Teile eines Prozesses visualisiert werden können: die Schablone *3D-Block-Shapes*. Da ihre Darstellung dreidimensional gewählt ist, verfügen sie über einige Unterschiede zu den Shapes der Schablone *Blöcke*. So erstellen Sie eine Zeichnung mit den Shapes dieser Schablone:

- Wählen Sie über den Befehl *Datei/Neu/Allgemein/Blockdiagramm* die Vorlage.
- Wechseln Sie in die Schablone *3D-Block-Shapes*.
- Ziehen Sie aus der Schablone *3D-Block-Shapes* die Master-Shapes auf das Zeichenblatt an der Stelle, wo sie später benötigt werden.

- Es empfiehlt sich aus den Linealen Führungslinien auf das Zeichenblatt zu ziehen. Positionieren Sie die Führungslinien mithilfe des Fensters *Größe und Position* an der Stelle, wo sie benötigt werden. Ziehen Sie die 3D-Block-Shapes an die Führungslinien, so dass sie daran kleben.
- Verändern Sie die Reihenfolge: Bei zwei Shapes, die aneinander stoßen, liegt immer eines von beiden »hinter« dem anderen. Die Reichenfolge können Sie über den Befehl *Start/Anordnen/Eine Ebene nach vorne* Beziehungsweise *Start/Eine Ebene nach hinten* festlegen.

Abbildung 7.9: *Ein Diagramm mit Blöcken*

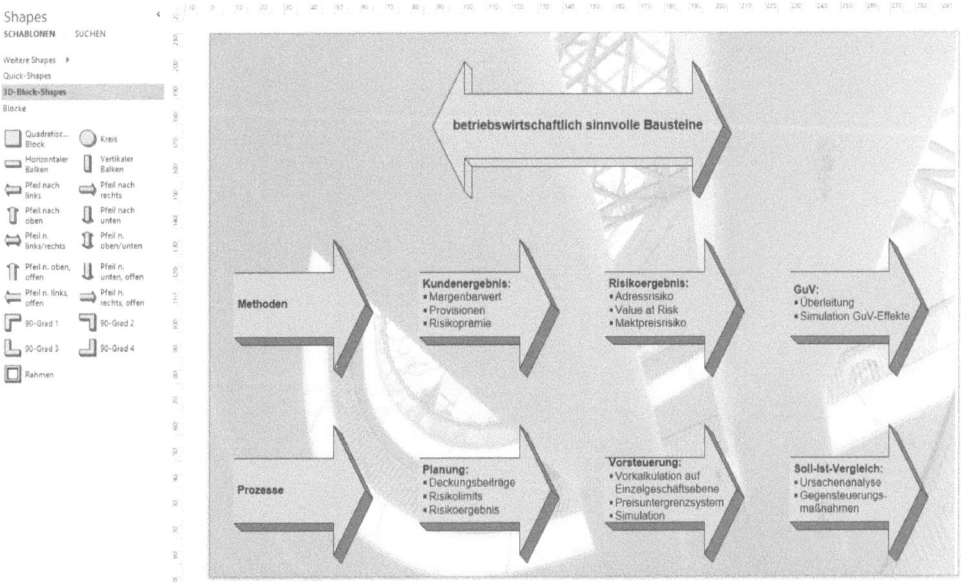

- Beschriften Sie die Shapes, indem Sie die Shapes markieren und den Text eingeben.
- Formatieren Sie – falls nötig – den Text.
- Öffnen Sie – falls nötig – die Enden der Shapes. Sie finden die Einstellungen im Kontextmenü der Shapes. Um »Stoßkanten« zweier Shapes unsichtbar zu machen, muss die Linienfarbe auf »keine Linie« gesetzt werden. Die Farbe »weiß« ist ungeschickt, da sie auf den grauen Shapes sichtbar ist.
- Wird Ihre Zeichnung größer als Din-A4, legen Sie die Shapes außerhalb des Zeichenblattes ab – da in der Vorlage die Option *Entwurf/Seite einrichten/Automatisch anpassen* eingeschaltet ist, erhalten Sie so ein größeres Zeichenblatt.

Die Vorlagen der Kategorie Allgemein

- Die Ränder des Ausdrucks lassen sich über die Option *Ansicht/Anzeigen/Seitenumbruch* unsichtbar machen.
- Falls Sie mehr als ein Zeichenblatt benötigen, fügen Sie es über die Registerkarte *Einfügen/Seiten/Leeres Zeichenblatt* ein.
- Speichern Sie die Datei.
- Kontrollieren Sie die Datei über *Datei/Drucken/Seitenansicht*.
- Drucken Sie die Datei, falls gewünscht.

Abbildung 7.10: Ein weiteres Diagramm mit Blöcken – diesmal aneinander gesetzt. Wichtig ist hier die Reihenfolge

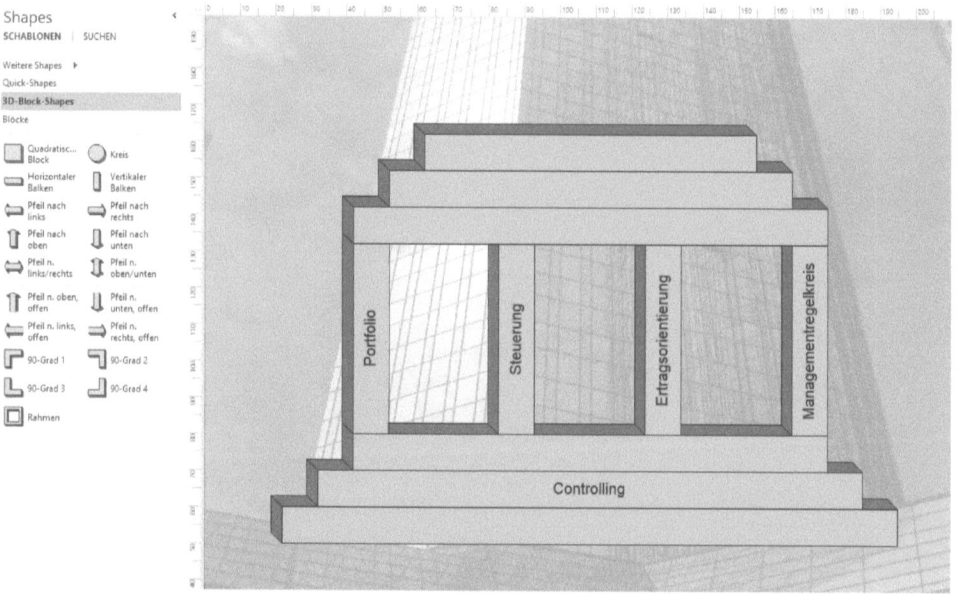

Hinweis: Die Rahmen und Titel, Hintergründe, Container und Legenden verhalten sich genauso wie in Verwenden der Rahmen und Titel und Verwenden der Visio-Hintergründe beschrieben.

7.3. Die Vorlage Blockdiagramm mit Perspektive

Wenn Sie aus der Kategorie *Datei/Neu/Allgemein* die Vorlage *Blockdiagramm mit Perspektive* geöffnet haben, dann fällt auf, dass auf dem Zeichenblatt bereits zwei gestrichelte Linien, ein Kästchen und der Text »F.P.« stehen. Wenn Sie in die Seitenansicht wechseln, stellen Sie fest, dass diese Shapes nicht ausgedruckt werden. Der Schnittpunkt der beiden

Linien dient als Fluchtpunkt für eine Fluchtpunktperspektive. An ihm werden sich die Shapes der Schablone *Perspektivische Blöcke* orientieren und ausrichten, wenn sie auf das Zeichenblatt gezogen werden. Die Lage des Fluchtpunktes kann mit der Maus oder über das Fenster *Größe und Position* verschoben werden.

Jedes der Shapes der Schablone *Perspektivische Blöcke* hat im Kontextmenü die Einstellung *Tiefe festlegen*. Sie können die Tiefe auch über die Shape-Daten angeben. Öffnen Sie hierzu das Fenster *Ansicht/Anzeigen/Aufgabenbereiche/Shape-Daten*.

> **Hinweis:** Visio ist kein 3D-Grafikprogramm. In dieser Vorlage wird lediglich dreidimensionales Verhalten simuliert, ohne dass ein Anspruch auf echtes räumliches Zeichnen erhoben wird. Es können beispielsweise keine Lichtquellen eingefügt werden, der Raum kann nicht gedreht oder verzerrt werden, die Shapes können nicht gerendert werden und so weiter.

7.3.1. Erstellen eines Diagramms mit perspektivischen Blöcken

Zwar ist Visio ein echtes Programm um dreidimensionale Zeichnungen zu erstellen, Perspektiven zu ändern oder gar dem Benutzer unterschiedliche Positionen in einem Raum anzubieten, jedoch besitzt es eine Vorlage *Blockdiagramm mit Perspektive*,

- Wählen Sie über den Befehl *Datei/Neu/Allgemein/Blockdiagramm mit Perspektive* die Vorlage aus.
- Positionieren Sie den Fluchtpunkt. Sie können ihn mit der Maus oder über das Fenster *Größe und Position* verschieben.
- Ziehen Sie aus der Schablone *Perspektivische Blöcke* die Master-Shapes auf das Zeichenblatt an der Stelle, wo sie später benötigt werden.
- Es empfiehlt sich aus den Linealen Führungslinien auf das Zeichenblatt zu ziehen. Positionieren Sie die Führungslinien mithilfe des Fensters *Größe und Position* an der Stelle, wo sie benötigt werden. Ziehen Sie die 3D-Block-Shapes an die Führungslinien, so dass sie daran kleben.
- Sie können auch mehrere Shapes horizontal oder vertikal ausrichten mit dem Befehl *Start/Anordnen/Position*.
- Verändern Sie die Reihenfolge: Bei zwei Shapes, die aneinander stoßen, liegt immer eines von beiden »hinter« dem anderen. Die Reichenfolge können Sie über die Registerkarte *Start* festlegen.
- Beschriften Sie die Shapes, indem Sie die Shapes markieren und den Text eingeben. Wenn Sie freien Text benötigen, arbeiten Sie mit dem Text-Tool (Registerkarte *Start*).

- Formatieren Sie – falls nötig – den Text.
- Verändern Sie die Tiefen der Shapes. Sie legen die Tiefe über das Kontextmenü fest oder wählen die Daten aus dem Fenster *Shape-Daten* aus.
- Wenn Sie die Schattenfarbe manuell festlegen möchten, formatieren Sie den Schatten über *Start/Shape/Schatten*. Schalten Sie anschließend im Kontextmenü die Option *Manuelle Schattenfarbe* ein.

7.3.2. Mehr als ein Zeichenblatt, mehr als ein Fluchtpunkt

Wie sicherlich aus der klassischen Malerei bekannt, kann eine Zeichnung nicht nur einen, sondern auch zwei oder gar drei Fluchtpunkte besitzen. Dies kann in der Vorlage *Blockdiagramm mit Perspektive* simuliert werden.

- Ziehen Sie aus der Schablone *Perspektivische Blöcke* das Master-Shape *Fluchtpunkt* auf das Zeichenblatt.

> **Hinweis**
> Wenn Sie keinen Fluchtpunkt auf der Seite haben, können Sie die Shapes zwar frei neigen lassen, jedoch bewirkt die Veränderung des Steuerpunktes von einem Shape lediglich, dass der Fluchtpunkt dieses einen Shapes verschoben wird – und nicht von allen Shapes auf dem Zeichenblatt.

- Wenn Sie den Fluchtpunktpunkt auf dem Zeichenblatt löschen möchten, müssen Sie vor dem Entfernen die Option *Löschen zulassen* im Kontextmenü aktivieren.
- Theoretisch können Sie auch mehrere Fluchtpunkte auf das Zeichenblatt setzen. Da neue Shapes natürlich nicht mehr »wissen«, welchen Fluchtpunkt sie verwenden sollen, muss ihr Steuerpunkt auf einen der Fluchtpunkte gezogen werden.
- Speichern Sie die Datei.
- Kontrollieren Sie die Datei über *Datei/Drucken/Seitenansicht*.
- Drucken Sie die Datei, falls gewünscht.

Abbildung 7.11: Ein Diagramm mit perspektivischen Shapes

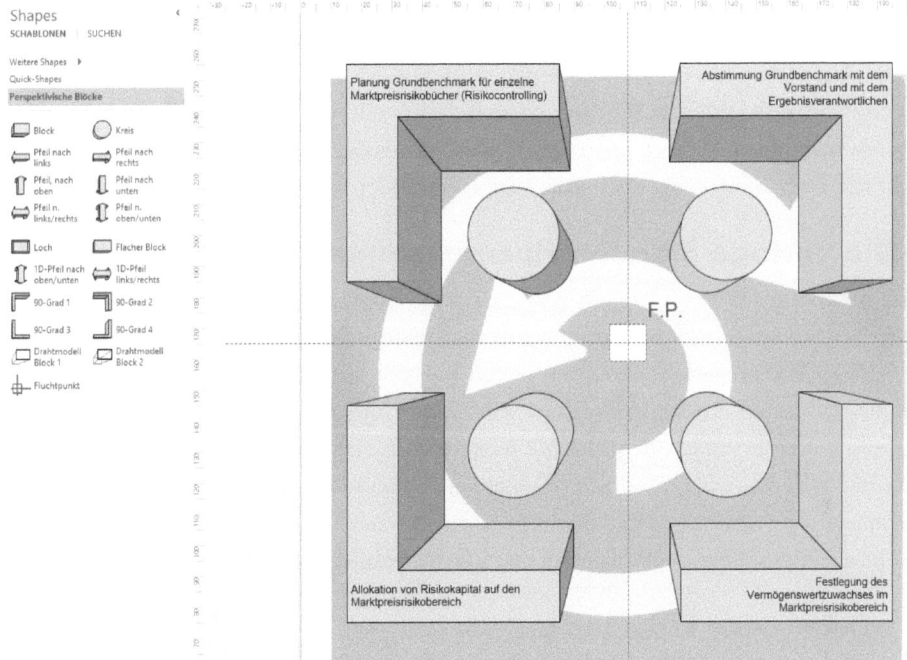

7.4. Zusammenfassung

Sicherlich ist sind die drei in diesem Kapitel beschriebenen Vorlagen diejenigen, mit denen am schnellsten Zeichnungen erstellt werden können. Da die Shapes normalerweise nicht verbunden werden, besteht die Grundtechnik im Herausziehen der Shapes auf das Zeichenblatt, dem ordentlichen Ausrichten (für das es mehrere Methoden gibt), das Beschriften und Formatieren der Shapes. Dies wurde in diesem Kapitel beschrieben – ausführlichere Beschreibungen der Aktionen finden Sie im ersten Kapitel des Buches.

8 Die Vorlagen der Kategorie Flussdiagramm und die Ablaufdiagramme der Kategorie Geschäft

Die Vorlagen der Kategorie Flussdiagramm und die Ablaufdiagramme der Kategorie Geschäft

Vielleicht sind die Vorlage dieser Kategorie die häufigsten, die in Visio verwendet werden – sicherlich spielen sie nicht nur eine Rolle im Bereich Qualitätsmanagement, Prozessmanagement, Darstellungen von Computerprogrammen, sondern in allen Bereichen, in denen Folgend von verbundenen Schritten visuell dargestellt werden. In vielen Firmenbereichen werden komplexe Abläufe mit Flussdiagrammen visualisiert – für die einzelnen Elemente gilt die DIN 66001, die auch von Visio verwendet wird.

8.1. Die Vorlage Standardflussdiagramm

Wenn Sie beim Starten von Visio die Kategorie *Flussdiagramm* wählen oder über den Befehl *Datei/Neu/Kategorien/Flussdiagramm* die entsprechende Kategorie öffnen, finden Sie dort die Vorlage *Standardflussdiagramm*. Sie enthält ein querformatiges Zeichenblatt und die beiden Schablonen *Standardflussdiagramm-Shapes* und *Funktionsübergreifende Flussdiagrammformen*. Die Formatvorlage *Verbinder* ist mit Pfeilspitzen versehen, so dass Shapes schnell miteinander durch Linien mit Pfeilspitzen verbunden werden können. Außerdem ist das *dynamische Gitter* aktiviert (Gruppe *Ansicht/Visuelle Unterstützung*), welches ein schnelles und exaktes Ausrichten ermöglicht, wie in **Abbildung 8.1** zu sehen ist.

8.1.1. Erstellen eines Diagramms

So erstellen Sie ein einfaches Flussdiagramm:

- Wählen Sie über den Befehl *Datei/Neu/Kategorien/Flussdiagramm/Standardflussdiagramm* die Vorlage aus.

- Entscheiden Sie, ob die Zeichnung im Hoch- oder Querformat erstellt werden soll. Ändern Sie – falls nötig – die Ausrichtung von hoch in quer über den Befehl *Entwurf/Seite einrichten/Ausrichtung*.

- Ziehen Sie aus der Schablone *Standardflussdiagramm-Shapes* die benötigten Shapes auf das Zeichenblatt.

  Bei einem Ablauf sollte das oberste und unterste Shape (analog: das am weitesten links bzw. rechts stehende Shape) des Zeichenblatts (in der Regel das Shape *Start/Ende*) an der Position auf dem Zeichenblatt sitzen, an der Sie es benötigen. Um die exakte Ausrichtung der Shapes zueinander und Abstände zwischen den Shapes brauchen Sie sich vorerst keine Gedanken zu machen.

Die Vorlage Standardflussdiagramm

Abbildung 8.1: *Das dynamische Gitter hilft beim schnellen und ordentlichen Erstellen des Flussdiagramms.*

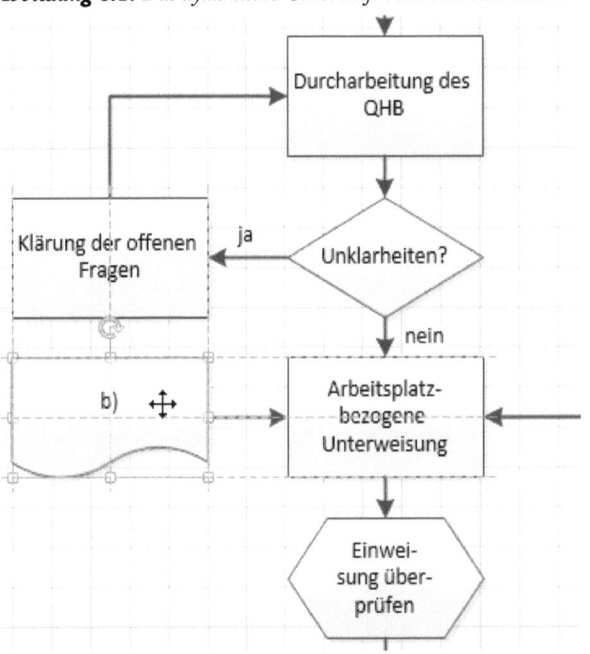

> **Hinweis**
>
> Das Master-Shape *Flussdiagramm*, mit dem es möglich war zwischen den vier verschiedene Konfigurationen *Prozess*, *Entscheidung*, *Dokument* und *Daten* zu wechseln, ist in Visio 2013 und 2016 nicht verschwunden – es ist in die Schablone *Sprachebenen-Shapes* der Kategorie *Software* gewandert. Aber es verliert in Visio an Bedeutung, da Sie hier über den Befehl *Start/Bearbeiten/Shape ändern* verfügen.

- Beschriften Sie anschließend die Shapes – dazu genügt es, die entsprechenden Shapes zu markieren und loszutippen.
- Markieren Sie die Shapes der entsprechenden Spalte und richten Sie sie aus (Befehl *Start/Anordnen/Ausrichten/Shapes ausrichten* oder **[F8]**) und verteilen sie, so dass die Abstände zwischen den Shapes gleichmäßig sind (Befehl *Start/Anordnen/Positionieren /Shape-Abstände anpassen*).
- Verbinden Sie anschließend die Shapes (siehe **Abbildung 8.2**). Dafür stehen Ihnen verschiedene Möglichkeiten zur Verfügung:
- Sie verwenden den dynamischen Verbinder aus der Registerkarte *Start* und ziehen eine Verbindungslinie jeweils von Shape zu Shape. Da die Formatvorlage *Verbinder* bereits mit Pfeilspitze vorformatiert ist, spielt die Richtung eine Rolle.

Die Vorlagen der Kategorie Flussdiagramm und die Ablaufdiagramme der Kategorie Geschäft

- Markieren Sie die Shapes einzeln mit gedrückter [Umschalt]- oder [Strg]-Taste und verbinden sie mit Hilfe des Assistenten *Shapes verbinden*, den Sie in die Symbolleiste für den Schnellzugriff ziehen können. Beachten Sie, dass Visio nun keinen statischen Verbinder, sondern einen dynamischen verwendet.
- Klicken Sie auf die blauen Pfeile und verbinden Sie so jeweils ein Shape mit dem nächstgelegenen.
- Als Alternative bietet sich an, die Shapes bereits beim Herausziehen zu verbinden: markieren Sie das Anfangsshape auf der Zeichnung, aktivieren Sie in der Registerkarte *Start* das Werkzeug *Verbinder* und ziehen Sie das nächste Master-Shape auf das Zeichenblatt. Es wird automatisch mit seinem Vorgänger verbunden.

Abbildung 8.2: *Die Shapes werden verbunden. Sie sollten den statischen Verbinder verwenden! Aufgrund der Formatvorlage werden sie mit Pfeilspitzen versehen.*

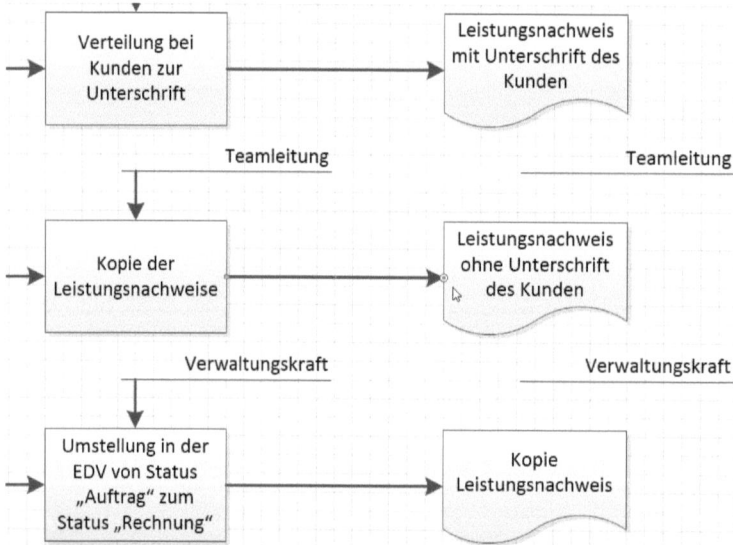

Hinweis	Beachten Sie den Unterschied zwischen den statischen und den dynamischen Verbindern. Da Sie normalerweise nicht möchten, dass sich die Verbindungslinien, die für sie am günstigsten liegenden Verbindungspunkte suchen, sollten Sie die Verbindungslinien statisch an die Verbindungspunkte kleben. Weitere Informationen über Verbinder finden Sie in Kapitel 1.

Die Vorlage Standardflussdiagramm

- Sollten Sie weitere Verbindungspunkte auf einem Shape benötigen, markieren Sie das Shape, wählen Sie den Befehl *Start/Tools/Verbindungspunkt* und klicken mit gedrückter [Strg]-Taste auf die Stelle des Shapes, wo der neue Verbindungspunkt sitzen soll.

  Sämtliche zweidimensionalen Shapes der Schablone *Standardflussdiagramm-Shapes* liegen auf dem Layer *Flussdiagramm* (*On-Page-Referenz* und *Off-Page-Referenz* liegen außerdem noch auf dem Layer *Verbinder*). Über den Befehl *Start/Bearbeiten/Layer /Layereigenschaften* können schnell sämtliche Shapes auf dem Zeichenblatt, die auf diesem Layer liegen, markiert werden.

- Über das Fenster *Ansicht/Anzeigen/Aufgabenbereiche/Shape-Daten* können leicht die sieben Informationen *Kosten, Prozessnummer, Besitzer, Funktionsname, Startdatum, Enddatum* und *Status* eingetragen werden. Bei *Status* steht Ihnen die Auswahlliste *Nicht begonnen, In Bearbeitung, Abgeschlossen, Zurückgestellt* und *Auf Eingabe wartend* zur Verfügung.

- Wenn Sie sämtliche Shapes auf dem Zeichenblatt (oder in der Datei) mit neuen Shape-Daten versehen möchten, öffnen Sie die *Dokumentschablone* (über den Befehl *Weitere Shapes/Dokumentschablone*). Im Kontextmenü des Master-Shapes finden Sie die Option *Master-Shape bearbeiten/Master-Shape bearbeiten* (oder Doppelklick). Nun können Sie im Master-Shape über das Kontextmenü *Shape-Daten definieren* neue Shape-Daten hinzufügen. Das Schließen des Master-Shape-Fensters und das Aktualisieren aller zugehöriger Instanzen bewirkt, dass jedes dieser Shapes der Zeichnung geändert wird. Das bedeutet, dass beispielsweise jedes Prozess-Shape eine neue Kategorie *Verantwortlicher* und weitere Shape-Daten besitzt (**Abbildung 8.3**).

Abbildung 8.3: *An die Shapes werden weitere Daten gebunden.*

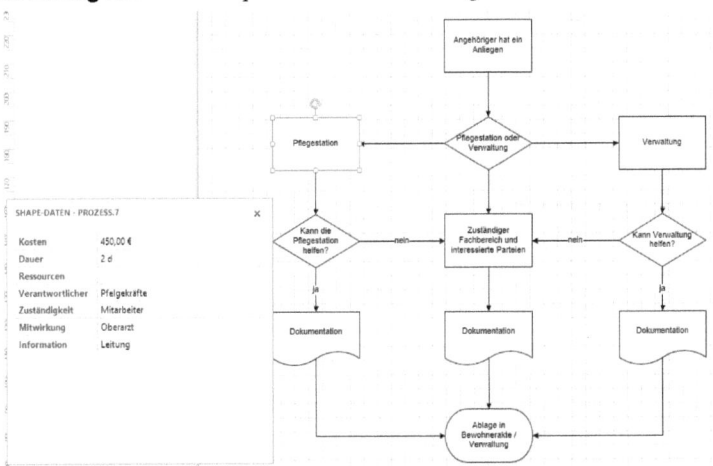

Die Vorlagen der Kategorie Flussdiagramm und die Ablaufdiagramme der Kategorie Geschäft

Die Shape-Daten können gefüllt werden und auf dem Shape angezeigt werden (*Ansicht/Anzeigen/Aufgabenbereiche/Shape-Daten*).

Abbildung 8.4: *Eingefügte Daten können auf der Zeichnung angezeigt werden.*

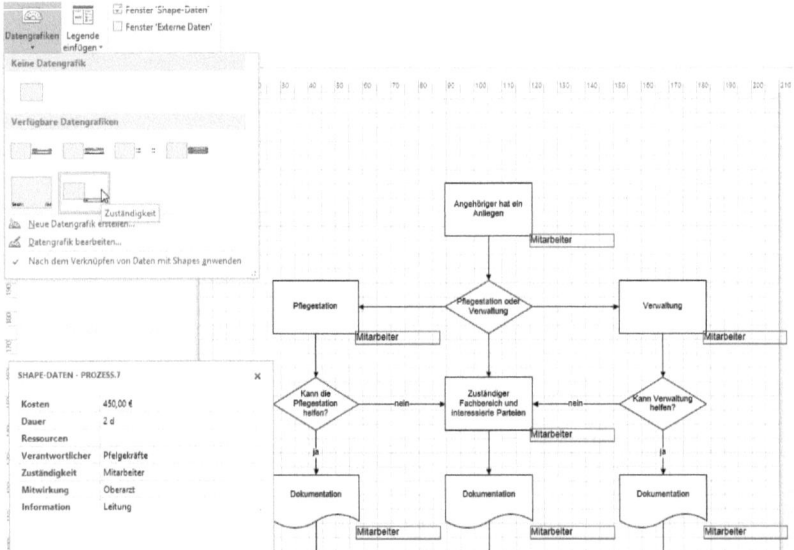

- Ebenso können die Daten exportiert werden (*Überprüfen/Berichte/Shape-Berichte*). Sämtliche Einstellungen werden in Kapitel 3 beschrieben.

Abbildung 8.5: Eingefügte Daten können exportiert werden, beispielsweise nach Excel.

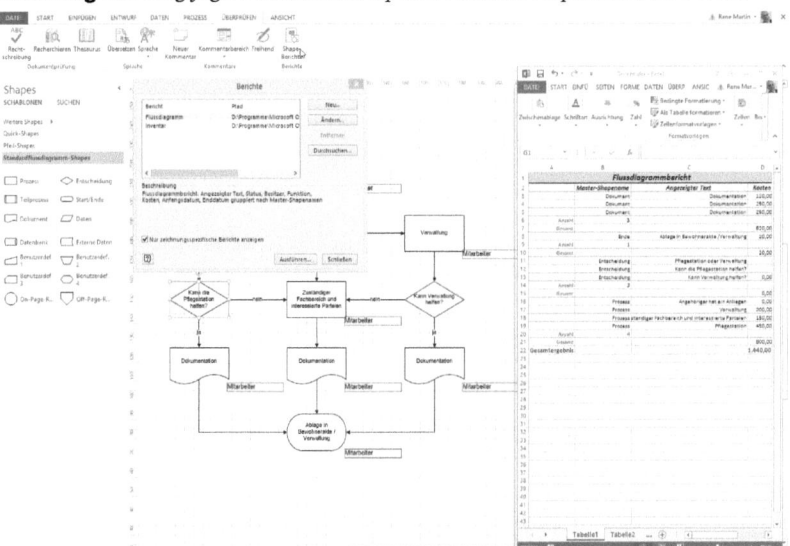

- Oder Sie können die Informationen als Text in Datengrafiken anzeigen lassen, wenn Sie Visio Professional oder Premium installiert haben (*Daten/Daten anzeigen/Datengrafiken*). Auch dies wird in Kapitel 3 beschrieben.
- Die Zeichnung kann kopiert und in ein Word-Dokument eingefügt werden, wenn Sie ein Handbuch für das Qualitätsmanagement erstellen möchten. Soll eine Verknüpfung zwischen den Shapes und der Zeichnung in der Visio-Datei hergestellt werden, müssen die Shapes markiert und gruppiert werden. Erst dann kann die Kopie der Gruppe in Word verknüpft werden.

8.1.2. Besonderheiten einzelner Shapes

Wenn die *Off-Page-Referenz* auf das Zeichenblatt gezogen wird, startet ein Assistent, der fragt, ob das Shape mit einem neuen oder vorhandenen Zeichenblatt verknüpft werden soll. Wenn eine bidirektionale Verlinkung gewünscht wird, müssen Sie Option *Off-Page-Referenz-Shape auf dem Zeichenblatt ablegen* aktivieren. *Hyperlinks auf Shapes einfügen* erscheint vernünftig, wenn eine Verlinkung zwischen den Shapes und dem entsprechenden Zeichenblatt gewünscht wird. Wird das Shape beschriftet, kann der Text auf beiden Shapes angezeigt werden (*Shape-Text fortlaufend synchronisieren*). Soll das Shape lediglich ein grafisches Symbol für *Fortsetzung* signalisieren, können Sie den Assistenten abbrechen. Im Kontextmenü finden Sie vier verschiedene Darstellungen, zwischen denen Sie wechseln können.

Die Vorlagen der Kategorie Flussdiagramm und die Ablaufdiagramme der Kategorie Geschäft

Die Beschriftung des Shapes ist selbsterklärend: »Die Höhe des Textfelds und der zugehörigen Linie wird beim Hinzufügen von Text automatisch vergrößert bzw. verkleinert. Ziehen Sie zum Ändern der Breite des Kommentars den seitlichen Ziehpunkt des Shapes.«

Wenn Sie eines der Shapes aus der Schablone *Standardflussdiagramm-Shapes* auf das Zeichenblatt gezogen haben und dort vergrößert haben, finden Sie nun im Kontextmenü den Befehl *Auf Standardgröße festlegen*. Er hilft Ihnen, um das Shape schnell auf die Größe 25 × 15 mm zurückzusetzen. Ebenso finden Sie im Kontextmenü des Shapes, wenn sehr viel Text eingegeben wurde, den Befehl *Größe mit Text ändern*. Damit wird die Höhe des Shapes an die Textmenge angepasst. Wird die Breite und die Höhe manuell geändert, tauchen beide Einträge auf.

In der Registerkarte *Entwurf* finden Sie im Menü der Schaltfläche *Rahmen und Titel* eine Reihe von Rahmen, die automatisch auf dem Zeichenblatt einrasten. Sie passen sich an die Zeichenblattgröße und Zeichenblattausrichtung an. Selbstverständlich sollten Sie beschriftet werden, oder – falls Ihnen der vorhandene Text nicht gefällt – kann dieser gelöscht werden. Diese Shapes liegen als Gruppe vor, wobei die Mitglieds-Shapes geschützt sind.

Über das Kontextmenü der *Rahmen und Titel* können die Fußzeile und/oder der Seitenrand ein- oder ausgeblendet werden. Die Titel der Shapes verwenden die Feldfunktionen *Datum/Uhrzeit der letzten Bearbeitung* und *Zeichenblattnummer*.

8.1.3. Der Hintergrund

Wenn Sie über die Registerkarte *Entwurf/Hintergründe/Hintergründe* einen Hintergrund auswählen, wird ein neues Hintergrundblatt erzeugt, auf dem das Shape passgenau abgelegt wird (siehe **Abbildung 8.6**). Das Vordergrundblatt wird mit diesem Hintergrundblatt verknüpft (*Entwurf/Seite einrichten/Zeichenblatteigenschaft*). Wird ein zweiter Hintergrund gewählt, wird das ursprüngliche nicht mehr benötigte Shape auf dem Hintergrundblatt gelöscht.

Die Option *Kein Hintergrund* löscht den vorhandenen Hintergrund.

Die Vorlage Standardflussdiagramm

Abbildung 8.6: Hintergründe *erzeugen schnell ein Hintergrund-Zeichenblatt mit einer Grafik.*

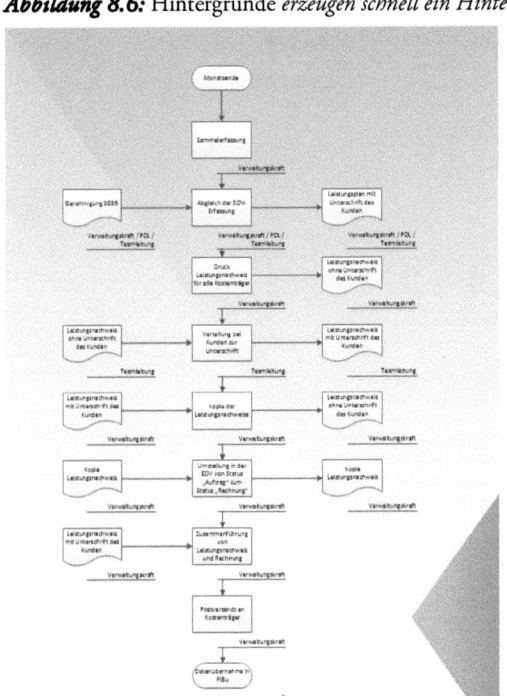

Die Vorlagen der Kategorie Flussdiagramm und die Ablaufdiagramme der Kategorie Geschäft

Abbildung 8.7: Oder Sie verwenden eigene Fotos, die Sie auf ein Hintergrundblatt legen.

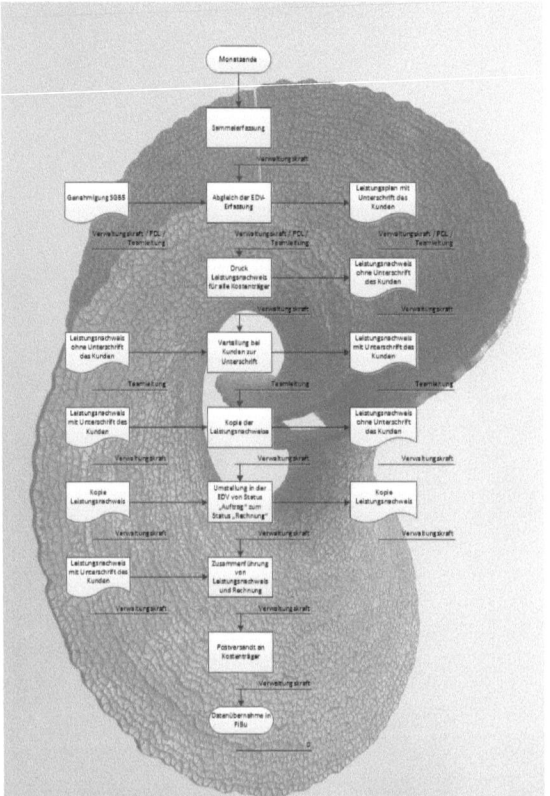

8.2. Weitere Flussdiagramm-Varianten der Kategorie Flussdiagramm

In der Kategorie Flussdiagramm befinden sich weitere Vorlagen, mit denen bestimmte Abläufe, Prozessmodelle und Verläufe dargestellt werden können. Da die Arbeitstechniken im Wesentlichen denen entsprechen, wie sie im Abschnitt »Die Vorlage Standardflussdiagramm« beschrieben wurden, sollen sie an dieser Stelle nicht noch einmal wiederholt werden. Lediglich die Vorlage Funktionsübergreifendes Flussdiagramm besitzt einen Assistenten, mit dem Bänder erstellt werden – im Abschnitt »Die Vorlage Funktionsübergreifendes Flussdiagramm« wird darauf Bezug genommen.

8.2.1. Die Vorlage Workflowdiagramm und Workflowdiagramm – 3D

Wenn Sie die Vorlage Workflowdiagramm öffnen, öffnet Visio die vier Schablonen *Pfeil-Shapes*, *Abteilung*, *Workflowobjekte* und *Workflowschritte*. Die Shapes in diesen Schablonen sind »lediglich« Grafiken ohne Shape-Daten, Steuerelementen, Schutzmechanismen, Funktionen im Kontextmenü, Verbindungspunkten oder gar Assistenten (siehe **Abbildung 8.8**). Die Shapes der Schablonen *Abteilung*, *Workflowobjekte* und *Workflowschritte* liegen auf dem Layer *Flussdiagramm*.

Abbildung 8.8: *Eine Zeichnung, die mit der Vorlage Workflowdiagramm erstellt wurde.*

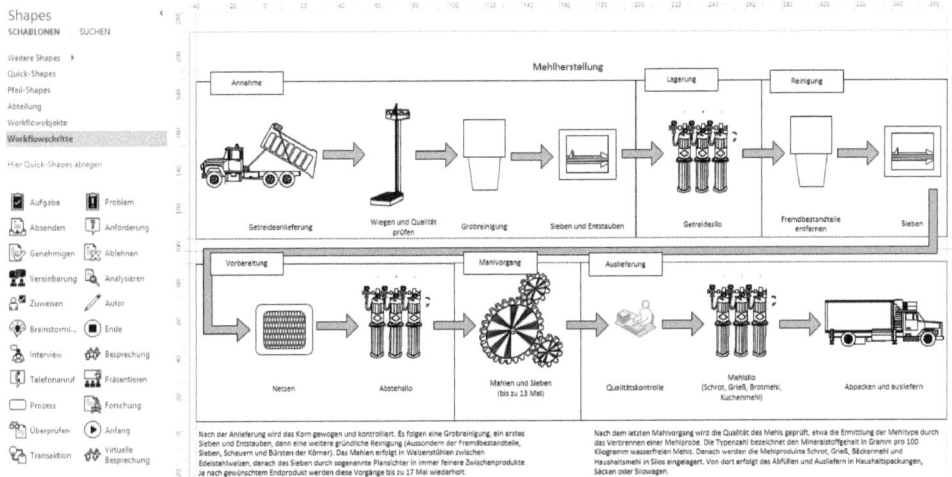

8.2.2. Die Vorlage Microsoft SharePoint-Workflow

Nur wenn Sie Microsoft Visio Premium erworben haben, dann stehen Ihnen die Vorlagen *Microsoft SharePoint 2010-Workflow* und *Microsoft SharePoint 2013-Workflow* zur Verfügung.

Die Vorlagen der Kategorie Flussdiagramm und die Ablaufdiagramme der Kategorie Geschäft

Abbildung 8.9: *Eine Zeichnung, die mit der Vorlage* Microsoft SharePoint 2016-Workflow *erstellt wurde*

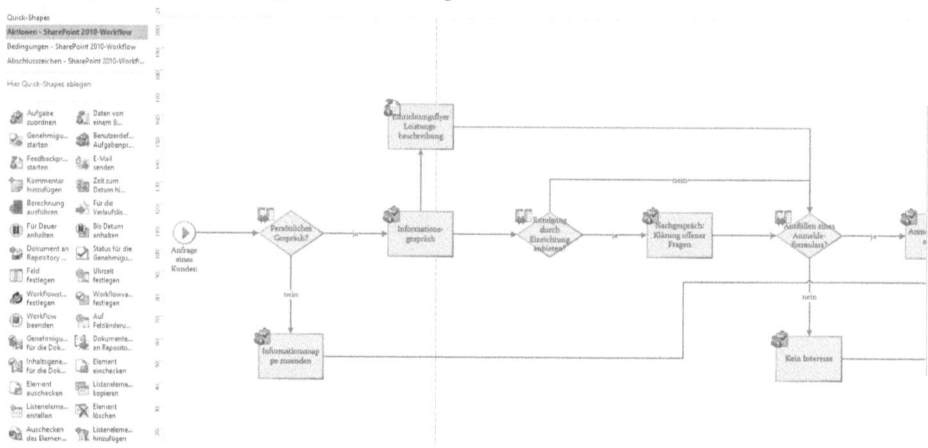

Die Vorlage *Microsoft SharePoint-Workflow* hat Ähnlichkeit mit der Vorlage *Arbeitsflussdiagramm*. Auf jeweils drei Schablonen verteilt befinden sich eine große Anzahl Shapes, die rein darstellerische Funktionen haben. Alle Shapes verwenden die Formatvorlage *Fluss normal* und liegen auf dem Layer *Flussdiagramm*. Obwohl sämtliche Shapes der Schablonen *Microsoft SharePoint 2010-Workflow* über den Eintrag im Kontextmenü *Eigenschaften* verfügen, besitzt keines der Shapes Shape-Daten.

Nur wenn Sie Microsoft Visio Premium erworben haben, dann steht Ihnen eine Besonderheit in der Vorlage *Microsoft SharePoint 2010-Workflow* zur Verfügung (erstaunlicherweise nicht in der Vorlage *Microsoft SharePoint 2016-Workflow*): Ihr kann ein Schema hinterlegt werden, das heißt: man kann diese Zeichnung überprüfen lassen. So gehen Sie vor, wenn Sie eine Diagrammüberprüfung verwenden möchten:

- Wechseln Sie in die Registerkarte *Prozess*. Wählen Sie aus der Gruppe *Diagrammüberprüfung* den Befehl *Diagramm überprüfen*.
- Liegen Fehler vor, dann werden sie im Fenster *Probleme* angezeigt.

Weitere Flussdiagramm-Varianten der Kategorie Flussdiagramm

Abbildung 8.10: In dieser Zeichnung gibt es einige Probleme.

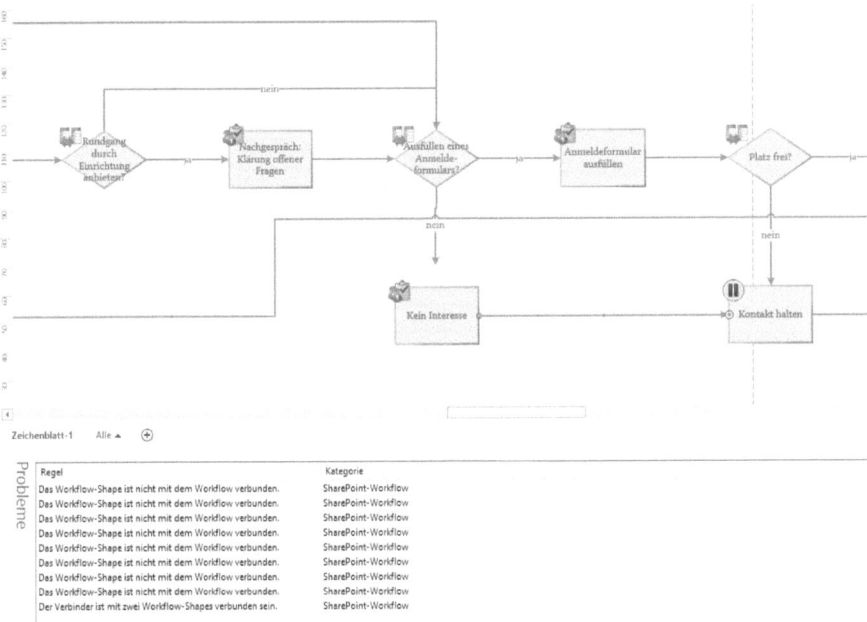

- Zeigt das Meldungsfenster an, dass *Die Diagrammüberprüfung abgeschlossen ist und dass im aktuellen Dokument keine Probleme gefunden wurden*, kann der Export beginnen.
- Exportieren Sie den Workflow über die Schaltfläche *Exportieren* als VWI-Datei in einen beliebigen Ordner. Ähnlich wie Microsoft Office-Dateien handelt es sich bei der VWI-Datei um mehrere gezippte Ordner, in denen sich die Regeln für das Dokument befinden. Die Regeln sind im XML-Format abgespeichert.
- Wird nun eine neue Zeichnung erstellt, dann kann aus dem Workflow-Grundgerüst die Zeichnung erstellt werden.

> **Hinweis**
> Die Option *Diagramme überprüfen*, die für die drei Diagrammarten BPMN, Standardflussdiagramm, Funktionsübergreifendes Flussdiagramm und Microsoft SharePoint-Workflowdiagramm gedacht sind ist sicherlich ein guter Anfang, mit dem man einige Standardfehler schnell erkennen kann (von einem Entscheider geht kein ja- oder nein-Zweig weg, es fehlt das Anfangs- oder Endshape oder ähnliches). Allerdings lassen sich in Visio 2013 und 2016 keine eigenen Regeln definieren oder die komplette Liste der Regeln editieren. Dies mindert leider die Funktionalität der Diagrammüberprüfung.

Weitere Informationen über SharePoint und das Zusammenspielen zwischen Visio und SharePoint finden Sie in Kapitel 5 »Visio im Team«.

435

Die Vorlagen der Kategorie Flussdiagramm und die Ablaufdiagramme der Kategorie Geschäft

Abbildung 8.11: *Die Regeln – Ausschnitt*

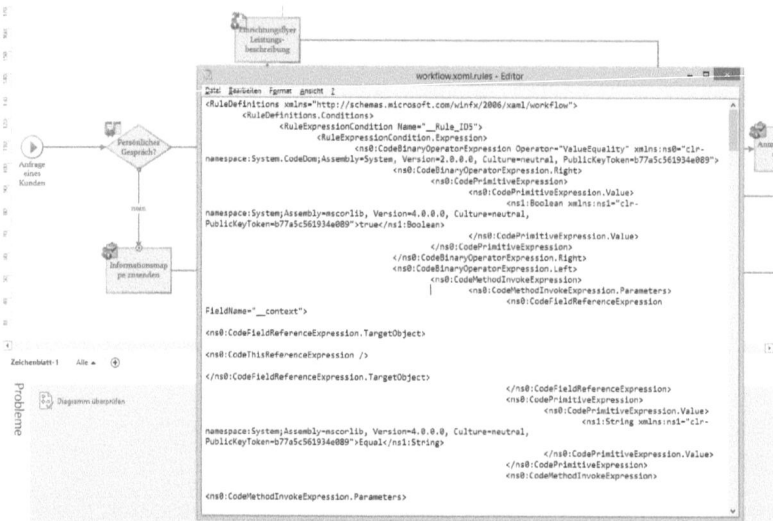

8.2.3. Die Vorlage BPMN-Diagramm

Nur wenn Sie Microsoft Visio Premium erworben haben, dann steht Ihnen die Vorlage BPMN zur Verfügung.

Bei der BPMN (Business Process Modeling Notation) liegt der Focus auf der grafischen Darstellung von Geschäftsprozessen. Diagramme in der BPMN werden Business Process Diagram (BPD) genannt und sollen die Abbildung oder Entwicklung von Prozessen unter menschlichen Experten unterstützen. Bis zur Version 1.2 existierte kein standardisiertes Format für die Speicherung und den Austausch von BPMN-Diagrammen. Version 2.0 bietet die Portabilität zwischen verschiedenen Werkzeugen. Mit dieser Version wird der Austausch über ein XML-basiertes Format gewährleistet. Ein wichtiger Schwerpunkt von BPMN ist eine Beschreibung zur Ausführung der Prozesse in Workflow beziehungsweise Process Engines.

Beim Öffnen der Vorlage BPMN-Diagramm wird die Schablone *BPMN-Standard-Shapes* geöffnet. Die Shapes dieser Schablone haben bezüglich ihrer Funktionalität Ähnlichkeit mit den Shapes der Schablone *Standardflussdiagramm-Shapes*: Sie liegen auf dem Layer Flussdiagramm, verfügen jedoch über viele verschiedene Shape-Daten. Sowohl über die Shape-Daten als auch über die Einträge am oberen Ende des Kontextmenüs können die Konfigurationen der einzelnen Shapes geändert werden.

Abbildung 8.12: Ein BPMN-Diagramm

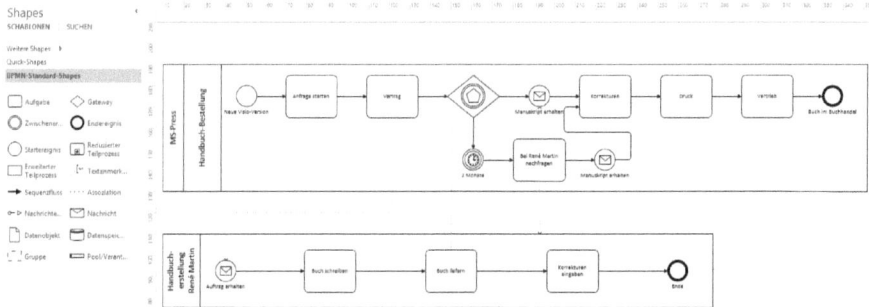

> Beachten Sie, dass die Shape-Daten dynamisch sind. Wenn Sie beispielsweise das Shape *Gateway* aus der Schablone *BPMN-Standard-Shapes* auf das Zeichenblatt ziehen, dann haben Sie fünf Shape-Daten: *Kategorien, Dokumentation, GatewayTyp, ExklusivTyp* und *MarkerSichtbar*. Ändern Sie die Eigenschaft *GatewayTyp* von *Exklusiv* auf *Inklusiv*, dann werden die letzten beiden Datenfelder ausgeblendet.

Die Shape-Daten dieser Shapes steuern einerseits die Gestaltung der Shapes, zum anderen blenden sie aber auch die Unterpunkte ein und aus.

Das Shape Aufgabe

Mit dem Shape *Aufgabe* werden Aufgaben beschrieben, die zu erledigen sind. Die Aufgaben – oder Tasks – haben folgende Shape-Daten:

- Kategorien
- Dokumentation
- SchleifenTyp (Ohne, Standard, Parallele Mehrfachinstanz und Sequenzielle Mehrfachinstanz)
- AufgabenTyp (Ohne, Dienst, Empfangen, Senden, Benutzer, Skript, Abstrakt, Manuell, Empfang instanziieren, Geschäftsregel)
- IstFürKompensation (FALSE, TRUE)
- Grenztyp (Standard, Aufruf)

Ist der *AufgabenTyp Skript*, dann erscheinen die Shape-Daten *Skript*.

Eine Sonderform der Aufgaben ist das Shape *Reduzierter Teilprozess*. Während die ersten Shape-Daten mit denen der Aufgaben übereinstimmen, unterscheidet sich die Eigenschaft *AufgabenTyp*, die beim Shape *Reduzierter Teilprozess TeilprozessTyp* heißt. Sie enthält die Shape-Daten:

Die Vorlagen der Kategorie Flussdiagramm und die Ablaufdiagramme der Kategorie Geschäft

- Eingebettet
- Wieder verwendbar
- Referenz

Die übrigen Shape-Daten

- IstFürKompensation (TRUE, FALSE)
- Zuweisungen (Angezeigt, Ausgeblendet)

Sind identisch mit dem Shape *Aufgabe*. Lediglich ein Plus-Symbol visualisiert den Unterschied auf der Zeichnung.

Das Shape *Erweiterter Teilprozess* ist in den Shape-Daten identisch mit dem Shape *Reduzierter Teilprozess*. Allerdings ist er um ein Vielfaches größer als das Shape *Reduzierter Teilprozess*.

Das Shape Gateway

Das Shape *Gateway*, das einen Entscheidungspunkt festlegt, verfügt über die Shape-Daten:

- Kategorien
- Dokumentation
- GatewayTyp (Exklusiv, Exklusives Ereignis (Instanziierung), Inklusiv, Parallel, Paralleles Ereignis, Komplex)
- ExklusivTyp (Daten, Ereignis)
- Zuweisungen (Angezeigt, Ausgeblendet)

Wird der *GatewayTyp* auf *Exklusiv* gestellt, dann erscheinen die Shape-Daten

- ExklusivTyp (Daten, Ereignis)
- MarkerSichtbar (TRUE, FALSE)

Die Shapes Startereignis, Zwischenereignis und Endereignis

Die drei Shapes *Startereignis, Zwischenereignis und Endereignis* sind identisch. Lediglich ihre Voreinstellung in der Eigenschaft *EreignisTyp* unterscheidet sie. Allerdings kann über diese Eigenschaft ein *Startereignis* in ein *Endereignis* oder *Zwischenereignis* umgewandelt werden – und umgekehrt. Dieses Shape verfügt über die Shape-Daten:

- Kategorien

- Dokumentation
- EreignisTyp (Anfang, Anfang (ohne Unterbrechung), Zwischen, Zwischen (ohne Unterbrechung), Zwischen (Auslösung), Ende)
- AuslöserOderErgebnis (Ohne, Nachricht, Kompensation, Link, Signal, Mehrfach, Eskalation, Parallel mehrfach)

Abbildung 8.13: Ereignisse

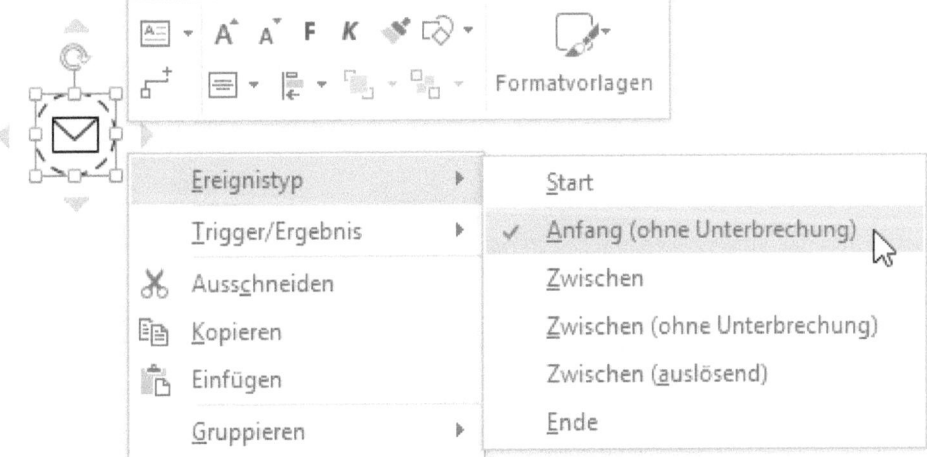

Die Shapes Sequenzfluss, Nachrichtenfluss und Assoziation

Die drei Shapes *Sequenzfluss*, *Nachrichtenfluss* und *Assoziation* sind identisch. Lediglich ihre Voreinstellung in der Eigenschaft *VerbindungsObjektTyp* unterscheidet sie. Allerdings kann über diese Eigenschaft eine *Assoziation* in einen *Sequenzfluss* oder *Nachrichtenfluss* umgewandelt werden – und umgekehrt. Dieses Shape verfügt über die Shape-Daten:

- Kategorien
- Dokumentation
- VerbindungsObjektTyp (Sequenzfluss, Nachrichtenfluss und Assoziation)

Wird der *VerbindungsObjektTyp* auf *Sequenzfluss* gestellt, dann erscheinen die Shape-Daten.

Wird der *VerbindungsObjektTyp* auf *Sequenzfluss* gestellt, dann erscheinen die Shape-Daten

- BedinungsTyp (Ohne, Ausdruck, Standard)

Die Vorlagen der Kategorie Flussdiagramm und die Ablaufdiagramme der Kategorie Geschäft

Wird der *VerbindungsObjektTyp* auf *Assoziation* gestellt, dann erscheinen die Shape-Daten

- Richtung (Ohne, Eine, Beide)

Das Shape Datenobjekt

Das Shape *Datenobjekt* verfügt über die Shape-Daten:

- Kategorien
- Dokumentation
- Zustand
- Sammlung (TRUE, FALSE)

Das Shape Gruppe

Ebenso wie das Shape *Datenobjekt* verfügt das Shape *Gruppe* über Shape-Daten:

- Kategorien
- Dokumentation
- KategorieRef

Allerdings ist weder einer der Eigenschaften dynamisch, noch ändert das Shape seine Gestalt.

Das Shape Textanmerkung

Dieses Shape verfügt lediglich über die beiden Shape-Daten

- Kategorien
- Dokumentation

Dafür verfügt es allerdings über einen Steuerpunkt, mit dessen Hilfe das Shape an andere Shapes »geklebt« werden kann. Es wird nun in seiner Lage verschoben, wenn das zugehörige Shape, an dem es klebt, auch mitverschoben wird.

Und so erstellen Sie ein Business Process Modeling Notation-Diagramm:

- Öffnen Sie die Vorlage *BPMN-Diagramm* über den Befehl *Datei/Neu/Flussdiagramm*
- Ziehen Sie aus der Schablone *BPMN-Standard-Shapes* das Shape *Pool/Verantwortlichkeitsbereich* auf das Zeichenblatt.
- Nun wird die Registerkarte *Funktionsübergreifendes Flussdiagramm* eingeblendet. Wechseln Sie in diese Registerkarte.

- Legen Sie dort fest, ob Sie die Zeichnung horizontal oder vertikal erstellen möchten. Sie finden die Optionen im Befehl *Anordnen/Ausrichtung*.
- Legen Sie anschließend fest, ob Sie die Zeichnung von links nach rechts oder von rechts nach links erstellen möchten. Sie finden diese Optionen im Menü des Befehls *Anordnen/Richtung*.
- Fügen Sie weitere Shapes *Pool/Verantwortlichkeitsbereich* hinzu. Es geht leichter, wenn Sie nicht die Mastershapes aus der Schablone ziehen, sondern über den Befehl *Einfügen/Verantwortlichkeitsbereich* ein weiteres Shape einfügen. Es wird bündig zum vorhergehenden platziert.
- Alternativ können Sie über das Kontextmenü ein Shape *Pool/Verantwortlichkeitsbereich davor* (oder *danach*) *einfügen*.
- Im Kontextmenü des Shapes finden Sie die Attribute (Shape-Daten). Legen Sie dort den ElementTyp fest (Gateway, Prozessdiagramm, Pool, Verantwortlichkeitsbereich, Artefakt oder Verbindungsobjekt).
- Über das Kontrollkästchen *Titelleiste anzeigen* beziehungsweise *Trennzeichen anzeigen* können Sie diese beiden Optionen aktivieren oder deaktivieren.
- Beschriften Sie die Köpfe der Bänder. Die Texte können Sie mit Hilfe des Befehls *Verantwortlichkeitsbereichsbeschriftung drehen* um 90 Grad drehen.
- Falls Sie das Band unterteilen möchten, dann markieren Sie es und klicken auf den Befehl *Trennzeichen*. Sollten Sie ein Trennzeichen wieder löschen wollen, können Sie es markieren und entfernen.
- Fügen Sie nun die Shapes auf das Zeichenblatt ein, beschriften Sie die Shapes, richten Sie sie aus und verteilen Sie die Shapes auf dem Zeichenblatt.

Die Vorlagen der Kategorie Flussdiagramm und die Ablaufdiagramme der Kategorie Geschäft

Abbildung 8.14: Ein Beispiel der Vorlage BPMN-Diagramm

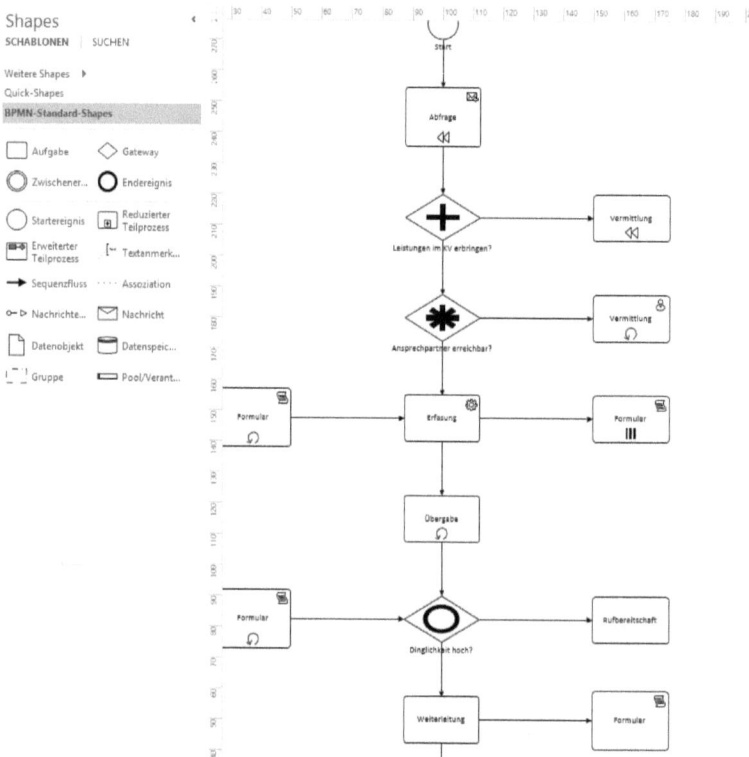

8.2.4. Die Vorlage IDEF0 Diagrammvorlage

Bei dieser Vorlage, deren Schwerpunkte im Bereich Modellkonfigurationsverwaltung, Kosten- und Nutzenrechnung und Anforderungsdefinition liegen, wird lediglich eine Schablone geöffnet: die IDEF0-Diagramm-Shapes (Integration Definition Language 0).

IDEF0 ist ein benutzerfreundliches System und Prozessmodellierungswerkzeug, das die Erstellung von IDEF0-kompatiblen Diagrammen ermöglicht. Ziel ist es, alle prozessrelevanten Informationen zu erfassen um den Weg zu den optimalen Verbesserungsmöglichkeiten zu ebenen.

IDEF0 ist ideal für Luft- und Raumfahrt, Finanzdienstleistungen, Behörden und Zertifizierung.

Neben dem dynamischen Verbinder befinden sich in dieser Schablone »nur« acht weitere Shapes, die jedoch über einige interessante Einstellungen verfügen.

| Hinweis | Damit Sie über den vollen Umfang dieser Vorlage verfügen, sollten Sie die Shape-Daten des Zeichenblattes *Beim Ablegen fragen* auf seiner Standardeinstellung *TRUE* eingestellt lassen. |

Wenn Sie das Master-Shape *Aktivitätsfeld* auf das Zeichenblatt ziehen, werden die drei Felddaten *Prozessname, Prozess-ID* und *ID des Subdiagramms* abgefragt. Diese drei eingegebenen Informationen erscheinen auf dem Shape, das gegen Textänderung geschützt ist (Befehl *Entwicklertools/Shape-Design/Schutz*). Da dieses Shape als Gruppe aus mehreren Elementen besteht, wird eine einfache Textänderung verhindert. Um den Text im Nachhinein zu korrigieren, können Sie das Datenfeld-Dialogfeld über das Kontextmenü *Vorgangseigenschaften einrichten* öffnen. Ebenso ist das Shape gegen Höhenänderungen geschützt, was man an den durchgestrichenen Schutzsymbolen erkennen kann. Im Kontextmenü befindet sich auch die Option, mit der die Hälfte der Verbindungspunkte ausgeblendet werden können.

Im Kontextmenü finden Sie ebenso den Befehl *Verbindungspunkte hinzufügen*. Damit werden doppelt so viele Verbindungspunkte angezeigt. man kann sie wieder über das Kontextmenü *Verbindungspunkte entfernen* ausblenden.

Das Shape *Beschriftung* besteht als eindimensionales Shape aus einer gekrümmten Linie, dessen Besonderheiten darin besteht, dass der beschriftete Text über der Linie steht, wenn sich der Endpunkt über dem Anfangspunkt befindet, oder unter der Linie, wenn der Endpunkt unterhalb des Ausgangspunktes liegt. Über das Kontextmenü kann man die *Wellenlinie verbergen* oder *Wellenlinie anzeigen*.

Wird ein Titelblock auf die Seite gezogen, werden die drei Informationen *Knoten, Titel* und *Telefonnummer* abgefragt, die anschließend am unteren Rand angezeigt werden. Der Seitenabstand, der eine feste Liste von sieben Vorgaben enthält, bestimmt den Abstand der Ränder zum Zeichenblatt. Das Shape selbst ist geschützt (Befehl *Entwicklertools/Shape-Design/Schutz*), jedoch können die Texte über das Kontextmenü *Diagrammeigenschaften* geändert werden.

Beim Herausziehen des Knotens werden die Texte, die als Beschriftung erscheinen sollen abgefragt. Sie können mit dem Steuerelement verschoben werden.

Knoten werden mit einem (geraden) *Verbinder*, einem *Verbinder, 1 Abschnitt* einem *IDEFO-Verbinder* oder einem »dynamischen Verbinder« verbunden. Die Verbindung weist keine weiteren Eigenschaften oder Mechanismen auf. Der *Verbinder, 1 Abschnitt* verfügt über einen Verbindungspunkt, an den das Shape *Beschriftung* geklebt werden kann. Der *IDEFO-Verbinder* lässt über das Kontextmenü einen *Eingangstunnel* und/oder einen

Die Vorlagen der Kategorie Flussdiagramm und die Ablaufdiagramme der Kategorie Geschäft

Ausgangstunnel anzeigen. Die Lage seines Knicks wird über das Steuerelement geändert. Sollten Sie zu den Zeichnungselementen noch weitere Shapes benötigen, können Sie leicht weitere Schablonen hinzuladen.

Abbildung 8.15: *Ein Beispiel der Vorlage* IDEFO-Diagramm

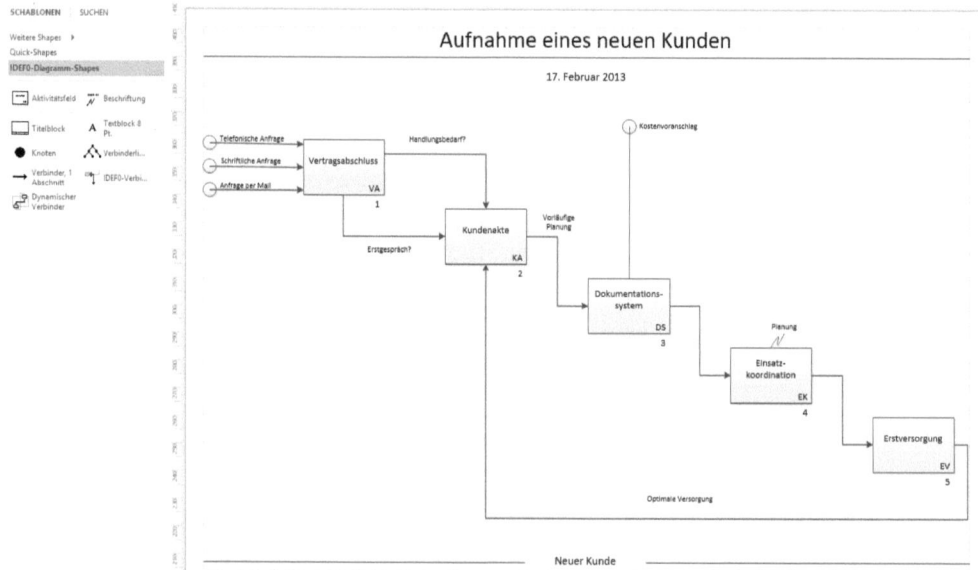

8.2.5. Die Vorlage SDL-Diagramm

SDL (Simple DirectMedia Layer) ist eine Programmierschnittstelle für Spiele, Demos und Multimedia-Anwendungen. SDL stellt eine Schnittstelle zur Verfügung, über die man die Multimedia-Elemente wie Grafikkarte, Sound, Joystick oder CD-ROM programmieren kann. Mit der Vorlage von Visio können die einzelnen Elemente dargestellt werden, beispielsweise wie man ein Bild in den Grafikspeicher ablegt, wie man es wieder ausgibt oder wie man die Soundkarte ansteuert.

Die Shapes der Vorlage *SDL-Diagramm* haben sehr viel Ähnlichkeit mit denen der Schablone *Standardflussdiagramm-Shapes* (siehe **Abbildung 8.16**): sie liegen auf dem Layer *Flussdiagramm*, verfügen über Verbindungspunkte, mit denen sie schnell verbunden werden können, besitzen die drei Shape-Daten *Kosten*, *Dauer* und *Ressourcen* und verfügen über keinerlei Schutzmechanismen.

Viele dieser Shapes, beispielsweise *Anfang, Start, Prozedur, Prozess, ...* verfügen über jeweils ein Steuerelement, mit dessen Hilfe die Position des quer- oder längsliegenden Balkens verschoben werden kann.

Abbildung 8.16: *Ein Beispiel der Vorlage* SDL-Diagramm

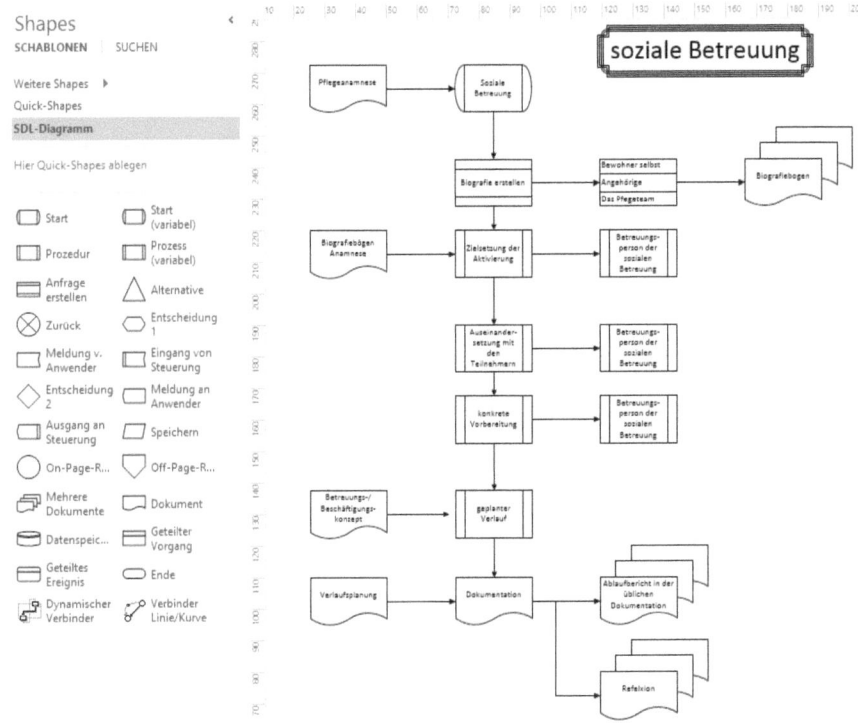

8.2.6. Die Vorlage Funktionsübergreifendes Flussdiagramm

Das funktionsübergreifende Flussdiagramm visualisiert die funktionalen Einheiten (Abteilungen, Organisationseinheiten und alle am Prozess beteiligten Menschen) als Bahnen (Schwimmbahnen), die horizontal oder vertikal angeordnet werden. Auf diese Weise wird ermöglicht, den Prozessablauf dieser Funktionen übergreifend darzustellen. Der Betrachter sieht immer sofort, wer einen Prozessschritt ausführt.

Im Gegensatz zur Vorlage Standardflussdiagramm startet ein Assistent beim Öffnen der Vorlage *Funktionsübergreifendes Flussdiagramm.* Er fragt nach der Standardausrichtung des Diagramms. Außerdem verfügt diese Vorlage über eine weitere Registerkarte *Funktionsübergreifendes Flussdiagramm*, die bereits im Abschnitt *Die Vorlage BPMN-Diagramm* beschrieben wurde. Sie sehen die Voreinstellung in **Abbildung 8.17**.

Die Vorlagen der Kategorie Flussdiagramm und die Ablaufdiagramme der Kategorie Geschäft

Abbildung 8.17: *Der Assistent der Vorlage* Funktionsübergreifendes Flussdiagramm

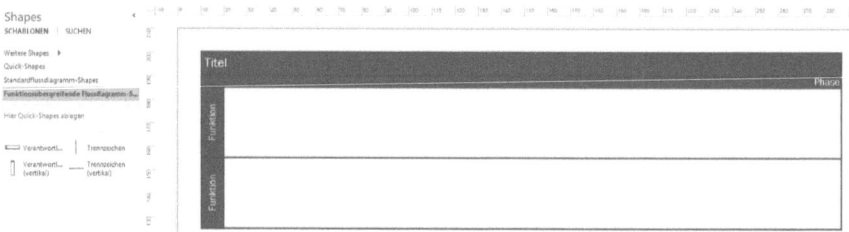

In diesem Dialogfeld legen Sie die Ausrichtung des Zeichenblatts, die Leserichtung und die Seitenränder fest. Diese Ausrichtung kann über *Funktionsübergreifendes Flussdiagramm/Anordnen/Ausrichtung* geändert werden. Ebenso können Sie die Anzahl der Bänder über das Kontextmenü oder den Befehl *Funktionsübergreifendes Flussdiagramm/Einfügen/Verantwortlichkeitsbereich* nachträglich festlegen. Alternativ können Sie auch eines der beiden Swimlane-Shapes (*Verantwortlichkeitsbereich*) aus der Schablone auf das Zeichenblatt ziehen. Des Weiteren findet sich eine Option, mit der die Titelleiste und die Trennzeichen angezeigt werden (Befehl *Funktionsübergreifendes Flussdiagramm/Design/Titelleiste anzeigen* und *Trennzeichen anzeigen*).

Sie können die Breite der Balken nachträglich ändern. Sie sind variabel. Dazu muss das Band markiert werden; die Linien der Bänder sind geschützt. Ebenso müssen die Bänderköpfe einzeln markiert werden, damit sie beschriftet werden können (**Abbildung 8.18**). Im Kontextmenü des gesamten Shapes können alle Bandbeschriftungen horizontal oder vertikal angezeigt werden.

Abbildung 8.18: *Die Breite der Bänder kann verändert werden; die Titelzeile wird beschriftet*

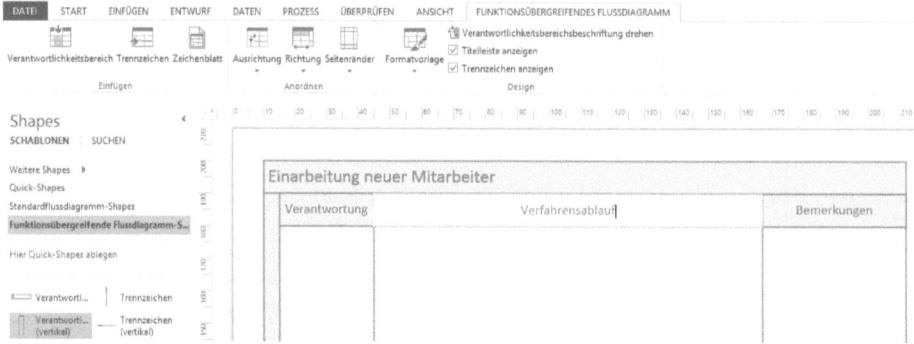

Die Bänder selbst, die der Assistent erzeugt, bestehen aus einer großen Anzahl von ineinander gruppierten Elementen. Zwar können diese Mitglieds-Shapes alle markiert werden, zwar kann man jedem dieser Shapes über *Entwicklertools/Shape-Design/Schutz* seine Schutzeinstellungen entziehen – dann jedoch wird das Verhalten des ganzen Shapes geändert und die einzelnen Bänder reagieren nicht mehr aufeinander und die Höhe und Breite werden nicht mehr zueinander angepasst.

Abbildung 8.19: *Die fertige Zeichnung in Visio*

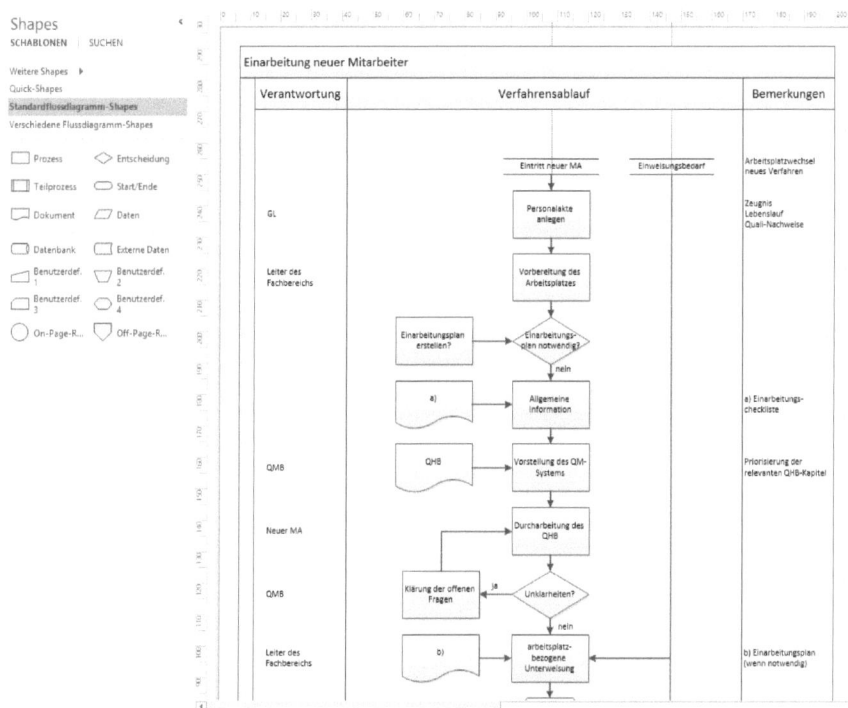

| Hinweis | Sie können die Bänder auch nicht zu einem Container zusammenfassen – dagegen sind die Bänder geschützt. |

Zum Löschen eines Bandes markieren Sie es und drücken die Taste [Entf] und entfernen somit das gesamte Band. Auch hier passen sich die übrigen Bänder an den nun zur Verfügung stehenden Platz an.

Nachdem die Seite eingerichtet ist, ziehen Sie die Shapes, die Sie in der Schablone *Standardflussdiagramm-Shapes* finden, auf das Zeichenblatt. Mit ihnen wird ein Flussdiagramm erzeugt (**Abbildung 8.19**).

Die Vorlagen der Kategorie Flussdiagramm und die Ablaufdiagramme der Kategorie Geschäft

Natürlich könnte man statt dieser Vorlage die Zeichnung des Flussdiagramms nach Word exportieren und dort in eine Tabelle einbinden (**Abbildung 8.20**).

Abbildung 8.20: *Man kann die Zeichnung auch in Word erstellen – die Bänder sind dort eine Tabelle*

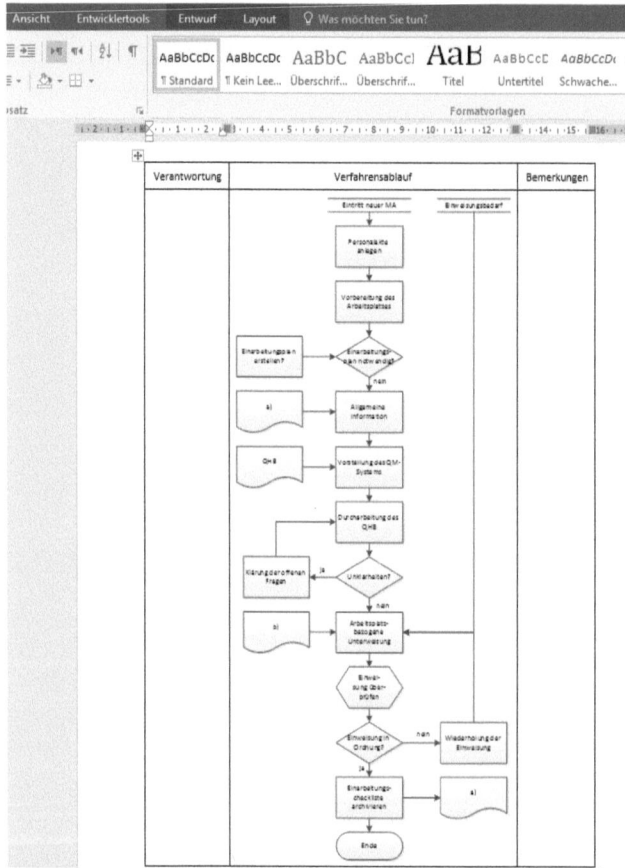

8.3. Eine Beispielzeichnung

Im Folgenden wird exemplarisch beschrieben, wie Sie ein Diagramm mit Hilfe der Vorlage Funktionsübergreifendes Flussdiagramm erstellen können.

- Öffnen Sie über den Befehl *Datei/Neu/Kategorien/Flussdiagramm/Funktionsübergreifendes Flussdiagramm* die Vorlage.
- Wechseln Sie in die Registerkarte *Funktionsübergreifendes Flussdiagramm*. Stellen Sie dort sicher, dass die Ausrichtung auf *Vertikal* eingestellt ist und die Leserichtung *von*

links nach rechts. Ändern Sie die Druckausrichtung des Zeichenblatts über *Entwurf/Zeichenblatt einrichten/Seite einrichten* und wählen Sie auf der Registerkarte *Druckeinrichtung* die Option *Hochformat*. Falls Sie dies wünschen, können Sie auf dem Registerblatt *Zeichenblattgröße* als vordefinierte Größe DIN A4 einstellen. Danach müssen Sie die Bänder auf das geänderte Zeichenblatt setzen.

- Fügen Sie ein weiteres Swimlane (*Verantwortlichkeitsbereich*) hinzu, so dass auf dem Zeichenblatt drei Bänder liegen. Wenn Sie ein drittes Band aus der Schablone *Funktionsübergreifende Flussdiagramm-Shapes* auf das Zeichenblatt ziehen, beachten Sie, dass Sie es auf einem bereits vorhandenen fallen lassen. Wenn Sie es auf einem leeren Platz auf dem Zeichenblatt fallenlassen, wird es nicht automatisch an die bereits vorhandenen Swinlanes angedockt.

- Markieren Sie das mittlere Band und vergrößern Sie es. Die Breite können Sie in der Statuszeile kontrollieren oder im Aufgabenbereich *Größe und Position* (*Ansicht /Anzeigen/Aufgabenbereiche*).

- Lassen Sie sich die Titelzeile anzeigen. Beschriften Sie die Köpfe (siehe **Abbildung 8.21**).

Abbildung 8.21: *Der Ausgangsbereich*

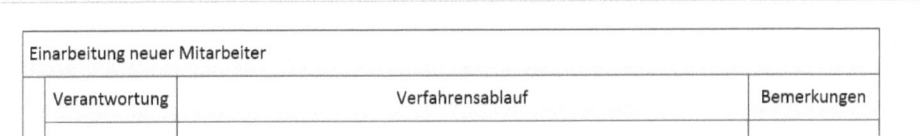

- Ziehen Sie die Shapes aus der Schablone *Standardflussdiagramm-Shapes* auf das Blatt. Das dynamische Gitter hilft beim Ausrichten und Verteilen – jedoch zeigt die Praxis, dass auch im Nachhinein die Shapes zueinander ausgerichtet und – vor allem – verteilt werden müssen.

> **Hinweis**
> Ein nachträgliches Verbreitern oder Verkleinern des linken Bandes bewirkt, dass die Shapes, die sich innerhalb des mittleren Bandes befinden, in ihrer Position geändert werden.

- Beschriften Sie die Shapes.

Vergessen Sie nicht die Funktionstaste [F4], mit der die letzte Aktion wiederholt werden kann. Sie beschleunigt die Arbeit enorm!

Beachten Sie, dass der Text in den Shapes so umbricht, dass er die Breite der Shapes einnimmt. Eine Silbentrennung gibt es in Visio nicht. Deshalb müssen Sie bei einigen

Die Vorlagen der Kategorie Flussdiagramm und die Ablaufdiagramme der Kategorie Geschäft

Shapes »manuell«, das heißt mit einem Gedankenstrich, trennen (siehe **Abbildung 8.22**).

Abbildung 8.22: *Die Shapes werden auf dem Blatt ausgerichtet, verteilt und beschriftet. Beachten Sie die »manuellen« Trennungen.*

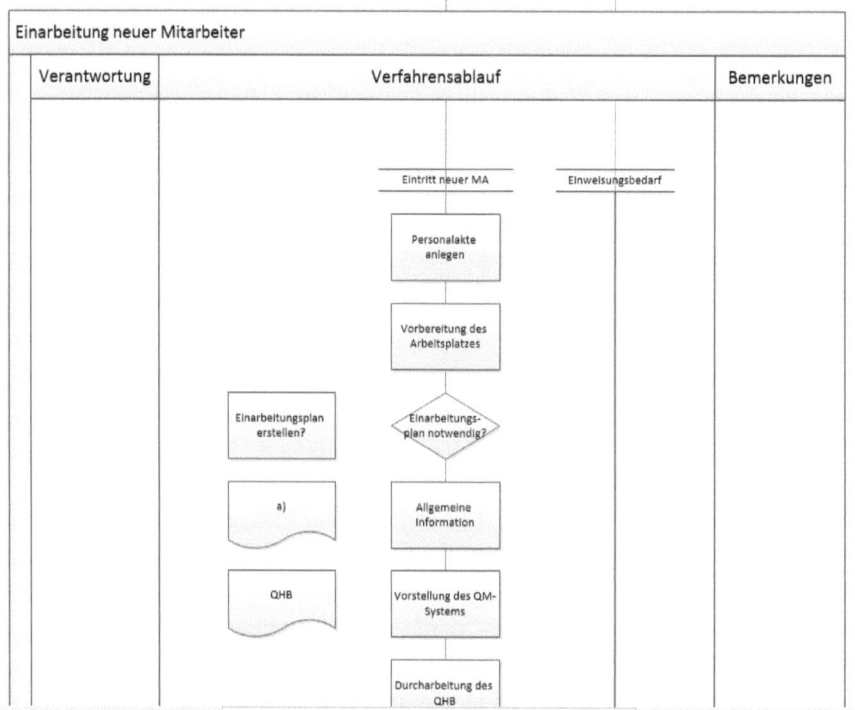

- Wenn Sie freien Text einfügen möchten, aktivieren Sie das *Text-Tool* aus der Registerkarte *Start*. Es genügt ein Klick auf das Zeichenblatt. Alternativ kann man ein Rechteck auf dem Blatt aufziehen, um eine Textbox zu erzeugen.
- Texte sind standardmäßig zentriert. Falls Sie diese linksbündig formatieren möchten, empfiehlt es sich, ein Shape zu beschriften, formatieren und anschließend zu duplizieren. Wird nun neuer Text eingefügt, wird er ebenso formatiert wie der alte Text. Alternativ können Sie mehrere Textfelder erstellen und beschriften. Wenn Sie nun markiert sind, können sie auf die gleiche Art formatiert werden. Vergessen Sie auch hier die Wiederholtaste **[F4]** nicht.

- Für Aufzählungen empfiehlt es sich, im Textmodus das Textlineal zu aktivieren. Dann kann nach einem Aufzählungszeichen ein Tabulator eingegeben werden. Die Position des hängenden Einzugs kann schnell über das Textlineal festgelegt werden (siehe **Abbildung 8.23**).
- Wenn Ihnen die Designvorgabe nicht gefällt, können Sie sie ändern, indem Sie ein anderes Design in der gleichnamigen Gruppe in der Registerkarte *Entwurf* auswählen. Oder Sie ändern eine Variante aus der gleichnamigen Gruppe.

Abbildung 8.23: *Shapes werden beschriftet und formatiert.*

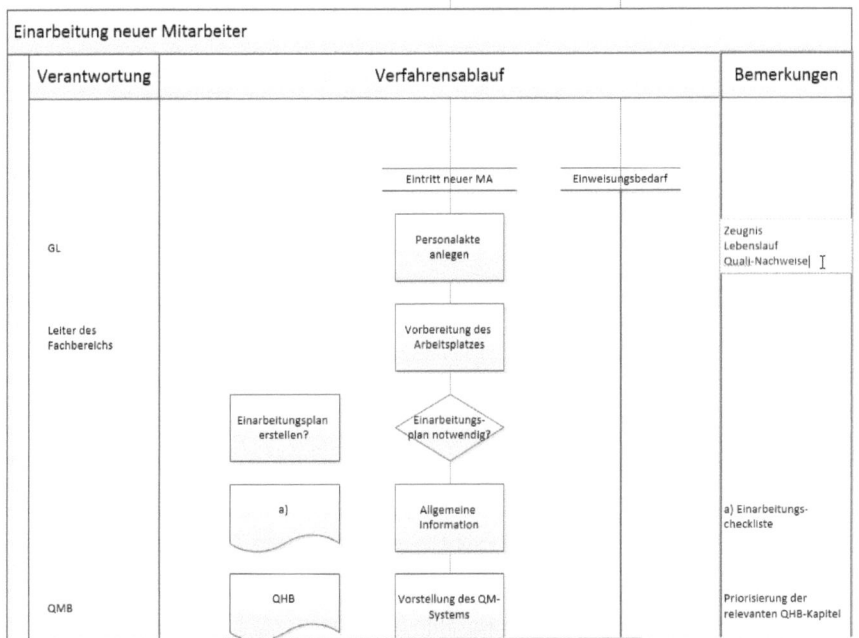

- Um die Shapes miteinander zu verbinden, bietet sich der dynamische Verbinder aus der Registerkarte *Start* an. Da Verbindungslinien zwischen Shapes mit Pfeilspitzen versehen werden und die die Vorlage *Funktionsübergreifendes Flussdiagramm* die Formatvorlagen *Verbinder* bereits mit Pfeilspitzen versehen hat, müssen die Verbinder in die korrekte Richtung gezogen werden (siehe **Abbildung 8.24**).
- Die Verbinder werden – falls nötig – beschriftet. Die Texte können bequem mithilfe des Steuerelements zur Seite geschoben werden (siehe **Abbildung 8.24**).

Die Vorlagen der Kategorie Flussdiagramm und die Ablaufdiagramme der Kategorie Geschäft

Abbildung 8.24: *Die Shapes werden mit statischen Verbindern verbunden.*

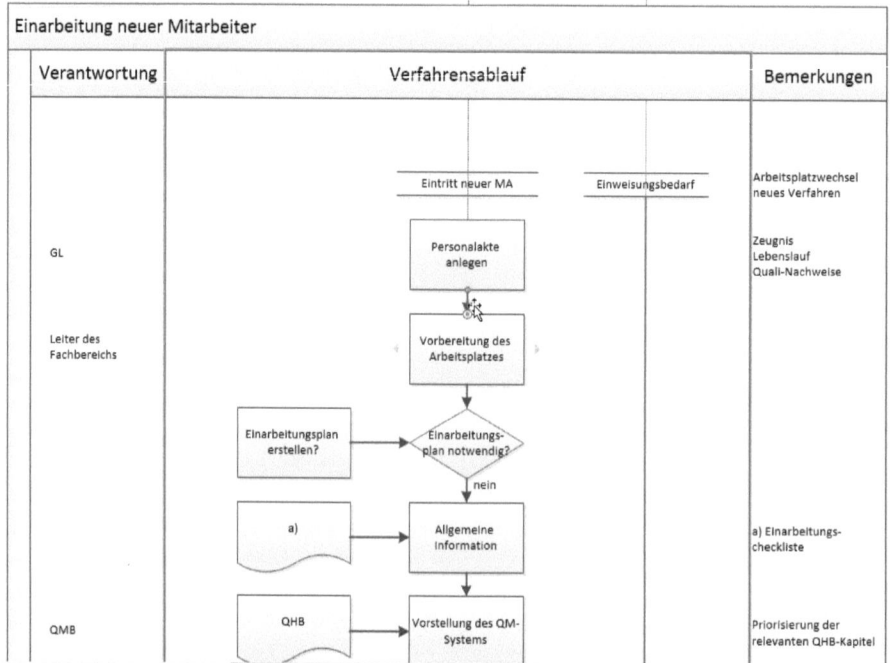

- Als Alternative zu den dynamischen Verbindern bieten sich die blauen Dreiecke (die AutoVerbinder) an den vier Seiten der Shapes an, mit deren Hilfe die Shapes schnell verbunden werden können. Allerdings erhalten Sie auf diese Art jedoch dynamische und keine statischen Verbinder.

  Sie können auch einen anderen Verbinder aus der Schablone *Verbinder* herausziehen. Die Schablone *Verbinder* befindet sich in der Kategorie *Visio-Extras*.

- Wird Ihre Zeichnung größer als Din-A4, können Sie die Shapes außerhalb ablegen. Beachten Sie, dass Sie die Bänder nun auch anpassen müssen.

- Die Ränder des Ausdrucks lassen sich über die Option *Ansicht/Anzeigen/Seitenumbruch* sichtbar machen.

- Speichern Sie die Datei.

- Kontrollieren Sie die *Seitenansicht* der Datei über *Datei/Drucken*.

- Drucken Sie die Datei, falls gewünscht.

8.4. Weitere Ablaufdiagramme der Kategorie Geschäft

Erstaunlicherweise finden sich in der Kategorie *Geschäft* und nicht in *Flussdiagramm* eine Reihe weiterer Vorlagen, mit denen sich bestimmte Ablaufdiagramme darstellen lassen. Es handelt sich dabei um folgende Vorlagen:

- *Auditdiagramm*
- *EPC-Diagramm*
- *Fehlerstrukturanalyse-Diagramm*
- *ITIL-Diagramm*
- *TQM-Diagramm*
- *Wertstromzuordnung*

Auch ihre Arbeitsweisen unterscheiden sich nicht von denen, die bereits im Abschnitt »Die Vorlage Standardflussdiagramm« beschrieben wurden.

8.4.1. Die Vorlage Auditdiagramm

Als Audit (von lateinisch »Anhörung«) werden allgemein Untersuchungsverfahren bezeichnet, die dazu dienen, Prozessabläufe hinsichtlich der Erfüllung von Anforderungen und Richtlinien zu bewerten. Dies erfolgt häufig im Rahmen eines Qualitätsmanagements.

In diesem Sinne wurde der Begriff ursprünglich im Personalwesen angewandt. Heute werden in fast allen Bereichen von Firmen oder Organisationen von Zeit zu Zeit Audits durchgeführt: Finanzwesen, Informationsmanagement, Datenschutz, Produktionsabläufe, Kundenmanagement, Qualitätsmanagement, Umwelt, Management bzw. Führung eines Unternehmens/Organisation, Arbeitszufriedenheit, Vereinbarkeit von Familie und Beruf und so weiter.

Je nach Bereich wird bei einem Audit der Ist-Zustand analysiert oder aber ein Vergleich der ursprünglichen Zielsetzung mit den tatsächlich erreichten Zielen ermittelt. Oft soll ein Audit auch dazu dienen, allgemeine Probleme oder einen Verbesserungsbedarf aufzuspüren, damit sie beseitigt werden können.

Die Vorlage »Auditdiagramm« weist keine grundlegenden Änderungen zur Vorlage *Standardflussdiagramm* auf. Es verfügt zwar über weitere Shapes, die auf drei Schablonen verteilt sind (*Kompatibilitäts-Shapes*, *Auditdiagramm-Shapes* und *Pfeil-Shapes*), das Arbeiten entspricht jedoch den gleichen Techniken, wie es bei der Vorlage *Standardflussdiagramm* beschrieben wurde:

Die Vorlagen der Kategorie Flussdiagramm und die Ablaufdiagramme der Kategorie Geschäft

Abbildung 8.25: Ein Auditdiagramm – es hat sehr viel Ähnlichkeit mit dem Standardflussdiagramm

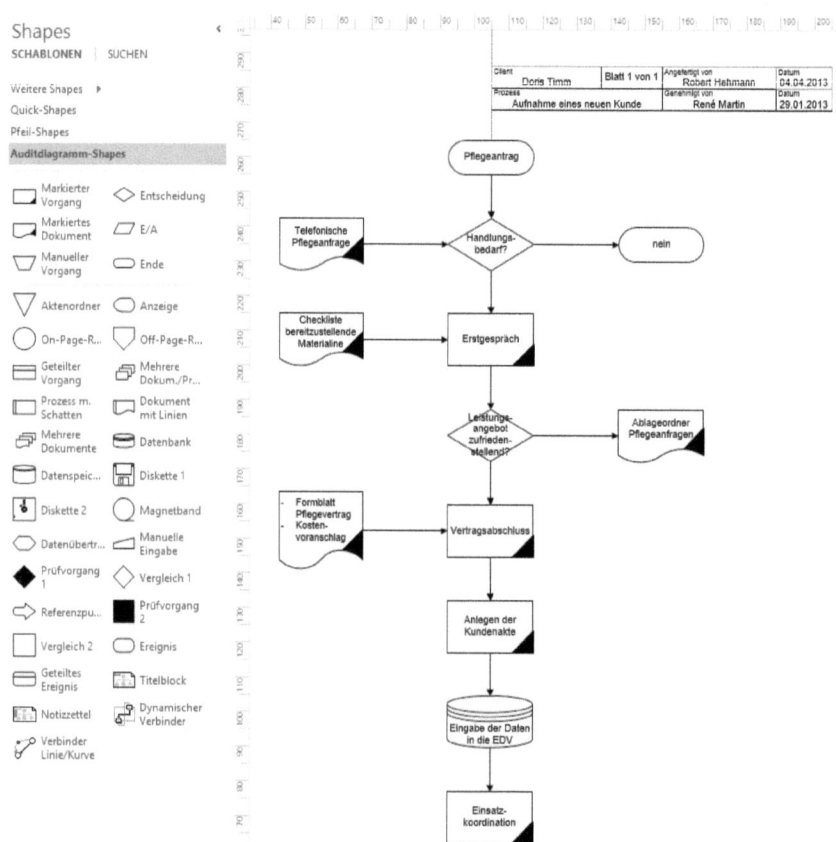

8.4.2. Die Vorlage EPC-Diagramm

Die Ereignisgesteuerte Prozesskette oder Event-driven process chain (EPC) ist ein Modell zur Darstellung von Geschäftsprozessen einer Organisation bei der Geschäftsprozessmodellierung. EPC stellt Arbeitsprozesse in einer halbformalen Modellierungssprache grafisch dar. Dadurch sollen betriebliche Vorgänge systematisiert und parallelisiert werden, mit dem Ziel, Zeit und Geld einsparen zu können. Dazu werden Objekte in gerichteten Graphen mit Verknüpfungslinien und -pfeilen in einer 1:1-Zuordnung verbunden.

EPCs können für verschiedene Aufgaben eingesetzt werden:

- Evaluation und Implementierung von Standardsoftware

Weitere Ablaufdiagramme der Kategorie Geschäft

- Darstellung von Abläufen bei Eigenentwicklungen
- Prozessoptimierung beim Business Process Reengineering
- Analyse und Optimierung von Geschäftsprozessen im Rahmen des Process Performance Management
- Veranschaulichung von Abläufen bei Anwenderschulungen
- Geschäftsprozessmodellierung (Standard in kleinen und mittleren Unternehmen)
- Prozesskostenrechnung
- Modellierung von verschiedenen Prozessen

Die Vorlage EPC-Diagramm weist von den Arbeitstechniken keine Unterschiede zur Vorlage *Standardflussdiagramm* auf.

Abbildung 8.26: *Ein EPC-Diagramm*

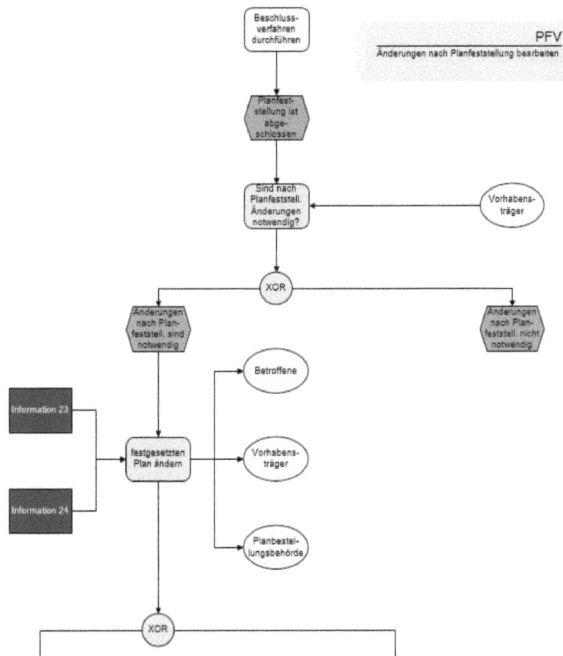

8.4.3. Die Vorlage Fehlerstrukturanalyse-Diagramm
Mithilfe dieser Kategorie erstellen Sie Fehlerbaumdiagramme zur Dokumentation von Geschäftsvorgängen Damit dokumentieren Sie ISO-9000-Prozesse.

Die Vorlagen der Kategorie Flussdiagramm und die Ablaufdiagramme der Kategorie Geschäft

Das Arbeiten mit der Vorlage Fehlerstrukturanalyse-Diagramm weist von den Arbeitstechniken keine Unterschiede zur Vorlage *Standardflussdiagramm* auf.

8.4.4. Die Vorlage TQM-Diagramm

TQM (Total Quality Management), manchmal auch Umfassendes Qualitätsmanagement genannt, bezeichnet die durchgängige, fortwährende und alle Bereiche einer Organisation (Unternehmen, Institution usw.) erfassende aufzeichnende, sichtende, organisierende und kontrollierende Tätigkeit, die dazu dient, Qualität als Systemziel einzuführen und dauerhaft zu garantieren. TQM wurde in der japanischen Autoindustrie weiterentwickelt und schließlich zum Erfolgsmodell gemacht.

Das Arbeiten mit der Vorlage TQM-Diagramm weist von den Arbeitstechniken keine Unterschiede zur Vorlage *Standardflussdiagramm* auf.

8.4.5. Die Vorlage ITIL-Diagramm

Die IT Infrastructure Library (ITIL) ist ein Regelwerk, dass die für den Betrieb einer IT-Infrastruktur notwendigen Prozesse beschreibt. Die Prozesse orientieren sich bei ITIL nicht an der Technik, sondern an den durch den IT-Betrieb erbrachten Services bzw. den Dienstleistungen. Daher bildet ITIL eine mögliche Grundlage für ein IT-Service-Management.

Diese Vorlage setzt vier Schablonen ein. Die Schablone *Standardflussdiagramm-Shapes* wird in der gleichnamigen Vorlage verwendet, die beiden Schablonen *Server* und *Computer und Monitore* in den Vorlagen *Detailliertes Netzwerkdiagramm* und *Standard-Netzwerkdiagramm*. Die Shapes der Schablone *ITIL-Shapes* haben Ähnlichkeit mit den Shapes der Schablonen *Workflowschritte*, *Workflowobjekte* und *Abteilung* der Vorlage *Arbeitsflussdiagramm*.

Das Arbeiten mit der Vorlage ITIL-Diagramm weist von den Arbeitstechniken keine Unterschiede zur Vorlage *Standardflussdiagramm* oder *Arbeitsflussdiagramm* auf.

8.4.6. Die Vorlage Wertstromzuordnung

Sie weist keine grundlegenden Änderungen zur Vorlage *Standardflussdiagramm* auf. Das Arbeiten entspricht den gleichen Techniken:

- Öffnen Sie die Vorlage *Datei/Neu/Kategorien/Geschäft/Wertstromzuordnung*.
- Ziehen Sie aus der Schablone *Wertstromzuordnungs-Shapes* die benötigten Master-Shapes auf das Zeichenblatt.

- Wenn Sie bei den Shapes *Prozess* den Operator ausblenden möchten, können Sie dies mithilfe des Kontextmenüs tun.

Sollten Sie weitere Shapes benötigen, dann können Sie weitere Schablonen hinzufügen.

Abbildung 8.27: Ein Wertstromdiagramm

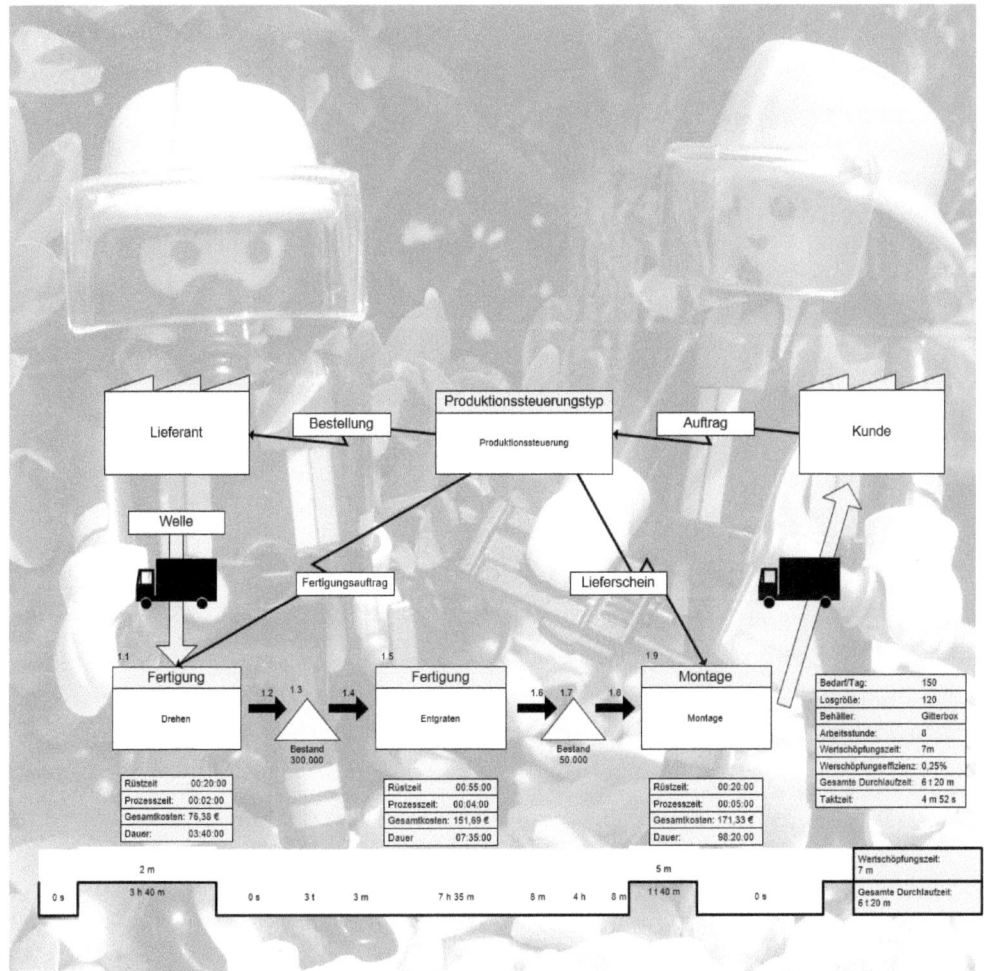

Die Vorlagen der Kategorie Flussdiagramm und die Ablaufdiagramme der Kategorie Geschäft

- Richten Sie die Shapes aus und verteilen Sie die Shapes.
- Verbinden Sie die Shapes.
- Beschriften Sie die Shapes. Die Shapes *Prozess, Produktionskontrolle* und *Zeitachsensegment* sind gruppierte Shapes, können also mehrere Texte aufnehmen. Markieren Sie das entsprechende Mitglieds-Shape und schreiben Sie dort den benötigten Text hinein.
- Das Shape *Prozess* besitzt Shape-Daten. Sie gelangen über das Kontextmenü *Eigenschaften* zu ihnen.
- Falls nötig: Formatieren Sie die Shapes.
- Falls gewünscht: Ändern Sie das Design und die Varianten.

Wird das Shape *Datentabelle* verbreitert, ändert sich der Textumbruch. Wird es in der Höhe vergrößert, erscheinen weitere Felder.

Die Shapes *Produktionskanban, Entnahmekanban, Batchkanban* und *Batchentnahmekanban* haben eine Mindestbreite und Mindesthöhe. Sie können diese Shapes also nicht beliebig verkleinern.

> **Hinweis** Kanban (japanisch: Karte, Tafel) ist eine Methode der Produktionsablaufsteuerung. Es orientiert sich am Bedarf einer verbrauchenden Stelle im Fertigungsablauf. Autonome Regelkreise bilden das Kernelement der Produktionssteuerung.

Die Seitenverhältnisse des Signalkanban sind gesperrt.

- Sie können schnell die Pfeilspitze der Shapes *Ziehpfeile* verändern, indem Sie im Kontextmenü die Option *Pfeilspitze ändern* wählen.
- Speichern Sie die Datei.
- Kontrollieren Sie die *Seitenansicht* der Datei über *Datei/Drucken*.
- Drucken Sie die Datei, falls gewünscht.
- Exportieren Sie die Datei, falls gewünscht.

8.5. Zusammenfassung

Um effizient ein Flussdiagramm oder Ablaufdiagramm zu erstellen, müssen Sie die richtige Vorlage öffnen. In jeder der in diesem Kapitel beschriebenen Vorlagen finden Sie eine oder mehrere Schablonen, die Sie für Ihre Zwecke benutzen können. Danach werden die Master-Shapes auf das Zeichenblatt gezogen ungefähr an die Position, an der sie später stehen sollen. Dies kann jedoch niemals die endgültige Position sein, da in der Regel neue Shape dazwischen gelegt werden oder sich ihre Größe aufgrund des Textes verändert. Richten Sie die Shapes ordentlich aus, verteilen Sie die Shapes so, dass die Abstände gleich groß sind. Unterschiedlich große Abstände oder nicht auf einer »Linie sitzende« Shapes werden von meisten Betrachtern sofort wahrgenommen. Die Zeichnung wirkt unordentlich und schlampig. Da solche Ablaufdiagramme häufig in Bereichen des Qualitätsmanagements zu finden sind, wäre es ein Widerspruch in sich, wenn die Verbinder schräg laufen oder »knicken« oder wenn sofort erkennbar wird, dass die Zeichnung ohne hohe Ansprüche an die Qualität erstellt wurde.

Verbinden Sie die Shapes miteinander, beschriften Sie die Shapes und – falls Sie dies möchten – exportieren Sie die Zeichnung. Vor allem Handbücher im Bereich Qualitätsmanagement werden häufig in Microsoft Word erstellt.

9 Die Vorlagen der Kategorie Geschäft

Neben den Flussdiagramm-Shapes ist sicherlich die Vorlage *Organigramm* die wichtigste und beliebteste Vorlage von Visio – in ihren vielfältigen Anwendungsgebieten liegen sehr viele Stärken, mit denen nicht nur in kurzer Zeit Organigramme erzeugt und verändert werden können, sondern Daten und Informationen können aus ihnen exportiert werden. Sie und die übrigen Vorlagen der Kategorie *Geschäft* werden in diesem Kapitel beschrieben.

9.1. Die Vorlage Organigramm

Nachdem Sie die Vorlage *Organigramm* geöffnet haben, fällt auf, dass das Zeichenblatt im Querformat eingerichtet ist, das es einen festen Gitterabstand besitzt, der nicht beim Verkleinern oder Vergrößern feiner oder gröber wird (*Ansicht/Anzeigen/Lineal und Gitter*). Obwohl es nicht Usus ist, bei Organigrammen Pfeilspitzen zu verwenden, sind sechs von zehn Grafikformaten mit Pfeilspitzen vorformatiert. Das dynamische Gitter ist dagegen deaktiviert (*Ansicht/Visuelle Unterstützung/Ausrichten und Kleben*).

Außerdem sehen Sie, dass diese Vorlage über eine weitere Registerkarte *Organigramm* verfügt. Beim Öffnen der Vorlage wird die Schablone *Organigramm-Shapes* geöffnet, in der sich die zentralen Shapes für das Diagramm befinden (siehe **Abbildung 9.1**).

Wird eines der ersten sechs Master-Shapes *Führungskraft*, *Vorgesetzter*, *Position*, *Assistent*, *Berater* oder *Freie Stelle* auf das Zeichenblatt gezogen, öffnet sich häufig (erstaunlicherweise nicht immer) ein Assistent mit dem Hinweis, dass das Ablegen von Shapes auf den übergeordneten Shape ein automatisches Verbinden und Ausrichten zur Folge hat.

Wenn Sie ein zweites Shape aus der Schablone auf das Zeichenblatt ziehen und es (weitgehend) mittig auf einem vorhandenen Shape fallen lassen, wird es automatisch an seine korrekte Position befördert und mit dem darüber liegenden Shape verbunden (siehe **Abbildung 9.1**)

Sollten Sie es nicht nahe genug in der Mitte platziert haben, können Sie es erneut verschieben um den Positionierungs- und Verbindermechanismus zu aktivieren.

Die Vorlage Organigramm

Abbildung 9.1: *Die Vorlage* Organigramm

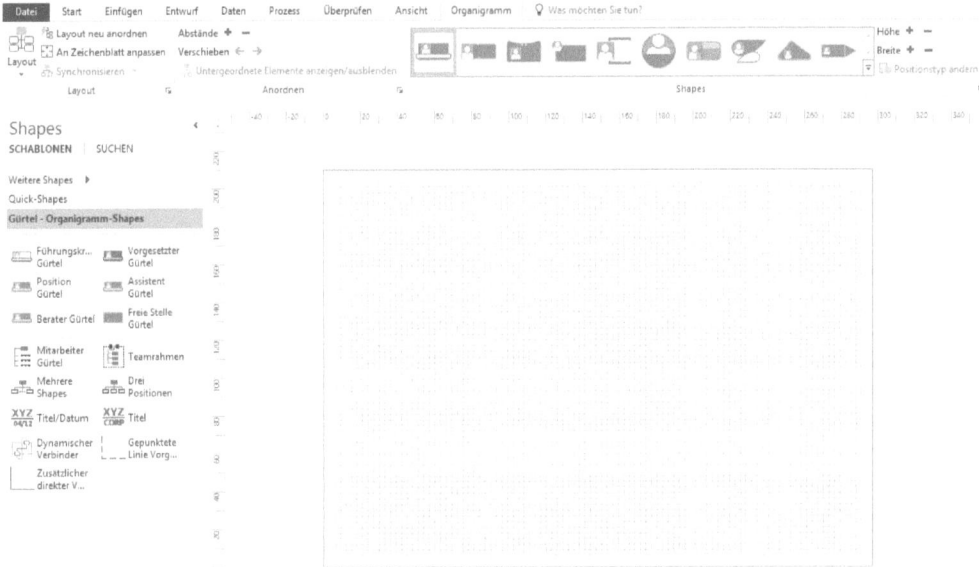

Abbildung 9.2: *Die Shapes werden automatisch beim korrekten Ablegen positioniert*

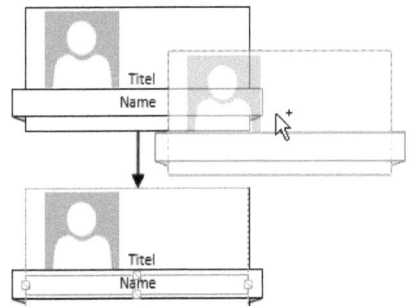

> **Hinweis**
> Beachten Sie, dass das Duplizieren von Shapes und das Kopieren und Einfügen von vorhandenen Shapes zwar neue Shapes erzeugt, diese jedoch nicht mit einer Führungsposition verbunden sind. Sie müssen erneut auf das entsprechende übergeordnete Shape gezogen werden, damit sie mit diesem verbunden sind.

Wenn Sie drei Shapes als Mitarbeiter (Positionen) benötigen, die einem Chef untergeordnet sind, finden Sie in der Schablone *Organigramm-Shapes* das Shape *Drei Positionen*. Es wird wie ein Shape behandelt, erzeugt jedoch – wie der Name vermuten lässt – drei (untergeordnete) Positionen. Die drei neuen Shape sind nach dem Erzeugen markiert. Vor der weiteren Bearbeitung sollten Sie die Markierung auflösen. Dann können sie wie drei voneinander unabhängige Shapes behandelt werden.

Wenn Sie mehr als drei Shapes benötigen oder wenn Sie drei Shapes benötigen, die nicht als Positionen ausgezeichnet sind, können Sie das Master-Shape *Mehrere Shapes* verwenden. Sobald es aus der Schablone herausgezogen und auf dem übergeordneten Shape fallen gelassen wird, öffnet sich der Assistent, der fragt, von welchem Typ und wie viele Shapes benötigt werden.

Abbildung 9.3: *Es können mehrere Shapes auf einem übergeordneten Shape abgelegt werden.*

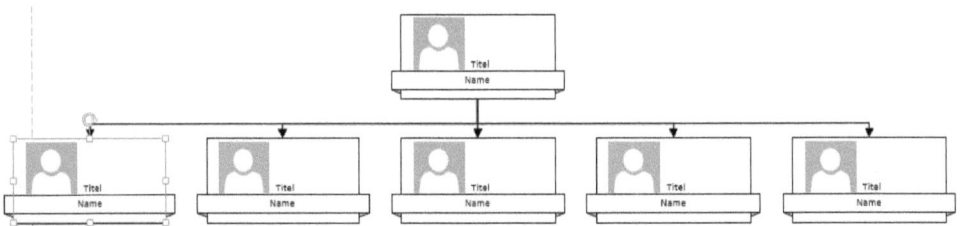

> **Hinweis**
> Beachten Sie, dass leider kein Shape für einen Stellvertreter existiert. Leider lässt es Visio auch nicht zu, dass ein Mitarbeiter für zwei Vorgesetzte gleichzeitig arbeitet. Wenn Sie »per Hand« eine zweite Verbinderlinie ziehen, wird die erste Linie gelöscht. Die einzige Möglichkeit, dies zu umgehen, besteht darin, nicht mit einem Verbinder, sondern mit einer Linie zu arbeiten.

Das Beschriften stellt (fast) keine Schwierigkeit dar: Ist ein Shape markiert, stellen Sie fest, dass in dem gruppierten Shape Textfelder liegen, in die Sie die Texte eintragen können. Die Texte werden automatisch in die Shape-Daten übernommen, die Sie sich anzeigen lassen können, wenn Sie den Aufgabenbereich *Shape-Daten* öffnen, den Sie im Befehl *Ansicht/Anzeigen/Aufgabenbereiche* finden.

Selbstverständlich kann vorhandener Text per Doppelklick auf das Shape, mit der Funktionstaste **[F2]** oder mit dem Symbol *Text-Tool* geändert und korrigiert werden. Oder natürlich in den Shape-Daten.

Neue Shapes werden abwechselnd rechts und links der bereits vorhandenen Shapes angeordnet. Möchten Sie ein Shape mit seinem linken (oder rechten) Nachbarn vertauschen, helfen Ihnen hierbei die beiden Symbole aus der Registerkarte *Nach links/oben verschieben* und *Nach rechts/unten verschieben* in der Gruppe *Anordnen*. Oder Sie ziehen das Shape einfach mit der Maus an die gewünschte Position.

Soll ein Shape an eine andere Stelle befördert werden (das heißt: ein Mitarbeiter wechselt die Abteilung oder wird befördert), so genügt es, dieses Shape mit gedrückter Maustaste

Die Vorlage Organigramm

an die entsprechende Stelle zu ziehen und es auf dem entsprechenden übergeordneten Chef-Shape abzulegen.

Abbildung 9.4: *Die Shapes werden beschriftet.*

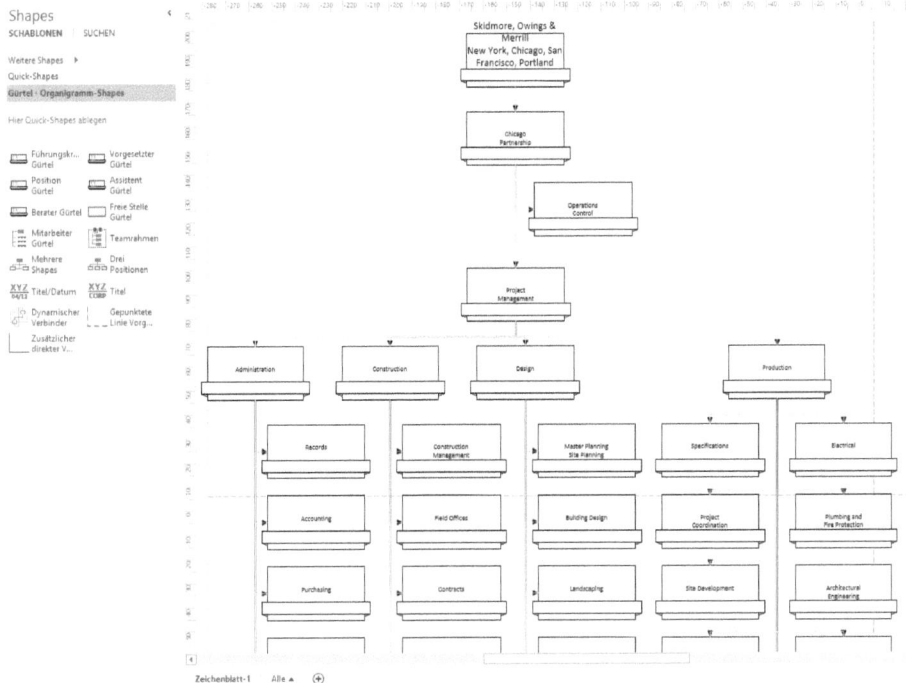

> **Hinweis**
> Beachten Sie, dass beim Verschieben sämtliche untergeordnete Shapes mitgenommen werden und an dem übergeordneten kleben bleiben.

Wenn Sie ein Shape löschen möchten, genügt es, dieses Shape zu markieren und mit der Taste **[Entf]** zu löschen. Selbstverständlich steht Ihnen hierfür wie für alle anderen Aktionen die Rückgängig-Funktion zur Verfügung.

Das Hinzufügen, Verschieben und Löschen von Shapes bewirkt, dass in einer Reihe Lücken entstehen oder dass eine Reihe nicht symmetrisch und dem übergeordneten Shape zu stehen kommt. Um dies schnell wieder in eine ansehnliche Ordnung zu bringen, können Sie die Option *Organigramm/Layout neu anordnen* oder das gleichnamige Symbol verwenden (siehe **Abbildung 9.5**). Leider wird diese Funktion immer auf dem ganzen

Die Vorlagen der Kategorie Geschäft

Zeichenblatt ausgeführt – es nicht möglich, diesen Assistenten nur teilweise auf der Zeichnung ausführen zu lassen.

Abbildung 9.5: *Vor und nach dem Neuformatieren durch den Befehl Layout neu anordnen*

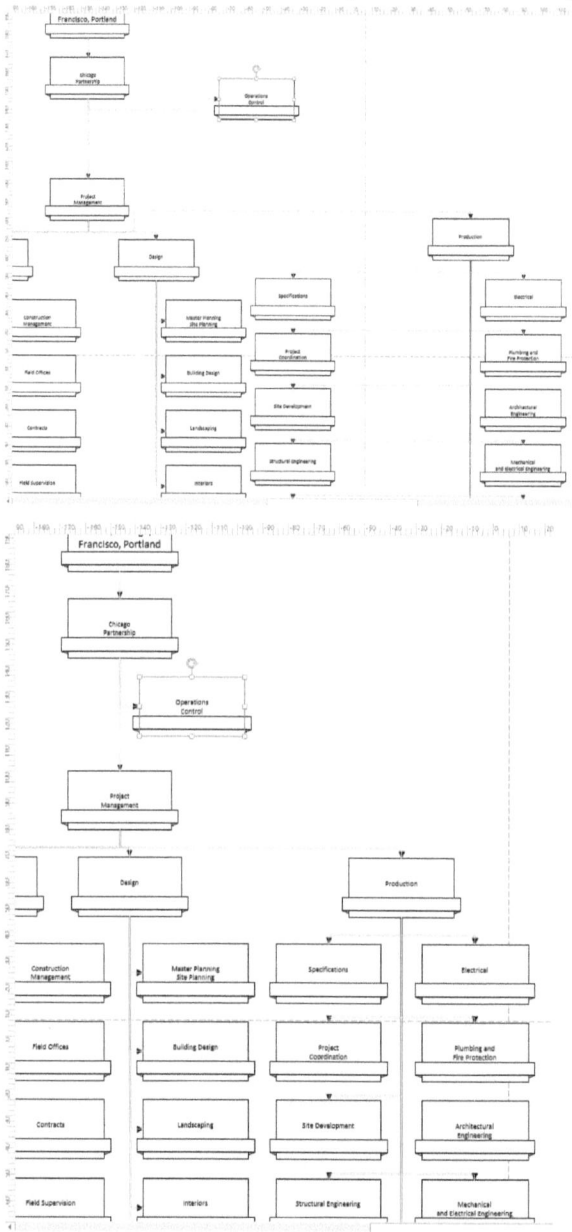

Wenn Sie feststellen, dass eines der vorhandenen Shapes nicht dem korrekten Typ entspricht, kann dies über das Kontextmenü schnell geändert werden. Dort findet sich die Option *Positionstyp ändern* (siehe **Abbildung 9.6**). Alternativ steht Ihnen ein Symbol *Positionstyp ändern* in der Registerkarte *Organigramm* in der Gruppe *Shapes* zur Verfügung.

Abbildung 9.6: *Der Positionstyp kann schnell geändert werden.*

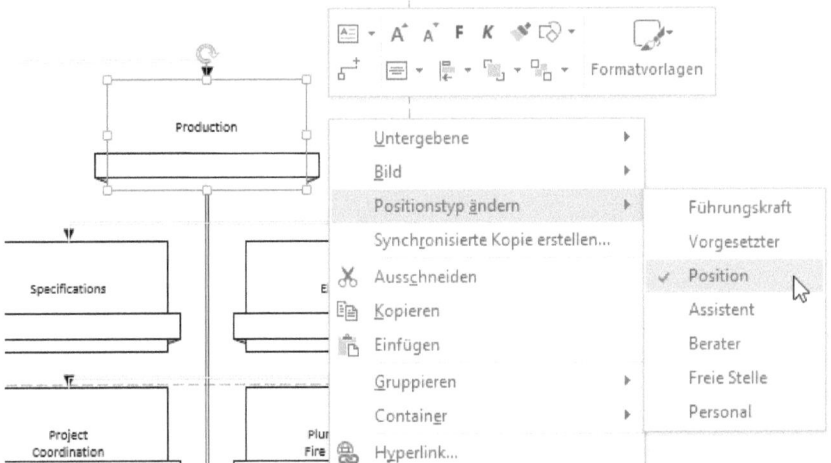

Möglicherweise entspricht das auf diese Weise schnell erstellte Organigramm (noch) nicht Ihren Wünschen. Nachdem Sie eine Neuformatierung durch den Menübefehl *Layout neu anordnen* vorgenommen haben, können Sie die Abstände definieren. Über die beiden Symbole *Organigramm/Anordnen/Abstände* können die Abstände vergrößert oder verringert werden. Oder Sie öffnen das Dialogfeld *Abstand* über das Startprogramm aus der Gruppe *Anordnen*, klicken auf das Optionsfeld *Benutzerdefiniert* und öffnen das zweite Dialogfeld *Benutzerdefinierte Abstandswerte*, das sich hinter der Schaltfläche *Werte* verbirgt. Dort geben Sie eine feste Zahl vor (siehe **Abbildung 9.7**). Wählen Sie dort den Layouttyp aus, den Sie verwendet haben. Dann haben Sie – je nach gewähltem Typ – bis zu sechs verschiedene numerische Einstellungsmöglichkeiten, mit denen die Abstände horizontal oder vertikal festgesetzt werden können.

Wenn Sie Zahlen mit dem Drehfeld oder per Eingabe geändert haben und das Dialogfeld geschlossen haben, sollten Sie noch angeben, ob diese Abstände nur für das markierte Shape (beziehungsweise die markierten Shapes – eine Mehrfachselektion ist möglich), für das gesamte Zeichenblatt – was in der Regel am sinnvollsten ist – oder für die gesamte Datei gelten soll.

Abbildung 9.7: *Die horizontalen und vertikalen Abstände können mithilfe des Assistenten geändert werden.*

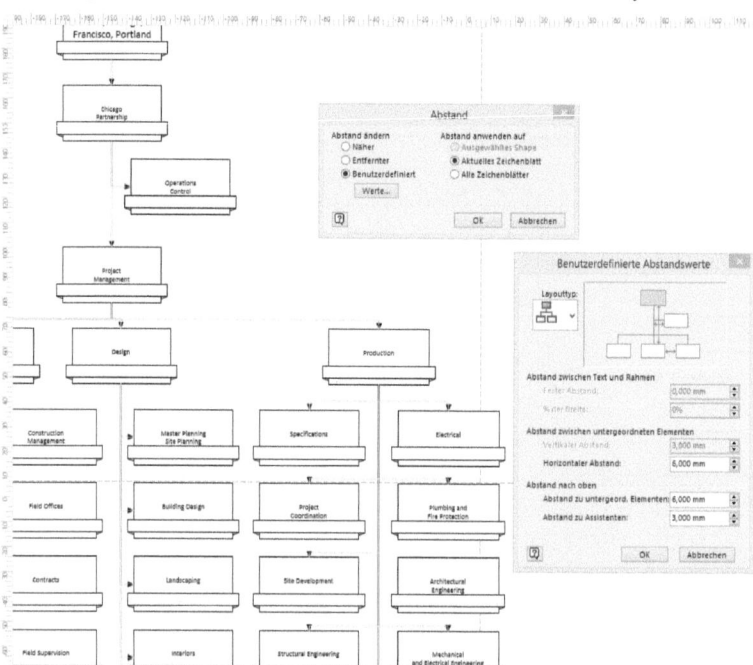

Während in früheren Visio-Versionen einige Schutzmechanismen in Bezug auf Formatierungen eingeschaltet waren, wurden diese nun vollständig entfernt. Sämtliche Formatierungen können verwendet werden: Füllbereich, Füllfarbe, Muster, Transparenz, Schatten, Linien, Linienmuster, Linienbreite, Linienfarbe, Linienende, abgerundete Ecken, Schatten, Spiegelung, Leuchteffekt, weiche Kanten, 3D-Formate, 3D-Drehungen, Textformate, Schriftart, Schriftmodus (fett, kursiv, fett/kursiv), Schriftgröße, Groß- und Kleinschreibung, Schriftfarbe, Unterstreichung, Ausrichtung, Einzüge, Position, Aufzählungszeichen, Höhe und Breite, Rotationswinkel.

Weitere Gestaltungsoptionen und -einstellungen finden Sie in *Organigrammdaten/Shapes/Weitere*. Dieses automatischen Layouts werden auf die Shapes des Zeichenblattes angewendet.

Vielleicht haben Sie sich gewundert, warum in diesem Kapitel von der Schablone *Organigramm-Shapes* gesprochen wurde und nicht von *Gürtel Organigramm-Shapes,* warum vom Shape *Position* und nicht von *Position Gürtel.* Der Grund liegt in den zehn verschiedenen Layouts. Jedes der Layout-Vorgaben hat einen Namen, der sowohl in der Schablone als auch in jedem Shape angezeigt wird.

> **Hinweis:** Leider sind an die Layoutvorlagen nicht nur Füllfarben und Formen der Shapes gebunden, sondern auch die Linienenden, die fast immer mit Pfeilspitzen formatiert sind.

Um dem Shape ein Bild zuzuweisen – naturgemäß ein Mitarbeiterfoto – markieren Sie ein Shape und verwenden anschließend den Befehl *Einfügen* aus der Gruppe *Organigramm/Grafik*. Der Vorteil gegenüber dem Befehl *Einfügen/Illustrationen/Bilder* liegt auf der Hand: Wird ein Mitarbeiterfoto über das Kontextmenü eingefügt, wird es mit dem entsprechenden Shape gruppiert. Das bedeutet, dass ein Verändern der Position nicht nur den Text, sondern auch das Foto mit verschiebt. Zwar könnten Sie eingefügte Bilder mit den Shapes gruppieren – jedoch weisen Sie einen weiteren Vorteil auf: Wenn Sie für einen Ausdruck oder einen Export in ein anderes Format (HTML, JPEG, TIFF, PDF usw.) nicht möchten, dass dieses Bild mit exportiert wird, können Sie für die entsprechenden Shapes über das Kontextmenü oder das Symbol in der Registerkarte die Bilder ausblenden lassen. Umgekehrt genügt ein Mausklick, um die Bilder erneut wieder anzeigen zu lassen.

9.1.1. Beispiel: So erstellen Sie ein Organigramm

- Wählen Sie über den Menübefehl *Datei/Neu/Kategorien/Geschäft/Organigramm* die Vorlage.
- Ziehen Sie das oberste Shape *Führungskraft* oder *Vorgesetzter* auf das Zeichenblatt.
- Ziehen Sie eine »Position« auf das Zeichenblatt und legen es auf dem übergeordneten ab.
- Ziehen Sie so viele Mitarbeiterpositionen auf das übergeordnete Shape, wie Sie benötigen.

  Alternativ können Sie auch die beiden Shapes *Drei Positionen* oder *Mehrere Shapes* auf einem übergeordneten Shape ablegen.

  Bei Verwendung des Master-Shapes *Mehrere Shapes* öffnet sich ein Assistent. Wählen Sie dort die Art des Shapes und ihre Anzahl aus.

>  **Tipp:** Ein Vorgesetzter kann mehrere Mitarbeiter haben, ein Mitarbeiter in den Visio-Organigrammen leider nur ein Vorgesetzter. Wenn Sie versuchen mit einer Verbinderlinie eine zweite Beziehung zu erzeugen, wird die andere Linie gelöscht. Abhilfe schafft hier das Shape Universeller Verbinder aus der Schablone Verbinder.

- Beschriften Sie die Shapes. Sie können direkt auf die Mitglieds-Shapes des Shapes schreiben oder die Eingaben in den Shape-Daten (*Ansicht/Aufgabenbereiche/Shape-Daten*) tätigen. Sie können weitere Daten eingeben, die am Anfang nicht angezeigt werden. Wenn Sie möchten, dass auch Informationen, wie Titel, Telefon und E-Mail auf dem Shape stehen, wählen Sie die entsprechenden Optionen über das Startprogramm der Gruppe *Organigramm/Shapes* aus und weisen ihnen den gewünschten Platz zu.

Der Typus des Mitarbeiters kann über das Kontextmenü oder den Befehl *Positionstyp ändern* modifiziert werden.

Ein Mitarbeiter-Shape wird gelöscht, indem Sie es markieren und die Taste **[Entf]** drücken.

Ein Mitarbeiter-Shape wird verschoben, indem Sie es mit gedrückter Maustaste zu seinem neuen Vorgesetzten befördern.

- Ein Mitarbeiter kann auf der gleichen Ebene über das Symbol *Organigramm/Nach links/oben verschieben* oder *Organigramm/Nach rechts/unten* verschoben werden.

9.1.2. Gestaltung des Organigramms

Nachdem die Struktur des Organigramms festgelegt wurde und nachdem die einzelnen Shapes beschriftet wurden, können Sie das Organigramm gestalten. Dazu stehen Ihnen eine Reihe von Optionen zur Verfügung:

- Wenn Sie Shapes verschoben, gelöscht oder neu hinzugefügt haben, entstehen Lücken. Diese können automatisch über das Symbol *Organigramm/Layout/Layout neu anordnen* geschlossen werden.

- Untergeordnete Elemente können nebeneinander oder untereinander angeordnet werden. Markieren Sie das übergeordnete Shape und ordnen die Positionen über eines der Symbole aus den Gruppen *Organigramm/Layout/Layout/Horizontal*, *Organigramm/Layout/Layout/Vertikal* oder *Organigramm/Layout/Layout/Aneinandergereiht* neu an.

- Fügen Sie einem Mitarbeiter sein Bild hinzu, indem Sie das Shape markieren und über das Kontextmenü *Bild ändern* oder der Registerkarte *Organigramm* den Befehl *Bild/Bild einfügen* wählen.

- Wählen Sie eines der zehn Grafikformate aus, die Visio für Sie bereitstellt. Selbstverständlich wird das Grafikformat für alle Shapes auf dem Zeichenblatt (nicht in der Datei) übernommen.

> **Hinweis** Wenn Sie eine Visio-Zeichnung öffnen, die im VSD-Format vorliegt, stehen Ihnen die Grafikformate nicht zur Verfügung. Sie müssen diese Zeichnung als Visio-Zeichnung (VSDX) speichern. Dann erst kann die Organigramm-Formatvorlage angewendet werden.

- Ändern Sie Schriftart. Die Schriftart (Calibri), Schriftgröße (8 pt), Schriftfarbe (schwarz), die Schriftmodi fett und kursiv können über die Registerkarte *Start* für sämtliche markierten Shapes des Zeichenblattes geändert werden.
- Ändern Sie die Breite und die Höhe der Shapes. Sie werden mit dem Dialogfeld des Startprogramms der Gruppe *Optionen* aus *Organigramm/Shapes* festgelegt.
- Die Abstände zwischen den Shapes (horizontal und/oder vertikal) legen Sie über das Dialogfeld *Abstand* fest, das Sie im Startprogramm der Gruppe *Organigramm/Anordnen* finden.
- Zentrieren Sie das Organigramm, indem Sie über den Menübefehl *Organigramm/Layout/An Zeichenblatt anpassen* die Zeichnung auf dem Blatt zentrieren.

Abbildung 9.8: *Ein Organigramm mit Bildern, dem Shape* Münze *und dem Effekt* Abschrägung

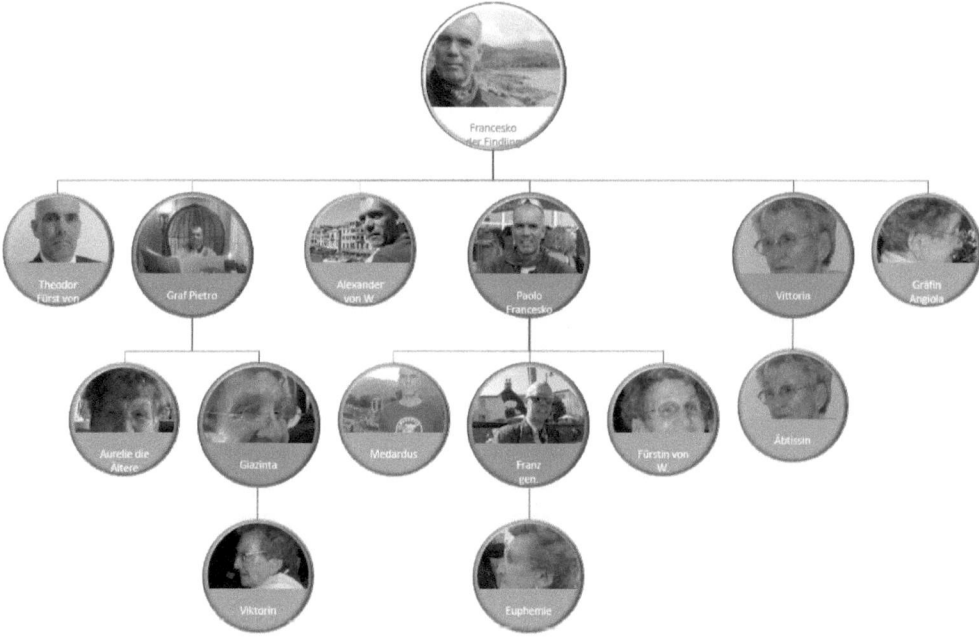

Die Vorlagen der Kategorie Geschäft

Hinweis

Die Designs und Vorlagen der Organigramme von Visio 2013 und 2016 sind – mit Verlaub gesagt – nicht gerade sehr ansprechend: Die Shapes sind viel zu groß sind, man benötigt normalerweise keine Bilder und die runden Formen sind einfach nur scheußlich.

Mit dem Layout »Shapetakulär« (**Abbildung 9.9**) kann man ansprechende Organigramme erstellen: Wenn man die die Bilder entfernt oder ausblendet, den Abstand verringert, das Design entfernt, ebenso die Effekte, die Schrift verkleinert – dann erhält man ein brauchbares Ergebnis. In Abschnitt 9.1.5 »So erstellen Sie eine eigene Vorlage für Ihr Organigramm« zeigen wir Ihnen, wie Sie eine eigene Vorlage mit den Shapes Ihrer Wahl erstellen können.

Abbildung 9.9: Das Layout Shapetakulär

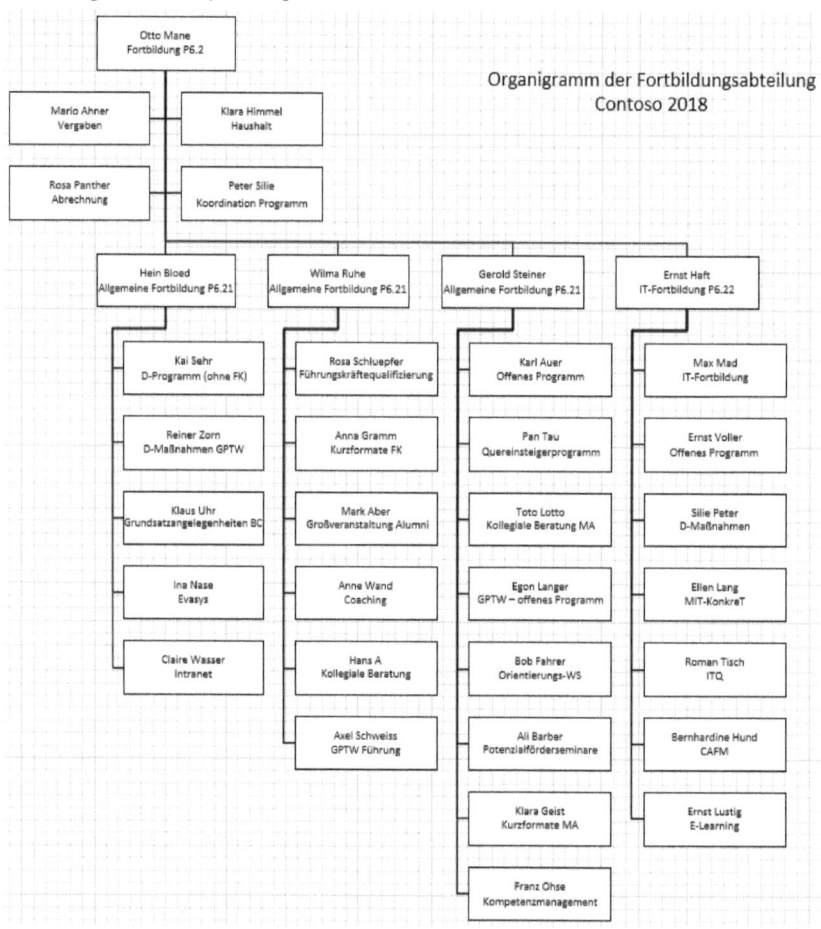

9.1.3. Weitergabe der Organigramm-Daten

Selbstverständlich können Sie die Zeichnung ausdrucken. Es stehen Ihnen aber auch andere Exportmöglichkeiten zur Verfügung.

> **Hinweis:** Wenn Sie untergeordnete Shapes nicht ausdrucken möchten, markieren Sie das übergeordnete Shape und schalten die Option *Organigramm/Anordnen/Untergeordnete Elemente anzeigen/ausblenden* ein.

Sie können Teile des Organigramms auf ein anderes Blatt auslagern.

- Markieren Sie ein übergeordnetes Shape. Über den Befehl *Organigramm/Layout /Synchronisieren/Synchronisierte Kopie erstellen* können Sie die Teile auf ein anderes Blatt exportieren. Als Alternative steht Ihnen *Neues Zeichenblatt* oder *Vorhandenes Zeichenblatt* (sofern die Zeichnung aus mehr als einem Zeichenblatt besteht) zur Verfügung. Sie können parallel dazu die untergeordneten Shapes des Originalzeichenblatts ausblenden lassen.
- Sie können sich die ausgeblendeten Elemente wieder über *Organigramm/Layout/Synchronisieren/Untergeordnete Elemente erweitern* anzeigen lassen.

Sie können die Zeichnung drucken (*Datei/Drucken*); sollten jedoch – wie bei allen Zeichnungen – zuvor über die *Seitenansicht* in *Datei/Drucken* kontrollieren, ob die Shapes korrekt auf dem Zeichenblatt sitzen.

Sie können es in ein Grafikformat exportieren (JPG, WMF, GIF, TIF) – dies wurde ausführlich in Kapitel 2 beschrieben.

Sie können die Zeichnung ins HTML-Format exportieren (*Datei/Speichern unter/* Dateityp: *Webseite*) – dies wurde gleichfalls in Kapitel 2 beschrieben.

Sie können über das Symbol *Organigramm/Organigrammdaten/Exportieren* die Daten in einem der folgenden Formate (XLSX, TXT oder CSV) speichern. Damit werden nur die reinen Mitarbeiterinformationen exportiert – ohne Rücksicht auf Gestaltung.

> **Hinweis:** Beachten Sie beim Export, dass zu jedem Shape die Nummer des Vorgesetzten hinzugefügt wird, so dass die Hierarchie der Mitarbeiter rekonstruiert werden kann.
>
> Selbstverständlich taucht beim Export von synchronisierten Kopien jeder Mitarbeiter nur einmal auf.

Die Vorlagen der Kategorie Geschäft

Abbildung 9.10: Das fertige Organigramm

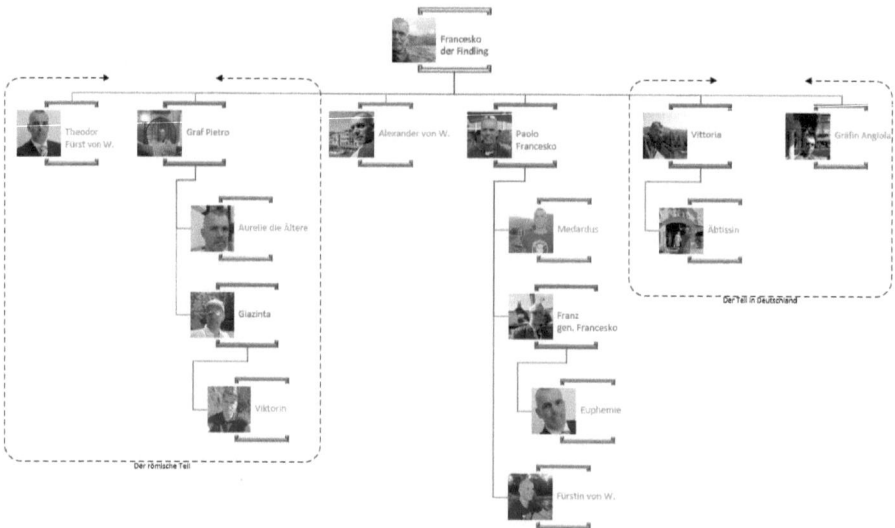

Sie können die Zeichnung auch ins PDF-Format exportieren.

Natürlich können Sie die Zeichnung kopieren und nach Word, Excel oder PowerPoint einfügen, so dass bei der Weitergabe der andere nicht unbedingt Visio besitzen muss. In dieser Form kann er die Daten öffnen, anschauen und ausdrucken.

Wenn mehrere Mitarbeiter unabhängig voneinander ein Organigramm mit Visio erstellen, können zwei Zeichnungen über den Menübefehl *Organigramm/Organigrammdaten /Vergleichen* miteinander verglichen werden.

9.1.4. Der Organigramm-Assistent

Im Unterordner *Visio Content\1031* des Ordners, in dem Sie Visio installiert haben, finden Sie eine Excelmappe *ORGDATA.XLS*. In ihr sind 51 Namen von Mitarbeitern einer fiktiven Firma contoso aufgelistet. Zu den Namen sind verschiedene Informationen (Abteilung, Büronummer, Telefonnummer, E-Mail-Adresse) gespeichert. Jeder Mitarbeiter besitzt als Angabe den Namen seines Vorgesetzten in der entsprechenden Spalte. In einem weiteren Feld »Master-Shape« stehen die Namen der Master-Shapes, die später in der Zeichnung verwendet werden sollen (siehe **Abbildung 9.11**).

Abbildung 9.11: Die Namensliste (Ausschnitt)

	Name	Position	Vorgesetzter	Abteilung	Telefon	E-Mail
2	Ingolf Stöber	Vorsitzender & Geschäftsführer		Büro des Vorsitzenden	425-707-9790	ingolf@contoso.com
3	Ariane Berthier	Geschäftsführungsassistent	Ingolf Stöber	Büro des Vorsitzenden	425-707-9795	ariane@contoso.com
4	Inke Herrmann	Finanzdirektor	Ingolf Stöber	Finanzen	425-707-9794	inke@contoso.com
5	Andrea Dunker	COO	Ingolf Stöber	Betrieb	425-707-9793	andrea@contoso.com
6	Stig Struve-Christensen	Marketing-Strategie	Christine Koch	Marketing	425-707-9793	stig@contoso.com
7	Michael Krause	Public Relations	Ingelise Lang	Marketing	425-707-9797	michael@contoso.com
8	Christian Cletus	Werbung	Ingelise Lang	Marketing	425-707-9790	christian@contoso.com
9	Lisa Toftemark	Produktmanagement	Ingelise Lang	Marketing	425-707-9799	lisa@contoso.com
10	Ingelise Lang	Marketingdirektor	Christine Koch	Marketing	425-707-9796	ingelise@contoso.com
11	Britta Simon	Medizinische Beratung	Ingelise Lang	Marketing	425-707-9793	britta@contoso.com
12	Nina Vietsen	Geschäftsentwicklung	Heinrich Fischer	Marketing	425-707-9790	nina@contoso.com
13	Peter J. Krebs	Kundenberatung	Ingelise Lang	Marketing	425-707-9791	peter@contoso.com
14	Christine Koch	VP Verkauf	Heinrich Fischer	Vertrieb	425-707-9792	christine@contoso.com
15	Thomas Andersen	Verkauf - Asien	Christine Koch	Vertrieb	425-707-9791	thomas@contoso.com
16	Sven Eberhardt	Verkauf NA	Christine Koch	Vertrieb	425-707-9792	sven@contoso.com
17	Jan Schräpel	Verkauf SA	Christine Koch	Vertrieb	425-707-9792	jan@contoso.com
18	Joachim Seidler	Verkauf - Europa	Christine Koch	Vertrieb	425-707-9792	joachim@contoso.com
19	Jens Geschwandtner	Geschäftsführungsassistent	Heinrich Fischer	Vertrieb	425-707-9790	jens@contoso.com
20	Heinrich Fischer	Senior VP Sales & Marketing	Ingolf Stöber	Vertrieb	425-707-9798	heinrich@contoso.com
21	Katja Heidemann	Phase IV -Versuche	Cornelia Träger	Forschung u. Entwicklur	425-707-9798	katja@contoso.com
22	Uta Erben	Leiter Dateneingabe	Cornelia Träger	Forschung u. Entwicklur	425-707-9790	uta@contoso.com
23	Jose Lugo	Phase III-Versuche	Cornelia Träger	Forschung u. Entwicklur	425-707-9795	jose@contoso.com
24	Danielle Tiedt	Phase I-Versuche	Cornelia Träger	Forschung u. Entwicklur	425-707-9790	danielle@contoso.com
25	Sven Buck	Phase II-Versuche	Helmut Hornig	Forschung u. Entwicklur	425-707-9794	sven@contoso.com
26	Anja Richter	Techniker	Helmut Hornig	Forschung u. Entwicklur	425-707-9798	anja@contoso.com

So generieren Sie eine Zeichnung aus den Daten:

- Starten Sie den Assistenten über die Vorlage *Datei/Neu/Kategorien/Geschäft /Organigramm-Assistent* oder – wenn Sie sich in der Vorlage *Organigramm* befinden – über das Symbol *Organigramm/Organigrammdaten/Importieren*. Oder auch über den gleichen Assistenten *Ansicht/Makros/Add-Ons/Geschäftlich/Organigramm-Assistent*.

- Im ersten Dialogfeld werden Sie gefragt, ob die Daten bereits in einer Datei gespeichert wurden. Da dies der Fall ist, belassen Sie das aktivierte Optionsfeld und klicken auf die Schaltfläche *Weiter*.

- Anschließend werden Sie gefragt, in welchem Format die Daten gespeichert sind:

- Eine Text-, Org Plus-, TXT- oder Exceldatei

- Ein Microsoft Exchange Server-Verzeichnis

- Eine ODBC-kompatible Datenquelle

    Da die Daten in unserem Falle in einer Exceltabelle liegen, muss die erste Variante gewählt werden. Ein Klick auf die Schaltfläche *Weiter* führt zum nächsten Schritt.

- Nun wählen Sie das richtige Verzeichnis aus. Das Dialogfeld sehen Sie in **Abbildung 9.12**.

473

Die Vorlagen der Kategorie Geschäft

Abbildung 9.12: *Der Speicherort der Datei wird festgelegt.*

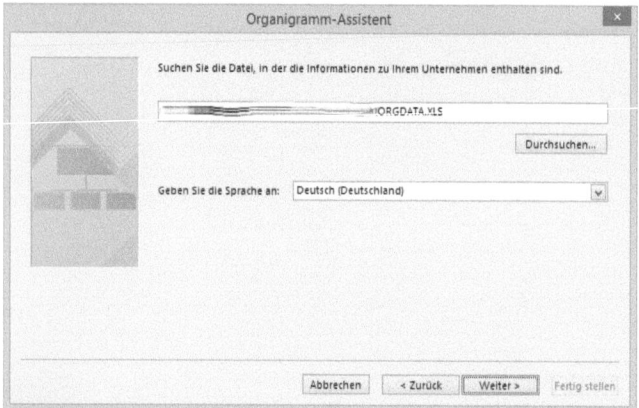

> **Hinweis**
> Die Datei muss zu diesem Zeitpunkt geschlossen sein! Sonst kann kein Datenzugriff auf sie erfolgen und Sie erhalten eine Fehlermeldung.

- Im nächsten Schritt legen Sie die beiden Felder fest, in denen die Namen und ihre Vorgesetzten gespeichert sind. Wichtig ist hierbei, dass jeder Vorgesetzter auch als Name einen Eintrag in der Liste findet. Umgekehrt hat der Chef/Geschäftsführer natürlich keinen Vorgesetzten – sein Feld »Vorgesetzter« bleibt in der Excel-Tabelle leer. Bestätigen Sie die Auswahl mit der Schaltfläche *Weiter*.

Abbildung 9.13: *Die beiden Felder* Name *und* Vorgesetzter *werden zugeordnet.*

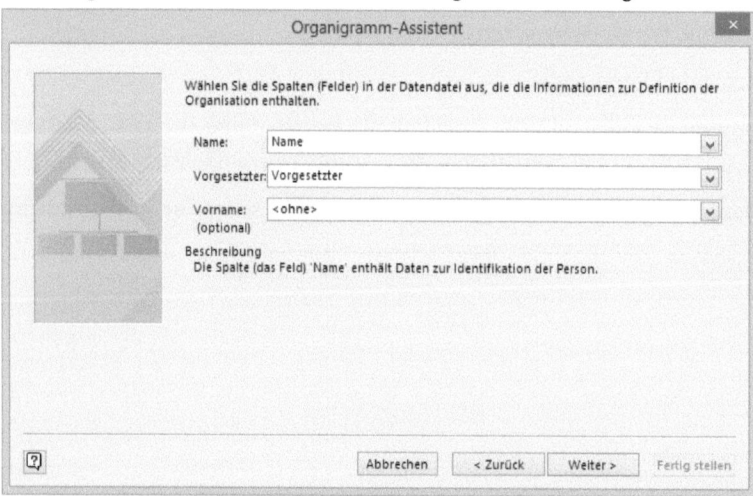

Die Vorlage Organigramm

- Im folgenden Dialogfeld werden die Felder ausgewählt, deren Informationen auf dem Shape als Text zu sehen sind. Bestätigen Sie die Auswahl mit der Schaltfläche *Weiter*.

Abbildung 9.14: Anschließend folgt die Auswahl der sichtbaren Daten.

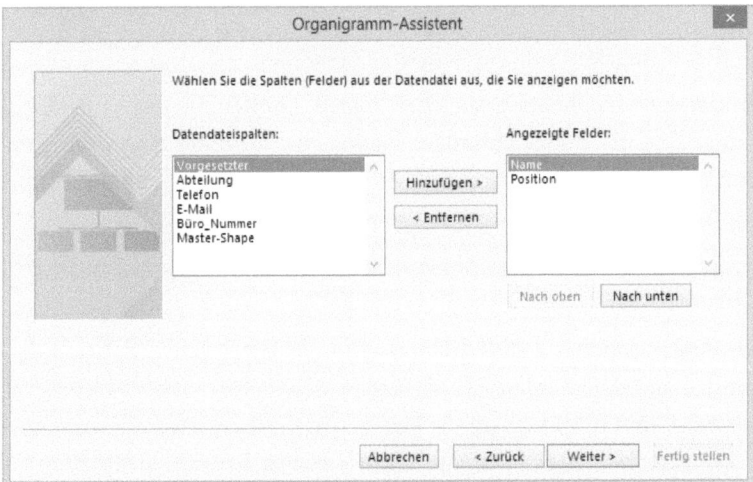

- Nun wählen Sie die Spalten aus, deren Daten zwar nicht angezeigt, jedoch im Shape gespeichert werden sollen. Dies können die beiden angezeigten Felder sein, müssen es jedoch nicht sein. Sie können einige weitere, beliebig viele oder auch alle Dateninformationen an die Shapes binden.

Abbildung 9.15: Die Auswahl der Shape-Datenfelder

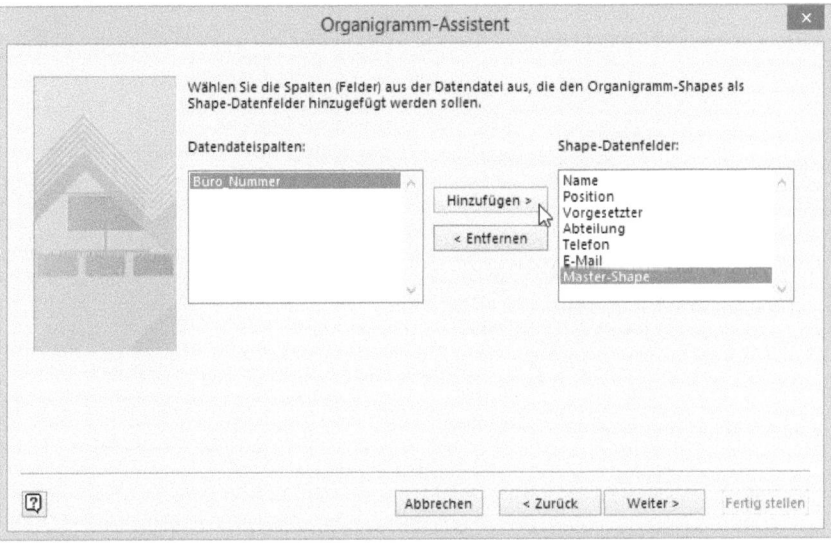

475

Die Vorlagen der Kategorie Geschäft

> **Hinweis:** Beachten Sie, dass, wenn Sie die Visio-Zeichnung als Visio-Zeichnung weitergeben möchten, die Daten eingesehen werden können. Sie sollten also keine »sensiblen« oder »vertraulichen« Daten an die Shapes binden. Oder Sie exportieren die Zeichnung in ein anderes Format (GIF, JPG oder PDF), so dass die Daten nicht ermittelt werden können.

Bestätigen Sie auch diese Eingaben mit der Schaltfläche *Weiter*.

- Wenn Sie bereits Bilder der Mitarbeiter gespeichert haben, können Sie nun einen Ordner auswählen, in dem sich die Bilder befinden. Damit eine korrekte Zuordnung getroffen werden kann, muss eine Information der Mitarbeiter (beispielsweise der Name, die Telefonnummer oder Emailadresse identisch sein mit dem Bildnamen).
- Legen Sie im letzten Dialogfeld fest, wie Visio vorgehen soll, wenn die Zeichnung größer als ein Zeichenblatt ist.
- Sie können selbst festlegen, welcher Teil des Unternehmens auf welchen Blättern dargestellt wird. Sie können auswählen, ob *die Beschäftigten-Shapes über Zeichenblätter hinweg miteinander verknüpft sind* und/oder ob *die Beschäftigten-Shapes über Zeichenblätter hinweg miteinander synchronisiert sind*. Wenn Sie diese Variante auswählen, erhalten Sie eine weitere Abfrage, welche Zeichenblätter hinzugefügt werden sollen. Dies sehen Sie in **Abbildung 9.16**.

Abbildung 9.16: *Weitere Zeichenblätter können hinzugefügt und bearbeitet werden.*

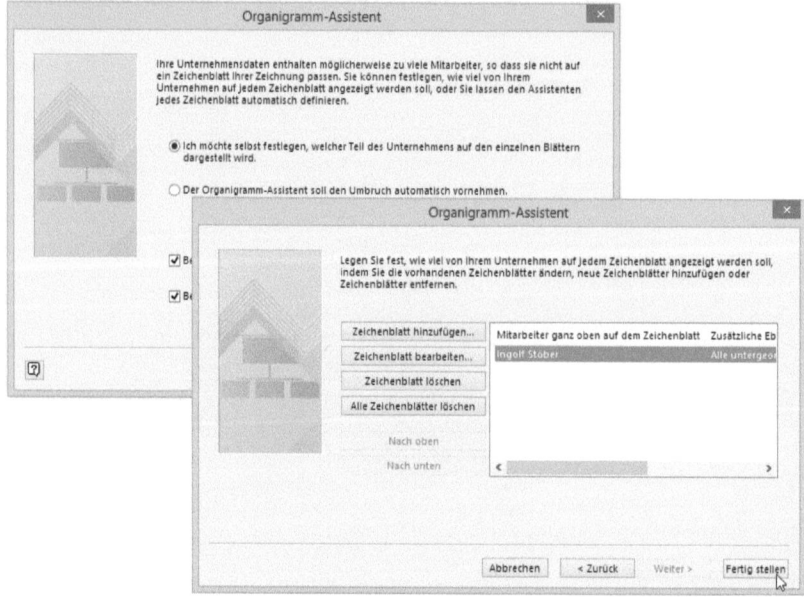

- Oder Sie überlassen es Visio, welche Daten auf welchem Zeichenblatt angezeigt werden. Visio nimmt nun selbst einen automatischen Seitenumbruch vor (siehe *Abbildung 9.17*).

Abbildung 9.17: Das Ergebnis der zweiten Variante mit Bildern (das Layout wurde geändert)

> **Tipp**
>
> Wenn Sie regelmäßig Organigramme Ihrer Firmendaten erstellen möchten, die Daten jedoch in einer Excel-Mappe speichern wollen, dann verwenden Sie die Datei *ORGDATA.XLS*, die Sie in dem Verzeichnis finden, in dem Visio installiert ist. Da die Felder bereits geeignete Feldnamen besitzen, brauchen Sie sich um die Namen keine Gedanken mehr zu machen. Löschen Sie die Daten und schreiben Sie die Namen der Mitarbeiter Ihrer Abteilung oder Firma in die Tabelle. Falls Sie möchten, können Sie selbstverständlich neue Spalten hinzufügen.

Wenn Sie die Zunamen in der Liste sortieren möchten, müssen Sie die Namen in Vor- und Zunamen in der Datenquelle trennen. In Excel steht Ihnen dafür der Assistent *Daten/Datentools/Text in Spalten* zur Verfügung.

Möchten Sie manuell die Reihenfolge in der Visio-Zeichnung ändern, dann können Sie es leicht über die beiden Assistenten *Nach links/oben verschieben* und *Nach rechts/unten verschieben*, die Sie in *Organigramm/Anordnen* finden, verschieben.

Selbstverständlich setzt dieser Assistent nur einen und genau einen Vorgesetzten voraus. Sonst funktioniert der Assistent nicht. Wenn Sie mehrere Geschäftsführer in einem Organigramm darstellen möchten, müssen Sie ihnen einen »übergeordneten Chef« geben, beispielsweise den Namen der Firma oder der Abteilung.

Die Vorlagen der Kategorie Geschäft

Tipp: Sie können den Organigramm-Assistenten auch zur Visualisierung anderer hierarchisch aufgebauter Strukturen verwenden, beispielsweise für Orderstrukturen einer Festplatte oder Arbeitsabläufe.

9.1.5. So erstellen Sie eine eigene Vorlage für Ihr Organigramm

Da die in Visio 2013 und 2016 vorhandenen Shapes für Organigramme nicht gerade ansprechend sind, sollten Sie diese ändern. Gehen Sie dabei wie folgt vor:

- Öffnen Sie die Vorlage Organigramm.
- Wählen Sie die Shapes »Shapetakulär«.
- Ziehen Sie eines oder mehrere der Shapes aus der Schablone auf das Zeichenblatt.
- Löschen Sie das Bild über das Kontextmenü, falls Sie kein Bild benötigen.
- Formatieren Sie die Füllfarbe, Linienfarbe und Schriftfarbe.
- Ändern Sie alle anderen Formatierungsoptionen für Text, Linie, Füllung und Effekte
- Ändern Sie die Größe auf die gewünschte Größe.
- Falls gewünscht: Öffnen Sie die Gruppe und fügen dort weitere Shapes ein – falls Sie dies wünschen.
- Öffnen Sie eine neue Schablone und ziehen das Shape hinein.
- Benennen Sie das Master-Shape in der Schablone um. Speichern Sie die Schablone.
- Ändern Sie das Design in *Entwurf/Designs* auf »Kein Design«.
- Leider scheint es nicht möglich zu sein, die Pfeilspitzen der neuen Verbinder dauerhaft zu entfernen. Dies muss manuell vorgenommen werden.
- Speichern Sie die leere Zeichnung als Vorlage mit der neuen Schablone.

Die Vorlage Brainstormingdiagramm

Abbildung 9.18: Eine neue Schablone mit neuen Shapes – basierend auf den Shapes »Shapetakulär«

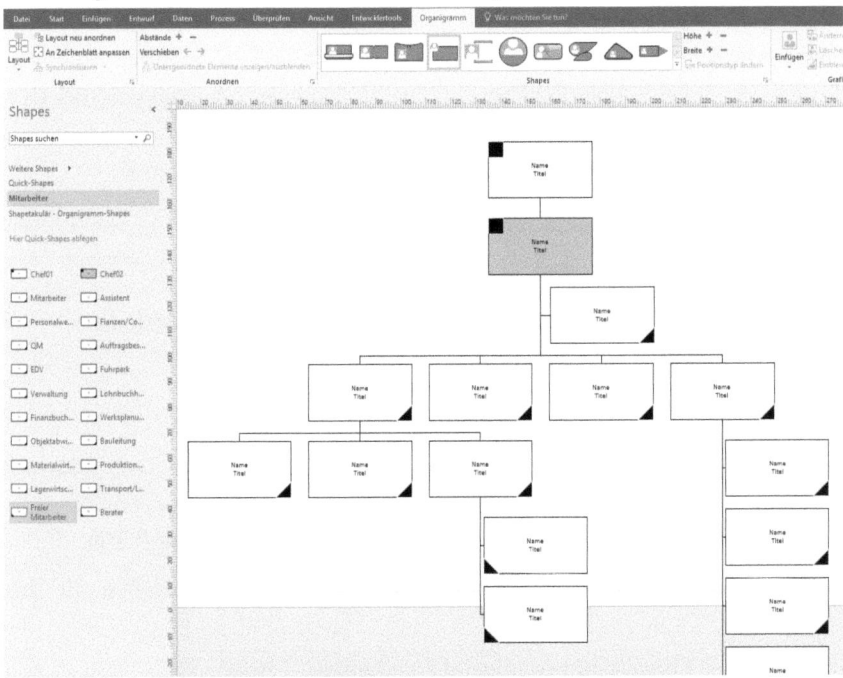

9.2. Die Vorlage Brainstormingdiagramm

Brainstorming ist eine von Alex Osborn erfundene und von Charles Hutchison Clark weiterentwickelte Methode zur Ideenfindung, die die Erzeugung von neuen, ungewöhnlichen Ideen in einer Gruppe von Menschen fördern soll. Osborn orientierte sich an der indischen Technik Prai-Barshana, die es seit etwa 400 Jahren gibt. Er benannte sie nach der Idee dieser Methode, nämlich »using the brain to storm a problem« (wörtlich: Das Gehirn verwenden zum Sturm auf ein Problem).

Beim Brainstorming wird im ersten Schritt in einer (moderierten) Gruppensitzung nach neuen Ideen zu einem bestimmten Thema gesucht. Am Anfang wird das Problem dargestellt, analysiert, und präzisiert. Anschließend können bekannte Lösungen/Ideen diskutiert werden. Dann nennen die Teilnehmer einer Gruppe spontan Ideen zur Lösungsfindung, wobei sie sich im optimalen Fall gegenseitig inspirieren und untereinander Gesichtspunkte in neue Lösungsansätze und Ideen einfließen lassen. Die Ideen werden protokolliert. Für diese Protokollierung der Ideen kann Visio verwendet werden – es stellt die Vorlage *Brainstormingdiagramm* zur Verfügung.

Wenn Sie die Vorlage *Brainstormingdiagramm* öffnen, fallen mehrere Dinge auf: Außer den beiden Schablonen *Brainstorming-Shapes* und *Legenden-Shapes* öffnet sich eine neue Registerkarte *Brainstorming* und ein neues Fenster *Übersichtsfenster* ist geöffnet. Sollte das Fenster geschlossen sein, kann es über die Registerkarte *Brainstorming* wieder geöffnet werden.

Um eine Zeichnung zu erstellen gehen Sie wie folgt vor:

- Öffnen Sie die Vorlage *Datei/Neu/Geschäft/Brainstormingdiagramm*.
- Ziehen Sie das Master-Shape *Hauptthema* auf das Zeichenblatt.
- Beschriften Sie das Shape *Hauptthema*. Der Text erscheint im Übersichtsfenster.
- Ziehen Sie ein Thema auf die Seite.
- Beschriften Sie das Thema. Der Text erscheint im Übersichtsfenster.
- Verbinden Sie das neue Thema mit einem Verbinder (Registerkarte *Start*) oder mit dem Shape *Dynamischer Verbinder*. Im Übersichtsfenster wird das neue Thema unter das Hauptthema gestuft und zeigt seine Abhängigkeit (siehe **Abbildung 9.19**).
- Wählen Sie aus dem Symbol *Brainstorming/Layout* das passende Aussehen für Ihre Zeichnung.

Für das Duplizieren eines Themas gibt es folgende Varianten:

- Markieren Sie das Thema, kopieren Sie es und fügen es ein. Auf die neue Position kann leider kein Einfluss genommen werden – Visio entscheidet, wohin die Kopie platziert wird.
- Markieren Sie das Shape und duplizieren Sie es mit dem Symbol *Start/Einfügen/Duplizieren* oder der Tastenkombination [Strg]+[D].
- Ziehen Sie das Shape an seine neue Position und halten Sie während des Ziehens die [Strg]-Taste gedrückt.
- Holen Sie sich das Symbol *Shape-Stempel* in die Symbolleiste für den Schnellzugriff. Markieren Sie das Master-Shape *Thema*, wählen den Shape-Stempel aus und »stempeln« das Shape auf das Zeichenblatt.

Die Vorlage Brainstormingdiagramm

Abbildung 9.19: Ein Hauptthema mit vier (verbundenen) Themen

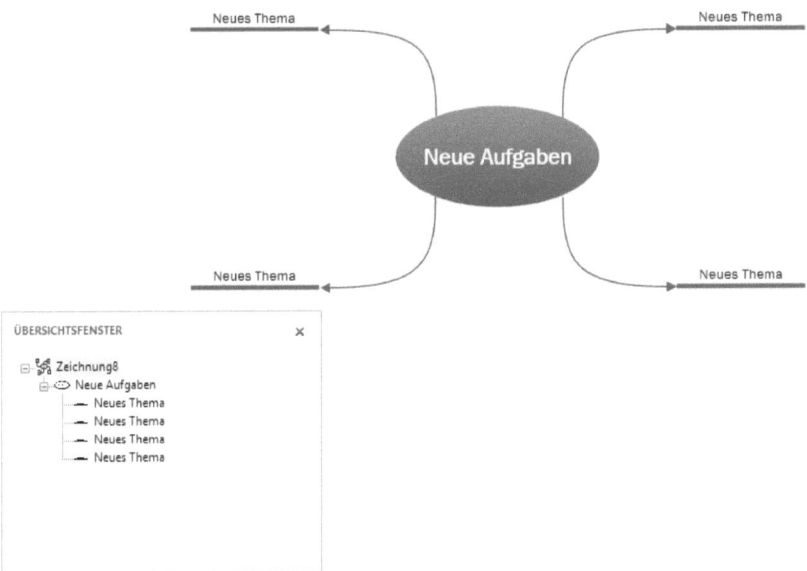

- Wenn Sie mehrere Themen benötigen, können Sie auch das Master-Shape *Mehrere Themen* auf das Zeichenblatt ziehen. Tragen Sie in das sich nun öffnende Fenster die einzelnen Themen ein, die Sie untereinander schreiben und jeweils mit [Eingabe] beenden. Daraus werden einzelne Themen generiert, die unabhängig voneinander sind.

Abbildung 9.20: Weitere Unterthemen werden eingefügt

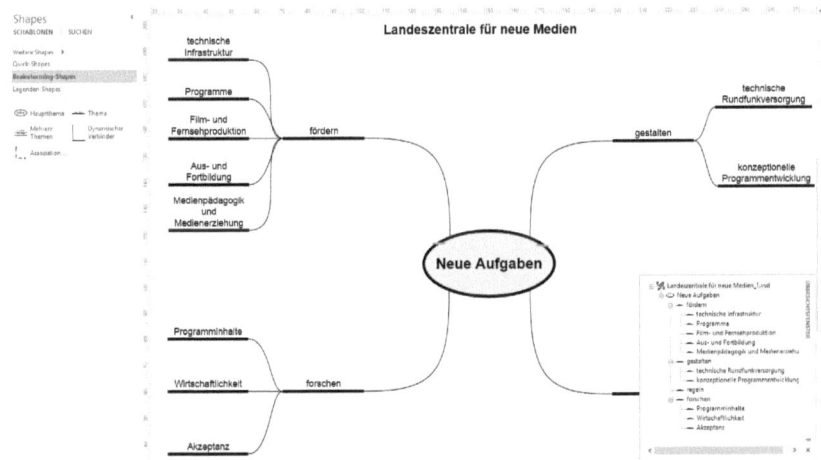

481

- Möchten Sie neue Themen erstellen, die bereits mit anderen Themen verknüpft sind, markieren Sie das Thema, an welches neue Thema gehängt werden. Wählen Sie aus der Registerkarte *Brainstorming* das Symbol *Unterthema*, *Partner* oder *Mehrere Unterthemen* (siehe **Abbildung 9.20**). Bei letzteren öffnet sich wieder das Dialogfeld, in das Sie die Themen untereinander schreiben. Die gleichen Einträge finden Sie auch im Kontextmenü.

Wenn Sie ein größeres Blatt benötigen, stehen Ihnen folgende Alternativen zur Verfügung:

- Vergrößern Sie über die Registerkarte *Entwurf/Seite einrichten/Zeichenblattgröße* das Zeichenblatt.
- Vergrößern Sie das Zeichenblatt, indem Sie mit gedrückter [Strg]-Taste den Mauszeiger an den Rand des Tabellenblattes bewegen und dort die Blattränder durch Ziehen vergrößern.
- Legen Sie die neuen Shapes außerhalb des Blattes ab – das Zeichenblatt wird automatisch vergrößert, weil die Option *Automatisch anpassen* aus der Registerkarte *Entwurf* in dieser Vorlage aktiviert ist.
- Sie können einem Brainstormingdiagramm mehrere Zeichenblätter zuweisen. Soll ein Thema auf einem neuen Zeichenblatt weitergeführt werden, dann markieren Sie das Shape und wählen aus der Registerkarte *Brainstorming* den Menübefehl *Thema auf das nächste Zeichenblatt verschieben*. In dem sich nun öffnenden Assistenten haben Sie die Möglichkeit zu entscheiden, ob das Thema auf einem bereits vorhandenen Zeichenblatt weitergeführt wird oder ob ein neues Zeichenblatt generiert werden soll. Visio generiert jeweils einen Hyperlink zwischen beiden Shapes. Neben dem übergeordneten Shape wird außerdem ein Pfeil angezeigt.

> **Hinweis**
> Beachten Sie, dass die Texte nicht synchronisiert werden. Deshalb sollte der Text bereits eingegeben werden, bevor das Thema auf einem anderen Zeichenblatt weitergeführt wird. Textänderungen müssen somit auf beiden Shapes parallel durchgeführt werden.

9.2.1. Gestaltung des Brainstormingdiagramms

Der Stil der gesamten Zeichnung kann über das Symbol *Brainstorming/Diagrammtyp* geändert werden. Dort finden sich die sieben Varianten:

- Einfach (Standard)
- Wellenförmig

- Kastenförmig
- Elliptisch
- Mosaik 1
- Mosaik 2
- Stern

Jedes Thema verfügt über sechs verschiedene Darstellungen. Markieren Sie ein Thema-Shape und wählen im Kontextmenü oder über das Menü *Brainstorming Thema-Shape ändern* eine der folgenden Varianten:

- Oval
- Wolke
- Rechteck
- Linie
- Freihand
- Welle

Das Hauptthema verfügt über vier Varianten

- Oval
- Wolke
- Rechteck
- Stern

Die Vorlagen der Kategorie Geschäft

Abbildung 9.21: *Brainstormingstil:* Stern, *Layout:* von links nach rechts, *Verbinder:* gekrümmt

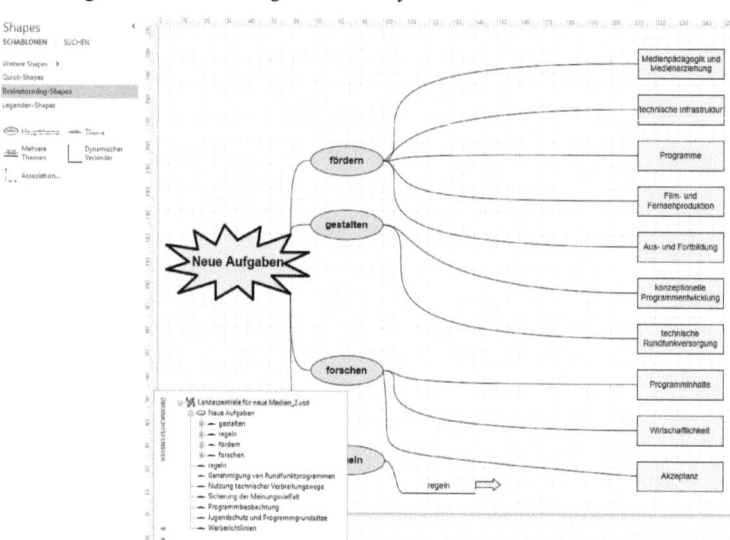

- Wenn Sie die Krümmung der Linie verändern möchten, markieren Sie die Linie. Je nachdem wo sich das übergeordnete und untergeordnete Thema befinden, werden unterschiedlich viele Ziehpunkte auf der Linie angezeigt. Bewegen Sie den Mauszeiger über einen Ziehpunkt und verschieben ihn mit gedrückter Maustaste. Bei den beiden Verbindungspunkten der Linie finden sich zwei weitere Ziehpunkte, die Stützpunktfunktion haben. Hit ihrer Hilfe kann der Lauf der Linie verändert werden, wie Sie in **Abbildung 9.22** sehen.

Abbildung 9.22: *Die Krümmung der Linie kann verändert werden*

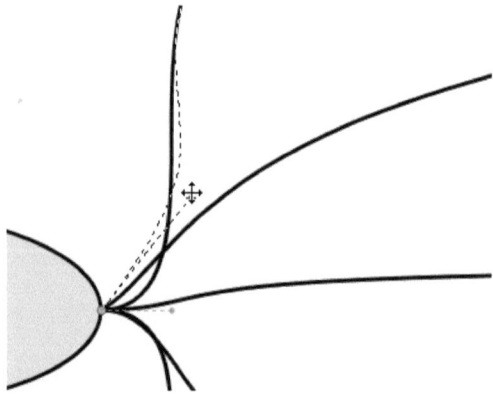

- Die Linie kann selbstverständlich beschriftet und formatiert werden. Sämtliche Einstellungen des Befehls *Start/Linie* stehen Ihnen hierzu zur Verfügung. Beachten Sie dass die Linien mit der Formatvorlage *Verbinder* formatiert sind – sie enthält standardmäßig keine Pfeilspitze.
- Analog kann jedes Thema formatiert werden. Ihnen stehen sämtliche Einstellungen der Befehle *Start/Linie*, *Start/Füllen* und *Start/Schriftart* zur Verfügung.
- Die Anordnung der einzelnen Themen kann festgelegt werden. Im Symbol *Brainstorming/Layout* stehen Ihnen die fünf Varianten zur Verfügung.
- Standard
- Von links nach rechts
- von rechts nach links
- von oben nach unten
- von unten nach oben

  Jede dieser Varianten lässt die beiden Verbinderformen zu:
- Gekrümmt
- Gerade

> **Hinweis:** Beachten Sie, dass eine Layoutänderung, die auf eine gesamte Zeichnung ausgeführt wird, ein Verschieben sämtlicher Shapes zur Folge hat. Möglicherweise ist das Ergebnis nicht das gewünschte und muss manuell nachgebessert werden. Sinnvoll ist es deshalb, das Layout zu Beginn der Zeichnung einzuschalten.

Formatierungen der Linie und der Themen haben keinerlei Einfluss auf die Daten, die im Übersichtsfenster angezeigt werden.

9.2.2. Daten exportieren

- Um sämtliche Daten zu exportieren stehen Ihnen Berichte zur Verfügung. Wählen Sie hierzu das Symbol *Brainstorming/Daten exportieren*.
- Wählen Sie eine der drei Exportvarianten *Microsoft Word*, *Microsoft Excel* oder *XML*.
- Wählen Sie den Ordner aus, in den die Datei exportiert werden soll und den Dateinamen, unter dem die Datei gespeichert werden soll.
- Speichern Sie die Datei.

Die Vorlagen der Kategorie Geschäft

> **Hinweis**
>
> Beachten Sie, dass – unabhängig von der gewählten Variante – die Daten im XML-Format gespeichert werden. Das bedeutet, dass sie ohne Word und Excel, sondern lediglich mit einem Editor angesehen werden können. Sie können sich auch das Namespace-Attribut des Wurzeltags (<Workbook xmlns:bs="http://schemas.microsoft.com/visio/2003/brainstorming" xmlns="urn:schemas-microsoft-com:office:spreadsheet" xmlns:o="urn:schemas-microsoft-com:office:office" xmlns:x="urn:schemas-microsoft-com:office:excel" xmlns:ss="urn:schemas-microsoft-com:office:spreadsheet" xmlns:html="http://www.w3.org/TR/REC-html40">) ändern in: <Workbook> – nun können Sie die XML-Datei in einem Browser oder einem XML-Editor betrachten.

9.2.3. Daten importieren

Seit Visio 2010 ist es möglich diese XML-Datei zu importieren. Klicken Sie hierzu auf die Schaltfläche *Daten importieren* aus der Registerkarte *Brainstorming*. Sofort wird aus der XML-Datei eine Zeichnung generiert, die die gleiche Struktur wie die ursprüngliche Zeichnung hat. Zugegeben: die Position der Shapes stimmt natürlich nicht mehr mit der ursprünglichen Position überein, jedoch kann dies Zeichnung sofort weiter verarbeitet werden. Im Unterordner *Visio Content\1031* des Ordners, in dem Sie Visio installiert haben, finden Sie die Datei *BRAINSTM.XML*. Sie kann importiert werden und zeigt nach dem Import einen kleinen Marketingplan.

9.2.4. Das Übersichtsfenster

Das Übersichtsfenster hat einige Funktionen, die im Folgenden aufgelistet werden.

- Sie können das Übersichtsfenster über das Optionsfeld *Brainstorming/Übersichtsfenster* einblenden, falls es nicht angezeigt wird.

  Das Übersichtsfenster kann – wie jedes andere Fenster in Visio – verschoben werden. Es rastet an den vier Rändern des Zeichenblattes ein.

  Mit einem Klick auf das Symbol *AutoAusblenden* (die Pinnadel) kann es geschlossen werden. Es wird geöffnet, wenn der Mauszeiger sich darüber bewegt.

  Im Übersichtsfenster werden sämtliche Themen in der Reihenfolge aufgelistet, wie sie auf dem Zeichenblatt erzeugt wurden.

- Ein Doppelklick auf eines der Themen führt zu dem entsprechenden Shape auf dem Zeichenblatt – auch wenn es auf einem anderen Zeichenblatt liegt. Alternativ können Sie auch über das Kontextmenü *Auf dem Zeichenblatt auswählen* das entsprechende Shape markieren.

- Mit den Symbolen [+] und [-] werden untergeordnete Elemente ein- beziehungsweise ausgeblendet.

  Wird ein Thema (nicht das Hauptthema) im Übersichtsfenster mit der Maus verschoben und auf einem anderen Thema fallen gelassen, wird das verschobene Thema unter das neue untergeordnet. Auf dem Zeichenblatt wird automatisch eine Verbindung hergestellt.
- Über das Kontextmenü kann die Reihenfolge der Themen verändert werden. Sie finden dort die beiden Einstellungen *nach oben* und *nach unten*.
- Mit der Taste [Entf] oder über das Kontextmenü *Thema löschen* kann ein Thema entfernt werden.
- Über das Kontextmenü kann das Thema umbenannt werden. Der Text wird automatisch auf dem Shape angezeigt.
- Im Kontextmenü befinden sich auch die weiteren Einstellungen, die Sie auch im Shape finden: Sie können ein *untergeordnetes Thema hinzufügen* oder *mehrere untergeordnete Themen hinzufügen* (siehe **Abbildung 9.23**).
- Im Kontextmenü finden Sie auch die Option, mit der ein *Thema auf das nächste Zeichenblatt verschoben* werden kann.

Abbildung 9.23: *Im Kontextmenü des Übersichtsfensters finden Sie mehrere Einstellungsmöglichkeiten*

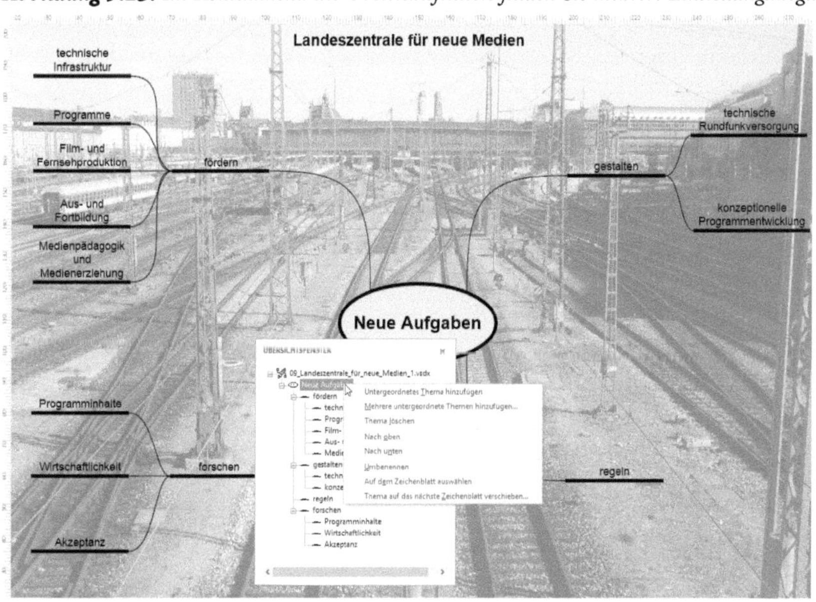

9.2.5. Weitere Shapes

Die 24 Shapes der Schablone *Legenden-Shapes* haben keinerlei Funktionalität – sie besitzen weder Shape-Daten, Layer, Einträge im Kontextmenü noch werden sie im Übersichtsfenster angezeigt. Sie besitzen jedoch einen Kontrollpunkt, mit dessen Hilfe sie an ein Thema geklebt werden können.

Wird das Legendensymbol auf das Zeichenblatt gezogen, werden alle Shapes der Schablone *Legenden-Shapes* mit ihrem Symbol, ihrer Anzahl und ihrem Text aufgelistet. Werden neue Shapes aus der Schablone *Legenden-Shapes* auf das Zeichenblatt gezogen oder vorhandene gelöscht, aktualisiert sich die Liste.

9.3. Die Vorlage Diagramme

Sicherlich kann man Diagramme besser in Excel als in Visio erstellen, dort lassen sie sich auch leichter verändern und besitzen mehr Formatierungsoptionen. Jedoch: wenn Sie auf einer Zeichnung ein kleines Säulen-, Balken-, Kreis oder Liniendiagramm benötigen, können Sie dies auch in Visio erledigen. Die Vorlage *Diagramme* öffnet ein hochformatiges Zeichenblatt mit der Schablone *Diagramm-Shapes*.

9.3.1. Balkendiagramm1

Wenn Sie das Master-Shape *Balkendiagramm1* auf das Zeichenblatt ziehen, werden Sie gefragt wie viele Säulen das Diagramm besitzen soll. Die Obergrenze liegt bei 12. Diese Zahl kann im Nachhinein über das Kontextmenü verändert werden. Wie an den grauen seitlichen Größenänderungs-Steuerpunkten erkennbar ist, ist das Shape gegen eine Änderung in der Breite gesperrt (*Entwicklertools/Schutz*). Das Shape ist gruppiert und besteht aus den Säulen, deren Anzahl Sie zuvor angegeben haben. Daneben befindet sich links ein weiteres Shape, das die Absolutposition angibt. In dieses Shape tragen Sie einen Wert ein, auf den die anderen Bezug nehmen. Die Höhe dieses Shapes wird über das Steuerelement geregelt. Es wird selbstverständlich nicht ausgedruckt (*Entwicklertools/Verhalten/Verhalten/Nicht druckbares Shape*). Wird auf einer der Säulen eine Zahl eingegeben, verändert diese Säule ihre Höhe im Verhältnis zum Bezugsshape (siehe **Abbildung 9.24**). Die Änderung tritt bereits beim Eingeben ein. Text wird sofort als solcher erkannt – das Shape kann nun nicht mehr dargestellt werden; es erhält die Höhe 0. Jedes der Säulen ist gegen Größenänderung geschützt. Die Höhe berechnet aus dem Verhältnis zum Bezugsshape. Die Breite sämtlicher Säulen wird über das untere Steuerelement des Shapes (nicht des Mitglieds-Shapes festgelegt.

Die Vorlage Diagramme

> **Hinweis:** Linienfarbe, Füllfarbe und Schriftfarbe sind nicht geschützt und können geändert werden.

Und was tun Sie, wenn Sie mehr als 12 Shapes benötigen? Ziehen Sie ein zweites Master-Shape auf das Zeichenblatt, platzieren Sie es direkt neben das erste und schalten Sie die gleichen Optionen ein: Breite der Säulen, Höhe des Bezugsshapes, Wert des Bezugsshapes. Alternativ können Sie das Shape *3D-Balken, Text vert.* oder das Shape *3D-Balken, Text hor.* Verwenden. Im Kontextmenü kann nicht nur die Farbe geändert und die Linie kann ausgeblendet werden, sondern das Shape kann von einer dreidimensionalen Säule auf einen zweidimensionalen Balken umgeschaltet werden.

Abbildung 9.24: *Ein Balkendiagramm*

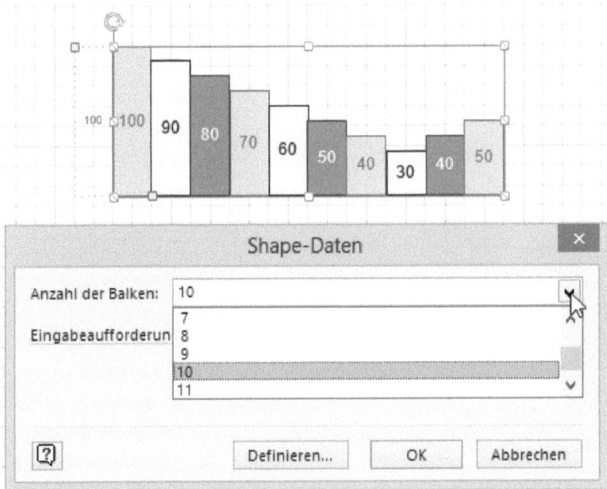

9.3.2. Balkendiagramm2

Ganz ähnlich funktioniert das zweite Balkendiagramm-Shape – jedoch mit dem Unterschied, dass das Bezugsshape keine absolute Größenangabe verlangt, sondern von 100% ausgeht. Diese Zahl kann nicht geändert werden. Allerdings kann die Höhe dieser 100% mithilfe des Steuerelements bestimmt werden.

> **Hinweis:** Beachten Sie, dass die Werte der Balken als Prozentwerte eingegeben werden müssen – also als 50% und nicht als 50. Letzteres würde intern zu 5.000% umgerechnet werden.

Die Vorlagen der Kategorie Geschäft

Auch bei diesem Shape kann die Anzahl der Balken im Nachhinein über das Kontextmenü verändert werden. Wenn Sie mehr als 12 Säulen benötigen, müssen Sie ein zweites Shape mit den gleichen Einstellungen daneben setzen.

9.3.3. 3D-Balkendiagramm

Weitaus mehr Möglichkeiten und Einstellungen bietet das Shape *3D-Balkendiagramm*. Wenn es auf das Zeichenblatt gezogen wird, öffnet sich das Fenster für die Daten. Im ersten Feld werden die Anzahl der Säulen angegeben. Die maximale Anzahl ist fünf. Das Feld *Bereich* gibt an, in welchem Bereich sich diese Daten bewegen – auch hier kann der Referenzwert überschritten werden. Die Werte der einzelnen Säulen werden in den entsprechenden Zeilen eingetragen. Selbstverständlich ist es überflüssig, bei einer Säulenanzahl, die kleiner als fünf ist, alle Werte einzugeben, wenn die entsprechenden Säulen nicht benötigt werden. Jedem der Shapes stehen die fünf Farben *Rot*, *Blau*, *Grün*, *Gelb*, *Orange*, *Lila* und *Grau* zur Verfügung.

Abbildung 9.25: *Ein 3D-Balkendiagramm*

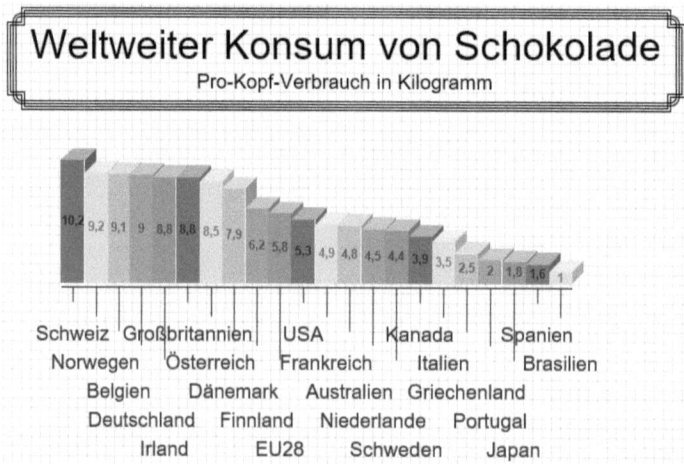

Das fertige Shape kann in die Höhe – jedoch nicht in die Breite gezogen werden. Um sämtliche Balken zu verbreitern, verwenden Sie das Steuerelement am linken unteren Rand. Unter dem Shape liegt ein weiteres Steuerelement, mit dem der Text bewegt werden kann.

Um im Nachhinein die Anzahl der Balken zu vergrößern oder verkleinern, können Sie das Kontextmenü verwenden. Darin finden Sie die Daten unterteilt in *Balkenanzahl und Bereich* und *Balkeneigenschaften*. Außerdem können Sie mithilfe des Kontextmenüs sich Linien anzeigen oder Text verbergen lassen.

> **Hinweis:** Wenn Sie die Anzahl von fünf verringern, beispielsweise auf drei, werden beim zweiten Aufruf der Daten über das Kontextmenü nur noch drei Säuleneigenschaften abgefragt. Beim Vergrößern ist es umgekehrt.

Sie können die Farbe jeder einzelnen Säule verändern. Markieren Sie ein Mitglieds-Element der Gruppe und ändern Sie die Farbe. Dann werden die drei sichtbaren Flächen mit der gleichen Farbe eingefärbt. Jetzt kann die Farbe allerdings nicht mehr über die Daten verändert werden.

Selbstverständlich können Sie die Informationen über das Fenster Daten eingeben. Dort stehen Ihnen sämtliche Daten nach dem Herausziehen aus der Schablone zur Verfügung; allerdings nur das Fenster, das Sie zuletzt über das Kontextmenü verwendet haben.

9.3.4. 3D-Achse

Um das Diagramm in eine Achsenansicht einzupassen, können Sie das nächste Master-Shape 3D-Achsen auf das Blatt ziehen. Es muss natürlich hinter dem Shape *Säulen* liegen: *Start/Eine Ebene nach hinten/In den Hintergrund* oder das Kontextmenü legen das Shape hinter den Balkendiagramm (siehe **Abbildung 9.26**). Es verfügt über fünf verschiedene Steuerelemente. Mit zwei der Steuerelementen kann der Text neu positioniert werden, eines dient zum Vergrößern der Tiefe, eines zum Verbreitern der Wanddicke und das fünfte verändert den Abstand der Gitternetzlinien. Selbstverständlich kann es mithilfe der Anfasser in die Breite beziehungsweise in die Höhe gezogen werden.

Abbildung 9.26: *Ein 3D-Balkendiagramm mit 3D-Achse*

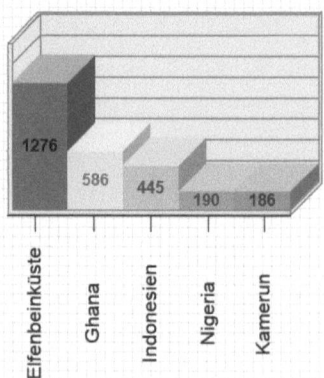

9.3.5. 3D-Balken, Text vert. und 3D-Balken, Text hor.

Wenn Sie in einem dreidimensionalen Diagramm mehr als fünf Shapes benötigen, können Sie ein weiteres Master-Shape *3D-Balken* auf das Zeichenblatt ziehen und neben dem ersten Shape andocken. Oder Sie verwenden das Shape *3D-Balken, Text vert.* oder das Shape *3D-Balken, Text hor.* Im Kontextmenü kann die Farbe geändert werden, die Linie kann ausgeblendet werden und das Shape kann von einer dreidimensionalen Säule auf einen zweidimensionalen Balken umgeschaltet werden.

9.3.6. Kreisdiagramm

Beim Herausziehen des Shapes *Kreisdiagramm* werden Sie nach der Anzahl der »Tortenstücke« gefragt – bis zu 10 sind möglich. Anschließend können Sie über das Kontextmenü die Größe der einzelnen Tortenstücke festlegen. Es ist nicht möglich einzelne Segmente aus ihrer Lage zu ziehen um besondere Segmente hervorzuheben.

> **Hinweis:** Sie müssen die Daten als Prozentzahlen – im Verhältnis zu 100 (Prozent) angeben – Visio berechnet daraus die Aufteilung der Scheiben. An 100% fehlende Werte resultieren in einem leeren Kreissegment

9.3.7. Segment und besonderes Segment

Falls Ihnen das Tortendiagramm nicht genügt, können Sie die Shapes *Segment* beziehungsweise Besonderes *Segment* verwenden. Nachdem sie auf das Zeichenblatt gezogen wurden, kann mithilfe des Kontrolllements oder des Kontextmenüs die Skalierung des Segments vorgenommen werden und mit dem .Steuerpunkten kann die Lage des Mittelpunktes und die Lage der festen Seite des Shapes verändert werden.

9.3.8. Unterteilter Balken 1 und 2

Werden diese Shapes auf das Zeichenblatt gezogen, stellen Sie fest, dass das Shape als Gruppe dreier Mitglieds-Shapes vorliegt. Die Größe wird verändert, indem Sie das gesamte Shape markieren, anschließend ein Mitglieds-Shape und schließlich dort die Nummer eingeben. Beachten Sie, dass der »Unterteilte Balken 2« die Zahl als Prozentwert benötigt. Alternativ können Sie auch an den gelben Kontrollelementen ziehen. Wenn Sie mehr als drei Elemente brauchen, müssen Sie ein weiteres Master-Shape auf das Zeichenblatt ziehen oder ein vorhandenes duplizieren.

9.3.9. Liniendiagramm

Wird das Master-Shape *Liniendiagramm* auf das Zeichenblatt gezogen, öffnet sich das Fenster *Shape-Daten*. Dort tragen Sie die Anzahl der Datenpunkte ein. Jeden einzelnen Datenpunkt können Sie anschließend mit der Maus korrekt positionieren.

9.4. Vorgehen beim Verwenden der Diagramm-Shapes

Wenn Sie sich entschließen, in Visio ein Diagramm mit den vorhandenen Diagramm-Shapes zu erstellen, gehen Sie wie folgt vor:

- Öffnen Sie eine neue Vorlage über den Menübefehl *Datei/Neu/Geschäft/Diagramme*.
- Wählen Sie den richtigen Diagrammtyp aus. Ihnen stehen Balkendiagramme, Kreisdiagramme und Liniendiagramme zur Verfügung. Beachten Sie, dass ein nachträgliches Ändern des Typs nicht möglich ist.
- Legen Sie beim Herausziehen des Shapes fest, wie viele Balken oder Segmente Sie benötigen. Legen Sie auch – falls erforderlich – die Farben fest.
- Markieren Sie jedes einzelne Element und geben Sie die Daten ein.
- Verändern Sie die Absoluthöhe und –breite des gesamten Diagramms.
- Falls nötig: Duplizieren Sie das Diagramm oder fügen einzelne weitere Elemente hinzu.
- Formatieren Sie das gesamte Diagramm, beziehungsweise die Teile.

Die Vorlagen der Kategorie Geschäft

- Legen Sie Hintergründe, Rahmen und Titel, Container und Legenden oder andere Shapes auf das Zeichenblatt.

  Falls nötig: duplizieren Sie das Diagramm, um weitere gleichartige Diagramme zu erhalten.

- Speichern Sie die Datei.
- Kontrollieren Sie die Datei über *Datei/Drucken/Seitenansicht*.
- Drucken Sie die Datei, falls gewünscht.
- Exportieren Sie die Datei, falls gewünscht.

Abbildung 9.27*: Ein Liniendiagramm*

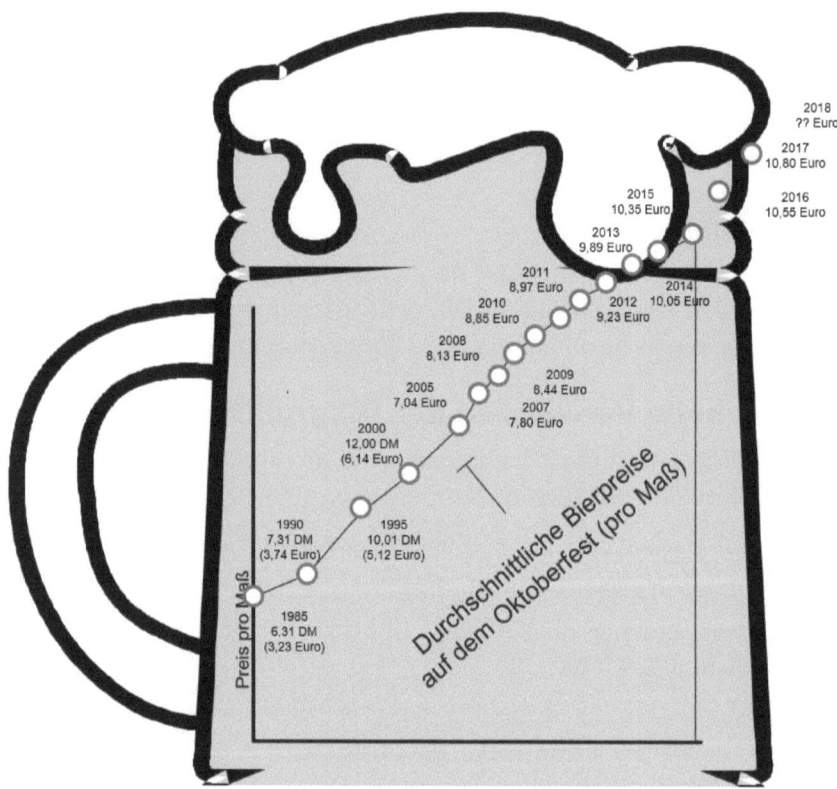

9.5. Die Vorlage Six Sigma-Diagramm

Wenn Sie sich entschließen, in Visio eine Tabelle oder ein Gitter mit den vorhandenen Shapes der Schablone *Six-Sigma-House of Quality-Shapes* zu erstellen, gehen Sie wie folgt vor:

- Öffnen Sie eine neue Vorlage über den Menübefehl *Datei/Neu/Geschäft/Diagramme*.
- Ziehen Sie eines der Matrix-Master-Shapes auf das Zeichenblatt.
- Legen Sie die gewünschte Anzahl der Spalten und Zeilen fest, indem Sie das Shape in die Breite oder Höhe ziehen.
- Markieren Sie das gruppierte Shape.

Abbildung 9.28: *Ein Gitter*

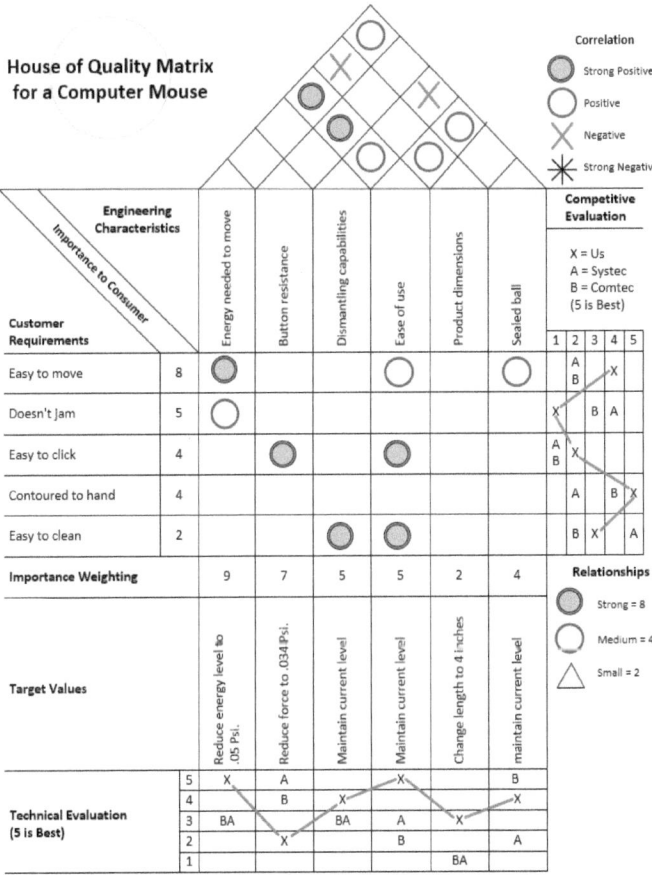

- Markieren Sie ein Mitglieds-Shape der Gruppe. Tragen Sie dort die Daten ein.
- Legen Sie – falls nötig – die Shapes *Ja/Nein-Feld* oder *Feature aktiviert/deaktiviert* auf das Zeichenblatt.
- Legen Sie – falls nötig – die Shapes *Zeilenbeschriftung* vor, beziehungsweise *Spaltenbeschriftung* über die Tabelle.
- Speichern Sie die Datei.
- Kontrollieren Sie die Datei über *Datei/Drucken/Seitenansicht*.
- Drucken Sie die Datei, falls gewünscht.
- Exportieren Sie die Datei, falls gewünscht.

9.6. Die Vorlage Ursache/Wirkung-Diagramm

Die Vorlage *Ursache/Wirkung-Diagramm* weist wenig grundlegende Unterschiede zur Vorlage *Standardflussdiagramm* auf. Das Arbeiten entspricht im Wesentlichen den gleichen Techniken:

- Öffnen Sie die Vorlage *Datei/Neu/Geschäft/Ursache/Wirkung-Diagramm*. Auf dem querformatigen Zeichenblatt befindet sich bereits das Shape *Wirkung* an das jeweils zwei Shapes *Kategorie 1* und *Kategorie 2* geklebt sind.
- Ziehen Sie aus der Schablone *Shapes für Ursache/Wirkung-Diagramm* weitere Master-Shapes auf das Zeichenblatt.

  Die Unterschiede zwischen den sechs Shapes *Primäre Ursache* und *Sekundäre Ursache* liegen in den Positionen der Texte.

- Falls Sie möchten, ziehen Sie einen *Fischrahmen* um das Diagramm. Er wird automatisch auf dem Zeichenblatt zentriert, allerdings nicht vergrößert, wenn die Zeichnung größer als ein Zeichenblatt ist.
- Beschriften Sie die Shapes. Beachten Sie, dass die Kästchen Teil der Linien sind – der Text wird in den Kästchen angezeigt.
- Speichern Sie die Datei.
- Kontrollieren Sie die Datei über *Datei/Drucken/Seitenansicht*.
- Drucken Sie die Datei, falls gewünscht.
- Exportieren Sie die Datei, falls gewünscht.

Abbildung 9.29: Ein Ursache-Wirkungsdiagramm

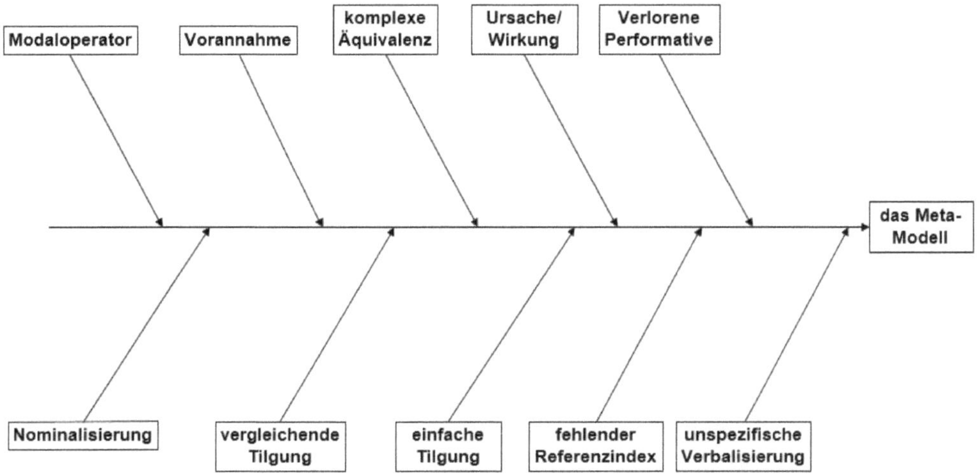

9.7. Die Vorlage Marketingdiagramme

Die Vorlage *Marketingdiagramme* besteht aus den gleichen Schablonen wie die Vorlage *Diagramme*, öffnet jedoch zusätzlich die Schablone *Marketingdiagramme*.

> **Hinweis:** Leider ist die Schablone *Marketing-Shapes* in Visio verschwunden. In ihr waren einige Symbole, wie beispielsweise Menschen, Gebäude, Papierstapel oder Schornsteine.

9.7.1. Shapes der Schablone Marketingdiagramme

Die vier Shapes

- Kreisförmige Pfeile
- Dreieck
- 3D-Pyramide
- Kreis-Netz-Diagramm

zeigen beim Herausziehen aus der Schablone die Shape-Daten, wobei über eine feste Liste die Anzahl der Elemente eingegeben werden kann. Diese Anzahl kann über das Kontextmenü oder das Fenster *'Shape-Daten'* nachträglich geändert werden. Der

- Gemusterte Block
- Farbige Block

Die Vorlagen der Kategorie Geschäft

- 3D-Kreis

fragen beim Herausziehen die Farben ab. Sie werden in den Shape-Daten eingetragen.

Die übrigen Shapes sind reine grafische Objekte. Um ein Diagramm zu erstellen, gehen Sie wie folgt vor:

- Öffnen Sie die Vorlage über den Menübefehl *Datei/Neu/Geschäft/Marketingdiagramme*.
- Ziehen Sie die benötigten Shapes auf das Zeichenblatt.
- Ordnen Sie die Shapes mithilfe der Funktion *Start/Position/Shapes ausrichten* und *Start/Position/Shapes verteilen* an.
- Verwenden Sie Führungslinien zum schnellen, ordentlichen Ausrichten.

Abbildung 9.30: **Man kann auch durch einfaches Duplizieren ein Diagramm erstellen.**

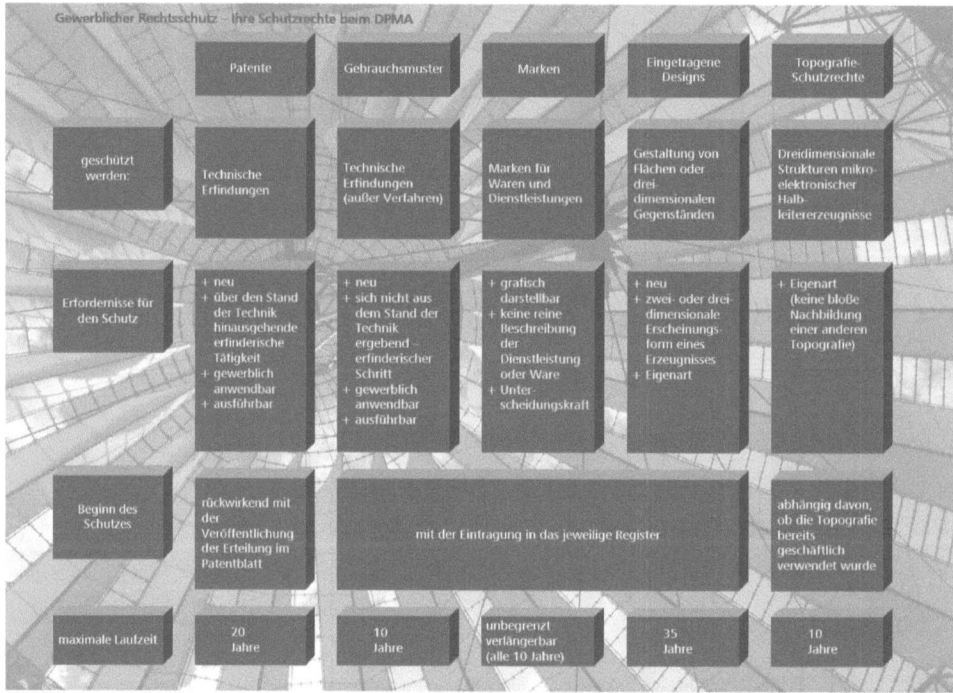

- Wenn Sie mehr Elemente benötigen als die Shapes zur Verfügung stellen, duplizieren Sie die Shapes.

Viele der Shapes besitzen im Kontextmenü Varianten, beispielsweise um den Beschriftungstext auszublenden.

- Die Shapes liegen als Gruppen vor. Um Teile zu beschriften, markieren Sie zuerst die Gruppe und anschließend das Mitglieds-Shape. Nun kann der Text eingefügt werden.
- Falls nötig formatieren Sie die Shapes mit den drei Kategorien *Start/Schriftart*, *Start/Linie* und *Start/Füllen*.
- Speichern Sie die Datei.
- Kontrollieren Sie die Datei über *Datei/Drucken/Seitenansicht*.
- Drucken Sie die Datei, falls gewünscht.
- Exportieren Sie die Datei, falls gewünscht.

9.8. Weitere Vorlagen in der Kategorie Geschäft

Erstaunlicherweise finden sich in der Kategorie *Geschäft* und nicht in *Flussdiagramm* eine Reihe weiterer Vorlagen, mit denen sich bestimmte Ablaufdiagramme darstellen lassen. Es handelt sich dabei um folgende Vorlagen:

- Auditdiagramm
- Datenflussdiagramm
- EPC-Diagramm
- Fehlerstrukturanalyse-Diagramm
- ITIL-Diagramm
- TQM-Diagramm
- Wertstromzuordnung

Sie werden im Kapitel 8 *Die Vorlagen der Kategorie Flussdiagramm* ausführlich beschrieben.

9.9. Zusammenfassung

Die Vorlage *Organigramm* ist ein mächtiges Werkzeug, um die Organisationsstruktur einer Abteilung oder einer Firma darzustellen. Da die Schablone dieser Vorlage – anders als viele anderen – nicht nur aus »reinen« Shapes besteht, können Sie schnell ein Organigramm erstellen und – falls sich die Firmenstruktur ändert – modifizieren. Auch der Assistent, den Sie innerhalb der Vorlage, aber auch als eigene Vorlage haben, ermöglicht es, mit extern gespeicherten Daten schnell ein anschauliches Organigramm zu erstellen. Ebenfalls ist es leicht möglich, die Daten eines gezeichneten Organigramms zu exportieren.

10 Die Vorlagen der Kategorie Terminplan

Seit vielen Versionen stellt Visio die vier Vorlagen *Gantt-Diagramm*, *PERT-Diagramm*, *Kalender* und *Zeitachse* zur Verfügung. Während die beiden Vorlagen *Zeitplan* und *Kalender* durch ihre Schlichtheit bestechen, verwundert es, dass die *Gantt-Diagramme* und *PERT-Diagramme* nicht verbessert oder modifiziert werden. Fast gewinnt man den Eindruck, dass Microsoft seine Ressourcen im Bereich Projektplan in das mächtige Werkzeug Project steckt und in Visio die Projektplan-Vorlagen von Version zu Version unverändert übernimmt. Dennoch sollen diese vier Vorlagen an dieser Stelle besprochen und ihre Funktionalität gezeigt werden, da sie durchaus in semiprofessionellen oder kleineren Zusammenhängen Verwendung finden können.

10.1. Die Vorlage Kalender

Nachdem Sie die Vorlage *Kalender* geöffnet haben (*Datei/Neu/Kategorien/Terminplan /Kalender*), stehen Ihnen sechs verschiedene Kalendertypen in der Schablone *Kalender-Shapes* zur Verfügung

- Monat
- Woche
- Mehrere Wochen
- Miniaturansicht des Monats
- Jahr
- Tag

Wird einer dieser sechs Kalender auf das Zeichenblatt gezogen, erhält der Benutzer die Frage nach Einstellungen. Wählen Sie das gewünschte Jahr, den Monat oder Anfangsdatum und Enddatum aus. Da die Norm ISO 8601 den Montag als ersten Wochentag vorsieht, sollten Sie diese Einstellung belassen, es sei denn, Sie möchten explizit einen Kalender für die USA generieren. Dort beginnt die Woche am Sonntag.

So erstellen Sie einen Kalender:

- Ziehen Sie das gewünschte Master-Shape auf das Zeichenblatt.
- Tragen Sie im Dialogfeld *Konfigurieren* die gewünschten Daten ein. Das vorläufige Ergebnis sehen Sie in **Abbildung 10.1**.

Abbildung 10.1: *Der Monat wird konfiguriert.*

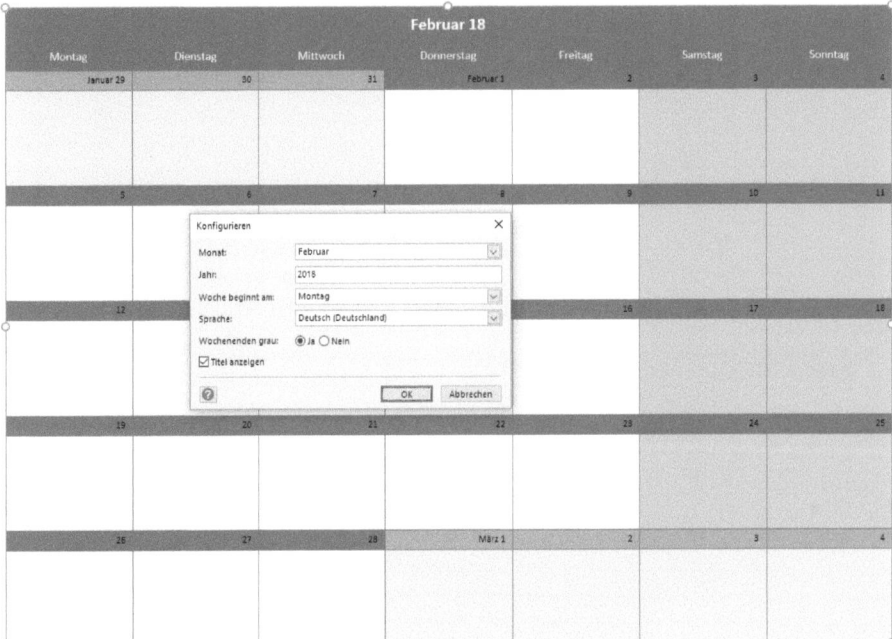

- Sollten Sie Änderungen an den Shapes vornehmen müssen, markieren Sie das betreffende Kalender-Shape und wählen im Kontextmenü den Befehl *Konfigurieren*.
- Während der Monat auf die Mitte des Zeichenblattes platziert wird, werden die übrigen Shape dort angezeigt, wo Sie sie fallen lassen. Verschieben Sie gegebenenfalls die Position.
- Im Shape *Monat* (analog im Shape *Woche* und *Mehrere Wochen*) können Sie ein Mitglieds-Shape markieren und dort Text eintragen.
- Wählen Sie, falls gewünscht, ein entsprechendes Design und seine Variante aus (*Entwurf/Designs* und *Entwurf/Varianten*).
- Ziehen Sie die Master-Shapes aus der Schablone *Kalender-Shapes* auf das betreffende Kalender-Shape (*Woche*, *Monat*, …). Die Shapes *Termine* und *Mehrtägige Ereignisse* öffnen das Dialogfeld *Konfigurieren*, wie Sie in **Abbildung 10.2** sehen. Dort können die gewünschten Daten eingetragen werden. Im Kontextmenü der Shapes finden Sie den Menübefehl *Konfigurieren* – darüber können die Informationen im Nachhinein geändert werden. Diese beiden Shapes werden automatisch an die den Daten entsprechende Position im Kalender platziert.

Die Vorlagen der Kategorie Terminplan

Abbildung 10.2: *Die Termine werden eingetragen.*

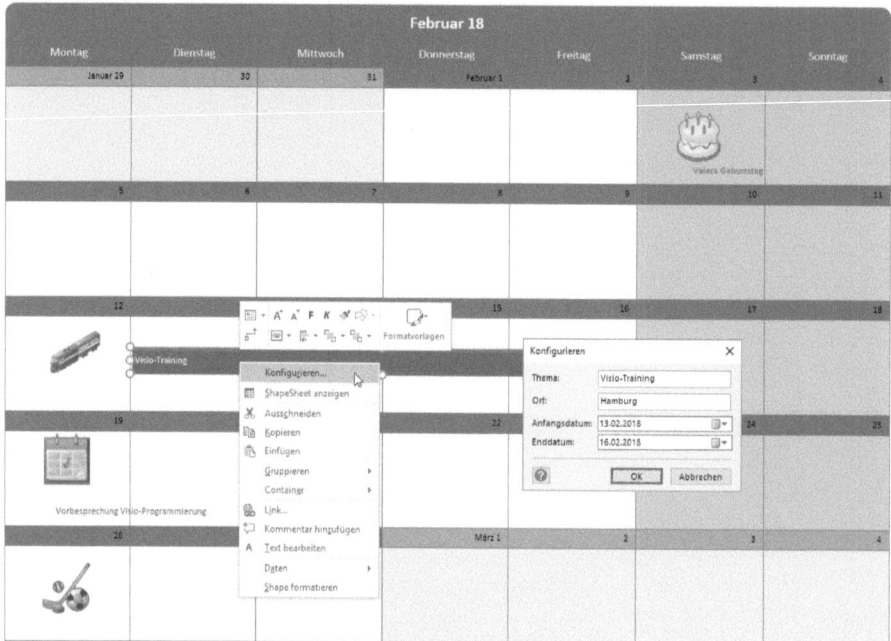

- Jedes der übrigen Shapes (*Uhr, Hinweis, Erinnerung,* …) kann ebenfalls beschriftet werden – markieren Sie das Shape auf dem Zeichenblatt und geben Sie den Text ein.
- Mithilfe des Kontrollpunkts kann der Text verschoben werden.
- Falls Sie weitere Zeichenblätter benötigen, fügen Sie ein weiteres Blatt ein (*Einfügen/Seiten/Neues Zeichenblatt*).
- Speichern Sie die Zeichnung
- Falls nötig: Drucken Sie die Zeichnung

> Die Vorlage *Kalender* stellt für jemanden, der keine Ahnung von HTML hat, eine schnelle, effektive und ansprechende Möglichkeit zur Verfügung, den Kalender ins Internet oder Intranet zu stellen. Sie können ihn mit *Datei/Speichern unter* Dateityp *Webseite* (HTM; HTML) ins HTML-Format konvertieren. Beachten Sie, dass Sie in dem Dialogfeld, das sich hinter der Schaltfläche *Veröffentlichen* befindet, die Option *Details (Shape-Daten)* deaktivieren sollten, da sie auf diesem oder diesen Zeichenblättern keine Shape-Daten liegen (siehe **Abbildung 10.3**).

Abbildung 10.3: Der Kalender kann ins Internet oder Intranet gestellt werden.

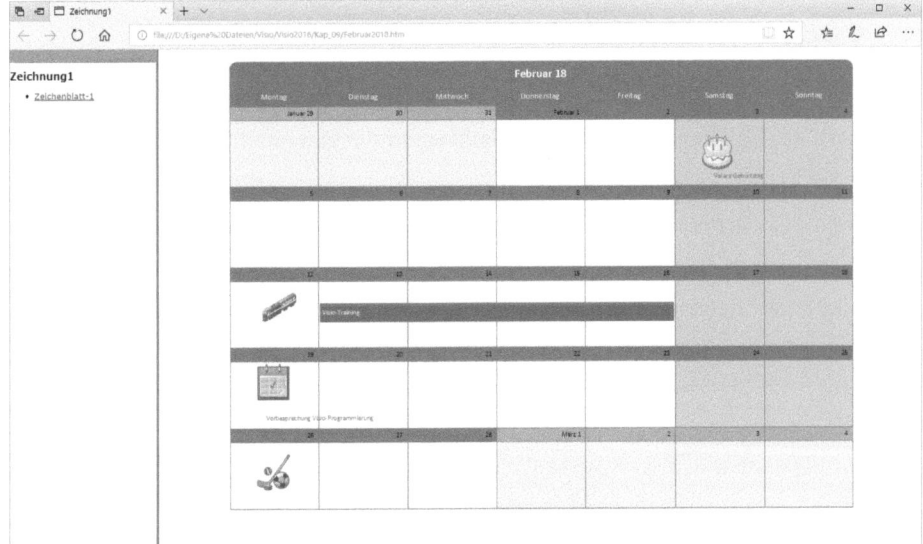

10.2. Die Vorlage Zeitachse

So erstellen Sie einen Zeitplan:

- Öffnen Sie die Vorlage *Zeitachse* über den Menübefehl *Datei/Neu/Kategorien/Terminplan/Zeitachse*.
- Ziehen Sie aus der Schablone *Zeitplan-Shapes* eines der drei Zeitplan-Shapes (*Blockzeitachse*, *Linienzeitachse*, und *Zylindrische Zeitachse*) auf das Zeichenblatt.
- Danach öffnet sich ein Dialogfeld, in dem Sie die Informationen zu Zeitperiode und Zeitformat einstellen können.
- Tragen Sie Anfangs- und Endzeit des Plans und die Zeitskala ein.
- Wenn Sie sich für eine Zeitskala *Wochen* entscheiden, sollten Sie den Wochenbeginn gemäß der Norm ISO 8601 auf Montag stellen.
- Stellen Sie die Zeitskala auf Quartale; dann können Sie den Beginn des Geschäftsjahres eintragen.
- Falls Sie abweichende Datumsformate wünschen, ändern Sie diese auf der Registerkarte *Zeitformat* des Dialogfeldes *Zeitachse konfigurieren*.

Die Vorlagen der Kategorie Terminplan

> **Hinweis:** Sämtliche dieser Einstellungen können im Nachhinein noch verändert werden.

- Verschieben Sie das Shape auf dem Zeichenblatt an die gewünschte Position.
- Wenn Sie die Daten des Zeitplans ändern möchten, markieren Sie das Shape und wählen den Befehl *Zeitachse/Zeitachse/Konfigurieren*.
- Falls Sie sich doch für einen anderen Zeitplan entscheiden, müssen Sie nicht den alten löschen und einen neuen auf das Blatt ziehen, sondern Sie können über das Kontextmenü *Zeitachsentyp festlegen* oder über die Shape-Daten *Typ der Zeitachse* in einen der anderen vier Varianten konfigurieren.

> **Hinweis:** Sämtliche drei Varianten unterscheiden sich nicht durch eine bestimmte Funktionalität, sondern lediglich durch ihr Aussehen.

- Wählen Sie, falls gewünscht, ein entsprechendes Design und seine Variante aus (*Entwurf/Designs* und *Entwurf/Varianten*).
- Ziehen Sie nun einen oder mehrere Meilensteine auf das Zeichenblatt. Sie müssen ihn nicht unbedingt auf der Zeitskala fallen lassen – er rastet automatisch darauf ein. Nach dem Herausziehen öffnet sich ein Dialogfeld, in dem Sie das Datum, das Datumsformat und die Beschreibung eintragen können. Per definitionem haben Meilensteine keine zeitliche Ausdehnung – deshalb sollten Sie die Dauer auf *00:00:00* stehen lassen.
- Änderungen an dem Datum oder den Text können Sie vornehmen, indem Sie den Meilenstein markieren. Wählen Sie anschließend den Befehl *Meilenstein konfigurieren* aus dem Kontextmenü oder den Befehl *Zeitachse/Meilenstein/Konfigurieren*.
- Im Kontextmenü oder im Fenster *Shape-Daten* finden Sie die Option *Meilensteintyp festlegen*. Dort können sie den Typ des Meilensteins in eine der anderen acht Varianten konvertieren.
- Ähnlich wie der Meilenstein funktionieren die drei Shapes *Eckige Klammerintervall*, *Geschweifte Klammerintervall* und *Blockintervall*. Im Gegensatz zum Meilenstein werden hier *Anfangsdatum* und *Abschlussdatum* eingegeben (siehe **Abbildung 10.4**).

Die Vorlage Zeitachse

- Änderungen an dem Datum oder den Text können Sie vornehmen, indem Sie das Zeitintervall markieren. Wählen Sie anschließend den Befehl *Intervall konfigurieren* aus dem Kontextmenü oder der Registerkarte *Zeitachse*.
- Im Kontextmenü oder im Fenster *Shape-Daten* finden Sie die Option *Intervalltyp festlegen*. Dort können sie die Form des Meilensteins in eine der anderen drei Varianten konvertieren (hier finden Sie auch den Typ *Zylindrischer Block*).
- Das Shape *'Heute'-Marker* ist sicherlich das einfachste der Shapes. Wird es auf das Zeichenblatt gezogen, rastet es am »aktuellen« Datum ein und kennzeichnet so die Position des aktuellen Tages.

Abbildung 10.4: *Ein Diagramm mit der Vorlage* Zeitplan

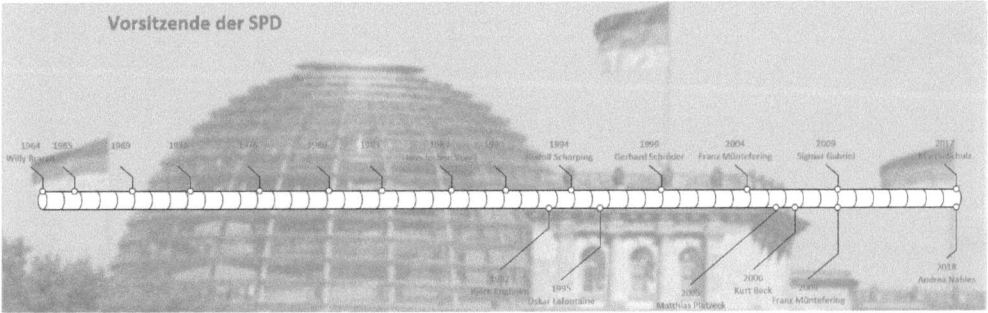

| Hinweis | Selbstverständlich können Sie auch diese Zeichnungen als Webseite speichern und im Internet oder Intranet veröffentlichen. |

Die Vorlagen der Kategorie Terminplan

Abbildung 10.5: *Auch solch ein Zeitplan kann mit der Vorlage Zeitplan schnell erstellt werden.*

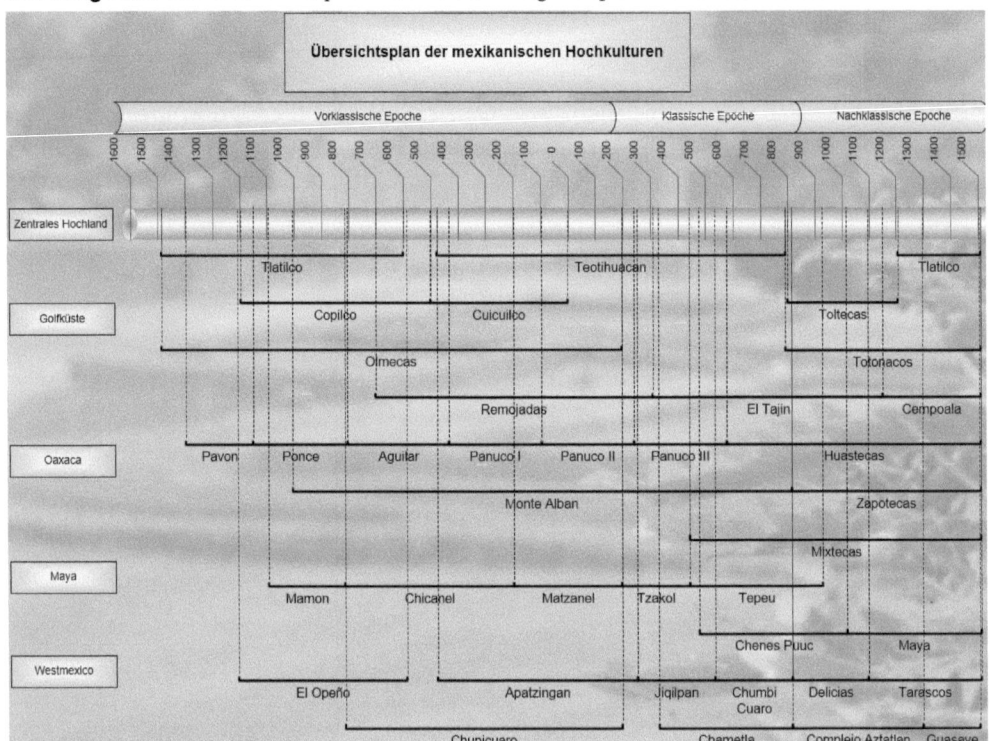

10.3. Die Vorlage Gantt-Diagramm

Der Berater Henry L. Gantt entwickelte zu Beginn des zwanzigsten Jahrhunderts ein Werkzeug des Projektmanagements, das die zeitliche Abfolge von Aktivitäten grafisch in Form von Balken auf einer Zeitachse darstellt. Nach ihm wurde es Gantt-Diagramm oder Balkenplan benannt. Im Unterschied zum Netzplan ist die Dauer der Aktivitäten im Gantt-Diagramm deutlich sichtbar.

So erstellen Sie in Visio ein Gantt-Diagramm:

- Öffnen Sie die Vorlage über den Menübefehl *Datei/Neu/Kategorien/Terminplan/Gantt -Diagramm*.

- Beim Öffnen wird das Dialogfeld *Gantt-Diagrammoptionen* angezeigt (siehe **Abbildung 10.6**). Darin werden Sie nach der Anzahl der Aufgaben, dem Anfangs- und Abschlussdatum und den Datumsformaten gefragt. Auf der Registerkarte *Format* können Sie das Aussehen und Verhalten der Elemente der Zeichnung festlegen.

Die Vorlage Gantt-Diagramm

Abbildung 10.6: Nach dem Öffnen der Vorlage werden die Daten eingegeben.

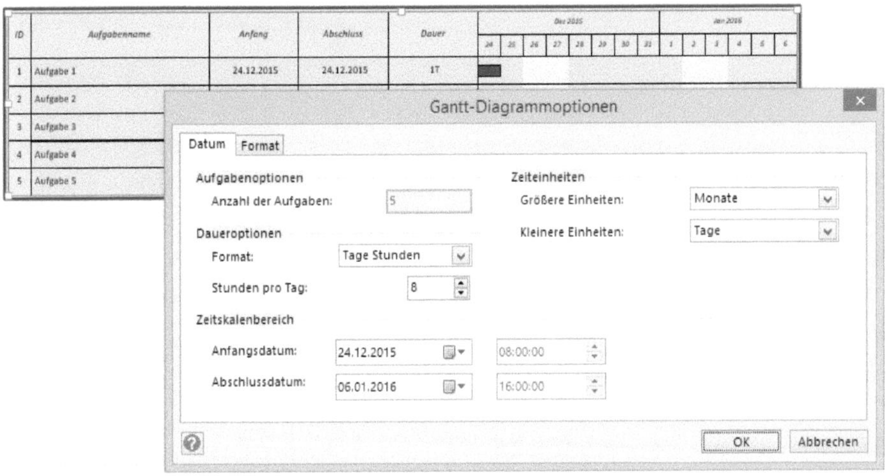

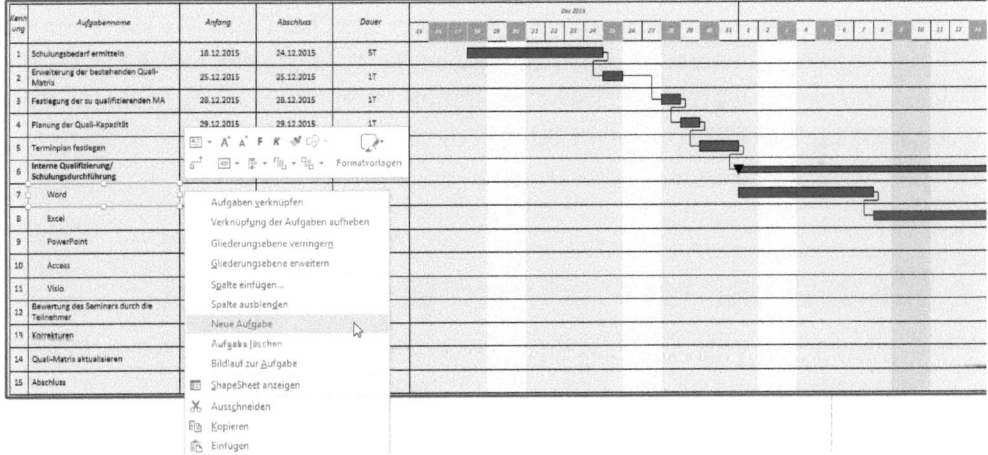

- Markieren Sie die einzelnen Aufgabennamen und beschriften Sie die Mitglieds-Shapes.
- Neue Aufgaben werden über einer bestehenden Aufgabe eingefügt, indem Sie die Aufgabe markieren und im Kontextmenü *Neue Aufgabe* anklicken (siehe **Abbildung 10.7**). Über das Kontextmenü können Sie bestehende Aufgaben löschen.

Abbildung 10.7: Die Aufgabennamen werden eingegeben; die Liste kann erweitert werden.

- Markieren Sie die Felder *Anfang* und *Abschluss* und tragen dort die Daten ein. Oder Sie markieren das Feld *Dauer* und tragen die Dauer mit den Einheiten m (Minuten), h (Stunden), t (Tage), w (Wochen) ein.

507

Die Vorlagen der Kategorie Terminplan

 **Hinweis** Beachten Sie, dass das Datum komplett eingetragen werden muss. Eine Datumsangabe wie beispielsweise »05.05.« wird nicht akzeptiert. Sie müssen mindestens »»5.5.17« eintragen.

- Anschließend können Sie die Aufgaben miteinander verknüpfen. Markieren Sie zwei oder mehr Aufgaben und wählen im Kontextmenü oder die Registerkarte *Gantt-Diagramm/Vorgänge/Verknüpfen* (siehe **Abbildung 10.8**). Nun wirkt sich eine Datumsänderung oder eine Änderung der Dauer auf sämtliche nachfolgenden Aufgaben aus. Über das Kontextmenü oder die Registerkarte *Gantt-Diagramm* können Sie die *Verknüpfung der Aufgaben aufheben*.

Abbildung 10.8: Die Aufgaben werden miteinander verknüpft.

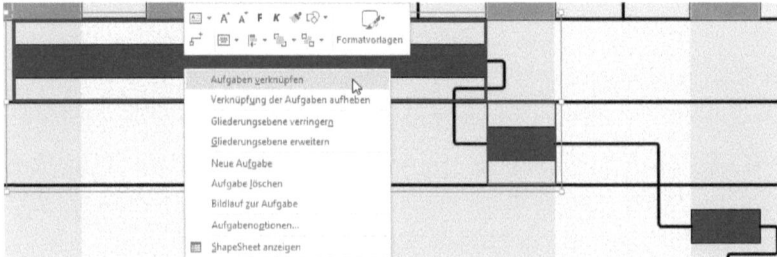

- Sie können Unterebenen einrichten. Fügen Sie neue Aufgaben in Ihr Diagramm, tragen Sie die Aufgabentexte und die Angaben über die Dauer ein. Markieren Sie die übergeordneten und untergeordneten Aufgaben. Im Kontextmenü finden Sie den Befehl *Gliederungsebene erweitern* (siehe **Abbildung 10.9**). Alternativ steht Ihnen in der Registerkarte *Gantt-Diagramm* die Schaltfläche *Einzug* zur Verfügung

Abbildung 10.9: Mehrere Unterebenen werden eingefügt.

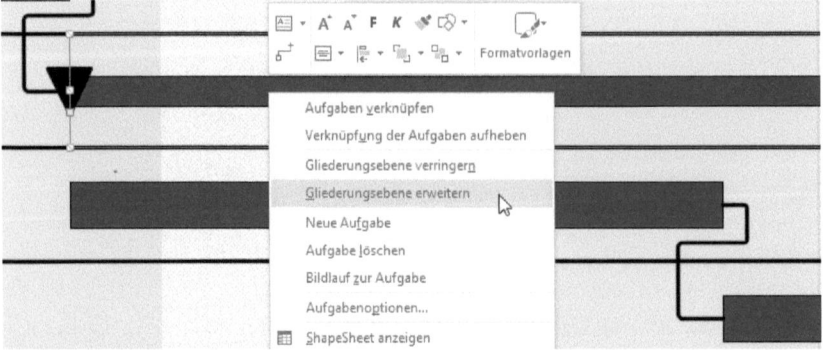

Die Vorlage Gantt-Diagramm

Abbildung 10.10: Die untergeordneten Aufgaben werden automatisch eingerückt.

6	Interne Qualifizierung/ Schulungsdurchführung	01.01.2016
7	Word	01.01.2016
8	Excel	08.01.2016
9	PowerPoint	19.01.2016
10	Access	22.01.2016
11	Visio	05.02.2016
12	Bewertung des Seminars durch die Teilnehmer	12.02.2016

- Sie finden einige Einstellungen in der Registerkarte *Gantt-Diagramm/Verwalten/Diagrammoptionen* (siehe **Abbildung 10.11**). Ebenso können Sie festlegen, an welchen Wochentagen gearbeitet wird und wann Arbeitsbeginn und –ende sind. Diese Einstellung finden Sie in der Registerkarte *Gantt-Diagramm/Verwalten/Arbeitszeit konfigurieren*. Die tägliche Arbeitszeit ist natürlich nur wichtig, wenn sie einzelne Aufgaben stundenweise anordnen.

Abbildung 10.11: Die Diagrammoptionen

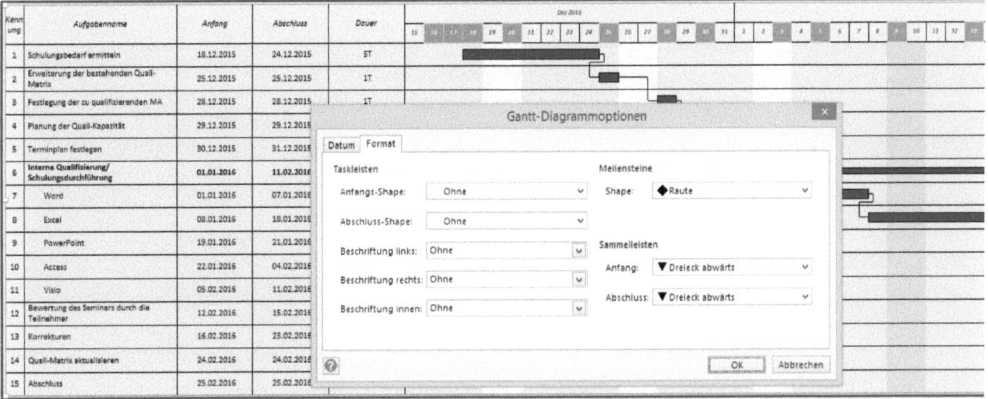

- Speichern Sie das Diagramm. Sie können den Befehl *Datei/Speichern unter* verwenden, wenn Sie das Diagramm als HTML oder in ein anderes Format speichern möchten.

- Ihnen steht über den Befehl *Gantt-Diagramm/Verwalten/Exportieren* die Möglichkeit zur Verfügung, die Daten in eines der folgenden Formate zu exportieren:

Die Vorlagen der Kategorie Terminplan

- Microsoft Office Excel-Datei (Excel 2007/2010/2013/2016 XLSX, XLSM, XLSB oder Excel 2000 XLS) (siehe **Abbildung 10.13**)
- Textdatei (TXT)
- MPX-Datei für Microsoft Project 2007/2010/2013/2016 (MPX) (siehe **Abbildung 10.12**)

Abbildung 10.12: *Die nach Project exportierten Daten*

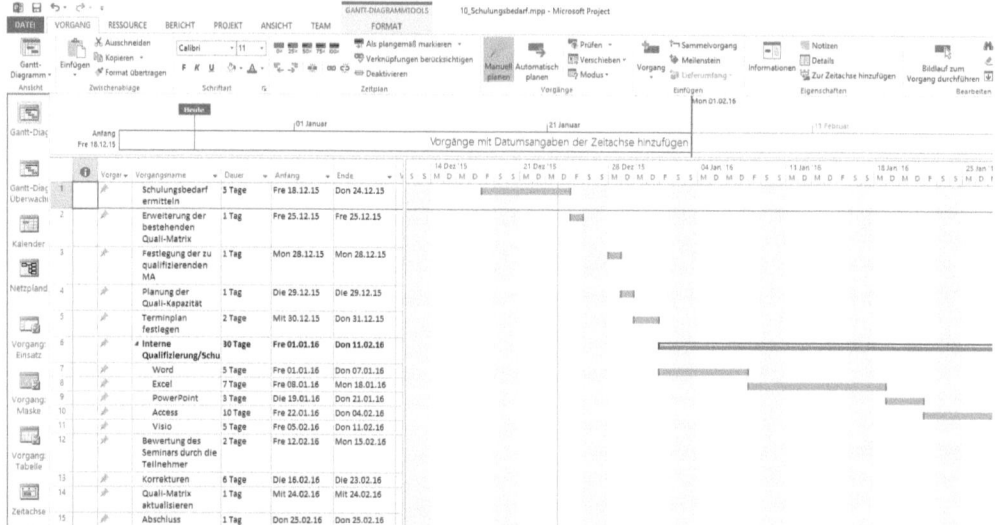

Abbildung 10.13: *Die nach Excel exportierten Daten*

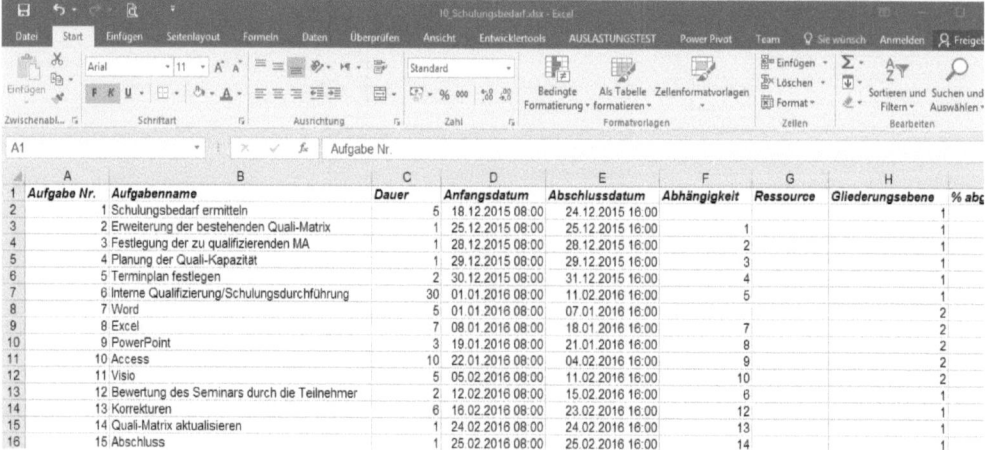

Die Vorlage Gantt-Diagramm

- Auch der umgekehrte Weg ist denkbar: Textdaten, eine Project-Datei oder eine Excel-Mappe können mithilfe des Symbols *Gantt-Diagramm/Verwalten/Daten importieren* nach Visio importiert werden (siehe **Abbildung 10.14** und **Abbildung 10.15**). In dem Verzeichnis, in dem Sie Visio gespeichert haben, finden Sie einen Unterordner *Visio Content/1031*. Darin liegen die Dateien TIMELINE.MPP, PROJTL.XLS. Mit ihren können Sie den Datenimport testen. Beachten Sie, dass die Datei geschlossen sein muss, wenn Sie die Daten importieren. Sonst bricht der Assistent mit einer Fehlermeldung ab.

> **Hinweis**
> Beachten Sie, dass der Import einer Project-Datei nur funktioniert, wenn Sie Project auf Ihrem Rechner installiert haben.

Abbildung 10.14: *Die Excel-Daten*

	A	B	C	D	E
1	ID	Aufgabenname	Dauer	Anfang	Abschluss
2	1	Fertigstellungsphase III-Versuche	88	31.5.16 8:00	29.9.16 17:00
3	2	Geheimhaltungsvertrag senden	0	13.10.16 8:00	13.10.16 8:00
4	3	FDA-Genehmigungsverfahren	524	18.10.16 8:00	18.10.18 17:00
5	4	Marketingkampagnenstrategie fertig ges	0	6.5.17 8:00	6.5.17 8:00
6	5	Medizinische Schulung beginnt	0	18.11.17 8:00	18.11.17 8:00
7	6	Konsumentenschulung beginnt	0	7.7.18 8:00	7.7.18 8:00
8	7	Produkteinführung	0	12.11.18 8:00	12.11.18 8:00

Abbildung 10.15: *Das Diagramm nach dem Import nach Visio*

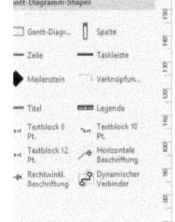

Die Vorlagen der Kategorie Terminplan

Abbildung 10.16: *Auch größere Project-Dateien werden problemlos importiert (das Design wurde entfernt).*

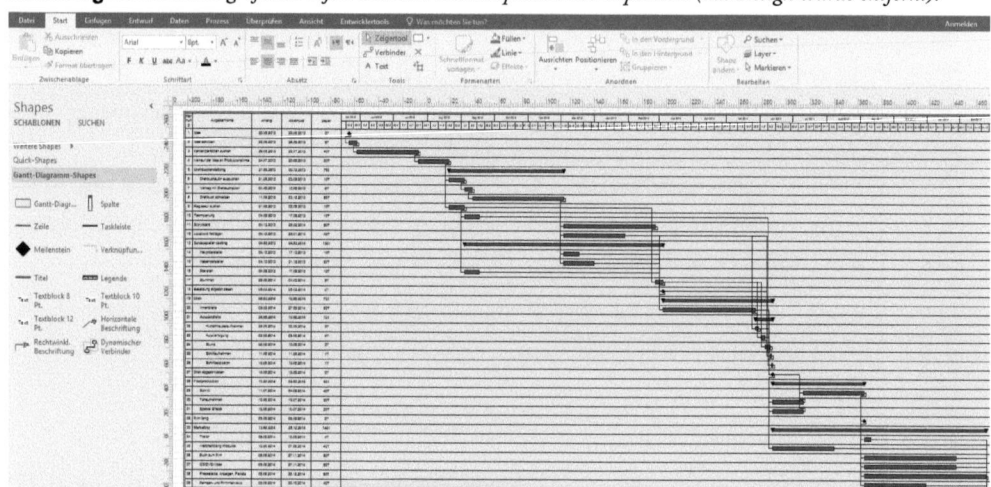

10.4. Die Vorlage PERT-Diagramm

Während beim Gantt-Diagramm der zeitliche Ablauf im Vordergrund steht, liegt der Fokus beim PERT-Diagramm (Project Evaluation and Review Technique) auf den einzelnen Prozessen. Die Dauer spielt nur eine untergeordnete Rolle. Anders als in Microsoft Project kann ein Gantt-Diagramm nicht per Mausklick in ein PERT-Diagramm konvertiert werden. Es muss neu erzeugt werden. Dazu gehen Sie folgt vor:

- Öffnen Sie die Vorlage *Datei/Neu/Kategorien/Terminplan/PERT-Diagramm*.
- Ziehen Sie die Shapes *PERT 1* und *PERT 2* auf das Zeichenblatt.
- Beschriften Sie das Shape mit dem Aufgabennamen.
- Markieren Sie die Mitglieds-Shapes der Gruppe und beschriften Sie.
- Verbinden Sie die Shapes mit dem Shape *Verbinder Linie* oder mit einem *dynamischen Verbinder*.
- Ziehen Sie das Shape *Zusammenfassung* aus der Schablone auf das Zeichenblatt. Aus diesem Shape kann über den Kontrollpunkt eine Linie herausgezogen werden. Damit kann es mit anderen Shapes markiert werden (siehe **Abbildung 10.17**).

Abbildung 10.17: Ein PERT-Diagramm

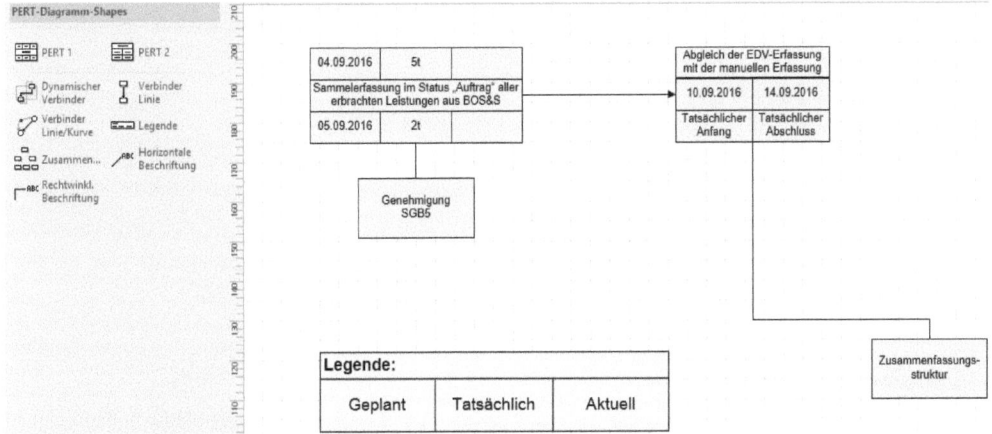

10.5. Zusammenfassung

Während mit den beiden Vorlagen *Kalender* und *Zeitplan* leicht zu bedienen sind und in kurzer Zeit einen Tages-, Monats- oder Jahres-Kalender erzeugen, beziehungsweise einen zeitlichen Verlauf auf einer Datumsachse darstellen können, mangelt es den Vorlagen *Gantt-Diagramm* und *PERT-Diagramm* an vielen wichtigen Dingen. Als Kritikpunkte sind zu nennen:

- Es können keine Ressourcen eingegeben werden.
- Folglich können auch die Kosten eines Projektes nicht berechnet werden.
- Es gibt nur eine Ende-Anfang-Beziehung. Die anderen Beziehungen – vor allem Ende-Ende – fehlen leider.
- Es können keine Pufferzeiten zwischen den einzelnen Vorgängen festgelegt werden.
- Ein Gantt-Diagramm kann nicht in ein PERT-Diagramm konvertiert werden.
- Der Kalender kann nicht modifiziert werden. Es ist beispielsweise keine 38-Stunden-Woche möglich, Feiertage, regelmäßige Daten und so weiter können nicht eingegeben werden.
- Geplante Projekte können nicht mit der Realität verglichen werden.

Es lassen sich noch viele weitere Kritikpunkte an diesen beiden Vorlagen finden. Die Praxis zeigt, dass mit Visio schnell ein kleines Gantt-Diagramm erstellt werden kann – mehr leistet es jedoch nicht.

11 Die Vorlagen der Kategorie *Konstruktion*

Die Anwendungsbereich der acht Vorlagen der Kategorie *Konstruktion* sind sicherlich klar umrissen: Es geht um die Darstellungen von Elektronik und elektrotechnischen Schaltplänen, um Darstellung von hydraulischen und pneumatischen Anlagen, Steuerungssystemen und Schaltkreisen. Auffällig ist hierbei die große Anzahl an Schablonen und Shapes und die Tatsache, dass viele der Shapes weitere Darstellungen in sich bergen.

Sicherlich kann das folgende Kapitel nicht jedes einzelne Shape und jede einzelne Option in den Kontextmenüs erläutern – jedoch sollen die grundlegenden Funktionen der wichtigsten Shapes beschrieben werden, mit denen Sie Zeichnungen erstellen können.

> **Hinweis**
>
> Wenn Sie nur über Visio Standard und nicht über Visio Professional verfügen, haben Sie in Visio keine Kategorie *Konstruktion*. Sie finden dennoch die Shapes und Vorlagen auf Ihrer Festplatte. Wechseln Sie in den Ordner, in dem Visio installiert ist – beispielsweise
>
> *C:\Program Files (x86)\Microsoft Office\root\Office16*
>
> Im Unterordner
>
> *Visio Content\1031*
>
> finden Sie sämtliche Schablonen und Vorlagen von Visio (Professional) – allerdings nicht die Assistenten. Wenn Sie mit der Maus über eine Datei fahren, werden in den Eigenschaften die deutschen Namen und Erläuterungen angezeigt.

11.1. Die Vorlage Elektrotechnik allgemein

In der Vorlage *Elektrotechnik allgemein* finden sich keine besonderen Einstellungen: Die Formatvorlage *Verbinder* ist nicht mit Pfeilspitzen vorformatiert, es wurde kein Maßstab eingestellt. es sind keine Assistenten an die Vorlage gebunden, die Druckereinrichtung des Zeichenblatts ist auf Hochformat und Din A4 eingestellt, die Linien springen horizontal.

So erstellen Sie eine Zeichnung *Elektrotechnik allgemein*:

- Öffnen Sie die Vorlage *Datei/Neu/Kategorien/Konstruktion/Elektrotechnik allgemein*.
- Ziehen Sie die benötigten Shapes auf das Zeichenblatt. Beachten Sie, dass die meisten Shapes als Rechteck vorliegen und mit Verbindungspunkten versehen sind, wie Sie in **Abbildung 11.1** sehen können. Die typischen Elemente einer Schaltung sind auf den Schablonen *Grundlegende Elemente*, *Halbleiter und Elektronenröhren* und *Schalter und Relais* verteilt.

Abbildung 11.1: Viele der Shapes sind mit Verbindungspunkten versehen; über das Kontextmenü kann zwischen PNP- und NPN-Transistor umgeschaltet werden.

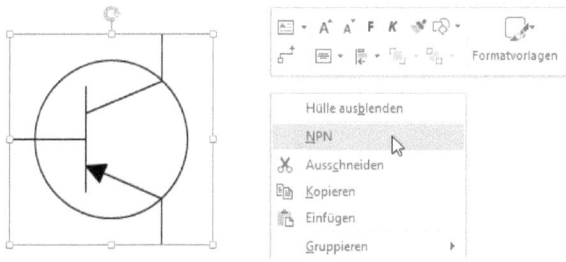

- Falls Sie Shapes auf einer gleichen »horizontalen« oder »vertikalen« Ebene liegen lassen möchten, können Sie mehrere Shapes markieren und über *Start/Anordnen /Ausrichten/Shapes ausrichten* auf die gleiche Höhe oder Breite verschieben.

- Falls Sie die ausgerichteten Shapes um 90 Grad kippen möchten, markieren Sie die Shapes und drehen sie über den Befehl *Start/Anordnen/Positionieren/Shapes drehen /Rechtsdrehung 90 Grad*, beziehungsweise *Start/Anordnen/Positionieren/Shapes drehen /Linksdrehung 90 Grad*.

- Wenn Sie mehrere Shapes markieren möchten, können Sie den Assistenten in *Start/Bearbeiten/Markieren/Auswahl nach Typ/Layer* verwenden. Sämtliche Shapes der Vorlage *Elektrotechnik allgemein* liegen auf dem Layer *Elektrisch*.

- Wenn Sie zwei Shapes, die mit einer physikalischen (Strom-)leitung verbunden werden sollen, verbinden möchten, aktivieren Sie das Symbol *Automatischer Verbinder* und ziehen eine Verbindungslinie von einem Shape zu einem anderen. Die Krümmung der Verbindungslinie können Sie über die Ziehpunkte beeinflussen.

- Wenn sich zwei Verbinderlinien kreuzen, wird der horizontalen Linie ein Sprung hinzugefügt. Dies zeigt der Ausschnitt in **Abbildung 11.2**. Möchten Sie dieses Sprungverhalten ändern, beziehungsweise deaktivieren, finden Sie im Dialogfeld des Befehls *Entwurf/Zeichenblatt einrichten/Layout und Routing* unter *Liniensprungformat* eine Reihe von Optionen. Möchten Sie nur für eine Linie das Verhalten ändern, markieren Sie die Linie und stellen in *Entwicklertools/Shape-Design/Verhalten/Verbinder* ein, dass die Liniensprünge nicht *nach Blattvorgabe* verlaufen, sondern nach der gewählten Option.

Die Vorlagen der Kategorie Konstruktion

Abbildung 11.2: *Sich kreuzende Verbindungslinien »springen«*

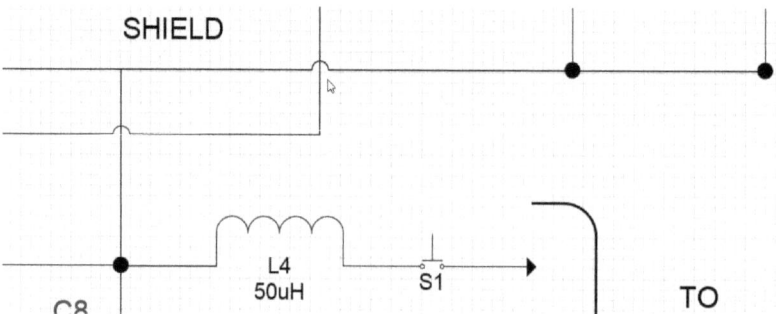

- Umgekehrt kann es sein, dass ein Verbinder verzweigt. Markieren Sie den Verbinder und aktivieren Sie das Werkzeug *Verbindungspunkt*. Klicken Sie bei gedrückter [Strg]-Taste auf die Stelle des Verbinders, an welcher der neue Verbindungspunkt sitzen soll. Nun kann an diese Stelle eine neue Linie geklebt werden. Alternativ können Verbindungen und Kreuzungen über die beiden Shapes *Verbindung*, beziehungsweise *Verbindung/Kreuzung erstellt werden*, die Sie in der Schablone *Übertragungspfade* finden.

Beachten Sie, dass fast alle der elektrotechnischen Shapes mehrere Gestalten besitzen. Sie finden die anderen Darstellungen im Kontextmenü. Wenn Sie häufig zwischen den verschiedenen Darstellungsvarianten wechseln müssen, lassen Sie sich das Fenster *Shape-Daten* anzeigen. Nicht alle, aber sehr viele der Einstellungen können darüber konfiguriert werden.

- Wird Ihre Zeichnung größer als Din A4 sein soll, dann lassen Sie das Shape außerhalb des Zeichenblattes fallen. Die Zeichnung wird automatisch vergrößert, weil in dieser Vorlage die Option *Entwurf/Automatisch anpassen* eingeschaltet ist. Alternativ können Sie mit gedrückter [Strg]-Taste einen der vier Ränder ziehen – so erhalten Sie ein größeres Zeichenblatt.

Wenn Sie sehr im Detail der Zeichnung arbeiten, jedoch den Gesamtüberblick nicht verlieren möchten, öffnen Sie das Fenster *Verschieben und Zoom* (Registerkarte *Ansicht/Anzeigen/Aufgabenbereiche*). Damit können Sie schnell den Zoom einstellen, den Ausschnitt, an dem Sie gerade arbeiten, verschieben und behalten die gesamte Zeichnung im Blick (siehe **Abbildung 11.3**).

Abbildung 11.3: *Das Fenster* Verschieben und Zoom

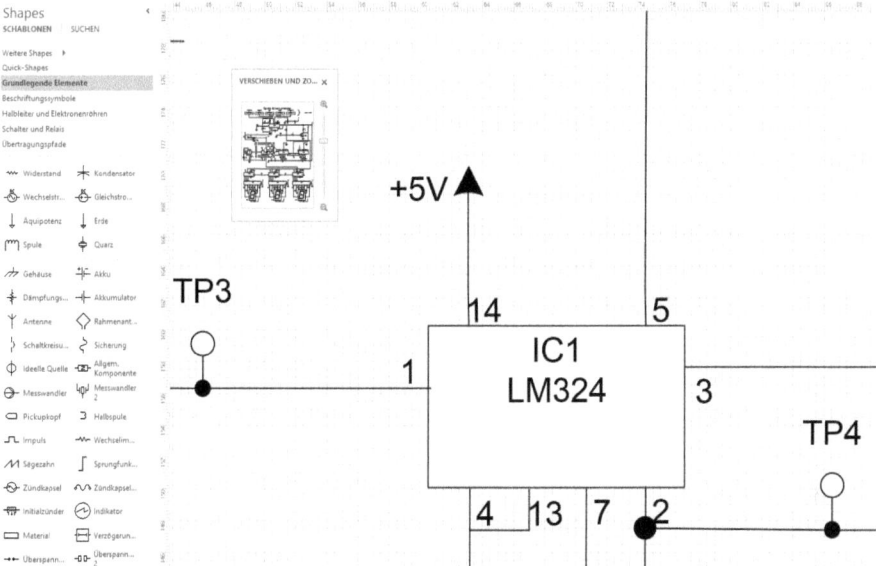

Die Vorlagen der Kategorie Konstruktion

Abbildung 11.4: Die fertige Zeichnung

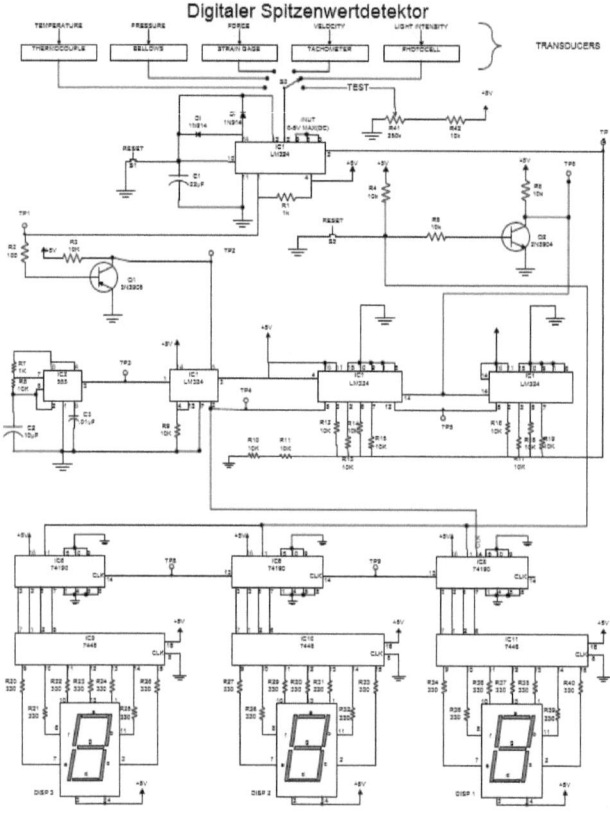

- Speichern Sie die Datei. Sie können die Datei auch ins DWG oder DXF-Format exportieren und die Zeichnung dann in einem CAD-Programm weiter bearbeiten. Sie finden beide Einstellungen in der Liste *Dateityp* des Dialogfeldes *Datei/Speichern unter*.
- Kontrollieren Sie die *Seitenansicht* der Datei über *Datei/Drucken*.
- Drucken Sie die Datei, falls gewünscht.

11.2. Die Vorlagen Industrielle Steuerungssysteme, Systeme, Schaltkreise und Logik und Systeme

Das Arbeiten mit diesen vier Vorlagen entspricht im Wesentlichen dem Arbeiten mit der Vorlage *Elektrotechnik allgemein*. Beachten Sie auch hier, dass fast alle der Shapes mehrere Darstellungsformen besitzen, die Sie im Kontextmenü der einzelnen Shapes finden. Da bereits im Abschnitt »Die Vorlage Elektrotechnik allgemein« die wesentlichen Schritte beschrieben wurden, soll es in diesem Abschnitt nicht noch einmal wiederholt werden.

11.3. Die Vorlage Pneumatik/Hydraulik

In dieser Vorlage finden sich keine besonderen Einstellungen: Die Formatvorlage *Verbinder* ist nicht mit Pfeilspitzen vorformatiert, es wurde kein Maßstab eingestellt. es sind keine Assistenten an die Vorlage gebunden, die Druckereinrichtung des Zeichenblatts ist auf Querformat und Din A4 eingestellt, die Linien springen horizontal. Beachten Sie, dass keines der Shapes auf einem Layer liegt!

So erstellen Sie eine Zeichnung mit pneumatischen oder hydraulischen Elementen

- Öffnen Sie die Vorlage *Datei/Neu/Kategorien/Konstruktion/Pneumatik/Hydraulik*.
- Ziehen Sie die benötigten Shapes auf das Zeichenblatt. Beachten Sie, dass die einige Shapes als Rechteck vorliegen, andere als Linie. Die meisten der Shapes sind jedoch mit Verbindungspunkten versehen, wie Sie in **Abbildung 11.5** sehen können.

Abbildung 11.5: *Die meisten Shapes sind mit Verbindungspunkten versehen.*

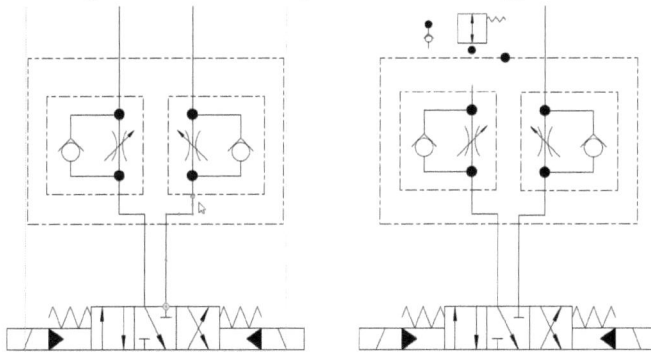

- Falls Sie Shapes auf einer gleichen »horizontalen« oder »vertikalen« Ebene liegen lassen möchten, können Sie mehrere Shapes markieren und über *Start/Anordnen /Ausrichten/Shapes ausrichten* auf die gleiche Höhe oder Breite verschieben.
- Falls Sie die gerichteten Shapes um 90 Grad kippen möchten, markieren Sie das Shape und drehen es über den Menübefehl *Start/Anordnen/Positionieren/Shapes drehen/Rechtsdrehung 90 Grad*, beziehungsweise *Start/Anordnen/Positionieren/Shapes drehen/Linksdrehung 90 Grad*.
- Wenn Sie zwei Shapes, die mit einer physikalischen (Rohr-)leitung verbunden werden sollen, verbinden möchten, aktivieren Sie das Werkzeug *Verbinder* und ziehen eine

Die Vorlagen der Kategorie Konstruktion

Verbindungslinie von einem Shape zu einem anderen. Die Krümmung der Verbindungslinie können Sie über die Ziehpunkte beeinflussen. Selbstverständlich sollten Sie den statischen Verbinder verwenden, da die Ausgänge mit bestimmten Funktionen belegt sind. Schließlich wollen Sie entscheiden, welcher Verbinder an welchen Ausgang »klebt« und wollen die Entscheidung nicht Visio überlassen. Statt des *Verbinders* können Sie auch eine beliebige Verbinderlinie aus der Schablone *Verbinder* auf das Zeichenblatt ziehen und die beiden Enden mit den Verbindungspunkten der Shapes verbinden.

- Wenn sich zwei Verbinderlinien kreuzen, wird der horizontalen Linie ein Sprung hinzugefügt. Möchten Sie dieses Sprungverhalten ändern, beziehungsweise deaktivieren, finden Sie im Menübefehl *Entwurf/Zeichenblatt einrichten/Layout und Routing* unter *Liniensprungverhalten* eine Reihe von Optionen. Möchten Sie nur für eine Linie das Verhalten ändern, markieren Sie die Linie und stellen in *Entwicklertools/Verhalten/Verbinder* ein, dass die *Liniensprünge* nicht *nach Blattvorgabe* verlaufen, sondern wählen Sie die entsprechende Option.

- Umgekehrt kann es sein, dass ein Verbinder verzweigt. Markieren Sie den Verbinder und aktivieren Sie das Werkzeug *Verbindungspunkt*. Klicken Sie bei gedrückter [Strg]-Taste auf die Stelle des Verbinders, wo der neue Verbindungspunkt sitzen soll. Nun kann an diese Stelle eine neue Linie geklebt werden. Leider befindet sich keine Verbindung oder Kreuzung in einer der fünf geöffneten Schablonen. Wenn Sie gerne mit einer Kreuzung arbeiten möchten, öffnen Sie die Schablone Übertragungspfade aus *Konstruktion/Elektrotechnik/Übertragungspfade*. Dort können Sie die beiden Shapes *Verbindung*, beziehungsweise *Verbindung/Kreuzung* verwenden. An sie können mehrere Linien geklebt werden.

> **Tipp**
>
> Beachten Sie, dass fast alle der pneumatischen und hydraulischen Shapes mehrere Gestalten besitzen (siehe **Abbildung 11.6**). Sie finden die anderen Darstellungen im Kontextmenü. Leider werden diese Varianten nicht im Fenster *Shape-Daten* angezeigt.
>
> Beachten Sie auch, dass mehrere der Shapes Kontrollpunkte besitzen. Mit ihrer Hilfe kann die Lage des Shapes verschoben und ihre Form geändert werden.

Abbildung 11.6: Die meisten Shapes beinhalten mehrere Darstellungen.

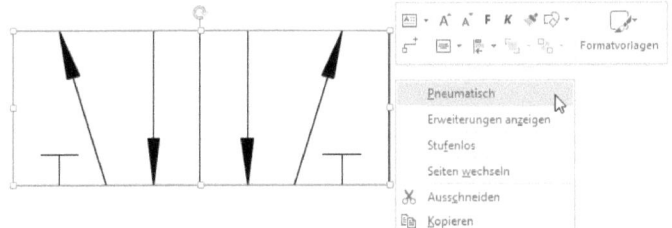

- Speichern Sie die Datei. Sie können die Datei auch ins DWG oder DXF-Format exportieren. Sie finden beide Einstellungen in der Liste *Dateityp* des Dialogfeldes *Datei/Speichern unter*.
- Kontrollieren Sie die *Seitenansicht* der Datei über *Datei/Drucken*.
- Drucken Sie die Datei, falls gewünscht.

11.4. Die Vorlage »Gas-, Wasser-, Sanitärdiagramm«

Wenn Sie diese Vorlage öffnen, fällt auf, dass sie eine neue Registerkarte *Verfahrenstechnik* aufweist. Der Gitterabstand ist auf *fest* eingestellt (*Ansicht/Anzeigen/Lineal und Gitter*), die querformatige Seite ist als Papiergröße auf Din A-3 eingestellt, während die Druckereinrichtung auf Din A-4 im Hochformat steht. Es wurde kein Zeichnungsmaßstab eingestellt, die Linien springen horizontal als Lücken. Die Shapes liegen auf unterschiedlichen Layern.

So erstellen Sie eine Zeichnung mit den Vorlagen *Gas-, Wasser-, Sanitärdiagramm* und *Prozessflussdiagramm*:

- Öffnen Sie *Datei/Neu/Kategorien/Konstruktion* und erstellen Sie eine neue Zeichnung, die auf der Vorlage *Gas-, Wasser-, Sanitärdiagramm* oder *Prozessflussdiagramm* basiert.
- Ziehen Sie die benötigten Shapes auf das Zeichenblatt. Beachten Sie, dass die meisten Shapes, die Sie aus den Schablonen *Zubehör - Allgemein*, *Geräte – Wärmetauscher*, *Geräte – Pumpen* und *Geräte – Behälter* auf das Zeichenblatt ziehen, eine *Tagnummer* aufweisen, die mit dem Buchstaben »E« beginnt und eine fortlaufende Nummer erhält. Die Shapes der Schablone *Instrumente* werden mit »I« und einer Nummer bezeichnet, die »Rohrleitungen« mit »P«. Shapes der Schablone »Ventile und Armaturen« mit »V«. Ein Beispiel zeigt der Ausschnitt der Zeichnung in **Abbildung 11.7**.
- Falls Sie Shapes auf einer gleichen »horizontalen« oder »vertikalen« Ebene liegen lassen möchten, können Sie mehrere Shapes markieren und über *Start/Anordnen /Ausrichten/Shapes ausrichten* auf die gleiche Höhe oder Breite verschieben.

Die Vorlagen der Kategorie Konstruktion

Abbildung 11.7: *Die neuen Shapes erhalten eine fortlaufende Bezeichnung.*

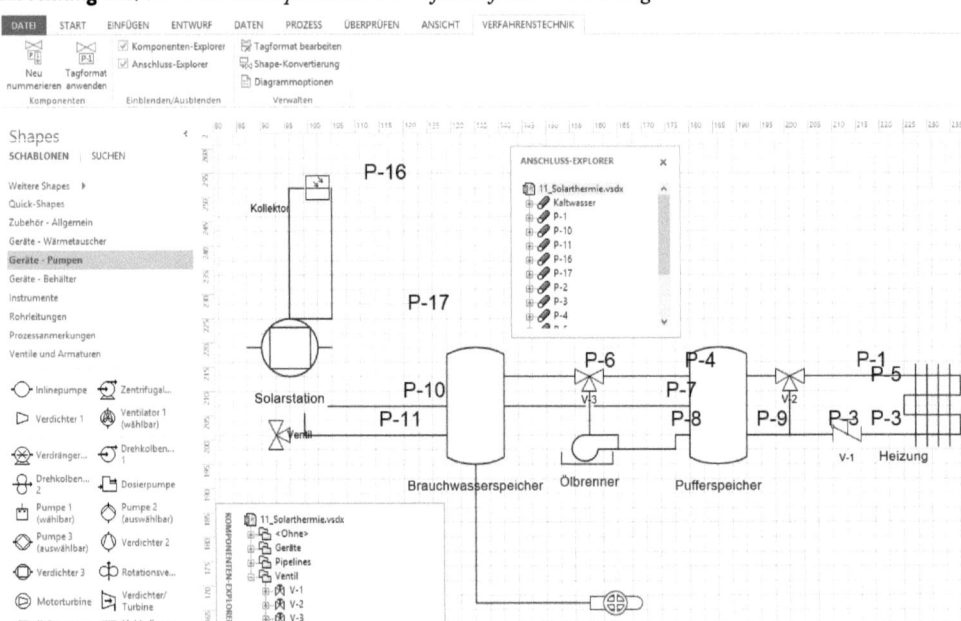

- Falls Sie die gerichteten Shapes um 90 Grad kippen möchten, markieren Sie das Shape und drehen es über den Menübefehl *Start/Anordnen/Positionieren/Shapes drehen/Rechtsdrehung 90 Grad*, beziehungsweise *Start/Anordnen/Positionieren/Shapes drehen/Linksdrehung 90 Grad*.

- Wenn Sie mehrere Shapes markieren möchten, können Sie den Assistenten in *Start/Bearbeiten/Markieren/Nach Typ auswählen/Layer* verwenden. Die Shapes liegen auf den Layern *Geräte*, *Instrument*, *Rohrleitungen* und *Ventil*.

- Wenn Sie zwei Shapes, die mit einer physikalischen Leitung verbunden werden sollen, verbinden möchten, aktivieren Sie das Werkzeug *Verbinder* und ziehen eine Verbindungslinie von einem Shape zu einem anderen. Die Krümmung der Verbindungslinie können Sie über die Ziehpunkte beeinflussen. Die Verbindungslinien liegen auf dem Layer *Rohrleitungen*, verwenden keine Formatvorlage und werden mit einem neuen Tag beschriftet, der mit »P« beginnt.

Die Vorlage »Gas-, Wasser-, Sanitärdiagramm«

> **Hinweis**
>
> Wenn Sie ein Ventil oder ein anderes Shape aus der Schablone *Ventile und Armaturen* auf eine Leitung legen, sollten Sie kurz warten. Danach wird das Shape automatisch ausgerichtet, klebt auf der Linie und teilt diese Leitung in zwei Teile. Die einzelnen Teile werden nun im Komponenten-Explorer angezeigt.
>
> Im Gegensatz zu älteren Visio-Versionen werden beim Löschen einzelner Teile die beiden Leitungen wieder zu einer Leitung zusammengeführt. Ebenso wird das nicht mehr vorhandene Shape aus der Liste der Komponenten im *Komponenten-Explorer* entfernt.

- Wenn sich zwei Rohrleitungen kreuzen, wird der horizontalen Linie eine Lücke hinzugefügt (siehe **Abbildung 11.8**). Möchten Sie dieses Sprungverhalten ändern, beziehungsweise deaktivieren, finden Sie im Menübefehl *Entwurf/Zeichenblatt einrichten/Layout und Routing* unter *Liniensprungformat* eine Reihe von Optionen. Möchten Sie nur für eine Linie das Verhalten ändern, markieren Sie die Linie und stellen in *Entwicklertools/Shape-Design/Verhalten/Verbinder* ein, dass die *Liniensprünge* nicht *nach Blattvorgabe* verlaufen, sondern wählen Sie die entsprechende Option.

Abbildung 11.8: *Zwei kreuzende Verbinder zeigen durch eine Lücke an, dass nicht physikalisch zusammen gehören.*

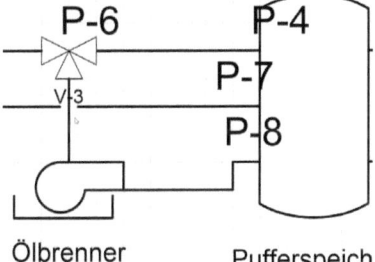

> **Tipp**
>
> Beachten Sie, dass viele der Shapes mehrere Gestalten besitzen. Sie finden die anderen Darstellungen im Kontextmenü.

- Alternativ zum Vergrößern der Seite können Sie ein zweites Zeichenblatt einfügen: *Einfügen/Neues Zeichenblatt* (oder das ⊕-Symbol rechts neben dem Reiter). Mithilfe der Shapes *Beschriftungs-Pfeil 1*, *Beschriftungs-Pfeil 2* und *Beschriftungs-Pfeil 3* aus der Schablone *Prozessanmerkungen* können Sie auf ein bereits vorhandenes Zeichenblatt verlinken oder einen Link auf ein neues Zeichenblatt generieren. Ziehen Sie das Shape aus der Schablone *Prozessanmerkungen* auf das Zeichenblatt und wählen in dem Dialogfeld aus, auf welches Zeichenblatt Sie verlinken möchten.

523

Die Vorlagen der Kategorie Konstruktion

- Speichern Sie die Datei. Sie können die Datei auch ins DWG oder DXF-Format exportieren. Sie finden beide Einstellungen in der Liste *Dateityp* im Dialogfeld *Datei/Speichern unter*.
- Kontrollieren Sie die *Seitenansicht* der Datei über *Datei/Drucken*.
- Drucken Sie die Datei, falls gewünscht.

11.4.1. Beschriftung der Shapes

Wie oben beschrieben erhält jedes neue Shape eine fortlaufende Nummer. Dabei sind ein paar Dinge zu beachten:

- Die Position der Nummer kann über den Steuerpunkt leicht verschoben werden.
- Werden Shapes gelöscht, würden »Lücken« in der Nummerierung in der Liste entstehen. Um diese Lücken zu schließen, müssen Sie den Assistenten *Verfahrenstechnik /Komponenten neu nummerieren* aktivieren. Sie können sämtliche Kategorien, mehrere Kategorien oder auch nur eine Kategorie neu nummerieren lassen. Ebenso können sämtliche Shapes des gesamten Dokuments, des Zeichenblatts oder Markierung neu nummeriert werden. Geben Sie den Startwert und die Intervallschrittweise an, in der hochgezählt werden soll. Über *Formate bearbeiten/Ändern* können Sie den Tagausdruck modifizieren. Im Textfeld kann der Buchstabe geändert werden, über das Kombinationsfeld *Zählereigenschaften* das Zahlenformat. Sie können auch Shape-Daten als Beschriftung für die Tagbezeichnung verwenden. Wählen Sie hierzu eine oder mehrere der Daten aus der Liste aus und bestätigen Sie es mit der Schaltfläche *Eigenschaft einfügen*. Sie können Daten, Zähler oder Buchstaben durch Sonderzeichen, wie Leerzeichen, Trennzeichen, Satzzeichen oder anderes trennen.
- Über den Befehl *Verfahrenstechnik/Shape-Konvertierung* kann das Tag-Format geändert werden. So ist es möglich, die Bezeichnung einer Pumpe in Behälter oder Ventil zu ändern (siehe **Abbildung 11.9**).

Die Vorlage »Gas-, Wasser-, Sanitärdiagramm«

Abbildung 11.9: *Das Tag-Format kann geändert werden.*

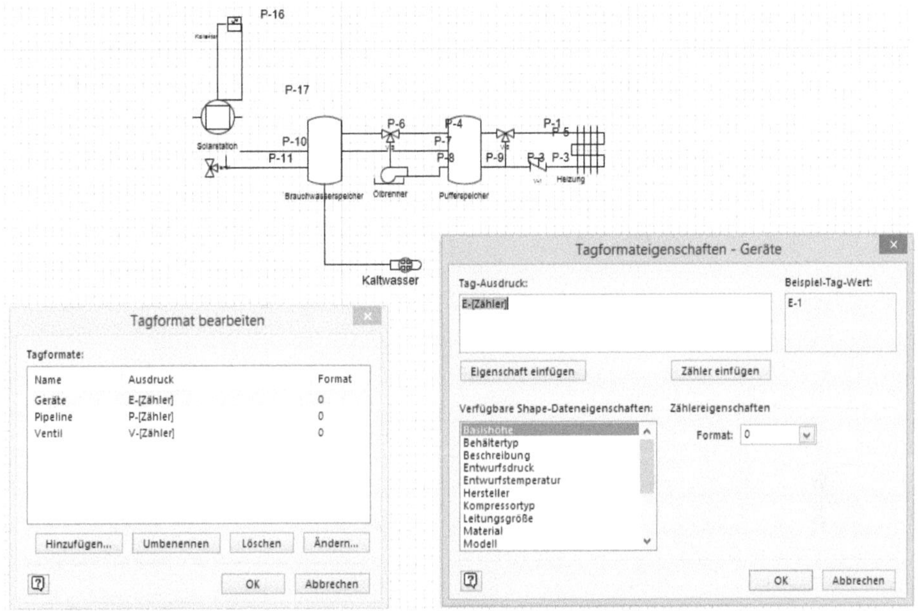

- Wenn Sie einen Bericht erstellen, taucht die Bezeichnung in der Liste auf.
- Sie können bei einem einzelnen Shape die Taginformation ausblenden lassen, indem Sie den Kontextmenübefehl *Tag ausblenden* verwenden.
- Sie können sich von allen Shapes die Tags ausblenden lassen, indem Sie im Kontextmenü des Zeichenblattes den Befehl *Komponententags ausblenden* verwenden.

11.4.2. Daten

Jedes der Shapes verfügt über Shape-Daten. Öffnen Sie das Fenster *Shape-Daten* (Registerkarte *Ansicht/Anzeigen/Aufgabenbereiche*) und tragen Sie dort die benötigten Informationen ein.

- Im Fenster *Shapes-Daten* können Sie sich die Shape-Daten neben den Shapes anzeigen lassen.
- Im Assistenten *Überprüfen/Berichte/Shape-Berichte* befinden sich mehrere Berichtsvorlagen vorbereitet, die Sie verwenden können: *Messgeräteliste*, *Rohrleitungsliste*, *Ventilliste* und *Zubehörliste*.
- Interessant ist sicherlich der Export in eine Excel-Tabelle oder eine XML-Datei. Sie können sich die Daten auch in einem Shape auf der Zeichnung anzeigen lassen.

Die Vorlagen der Kategorie Konstruktion

> **Hinweis:** Die gleichen Berichte erhalten Sie, wenn Sie eines der vier Shapes *Zubehörliste*, *Ventilliste*, *Rohrleitungsliste* oder *Messgeräteliste* aus der Schablone *Prozessanmerkungen* auf das Zeichenblatt ziehen.

- Wenn Sie sich eine Liste als Shape auf dem Zeichenblatt anzeigen lassen, können Sie die Änderungen der Zeichnung im Shape übernehmen lassen. Diese Option finden Sie im Kontextmenü des Shapes.

Interessant ist in diesem Zusammenhang auch das Legenden-Shape. Sie finden es in der Schablone »Netzwerk- und Peripheriegeräte«. Wenn Sie ein Shape aus einer Schablone ziehen und auf dem Legenden-Shape fallen lassen, werden Sie gefragt, ob die Legende dieses Shape des Zeichenblatts einsammeln und auflisten soll.

Abbildung 11.10: Das Legenden-Shape

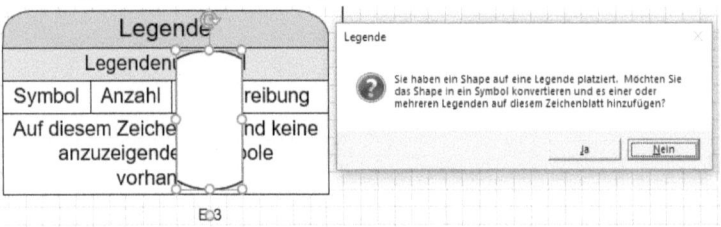

Im Kontextmenü des Shapes finden Sie die Optionen, ob die Anzahl der Shapes angezeigt werden soll. Selbstverständlich können Sie auch den Titel und den Untertitel ändern.

Die Vorlage »Gas-, Wasser-, Sanitärdiagramm«

Abbildung 11.11: *Das Legenden-Shape wird konfiguriert.*

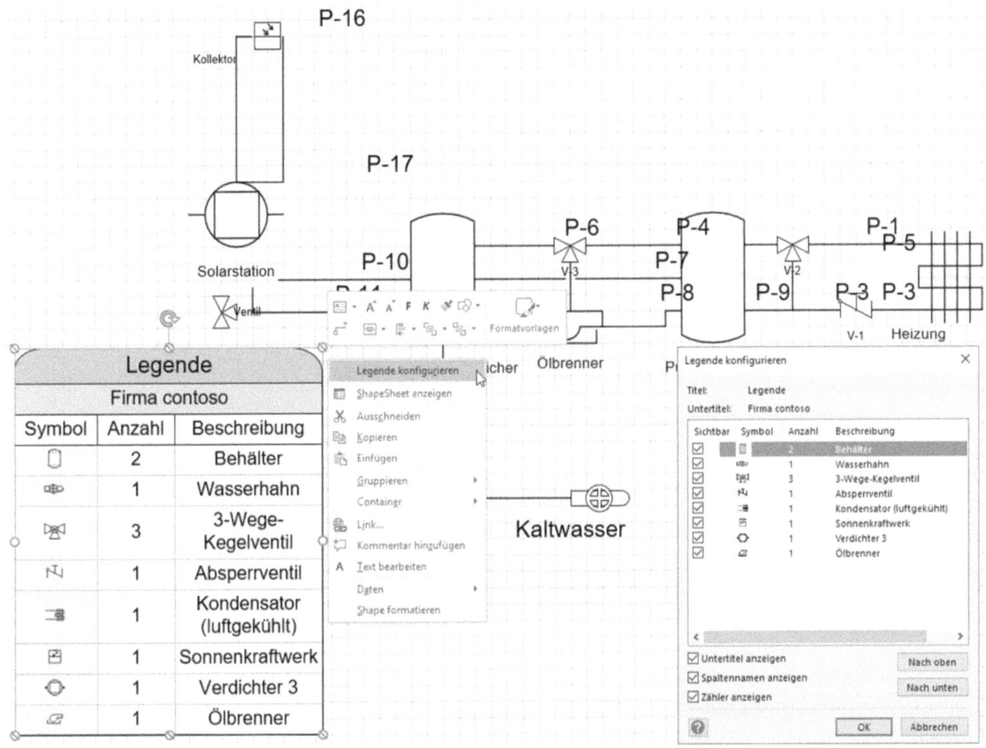

Neben der Legende befinden sich in der Schablone »Instrumente« die vier Master-Shapes Zubehörliste, Rohrleitungsliste, Ventilliste und Messgeräteliste. Hinter ihnen befindet sich jeweils eine Berichtsdefinition, die die entsprechenden Shapes einsammelt. Sollte sich die Zeichnung ändern, kann man über das Kontextmenü den Bericht öffnen, muss dort in den entsprechenden Bericht wechseln und kann ihn nun aktualisieren.

527

Die Vorlagen der Kategorie Konstruktion

Abbildung 11.12: Ein Bericht

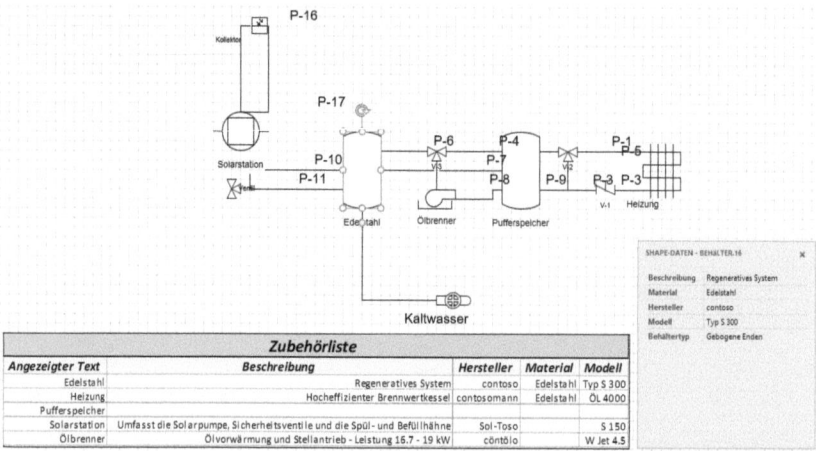

Weitere Informationen zum Thema Daten finden Sie in Kapitel 3. Das Shape »Legende« wird auch in Abschnitt 2.7 beschrieben.

11.4.3. Die beiden Explorer: Komponenten-Explorer und Anschluss-Explorer

Über die Registerkarte *Verfahrenstechnik* können Sie die beiden Fenster *Komponenten-Explorer* und *Anschluss-Explorer* einblenden lassen. Sie rasten in der Leiste der Schablonen ein, können aber wie jede Schablone oder wie ein Fenster aus ihrer Verankerung gelöst werden. In ihnen werden sämtliche Komponenten, beziehungsweise Rohrleitungen angezeigt.

Die Explorer haben mehrere Funktionen:

- Werden die Shapes neu nummeriert, zeigen die Explorer-Fenster die neuen Namen an.
- Ein Doppelklick auf eine Komponente markiert sie (**Abbildung 11.13**).

Abbildung 11.13: Ein Doppelklick auf den Namen markiert das Shape auf dem Zeichenblatt.

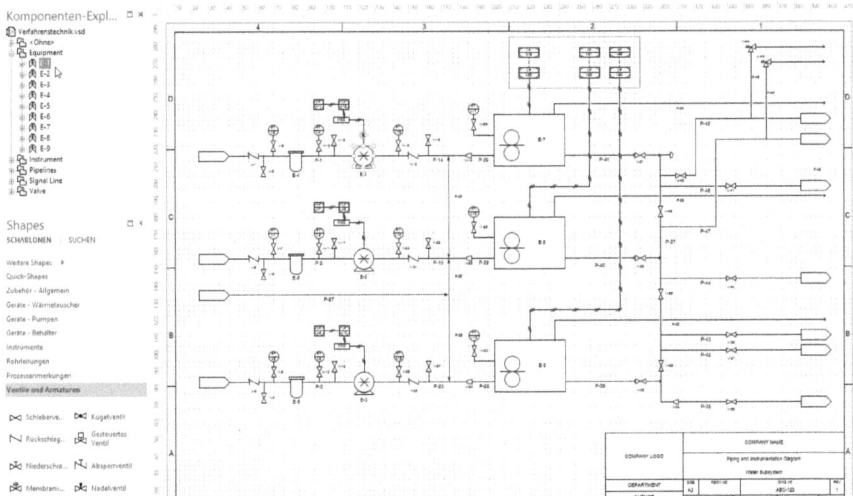

> **Hinweis**
>
> Leider wird manchmal das Zeichenblatt nicht so verschoben, dass das markierte Shape sichtbar ist. Wenn Sie das markierte Shape nicht finden, sollten Sie den Zoomfaktor auf Zeichenblatt einstellen (*Ansicht/Zoom/Zeichenblattbreite*).

- Sie können im *Komponenten-Explorer* und *Anschluss-Explorer* den Shapes neue Namen vergeben. Diese Option finden Sie im Kontextmenü.
- Sie können ein Shape einer anderen Kategorie zuweisen. Ziehen Sie das Shape mit der Maus in die gewünschte Kategorie. Diese Option finden Sie auch im Kontextmenü.
- In den beiden Explorern werden die Namen der Komponenten und Anschlussleitungen aufgelistet.

> **Hinweis**
>
> Wenn Sie über *Entwicklertools/Shape-Design/Shape-Name* den Namen des Shapes ändern, wird er leider nicht im Explorer geändert. Es gibt auch keine Möglichkeit, die Namen zu aktualisieren. Deshalb sollten Sie von diesem Vorgehen Abstand nehmen.

11.5. Die Vorlage Teile- und Zusammenbauzeichnung

Im Gegensatz zu den beiden verfahrenstechnischen Vorlagen *Systeme* und *Gas-, Wasser-, Sanitärdiagramm* besitzt die Vorlage *Teile- und Zusammenbauzeichnung* keine zusätzlichen Assistenten. Da die zentrale Funktion der Shapes – wie der Name bereits sagt – darin besteht, technische Zeichnungen für Maschinenbau, Werkzeugmaschinen und Maschinenbaugeräten zu erstellen, werden normalerweise auch keine Verbinder benötigt, da weder logische Verbindungen zwischen zwei Shapes hergestellt, noch physikalische Rohre oder Leitungen gelegt werden.

Die Vorlage ist in Din A3 im Querformat eingerichtet, die Druckerpapiergröße ist auf Din-A4 Hochformat eingestellt. Der Zeichnungsmaßstab ist 1:10, horizontale Linien springen im Bogen.

Und so sollten Sie vorgehen, wenn Sie eine technische Zeichnung mit der Vorlage *Teile- und Zusammenbauzeichnung* erstellen:

- Der Zeichnungsmaßstab ist 1:10 – wenn Sie einen anderen benötigen, ändern Sie ihn auf der Registerkarte *Zeichnungsmaßstab* des Dialogfeldes zum Befehl *Entwurf/Zeichenblatt einrichten*.

- Wenn Ihnen Din-A3 zu klein erscheint, ändern Sie die Größe auf der Registerkarte *Zeichenblattgröße* im Dialogfeld des Befehls *Entwurf/Zeichenblatt einrichten*.

- Die meisten technischen Zeichnungen haben einen Rahmen zur besseren Orientierung. Ziehen Sie aus der Schablone *Titelblöcke* das Master-Shape *Zonen - 4, Zonen - 8* oder *Rahmen* auf das Zeichenblatt. Er passt sich automatisch an die vier Ränder des Zeichenblattes an.

> **Hinweis**
> Leider macht die Einstellung *Automatisch anpassen* (Registerkarte *Entwurf/Zeichenblatt einrichten*) Probleme mit den drei Rahmen. Deshalb sollten Sie diese Einstellung nicht verwenden, wenn Sie mit einem Rahmen arbeiten.
> Der Grund ist einfach: Der Rahmen positioniert sich an den Rand des Zeichenblattes; die Option *Automatisch anpassen* vergrößert das Zeichenblatt, der Rahmen positioniert sich erneut an die Ränder und so weiter – bis das Ende des Zeichenblattes erreicht ist.

- Bei den meisten technischen Zeichnungen ist es Usus im Rahmen von links nach rechts und von oben nach unten zu nummerieren. Sie können die Standardnummerierung des Rahmens ändern, indem Sie den Rahmen als Gruppe markieren und anschließend das Kindelement markieren, in dem sich der Text befindet. Am besten bearbeiten Sie den Text, indem Sie *Start/Tools/Text* wählen oder die Funktionstaste [F2] drücken. Dann können Sie die einzelnen Ziffern und Buchstaben ändern. Beachten Sie, dass in der horizontalen Leiste zwischen den Zahlen jeweils ein Tabulator steht.

- Die meisten technischen Zeichnungen besitzen am unteren Rand eine Leiste mit weiteren Informationen. In der Schablone *Titelblöcke* finden Sie 18 verschiedene Blöcke, die Sie verwenden können. Da die meisten der Shapes mehrere, getrennte Namen

Die Vorlage Teile- und Zusammenbauzeichnung

besitzen, müssen Sie zuerst auf das Shape klicken, anschließend das Mitglieds-Shape der Gruppe markieren. Nun können Sie den Text problemlos überschreiben. Beachten Sie, dass einige dieser Shapes bereits Feldfunktionen besitzen, die Sie verwenden können, wie beispielsweise das (aktuelle) Datum. Dateiname, Dateiname und Pfad, Autor (wird aus *Datei/Informationen* ausgelesen), Maßstab und Titel (wird aus *Datei/Informationen* ausgelesen)

- Ziehen Sie aus den Linealen die Hilfslinien, die Sie benötigen. Positionieren Sie die Führungslinien an die richtige Stelle. Eine gute Hilfe hierfür ist das Fenster *Größen und Position (Ansicht/Anzeigen/Aufgabenbereich)*. Beachten Sie, dass bei Führungslinien immer die X- und Y-Koordinate angezeigt wird – obwohl waagrechte Führungslinien nur einen Y-Wert besitzen, senkrechte nur einen X-Wert.

- Zeichnen Sie mit den Werkzeugen *Rechteck/Quadrat*, *Ellipse/Kreis*, *Linie* und *Bogen* oder den Shapes der Schablone *Zeichentools* die großen Bauteile ihrer Maschine.

- Ziehen Sie die benötigten Master-Shapes aus den Schablonen *Federn und Lager*, *Schrauben 1* und *Schrauben 2* auf das Zeichenblatt mit denen Sie die Bauteile verbinden möchten. Kleben Sie die Shapes – falls nötig – an die Führungslinien. Positionieren Sie die Shapes – falls nötig mit dem Fenster *Größen und Position*. Bringen Sie die Shapes – falls nötig – in die richtige Reihenfolge (*Start/Anordnen/Reihenfolge/in den Vordergrund* oder *Start/Anordnen/Reihenfolge/in den Hintergrund*).

Abbildung 11.14: *Eine Zeichnung Maschinenbauteile*

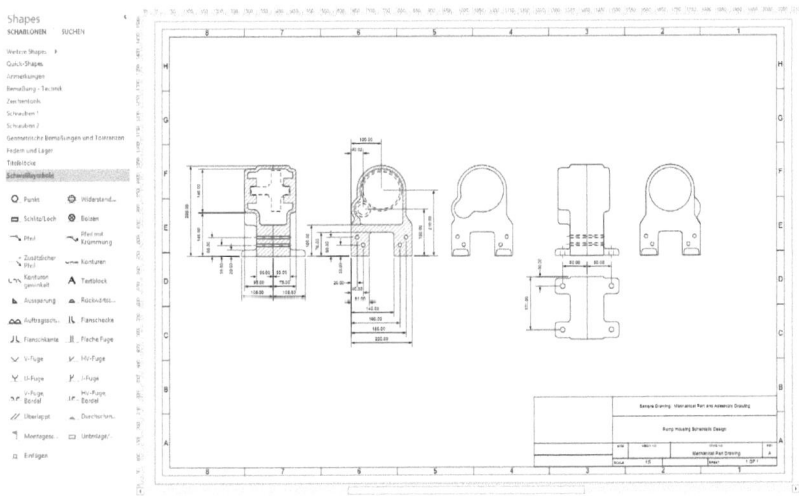

11.6. Zusammenfassung

Auch wenn Visio kein CAD-Programm ist, kann es dennoch im Bereich Konstruktion in weiten Bereichen mithalten. In über 30 Schablonen sind mehrere Hundert Master-Shapes gespeichert, die wiederum eine Vielzahl an Varianten aufweisen. Die Shapes liegen auf Layer, können aber auch auf andere Layer verschoben werden.

Ein maßstabsgerechtes Zeichnen ist durch die vielen Hilfen (Zeichnungsmaßstab, Fenster Größe und Position, Führungslinien, etc.) möglich. Für das Bewegen der Ansicht stellt Visio das Fenster *Verschieben und Zoom* zur Verfügung.

Besonders mächtig erweist sich die Vorlage *Gas-, Wasser-, Sanitärdiagramm*. Mit ihr kann man verfahrenstechnische PI&D-Zeichnungen erstellt werden. Da die Daten später nach Excel exportiert oder in eine Datenbank geschrieben werden können, werden diese Vorlagen zu mächtigen Zeichenwerkzeugen.

Übrigens: einige Softwarefirmen, die sich auf PI&D, beziehungsweise Verfahrenstechnik spezialisiert haben, haben diese Visio-Vorlage als Frontend verwendet und ein Programm um diesen Assistenten herum gebaut und so die Funktionalität erweitert.

Zusammenfassung

Abbildung 11.15: *Auch so etwas kann in Visio konstruiert werden.*

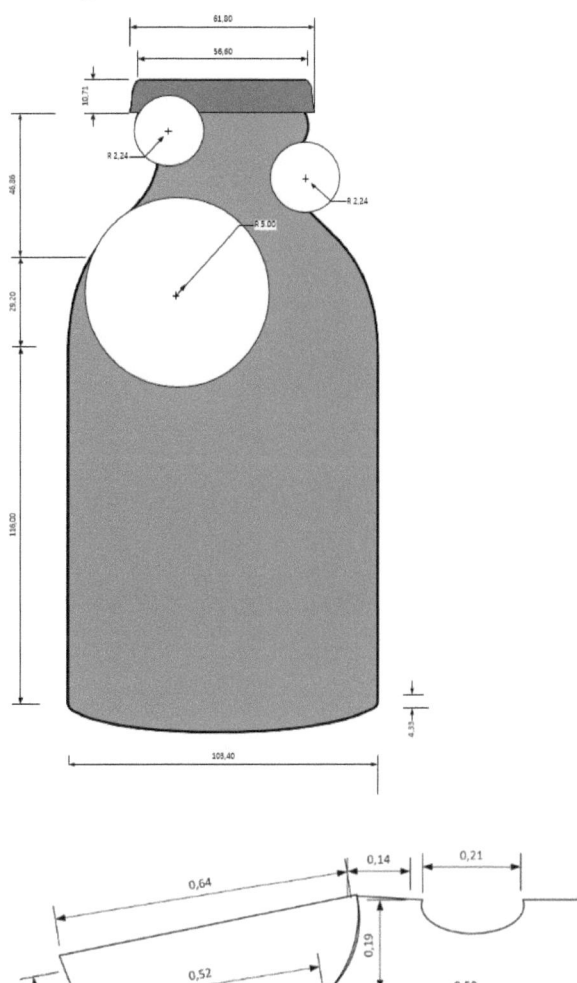

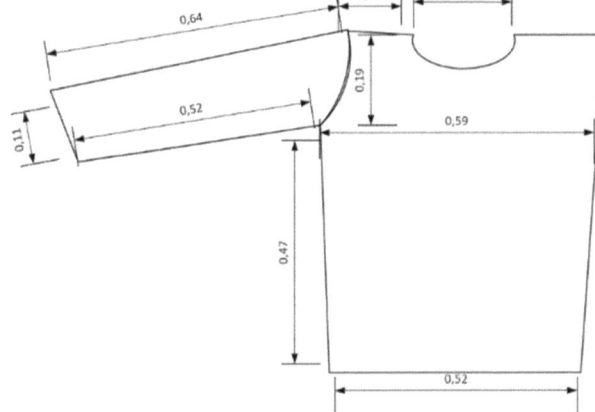

12 Die Vorlagen der Kategorie Netzwerk

In den ersten Versionen von Visio wurde der Fokus auf Netzwerkdiagramme gelegt. Damit hatte Visio eine Lücke geschlossen und es stand ein Programm zur Verfügung, mit dem schnell die schematische Darstellung von PCs, Servern, Drucker, Router, und so weiter erstellt werden konnte. Die Shapes wurden im Laufe der Versionen verändert, angepasst, erweitert – nun liegen in dieser Kategorie sieben verschiedene Vorlagen.

Auch in der Version Visio 2013 und 2016 Professional (Visio 15.0 und 16.0) liegt eine der Stärken von Visio in der Fähigkeit, dass Anwender schnell schematische Darstellungen von Netzwerktopografien erstellen können, um Kollegen gezielt Informationen über bestimmte Geräte zukommen zu lassen. Die Tatsache, dass in Visio Shape-Daten an die PCs, Server, Router, und so weiter gebunden werden können, macht dieses Programm zu einem mächtigen Werkzeug in diesem Bereich.

12.1. Die Vorlage Standardnetzwerk-Diagramm und Standardnetzwerk-Diagramm – 3D

Um ein »einfaches« Netzwerk-Diagramm mit einer dieser beiden Vorlagen zu erstellen gehen Sie wie folgt vor:

- Öffnen Sie die Vorlage *Datei/Neu/Kategorien/Netzwerk/Standard-Netzwerkdiagramm*.
- Wenn Sie ein Ringnetzwerk oder ein Ethernet als Shape benötigen, ziehen Sie diese Master-Shapes aus der Schablone *Netzwerk und Peripheriegeräte* auf das Zeichenblatt.

> **Tipp**
> In der Schablone *Verbinder* (siehe **Abbildung 12.1**) (*Weitere Shapes/Visio-Extras/Verbinder*) finden Sie am unteren Ende der Schablone drei Master-Shapes *Bus*, *Ethernet* und *Stern* die Sie ebenfalls verwenden können.

Abbildung 12.1: Drei weitere Shapes zum Verbinden

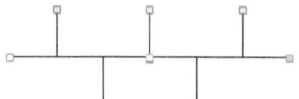 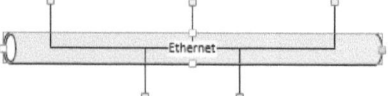 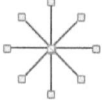

- Ziehen Sie weitere Master-Shapes auf das Zeichenblatt. In der Schablone *Netzwerk und Peripheriegeräte* finden Sie *Server*, *Drucker*, *Scanner*, *Hub* und einige weitere, in der

Die Vorlage Standardnetzwerk-Diagramm und Standardnetzwerk-Diagramm – 3D

Schablone *Computer und Monitore* liegen *PC, Laptop, PDA, Terminal* und einige weitere Shapes.

- Die beiden Shapes *Ringnetzwerk* (**Abbildung 12.2**) und *Ethernet* besitzen mehrere Steuerpunkte. Werden sie aus dem Shape herausgezogen, erhalten Sie Verbindungslinien, die mit den entsprechenden Geräten verbunden werden können.

Abbildung 12.2: Das Shape »Ringnetzwerk« mit seinen Steuerpunkten

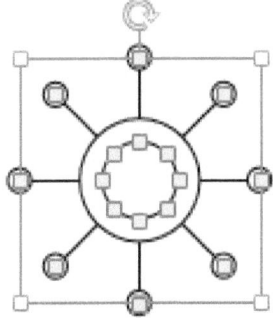

- Sie können ebenso die Geräte direkt miteinander verbinden – entweder mithilfe eines dynamischen Verbinders oder indem Sie auf die blauen Pfeile für das automatische Verbinden klicken.

- Wenn Sie das Shape *Legende* aus der Schablone *Netzwerk und Peripheriegerät* auf das Zeichenblatt ziehen, sehen Sie, dass dort sämtliche Netzwerkelemente aufgelistet werden. Sie aktualisiert sich automatisch – weitere Shapes werden des Zeichenblattes werden in der Legende aufgelistet, Shapes, die entfernt werden, werden abgezogen.

Die Vorlagen der Kategorie Netzwerk

Abbildung 12.3: Das Shape »Legende«

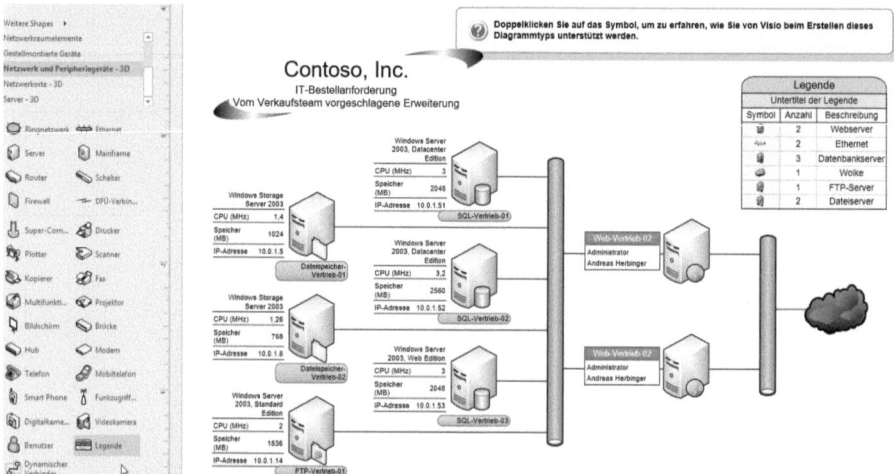

- Ordnen Sie die Shapes ordentlich auf dem Zeichenblatt an: Richten Sie die Shapes mit dem Befehls *Start/Anordnen/Ausrichten* aus und verteilen Sie die Shapes mit *Start/Anordnen/Positionieren/Horizontal (oder Vertikal) verteilen*.

- Jedes der Shapes verfügt über eine Reihe von Shape-Daten (**Abbildung 12.4**). Diese können bequem über das Fenster *Shape-Daten* eingegeben werden, das Sie über den Befehl *Ansicht/Anzeigen/Aufgabenbereiche* öffnen können.

- Die Shape-Daten können »eingesammelt« und in einem Bericht veröffentlicht werden. Sie finden die drei Berichte *Netzwerkausrüstung, Netzwerkgerät* und *PC-Bericht* im Dialogfeld zum Befehl *Überprüfen/Berichte/Shape-Berichte*. Das detaillierte Vorgehen wird in Kapitel 3 beschrieben.

Die Vorlage Standardnetzwerk-Diagramm und Standardnetzwerk-Diagramm – 3D

Abbildung 12.4: Eines der Shapes mit den Shape-Daten

Bedauerlicherweise liegt keines der Shapes der hier vorgestellten fünf Vorlagen auf einem Layer. Dies macht das »Einsammeln« der Daten ein wenig mühsam – Sie müssen entweder sämtliche Daten aller Shapes sich anzeigen lassen oder die Shapes manuell markieren.

- Sie können auch die Shape-Daten in eine Datenbank exportieren. Die zuständigen Assistenten werden in Kapitel 4 beschrieben.
- Fügen Sie weitere Zeichenblätter hinzu, falls Sie mehrere Blätter benötigen.
- Oder vergrößern Sie das Zeichenblatt, indem Sie mit gedrückter [Strg]-Taste einen der vier Blattränder mit der Maus ziehen. Oder lassen Sie ein neues Shape einfach außerhalb des Zeichenblattes fallen – das Blatt wird vergrößert, weil in der Vorlage die Option *Entwurf/Zeichenblatt einrichten/Automatisch anpassen* aktiviert ist.
- Kontrollieren Sie die Seitenansicht Ihrer Zeichnung mit dem Befehl *Datei/Drucken*.
- Speichern Sie Ihre Datei.
- Exportieren Sie Ihre Datei in ein anderes Format, falls Sie dies möchten oder kopieren Sie es in ein anderes Programm (Word, Excel, PowerPoint, ...)

In Kapitel 2 wurde beschrieben, wie Sie eine Excel-Mappe an die Zeichnung binden können und den einzelnen Shapes Informationen aus Excel zuweisen können. Dies macht gerade bei Netzwerkdiagrammen Sinn, wenn diese Daten in einer externen Datenquelle gespeichert sind. Visio stellt das Beispiel *IT-Inventarverwaltung* zur Verfügung, da Sie im Menübefehl *Datei/Neu* hinter dem Symbol *Beispieldiagramme* finden (siehe **Abbildung**

Die Vorlagen der Kategorie Netzwerk

12.6). Wie Sie dieses Beispiel selbst erstellen können wird im Abschnitt Ein Beispiel weiter unten beschrieben.

Abbildung 12.5: *Ein Standardnetzwerk-Diagramm*

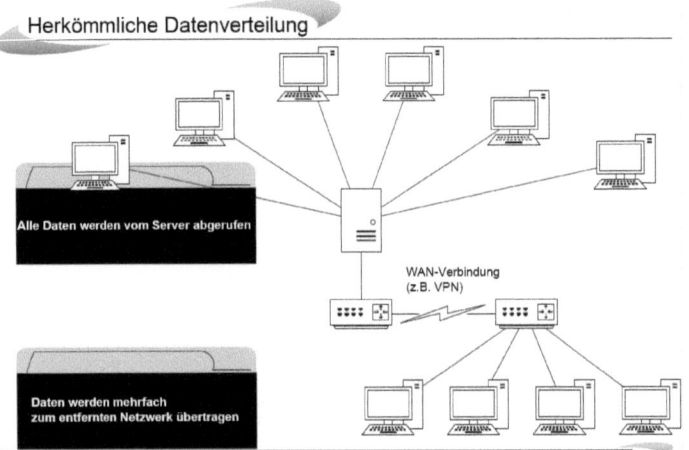

Abbildung 12.6: *Das Beispiel* IT-Inventarverwaltung

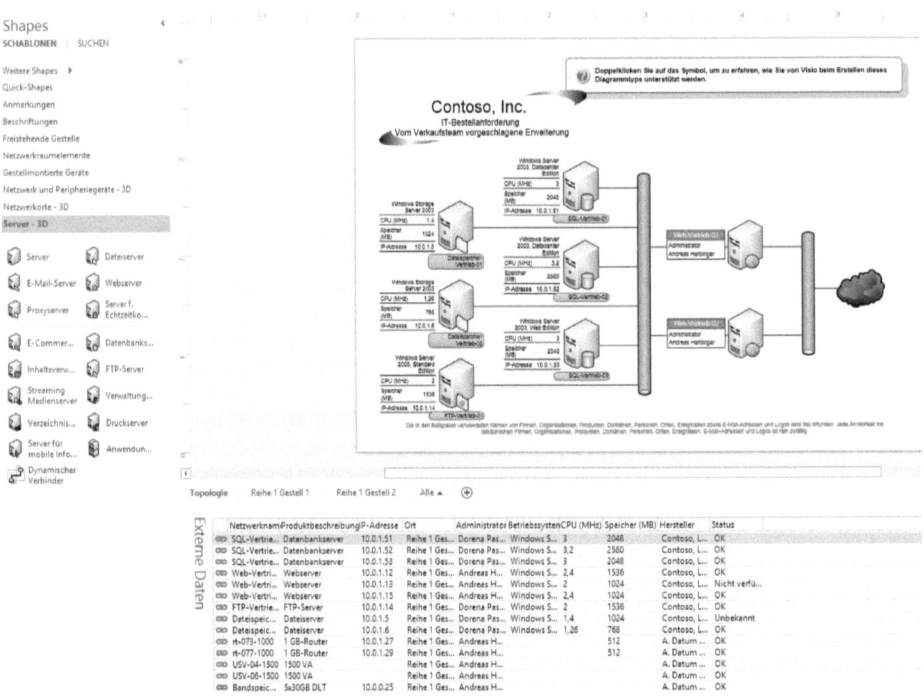

12.2. Die Vorlage Detailliertes Netzwerkdiagramm und Detailliertes Netzwerkdiagramm – 3D

Etwas komplexer als die Vorlage *Standardnetzwerk-Diagramm* sehen die beiden Vorlagen *Detailliertes Netzwerkdiagramm* und *Detailliertes Netzwerkdiagramm – 3D* aus. Darin befinden sich sieben Schablonen mit Geräten und eine weitere für Anmerkungen. Damit können Diagramme für »größere« Netze erstellt werden.

Abbildung 12.7: Ein Detailliertes Netzwerkdiagramm

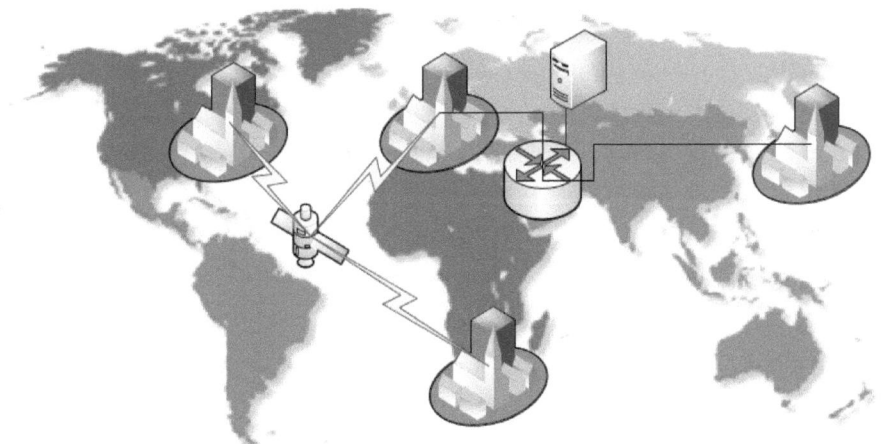

12.3. Die Vorlage Active Directory

Anders als bei den beiden Vorlagen *Detailliertes Netzwerkdiagramm* und *Standardnetzwerk-Diagramm* befinden sich in den Schablonen der Vorlage *Active Directory* keine Shapes, die auf ein realistisches oder wirklichkeitsgetreues Zeichnen abheben, sondern Sie finden darin Shapes, die die Logik eines Active Directory widerspiegeln.

So erstellen Sie ein Diagramm Active Directory:

- Öffnen Sie die Vorlage *Datei/Neu/Kategorien/Netzwerk/Active Directory*.
- Ziehen Sie das zentrale oder die zentralen Master-Shapes auf das Zeichenblatt. In der Schablone *Active Directory-Objekte* finden Sie die Shapes *Domäne, Container, Organisation, Standort* und einige weitere Shapes.
- Ziehen Sie aus der gleichen Schablone *Benutzer, Gruppen, Kontakte* auf das Zeichenblatt.

Die Vorlagen der Kategorie Netzwerk

- Beschriften Sie die Shapes.
- Ordnen Sie die Shapes ordentlich auf dem Zeichenblatt an: Richten Sie die Shapes mithilfe des Menübefehls *Start/Anordnen/Ausrichten* aus und verteilen Sie die Shapes mit *Start/Anordnen/Positionieren/Shape verteilen*.
- Die Shape-Daten können »eingesammelt« und in einem Bericht veröffentlicht werden. Das detaillierte Vorgehen wird in Kapitel 3 ausführlich beschrieben.
- Sie können auch die Shape-Daten in eine Datenbank exportieren. Die zuständigen Assistenten werden in Kapitel 4 beschrieben.
- Fügen Sie weitere Zeichenblätter hinzu, falls Sie mehrere Blätter benötigen.
- Oder vergrößern Sie das Zeichenblatt, indem Sie mit gedrückter [Strg]-Taste einen der vier Blattränder mit der Maus ziehen. Oder lassen Sie ein neues Shape einfach außerhalb des Zeichenblattes fallen - das Blatt wird vergrößert, weil in der Vorlage die Option *Entwurf/Zeichenblatt einrichten/Automatisch anpassen* aktiviert ist.
- Kontrollieren Sie Seitenansicht Ihrer Zeichnung mit dem Befehl *Datei/Drucken*.
- Speichern Sie Ihre Datei.
- Exportieren Sie Ihre Datei in ein anderes Format, falls Sie dies möchten oder kopieren Sie es in ein anderes Programm (Word, Excel, PowerPoint, ...)

Abbildung 12.8: *Das Active Directory einer fiktiven Firma*

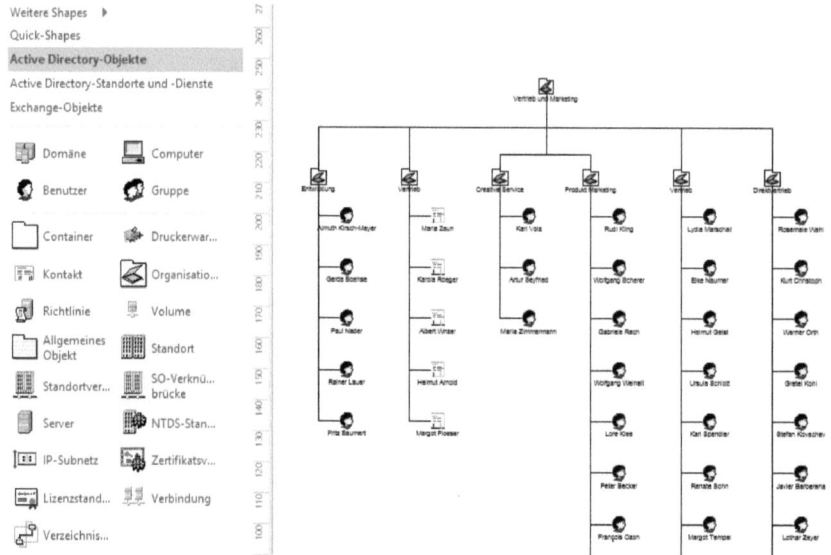

12.4. Die Vorlage LDAP-Verzeichnis

Diese Vorlage mit der Schablone *LDAP-Objekte* hat sehr viel Ähnlichkeiten zu der Vorlage *Active Directory*. Das Erstellen der Zeichnung entspricht genau den Erstellen der Zeichnung wie in Abschnitt »Die Vorlage Active Directory« beschrieben.

Abbildung 12.9: *Eine Zeichnung eines LDAP-Verzeichnisses*

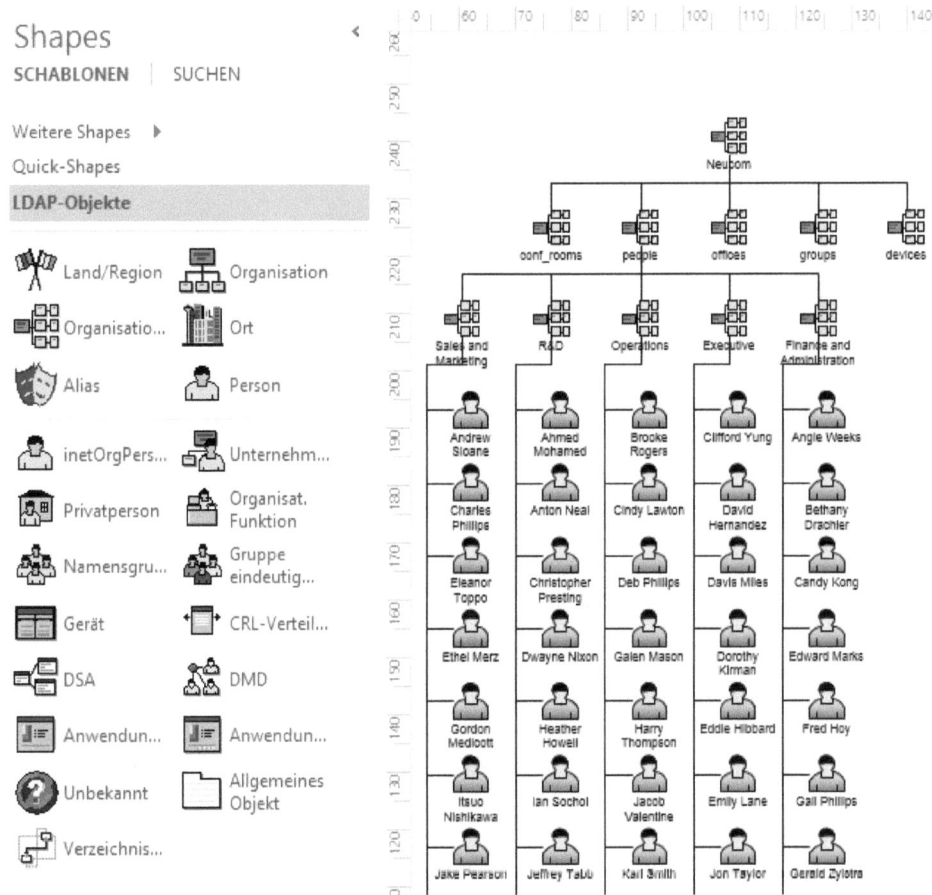

12.5. Die Vorlage Gestelldiagramm

Anders als die bisher beschriebenen Vorlagen arbeitet die Vorlage *Gestelldiagramm*. Es darum ein Schrank (19-Zoll-Rack) »zu bauen«, in dem sich verschiedene Einzelteile befinden. So erstellen Sie ein Diagramm mithilfe der Vorlage *Gestelldiagramm*:

- Öffnen Sie die Vorlage *Datei/Neu/Kategorien/Netzwerk/ Gestelldiagramm*.

Die Vorlagen der Kategorie Netzwerk

- Beachten Sie, dass für dieses Zeichenblatt ein Maßstab von 1:20 eingestellt ist, das heißt: Sie zeichnen auf einer Blattgröße von 5,94 m × 4,2 m, das auf einer DIN A-4-Seite ausgedruckt wird.
- Ziehen Sie aus der Schablone *Gestellmontierte Geräte* das Master-Shape *Gestell* oder das Master-Shape *Schrank* auf das Zeichenblatt.
- Falls Sie die Größenangaben ausblenden möchten, öffnen Sie das Kontextmenü und wählen Sie *U-Größen ausblenden*. Übrigens: Falls Sie mehrere Schränke auf dem Zeichenblatt platzieren und die Größenangaben von einem Schrank ausblenden, werden alle Angaben aller Schränke ausgeblendet.
- Falls Sie Informationen mit dem Gestell (und den übrigen Shapes) speichern möchten, können Sie über das Kontextmenü *Eigenschaften* oder über das Fenster *Shape-Daten* (Menü *Ansicht*) das entsprechende Fenster öffnen und dort die Daten eingeben. Dort können Sie die Angaben für die Höhe und die Breite zwischen den Löchern eingeben (siehe **Abbildung 12.10**).

Abbildung 12.10: Der Schrank

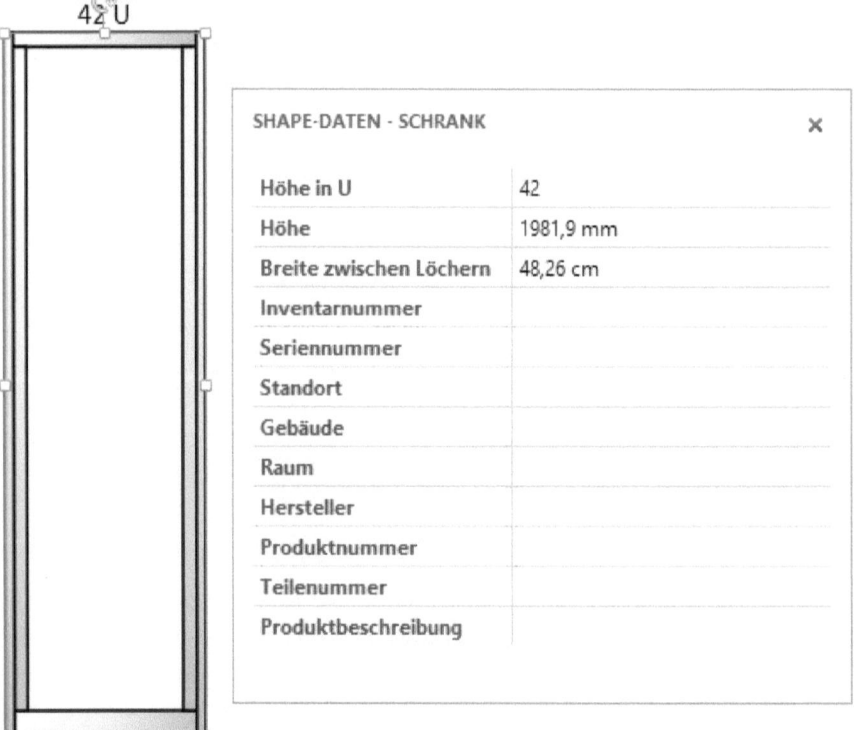

- Sie können die Höhe durch Eingabe der Daten in das Feld *Höhe in U* eingeben, oder indem Sie den Schrank mit der Maus an den Größenänderungs-Steuerpunkten höher ziehen.

Ziehen Sie die benötigten Shapes aus der Schablone *Gestellmontierte Geräte* auf das Zeichenblatt und lassen Sie in dem Schrank fallen. Folgende Shapes stehen Ihnen zur Verfügung:

- Server
- RAID-Array
- Router 1
- Schalter (gemeint ist »Switch«)
- Router 2
- Eigenständiger Datenspeicher
- Bandlaufwerk
- LCD-Monitor
- Brücke
- Patchpanel
- Stromversorgung/USV
- Steckdosenleiste
- Tastaturablage
- Regal
- Kabelschacht/Abstandhalter

Alle diese Shapes liegen als »Linie« (eindimensionales Shape) vor und kleben an den dafür vorgesehenen Verbindungspunkten. Somit »rasten« die Teile im Schrank ein (siehe **Abbildung 12.11**).

- Sie finden weitere Shapes in den Schablonen *Netzraumelemente* und *Freistehende Gestelle*. Darüber hinaus bieten die Schablonen *Anmerkungen* und *Beschriftungen* eine Reihe an vorgegebenen Beschriftungselementen, die Sie für Ihre Zeichnung verwenden können.

- Die Shape-Daten können »eingesammelt« und in einem Bericht veröffentlicht werden. Sie finden die drei Berichte *Netzwerkausrüstung*, *Netzwerkgerät* und *PC-Bericht* im Dialogfeld *Berichte*, die Sie mit dem Befehl *Überprüfen/Berichte/Shape-Berichte* öffnen können. Das detaillierte Vorgehen wird in Kapitel 3 ausführlich beschrieben.

- Sie können die Daten auch mithilfe einer Datengrafik (Befehl *Daten/Daten anzeigen/Datengrafiken*) auf dem Zeichenblatt sichtbar machen lassen. Dieses Vorgehen wird ebenfalls in Kapitel 3 beschrieben.

Die Vorlagen der Kategorie Netzwerk

Abbildung 12.11: *Einige Teile wurden bereits eingefügt.*

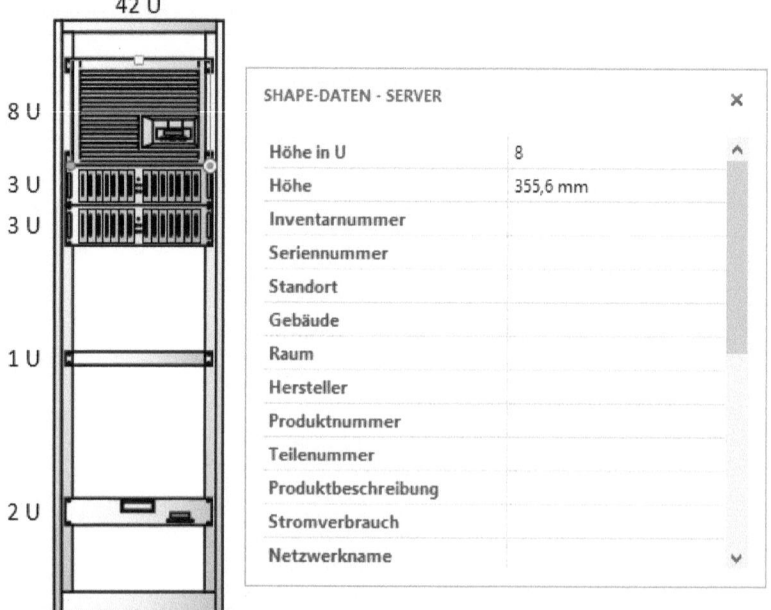

- Sie können die Shape-Daten auch in eine Datenbank exportieren. Die zuständigen Assistenten werden in Kapitel 4 beschrieben.
- Fügen Sie weitere Zeichenblätter hinzu, falls Sie mehrere Blätter benötigen.
- Kontrollieren Sie die Seitenansicht Ihrer Zeichnung im Menübefehl *Datei/Drucken*.
- Speichern Sie Ihre Datei.
- Drucken Sie die Datei, falls Sie dies möchten.

Ein Beispieldiagramm für eine Netzwerktopologie

Abbildung 12.12: Die Komponenten eines Gerätes ohne Gehäuse, jedoch mit Beschriftungen

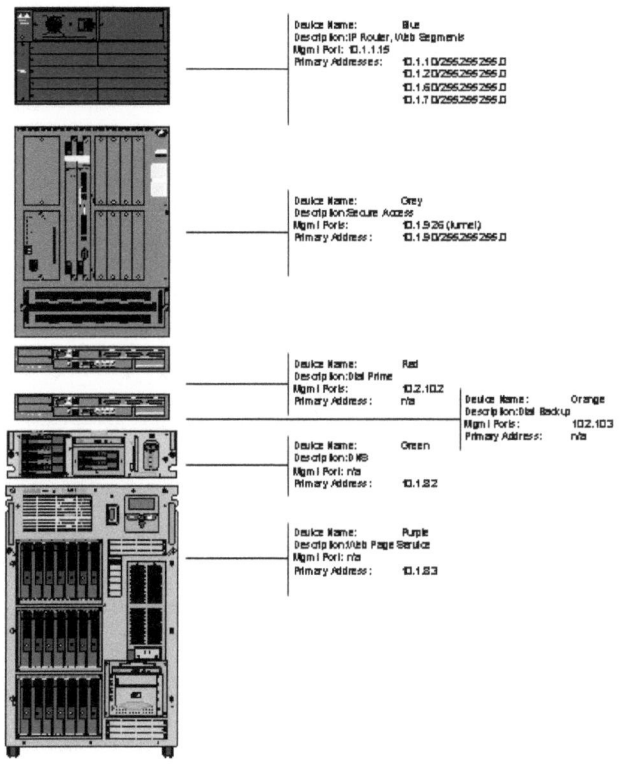

12.6. Ein Beispieldiagramm für eine Netzwerktopologie

Im dem Verzeichnis, in dem Sie das Programm Visio installiert haben, finden Sie den Unterordner *Visio-Content\1031*. Darin liegt die Excel-Mappe *ASTMGT.XLS* und die Visio-Vorlage *ASTMGT_M.VST*. Wenn Sie die Vorlage öffnen, sehen Sie eine kleine Netzwerktopologie. **Abbildung 12.13** zeigt diese Beispieldatei.

Die Vorlagen der Kategorie Netzwerk

Abbildung 12.13: *Das Beispieldiagramm von Microsoft Visio mit einem der beiden Schränke*

An ihr kann exemplarisch gezeigt werden, welche Möglichkeiten die Vorlage *Standardnetzwerk-Diagramm* bieten. Detaillierte Beschreibungen zu den einzelnen Punkten finden Sie in den Kapitel 1 - 3.

- Aus der Schablone *Netzwerk und Peripheriegeräte* wurde das Master-Shape *Ethernet* auf das Zeichenblatt gezogen, aus *Netzwerkorte* stammt die *Wolke,* mit dem Shape *Server* wurden die vier Server »Dateiserver«, »FTP-Server«, »Datenbankserver« und »Webserver« erzeugt. Sie wurden mithilfe der Kontrollpunkte des Ethernets mit dem Netz verbunden.

- Zwei weitere Zeichenblätter wurden eingefügt. Dort wurden zwei Netzwerkschränke erstellt. Sie verwenden verschiedene Master-Shapes der Schablone *Gestellmontierte Geräte*.

Ein Beispieldiagramm für eine Netzwerktopologie

- Der Assistent *Daten/Externe Daten/Daten mit Shapes verknüpfen* wurde verwendet, um die Excel-Tabelle mit den Shapes der drei Zeichenblätter zu verknüpfen. Die Datensätze auf die entsprechenden Shapes gezogen. Hatten die Shapes schon die Shape-Daten (beispielsweise haben die Server die Daten »Hersteller«), dann werden sie verwendet. Fehlen sie (beispielsweise haben die Server noch keine Daten »Ort«, werden sie neu angelegt.
- Eine neue Datengrafik (*Topologie 1*) wurde erstellt. Sie zeigt einige der Shape-Daten in der Zeichnung an. Die Server der Zeichnung verwenden diese Datengrafik.

Abbildung 12.14: *Die Datengrafik* Topologie 1

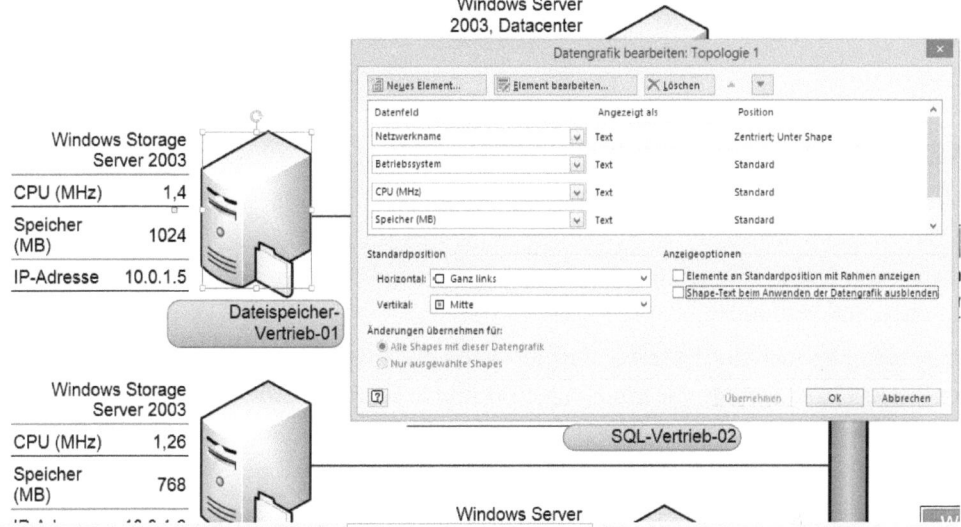

- Die Server wurden einzeln markiert. Sie besitzen einen Hyperlink, der über den Menübefehl *Einfügen/Link/Link* eingestellt wurde. Er verknüpft die Shapes mit Teilen des Schranks auf dem zweiten und dritten Zeichenblatt. Zum schnelleren Identifizieren wurde den Shapes ein Shape-QuickInfo zugewiesen (Befehl *Einfügen/Text/QuickInfo*). Wenn Sie den Mauszeiger über das Shape bewegen, sehen Sie das Symbol für den Hyperlink und den Text des Shape-QuickInfos. Der Hyperlink wird mithilfe des Kontextmenüs aktiviert. Sie sehen es auch in **Abbildung 12.15**.

Die Vorlagen der Kategorie Netzwerk

Abbildung 12.15: *Das Shape-QuickInfo und der Hyperlink*

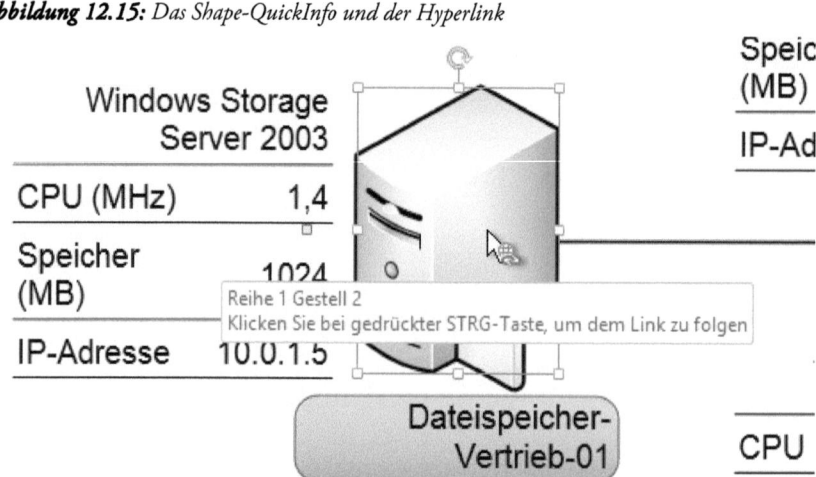

12.7. Zusammenfassung

Um eine Darstellung eines firmeneigenen Netzwerkes oder eines LAN zu bekommen, ist Visio ein gutes Werkzeug. Mit der entsprechenden Vorlage finden Sie schnell die Shapes, die Sie verwenden können, um eine Übersicht zu erstellen. Sie werden auf das Zeichenblatt gezogen und verbunden.

Angenehm ist auch die Tatsache, dass fast jedes der Shapes bereits über eine große Anzahl an Shape-Daten verfügt. Sie können gefüllt und exportiert werden. Auch die Vorlage *Gestelldiagramm* bietet eine schnelle und effektive Möglichkeit, um einen Gestellschrank zu »zeichnen« und einen Überblick über die exakte physikalische Position einzelner Geräte in einem Rechenzentrum zu erhalten.

Und schließlich können Sie Daten, die in einer Excel-Tabelle gespeichert sind, an die Zeichnung gebunden werden. Jeder Datensatz kann per Drag & Drop auf das entsprechende Shape gezogen werden; die Informationen können mithilfe der Datengrafiken in der Zeichnung angezeigt werden.

Außerdem darf man nicht vergessen, dass Visio in SharePoint eingebunden werden kann, so dass man eine gute Kontrolle der Geräte besitzt. Dieses Vorgehen wird in Abschnitt 6.4 beschrieben.

13 Die Vorlagen der Kategorie Pläne und Grundrisse

Um einen Raum »einzurichten«, stehen Ihnen in Visio Professional zwölf verschiedene Vorlagen zur Verfügung, deren Arbeitsweisen im Prinzip sehr ähnlich sind. Lediglich die beiden Vorlagen *Wegbeschreibung* weichen etwas von den übrigen ab. Beachten Sie, dass bei Raumplänen die Reihenfolge des Erstellens wichtig ist – nachträgliche Korrekturen an Räumen sind mühsam und zeitaufwendig!

13.1. Die Vorlage Büroplan

Der Vorlage *Büroplan* liegt ein querformatiges Zeichenblatt zugrunde, dessen Zeichnungsmaßstab auf 1:25 gestellt wurde. Außerdem fällt auf, dass eine neue Registerkarte *Plan* eingefügt wird.

So erstellen Sie einen Büroplan.

13.1.1. Schaffen Sie Voraussetzungen

- Bevor Sie beginnen, den Plan zu zeichnen, sollten Sie sich den realen Raum ansehen oder noch besser den Raum exakt vermessen.
- Da das Zeichenblatt einen Nullpunkt der x- und y-Koordinaten hat, ist es sinnvoll, von einer Ecke als Bezugspunkt auszugehen.
- Der Standardmaßstab beträgt 1:25, also entspricht das Zeichenblatt einer Größe in der Wirklichkeit von 5 m × 7 m. Überlegen Sie sich, ob diese Größe genügt oder ob sie einen anderen Maßstab benötigen.

13.1.2. Richten Sie das Zeichenblatt ein

- Öffnen Sie Vorlage *Büroplan* über den Befehl *Datei/Neu/Kategorien/Pläne und Grundrisse*.
- Ändern Sie – falls nötig – in *Enwurf/Zeichenblatt einrichten/Zeichnungsmaßstab* den Maßstab.
- Ändern Sie – falls gewünscht – die Zeichenblattgröße in *Entwurf/Zeichenblatt einrichten/Zeichenblattgröße*.
- Ändern Sie – falls gewünscht – in *Entwurf/Zeichenblatt einrichten/Druckeinrichtung* die Zeichenblattgröße, Seitenorientierung und Druckeinrichtung.

13.1.3. Erstellen Sie eine Skizze des Raums

- Ziehen Sie aus der Schablone *Wände, Türen und Fenster* das Master-Shape *Fläche* auf das Zeichenblatt.

- Ziehen Sie das Shape in die Breite und Höhe, so dass es ungefähr dem Raum entspricht, den Sie zeichnen möchten.

- Wenn Teile in den Raum »hineingebuchtet« sind, wie beispielsweise Kamine, andere Räume, Vorsprünge oder Ähnliches, ziehen Sie ein weiteres Master-Shape *Fläche* auf die erste Fläche. Markieren Sie die Fläche zuerst, mit der Sie den Raum erstellen möchten. Markieren Sie anschließend mit gedrückter [Umschalt]-Taste die zweite Fläche. Die Reihenfolge ist unbedingt wichtig! Im Kontextmenü finden Sie die Option *Shapes voneinander abziehen*. Aktivieren Sie diese Option. Nun erhalten Sie die Differenz beider Flächen.

- Wenn Teile aus dem Raum nach außen vorstehen (Erker, Balkone, Vorräume, …), gehen Sie ähnlich vor: Ziehen Sie eine weitere Fläche auf das Shape *Raum*. Markieren Sie beide Shapes – hierbei ist die Reihenfolge des Markierens egal. Im Kontextmenü finden Sie die Option *Gesamtmenge bilden*. Damit addieren Sie beide Flächen. Das Ergebnis sehen Sie in **Abbildung 13.1**.

- Als weitere Option steht Ihnen noch *Shapes voneinander abziehen* zur Verfügung. Damit könnten Sie die Schnittmenge beider Flächen bilden.

- Wiederholen Sie die Schritte 3 bis 5 so oft, bis der gezeichnete Raum die Form des wirklichen Raums hat.

- Wenn Wände nicht rechtwinklig zueinander verlaufen, können Sie mehrere Flächen-Shapes übereinander legen (der Zoom und die gedrückte [Alt]-Taste helfen beim exakten Ausrichten) und verbinden sie anschließend über das Kontextmenü *Gesamtmenge bilden* miteinander. Oder man erzeugt mit dem Linien-, Bogen- und Bleistiftwerkzeug ein eigenes Shape, das mit dem ersten verbunden wird. Dabei ist beachten, dass zuerst die Fläche markiert werden muss, anschließend das selbst gestaltete Shape, damit die Eigenschaften der Fläche beibehalten werden. Die erste Variante funktioniert sicherlich schneller, die zweite bietet sich bei sehr komplexen Formen, beispielsweise bei Flächen mit Rundungen, an.

Die Vorlage Büroplan

Abbildung 13.1: *Mehrere Rechtecke können zu einer Gesamtmenge verschmolzen oder voneinander abgezogen werden. Sie können ebenso eine Schnittmenge bilden.*

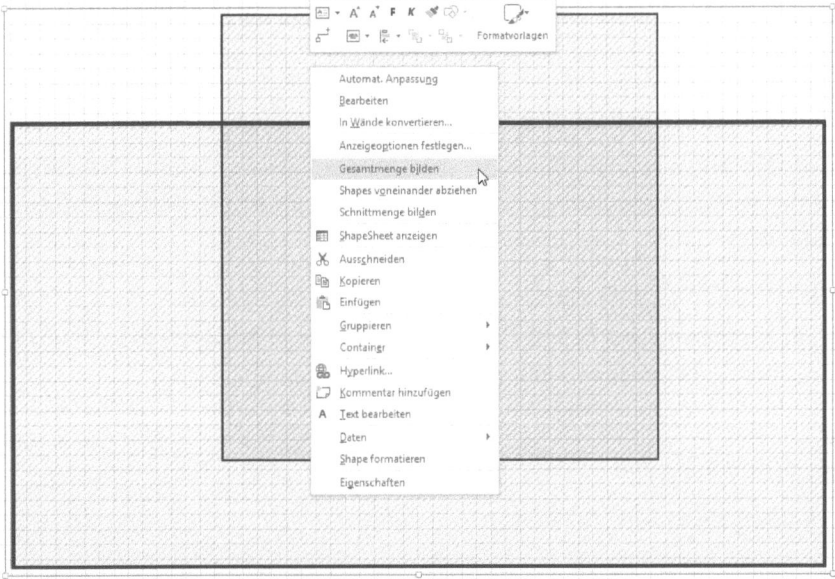

Abbildung 13.2: *Der »fertige« Raum*

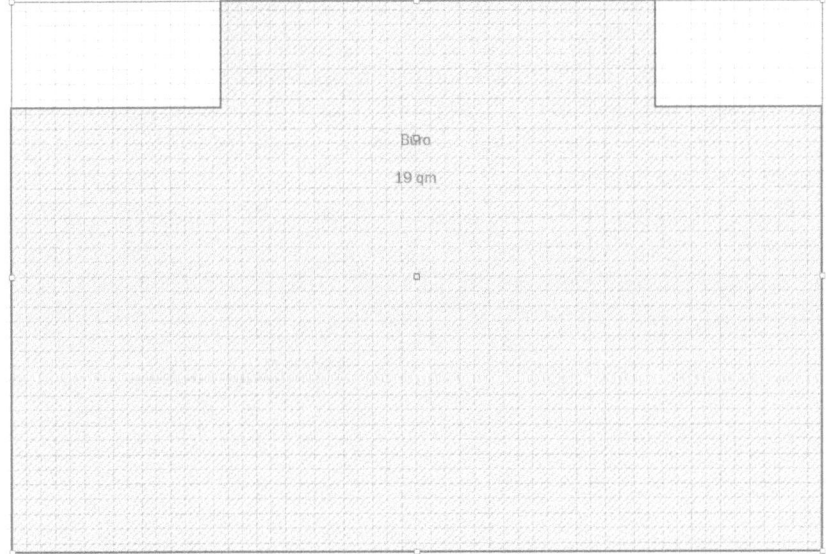

Übrigens: Wenn Sie bereits eine GWG- oder DXF-Zeichnung von Ihrem Raum haben, können Sie diese importieren und in Visio-Shapes konvertieren. Das wird in Kapitel 3 erklärt. Sie können aber auch diese Zeichnung importieren und auf ein Hintergrundblatt legen und dann auf dem Vordergrundblatt nachzeichnen.

13.1.4. Den Raum exakt zeichnen

Nachdem nun die Konturen stehen, sollten Sie die Abmessungen der Wände exakt festlegen. Hierzu müssen selbstverständlich die Daten des wirklichen Raums vorliegen. Gehen Sie dabei wie folgt vor:

- Markieren Sie den gezeichneten Raum.
- Wählen Sie im Menüband den Befehl *Plan/Plan/In Wände konvertieren* (oder im Kontextmenü des Shapes) befindet sich ein Assistent. Starten Sie ihn.
- Legen Sie die folgende Optionen fest: Außenwand oder Wand
- Es empfiehlt sich *Führungslinien hinzuzufügen.*
- Sie sollten (müssen aber nicht) *Bemaßungen hinzufügen.*
- Sie sollten (müssen aber nicht) *die ursprüngliche Anordnung löschen.*

> **Hinweis**
>
> Wenn Sie das Shape *Raum* löschen lassen, werden die Informationen *Raumnutzung*, *Name* und *Größe* nicht mehr angezeigt. Wenn Sie also das Shape behalten, behalten Sie auch die Optionen, die Sie im Menübefehl *Plan/Anzeigeoptionen festlegen/Räume* vorfinden. Die Raumnutzung und der Name des Raumes können über die *Eigenschaften* (Kontextmenü) oder über die Shape-Daten (Kontextmenü *Daten/Shape-Daten*) geändert werden. Dies und die weiteren Daten sollten Sie sinnvollerweise aufbewahren, wenn Sie diese Informationen auswerten möchten.
>
> Wenn die Fläche beibehalten wird, muss danach die Fläche an die Wände, die möglicherweise verschoben werden, angepasst werden. Hierzu kann das Werkzeug *Bleistift* nützliche Dienste leisten. Ein weiterer Vorteil des Shapes Fläche besteht darin, dass die *Raumgröße* angezeigt wird.

- Starten Sie den Assistenten. Das Ergebnis sehen Sie in **Abbildung 13.3**.

Abbildung 13.3: *Das Ergebnis des Konvertierens*

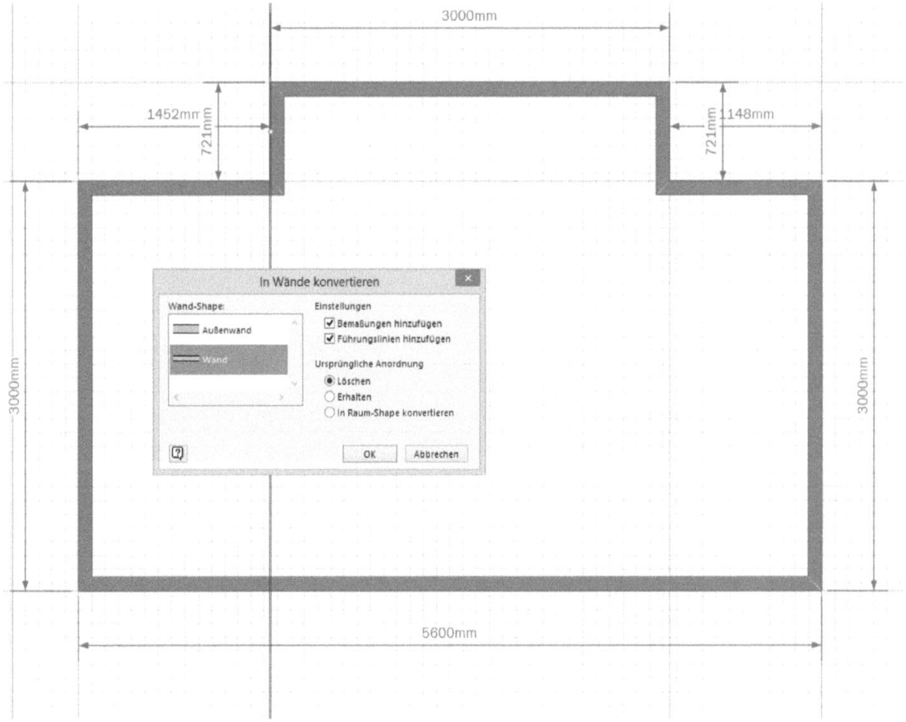

- Der Ursprung des Zeichenblattes liegt in der linken, unteren Ecke. Dies erweist sich als ungeschickt zum Bemaßen. Deshalb sollten Sie diesen Ursprung in die linke, untere Raumecke legen. Ziehen Sie hierzu mit gedrückter [Strg]-Taste den Kreuzungspunkt beider Lineale heraus und legen ihn auf eine der Ecken, wie Sie in **Abbildung 13.4** sehen.

> **Tipp**
> Da das Zeichenblatt wie das kartesische Koordinatensystem rechnet – also nach rechts und nach oben liegen positive Werte; sollten Sie den Nullpunkt beider Lineale in die linke, untere Raumecke legen und nicht – beispielsweise in die rechte, untere Ecke. Wenn Sie einen der anderen Eckpunkte als Referenzpunkt verwenden, müssen Sie mit negativen Zahlen rechnen.

Die Vorlagen der Kategorie Pläne und Grundrisse

Abbildung 13.4: *Verschieben Sie den Ursprung in die linke, untere Ecke*

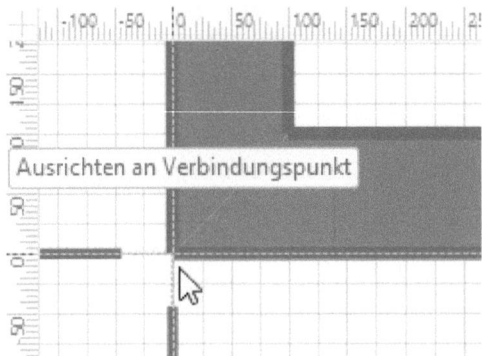

- Sollten Sie vergessen haben, die Führungslinien einzuschalten, können Sie die Führungslinien über das Kontextmenü der Wände hinzufügen lassen. Beachten Sie jedoch, dass Sie jede Wand markieren müssen! Deshalb empfiehlt es sich, mithilfe des Assistenten beim Konvertieren die Führungslinien erzeugen zu lassen.

- Wenn Sie vergessen haben, die Bemaßungslinien einzuschalten, oder wenn Sie sich im Nachhinein dazu entschließen die Bemaßungslinien zu aktivieren, können Sie diese über das Kontextmenü der einzelnen Wände hinzuholen. Visio holt hierzu aus der Schablone *Wände, Türen und Fenster* das Shape *Steuerung: Bemaßung*. Wenn Sie andere Bemaßungslinien benötigen, finden Sie weitere Linien in der Schablone *Bemaßung – Technik*, die Sie über *Weitere Shapes/Visio-Extras* öffnen können.

Abbildung 13.5: *Über das Kontextmenü können Führungslinien und Bemaßungslinien hinzugefügt werden.*

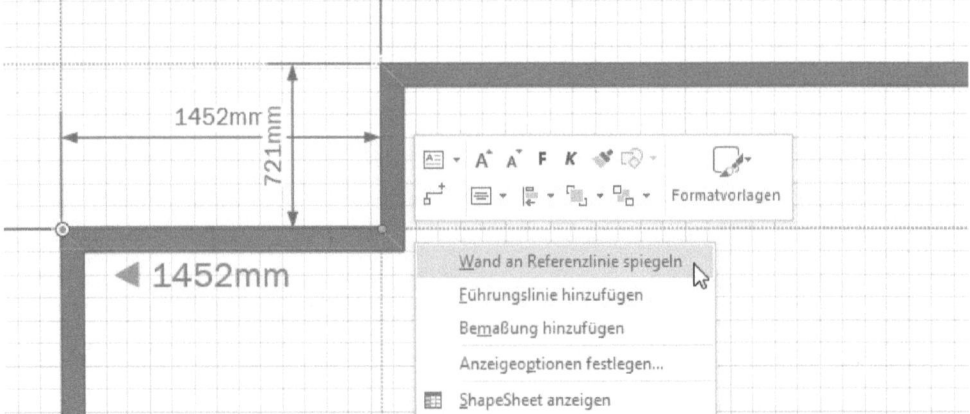

Die Vorlage Büroplan

- Wählen Sie den Befehl *Ansicht/Anzeigen/Aufgabenbereiche/Größe und Position*, um das gleichnamige Fenster zu öffnen.
- Markieren Sie – ausgehend vom Nullpunkt – jede einzelne Führungslinie.
- Tragen Sie den entsprechenden X- oder Y-Wert ein (siehe **Abbildung 13.6**). Beachten Sie, dass waagrechte Führungslinien nur eine Y-Koordinate, senkrechte nur eine X-Koordinate haben. Die andere wird zwar angezeigt, ist jedoch hinfällig. Da die Wände an den Führungslinien kleben, werden sie folglich mit den Führungslinien an die korrekte Position verschoben.
- Verfahren Sie mit allen Führungslinien so, bis sämtliche Wände an die richtige Stelle platziert sind.

Abbildung 13.6: Tragen Sie die korrekten Daten ein!

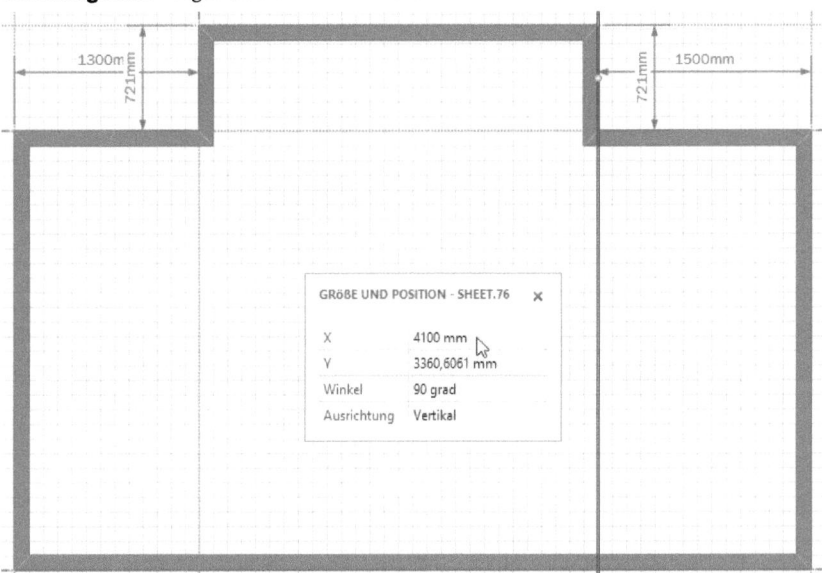

Übrigens: Sie können die Bemaßungslinien auch für andere Dinge verwenden. In **Abbildung 13.7** wurde das Kleidungsstück auf ein Hintergrundblatt gelegt. Auf dem Vordergrundblatt wurde der Zeichenmaßstab angepasst. Man muss einige Male das Foto auf dem Hintergrund verschieben bis die Längenangaben korrekt sind.

Abbildung 13.7: Bemaßungslinien können auch für andere Dinge verwendet werden.

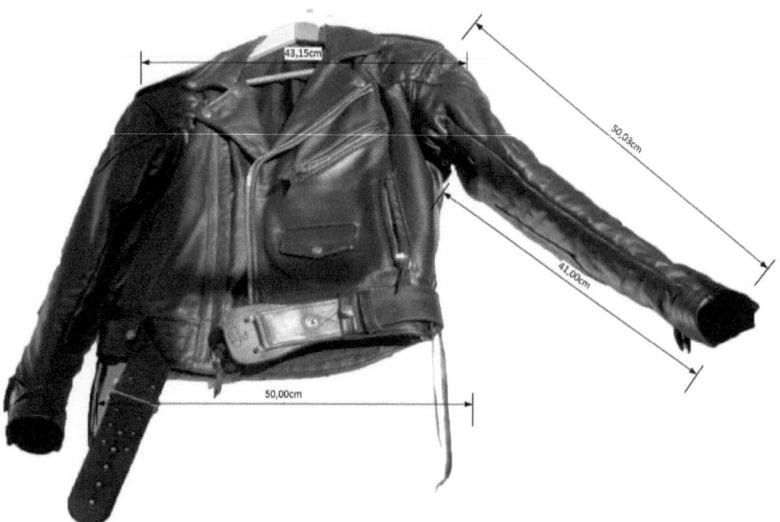

13.1.5. Weitere Wände

- Wenn Ihr Raum noch weitere Wände besitzt, beispielsweise Trennwände, Raumteiler, oder weil sich die Raumstruktur verändert hat, kann aus der Schablone *Wände, Türen und Fenster* eine Wand herausgezogen werden.

- Wird das Ende einer Wand auf einer anderen Wand fallen gelassen, verbindet sich die neue Wand mit der alten. Wird das Ende auf einem anderen Endwandstück fallen gelassen, stellt Visio ein Eckstück her und verbindet die beiden Wandteile miteinander.

- Die Wand kann an eine vorhandene Führungslinie geklebt werden.

- Der Wand kann über das Kontextmenü eine Führungslinie hinzugefügt werden, an der sie nun selbst klebt.

- Der Wand kann über das Kontextmenü eine Bemaßungslinie hinzugefügt werden, die ihre Länge angibt.

- Die Wand kann über den Aufgabenbereich *Größe und Position* über seine vier Koordinaten oder seine Länge auf die richtige Position gebracht werden.

- Auf der Registerkarte *Wände* des Dialogfeldes *Anzeigeoptionen festlegen* (erreichbar über *Plan/Plan/Anzeigeoptionen* oder im Kontextmenü der Wände finden Sie die Einstellungen zu den Wänden, mit der Sie festlegen, ob die Wände als Doppellinie oder als einfache Linie dargestellt werden.

- Werden die Wände als Doppellinie dargestellt, können sie über die *Referenzlinie*, das heißt die Führungslinie, gekippt werden. Diese Einstellung finden Sie im Kontextmenü der Wände.

13.1.6. Türen und Fenster

- Ziehen Sie aus der Schablone *Wände, Türen und Fenster* die Master-Shapes *Tür* und *Doppeltür*, *Öffnung* und *Fenster* auf die Stelle der Wand, auf der sie positioniert werden soll. Bei vertikalen, schrägen oder sogar gekrümmten Wänden passt Visio die Position automatisch an den Verlauf der Wände an und richtet die Türen und Fenster korrekt aus.

- Wenn Sie die Türangel auf die andere Seite positionieren möchten, finden Sie diese Einstellung im Kontextmenü: *Links-/Rechtsöffnung umkehren*.

- Wenn die Türe nicht nach außen, sondern nach innen aufgeht, finden Sie im Kontextmenü die zugehörige Einstellung: *Innen-/Außenöffnung umkehren* (siehe **Abbildung 13.8**).

- Wenn Sie Türe etwas oder ganz schließen möchten, ziehen Sie den Steuerpunkt. Er »schließt« die Türe.

- Hat die Türe eine andere Breite als die Normbreite von 90 cm, ändern Sie die Breite im Kontextmenübefehl *Eigenschaften*. Wenn Sie dort in den Shape-Daten die Türbreite verändern, wird sie in der Zeichnung entsprechend angepasst.

- Weitere Informationen können in den Shape-Daten eingetragen werden: *Türhöhe*, *Tür in Wandabsatz*, *Türnummer*, *Feuerbeständigkeit* und *Basishöhe*. Lediglich die beiden Daten *Türtyp* und *Türöffnungsbereich (%)* haben Einfluss auf die Darstellung der Tür.

Abbildung 13.8: *Die Türe kann »gekippt« werden.*

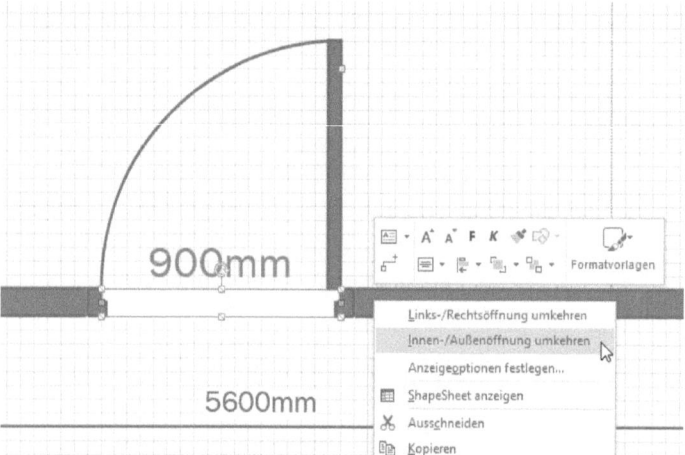

- Wenn Sie eine Türe markiert haben, können Sie für sämtliche Türen weitere Anzeigeoptionen festlegen. Sie finden die Einstellungen im Kontextmenü *Anzeigeoptionen festlegen* oder im Befehl *Plan/Anzeigeoptionen festlegen*. Dort können folgende Shapes angezeigt oder ausgeblendet werden:
- Rahmen
- Kopfzeile
- Trennwand
- Trennwand geschlossen
- Türstopp
- Türöffnung
- Schwelle

  Mithilfe der Schaltfläche *Eigenschaften* können weitere Darstellungsoptionen festgelegt werden:
- Rahmenbreite
- Rahmentiefe
- Türstoppbreite
- Türstopptiefe
- Breite der Türschwelle innen

Die Vorlage Büroplan

- Tiefe der Türschwelle innen
- Breite der Türschwelle außen
- Tiefe der Türschwelle außen
- Stärke der Trennwand
- Türschwung als Bogen oder als Linie gezeichnet
- Die Anzeigeoptionen der Fenster werden festgelegt, indem Sie den Befehl *Plan/Plan/Anzeigeoptionen* wählen und zur Registerkarte *Fenster* wechseln. Dort entscheiden Sie, ob Sie sich anzeigen lassen:
- Rahmen
- Kopfzeile
- Kippfenster
- Fensterbrett

  Mithilfe der Schaltfläche *Eigenschaften* können weitere Darstellungsoptionen festgelegt werden:
- Rahmenbreite
- Rahmentiefe
- Breite der Kippfenster
- Tiefe der Kippfenster
- Breite des Fensterbretts (innen)
- Tiefe des Fensterbretts (innen)
- Breite des Fensterbretts (außen)
- Tiefe des Fensterbretts (außen)
- Über das Kontextmenü finden Sie die *Eigenschaften* des Fensters. Darüber gelangen Sie in die Shape-Daten (siehe **Abbildung 13.9**). Der Wert im Feld *Fensterbreite* bestimmt – wie der Name sagt – die Breite des Fensters. Eine Änderung dieser Daten hat Einfluss auf das Aussehen. Die übrigen Daten *Fensterhöhe, Fensterbalkenhöhe, Fenstertyp, Fenster in Wandabsatz, Fensternummer* und *Feuerbeständigkeit* sind »reine« Daten und haben keinen Einfluss auf die Zeichnung. Sie können nach Fertigstellung der Zeichnung »eingesammelt« und ausgewertet werden.

Die Vorlagen der Kategorie Pläne und Grundrisse

Abbildung 13.9: *Die Shape-Daten des Fensters*

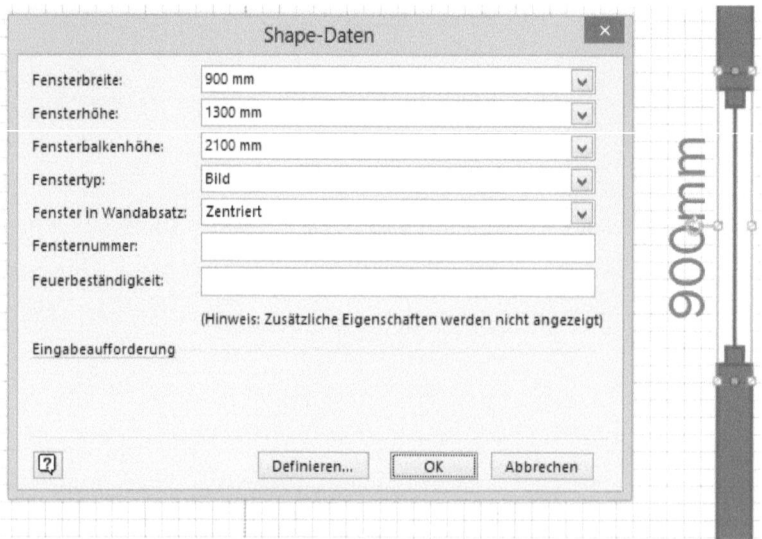

13.1.7. Das Mobiliar

- Nachdem Wände, Türen und Fenster »gebaut« wurden können die Möbel aus den Schablonen *Büromöbel, Büroausstattung, Bürozubehör* und *Arbeitsbereiche* auf das Zeichenblatt gezogen werden.

- Die Größe der Tische können Sie am schnellsten ändern, indem Sie das Fenster *Größe und Position* (Registerkarte *Ansicht*) öffnen.

- Soll ein Stuhl »unter« einen Tisch geschoben werden, muss seine Reihenfolge geändert werden. Setzen Sie ihn über *Start/Anordnen/Ebene nach hinten/In den Hintergrund* an die gewünschte Position.

- Wenn Sie mehrere Tische oder Stühle benötigen, können Sie schnell mit dem Befehl *Start/Einfügen/Duplizieren* oder der Tastenkombination **[Strg]**+**[D]** dupliziert werden.

> **Tipp:** Schneller geht es, wenn Sie ein Mobiliar mit gedrückter **[Strg]**-Taste an seine neue Position verschieben. Dann wird es dupliziert. Weitere Duplikate werden erzeugt, indem Sie diesen Vorgang mit **[F4]** wiederholen.

- Bringen Sie Ordnung in die Shapes und verwenden Sie dazu die Befehle *Start/Anordnen/Shapes ausrichten* und *Start/Anordnen/Positionierung/Shapes verteilen*. Beachten Sie, dass beim Ausrichten das Shape, das seine Position nicht verändern soll, zuerst markiert werden muss.

- Alle diese Shapes besitzen Eigenschaften im Kontextmenü. Dort können Sie einige wenige Informationen zu *Breite* und *Länge*, bei einigen Shapes auch zu *Tiefe*, *Radius* und *Abschrägung* eintragen. Alle anderen Informationen sind reine Daten, die später eingesammelt werden können.
- Viele der Möbelstücke besitzen Steuerpunkte. Einen sehen Sie beim Aktenschrank *Datei* am unteren Rand der **Abbildung 13.10**. Mit ihnen kann das Aussehen modifiziert werden, beispielsweise ein Stuhl oder eine Schreibtischlampe gedreht werden, die Lehnen der Sofas ändern oder die Schubladen der Schränke herausziehen.
- Die Shapes *Rechteckiger Konferenztisch*, *Ovaler Konferenztisch*, *Bootförmiger Tisch mit Stühlen* und *Runder Konferenztisch* zeigen mehr Stühle an, wenn sie vergrößert werden, weniger, wenn sie verkleinert werden.

Abbildung 13.10: Der Raum wird »eingerichtet«

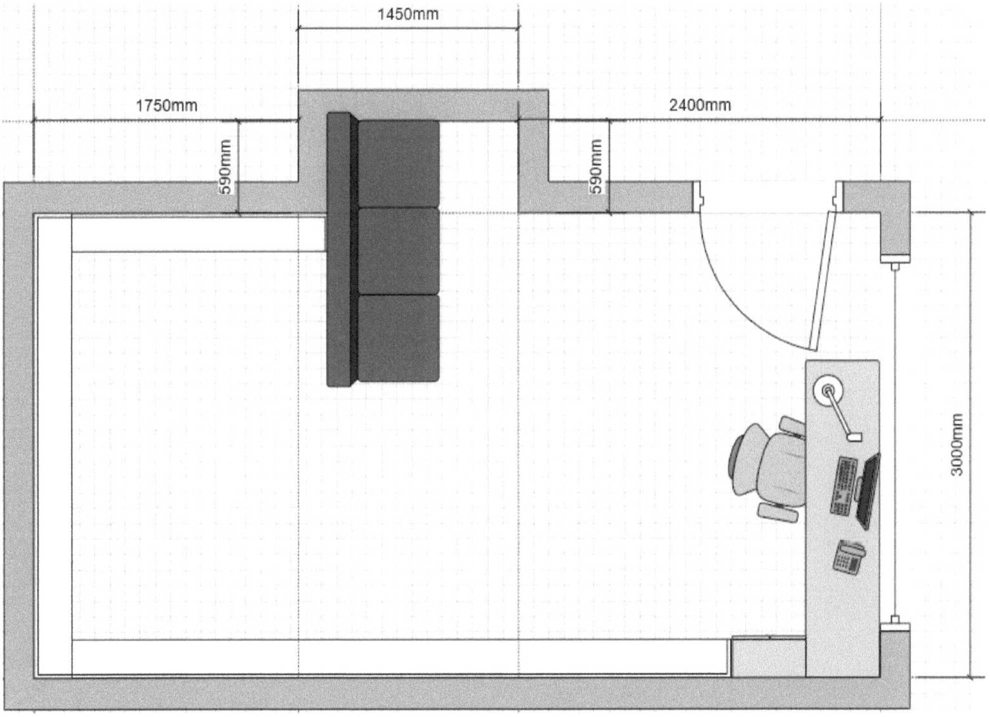

Übrigens: Da Bemaßungslinien Linien, also 1-dimensionale Shapes sind, können sie an andere Shapes geklebt werden. Da die meisten Möbelstücke, Einrichtungsgegenstände, aber auch Wände keine Verbindungspunkte besitzen, kann mit ihnen einen neuen Verbindungspunkt hinzufügen.

13.1.8. Drucken

- Wenn Sie nur bestimmte Teile drucken möchten, verwenden Sie die Layer. Über den Befehl *Start/Bearbeiten/Layer/Layereigenschaften* können Sie bestimmte Shapes vom Ausdruck ausschließen.

- Kontrollieren Sie vor dem Ausdruck die Seitenansicht. Sie zeigt Ihnen, wie (und was) später auf dem Papier ausgedruckt wird.

13.1.9. Sämtliche Shapes modifizieren

- Wenn Sie nur sämtliche Shapes einer Kategorie markieren möchten, können Sie diese Shapes über *Bearbeiten/Auswahl nach Typ/Layer* selektieren. Beachten Sie, dass manche Shapes auf mehreren Layern liegen, umgekehrt natürlich mehrere Shapes zu einem Layer zugehörig sind. Die Liste der verwendeten Layer finden Sie im Menübefehl *Ansicht/Layereigenschaften*. Das Dialogfeld wird in **Abbildung 13.11** gezeigt.

Abbildung 13.11: *Die Shapes liegen auf unterschiedlichen Layern.*

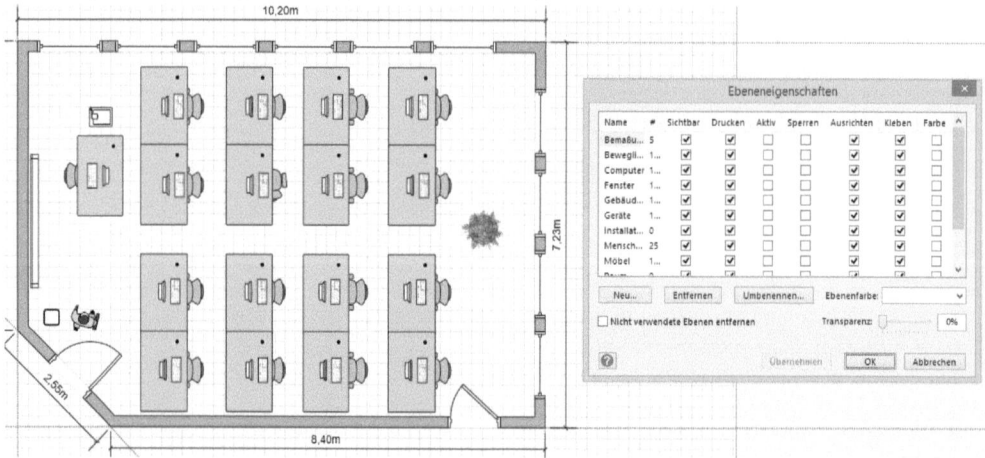

- In der Dokumentschablone werden sämtliche Shapes aufgelistet, die sich in der Zeichnung befinden. Sie lassen die Dokumentschablone anzeigen, indem Sie den Befehl *Entwicklermodus/Einblenden/Ausblenden/Dokumentschablone anzeigen* wählen. Wenn Sie nun beispielsweise ein Shape in seiner Gestalt, seiner Formatierung oder seinem

Verhalten ändern wollen, müssen Sie das Shape in der Dokumentschablone markieren. Über den Kontextmenübefehl *Master-Shape bearbeiten/Master-Shape bearbeiten* können Sie nun an dem Master-Shape die gewünschten Änderungen vornehmen.
- Beim Schließen des Zeichenblatts zum Bearbeiten des Master-Shapes werden Sie gefragt, ob Sie *alle zugehörigen Instanzen aktualisieren* möchten. Diese Frage müssen Sie bejahen, damit alle Shapes, die aus diesem Master-Shape generiert wurden, modifiziert werden.

> **Hinweis**
> Beachten Sie, dass das Aufheben der Gruppierung ein Trennen der Verbindung zwischen Master-Shape und dem Shape auf der Zeichnung zur Folge hat.

- Selbstverständlich können Sie auch weitere Shape-Daten im Master-Shape hinzufügen – so erhalten sämtliche Shapes die neuen Daten.

13.1.10. Die Daten

Sämtliche Shapes der Schablonen enthalten Shape-Daten. Diese können Sie einsammeln und auswerten:

- Zum bequemen Eintragen der Shape-Daten öffnen Sie das Fenster *Ansicht/Anzeigen/Aufgabenbereiche/Shape-Daten*. Dort können die gewünschten Daten bequem geändert und eingesehen werden.
- Beim Export in eine HTML-Datei können die Shape-Daten angezeigt oder ausgeblendet werden: Im Dialogfeld des Befehls *Datei/Speichern unter* wählen Sie den Dateityp *Website (HTM; HTML)* aus und klicken auf die Schaltfläche *Veröffentlichen*, um das Dialogfeld *Als Website speichern* zu öffnen. Schalten Sie dann in der Liste *Veröffentlichungsoptionen* das Kontrollkästchen *Details (Shape-Daten)* ein.
- Die Daten könnten mithilfe der Datengrafik auf der Zeichnung angezeigt werden (*Daten/Daten anzeigen/Datengrafiken*). Dies ist sicherlich ungewöhnlich und führt zu einem Überladen der Zeichnung. Das genaue Vorgehen wird in Kapitel 3 beschrieben.
- Für den Datenexport stehen die Berichte
- Fensterplan
- HKL-Rohre
- Inventar
- Inventarbericht

Die Vorlagen der Kategorie Pläne und Grundrisse

- Raumbericht
- Türenplan
- Verschieben

zur Verfügung. Vielleicht sehen Sie nicht alle Berichte; sie werden generiert, wenn mindestens zwei Shapes eines bestimmten Layers auf dem Zeichenblatt liegen. Diese Berichte können modifiziert und ausgeführt werden. Selbstverständlich können Sie auch neue Berichte entwerfen.

- Beim Ausführen steht Ihnen die Möglichkeit zur Verfügung, die Daten als Shape auf der Zeichnung anzeigen zu lassen oder in eine XML-Datei beziehungsweise Excel-Tabelle zu schreiben. Weitere Informationen finden Sie in Kapitel 2.

- Sie können die Daten auch in eine Datenbank schreiben, indem Sie den Assistenten *Ansicht/Makros/Add-Ons/Visio-Extras/In Datenbank exportieren* verwenden. Dieser Export wird ausführlich in Kapitel 4 beschrieben.

Abbildung 13.12: *Die Daten können angezeigt werden.*

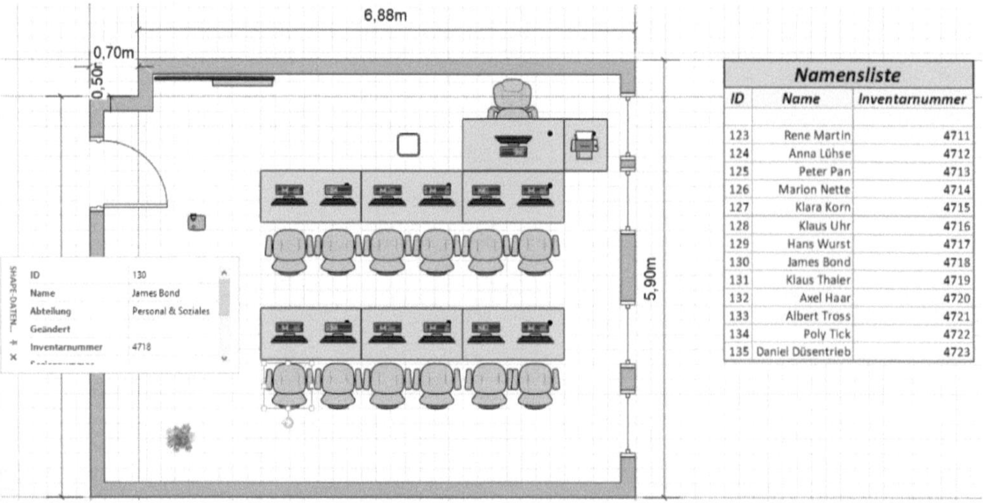

13.2. Die Vorlage Grundriss

Zwischen der Vorlage *Grundriss* und der Vorlage *Büroplan* gibt es keine funktionalen Unterschiede. Beachten Sie, dass der Zeichenmaßstab auf 1:50 eingestellt ist und das Zeichenblatt eine Größe DIN A1 voreingestellt hat.

Die Schablone *Wände, Gerüst und Konstruktion* verfügt über weitere Fenster und Türen, Sie finden eine große Anzahl an Anmerkungen, Bemaßungen, elektronische Symbole

Die Vorlage Grundriss

(Leuchten, Steckdosen, ...) und eine Reihe von *Interessanten Punkten*, mit denen Elemente der Räume gekennzeichnet werden können, wie beispielsweise: *Telefon*, *Drucker*, *Toiletten*, *Kopierer*, *Raucher* und so weiter (siehe **Abbildung 13.13**).

Das Shape *Legende* listet sämtliche Shapes auf, die aus der *Schablone Interessante Punkte* auf das Zeichenblatt gezogen wurden. Es aktualisiert sich automatisch.

Beachten Sie, dass sehr viele dieser Shapes mehrere Darstellungen besitzen, beziehungsweise die Position schnell ändern können, indem Sie die entsprechende Einstellung im Kontextmenü aktivieren.

In der Schablone *Wände, Gerüst und Konstruktion* befinden sich die beiden Master-Shapes Türenplan und Fensterplan. Mit ihrer Hilfe kann ein Plan aller Türen- beziehungsweise Fenster erstellt werden – er entspricht den Assistenten, die Sie in *Daten/Berichte* finden.

Abbildung 13.13: *In der Vorlage* Grundriss *finden Sie noch mehr Schablonen als in der Vorlage* Büroplan.

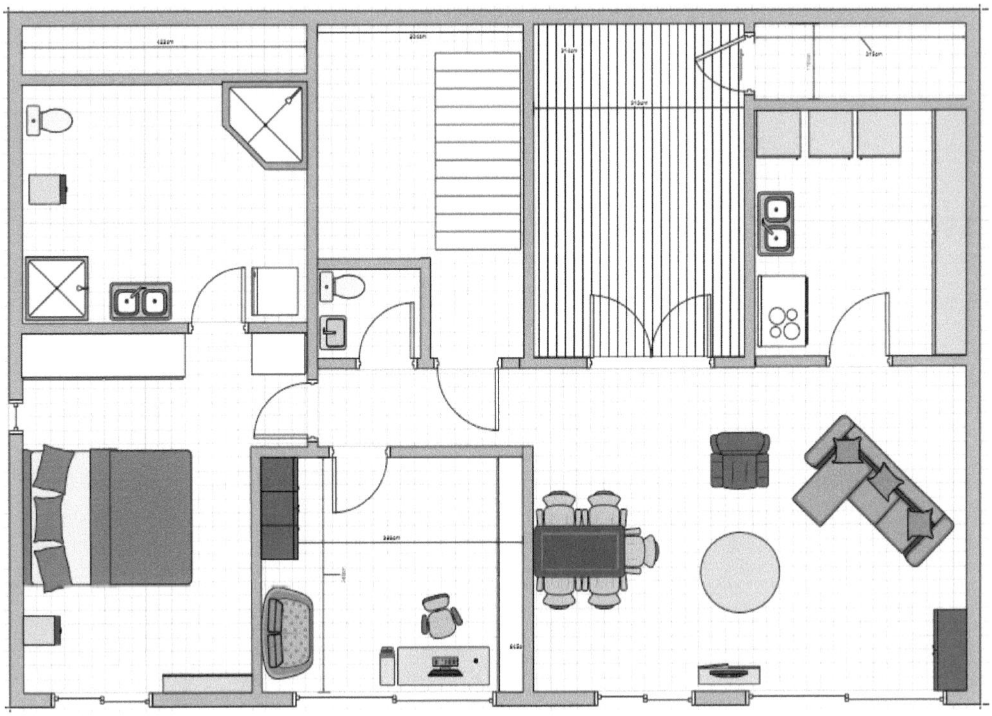

Die Vorlagen der Kategorie Pläne und Grundrisse

13.3. Die Vorlagen Hauseinrichtungsplan, Deckenspiegelplan und HKL-Plan

Zwischen den Vorlage *Hauseinrichtungsplan*, beziehungsweise Deckenspiegelplan oder HKL-Plan und der Vorlage *Büroplan* gibt es keine funktionalen Unterschiede. HKL steht für Heizung, Klimaanlage, Lüftung, und Kühlsysteme in automatisierten Gebäude-, Umweltsteuerungs- und Energiesystemen)

Beachten Sie, dass der Zeichenmaßstab auf 1:50 eingestellt ist und das Zeichenblatt eine Größe Din-A1 voreingestellt hat.

Die Schablone *Wände, Gerüst und Konstruktion* verfügt über weitere Fenster und Türen. Sie finden auf mehrere Schablonen verteilt eine große Anzahl an Bad- und Küchengeräten, wie Kühlschränke. Herde, Spülen, Toiletten oder Badewannen (siehe **Abbildung 13.14**). Sehr viele der Shapes sind geschützt, da sie Normmaße verwenden. Da allerdings nicht alle Hersteller mit Normmaßen (beispielsweise Küchengeräte in 60 cm × 60 cm) arbeiten, können Sie über *Entwicklertools/Shape-Design/Schutz* den Schutzmechanismus ausschalten, falls Sie andere Größen benötigen.

> **Hinweis**
> Beachten Sie, dass sehr viele dieser Shapes mehrere Darstellungen besitzen, beziehungsweise die Position schnell ändern können, indem Sie die entsprechende Einstellung im Kontextmenü aktivieren.

Abbildung 13.14: Eine Küche wie geplant – mit den Shapes von Visio 2013.

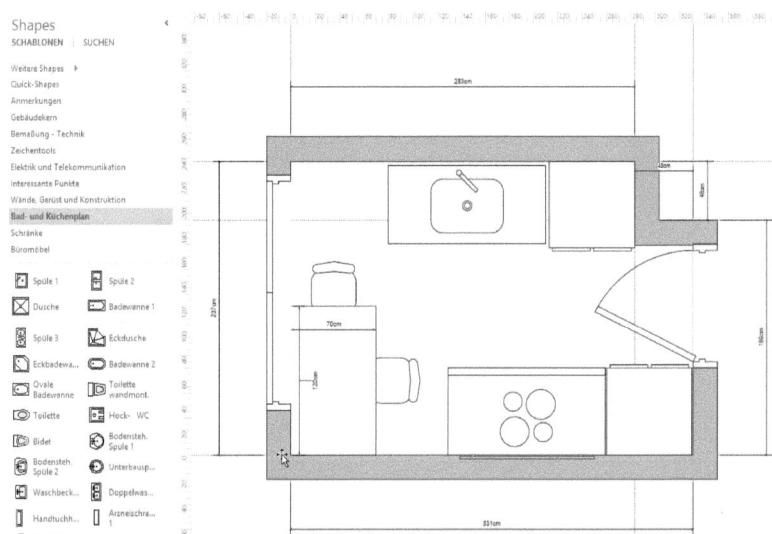

In der Schablone *Wände, Gerüst und Konstruktion* befinden sich die beiden Master-Shapes *Türenplan* und *Fensterplan*. Mit ihrer Hilfe kann ein Türen- beziehungsweise Fensterplan erstellt werden – er entspricht den Assistenten, die Sie in *Überprüfen/Berichte/Shape-Berichte* finden.

Die Rohre der Schablone HKL-Rohre sind zweidimensionale Shapes mit Verbindungspunkten. Die Verbindungspunkte sind konfiguriert mit der Option nach innen und außen. das bedeutet, dass die Rohre problemlos aneinandergeklebt werden können (siehe **Abbildung 13.15**). Sie verändern Ihre Breite gemäß dem Shape, an dem sie kleben.

Die Vorlagen der Kategorie Pläne und Grundrisse

Abbildung 13.15: *In den Raum können Rohre »verlegt« werden. Jedes Shape besitzt mehrere Darstellungsvarianten*

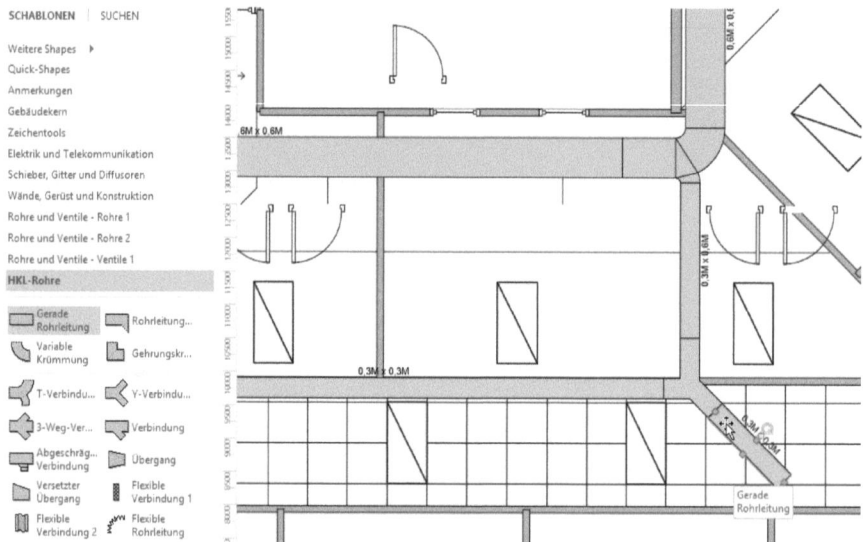

13.4. Die Vorlage HKL-Steuerung – Logisches Diagramm

Die Vorlage *HKL-Steuerung – Logisches Diagramm* hat zwar als Zeichenblattgröße DIN A1 eingestellt, besitzt jedoch keinen Maßstab. Da es hierbei nur um die Darstellung der logischen Komponenten und nicht um die realistische Darstellung innerhalb einer Werkshalle ankommt, wird auch keiner benötigt.

> **Hinweis**
> Beachten Sie, dass die Shapes der Schablone *HKL-Steuerungen* und *HKL-Steuerungszubehör* mehrere Darstellungsvarianten besitzen. Sie finden sie in den Eigenschaften im Kontextmenü oder in den Shape-Daten im Menü *Daten*. Lassen Sie das Fenster Shape-Daten (Menü *Ansicht*) offen, während Sie die Shapes auf das Zeichenblatt ziehen.

13.5. Die Vorlage Plan für Elektrik und Telekommunikation

Zwischen der Vorlage *Grundriss* und der Vorlage *Plan für Elektrik und Telekommunikation* gibt es überhaupt keine Unterschiede. Lediglich die Schablonen *Themen in dieser Auswahl*, *Bemaßung Technik* und *Gebäudekern* werden nicht angezeigt.

13.6. Die Vorlage Sanitär- und Rohrleitungsplan

Zwischen der Vorlage *Sanitär- und Rohrleitungsplan* und der Vorlage *Büroplan* gibt es keine funktionalen Unterschiede. Beachten Sie, dass der Zeichenmaßstab auf 1:50 eingestellt ist und das Zeichenblatt eine Größe DIN A1 voreingestellt hat.

Abbildung 13.16: *Eine schematische Darstellung*

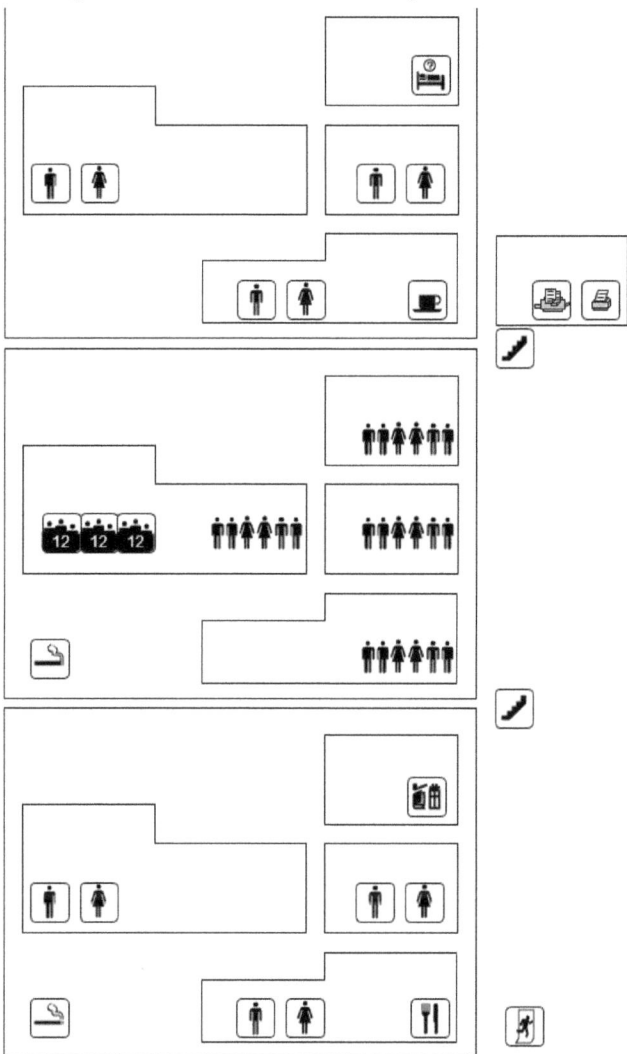

- Erstellen Sie die Zeichnung des Raums wie im Abschnitt »Die Vorlage Büroplan« beschrieben.

- Anschließend fügen Sie die Rohre und Ventile aus den Schablonen *Rohre 1*, *Rohre 2*, *Ventile 1* und *Ventile 2* auf das Zeichenblatt. Verbinden Sie die Endpunkte miteinander oder verwenden Sie den *automatischen Verbinder*, um die Shapes aneinander zu kleben. Jedes der Rohre und Ventile hat noch weitere Einstellungen, die Sie in den Shape-Daten finden.

Übrigens: Sie müssen nicht unbedingt einen Maßstab verwenden. Sie können ihn ebenso deaktivieren und mit der Schablone Interessante Punkte eine schematische Darstellung eines Raumes oder eines Gebäudes erstellen.

13.7. Die Vorlage Sicherheits- und Zutrittsplan

Zwischen der Vorlage *Sicherheits- und Zutrittsplan* und der Vorlage *Büroplan* gibt es keine funktionalen Unterschiede. Beachten Sie, dass der Zeichenmaßstab auf 1:50 eingestellt ist und das Zeichenblatt eine Größe DIN A1 voreingestellt hat.

Beachten Sie, dass Sie normalerweise nicht nur einen Raum zeichnen werden, sondern mehrere. Sie können also den Raum wie in Abschnitt »Erstellen Sie eine Skizze des Raums« erstellen und duplizieren und anschließend – falls nötig – die Änderungen an den Räumen modifizieren.

Sind mehrere Räume markiert, können Sie diese Räume über den Assistenten im Menübefehl *Plan/Plan/In Wände konvertieren* auf einmal konvertieren lassen – Sie müssen nicht jeden Raum einzeln konvertieren.

> **Hinweis**
>
> Beachten Sie, dass die Shapes der Schablonen *Alarmsteuerung und Zutrittskontrolle*, *Auslöser und Melder* und *Videoüberwachung* mehrere Darstellungsvarianten – in der Regel Beschriftungen für Decke (D), Wand (W), Tisch (T), verborgen (V), Erschütterung (E), Geräusch (G), Magnetisch (M), Riegel (R) und so weiter besitzen (siehe **Abbildung 13.17**). Sie finden sie über den Kontextmenübefehl *Eigenschaften* oder in den Shape-Daten im Menü *Daten*. Lassen Sie das Fenster *Shape-Daten* (Registerkarte *Ansicht*) offen, während Sie die Shapes auf das Zeichenblatt ziehen.

Abbildung 13.17: Der überwachte Eingangsbereich einer Firma

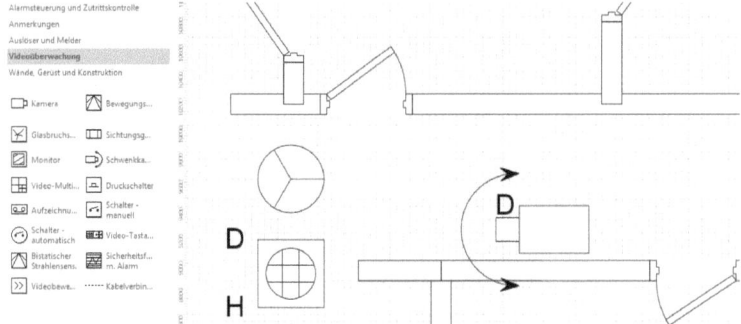

13.8. Die Vorlage Werksplanung

Zwischen der Vorlage *Werksplanung* und der Vorlage *Büroplan* (oder besser. *HKL-Plan* gibt es keine funktionalen Unterschiede. Beachten Sie, dass der Zeichenmaßstab auf 1:50 eingestellt ist und das Zeichenblatt die Größe DIN A1 besitzt.

Die Schablone *Wände, Gerüst und Konstruktion* verfügt über weitere Fenster und Türen. Sie finden in der Schablone *Produktionsstätte – Maschinen und Einrichtungen* eine Reihe von Fertigungsmaschinen die zur Ausstattung einer Werkshalle gehören können. In der Schablone *Produktionsstätte – Lagerhaltung und Verteilung* liegen Shapes für die Darstellung von festen und beweglichen Fördereinrichtungen und Lagersystemen und schließlich in der Schablone *Lagerhaus – Versand und Warenannahme* Containerrampen, Hebebühnen, Kippmulde, Öltanks und so weiter (siehe **Abbildung 13.18**).

Abbildung 13.18: Ein Parkhaus

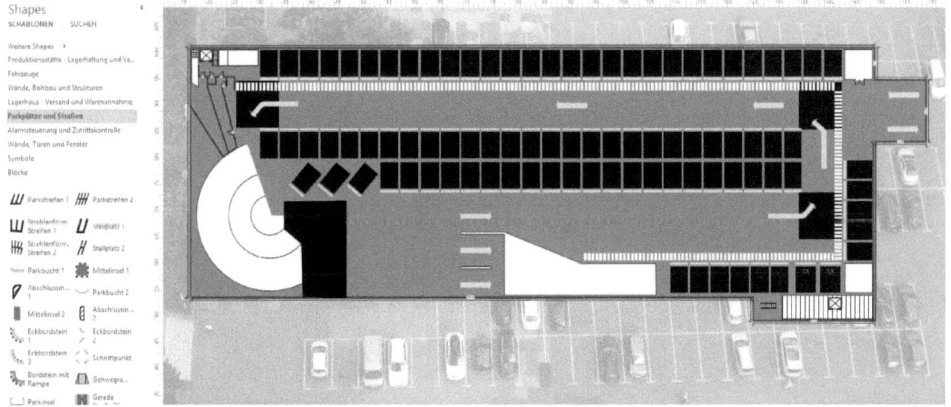

Die Vorlagen der Kategorie Pläne und Grundrisse

> **Hinweis**: Beachten Sie, dass sehr viele dieser Shapes mehrere Darstellungen besitzen, beziehungsweise die Position schnell ändern können, indem Sie die entsprechende Einstellung im Kontextmenü aktivieren. Sie verfügen auch über weitere Daten, mit denen Informationen an die Shapes gebunden werden können.

Interessant in diesem Zusammenhang sind die Shapes »Parkstreifen«, die Sie in der Schablone »Parkplätze und Straßen« finden. Der beschriftende Text kann über das Kontextmenü ausgeblendet werden; der Hintergrund kann (schwarz) angezeigt werden. Die Breite der Parkplätze wird über die Daten festgelegt, die Sie im Kontextmenü über »Eigenschaften« erreichen.

Abbildung 13.19: *Die Stellplätze*

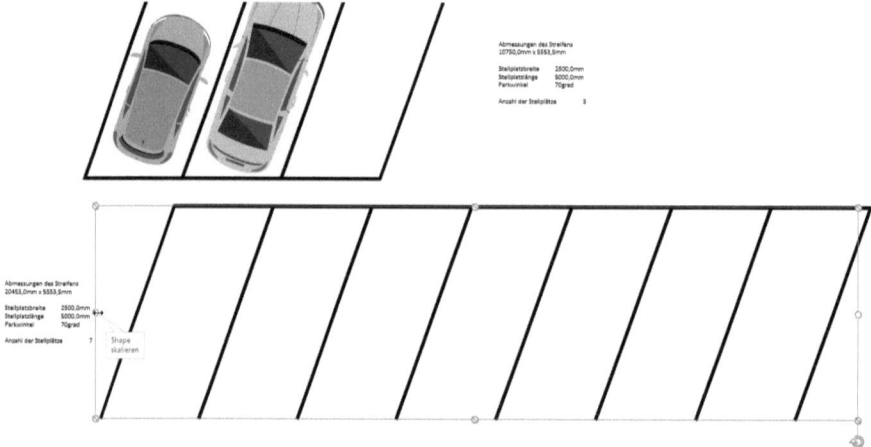

Auch die Straßen-Shapes können in die Länge gezogen werden und erzeugen dann mehrere Muster. Ebenso besitzen einige der Shapes Steuerelemente, mit deren Hilfe ihre Form verändert werden kann.

Abbildung 13.20: Die Straßen

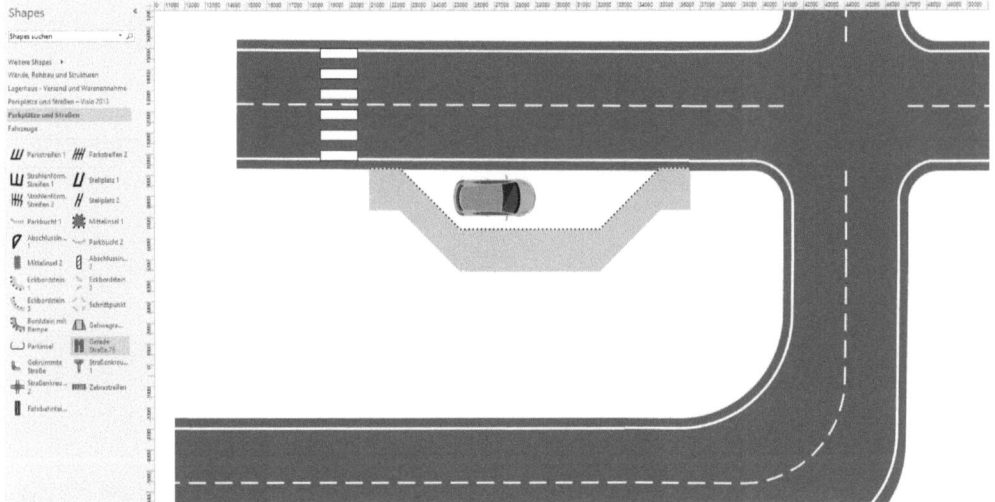

13.9. Die Vorlage Wegbeschreibung und Wegbeschreibung 3D

Diese Vorlagen unterscheiden sich von den oben beschriebenen Raumplänen und Gebäudedarstellungen, da hier keine geschlossenen Räume dargestellt werden. Es geht vielmehr darum, mit Straßen, Schienen und Stadtbahn-Linien eine schematische Skizze zu erstellen.

Gehen Sie folgendermaßen vor, wenn Sie einen Plan »so finden Sie uns« erstellen möchten.

- Kopieren Sie eine Karte für eine Wegbeschreibung. Scannen Sie den Plan ein oder kopieren ihn aus dem Internet. Beachten Sie, dass auf vielem Kartenmaterial ein Copyright liegt – Sie müssen die Karte danach wieder löschen!
- Im folgenden Beispiel wurde für eine Wegbeschreibung ein Kartenausschnitt aus dem Internet kopiert (http://www.muenchen.de).
- Wählen Sie *Datei/Neu/Kategorien/Pläne und Grundrisse* und erstellen Sie eine neue Zeichnung, die auf der Vorlage *Wegbeschreibung* basiert.
- Erzeugen Sie mit dem Befehl *Einfügen/Seiten/Neues Zeichenblatt/Zeichenblatt/Hintergrundzeichenblatt* ein neues Hintergrundblatt.
- Legen Sie die Grafik aus Schritt 1 als Hintergrund auf ein Zeichenblatt und vergrößern Sie sie.
- Dem Vordergrundzeichenblatt wird das Hintergrundzeichenblatt zugewiesen: *Entwurf/Zeichenblatt einrichten/Zeichenblatteigenschaft*.

Die Vorlagen der Kategorie Pläne und Grundrisse

- Zuerst werden auf dem Vordergrundblatt die Straßen mit den Straßen-Shapes nachgezeichnet. Hinweis: Beginnen Sie mit den Kurven. Sie sollten zuerst positioniert, gedreht und gestreckt werden.

- Zeigt eine Gerade exakt in Nord–Süd-, beziehungsweise Ost–West-Richtung, können Sie das Shape *Straße (eckig)* verwenden. Für nicht exakt waagrecht und senkrecht ausgerichtete Kurven sollten Sie das Shape *Straße (abgerundet)* benutzen, damit keine Lücken zwischen der Straße und der Kurve entsteht.

- *Kurven, Ecken, Kreuzungen, Kleeblatt* und *Autobahnkreuz* sind zweidimensionale Shapes mit Verbindungspunkten. An ihnen werden die eindimensionalen Straßen befestigt.

> Übrigens ist auch das Shape *Flexible Straße* ein zweidimensionales Shape. Wenn Sie es an eine Kurve oder Kreuzung kleben möchten, müssen Sie eine Straße als »Verbindungsstück« dazwischen verwenden. Sie kann auf eine beliebig kleine Strecke verkürzt werden. Wenn Sie den Lauf der Krümmung verändern möchten, benutzen Sie das Werkzeug *Bleistift* als auf der Registerkarte *Entwicklertools/Shape-Design/Zeichentools*. Mit seiner Hilfe kann die Position des Stützpunktes und die Krümmung der Kurve modifiziert werden.

- Wenn Sie eine Straße verbreitern (oder verschmälern) möchten, markieren Sie die Straße. Im Kontextmenü der Straßen können Sie einstellen, ob es sich um eine *schmale Straße, normale Straße* oder um eine *breite Straße* handelt. Wählen Sie dagegen die Option *Benutzerdefiniert*, wird der Kontrollpunkt angezeigt, mit dessen Hilfe die Breite der Straße manuell geändert werden kann.

- Oder Sie markieren das Straßen-Shape und ändern die Breite in den Shape-Daten. Öffnen Sie hierzu das Fenster *Shape-Daten* über die Registerkarte *Ansicht*. Möchten Sie die Breite sämtlicher Straßen modifizieren, markieren Sie kein Shape, damit das Zeichenblatt selektiert ist. Dann können Sie in den Shape-Daten des Zeichenblattes die Straßenbreite (und auch die Breite der Landstraßen und Autobahnen) ändern. Das Ergebnis eines Stadtplans (noch mit Hintergrundbild) sehen Sie in **Abbildung 13.21**.

- Ähnlich wie die Straßen-Shapes arbeiten die *Stadtbahn-Shapes* aus der gleichnamigen Schablone. An die zweidimensionalen Stationen, beziehungsweise Umsteigestationen werden die Stadtbahn-Shapes geklebt. Auch hier sind die Kurven zweidimensionale Shapes, an die eindimensionale Stadtbahnlinien geklebt werden. Möglicherweise müssen Sie die Linien hinter die Stationen legen (*Start/Anordnen/Eben nach hinten*), damit die Station besser zu sehen sind.

Abbildung 13.21: *Der nachgezeichnete Stadtplan*

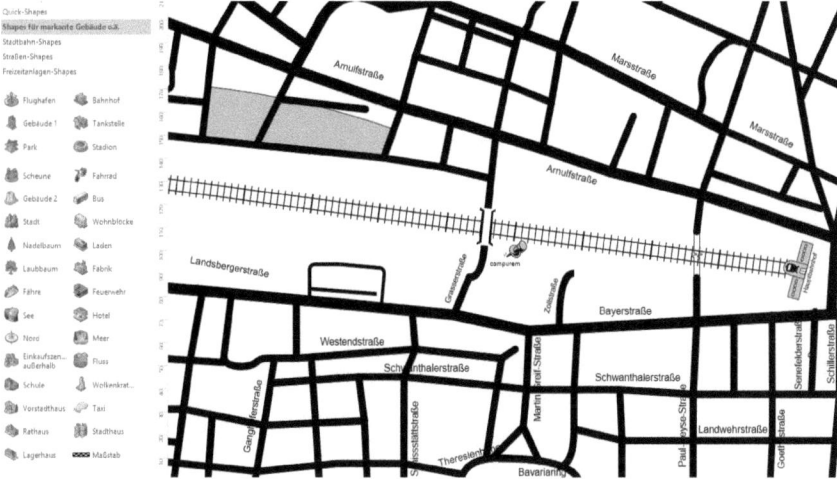

- Die Shapes der Schablone *Verkehrs-Shapes* besitzen eigene Intelligenz: Die meisten der Shapes liegen in mehreren Varianten vor, die Sie über das Kontextmenü erreichen. Das Shape *Schienen* können Sie an seinem Endpunkt ziehen – danach »wachsen« die Gleise, das heißt: das Shape zeigt mehr Schwellen. In der Schablone *Verkehrs-Shapes* finden sich auch mehrere »intelligente Straßen«. Wenn Sie an einem Kontrollpunkt ziehen, verändert sich die Krümmung des Shapes.

> **Hinweis**
> Beachten Sie, dass die Shapes auf mehreren Layern liegen. Das erleichtert die Mehrfachselektion über den Befehl *Start/Markieren/Auswahl nach Typ*.

- Wenn Sie das Ergebnis ohne Hintergrundbild betrachten möchten, können Sie entweder die Option *Nicht druckbares Shape* einschalten (*Entwicklertools/Shape-Design /Verhalten*); nun wird in der Seitenansicht nur der Straßenverlauf gezeigt. Oder Sie legen dieses Shape auf einen Layer (*Start/Bearbeiten/Layer/Layer zuweisen*), welcher nicht gedruckt oder nicht angezeigt wird (*Start/Bearbeiten/Layer/Layereigenschaften*). Diese Option muss allerdings über das Menü ein- und ausgeschaltet werden. Oder Sie markieren das Bild und erhöhen mit der Transparenz (*Bildtools/Format/Bild*) den Grad der Durchsichtigkeit. Jedoch Achtung: Wenn Sie die Transparenz auf 100 % erhöhen, »verschwindet« das Bild.

Die Vorlagen der Kategorie Pläne und Grundrisse

> **Hinweis**: Beachten Sie, dass Sie Grafiken, die Sie aus dem Internet heruntergeladen haben oder die Sie eingescannt haben, nicht weitergeben dürfen. Sie müssen die Bilder löschen, wenn Sie Visio-Zeichnung veröffentlichen oder verschicken.

- Wenn Sie nicht sicher sind, ob derjenige, der Ihre Zeichnung erhält, wirklich Visio besitzt, sollten Sie die Zeichnung als Bild oder als PDF-Dokument exportieren (siehe hierzu Kapitel 2).

Abbildung 13.22: *Die Zeichnung wurde als JPG-Bild gespeichert*

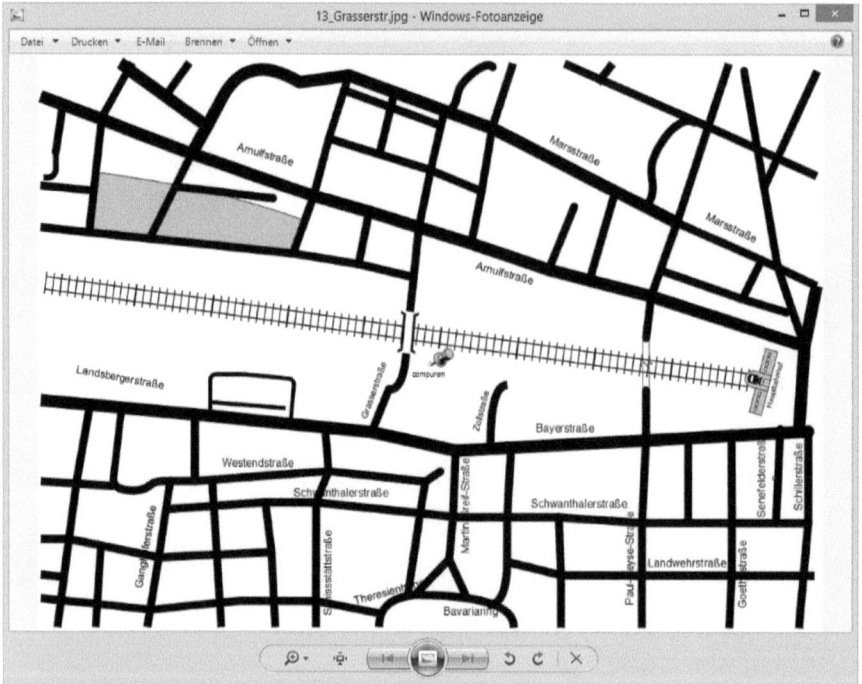

- Sie können das Bild auch als HTML-Datei veröffentlichen. Verwenden Sie hierzu den Befehl *Datei/Speichern unter* und wählen Sie in der Liste *Dateityp* die Option *Als Webseite speichern*. Beide Exportvarianten werden ausführlich in Kapitel 2 beschrieben.

- Und schließlich können Sie das Bild in ein Word-Dokument oder eine PowerPoint-Präsentation einfügen. Auch dies wird in Kapitel 2 erläutert.

Die Vorlage Wegbeschreibung und Wegbeschreibung 3D

> **Hinweis**
>
> Leider stellt Visio für einzelne Gebäude in dieser Vorlage wenig Shapes zur Verfügung. Auch die Symbole für »Stadtbahn« entsprechen nicht unseren gewohnten U-Bahn- oder S-Bahn-Symbolen (siehe **Abbildung 13.23**). Dies kann und muss alles nachträglich eingezeichnet werden. Hierzu stellen Sie einen großen Zoomfaktor ein (am besten mit gedrückten [Umschalt]+[Strg]-Tasten) und zeichnen mit dem Bleistift-Werkzeug die Gebäude nach. Sie können anschließend – nachdem sie geschlossen sind – mit einer Füllfarbe versehen werden. Für die Beschriftung stehen Ihnen drei Textblöcke und ein Shape zur Beschriftung zur Verfügung.

Abbildung 13.23: Für die Metro in Moskau können die Stadtbahn-Shapes verwendet werden.

Selbstverständlich müssen Sie eine Wegbeschreibung nicht maßstabsgerecht planen. Sie können auch die Vorlagen und die Shapes der Schablonen verwenden, um andere Sachverhalte rund um den Verkehr zu visualisieren. In **Abbildung 13.24** sehen Sie ein Diagramm, für das die Shapes der Schablone *Wegbeschreibung 3D-Shapes* verwendet wurden.

Die Vorlagen der Kategorie Pläne und Grundrisse

Abbildung 13.24: *Eine schematische Darstellung*

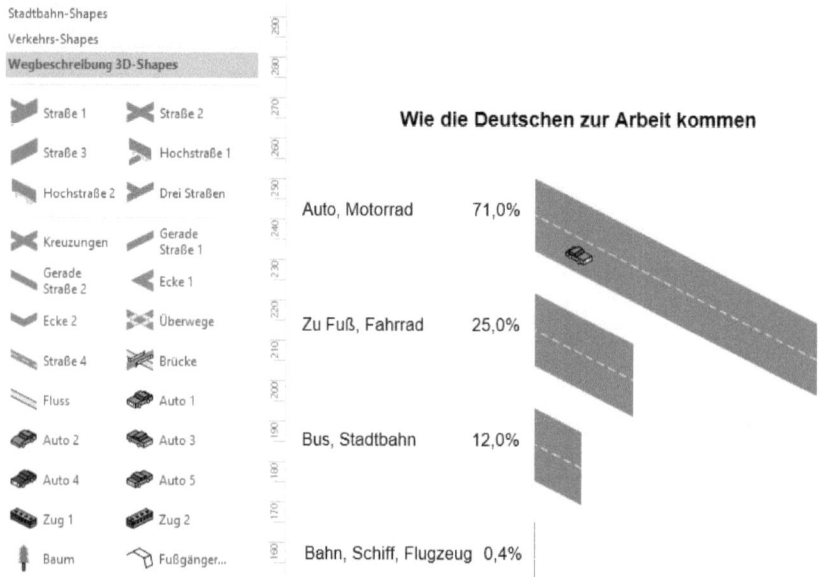

13.10. Die Vorlage Grundstückplan

Zwischen der Vorlage *Grundstückplan* und den Vorlage *Grundriss* gibt es wenig funktionale Unterschiede. Beachten Sie, dass der Zeichenmaßstab auf 1:200 eingestellt ist und das Zeichenblatt eine Größe Din-A1 voreingestellt hat.

 Beachten Sie, dass einige dieser Shapes mehrere Darstellungen besitzen, beziehungsweise die Position schnell ändern können, indem Sie die entsprechende Einstellung im Kontextmenü aktivieren. Beachten Sie auch, dass sehr viele der Shape über Eigenschaften verfügen, die Sie über *Ansicht/Anzeigen/Aufgabenbereiche/ Shape-Daten* einstellen können.

Beachten Sie, dass die Shapes auf mehreren Layern liegen. Das erleichtert die Mehrfachselektion über den Menübefehl *Bearbeiten/Auswahl nach Typ*. Auch das Einsammeln der Daten mithilfe der Assistenten über *Überprüfen/Berichte/Shape-Berichte* wird dadurch leicht gemacht. Ein Beispiel finden Sie in **Abbildung 13.25**.

13.11. Zusammenfassung

Die Anzahl der Schablonen in der Kategorie *Pläne und Grundrisse* ist sehr groß – keine andere Kategorie in Visio besitzt so viele Schablonen und damit Shapes wie diese Kategorie.

Zusammenfassung

> **Hinweis**
>
> Wenn Sie nur über Visio Standard und nicht über Visio Professional verfügen, finden Sie die übrigen Shapes auch auf Ihrer Festplatte. Wechseln Sie in den Ordner, in dem Visio installiert ist – beispielsweise
>
> *C:\Program Files (x86)\Microsoft Office\root\Office16*
>
> Im Unterordner
>
> *Visio Content\1031*
>
> finden Sie sämtliche Schablonen und Vorlagen von Visio (Professional). Wenn Sie mit der Maus über eine Datei fahren, werden in den Eigenschaften die deutschen Namen und Erläuterungen angezeigt.

Und: Wohl in keiner anderen Kategorie ist das Erstellen einer Zeichnung – in diesem Falle eines Raumes, eines Stockwerkes oder Gebäudes – so an die Reihenfolge gebunden, wie bei den Shapes dieser Vorlagen. Wenn Sie sich jedoch an diese Reihenfolge halten, werden sie schnell zu dem gewünschten Plan gelangen:

- Gewünschte Vorlage öffnen
- Maßstab einstellen
- Raum erstellen
- Raum in Wände konvertieren
- Alternativ: Import einer CAD-Zeichnung, die konvertiert wird
- Alternativ: Hilfslinien zeichnen und Wände an die Hilfslinien kleben
- Wände exakt positionieren, indem die Hilfslinien exakt positioniert werden
- Optional: Hilfslinien hinzufügen, Bemaßungslinien hinzufügen
- Neue Wände einziehen
- Türen und Fenster positionieren und einrichten
- Mobiliar, Rohre, Sicherheitssysteme, Geräte, Elektrik anordnen
- Optional: Bestimmte Shapes eines Layers ein- oder ausblenden
- Optional: Berichte erstellen
- Speichern, drucken oder plotten, exportieren

Die Vorlagen der Kategorie Pläne und Grundrisse

Abbildung 13.25: *Eine Zeichnung, die mit der Vorlage* Grundstückplan *erstellt wurde.*

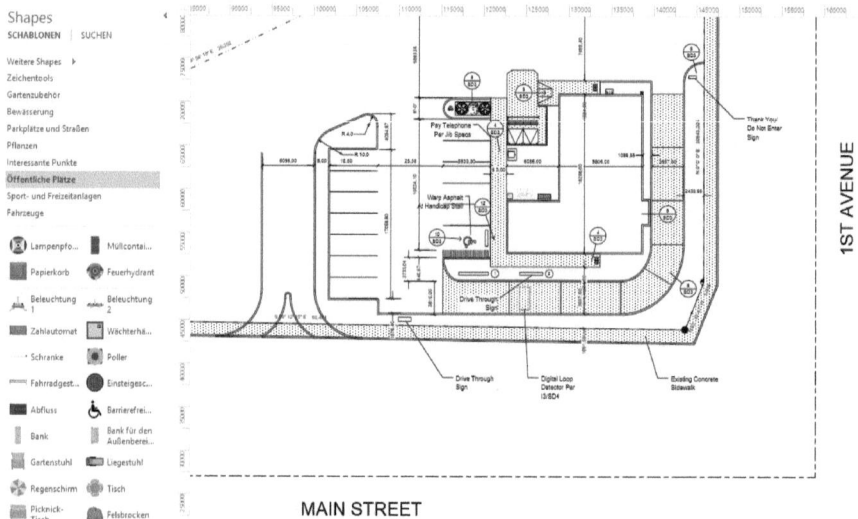

14 Die Vorlagen der Kategorie Software und Datenbank

Wenn Sie mit der Softwareherstellung oder –dokumentation beschäftigt sind, im Team programmieren oder auch eine Leitungsfunktion haben, in der entschieden wird, dass eine bestimmte Software, eine Datenbank oder ein Internet-/Intranet-Auftritt geplant wird, dann sollten Sie sich vorher konzeptionelle Gedanken machen, wie das fertige Produkt aufgebaut ist, welche Leistungsmerkmale es beinhaltet, wie die Oberfläche für den Anwender aussieht und so weiter.

Visio stellt in der Kategorie *Software und Datenbank* mehrere solcher Vorlagen zur Verfügung, die zum Teil auch über Assistenten verfügen, mit denen ein Reverse-Engineering durchgeführt wird, um den Zustand der aktuellen Software zu dokumentieren.

14.1. Die Vorlage Crow's Foot Datenbanknotation und

Wenn Sie die Vorlage Crow's Foot Datenbanknotation öffnen, öffnet sich die Schablone Crow's Foot Datenbanknotation. Darin befindet sich das Master-Shape *Entität*.

14.1.1. Erstellen einer Zeichnung

So erstellen Sie eine Zeichnung mithilfe der Vorlage *Crow's Foot Datenbanknotation*:

- Öffnen Sie die Vorlage *Datei/Neu/Kategorien/Software und Datenbank/Crow's Foot Datenbanknotation*.
- Ziehen Sie aus der Schablone *Crow's Foot Datenbanknotation* das Shape *Entität* auf das Zeichenblatt.
- Beschriften Sie die Shapes *Primärschlüssel* und *Attribut*, die sich in diesem Shape befinden.
- Fügen Sie weitere Attribute aus der Schablone *Crow's Foot Datenbanknotation* hin, wenn Ihre Tabelle, Abfrage, Query oder Sight weitere Attribute besitzen.
- **Abbildung 14.1:** Ein Attribut kann auch mithilfe eines Klicks auf die Linie hinzugefügt werden

Die Vorlagen der Kategorie Software und Datenbank

- Fügen Sie eine weitere Entität hinzu.
- Falls sich der Primärschlüssel aus einzelnen Feldern zusammensetzt, fügen Sie weitere Felder hinzu.
- Verbinden Sie die Entitäten mit dem Master-Shape *Beziehung*. Im Kontextmenü des Shapes finden Sie die Einstellungen, ob Multiziplität angezeigt werden soll, welches Anfangs- und Endsymbol verwendet werden soll (Null oder mehr, 1 oder mehr, nur 1, Null oder 1) und ob eine Identifizierung festgelegt werden soll.

> **Hinweis**
> Bedauerlicherweise fehlt in Visio 2013 und Visio 2016 das Fenster *Datenbankeigenschaften*, das noch in Visio 2010 vorhanden war. Ebenso ist leider kein Reverse Engineering mehr möglich. Auch ein differenziertes Beschreiben der Attribute ist nun nicht mehr möglich.

Abbildung 14.2: *Wenn Sie eine Zeichnung von Visio 2010 öffnen, in der ein Datenbank- Reverse Engineering durchgeführt wurde, dann erhalten Sie folgende Meldung:*

> ⚠ MICROSOFT VISIO   Dieses Datenbankmodelldiagramm wurde mit einem Feature erstellt, das in dieser Version von Visio nicht unterstützt wird. Die Bearbeitungsmöglichkeiten für das Diagramm sind eingeschränkt, und es kann dazu führen, dass das Diagramm in früheren Versionen von Visio nicht mehr funktioniert.   Hilfe   ×

Abbildung 14.3: *Das Modell einer Datenbank (Nordwind – erinnern Sie sich?)*

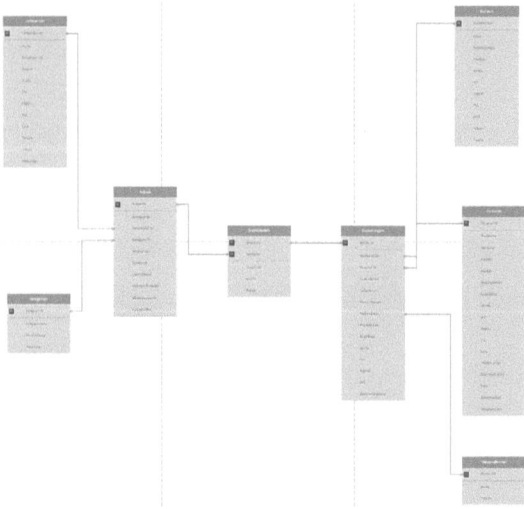

14.2. Die Vorlagen Konzeptionelle Website und Websiteübersicht

Im Bereich Websiteerstellung stellt Visio zwei Lösungsansätze zur Verfügung, um eine Website darzustellen. Hier gibt es zwei Verfahrensarten. Die eine beschreibt den Aufbau einer Website zu Planungszwecken, die andere greift auf eine Website zu, liest die Elemente aus und »zeichnet« die Struktur nach. Beide verwenden die Schablone *Websiteübersicht-Shapes*.

14.2.1. Planung des Aufbaus der Website

So erstellen Sie eine Darstellung einer Website:

- Öffnen Sie die Vorlage *Datei/Neu/Kategorien/Software und Datenbank/Konzeptionelle Website*.
- Wechseln Sie zur Schablone *Websiteübersicht-Shapes*.
- Ziehen Sie das Master-Shape *HTML* auf die Seite. Sie sollten mit ihrer Startseite beginnen. Platzieren Sie dieses Shape auf dem Zeichenblatt in der Mitte oben oder links oben.
- Tippen Sie die Adresse der Seite ein, beispielsweise die fiktive Firma *http://www.contoso.com*.
- Öffnen Sie das Fenster *Shape-Daten* (Registerkarte *Ansicht*) oder über das Dialogfeld *Shape-Daten*, das Sie über den Befehl *Eigenschaften* im Kontextmenü des Shapes erreichen. Tragen Sie dort den Titel der Seite ein, beispielsweise *Homepage der Firma Contoso*.

Abbildung 14.4: *Die Startseite*

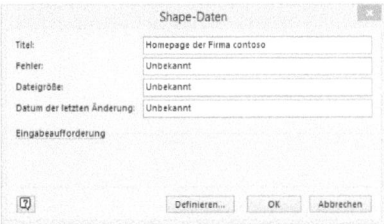

- Wiederholen Sie diese Schritte für die weiteren Seiten, die Ihre Site beinhalten sollen.
- Richten Sie die Shapes aus und verteilen Sie die Shapes (Registerkarte *Start*). Verwenden Sie auch – falls nötig – Führungslinien zum ordentlichen Gestalten des Seitenaufbaus.
- Verbinden Sie die einzelnen Seiten mit einem dynamischen Verbinder (siehe **Abbildung 14.5**).

Die Vorlagen der Kategorie Software und Datenbank

Abbildung 14.5: *Der vorläufige Aufbau (Ausschnitt – ohne Design)*

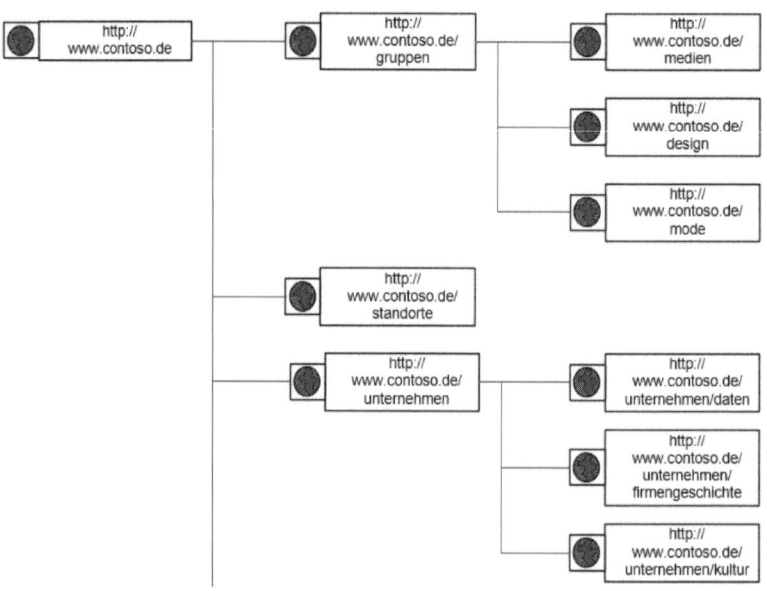

- Alternativ zu statischen HTML-Seiten können Sie andere Shapes verwenden. Die Schablone *Websiteübersicht-Shapes* stellt Ihnen neben dem Shape *HTML* folgende Shapes zur Verfügung (die Schablone sehen Sie in **Abbildung 14.6**):

Skript (Server), Skript (Client), Webdienste, Java, Grafik (Bitmap), Grafik (Vektor), Audio, Video, Multimedia, Imagemap, Stylesheet, Plug-In, XML, Archiv, Programm, Text, Generisch, Dokument, Tabelle, Präsentation, Projekt, Visio-Zeichnung, Publikation, RSS, Datenbank, Datei, FTP, E-Mail, Newsgroup, Telnet, Suchen, Start, Website, Diagramm und Publikation,

Abbildung 14.6: *Die Schablone Websiteübersicht-Shapes*

Zusätzlich können Sie noch die Shapes der Schablone *Konzeptionelle Website-Shapes* verwenden (*Gruppe, Hauptobjekt, Website, Seitengruppe, Seitenelement, Seitenelementgruppe, Popup, Kleiner Siteübersichtknoten, Großer Siteübersichtknoten, Start, Homepage, Formular* und *Jump*).

Zum Beschriften können Sie einen Rahmen mit dem Befehl *Einfügen/Diagrammtitel /Container* erstellen.

- Falls Sie eine größere Seite benötigen, ziehen Sie mit gedrückter [Strg]-Taste die Ränder des Zeichenblatts breiter oder lassen Sie ein Shape außerhalb der Seite fallen – das Zeichenblatt wird automatisch vergrößert, weil die Option *Entwurf/Zeichenblatt einrichten/Automatisch anpassen* aktiviert ist.

- Speichern Sie die Datei, drucken sie und exportieren sie, falls Sie dies möchten. Sprechen Sie sich mit Ihrem Webmaster oder Webdesigner ab, in welchem Format er die Informationen über die Seiten benötigt.

14.2.2. Erstellen einer Websiteübersicht

Der umgekehrte Weg geht die Vorlage *Websiteübersicht*. Sie geht von einer existierenden Internetseite aus (es muss nicht Ihre eigene Homepage sein), liest die einzelnen Seiten aus und zeigt an, wie die Seiten miteinander verknüpft sind.

So erstellen Sie eine Websiteübersicht:

- Öffnen Sie die Vorlage *Datei/Neu/Kategorien/Software und Datenbank/Websiteübersicht*.

- Tragen Sie die Adresse der Internetseite ein, deren Inhalte Sie auslesen möchten. Es genügt die Eingabe von *www.microsoft.com* anstelle von *http://www.microsoft.com*.

- Klicken Sie auf die Schaltfläche *Einstellungen*. Es öffnet sich ein Dialogfeld. Dort können Sie folgende Einstellungen vornehmen:

- Registerkarte *Layout*

- Die maximale Anzahl der Ebenen. Die Voreinstellung »3« bedeutet, dass von der fiktiven Seite *http://www.contoso.com* angezeigt wird: *www.contoso.com*, *www.contoso.com/karriere* und *www.contoso.com/karriere/perspektiven*, nicht aber *www.contoso.com/karriere/perspektiven/ausbildung*.

- Die maximale Anzahl der Links. Bei sehr großen Seiten, beispielsweise der von Microsoft, empfiehlt es sich, diesen Wert nicht zu hoch zu setzen, da die Darstellung der Seite zu viel Zeit in Anspruch nimmt.

- Hinter der Schaltfläche *Layout ändern* gelangen Sie in das Dialogfeld *Layout konfigurieren*, das Sie auch in der Registerkarte *Entwurf* finden. Darüber kann festgelegt werden, ob Visio als Formatvorlage eine *Kompakte Struktur*, eine *Radiale Darstellung*, ein *Flussdiagramm* oder ähnliches verwendet.

Verwenden Sie die Formatvorlage *Kompakte Struktur*. Sie zeigt den Aufbau einer hierarchisch angeordneten Website am besten an.

- Ob der Shape-Text die »relative URL« oder die »absolute URL« anzeigen, also *www.contoso.com/karriere/perspektiven* oder *../../perspektiven*, nur den Dateinamen, den Titel der HTML-Seite oder gar nichts kann über das Kombinationsfeld *Standardmäßiger Shape-Text* eingestellt werden.
- Sie können die prozentuale Größe für die einzelnen Ebenen festlegen.
- Registerkarte *Erweiterungen*

  Dort legen Sie fest, welche Erweiterungen angezeigt werden sollen. Die Liste entspricht der Liste der Shapes, die Sie in **Abbildung 14.6** sehen. Sie können einzelne Erweiterungen ausschalten. Über die Schaltfläche *Hinzufügen* können Sie einer Erweiterung weitere Endungen hinzufügen. Falls Sie beispielsweise ein eigenes Kompressionsverfahren programmiert haben, tragen Sie die neue Endung *ZIPP* in der Liste ein.

  Umgekehrt können Sie vorhandene Einträge löschen. Ebenso können Sie neue Datentypen verwenden. Visio stellt für diesen Zweck die Shapes *Blaues Dreieck*, *Goldener Kreis*, *Lilafarbene Raute*, *Grünes Quadrat RSS* und *Start* aus der Schablone *Websiteübersicht-Shapes* zur Verfügung.

- Registerkarte *Protokolle*

  Auf der Registerkarte *Protokolle* legen Sie fest, welche Protokolle angezeigt werden. Die Liste der Protokolle sehen Sie in **Abbildung 14.6**. Auch hier – wie in der Registerkarte *Layout* – können Sie weitere Protokolle hinzufügen oder vorhandene Protokolle modifizieren.

- Registerkarte *Attribute*

  Auf der Registerkarte *Attribute* legen Sie fest, welche »Textarten« angezeigt werden. Visio stellt Ihnen CODE, ACTION, BACKGROUND, SRC und HREF zur Verfügung. Auch hier können Sie neue Attribute hinzufügen oder die vorhandene Liste bearbeiten. Beachten Sie, dass für diese fünf Elemente kein Shape verwendet wird und auch nicht verwendet werden kann.

Abbildung 14.7: Das Ergebnis von http://www.microsoft.com – *selbstverständlich nur ein kleiner Ausschnitt*

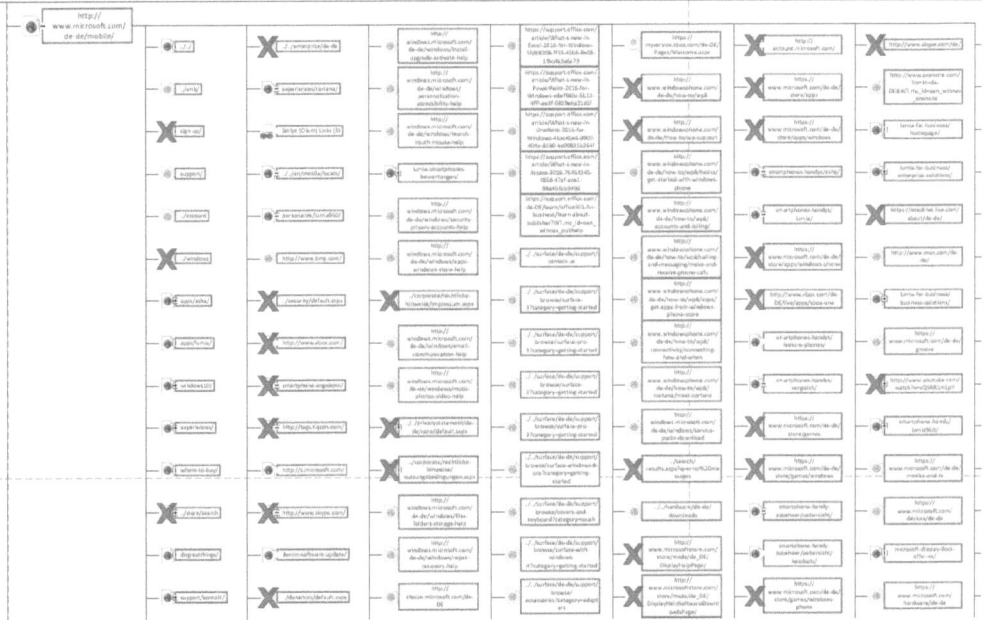

- Registerkarte *Weitere Optionen*

  Auf dieser Registerkarte wählen Sie einige spezielle Einstellungen aus, beispielsweise:

- Ob Verknüpfungen zu Dateien, die nicht in den Listen auftauchen, berücksichtigt werden.

- Ob Mehrfachlinks erweiterbar angezeigt werden sollen.

- Ob der Assistent Links in VBScript- und JavaScript-Code suchen soll (falls dies möglich ist).

Auf dieser Registerkarte können Sie – falls dies erforderlich ist – einen Namen und ein Kennwort für die Seite eingeben.

Bestätigen Sie Ihre Einstellungen mit der Schaltfläche *OK* und wechseln Sie in das Dialogfeld *Websiteübersicht* erstellen. Klicken Sie dort auf die Schaltfläche *OK*, wenn Sie sich die Zeichnung der Website anzeigen lassen möchten (siehe **Abbildung 14.7**).

Die Vorlagen der Kategorie Software und Datenbank

> **Hinweis** Bedauerlicherweise werden bei Frames von jedem Hyperlink eines Navigationsrahmens jede Seite, auf die sie verweisen, angezeigt. Das bedeutet, dass bei Frames Seiten mehrmals auf der Zeichnung dargestellt werden, obwohl sie einmal vorhanden sind.

14.2.3. Die Darstellung der Website bearbeiten / Weitere Einstellungen

Nachdem Sie mithilfe der Vorlage *Websiteübersicht* eine solche Übersicht erstellt haben, stehen Ihnen auf der Zeichnung weitere Optionen zur Verfügung:

- Nachdem Sie die Seite erstellt haben, zeigt Visio zwei weitere Fenster: *Listenfenster* und *Filterfenster*. Im *Listenfester* werden sämtliche Webseitennamen aufgelistet, im *Filterfenster* werden sämtliche Elemente, die gefunden wurden, angezeigt. Sie können zur Navigation verwendet werden: Mit einem Doppelklick auf den Eintrag wird das entsprechende Shape der Zeichnung markiert. Im Kontextmenü der Einträge des *Listenfensters* finden Sie die Einstellung, mit der Sie den Eintrag löschen, aktualisieren und konfigurieren können. Letzteres bedeutet, dass die die Hyperlink-Adresse verändern können.

- Sollten Sie eines der beiden Fenster geschlossen haben, können Sie es über den Befehl *Websiteübersicht/Einblenden/Ausblenden/Listenfenster*, beziehungsweise *Websiteübersicht/Einblenden/Ausblenden/Filterfenster* wieder öffnen.

- Markieren Sie ein Shape. Nun finden Sie im Kontextmenü des Shapes eine Reihe von neuen Menübefehlen:

- *Interaktive Linkauswahl:* Damit öffnet Visio ein neues Fenster, in dem der Inhalt der Seite angezeigt wird. Ein solches Fenster sehen Sie in **Abbildung 14.8**. Zu dem gleichen Ergebnis kommen Sie auch, wenn Sie auf den Hyperlink klicken. Dann wird jedoch der Seiteninhalt im Browser geöffnet.

- *Link erweitern:* Bei einer großen Website – wie beispielsweise der von Microsoft – werden naturgemäß nicht sämtliche Seiten angezeigt. Deshalb können Sie die Hyperlinks, die nicht angezeigt wurden, »aufklappen« (siehe **Abbildung 14.9**).

- *Links konfigurieren:* Dieser Menübefehl führt Sie in das Dialogfeld *Einfügen/Link/Link*, wo Sie die Adresse des Hyperlinks ändern könnten.

Die Vorlagen Konzeptionelle Website und Websiteübersicht

Abbildung 14.8: Das Fenster Interaktive Linkauswahl

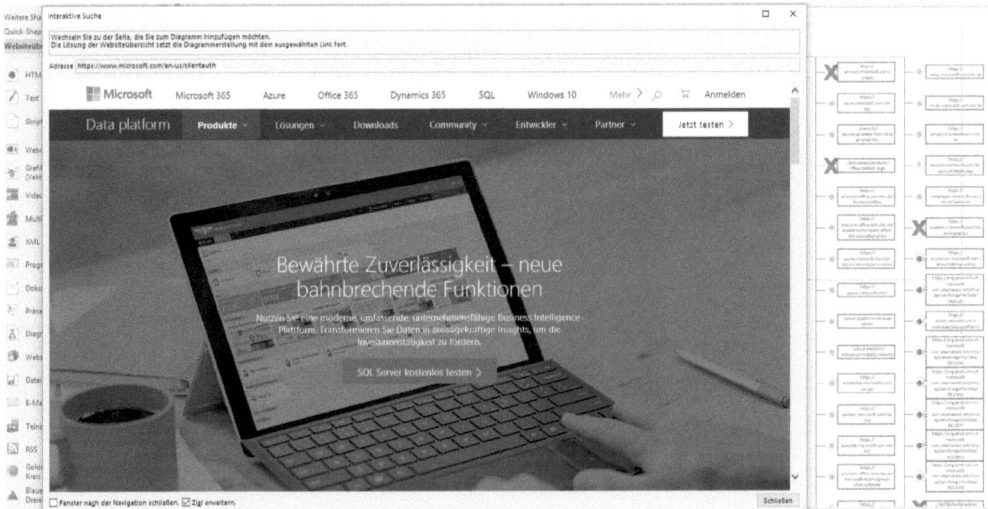

Abbildung 14.9: Ein Hyperlink wird erweitert

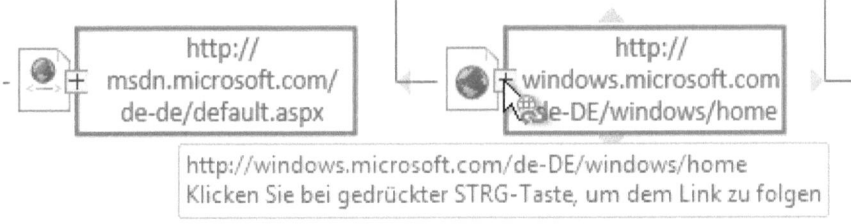

- *Link aktualisieren:* Sollten sich Informationen zu den einzelnen Seiten geändert haben, können Sie mithilfe dieser Einstellung einen Hyperlink neu erstellen lassen.

- *Übergeordneten Link aktualisieren:* Damit wird die Seite, die auf das entsprechende Shape verweist, aktualisiert.

- *Alle untergeordneten Hyperlinks auswählen:* Gerade bei einer sehr großen Seiten kann man schnell den Überblick verlieren. Diese Option hilft Ihnen, die untergeordneten Hyperlinks zu markieren (siehe **Abbildung 14.10**).

589

Die Vorlagen der Kategorie Software und Datenbank

Abbildung 14.10: *Alle untergeordneten Hyperlinks wurden markiert (Ausschnitt)*

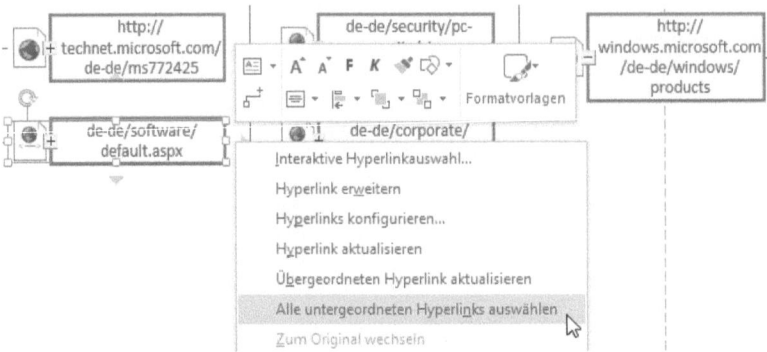

- *Shape-Text ändern:* Damit steht Ihnen die Möglichkeit zur Verfügung, für das eine markierte Shape oder für sämtliche Shapes des Zeichenblattes folgende Darstellungen anzeigen zu lassen:
- *absolute URL* zeigt an: *http://www.microsoft.com/smallbusiness/products/financial-management/microsoft-dynamics-gp/default.aspx*
- *relative URL* zeigt an:
- *../../smallbusiness/products/financial-management/microsoft-dynamics-gp/default.aspx.*
- *Nur Dateiname* zeigt an: *default.aspx.*
- *Seitentitel* zeigt an: »Microsoft Corporation« oder »Noch nicht verfügbar«.
- *Ohne* zeigt keinen Text an.
- *Benutzerdefiniert* zeigt den Text an, den Sie in das Textfeld eingeben.
- Der Hyperlink öffnet die ausgewählte Seite im Browser.
- *Eigenschaften*

  Dieser Menübefehl führt zu den Shape-Daten des Shapes. In ihnen werden *Titel, Fehler, Dateigröße, Datum der letzten Änderung* und die Anzahl der Seiten, die mit diesem Shape verknüpft sind, angezeigt, wie **Abbildung 14.11** zeigt.

Die Vorlagen Konzeptionelle Website und Websiteübersicht

Abbildung 14.11: Die Eigenschaften von http://www.microsoft.com

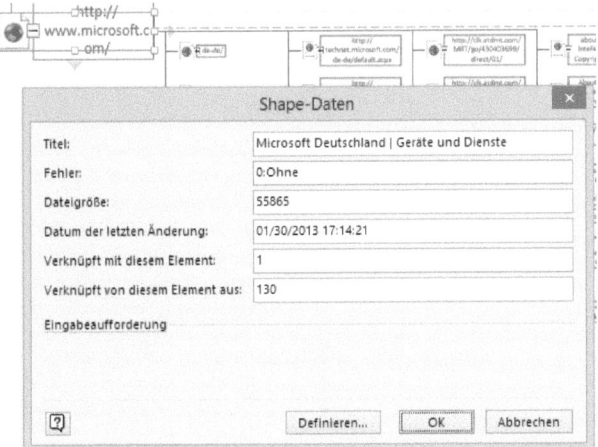

Sie gelangen zu diesem Dialogfeld ebenso über den Befehl *Ansicht/Anzeigen /Aufgabenbereich/Shape-Daten*.

Da nun mit den Shapes Daten verknüpft sind, können diese Daten selbstverständlich exportiert werden. Ihnen stehen zwei vorgefertigte Berichte im Menübefehl *Websiteübersicht/verwalten/Bericht erstellen* oder *Überprüfen/Berichte/Shape-Berichte* zur Verfügung: *Websiteübersicht – Alle Links* und *Websiteübersicht – Verknüpfungen mit Fehlern* (siehe **Abbildung 14.12**). Selbstverständlich können Sie andere Berichte generieren oder die beiden vorhandenen Berichte modifizieren. Das detaillierte Vorgehen wird in Kapitel 3 beschrieben.

Abbildung 14.12: Ein Bericht einer kleinen Website

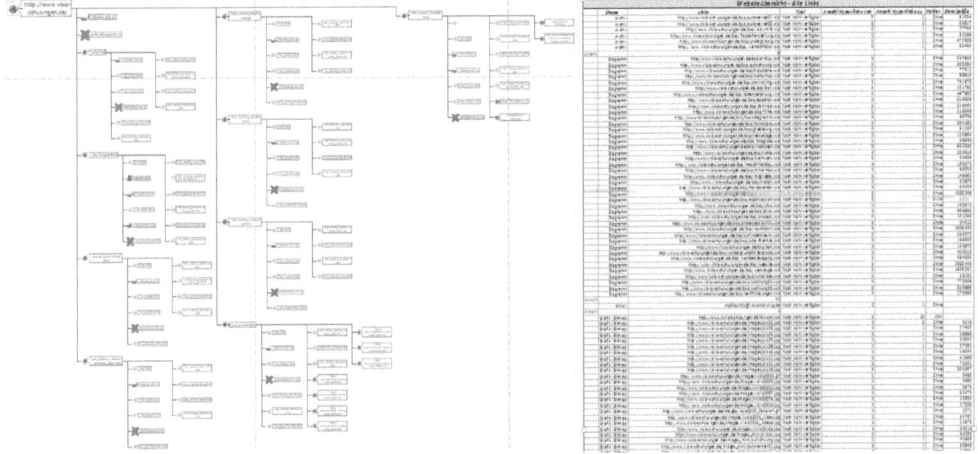

Die Vorlagen der Kategorie Software und Datenbank

> **Hinweis:** Wenn Links nicht gefunden werden, wird dies in der Zeichnung durch ein rotes Kreuz angezeigt (siehe **Abbildung 14.13**).

Abbildung 14.13: *Einige (wenige) Links führen ins Leere*

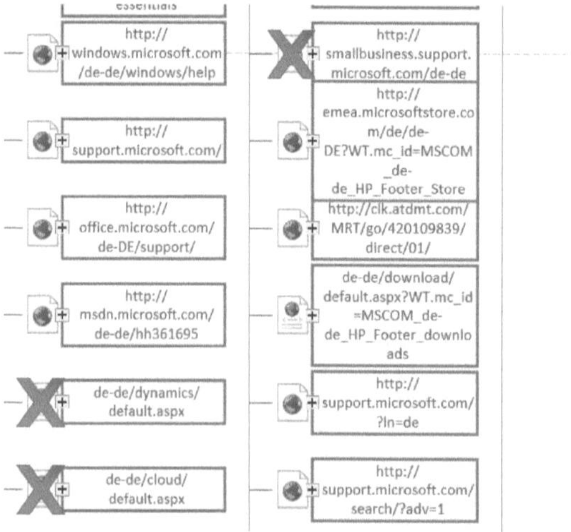

14.3. Drahtmodelldiagramm (Benutzeroberfläche)

Von den im Abschnitt »Weitere Diagrammvorlagen für Softwaredesign« genannten Vorlagen weicht die Vorlage Drahtmodelldiagramm ab. Bei ihr geht es darum, einem Mitarbeiter einer Firma ein Werkzeug an die Hand zu geben, mit dem er eine Oberfläche für Dialogfelder zu entwerfen, ohne dass er programmieren muss. Das Vorgehen soll anhand eines Beispiels gezeigt werden. Ein Mitarbeiter einer Firma möchte einen Formularmanager entwerfen, mit dessen Hilfe der Programmierer ein Add-On für Word erstellen kann.

So erstellen Sie ein Drahtmodelldiagramm:

- Öffnen Sie die Vorlage *Datei/Neu/Kategorien/Software und Datenbank/Drahtmodelldiagramm*.
- Ziehen Sie aus der Schablone *Dialoge* das Master-Shape *Dialogfeldformular* auf das Zeichenblatt.
- Vergrößern Sie es, falls dies nötig ist.
- Tragen Sie den Text in die Titelleiste ein, indem Sie das Shape beschriften. Der Text erscheint links oben.

- Ziehen Sie das Master-Shape *Dialogfeld-Schaltfläche* auf den rechten Rand der Titelleiste. Das Dialogfeld *Shape-Daten* öffnet sich und fragt nach der Darstellung des Shapes: *Wiederherstellen*, *Minimieren*, *Maximieren* und *Schließen* stehen Ihnen zur Verfügung.
- Ziehen Sie das Master-Shape *Statusleistenelement* auf den unteren Rand des Dialogfeldes sofern ihre Anwendung eine Statusleiste bekommen soll. Beschriften Sie die Statusleiste. Die verschiedenen Bereiche der Statusleiste können mithilfe des Shapes *Statusleistenteiler* getrennt werden. An den rechten Rand können Sie einen *Größenziehpunkt* platzieren.
- Falls gewünscht, können Sie *Registerkartenleiste* und oberes *Registerkartenelement* verwenden.
- Falls nötig können Sie zum Gruppieren das Shape *Bereich* verwenden. Es kennzeichnet logische und funktional zusammen gehörige Steuerelemente.
- Falls Sie dies möchten, können Sie am unteren und/oder oberen Rand eine Bildlaufleiste einfügen.
- Wechseln Sie in die Schablone *Steuerelemente*.
- Ziehen Sie die benötigten Steuerelemente auf das Formular. Ein Beispiel sehen Sie in **Abbildung 14.14**. Ihnen stehen folgende Steuerelemente zur Verfügung: *Befehlsschaltfläche*, *Optionsfeld*, *Kontrollkästchen*, *Link*, *Bildlaufleiste (vertikal)*, *Dropdown*, *Drehfeld*, *Listenfeld*, *Listenfeldelement*, *Struktursteuerelement-Bestandteil*, *Struktursteuerelement*, *Schieberegler* und *Statusanzeige*.

Fast alle der Steuerelemente besitzen im Kontextmenü weitere Einstellungen. Dort kann beispielsweise festgelegt werden, ob:

- Optionsfelder und Kontrollkästchen ausgewählt sind
- Steuerelemente aktiviert sind
- Schieberegler horizontal oder vertikal verlaufen, Teilstriche besitzen oder deaktiviert angezeigt werden.
- Das Listenfeld wird vergrößert, wenn ein Listenfeldelement darauf platziert wird.

Die Vorlagen der Kategorie Software und Datenbank

Abbildung 14.14: *Das fertige Dialogfeld für den Formularexplorer*

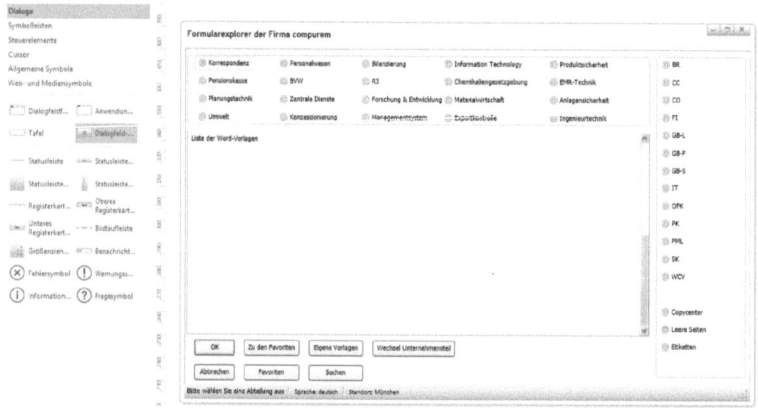

Sie finden in der gleichen Schablone *Steuerelemente* und *Cursor* weitere Master-Shapes, die keine Steuerelemente darstellen. Mit ihrer Hilfe können jedoch Funktionalitäten des Formulars sichtbar gemacht werden: Mauszeiger, Statusanzeige, Kalender und Chevron.

- Wenn Sie weitere Dialogfelder benötigen, fügen Sie ein neues Zeichenblatt ein (*Einfügen/Seiten/Neues Zeichenblatt*) und wiederholen die Schritte 2 bis 10 (siehe **Abbildung 14.15**). Ihnen stehen noch mehr Shapes in den Schablonen *Symbolleisten, Steuerelemente, Cursor* und *Web- und Mediensymbole* zur Verfügung. Auch die Master-Shapes der Schablone *Allgemeine Symbole* können selbstverständlich verwendet werden.

Abbildung 14.15: *Nun auch mit Suchen-Dialog*

14.4. Die UML-Vorlagen:
UML-Aktivität, UML-Anwendungsfall, UML-Datenbanknotation, UML-Klasse, UML-Sequenz und UML-Statuscomputer

UML (Unified Modeling Language) ist eine von der Object Management Group entwickelte und standardisierte Sprache für die Modellierung von Software und anderen Systemen. Im Sinne einer Sprache definiert die UML dabei Bezeichner für die meisten Begriffe, die für die Modellierung wichtig sind, und legt mögliche Beziehungen zwischen diesen Begriffen fest. Die UML definiert weiter grafische Notationen für diese Begriffe und für Modelle von statischen Strukturen und von dynamischen Abläufen.

Die UML ist heute eine der dominierenden Sprachen für die Modellierung von betrieblichen Anwendungssystemen (Softwaresystemen). Der erste Kontakt zur UML besteht häufig darin, dass Diagramme der UML im Rahmen von Softwareprojekten zu verstehen, zu erstellen oder zu beurteilen sind:

- Projektauftraggeber und Fachvertreter prüfen und bestätigen beispielsweise Anforderungen an ein System, welches Wirtschaftsanalytiker in Anwendungsfalldiagrammen der UML festgehalten haben.
- Softwareentwickler realisieren Arbeitsabläufe, die Wirtschaftsanalytiker in Zusammenarbeit mit Fachvertretern in Aktivitätsdiagrammen beschrieben haben.
- Systemingenieure installieren und betreiben Softwaresysteme basierend auf einem Installationsplan, der als Verteilungsdiagramm vorliegt.

Die fünf UML-Vorlagen in Visio bieten eine umfassende Unterstützung für das Erstellen objektorientierter Modelle. In Visio haben diese Vorlagen – vergleichbar mit der Websitedarstellung – zwei Aspekte: Zum einen geht es um das Planen oder die Beschreibung der Fähigkeit, die ein System haben muss. Zum anderen kann mit Reverse-Engineering aus Visual Studio.NET eine Darstellung des Programmcodes gewonnen werden.

> **Hinweis:** Beachten Sie, dass einige Shapes der UML-Vorlagen von Visio 2013 zu 2016 geändert wurden.

14.4.1. Darstellung eines Use Case Diagramms mit der Vorlage UML-Anwendungsfall

So erstellen Sie ein UML-Diagramm mit der Visio-Vorlage *UML-Anwendungsfall*:

Die Vorlagen der Kategorie Software und Datenbank

- Öffnen Sie die Vorlage *Datei/Neu/Kategorien/Software und Datenbank/UML-Anwendungsfall*.
- Ziehen Sie das Master-Shape *Akteur* aus der Schablone *UML-Anwendungsfall* auf das Zeichenblatt.
- Ziehen Sie einen der Verbinder *Assoziation, Abhängigkeit, Verallgemeinerung, Einschließen* oder *Erweitern* auf das Zeichenblatt. Verbinden Sie die Akteure mit den Anwendungsfällen. Markieren Sie die Verbinder.
- Ziehen Sie das Shape Teilsystem auf das Zeichenblatt, um logische Teile zu visualisieren. Dieses Shape ist ein Container, Wenn es markiert ist, finden Sie weitere Optionen in der Registerkarte *Containertools/Format*.

Abbildung 14.16: *Ein einfaches UML-Use Case-Diagramm*

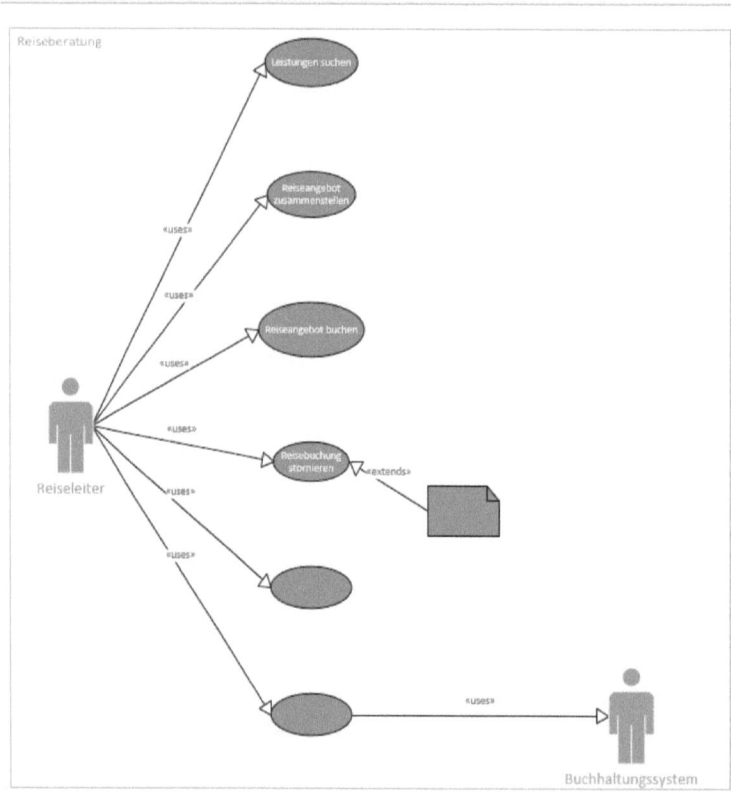

14.4.2. Darstellung eines statischen UML-Diagramms mit der Vorlage UML-Datenbanknotation

Die statischen Strukturdiagramm werden in zwei Varianten unterteilt: Konzeptionelle statische Strukturdiagramme und Klassendiagramme.

Ein konzeptionelles Diagramm stellt die statische Struktur eines Modells dar – also die vorhandenen Elemente (Klassen und Typen), die interne Struktur der Elemente und ihre Beziehungen untereinander). Des Weiteren stellt es das reale Konzept sowie die Beziehungen zwischen diesen Konzepten dar. Der Schwerpunkt liegt dabei auf Beziehungen und Attributen, nicht auf Methoden. Es dient dem Verständnis der Terminologie des Bereichs, für den Sie ein System entwickeln.

Ähnlich wie konzeptionelle Diagramme sind Klassendiagramme Statische Strukturdiagramme. In einem Klassendiagramm handelt es sich bei diesen Bestandteilen jedoch um Klassen. Sie stellen Konzepte in den modellierten Systemen dar, die im Gegensatz zu Objekten, die reale Konzepte darstellen, vollständig definierte Softwareentitäten darstellen.

Neben Attributen und Assoziationen stellt ein Klassendiagramm auch Operationen dar. Jeder Vorgang verfügt über einen Namen und eine Liste von Argumenten, Methoden, Schnittstellen und Abhängigkeiten.

Das Vorgehen des Erstellens eines weiteren Diagramms geschieht auf die gleiche Art, wie im Abschnitt Darstellung eines Use Case Diagramms beschrieben.

- Öffnen Sie die Vorlage *Datei/Neu/Kategorien/Software und Datenbank/UML-Klasse.*
- Ziehen Sie die benötigten Master-Shapes aus der Schablone *UML-Klasse* auf das Zeichenblatt.
- Ziehen Sie aus der Schablone *UML-Klasse* die Master-Shapes *Vererbung, Schnittstelle, Assoziation, gerichtete Assoziation, Aggregation, Abhängigkeit* oder *Zusammensetzung* auf das Zeichenblatt. Verbinden Sie die entsprechenden Metaklassen, Klassen, Mitglieder, Schnittstellen, und so weiter miteinander (siehe **Abbildung 14.17**).

Die Vorlagen der Kategorie Software und Datenbank

Abbildung 14.17: *Ein statisches UML-Diagramm*

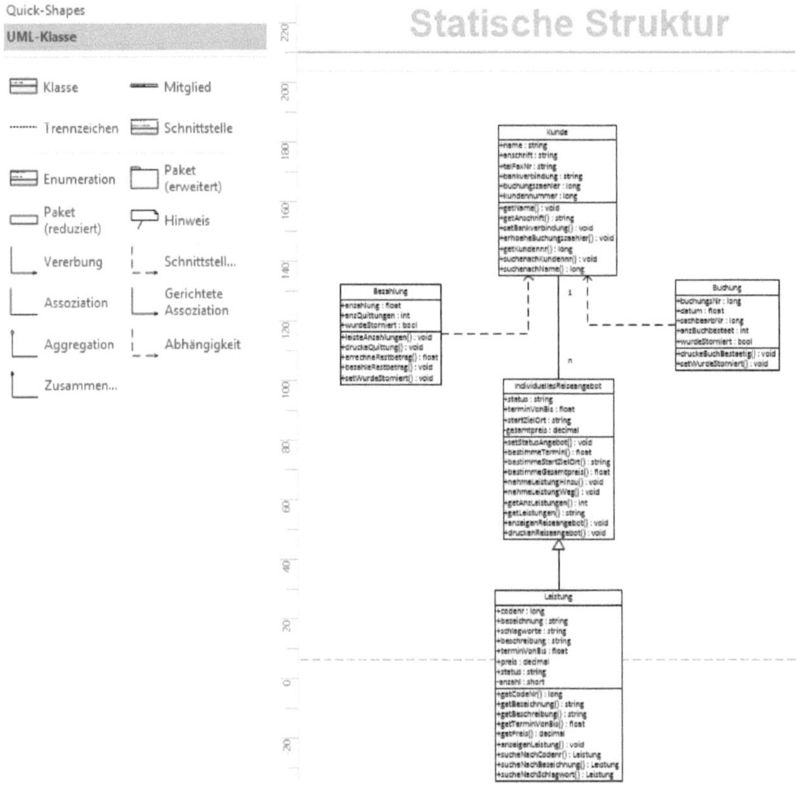

14.4.3. Weitere UML-Diagramme

Visio stellt insgesamt sechs verschiedene UML-Vorlagen zur Verfügung. In jeder der Vorlagen befinden sich Schablonen mit Master-Shapes für den entsprechenden Typ. Da die Arbeitsweise in jeder Kategorie der Technik entspricht, die bereits im Abschnitt »Darstellung eines Use Case Diagramms« vorgestellt wurde, beschränkt sich dieser Abschnitt auf einige wenige Wort zu jedem Typ.

Aktivitätsdiagramm und Zustandsdiagramm

Ein Aktivitätsdiagramm ist ein Sonderfall eines Zustandsdiagramms. Dabei werden Aktionszustände durch die Beendigung von Aktionen ausgelöst. Ein Aktivitätsdiagramm ist mit einer bestimmten Klasse oder einem Anwendungsfall verbunden und beschreibt das interne Verhalten einer Methode. Verwenden Sie ein Aktivitätsdiagramm zur Darstellung

Die UML-Vorlagen:

eines durch intern generierte Aktionen ausgelösten Flusses. Verwenden Sie dagegen ein Zustandsdiagramm zur Darstellung eines Flusses als Reaktion auf externe Ereignisse.

In Aktivitätsdiagrammen können Sie parallele und nebenläufige Aktivitäten bemerken und dokumentieren. Daher sind sie hervorragende Hilfsmittel zur Modellierung von Arbeitsabläufen, zur Analyse von Anwendungsfällen sowie für den Umgang mit Multithreadinganwendungen. Ein Beispiel sehen Sie in **Abbildung 14.18**.

Abbildung 14.18: *Ein Aktivitätsdiagramm, das mit der Vorlage UML-Aktivität erstellt wurde.*

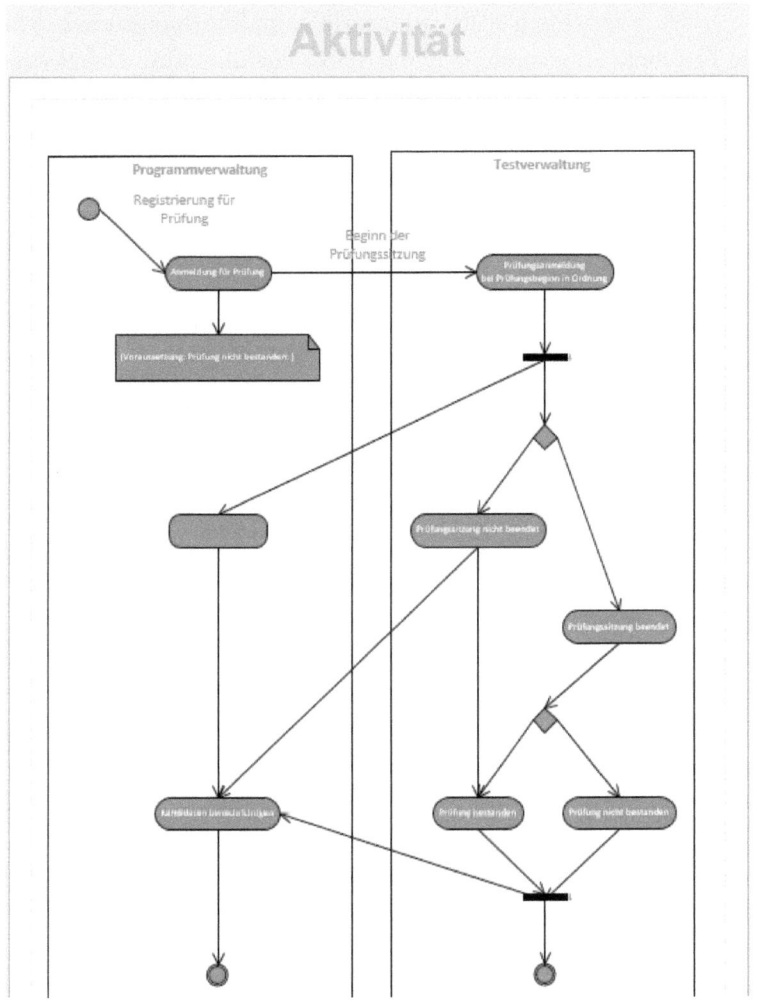

Die Vorlagen der Kategorie Software und Datenbank

Kollaborationsdiagramm

Ein Kollaborationsdiagramm stellt eine Reihe von Objektrollen dar, die in einem bestimmten Kontext zusammengehören. Es stellt auch Interaktionen dar. Interaktionen sind Nachrichten, die zwischen den Objekten ausgetauscht werden, um eine Operation oder ein Ergebnis zu erzielen. In einem Interaktionsdiagramm wird dagegen für ein durch einen Anwendungsfall definiertes Systemereignis dargestellt, wie die Objekte einer Gruppe untereinander kollaborieren.

Anders als ein Sequenzdiagramm zeigt ein Kollaborationsdiagramm Beziehungen zwischen Objektrollen, wobei die Zeit nicht als gesonderte Dimension aufgeführt wird. Daher werden die Nachrichten in einem Kollaborationsdiagramm nummeriert, um ihre Abfolge zu veranschaulichen. Ein Beispiel sehen Sie in **Abbildung 14.19**.

Abbildung 14.19: Ein Kollaborationsdiagramm

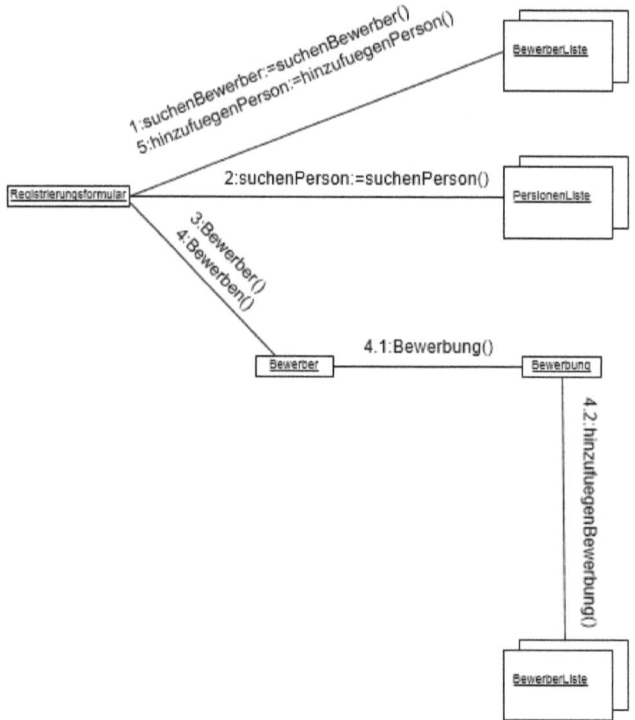

Komponentendiagramme

Komponentendiagramme sind Diagramme auf Implementierungsebene, welche die Struktur des Codes selbst zeigen. Eine Komponente kann beispielsweise ein physisches Codemodul darstellen.

Mithilfe eines Komponentendiagramms können Sie ein System in zusammenhängende Komponenten aufteilen. In der Regel werden alle Komponenten in einem Komponentendiagramm in einem Anwendungsfall- verwendet. Normalerweise ist ein Anwendungsfall ein relativ umfassender Prozess – kein einzelner Schritt oder eine Transaktion.

Verteilungsdiagramme

Verteilungsdiagramme sind Diagramme auf Implementierungsebene, die die Struktur von Laufzeitsystemen anzeigen. Einem Verteilungsdiagramm können Sie entnehmen, wie die Hardware- und Softwarebestandteile, aus denen eine Anwendung besteht, konfiguriert und verteilt werden.

Verteilungsdiagramme bestehen aus Knoten. Knoten sind normalerweise Rechengeräte, können aber auch Personal oder mechanische Verarbeitungsressourcen darstellen.

Sequenzdiagramm

Ein Sequenzdiagramm ist ein Typ eines Interaktionsdiagramms und zeigt die an einer Interaktion beteiligten Akteure. Eine *Kommuniziert*-Beziehung gibt an, wie ein Akteur an einem Anwendungsfall teilnimmt. Häufig zeigt ein Sequenzdiagramm die Ereignisse an, die aus einer bestimmten Instanz eines Anwendungsfalls resultieren.

Die vertikale Dimension stellt in einem Sequenzdiagramm die Zeit dar, wobei die Zeitachse auf dem Zeichenblatt von oben nach unten verläuft. Die horizontale Dimension stellt die verschiedenen Akteure oder Objekte dar. Ein Beispiel sehen Sie in **Abbildung 14.20**.

Im Kontextmenü der Shapes Objektlebenslinie, beziehungsweise Akteur-Lebenslinie können die Akteure ein- beziehungsweise ausgeblendet werden.

Anwendungsfalldiagramm

Nach Bestimmung der Anwendungsfälle können Sie Diagramme erstellen, um diese Anwendungsfälle in einen Zusammenhang zu stellen. Zum Erstellen eines Anwendungsfalldiagramms gehört das Festlegen einer Systemgrenze, Anwendungsfällen sowie die Definition von Kommunikationslinien zwischen bestimmten Akteuren

Die Vorlagen der Kategorie Software und Datenbank

Hinweis

Während in Visio 2010 alle UML-Diagramme in einer Vorlage zusammen gefasst waren, sind sie nun in Visio auf sechs verschiedene Vorlagen verteilt. Das erscheint sinnvoll, denn die alte Vorlage UML-Modelldiagramm enthielt zehn Schablonen, was nicht gerade der Übersichtlichkeit förderlich war.

Allerdings verschwanden von Visio 2010 zu 2013 leider die Eigenschaften der einzelnen Shapes. Mit ihrer Hilfe war es leicht möglich die Struktur eines UML-Diagramms zu visualisieren.

Abbildung 14.20: *Ein Sequenzdiagramm, das mit der Vorlage UML-Sequenz erstellt wurde.*

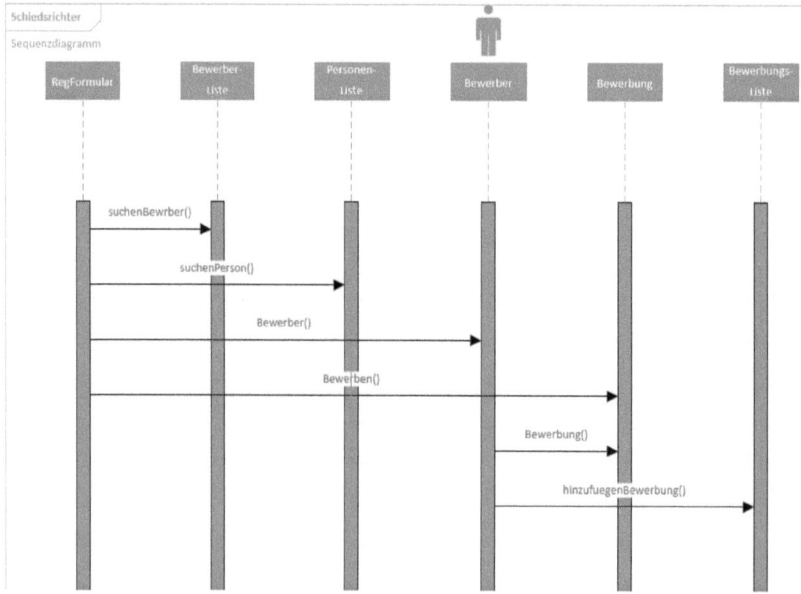

14.4.4. Reverse Engineering

Wenn Sie die Programmierumgebung Visual Studio.NET besitzen, können Sie dort ein Reverse Engineering ausführen lassen. Beachten Sie, dass Sie mindestens das Paket Visual Studio Standard benötigen – in der kostenlosen Version Visual Studio Express befindet sich keine Möglichkeit, ein Reverse Engineering durchzuführen.

Im Menübefehl *Project/Visio UML/Reverse Engineering* befindet sich der Untermenübefehl Reverse Engineering (siehe **Abbildung 14.21**).

Die UML-Vorlagen:

Abbildung 14.21: *Das Reverse Engineering wird aus Visual Studio.NET gestartet – hier mit einem C#-Projekt*

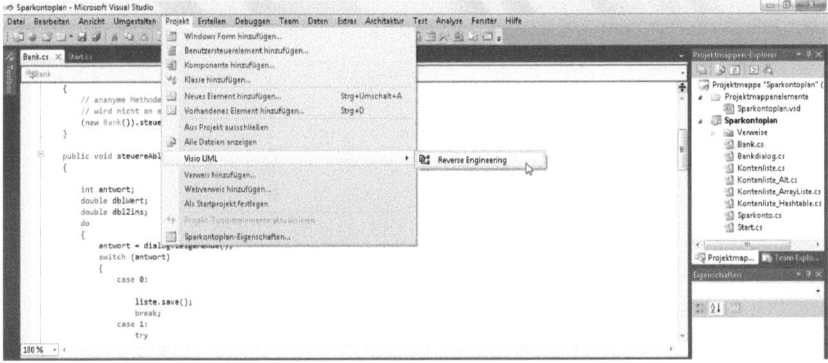

Der Assistent fragt, wohin die neue Zeichnung gespeichert werden soll. Nachdem Sie einen Dateinamen und einen Speicherort angegeben haben, wird Visio geöffnet, die Vorlage *UML-Modelldiagramm* geöffnet und die Schablone *UML – Klasse* wird angezeigt. Im Modellexplorer sehen Sie nun die Liste der Klassen, die Sie in VS.NET erstellt haben. Wenn Sie die Ansicht erweitern, werden Ihnen auch die zugehörigen Attribute (Eigenschaften) und Operationen (Methoden) angezeigt.

> **Hinweis:** Wenn Sie ein zweites Mal das Reverse Engineering aus VS.NET starten möchten, müssen Sie das Projekt erst schließen und erneut öffnen.

Nun können Sie die Klassen aus dem Fenster *Modell-Explorer* auf das Zeichenblatt ziehen. Leider werden die Beziehungen zwischen den Klassen nicht automatisch angezeigt – diese müssen Sie »per Hand« aus der Schablone *UML – statische Struktur* auf das Zeichenblatt ziehen und nun die Klassen – gemäß ihrer internen Logik – verbinden. Dies wurde im Diagramm in **Abbildung 14.22** vorgenommen.

> **Hinweis:** Bedauerlicherweise fehlt ein Menübefehl oder eine Option, mit der Veränderungen am Code in der Zeichnung aktualisiert werden können. Wenn Sie den aktuellen Stand Ihres Programmierprojektes in Visio sehen möchten, müssen Sie erneut das Reverse Engineering durchführen.

603

Die Vorlagen der Kategorie Software und Datenbank

Abbildung 14.22: *Die Klassen werden auf das Zeichenblatt gezogen und verbunden.*

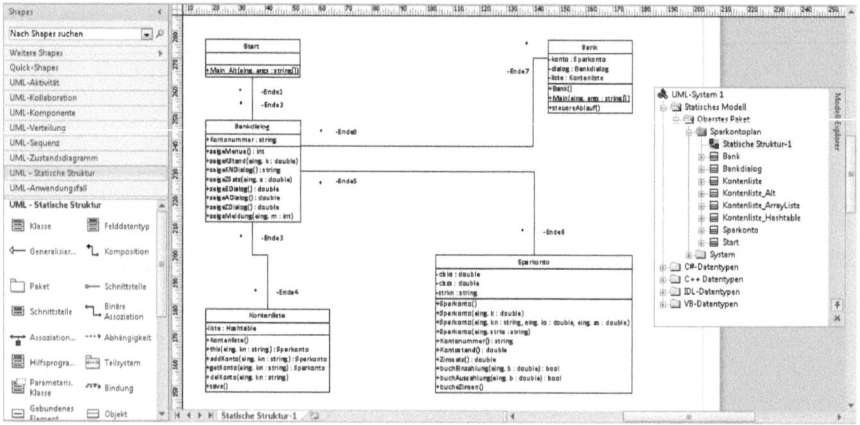

Selbstverständlich kann das Diagramm weiter bearbeitet werden: Neue Attribute und Operatoren können eingetragen werden, alte können modifiziert werden, Namen geändert werden und so weiter. Zum Speichern und Exportieren der Zeichnung braucht sicherlich nichts mehr gesagt zu werden.

> **Hinweis**
> Beachten Sie, dass es mit Visio nicht möglich ist, durch Zeichnung ein UML-Diagramm zu erstellen, aus dem dann »per Knopfdruck« Code oder auch nur ein Codeskelett erstellt wird. Dazu wäre Programmierung nötig, um die Informationen der Shapes des Zeichenblattes auszulesen.

14.5. Weitere Diagrammvorlagen für Softwaredesign

Folgende weitere Vorlagen stellt Visio in der Kategorie *Software und Datenbank* zur Verfügung:

- Chen Datenbanknotation
- COM und OLE
- Datenflussdiagramm
- Datenflussmodelldiagramm
- IDEF1X
- Programmstruktur
- Unternehmensanwendung

Abbildung 14.23: *Eine Zeichnung, die mit der Vorlage* Unternehmensanwendung *erstellt wurde*

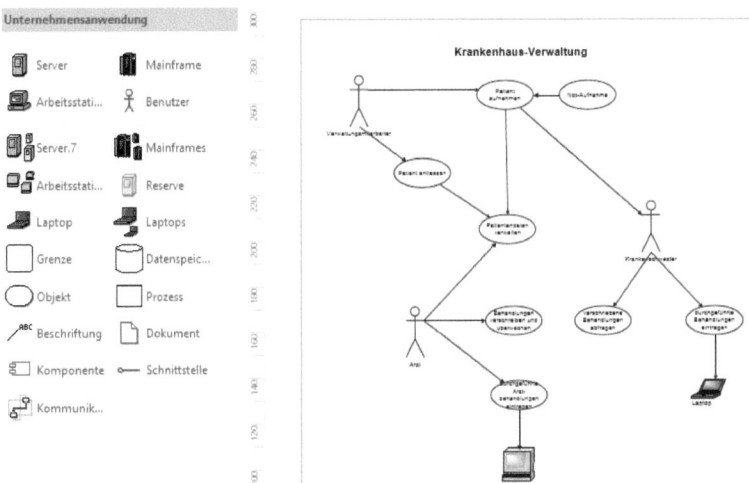

An jeder dieser Vorlagen ist eine, maximal zwei Schablonen gebunden – keine der Vorlagen verfügt über eigene Registerkarten, Assistenten oder ähnliches. Das Vorgehen des Erstellens einer Zeichnung wurde bereits hinlänglich beschrieben und braucht an dieser Stelle nicht noch einmal wiederholt werden.

Viele der Shapes dieser acht Vorlagen besitzen Einstellungen im Kontextmenü – meistens werden die Eigenschaften (die Shape-Daten) abgefragt.

14.6. Zusammenfassung

Lobenswert ist sicherlich, dass Microsoft Visio im Bereich Softwareerstellung (Analyse, Design und Programmierung) so viele Vorlagen, Schablonen und Shapes zur Verfügung stellt. Lobenswert ist auch zu erwähnen, dass Visio sich an ISO- und DIN-Normen hält. Die Vorlagen sind leicht zu bedienen, jeder Anwender kann schnell ein Diagramm erstellen.

Jedoch ist anzumerken, dass Visio nicht an ein Programm wie Rational Rose Modelle, Rational ClearCase oder Rational ClearQuest heranreicht. Um ein UML-Diagramm zu erstellen, bieten diese Programme der Firma IBM weitaus mehr Möglichkeiten. Jedoch sei in diesem Zusammenhang angemerkt, dass Microsoft Visio nur ein Bruchteil dessen kostet, was für seine Kollegen von IBM veranschlagt werden muss.

Leider ist anzumerken, dass der Assistent für Reverse Engineering bei Datenbanken verschwunden ist.

15 Anhang A: Tastenkombinationen in Visio

Wenn Sie häufig mit einem Programm arbeiten, empfiehlt es sich einige der Tastenkombinationen auswendig zu lernen, da es die Arbeit beschleunigt. Zwar finden Sie sehr viele Befehle im Kontextmenü, jedoch kann durch die Eingabe vom bestimmten Tastenkürzeln die Arbeit effektiver gestaltet werden.

Im Folgenden finden Sie die Liste der Tastenkombinationen, die zum Teil für sämtliche Programme von Microsoft Office gelten, zum Teil visio-spezifischen Charakter haben.

Funktion	Tasten
Im Hilfefenster	
Öffnen des Hilfefensters	[F 1]
Schließen des Hilfefensters	[Alt]+[F 4]
Wechseln zwischen Hilfefenster und dem aktiven Programm	[Alt]+[Tab]
Wechseln zur Startseite von Programmname	[Alt]+[Pos1]
Auswählen des nächsten Eintrags im Hilfefenster	[Tab]
Auswählen des vorherigen Eintrags im Hilfefenster	[Umschalt]+[Tab]
Ausführen der Aktion für den ausgewählten Eintrag	[Eingabe]
Auswählen des nächsten oder des vorherigen Eintrags im Abschnitt Programmname-Hilfe durchsuchen	[Tab] oder [Umschalt]+[Tab]
Erweitern oder Reduzieren des ausgewählten Eintrags im Abschnitt Programmname-Hilfe durchsuchen	[Eingabe]
Markieren des nächsten ausgeblendeten Texts oder Hyperlinks, einschließlich von Alle anzeigen oder Alle ausblenden am Anfang des Themas	[Tab]
Markieren des vorherigen ausgeblendeten Texts oder Hyperlinks	[Umschalt]+[Tab]
Durchführen der Aktion für die ausgewählten Optionen Alle anzeigen, Alle ausblenden, für den markierten ausgeblendeten Text oder Hyperlink	[Eingabe]
Wechseln zum vorherigen Hilfethema (Schaltfläche *Zurück*)	[Alt]+[Pfeil links] oder [Rück]

Wechseln zum nächsten Hilfethema (Schaltfläche *Weiter*)	[Alt]+[Pfeil rechts]
Durchführen eines Bildlaufs in kleinen Schritten nach oben oder unten im derzeit angezeigten Hilfethema	[Pfeil oben] oder [Pfeil unten]
Durchführen eines Bildlaufs in großen Schritten nach oben oder unten im derzeit angezeigten Hilfethema	[Bild auf] oder [Bild ab]
Ändern, ob das Hilfefenster verbunden mit dem aktiven Programm (nebeneinander) oder getrennt von dieser (nicht nebeneinander) angezeigt wird	[Alt]+[U]
Anzeigen eines Menüs mit Befehlen für das Hilfefenster	[Umschalt]+[F 10]
Anhalten der letzten Aktion (Schaltfläche *Anhalten*)	[Esc]
Aktualisieren des Fensters (Schaltfläche *Aktualisieren*)	[F 5]
Wechseln zwischen den Bereichen im Hilfefenster	[F 6]
Auswählen des nächsten oder des vorherigen Eintrags in der Strukturansicht eines Inhaltsverzeichnisses	[Pfeil oben] oder [Pfeil unten]
Erweitern oder Reduzieren des ausgewählten Eintrags in der Strukturansicht eines Inhaltsverzeichnisses	[Pfeil links] oder [Pfeil rechts]
Microsoft Office-Grundlagen	
Anzeigen und Verwenden von Fenstern	
Wechseln zum nächsten Fenster	[Alt]+[Tab]
Wechseln zum vorherigen Fenster	[Alt]+[Umschalt]+[Tab]
Schließen des Fensters	[Strg]+[W] oder [Strg]+[F 4]
Wechseln zu einem Aufgabenbereich aus einem anderen Bereich im Programmfenster (im Uhrzeigersinn)	[F 6]
Maximieren eines ausgewählten Fensters	[Strg]+[F 10]
Wiederherstellen der Größe des Visio-Programmfensters, nachdem es maximiert wurde	[Strg]+[F 5]
Kopieren einer Abbildung des Bildschirms in die Zwischenablage	[Druck]
Kopieren einer Abbildung des aktiven Fensters in die Zwischenablage	[Alt]+[Druck]
Anzeigen des Fensterkontextmenüs für jedes Fenster mit einem Symbol in seiner Titelleiste	[Alt]+[Leertaste]
Öffnen des Dialogfelds *Zeichenblatt*	[Umschalt]+[F 4]

Anhang A: Tastenkombinationen in Visio

Öffnen des Dialogfelds *Zeichenblätter neu sortieren*	[Strg]+[Alt]+[P]
Alle Seiten anzeigen	[Alt]+[F 3]
Seite einfügen	[Umschalt]+[F 11]
Wechseln des Fokus durch alle geöffneten Zeichnungen	[Strg]+[Tab] oder [Strg]+[F 6]
Wechseln des Fokus durch geöffnete Fenster in umgekehrter Reihenfolge	[Strg]+[Umschalt]+[Tab] oder [Strg]+[Umschalt]+[F 6]
Wechseln des Fokus durch die Zeichenblätter einer Zeichnung einschließlich aller sichtbaren Markupüberlagerungen	[Strg]+[Bild ab] oder [Strg]+[Alt]+[Tab]
Wechseln des Fokus durch die Zeichenblätter einer Zeichnung in umgekehrter Reihenfolge	[Strg]+[Bild auf] oder [Strg]+[Alt]+[Umschalt]+[Tab]
Auswählen der nächsten oder vorherigen Option im Aufgabenbereich	[Tab] oder [Umschalt]+[Tab]
Ändern der Schriftart oder des Schriftgrads	
Vergrößern des Schriftgrads des markierten Texts	[Strg]+[Umschalt]+[.]
Verkleinern des Schriftgrads des markierten Texts	[Strg]+[Umschalt]+[,]
Navigation in Text oder Zellen	
Verschieben der Einfügemarke um ein Zeichen nach links	[Pfeil links]
Verschieben der Einfügemarke um ein Zeichen nach rechts	[Pfeil rechts]
Verschieben der Einfügemarke um eine Zeile nach oben	[Pfeil oben]
Verschieben der Einfügemarke um eine Zeile nach unten	[Pfeil unten]
Verschieben der Einfügemarke um ein Wort nach links	[Strg]+[Pfeil links]
Verschieben der Einfügemarke um ein Wort nach rechts	[Strg]+[Pfeil rechts]
Verschieben der Einfügemarke zum Ende einer Zeile	[Ende]
Verschieben der Einfügemarke zum Anfang einer Zeile	[Pos1]
Verschieben der Einfügemarke um einen Absatz nach oben	[Strg]+[Pfeil oben]
Verschieben der Einfügemarke um einen Absatz nach unten	[Strg]+[Pfeil unten]
Verschieben der Einfügemarke zum Ende eines Textfelds	[Strg]+[Ende]
Verschieben der Einfügemarke zum Anfang eines Textfelds	[Strg]+[Pos1]
Zugreifen auf und Verwenden von Aufgabenbereichen	

Wechseln zu einem Aufgabenbereich aus einem anderen Bereich im Programmfenster	[F 6]
Auswählen der nächsten oder vorherigen Option im Aufgabenbereich	[Tab] oder [Umschalt]+[Tab]
Anzeigen aller Befehle im Menü des Aufgabenbereichs	[Strg]+[Pfeil unten]
Wechseln zwischen ausgewählten Elementen in einem ausgewählten Untermenü Wechseln zwischen bestimmten Optionen in einer Gruppe von Optionen in einem Dialogfeld	[Pfeil unten] oder [Pfeil oben]
Öffnen des ausgewählten Menüs oder Ausführen der Aktion, die der ausgewählten Schaltfläche zugeordnet ist	[Leertaste] oder [Eingabe]
Öffnen eines Kontextmenüs; Öffnen eines Dropdownmenüs für den ausgewählten Katalogeintrag	[Umschalt]+[F 10]
Auswählen des ersten oder letzten Befehls im Menü oder Untermenü	[Pos1] oder [Ende]
Verwenden von Dialogfeldern	
Wechseln zur nächsten Option oder Optionsgruppe	[Tab]
Wechseln zur vorherigen Option oder Optionsgruppe	[Umschalt]+[Tab]
Wechseln zur nächsten Registerkarte in einem Dialogfeld	[Strg]+[Tab]
Wechseln zur vorherigen Registerkarte in einem Dialogfeld	[Strg]+[Umschalt]+[Tab]
Wechseln zwischen Optionen in einer geöffneten Dropdownliste oder zwischen den Optionen in einer Optionsgruppe	[Pfeil links], [Pfeil rechts], [Pfeil oben] und [Pfeil unten]
Ausführen der einer ausgewählten Schaltfläche zugewiesenen Aktion Aktivieren oder Deaktivieren des ausgewählten Kontrollkästchens	[Leertaste]
Öffnen der Liste (sofern geschlossen) und Wechseln zu der betreffenden Option in der Liste	Erster Buchstabe einer Option in einer Dropdownliste
Auswählen einer Option Aktivieren bzw. Deaktivieren eines Kontrollkästchens	[Alt]+ der in einer Option unterstrichene Buchstabe
Öffnen einer ausgewählten Dropdownliste	[Alt]+[Pfeil unten]
Schließen einer ausgewählten Dropdownliste, Abbrechen eines Befehls und Schließen eines Dialogfelds	[Esc]
Ausführen der Aktion in einem Dialogfeld, die der Standardschaltfläche zugewiesen ist	[Eingabe]
Verwenden von Bearbeitungsfeldern in Dialogfeldern	
Verschieben der Einfügemarke zum Anfang eines Eintrags	[Pos1]

Anhang A: Tastenkombinationen in Visio

Verschieben der Einfügemarke zum Ende eines Eintrags	[Ende]
Verschieben der Einfügemarke um ein Zeichen nach links oder rechts	[Pfeil links] oder [Pfeil rechts]
Verschieben der Einfügemarke um ein Wort nach links	[Strg]+[Pfeil links]
Verschieben der Einfügemarke um ein Wort nach rechts	[Strg]+[Pfeil rechts]
Markieren eines Zeichens links von der Einfügemarke oder Aufheben einer entsprechenden Markierung	[Umschalt]+[Pfeil links]
Markieren eines Zeichens rechts von der Einfügemarke oder Aufheben einer entsprechenden Markierung	[Umschalt]+[Pfeil rechts]
Markieren eines Worts links von der Einfügemarke oder Aufheben einer entsprechenden Markierung	[Strg]+[Umschalt]+[Pfeil links]
Markieren eines Worts rechts von der Einfügemarke oder Aufheben einer entsprechenden Markierung	[Strg]+[Umschalt]+[Pfeil rechts]
Markieren des Inhalts von der Einfügemarke bis zum Anfang des Eintrags	[Umschalt]+[Pos1]
Markieren des Inhalts von der Einfügemarke bis zum Ende des Eintrags	[Umschalt]+[Ende]
Verwenden der Dialogfelder Öffnen und Speichern unter	
Wechseln zur nächsten Option oder Optionsgruppe	[TAB]
Wechseln zur vorhergehenden Option oder Optionsgruppe	[Umschalt]+[TAB]
Wechseln zwischen Optionen in einer geöffneten Dropdownliste	[Pfeil rechts], [Pfeil links], [Pfeil unten], [Pfeil oben]
Wechseln zur Liste Dateityp	[Alt]+[T]
Wechseln zum Feld Dateiname	[Alt]+[D]
Schließen	[Esc]
Aktualisieren der Dateiliste	[F 5]
Text	
Bearbeiten von Text	
Verschieben der Einfügemarke zum nächsten oder vorherigen Zeichen in einer Textzeile	[Pfeil rechts] oder [Pfeil links]
Verschieben der Einfügemarke zur nächsten oder vorherigen Textzeile	[Pfeil unten] oder [Pfeil oben]

Verschieben der Einfügemarke zum nächsten oder vorherigen Wort in einer Textzeile	[Strg]+[Pfeil rechts] oder [Strg]+[Pfeil links]
Verschieben der Einfügemarke zum nächsten oder vorherigen Absatz	[Strg]+[Pfeil unten] oder [Strg]+[Pfeil oben]
Markieren des gesamten Texts in einem Textblock	[Strg]+[A]
Markieren des nächsten oder vorherigen Zeichens	[Umschalt]+[Pfeil rechts] oder [Umschalt]+[Pfeil links]
Markieren des nächsten oder vorherigen Worts	[Strg]+[Umschalt]+[Pfeil rechts] oder [Strg]+[Umschalt]+[Pfeil links]
Markieren der nächsten oder vorherigen Zeile	[Umschalt]+[Pfeil unten] oder [Umschalt]+[Pfeil oben]
Markieren des nächsten oder vorherigen Absatzes	[Strg]+[Umschalt]+[Pfeil unten] oder [Strg]+[Umschalt]+[Pfeil oben]
Löschen des vorherigen Worts	[Strg]+[Rück]
Feld	[Strg]+[F 9]
Einfügen des Feldes »Höhe«	[Strg]+[E]
Suchen	[Strg]+[F]
Formatieren von Text	
Öffnen des Dialogfelds Text	[F 11]
Aktivieren oder Deaktivieren der Fettformatierung	[Strg]+[B]
Aktivieren oder Deaktivieren der Kursivformatierung	[Strg]+[I]
Aktivieren oder Deaktivieren der Unterstreichung	[Strg]+[U]
Aktivieren oder deaktivieren der doppelten Unterstreichung	[Strg]+[Umschalt]+[D]
Aktivieren oder Deaktivieren der Schreibung in Großbuchstaben	[Strg]+[Umschalt]+[A]
Aktivieren oder Deaktivieren der Schreibung in Kapitälchen	[Strg]+[Umschalt]+[K]
Aktivieren oder Deaktivieren von Tiefgestellt	[Strg]+[+]
Aktivieren oder Deaktivieren von Hochgestellt	[Strg]+[Umschalt]+[+]
Vergrößern des Schriftgrads des markierten Texts	[Strg]+[Umschalt]+[.]

Anhang A: Tastenkombinationen in Visio

Verkleinern des Schriftgrads des markierten Texts	[Strg]+[Umschalt]+[,]
Ausrichten von Text	
Linksbündiges Ausrichten von Text	[Strg]+[Umschalt]+[L]
Horizontales Zentrieren von Text (center)	[Strg]+[Umschalt]+[C]
Rechtsbündiges Ausrichten von Text	[Strg]+[Umschalt]+[R]
Blocksatz (horizontal ausgerichteter Text) (justify)	[Strg]+[Umschalt]+[J]
Ausrichten von Text nach oben (vertikal)	[Strg]+[Umschalt]+[T]
Vertikales Zentrieren von Text	[Strg]+[Umschalt]+[M]
Ausrichten von Text nach unten (vertikal)	[Strg]+[Umschalt]+[V]
Zoom und Navigation	
Navigieren im Menüband	
Wechseln zu einer Registerkarte	[Alt]+[Buchstabe]
Zoom	
Vergrößern	[Alt]+[F 6]
Verkleinern	[Alt]+[Umschalt]+[F 6]
Navigation in der Vollbildansicht	
Aktivieren der Vollbildansicht	[F 5]
Beenden der Vollbildansicht	[Esc]
Öffnen der nächsten Seite	[**Bild ab**] oder [**Pfeil unten**] oder [**Pfeil rechts**]
Öffnen der vorherigen Seite	[**Bild auf**] oder [**Pfeil oben**] oder [**Pfeil links**]
Navigation in einer Webseitenzeichnung	
Wechseln des Fokus durch den linken Rahmen, die Zeichnung und die Shapes in der Zeichnung mit Shape-Daten, Hyperlinks und der Adressleiste	[Tab]
Aktivieren des Hyperlinks für das Shape, das den Fokus besitzt, oder Aktivieren des Hyperlinks auf der Zeichnung, die den Fokus besitzt	[Eingabe]
Spezielle Visio-Aufgaben	

Text formatieren	
Öffnen der Registerkarte Schriftart im Dialogfeld Text (*Start/Schriftart*)	[F 11]
Öffnen der Registerkarte Absatz im Dialogfeld Text (*Start/Absatz*)	[Umschalt]+[F 11]
Öffnen der Registerkarte Tabstopps im Dialogfeld Text (*Start*)	[Strg]+[F 11]
Öffnen des Dialogfelds Ausfüllen für das markierte Shape (*Start*)	[F 3]
Öffnen des Dialogfelds Linie (*Start/Shape*)	[Umschalt]+[F 3]
Ausrichten und Kleben	
Öffnen der Registerkarte *Allgemein* im Dialogfeld *Ausrichten und Kleben* (*Ansicht/Visuelle Unterstützung*)	[Alt]+[F 9]
Dialogfeld *Ausrichten* (*Start/Anordnen/Position*)	[F 8]
Gruppieren, drehen und kippen	
Gruppieren der markierten Shapes (*Start/Anordnen*)	[Strg]+[G] oder [Strg]+[Umschalt]+[G]
Gruppierung der Shapes in der markierten Gruppe aufheben (*Start/Anordnen*)	[Strg]+[Umschalt]+[U]
Markiertes Shape in den Vordergrund stellen (*Start/Anordnen*)	[Strg]+[Umschalt]+[F]
Markiertes Shape in den Hintergrund rücken (*Start/Anordnen*)	[Strg]+[Umschalt]+[B]
Drehen des markierten Shapes nach links (*Start/Anordnen/Position*)	[Strg]+[L]
Drehen des markierten Shapes nach rechts (*Start/Anordnen/Position*)	[Strg]+[R]
Horizontales Kippen des markierten Shapes (*Start/Anordnen/Position*)	[Strg]+[H]
Vertikales Kippen des markierten Shapes (*Start/Anordnen/Position*)	[Strg]+[J]
Öffnen des Dialogfelds *Shapes ausrichten* für das markierte Shape (*Start/Anordnen/Position*)	[F 8]
Zeichnungsfenster	
Anzeigen der geöffneten Zeichnungsfenster untereinander (Menü *Fenster/Nebeneinander*)	[Umschalt]+[F 7]
Anzeigen der geöffneten Fenster nebeneinander	[Strg]+[Umschalt]+[F 7]
Anzeigen der geöffneten Zeichnungsfenster, sodass der Titel jedes Fensters sichtbar ist (Befehl Ansicht/*Fenster/Überlappend*)	[Alt]+[F 7] oder [Strg]+[Alt]+[F 7]

Anhang A: Tastenkombinationen in Visio

Spezielle Visio-Symbole	
Tools	
Aktivieren oder Deaktivieren von Format übertragen	[Strg]+[Umschalt]+[P]
Auswählen des Zeigertools	[Strg]+[1]
Auswählen von Automatischer Verbinder	[Strg]+[3]
Auswählen von Verbindungspunkt verschieben	[Strg]+[Umschalt]+[1]
Auswählen des Text-Tools	[Strg]+[2]
Auswählen von Textblock drehen	[Strg]+[Umschalt]+[4]
Auswählen von Shape-Stempel	[Strg]+[Umschalt]+[3]
Zeichnungstools	
Auswählen von Rechteck/Quadrat	[Strg]+[8]
Auswählen von Ellipse/Kreis	[Strg]+[9]
Auswählen von Linien	[Strg]+[6]
Auswählen von Bogen	[Strg]+[7]
Auswählen von Freihandzeichnen	[Strg]+[5]
Auswählen von Bleistift	[Strg]+[4]
Bildsymbolleiste	
Auswählen des Zuschneidetools	[Strg]+[Umschalt]+[2]
Zuschneidetools	
Wechseln von Shape zu Shape auf einem Zeichenblatt	
Wechseln von Shape zu Shape auf dem Zeichenblatt	[Tab]
Wechseln von Shape zu Shape auf dem Zeichenblatt in umgekehrter Reihenfolge	[Umschalt]+[Tab]
Markieren des Shapes, das den Fokus besitzt	[Eingabe]
Aufheben der Markierung oder des Fokus für ein Shape	[Esc]
Wechseln zwischen dem Textbearbeitungsmodus und dem Shape-Markierungsmodus für ein markiertes Shape	[F 2]
Präzisionsausrichtung eines markierten Shapes	[Pfeil links], [Pfeil rechts], [Pfeil oben] und [Pfeil unten]

Präzisionsausrichtung des markierten Shapes um jeweils ein Pixel	[Umschalt]+[Pfeil links], [Pfeil rechts], [Pfeil oben] und [Pfeil unten]
Wechseln durch die sichtbaren Smarttags	[Alt]+[Umschalt]+[F 10]
Arbeiten mit Master-Shapes in einer Schablone	
Wechseln zwischen den Master-Shapes in einer Schablone	[Pfeil links], [Pfeil rechts], [Pfeil oben] und [Pfeil unten]
Wechseln zum ersten Master-Shape in einer Zeile einer Schablone	[Pos1]
Wechseln zum letzten Master-Shape in einer Zeile einer Schablone	[Ende]
Wechseln zum ersten Master-Shape in einer Spalte einer Schablone	[Bild auf]
Wechseln zum letzten Master-Shape in einer Spalte einer Schablone	[Bild ab]
Kopieren der markierten Master-Shapes in die Zwischenablage	[Strg]+[C]
Einfügen des Inhalts der Zwischenablage in eine benutzerdefinierte Schablone	[Strg]+[V]
Markieren aller Master-Shapes in einer Schablone	[Strg]+[A]
Markieren oder Aufheben der Markierung eines Master-Shapes, das den Fokus besitzt	[Umschalt]+[Eingabe]
Aufheben der Markierung von Master-Shapes in einer Schablone	[Esc]
Einfügen des markierten Master-Shapes in die Zeichnung	[Strg]+[Eingabe]
Arbeiten mit Schablonen im Bearbeitungsmodus	
Löschen des markierten Master-Shapes	[Entf]
Ausschneiden des markierten Master-Shapes aus der benutzerdefinierten Vorlage und Ablegen in der Zwischenablage	[Strg]+[X]
Umbenennen des markierten Master-Shapes	[F 2]

Anhang B: Die Schablonen

16 Anhang B: Die Schablonen

Dieser Anhang enthält eine Übersicht über die 166 verfügbaren Schablonen mit ihren Shapes von Visio 2013 Professional und 182 Schablonen in Visio 2016 Professional nach vollständiger Installation. Sie sind nach den Kategorien gruppiert, die Visio zur Verfügung stellt.

16.1. Allgemein

Flussdiagramm

STANDARD-SHAPES

- Rechteck
- Quadrat
- Ellipse
- Kreis
- Dreieck
- Rechtwinkli... Dreieck
- Fünfeck
- Sechseck
- Siebeneck
- Achteck
- Zehneck
- Dose
- Parallelogra...
- Trapez
- Raute
- Kreuz
- Chevron
- Würfel
- Stern mit 4 Zacken
- Stern mit 5 Zacken
- Stern mit 6 Zacken
- Stern mit 7 Zacken
- Stern mit 16 Zacken
- Stern mit 24 Zacken
- Stern mit 32 Zacken
- Abgerundet... Rechteck
- Rechteck, 1 abgeschnitt...
- Rechteck, auf gleicher Sei...
- Rechteck, diagonal li...
- Rechteck, 1 abgerunde...
- Rechteck, auf gleicher Sei...
- Rechteck, diagonal li...
- Rechteck, je eine Ecke ...
- Rechteck, abgeschnitt...
- Rechteck, abgerunde...
- Rechteck, abgeschnitt...
- Rahmen
- Rahmenecke
- L-Form
- Diagonaler Streifen
- Plakette
- Donut
- Verbotszeic...
- Am Mittelpun...
- Runde Klamm...
- Runde Klamm...
- Linke geschweif...
- Rechte geschweif...

16.2. Flussdiagramm

ABSCHLUSSZEICHEN - SHAREPOINT 2010-WORKFLOW

- Start
- Terminieren

ABTEILUNG

- Buchhaltung
- Verbindlich...
- Forderungen
- Überwachu...
- Bank
- Vorstand
- Cafeteria
- Copyshop
- Kundenserv...
- Rechenzent...
- Abteilung
- Entwurf
- Konstruktion
- Anlagen
- Finanzwesen
- Unternehm...
- Personalwe...
- Information...
- Internation... Abteilung
- Inventar
- Rechtsabtei...
- Poststelle
- Management
- Produktion
- Marketing
- Fuhrpark
- Operatives Geschäft
- Verpackung
- Lohnbuchh...
- Publikation...
- Einkauf
- Qualitätssic...
- Eingang
- Empfang
- Forschung und Entwi...
- Vertrieb
- Sicherheit
- Versand
- Niederlassu...
- Lieferanten
- Telekomm...
- Schatzmeist...
- Lagerhaus

ABTEILUNG - 3D

- Buchhaltung
- Verbindlich...
- Forderungen
- Überwachu...
- Bank
- Vorstand
- Cafeteria
- Kopierzentr...
- Kundendie...
- Rechenzent...
- Entwurf
- Konstruktion
- Anlagen
- Finanzen
- Hauptsitz
- Personalwe...
- Information...
- Auslandsab...
- Inventar
- Rechtsabtei...
- Postdienst
- Management
- Fertigung
- Marketing
- Fuhrpark
- Vorgänge
- Verpackung
- Lohn und Gehalt
- Veröffentlic...
- Einkauf
- Qualitätssic...
- Warenanna...
- Empfang
- Forschung und Entwi...
- Vertrieb
- Sicherheit
- Versand
- Niederlassu...
- Zulieferer
- Telekomm...
- Finanzverw...
- Lagerhaus
- Dynamischer Verbinder

617

Anhang B: Die Schablonen

Die gleiche Schablone ist auch in Visio 2016 vorhanden:

Flussdiagramm

IDEF0-DIAGRAMM-SHAPES

- Aktivitätsfeld
- Beschriftung
- Titelblock
- Textblock 8 Pt.
- Knoten
- Verbinderli...
- Verbinder, 1 Abschnitt
- IDEF0-Verbi...
- Dynamischer Verbinder

Die gleiche Schablone ist auch in Visio 2016 vorhanden:

KOMPONENTEN - SHAREPOINT 2013-WORKFLOW

- Stufe
- Schleife mit Bedingung
- Schritt
- Schleife n-mal
- App-Schritt
- Parallelen Prozes...
- Parallelen Prozes...
- Start
- Einfache Stufe

PFEIL-SHAPES

- Einfacher Pfeil
- Einfacher Doppelpfeil
- Moderner Pfeil
- Flexibler Pfeil
- Gebogener Pfeil
- 180-Grad-P...
- Rechteckiger Pfeil
- Nach rechts gekrümmt...
- Nach links gekrümmt...
- Mehrzeilig
- Zickzackpfeil
- 2D-Zickzac...
- Gestreifter Pfeil
- Eingekerbter Pfeil
- Blockpfeil
- Gebogener Pfeil.18
- Pfeil in vier Richtungen
- Pfeil nach links, rech...
- Pfeilblock nach lin...
- Pfeilblock in vier Richtu...

SDL-DIAGRAMM-SHAPES

- Start
- Start (variabel)
- Prozedur
- Prozess (variabel)
- Anfrage erstellen
- Alternative
- Zurück
- Entscheidung 1
- Meldung v. Anwender
- Eingang von Steuerung
- Entscheidung 2
- Meldung an Anwender
- Ausgang an Steuerung
- Speichern
- On-Page-R...
- Off-Page-R...
- Mehrere Dokumente
- Dokument
- Datenspeic...
- Geteilter Vorgang
- Geteiltes Ereignis
- Ende
- Dynamischer Verbinder
- Verbinder Linie/Kurve

STANDARDFLUSSDIAGRAMM-SHAPES

- Prozess
- Entscheidung
- Teilprozess
- Start/Ende
- Dokument
- Daten
- Datenbank
- Externe Daten
- Benutzerdef. 1
- Benutzerdef. 2
- Benutzerdef. 3
- Benutzerdef. 4
- On-Page-R...
- Off-Page-R...

VERSCHIEDENE FLUSSDIAGRAMM-SHAPES

- Geteilter Vorgang 2
- Markierter Vorgang
- Prozess (Kreis)
- Datenspeic... 3
- Externe Entität 1
- Externe Entität 2
- Magnetban...
- Vorgang abgerundet
- Anfrage erstellen
- Rechteck mit Rahmen
- Rechteck mit Rahmen.10
- Offenes Rechteck
- Verzögerung
- Summieren... Verbindung
- Trommelsp...
- Oder
- Sortierer
- Trennen
- Offlinespeic...
- Zusammen...
- Sortiervorg. 2
- Kartenstapel
- Kartendatei
- Mikroform
- Mikroforms...
- Mikroformv...
- Duplizieren
- Prozess m. Schatten
- Markiertes Dokument
- Dokument mit Linien
- Start (variabel)
- Prozess (variabel)
- Sortieren
- Datenspeic...
- Datenbank
- Eingang von Steuerung
- Ausgang an Steuerung
- Meldung v. Anwender
- Meldung an Anwender
- Ausgabe
- Feedback
- Prüfen
- Prüfvorgang 2
- UND- Gatter
- ODER- Gatter
- Verbesserung
- Zweig: Rückkehr
- Ausschließe... ODER (XOR)
- Zweig: ohne Rückkehr
- Vertikales XOR
- Unterbrech...
- Vertikales P-UND
- Externes Steuerelem...
- Ellipse
- Dynamischer Verbinder
- Verbinder Linie/Kurve

Anhang B: Die Schablonen

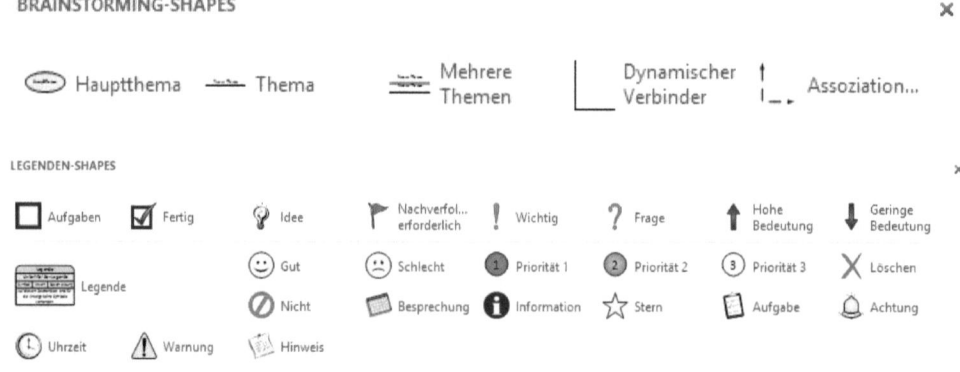

16.3. Geschäft/Brainstorming

16.4. Geschäft/Diagramme

16.5. Geschäft/Geschäftsprozess

Anhang B: Die Schablonen

EPC-DIAGRAMM-SHAPES

- Ereignis
- Funktion
- Prozesspfad
- Organisatio...
- XOR
- OR
- AND
- Information...
- Hauptprozess
- Komponente
- Unternehm...
- Prozessgru...
- Dynamischer Verbinder

FEHLERSTRUKTURANALYSE-SHAPES

- UND-Gatter
- ODER-Gatter
- Basisereignis
- Sekundäres Ereignis
- Sperrgatter
- Prioritäts-U...
- Ausschließe... ODER-Gatter
- Schwellwert... (m/n)
- Ereignis
- Ereignis 'Haus'
- Bedingtes Ereignis
- Transfersy...
- Dynamischer Verbinder

ITIL-SHAPES

- Vorfall
- Dienstanfor...
- Person
- Kundendie...
- Komitee
- Abteilung
- Änderungs...
- Vereinbarung
- Datenbank für das Ko...
- Wissensdat...
- Lieferant

KOMPATIBILITäTS-SHAPES

- Risiko
- Steuerung
- Eingabe
- Ausgabe
- Assertion
- Bearbeiter
- Rolle

PFEIL-SHAPES

- Einfacher Pfeil
- Einfacher Doppelpfeil
- Moderner Pfeil
- Flexibler Pfeil
- Gebogener Pfeil
- 180-Grad-P...
- Rechteckiger Pfeil
- Nach rechts gekrümmt...
- Nach links gekrümmt...
- Mehrzeilig
- Zickzackpfeil
- 2D-Zickzac...
- Gestreifter Pfeil
- Eingekerbter Pfeil
- Blockpfeil
- Gebogener Pfeil.18
- Pfeil in vier Richtungen
- Pfeil nach links, rech...
- Pfeilblock nach lin...
- Pfeilblock in vier Richtu...

SHAPES FÜR SIX SIGMA-FLUSSDIAGRAMME

- Prozess
- Entscheidung
- Teilprozess
- Start/Ende
- Dokument
- Daten
- Datenbank
- Externe Daten
- Benutzerdef. 1
- Benutzerdef. 2
- Benutzerdef. 3
- Benutzerdef. 4
- On-Page-R...
- Off-Page-R...

SHAPES FÜR URSACHE/WIRKUNG-DIAGRAMME

- Wirkung
- Kategorie 1
- Kategorie 2
- Fischrahmen
- Primäre Ursache 1
- Primäre Ursache 2
- Sekundäre Ursache 1
- Sekundäre Ursache 2
- Sekundäre Ursache 3
- Sekundäre Ursache 4
- Sekundäre Ursache 5
- Sekundäre Ursache 6

622

Geschäft/Organigramm

SIX-SIGMA-HOUSE OF QUALITY-SHAPES

- Bewertungen
- Wert
- Korrelationen
- Komplett
- Zeilen und Spalten
- Zeilenblock
- Zeilenbesch...
- Zeile
- Spalte
- Matrix
- Spaltenblock
- Spaltenbesc...
- Schräge Spalten
- Korrelations...

TQM-DIAGRAMM-SHAPES

- Verkehr
- Eingehende Waren
- Speicher
- Prozedur
- Vorgang
- Vorgang/Prüfung
- Thema
- Organisat.-f...
- 2-teilige Funktion
- Entscheidung 1
- Entscheidung 2
- Mehrfach-Verzweigung
- Externe Organisation
- Externer Prozess
- Prüfung / Messung
- Metrisch
- 2-teiliges Maß
- Systemdate...
- Systemunte...
- Systemfunk...
- Verzögerung
- Verbinder (TQM)
- Off-Page-R...
- Verbundene Themen
- Fertigung
- Verschieben
- Speicher.29
- Prüfung
- Auswählbarer Prozess
- Arbeitsfluss... 1
- Arbeitsfluss... 2
- Rückkoppl...
- Funktionsü... vert.
- Funktionsü... horiz.
- Kräftediagr...
- Ursache 1
- Ursache 2
- Ursache 3
- Kategorie
- Wirkung
- Fischrahmen
- Dynamischer Verbinder
- Verbinder Linie
- Verbinder Linie/Kurve
- Ergebnis
- Nein-Ergebnis
- Zweig: Rückkehr
- Zweig: ohne Rückkehr
- Unterbrech...
- Externes Steuerelem...
- Verbesserung
- Textblock 8 Pt.

WERTSTROMZUORDNUNGS-SHAPES

- Prozess
- Inventar
- Druckpfeil
- Kunde/Lief...
- Versandpfeil
- Versandfahr...
- Produktion...
- Persönliche Information...
- Elektronische Information...
- Datentabelle
- Zeitachsens...
- Zeitachse gesamt
- Produktion...
- Entnahmek...
- Batchkanban
- Batchentna...
- Signalkanban
- Kanbanpost
- Supermarkt
- Ausgleichsl...
- FIFO-Strecke
- Ziehpfeil 1
- Ziehpfeil 2
- Ziehpfeil 3
- Ziehpfeil 4
- Kaizen-Blitz
- Physisches Ziehen
- Sequenzierte Zugkugel
- Belastungsa...

16.6. Geschäft/Organigramm

AUGENZAHL - ORGANIGRAMM-SHAPES

- Führungskr... Augenzahl
- Vorgesetzter Augenzahl
- Position Augenzahl
- Assistent Augenzahl
- Berater Augenzahl
- Freie Stelle Augenzahl
- Mitarbeiter Augenzahl
- Teamrahmen
- Mehrere Shapes
- Drei Positionen
- Titel/Datum
- Titel
- Dynamischer Verbinder
- Gepunktete Linie Vorg...
- Zusätzlicher direkter V...

BLüTENBLATTER - ORGANIGRAMM-SHAPES

- Führungskr... Blütenblätter
- Vorgesetzter Blütenblätter
- Position Blütenblätter
- Assistent Blütenblätter
- Berater Blütenblätter
- Freie Stelle Blütenblätter
- Mitarbeiter Blütenblätter
- Teamrahmen
- Mehrere Shapes
- Drei Positionen
- Titel/Datum
- Titel
- Dynamischer Verbinder
- Gepunktete Linie Vorg...
- Zusätzlicher direkter V...

Anhang B: Die Schablonen

EINGEBUNDEN - ORGANIGRAMM-SHAPES

- Führungskr. Eingebunden
- Vorgesetzter Eingebunden
- Position Eingebunden
- Assistent Eingebunden
- Berater Eingebunden
- Freie Stelle Eingebunden
- Mitarbeiter Eingebunden
- Teamrahmen
- Mehrere Shapes
- Drei Positionen
- XYZ 04/12 Titel/Datum
- XYZ CORP Titel
- Dynamischer Verbinder
- Gepunktete Linie Vorg...
- Zusätzlicher direkter V...

GÜRTEL - ORGANIGRAMM-SHAPES

Hier Quick-Shapes ablegen

- Führungskr. Gürtel
- Vorgesetzter Gürtel
- Position Gürtel
- Assistent Gürtel
- Berater Gürtel
- Freie Stelle Gürtel
- Mitarbeiter Gürtel
- Teamrahmen
- Mehrere Shapes
- Drei Positionen
- XYZ 04/12 Titel/Datum
- XYZ CORP Titel
- Dynamischer Verbinder
- Gepunktete Linie Vorg...
- Zusätzlicher direkter V...

KERBE - ORGANIGRAMM-SHAPES

- Führungskr. Kerbe
- Vorgesetzter Kerbe
- Position Kerbe
- Assistent Kerbe
- Berater Kerbe
- Freie Stelle Kerbe
- Mitarbeiter Kerbe
- Teamrahmen
- Mehrere Shapes
- Drei Positionen
- XYZ 04/12 Titel/Datum
- XYZ CORP Titel
- Dynamischer Verbinder
- Gepunktete Linie Vorg...
- Zusätzlicher direkter V...

MÜNZE - ORGANIGRAMM-SHAPES

- Führungskr. Münze
- Vorgesetzter Münze
- Position Münze
- Assistent Münze
- Berater Münze
- Freie Stelle Münze
- Mitarbeiter Münze
- Teamrahmen
- Mehrere Shapes
- Drei Positionen
- XYZ 04/12 Titel/Datum
- XYZ CORP Titel
- Dynamischer Verbinder
- Gepunktete Linie Vorg...
- Zusätzlicher direkter V...

PERSPEKTIVE - ORGANIGRAMM-SHAPES

- Führungskr. Perspektive
- Vorgesetzter Perspektive
- Position Perspektive
- Assistent Perspektive
- Berater Perspektive
- Freie Stelle Perspektive
- Mitarbeiter Perspektive
- Teamrahmen
- Mehrere Shapes
- Drei Positionen
- XYZ 04/12 Titel/Datum
- XYZ CORP Titel
- Dynamischer Verbinder
- Gepunktete Linie Vorg...
- Zusätzlicher direkter V...

SHAPETAKULÄR - ORGANIGRAMM-SHAPES

- Führungskr. Shapetakulär
- Vorgesetzter Shapetakulär
- Position Shapetakulär
- Assistent Shapetakulär
- Berater Shapetakulär
- Freie Stelle Shapetakulär
- Mitarbeiter Shapetakulär
- Teamrahmen
- Mehrere Shapes
- Drei Positionen
- XYZ 04/12 Titel/Datum
- XYZ CORP Titel
- Dynamischer Verbinder
- Gepunktete Linie Vorg...
- Zusätzlicher direkter V...

STEIN - ORGANIGRAMM-SHAPES

- Führungskr. Stein
- Vorgesetzter Stein
- Position Stein
- Assistent Stein
- Berater Stein
- Freie Stelle Stein
- Mitarbeiter Stein
- Teamrahmen
- Mehrere Shapes
- Drei Positionen
- XYZ 04/12 Titel/Datum
- XYZ CORP Titel
- Dynamischer Verbinder
- Gepunktete Linie Vorg...
- Zusätzlicher direkter V...

Geschäft/Pivotdiagramm

16.7. Geschäft/Pivotdiagramm

PIVOTDIAGRAMM-SHAPES

☐ Pivotknoten

16.8. Konstruktion/Elektrotechnik

Anhang B: Die Schablonen

GRUNDLEGENDE ELEMENTE

Widerstand	Kondensator	Wechselstr...	Gleichstro...	Äquipotenz	Erde	Spule	Quarz	
Gehäuse	Akku	Dämpfungs...	Akkumulator	Antenne	Rahmenant...	Schaltkreisu...	Sicherung	
Ideelle Quelle	Allgem. Komponente	Messwandler	Messwandler 2	Pickupkopf	Halbspule	Impuls	Wechselim...	
Sägezahn	Sprungfunk...	Zündkapsel	Zündkapsel...	Initialzünder	Indikator	Material	Verzögerun...	
Überspann...	Überspann... 2	Dauermagnet	Magnetkern	Ferritkern	Zündkerze	Glocke	Summer	
Thermoele...	Thermopaar	Thermosäule	Lampe	Lampe 2	Leuchtstoffl...	Lautsprecher	Mikrofon	
Mikrofon 2	Oszillator							

HALBLEITER UND ELEKTRONENRÖHREN

Bipolar	Diode	Photodiode	MOSFET					
Verbindung	Transvers	Ohmisch	UJT-Transis...	Darlington	Riegel	IGFET N-Typ	IGFET P-Typ	
Tunneldiode	Uni-Tunnel...	Varaktor	Diac	Triac	Gesteuerter Schalter	Gesteuerter Gleichrichter	Abschaltgle...	
Vierschichti... Diode	Zenerdiode...	Diodenröhre	Triodenröhre	Tetrodenrö...	Pentodenrö...	Abschalttri...		

INTEGRIERTE SCHALTKREISE

4X Baust. Komplett	Negativer Logikpunkt	MUX 4	4-Bit Zähler	4-Bit-D/A-K...	4-Bit-Register			
4X Baust. Oben	4X Baust.-Basis	Tafel	4X Baust. Mitte	Horiz. Erweiterung	1X Baust. Oben	1X Baust. Basis	Vert. Erweiterung	
1X Baust. Mitte	1X Baust. Komplett	Schalterpun...	Erde	Treiber	4-Bit-A/D-K...	8-Bit-A/D-K...	8-Bit-D/A-K...	
8-Bit-Register	MUX 2	MUX 8	8-Bit Zähler	Analogscha... 2	4-Bit-Zähler mit Teiler	8-Bit-Zähler mit Teiler	Analogscha... 4	
2-zu-4-Dec...	3-zu-8-Dec...	Monoflop	Spannungs...	Impulsbreit...				

KARTEN UND DIAGRAMME

Funkstation 1	Funkstation 2	Tragbare Funkstation	Mobile Funkstation					
Funkpeilung	Funkleitstat...	Endstation	Funkrelaisst...	Teilnehmer...	Passives Relais	Raumstation	Erdfunkstati...	
Telegrafiev...	Telegrafiev...	Telegrafieg...	Telegrafieg...	Telefon	Kraftwerk	Heizkraftwerk	Wasserkraft... 1	
Wasserkraft... 2	Wasserkraft... 3	Wasserkraft... 4	Wärmekraft...	Kohlekraftw...	Öl-/Gaskraft...	Kernkraftwe...	Erdwärmekr...	
Sonnenkraf...	Windkraftw...	Unterstation	Antriebsma...	Umspannst...	Schaltstation	Gleichrichte...	Plasmakraft... MHD	

ROTIERENDE GERÄTE UND MECHANISCHE FUNKTIONEN

Rotierende Maschine	Läufer	Bürste	Feld					
Dauermagnet	Wicklungsv...	Synchro	Bremse	Getriebe	Drehung	Kupplung	Kupplung 2	
Verzögerte Aktion	Manuelle Steuerung	Blockierung	Verriegelung	Mechanische Sperre	Autom. Rücksetzung	Sperre		

Konstruktion/Elektrotechnik

Anhang B: Die Schablonen

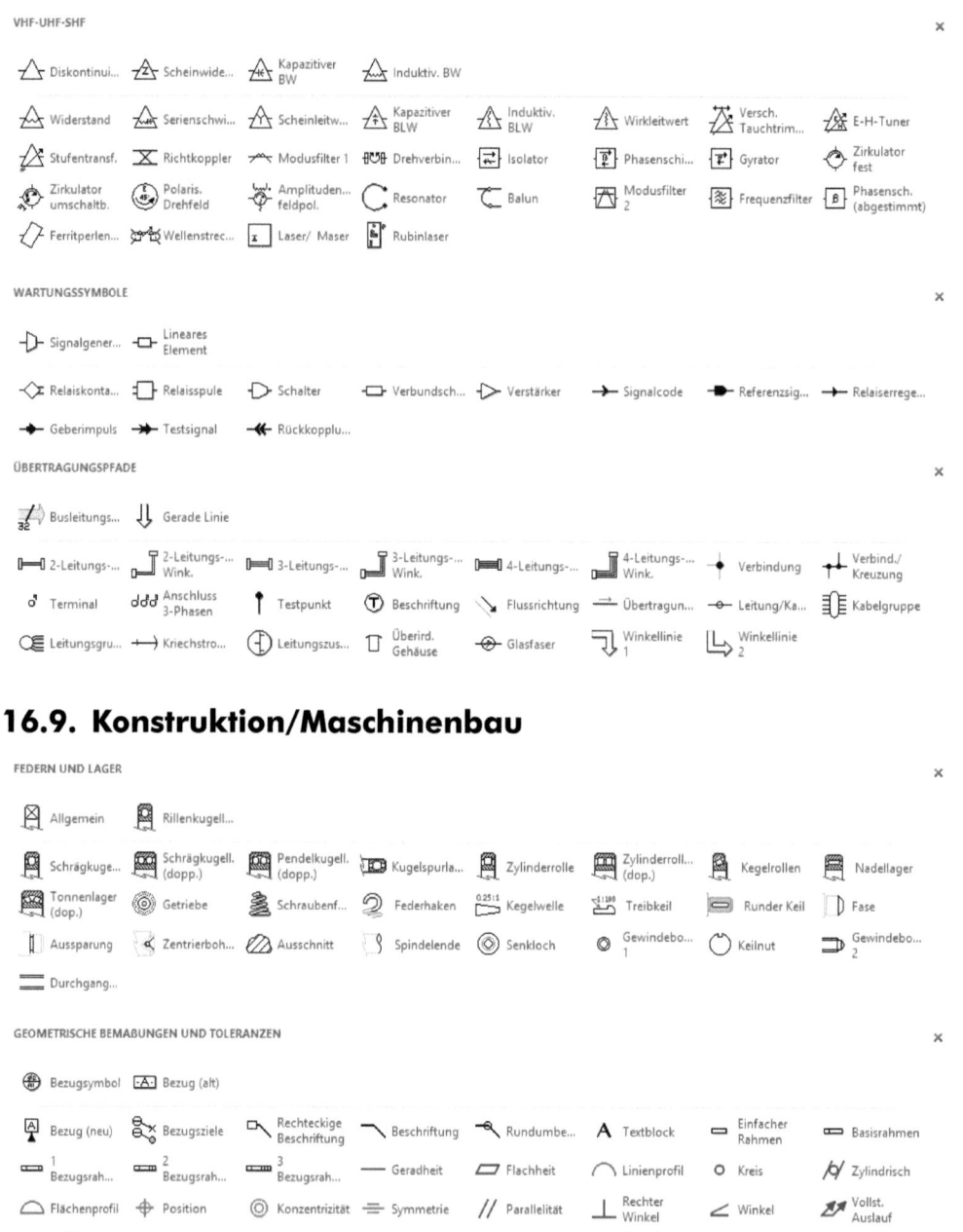

16.9. Konstruktion/Maschinenbau

Konstruktion/Maschinenbau

PNEUMATIK/HYDRAULIK - GERäTE

Pumpe/Mo... (einfach)	Pumpe/ Motor 1	Pumpe/ Motor 2	Luftkompre...		
Stellglied (halbdr.)	Antrieb	Einfach wirkend	Doppelt wirkend	Dop.wirk. magn.	Doppelend...	Teleskop	Stellglied
Verstärker	Stellglied/ Verstärker	Druckbehäl...	Luftbehälter	Energiequelle 1	Energiequelle 2	Belüfteter Behälter	Dichter Behälter
Filter	Trennzeichen	Trockner/ Öler	Belüftungss...	Wärmetaus...	Druckmess...	Thermomet...	Flussanzeige
Flussmessg...	Drehzahlm...	Schalter/ Messgröße...	Impulszähler 1	Impulszähler 2	Dämpfer	Abfluss	

PNEUMATIK/HYDRAULIK - VENTILANORDNUNG

2 Stellung 2,3,4 Anschl.	2 Stellungen 5 Anschl.	3 Stellungen 2,3,4 Anschl.	3 Stellungen 5 Anschl.				
4 Stellungen 2,3,4 Anschl.	4 Stellungen 5 Anschl.	Feld	2 Anschl.	2 Anschl. geschl.	3 Anschl.	3 Anschl. überkreuz	4 Anschl.
4 Anschl. geschl.	4 Anschl. gekreuzt	4-Anschl.-T...	4 Anschl. offen	4 Anschl. halbverb.	4 Anschl. überkreuz	5 Anschl.	5 Anschl. geschl.
5 Anschl. überkreuz	Feder	Kolben	Walze	Manuelle Korrektur	Druck-/Zug...	Hebel	Pedal/ Fußhebel
Elektr. Rotor	Elektr. (line...	Fernbedient	Sperre	Verbindung...	Verbind./ Kreuzung	Flexible Linie	Entlüftung
Pneum./Hyd. Energie	Abluftauslass	Pneu./Hyd. Fluss	Drehverbin...	Variabler Pfeil	Pfeil gekrümmt	Pfeil	Schaft
Stab	Positionsre...	Riegel	Geschl. Pfad	Elektrisch	Reduzierung	Geschl. Pfad (2)	Temperatur

PNEUMATIK/HYDRAULIK - VENTILE

2/2-Ventil	3/2-Ventil	4/2-Ventil	5/2-Ventil				
4/3 Ventil	5/3-Ventil	Reduzierve...	Absperrschi...	Einwegedu...	Strömungs...	Strömungst...	Rückschlag
Kupplung (verb.)	Kupplung (gelöst)	Wechselven...	Schnellausl...	Kolbenventil	Überdr.ventil	Überdr.ventil 2	Druckmind...
Überdr.- ventil (E)							

SCHRAUBEN 1

Vierkantsch...	Vierkant oben	Vierkantmu...	Sechskants...				
Sechskant oben	Sechskant...	Innensechs...	Innensechs...	Sechskantg...	Flügelschra...	Flügelschra... oben	Flügelmutt...
Flachkopf (Schlitz)	Flachkopf oben	Flügelmutt...	Halbrund (Schlitz)	Halbrund oben	Sechskanth...	Senkschr. (Schlitz)	Senkschr. oben
Sechskant...	Lins-senk. (Schlitz)	Linsensenk...	Vierkantmu...	Zylinderkopf (Schlitz)	Zylinder oben	Flügelmutter oben	Flachkopf (Kreuzschlitz)
Kreuzschlitz oben 1	Lins-senk. (Kreuzschlitz)	Senkschr. (Kreuzschlitz)	Kreuzschlitz oben 2	Sechskanta...	Zylinderkopf (Schlitz)	Zylinderkopf oben	Ansatz (Schlitz)

SCHRAUBEN 2

Vierkantge...	Vierkant-GS oben	Halbrundniet	Gew.-Stift (Schlitz)				
GSSchlitz oben	Halbrundniet flach	Sechskantg...	SechskantGS oben	Flachrundni...	Sechskantk...	Sechskantk... oben	Flachkopfniet
Riffelgew.-S...	Riffel-GS oben	Bundniet	Unterlegsch...	U.-Scheibe, oben	Senkniet 1	U.-Scheibe mit Fase	U.-Scheibe m. F. ob.
Senkniet 2	Federringdi...	Federringdi... oben	Senkkopfniet	Kegelstift	Bolzen	Kugelkolben	

629

Anhang B: Die Schablonen

SCHWEISSYMBOLE

Punkt	Widerstand...	Schlitz/Loch	Bolzen	Pfeil	Pfeil mit Krümmung
Zusätzlicher Pfeil	Konturen	Konturen gewinkelt	Textblock	Aussparung	Rückwärtss...	Auftragssch...	Flanschecke
Flanschkante	Flache Fuge	V-Fuge	HV-Fuge	U-Fuge	J-Fuge	V-Fuge, Bördel	HV-Fuge, Bördel
Überlappt	Durchschm...	Montagesc...	Unterlage/...	Einfügen			

16.10. Konstruktion/Verfahrenstechnik

GERäTE - BEHäLTER

- Behälter
- Spalte
- Autoklav
- Tank
- Etagenkolo...
- Behälter m. Flüss.kontakt
- Reaktionsb...
- Offener Tank
- Klärbehälter
- Geschloss. Tank
- Tank mit Deckel
- Gasbehälter
- Kugelbehält...
- Fass
- Gasflasche
- Sack
- Transportb...
- Kolonnenb... (gestr.)
- Kolonnenb... (mass.)
- Wasserober...
- Zweigarmat...
- Zugriffspunkt
- Geflanschter Zugang

GERäTE - PUMPEN

- Inlinepumpe
- Zentrifugal...
- Verdichter 1
- Ventilator 1 (wählbar)
- Verdränger...
- Drehkolben- 1
- Drehkolben- 2
- Dosierpumpe
- Pumpe 1 (wählbar)
- Pumpe 2 (auswählbar)
- Pumpe 3 (auswählbar)
- Verdichter 2
- Verdichter 3
- Rotationsve...
- Motorturbine
- Verdichter/ Turbine
- Kolbenpum- -verdichter
- Hubkolben- 2
- Ventilator 2 (wählbar)
- Fliehkraftlüf...
- Axiallüfter 1
- Axiallüfter 2
- Ejektor/ Injektor
- Zerstäuber
- Gebläseflügel
- 3 Gebläseflügel

GERäTE - WäRMETAUSCHER

- Wärmetaus... 1
- Boiler
- Kühlturm 1
- Kondensator
- Wärmetaus... 2
- Röhren- WA
- Rohrbündel 1
- Rohrbündel 2
- Kessel-WA
- Luftkühler
- Platten- WA
- Rippenrohr- WA
- Doppelrohr- WA
- Ölbrenner
- Befeuerter Heizer
- Kühlturm 2
- Kühlturm
- Autom. Rohrbeschi...
- Kühlschränke
- Verdampfer
- Kondensator (luftgekühlt)
- Ölabscheider
- Verdampfer, Wasser
- Verdampfer, Luft
- Abziehhaube
- Autoklav
- Gebläseflügel
- 3 Gebläseflügel

INSTRUMENTE

- Indikator
- Anzeigeme... 2
- Druckmesser
- Thermomet...
- Bildschirm
- SPS
- Computer
- Licht
- Bildschirm 2
- SPS 2
- Computer 2
- Gestrich. Mittellinie
- Dampfsensor
- Doppelt
- Füllstands...
- Durchfluss...
- Füllstands...
- Anzeige/ Aufnahme
- Konverter
- Venturi
- Durchfluss...
- Rotameter
- Wirbelsensor
- Propellerm...
- Allgemeine Einheit
- Bedienerfeld
- UND- Schaltung
- ODER- Schaltung
- NICHT- Schaltung
- Korrekturel...
- Raute
- Signal
- Daten
- Pneumatisch
- Pneumatisch 2
- Pneumatisch binär
- Elektrisch
- Elektrisch 2
- Elektrisch 3
- Elektrisch binär
- Elektrisch binär 2
- Kapillarrohr
- Hydraulisch
- Hydraulisch 2
- Elektromag...
- Elektromag... 2
- Erhitzt/ Gekühlt
- Wärmeregu...
- Mechanisch
- Mechanisch 2

Netzwerk

16.11. Netzwerk

Anhang B: Die Schablonen

Netzwerk

Anhang B: Die Schablonen

634

16.12. Pläne und Grundrisse/Bauplan

Anhang B: Die Schablonen

Pläne und Grundrisse/Bauplan

637

Anhang B: Die Schablonen

Pläne und Grundrisse/Bauplan

Anhang B: Die Schablonen

Pläne und Grundrisse/Bauplan

SPORT- UND FREIZEITANLAGEN

Pool rechteckig	Warmwasse...	Fußballplatz	Tennisplatz				
Pool oval	Pool nierenförmig	Trainingsbe...	Wettkampf...	Sprungbrett	Schaukeln	Spielgeräte	Basketballk...
Basketball-Freiwurfraum	Basketball 3-Pkte	Basketballfe...	Badmintonf...	Volleyballfeld	American Football-Feld	Baseballplatz	

VIDEOÜBERWACHUNG

Kamera	Bewegungs...						
Glasbruchs...	Sichtungsg...	Monitor	Schwenkka...	Video-Multi...	Druckschalter	Aufzeichnu...	Schalter - manuell
Schalter - automatisch	Video-Tasta...	Bistatischer Strahlensens.	Sicherheitsf... m. Alarm	Videobewe...	Kabelverbin...		

WÄNDE, GERÜST UND KONSTRUKTION

Raum	Wand	Fenster	Tür				
"L"-Raum	"T"-Raum	Raum	"L"-Raum	"T"-Raum	Außenwand	Gekrümmte Wand	Schiebefens...
Fensterflügel	Öffnung	Doppelkipp...	Doppelt	Ungleich	Gegenüber...	Drehtür	Einschubtür
Doppeleins...	Schiebetür	Falttür	Doppelfalttür	Glas-Schieb...	Kipptor	Gartenfenster	Vorhangwa...
Fensterwand	Platte	Wandpfeiler	Eckpfeiler	Trägerbalken	Rechteckige Säule	Runde Säule	Steuerung: Bemaßung
Raumbema...	Türenplan	Fensterplan	Gitterursprü...	Gitterlinie			

WÄNDE, TÜREN UND FENSTER

Raum	Wand	Tür	Fenster				
"L"-Raum	"T"-Raum	Gekrümmte Wand	Öffnung	Doppeltür	Fläche	Pfeiler	Eckpfeiler
Beschriftung	Steuerung: Bemaßung	Raumabme...					

ÖFFENTLICHE PLÄTZE

Lampenpfo...	Müllcontai...	Papierkorb	Feuerhydrant				
Beleuchtung 1	Beleuchtung 2	Zahlautomat	Wächterhä...	Schranke	Poller	Pollerreihe	Fahrradgest...
Einsteigesc...	Abfluss	Barrierefrei...	Bank	Bank für den Außenberei...	Gartenstuhl	Liegestuhl	Regenschirm
Tisch	Picknick-Tisch	Felsbrocken	Licht	Vogeltränke	Grill		

Neu in Visio 2016:

ARBEITSBEREICHE

Würfelförm... Arbeitsplatz	L-förmiger Arbeitspla...						
Gerader Arbeitsplatz	Kreisförmiger Arbeitsplatz	L-förmiger Arbeitspla...	U-förmiger Arbeitsplatz	Abteil	Trennwand, gebogen	Eckfläche	Trennwand
Ecke abgerundet	Arbeitsinsel	Sockel	Archivschra...	Offenes Regal	Breite Hängeablage		

Anhang B: Die Schablonen

Pläne und Grundrisse/Bauplan

Anhang B: Die Schablonen

Pläne und Grundrisse/Karte

16.13. Pläne und Grundrisse/Karte

Anhang B: Die Schablonen

16.14. Software und Datenbank/Datenbank

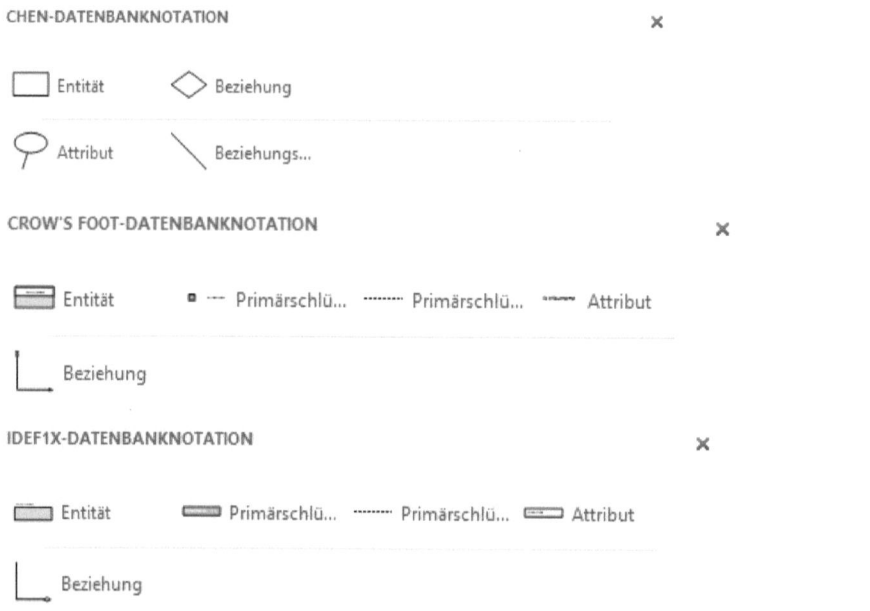

Software und Datenbank/Software

UML-DATENBANKNOTATION

Entität ⸺ Primärschlü... ⸺ Primärschlü... ⸺ Attribut

Beziehung

16.15. Software und Datenbank/Software

ALLGEMEINE SYMBOLE

Zurück · Weiter · Erweitern · Reduzieren · Hinzufügen · Entfernen
Vergrößern · Verkleinern · Sperren · Berechtigung · Sortieren · Filtern · Tools · Konfigurieren
Assistent · Eigenschaft... · Kalender · Dokument · Datenbank · Festplatte · Benutzer · Netzwerk

COM UND OLE

COM-Objekt · Referenz · Schwache Referenz · V-Tabelle · Schnittstelle · Prozessgren...
OLE-Server/Anwendg. · Objekthiera... · Objektmodell · Verbinder · Dokument/Datei · Eingebett. Dokument · Ordner · Datenspeic...
Grenze · Ordner öffnen

CURSOR

Auswählen · Verschieben · Ausgelastet · Hyperlinka...
Vertikal skalieren · Horizontal skalieren · Diagonal skalieren 1 · Diagonal skalieren 2 · Text · Genauigkeit · Hintergrund · Nicht verfügbar
Hilfe · QuickInfo

DATENFLUSSDIAGRAMM-SHAPES

Datenverar... · Externe Einheit · Datenspeic... · Objekt · Mitte an Mitte 1 · Mitte an Mitte 2 · Schleife auf Mitte 1 · Schleife auf Mitte 2
Mehrfachve... · Zustand · Anfangszus... · Endzustand 1 · Variabler Zustand · Endzustand 2 · Entitätsbezi... · Objektbesc...
Entität 1 · Entität 2 · Ovaler Prozess · Ovaler Proz./Datenüber... · Dynamischer Verbinder

DIALOGE

Dialogfeldf... · Anwendun... · Tafel · Dialogfeld-...
Statusleiste · Statusleiste... · Statusleiste... · Statusleiste... · Registerkart... · Oberes Registerkart... · Unteres Registerkart... · Bildlaufleiste
Größenzieh... · Benachricht... · Fehlersymbol · Warnungss... · Information... · Fragesymbol

647

Anhang B: Die Schablonen

GANE-SARSON

- Prozess
- Schnittstelle
- Datenspeic...
- Datenfluss

SPEICHEROBJEKTE

- 3D-Stapel oben
- 3D-Stapelel...
- Array
- Zeiger
- Stapel oder Heap
- Stapelzeiger
- Zeiger (1-D)
- Abschnittsb...
- Datenblock
- Speicherabs...
- Datenspeic...
- Byte oder Variable
- Knoten einf. verk. Liste
- Knoten dopp. verk. Liste

SPRACHEBENEN-SHAPES

- Funktion / Subroutine
- Funktion mit Aufruf
- Programms...
- Wolke
- Bedingter Aufruf
- Lexikalische Inklusion
- Aufruf
- Aufruf mit Sprung
- Datenfluss
- Flagfluss
- Klammer
- Flussdiagr.-...

STEUERELEMENTE

- Beschriftung
- Textfeld
- Link
- Schaltfläche
- Listenfeld
- Listenfeldel...
- Dropdown
- Drehfeld
- Kontrollkäst...
- Optionsfeld
- Strukturste...
- Strukturste...
- Schieberegler
- Statusanzeige
- Kalender
- Chevron

SYMBOLLEISTEN

- Menüleiste
- Menüleiste...
- Dropdown...
- Menüeleme...
- Menüeleme...
- Ausschneid...
- Kopieren
- Einfügen
- Löschen
- Neu
- Öffnen
- Bearbeiten
- Speichern
- Drucken
- Seitenansicht
- Rückgängig
- Wiederholen
- Verschieben
- Ansichtsopt...

UML-AKTIVITäT

- Aktion
- Entscheidung
- Zusammen...
- Anfangskn...
- Abschlussk...
- Verzweigun...
- Verbindung...
- Verantwortl... (vertikal)
- Hinweis

UML-ANWENDUNGSFALL

- Akteur
- Anwendun...
- Teilsystem
- Assoziation
- Abhängigkeit
- Verallgemei...
- Einschließen
- Erweitern

Software und Datenbank/Webdiagramm

UML-KLASSE

Klasse · Mitglied · Trennzeichen · Schnittstelle
Enumeration · Paket (erweitert) · Paket (reduziert) · Hinweis · Vererbung · Schnittstell... · Assoziation · Gerichtete Assoziation
Aggregation · Abhängigkeit · Zusammen...

UML-SEQUENZ

Aktivierung · Objektlebe... · Akteur-Leb... · Schleifenfra...
Optionales Fragment · Alternatives Fragment · Interaktions... · Anderes Fragment · Nachricht · Antwortnac... · Self-Nachri... · Asynchrone Nachricht

UML-STATUSCOMPUTER

Zustand · Zustand mit internem ...
Zusammen... Zustand · Subautoma... · Anfangszus... · Endzustand · Auswahl · Hinweis

UNTERNEHMENSANWENDUNG

Server · Mainframe · Arbeitsstati... · Benutzer
Server.7 · Mainframes · Arbeitsstati... · Reserve · Laptop · Laptops · Grenze · Datenspeic...
Objekt · Prozess · Beschriftung · Dokument · Komponente · Schnittstelle · Kommunik...

WEB- UND MEDIENSYMBOLE

Suchen · Favorit · Einkaufswa...1 · RSS · Homepage · Post
Finden · Anlage · Kontakt · Chat · Diskussion · Verlauf · Abbrechen (Internet) · Internet
Link · Aktualisieren · Skript · Benutzer · Einschalten · Wiedergabe · Pause · Stopp
Zurückspulen · Vorlauf · Zurück · Weiter · Zufällige Wiedergabe · Lauter · Ton aus · CD
Video · Musik · Fotos · Zuschneiden · Nach links drehen · Nach rechts drehen

16.16. Software und Datenbank/Webdiagramm

KONZEPTIONELLE WEBSITE-SHAPES

Hier Quick-Shapes ablegen

Gruppe · Hauptobjekt · Webseite · Seitengruppe · Seitenelem... · Seitenelem... · Popup · Kleiner Siteübersic...
Großer Siteübersic... · Start · Homepage · Formular · Gateway · Jump · 2-Wege-Da... · Dynamischer Verbinder
Verbinder Linie/Kurve · Wolke · 1-Weg-Dat...

649

Anhang B: Die Schablonen

16.17. Terminplan

16.18. Visio-Extras

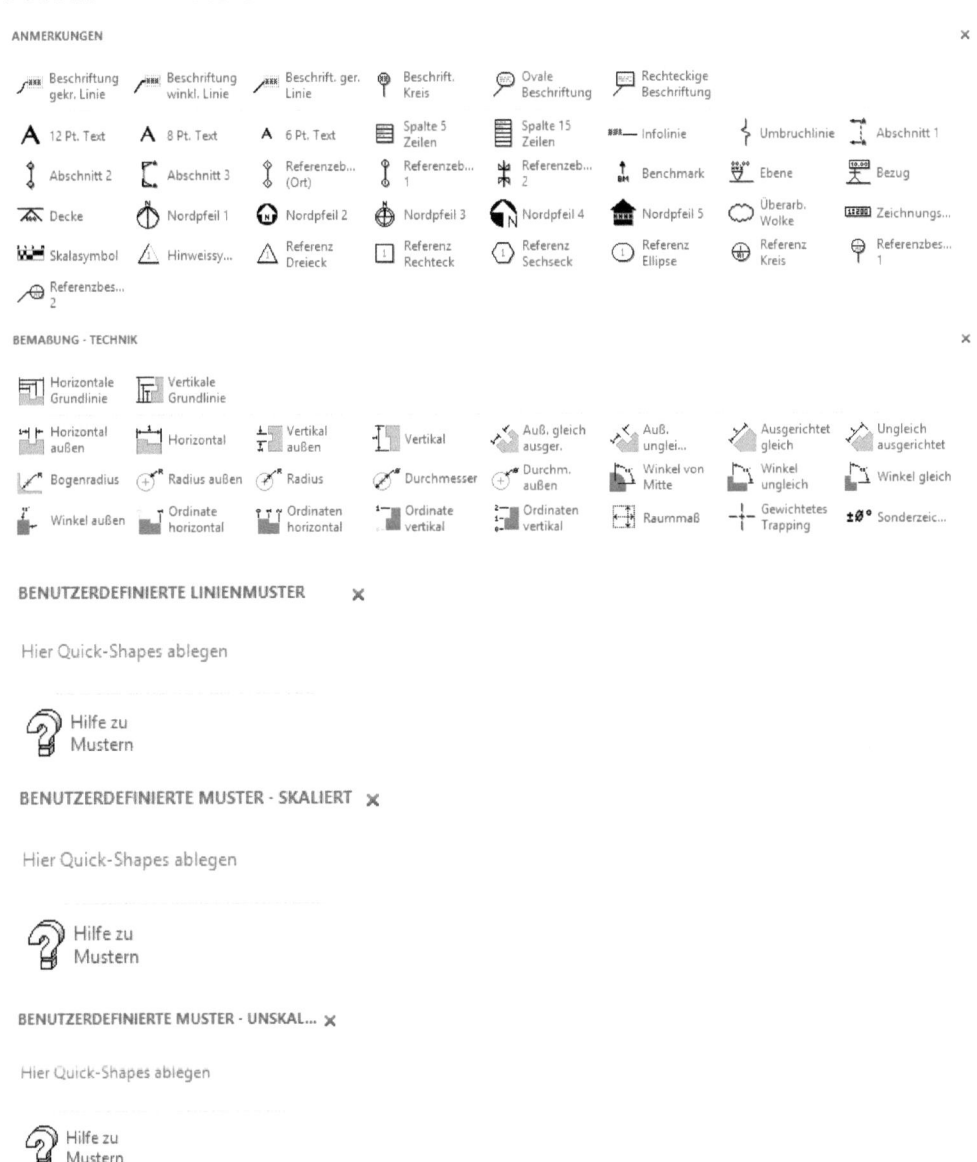

Anhang B: Die Schablonen

Visio-Extras

TITELBLÖCKE

Hier Quick-Shapes ablegen

- Zonen - 4
- Zonen - 8
- Rahmen
- Projektierung
- Spalte 5 Zeilen
- Spalte 15 Zeilen
- SI-Symbol
- Revisionsbl...
- Stücklisten...
- Abschnittsü...
- Block, Text seitl.
- Block, Text oben
- Datum
- Beschreibung
- Erstellt von
- Dateiname
- Datei/Pfad
- Zeichenblat...
- Überarbeitet
- Maßstab
- Titel
- Titelblock groß
- Titelblock klein
- Fortsetzung... groß
- Fortsetzung... klein
- Überarbeitu... groß
- Überarbeitu... klein
- Überarbeitu... groß
- Überarbeitu... klein

VERBINDER

- Dynamischer Verbinder
- Verbinder: Linie/Bogen
- Kurvenverbi... 1
- Kurvenverbi... 2
- 2 Zweige (eckig)
- Zweige eckig
- Seite nach Seite 1
- Seite nach Seite 2
- Seiten
- Von unten nach oben 1
- Von unten nach oben 2
- Oben oder unten
- Seite nach Seite, fest 1
- Seite nach Seite, fest 2
- Oben/unten nach Seite
- Von oben nach unte...
- Von oben nach unte...
- Seite nach oben/unten
- Unten nach Seite 1
- Unten nach Seite 2
- Seite nach Seite 3
- Seite nach oben
- Schleife (eckig)
- Universeller Verbinder
- Layoutverbi...
- Verbinder: Linie/Kurve
- Verbinder: Linie
- Welliger Verbinder 1
- Welliger Verbinder 2
- 2 Zweige (schräg)
- Zweige schräg
- Kurvenverbi... 3
- Linie mit Pfeil
- Linie mit Pfeil 2
- Gegabelter Verbinder
- Winkelverbi... 1
- Pfeil und Punkt 1
- Pfeil und Punkt 2
- Übergabe der Kontrolle
- Sprung
- Flexibler Pfeil
- 1D-Pfeil
- 1D-Doppel...
- 1D-Pfeil, Ende offen
- 90-Grad 1
- 90-Grad 2
- Hohler Verbinder 1
- Hohler Verbinder 2
- Hohler Verbinder 3
- Gepunktete Linie
- Pfeil - Mitte
- Gebogener Pfeil
- Punkt und Pfeil
- Pfeil mit Endpunkten
- Einfache Pfeilspitze
- Doppelspitze
- Seite nach Seite
- Seite - oben/unten
- Unten nach oben
- Oben/unten - Seite
- 2 Linien
- 2 Winkellinien
- 4 Linien
- 4 Winkellinien
- DFÜ-Verbin... 1
- DFÜ-Verbin... 2
- Bus
- Ethernet
- Stern

ZEICHENTOOLS

- Maßtool
- Horizontales Maß
- Vertikales Maß
- Kreis, Ellipse
- Kreis, Durchm.
- Kreis, Radius
- Kreis, 3 Pt.
- Bogen, 3 Pt.
- Kreise
- Sektor, grafisch
- Bogen, grafisch
- Kreistangen...
- Sektor, numerisch
- Bogen, numerisch
- Bogentang...
- Linie mit Verläng.
- Kreis, Tangente
- 2 Kreise, Tangente
- Rechter Winkel
- Rechtw. Linien
- Dreieck, frei
- Rw. 3eck, WinkHyp.
- Dreieck: Basis, Höhe
- Rw. 3eck, 2 Seiten
- Rechteck, Diagonale
- Abgerundet... Rechteck
- Rechteck
- Schräges Rechteck
- Schräge Ecke
- Polygon, Kante
- Polygon, Mittelpkt.

653

17 Index

3-D Balkendiagramm 490
3D-Achsen 491
3D-Block-Shapes 416
3D-Pyramide 497

A

abgelegte Shapes annehmen 334, 338
Absatzabstand 103
absolute URL 590
Abstand
  Layout konfigurieren 121
  Text 102
Access 266, 278, 291, 292
Acrobat 199, 212
Active Directory 539
Add-On 283, 592
Aktivitätsdiagramm 598
Alarmsteuerung und Zutrittskontrolle 570
Anfangspunkt 60
Anmerkungen 97
Anschluss-Explorer 528

Anwendungsfalldiagramm 601
Arbeitsbereiche
  Schablone 560
Assistenten 283, 374, 460
Auditdiagramm 453
Aufgaben
  Projektplan 508
Aufgabenbereich 27
Aufzählungszeichen 104
Aus der Gruppe entfernen 91
Auslöser und Melder 570
ausrichten 72
Ausrichten und Kleben 82
Ausrichtung
  Layout konfigurieren 121
  Seite einrichten 378
  Text 103
Ausrichtungsfeld 359
ausschneiden 55
Außenwand 552
Auswahl nach Typ
  Layer 142, 357

AutoAusblenden 27
Autobahnkreuz 574
AutoCAD 198
Auto-Feldbreite 416
Auto-Höhe 416
AutoKorrektur 98, 228, 231
Automatisch anpassen 150
Auto-Nummerierung 286
AutoVerbinden 118
AutoVerbinder 452

B

Backstagebereich 182
Badewanne 566
Balkendiagramm 488, 489
Balkon
  Raum 550
Bänder 446
Bandlaufwerk 543
Baumförmig
  Layout konfigurieren 121
Behälter 521
Benutzerdefinierte Größe 150

Benutzerdefinierte Muster 326
Benutzereigenschaften 392
Benutzeroberfläche 592
Berater 460
Bericht 257, 536
Berichtsdefinition 261
bewegen
  innerhalb eines Textes 96
Bild 221, 374
  Organigramm 467
Bilddatenbank 374
Bildlaufleiste 25, 27
binäres Dateiformat 189
Bitmap 198
blauer Pfeil 66
BLDGPLAN.DWG 203
Bleistiftwerkzeug 63
Blockdiagramm 415
Blockdiagramm mit Perspektive 420
BLOCKS.DWG 203
BMP 198, 222
Bogen
  Liniensprung 119
Bogenwerkzeug 30

BPMN-Diagramm 436
Brainstormingdiagramm 480
Breite 52, 71, 550
Bericht 258
  Schutz 363
Brücke 543
Buchstabenabstand 102
Büroausstattung 560
Büromöbel 560
Büroplan 549
Bürozubehör 560
Bus 534

C

CAD 199, 203, 289, 290, 532
CAD-Bibliothek konvertieren 290
CAD-Zeichnungen konvertieren 289
Chen Datenbanknotation 604
Cloud 187, 310, 319
COM und OLE 604
Computer und Monitore 535
Container 413
Containerrampe 571
Copyright 365, 397

Corel Draw 31
Crow's Foot Datenbanknotation 581
CSS 191
CSV 471
Cursor 96

D

Dateieigenschaften 392
Dateieigenschaften entfernen 189
Dateigröße 392
Dateigrößenkomprimierung 391, 402
Dateipfade der Schablonen entfernen 189
Dateispeicherorte 388
Daten 236
Datenbank-Assistent 291
Datenbankeinstellungen 307
Datenbankexport 295, 301
Datenbankmodell auffrischen 300
Datenfeld Eigenschaften 239, 341
Datenflussdiagramm 604
Datenflussmodelldiagramm 604

Datengrafik 249
Datenbalken 253
Datentyp 294
dBase 292
Design 133, 326, 381
Design entfernen 135
Designfarben 133
Designs entfernen 189
Detailliertes Netzwerkdiagramm 539
Detailliste 33
Diagramme 215
  Vorlage 488
Diagrammtyp 482
Diagrammüberprüfung 434
DIN 66001 424
DLL 283
Dokumentschablone 389, 562
Dokumentvorlage 22
Doppelklicken 91, 96, 360
Doppelklickverhalten 154, 164
doppelte Linien 326
Drag & Drop 57, 70
Drahtmodelldiagramm 592
Drehbez Pos 51, 71, 87

drehen 62, 87
  Text 99
Drehgreifpunkt 61
Drehpunkt 61, 87
dreidimensional 421
drucken 182, 375
Drucker 534
duplizieren 55, 56,
  Siehe Zeichenblatt
durchgestrichen 102
DWG 198, 203, 518
DWG-Viewer 203
DXF 198, 518
dynamischer Verbinder 117, 426
dynamisches Gitter 49, 84

E

Ebene 76, 136
Ebenenname
  Bericht 258
Edge 210
Effekt 111
Eigenschaften 392
Eigenständiger Datenspeicher 543
einbetten 196
eindimensional 358
eindimensionale Shapes 48, 60

Einfach
  Layout konfigurieren 121
Einfacher Pfeil 64
einfügen 54, 191
Eingabeaufforderung 367
  Shape-Daten 242, 344
einrasten 82
Einzug 103
elektronische Symbole 564
Elektrotechnik 514
Ellipse 29
E-Mail 584
Endpunkt 60
Energiesystem 566
Entität 581
Entrauschen 222
Entwicklermodus 244, 345
entzippen 222
Erker
  Raum 550
Ersatz 364
erstellen
  Text 96
Ethernet 64, 116, 534
Eudcedit 327

Event-driven process chain 454
Excel 261, 265, 488
Exchange-Organisation 64
exportieren 197, 198, 213
Exportieren 435
Exzentrizitäts-Griffe 63

F

F.P. 420
Farbe
   Text 102
Farbpalette 381
Feld 171
   Anzahl der Zeichenblätter 171
   Datum/Uhrzeit 172
   Hintergrund 172
   Seitennummer 171
   Shape-Daten 248, 275
   Zeichenblattinfo 171
   Zeichenblattnummer 171
Fenster 27, 557, 559
Fensterplan 565, 567
   Bericht 563
feste Liste
   Shape-Daten 242, 344

Feststelltaste 231
fett 102
finden
   Text 97
   Fläche
   Raum 550
Flächeninhalt 174
Flexible Straße 574
Flexibler Pfeil 64
Fluchtpunkt 421, 422
Flussdiagramm
   Layout konfigurieren 121
Fonts 327
Format übertragen 106
Füllfläche 105
   Linie 105
   Text 101
Format-übertragen 128
Formatvorlage 102, 129, 160, 326, 380, 400, 451
Formeleditor 213
FoxPro 292
Frames 588
Freehand 31
Freie Stelle
   Organigramm 460
Freistehende Gestelle 543

FTP 584
Führungskraft 460
Führungslinie 78, 81, 122, 552
Führungslinie drehen 78
Führungslinie duplizieren 79
Führungslinie löschen 80
Führungslinien markieren 80
Führungspunkt 78
Füllmuster 320
   neu anlegen 321, 323
Funktionsübergreifendes Flussdiagramm 445

G

Gammawert 222
Ganzer Bildschirm 154
Gas-, Wasser-, Sanitärdiagramm 521
Gesamtmenge bilden 144, 337
geschlossene Shapes 331
Gestell 542
Gestelldiagramm 541
Gestellmontierte Geräte 542

Index

GIF 198, 222
Gitter 48, 495
Gitterlinien drucken 185
Gleichung 213
Glyphen 98
Grammatikprüfung 230
Groß-/Kleinschreibung 102, 232
Größe 52
  Text 102
Größen- und Positionsfenster 71
Größenänderungs-Steuerpunkte 46, 52, 59, 359
Grundriss
  Vorlage 564
Grundstücksplan 578
Gruppe 88, 359, 395
Gruppe bearbeiten 90
Gruppe öffnen 92
Gruppe schützen 334
Gruppenverhalten 94
gruppieren 88, 192, 332
Gruppierungsmodus 154

H

hängender Einzug 451

Hauseinrichtungsplan 566
Hebebühne 571
Heizung 566
Helligkeit 222
Herd 566
Hilfe 33
Hilfslinie 30
Hintergrund 77, 81, 154, 379, 412, 430
  Formatvorlage 159
  Layer 159
  löschen 158
  Hintergrundblatt schützen 160
Hintergründe
  Schablone 158
Hintergründe schützen 160
HKL-Plan 566
HKL-Rohre
  Bericht 563
HKL-Steuerung – Logisches Diagramm 568
hochgestellt 102
Höhe 52, 71, 550
  Bericht 258
  Schutz 363
Horizontal spiegeln 87

horizontal verschieben 70
horizontale Skalierung
  Text 102
Hotspots 168
HTML 168, 191, 198, 208, 265, 502, 576
Hub 534
Hyperlink 166, 211, 547, 588
  Brainstorming 482

I

IBM 605
IDEF0 442
IDEF1X 604
Illustrator 31
Importieren 222
In Gruppe konvertieren 334
In Wände konvertieren 552
Industrielle Steuerungssysteme 518
Informationen 392
Inhaltsverzeichnis 154
Instrument
  Systeme 521
Interaktive Linkauswahl 588
Internet 502

Internet Explorer 190, 210
Inventar
  Bericht 563
Inventarbericht
  Bericht 563
ISO 8601 500, 503
IT Infrastructure Library 456
ITIL 456

J
Java 584
JavaScript 587
JPG 198, 222

K
Kabelschacht/Abstandhalter 543
Kalender 500
Kalibrierung des Monitors 83
Kamin 550
Kapitälchen 102
kartesisches Koordinatensystem 553
kippen 87
Kippfenster 559
Kippmulde 571
kleben 117
Klimaanlage 566
Klon 57

Kollaborationsdiagramm 600
Kommentar 175
  bearbeiten 177
  drucken 177
  löschen 177
Kommentar ausblenden 177
Kommentare entfernen 189
Kommentarthreads 310
Komponente
  Verfahrenstechnik 524
Komponentendiagramm 601
Komponenten-Explorer 528
Komprimierung 222
Kontrast 222
Kontrollgriff 113
Kontrollpunkt 63
Kontrollpunkte 359
konvertieren
  CAD 205
Kopf- und Fußzeile 185
Kopf- und Fußzeilen 162

kopieren 54, 70, 191, 192, Zeichenblatt
korrigieren
  Text 96
Kreis 29, 30
Kreisförmige Pfeile 497
Kreis-Netz-Diagramm 497
Kreuzende Linien 119
kreuzende Verbindungslinien 516
Kreuzung 574
Kugelschreiber 177
Kühlsysteme 566
kursiv 102
Kurve 63

L
Lage 49, 70
Lagerhaus – Versand und Warenannahme 571
LAN 548
Laptop 535
Layer 47, 136, 350, 381, 427, 562
  Bürogerät 143, 358
  Elektrisch 515
  Flussdiagramm 143, 358
  Freizeitanlagen 143, 358

659

Index

mehrere Layer 138, 353
Verbinder 143, 358
Layereigenschaften 139, 354
141, 356
aktiv 139, 354
Ausrichten 141, 356
drucken 139, 354
Farbe 139, 354
Kleben 141, 356
sichtbar 139, 354
sperren 139, 354
Layername
Bericht 258
Layout konfigurieren 283
Layout neu anordnen
Organigramm 463
Layout und Routing 119, 378, 515
Layouttyp
Organigramm 465
LCD-Monitor 543
LDAP 541
leere Zeichnung 22
Legende 53, 149, 414, 526
Lehne des Sofas 561
Lineal 25, 77
Lineale und Gitter 382

Linie 29, 48, 105, 331, 358, 408
Linien 60
Liniendiagramm 493
Linienenden 108
neue Linienenden 323
Linienfarbe 108
Linienmuster 108
neues Linienmuster 323
Liniensprung 119, 120, 361
Liniensprünge
Seite einrichten 379
Linienstärke 108
Linotronic 182
Logo 374
löschen 47
Schutz 364
Lücke
Liniensprung 119
Lüftung 566
Lupensymbol 69

M

magnetisch 80
Makro 189
Marketingdiagramme 497
markieren 42, 46, 48

Markup 177
Maschinenbau 530
Maschinenbaugeräten 530
Maßstab 203, 363, 378, 549
Master-Shapes 39
Master-Shapes entfernen 189
Master-Shapes schützen 160
Mehrfachauswahl 43
Mehrtägiges Ereignisse 501
Meilenstein 504
Meine Shapes
Schablonen 372
Menüband 25, 179
Messgeräteliste 263, 525, 527
Microsoft SharePoint-Workflow 433, 434
Mit Gruppe skalieren 359
Mitarbeiter 461
Mitglieds-Shape 91
Gruppe 91
Mitte-Mitte 87
Möbel 560
Mobiliar 560

Monitorkalibrierung 83
MPX 510
Multiconnectoren 124
Muster 380
MySite Siehe SharePoint
mySQL 291

N

nach hinten 76
Nach innen und außen 340
nach vorne 76
Nachrichtenformate 64
Navigationsrahmen 588
Netzraumelemente 543
Netzwerk und Peripheriegeräte 534
Netzwerkausrüstung Bericht 536
Netzwerkgerät Bericht 536
Neue Registerkarten 384
Newsgroup 584
Nicht druckbares Shapes 358
Nicht verwendete Master-Shapes entfernen 391, 402

nicht verwendeten Master-Shapes 392
Normal 132
Normmaß 566
Nullpunkt 78

O

ODBC 291
ODBC-Treiber 291
ODBC-Zugriff 278
offene Shapes 331
Office 365 310
Off-Page-Referenz 168, 429
ohne Hintergrund drucken 182
OLE 192, 193, 213
Öltank 571
OneDrive 187, 310
Onlinegrafiken 374
Online-Hilfe 33
Oracle 291, 292
Organigramm 460
 Layout konfigurieren 121
Organigrammdaten vergleichen 472

P

Pan 69
Papiergröße 378
Paradox 292

Patchpanel 543
PC 535
PDA 535
PDF 198, 211
persönliche Informationen entfernen 391, 402
Persönliche Informationen entfernen 392
Perspektivische Blöcke 421
PERT-Diagramm 512
Pfeil 66
Pfeile 108
Pfeilspitze 109
PI&D 521, 532
Pivotdiagramme 277
Pixelgrafik 221
Plan für Elektrik und Telekommunikation 568
Platzierung 361
Pneumatik/Hydraulik 519
PNG 198, 222
Position 48, 49, 102, 460
Präsentationsmodus 154
Präsentationsprogramm 154

661

Index

Primärschlüssel 266, 272, 294
Produktionsstätte – Lagerhaltung und Verteilung 571
Produktionsstätte – Maschinen und Einrichtungen 571
Professional 39
Profilseite Siehe SharePoint
Programmstruktur 604
Project 500, 511
Prozess 434
Prozessmanagement 424
Pumpe 521

Q

Quadrat 29, 30, 52
Qualitätsmanagement 424
Qualitätsverlust 222
QuickInfo 175

R

Radial
  Layout konfigurieren 121
Rahmen und Titel 411, 430
RAID-Array 543
Raster 82

Rational ClearCase 605
Rational ClearQuest 605
Rational Rose Modelle 605
Raumbericht
  Bericht 564
Raumteiler 556
Rechteck 29, 331, 358, 408
Rechtecke 48, 60
Rechtschreibhilfe 228
Regal 543
Registerkarte
  Überarbeiten 177
Reihenfolge 76
Zeichenblätter 152
relative URL 590
Reverse Engineering 602
Reverse-Engineering 595
Richtung
  Layout konfigurieren 121
Ringnetzwerk 64, 534
Rohr 570
Rohrleitungen 522
Rohrleitungsliste 263, 525, 527

Rotationspunkt 61
rotieren
  Text 99
Router 543
RSS 584
rückgängig 47

S

Sanitär- und Rohrleitungsplan 569
S-Bahn 577
Scanner 534
Schablone 35, 379, 387
  eigene Schablone 366
Schalter 543
Schaltflächen 179
Schaltkreise 518
Scharfzeichnen 222
Scheitelpunkt 63, 71
Schiene 575
Schnellzugriffsleiste 179
Schnitt 102
Schnittstelle
  UML 596
Schrank 541
Schreibschutz
  Schablone 373
Schriftart 102

Schriftfarbe 102
Schriftgröße 102
Schriftname 102
Schubladen der Schränke 561
Schutz 47, 363, 396
  Gruppe 334
Screenshot 182
SDL-Diagramm 444
Segment
  Diagramm 493
Seite Einrichten
  Zeichenblatteigenschaften 157
Seitenansicht 163, 185
Seitenverhältnis
Schutz 363
Sequenzdiagramm 601
Server 534, 543
Shape 31
Shape ändern 42, 364
Shape beim Ablegen der Gruppe hinzufügen 334, 338
Shape-Daten 236, 340, 396, 563
Shape-Datensätze 246, 348
Shape-Fläche und -Umfang 289
Shape-ID 298

ShapeKey 303
Shape-Layout 361, 383
Shape-Nummern 286
Shapes anordnen 288
Shapes nummerieren 285
Shapes verschieben
  Assistent 287
ShapeSheet 164
Shape-Stempel 41, 57
SharePoint 33, 310, 315, 548
SharePoint Foundation-Liste 315
Sicherheits- und Zutrittsplan 570
Silbentrennung 230, 449
Silverlight 316
Six Sigma-Diagramm 495
Skala 102
Skript 584
SkyDrive 33, 187, 310
Sonderzeichen 98
suchen 234
  Text 98
Sortierschlüssel
Shape-Daten 244, 346
speichern 387
Speichern unter 213

sperren 46
spiegeln 87
Sprache 102
springende Linien 119
Sprung 119, 515
Spüle
  Raum 566
SQL 292
SQL-Datenbank 278
SQL-Server 266, 291
Stadtbahn 577
Standarddiagramm 408
Standardflussdiagramm 424
Standardnetzwerk-Diagramm 534, 546
Standardschrift 132
Start 28
Startbildschirm 22
Startprogramm für ein Dialogfeld 26
Startseite 22
statische Verbinder 117
statischer Verbinder 426, 520
Statusleiste 25, 71
Steckdosenleiste 543
Stellvertreter 462
Stempel 41, 57

663

Stern 534
Steuerelement 593
Steuerpunkt 63
Steuerungssysteme 518
Stiftwerkzeug 30
Straße 574
Striche 108
Stromversorgung/USV 543
Stuhl
   Raum 560
   Stylesheet 584
suchen 40
   Text 97
Suchen 233
SVG 191, 211
Symbole

T

Text 98
Symbolleiste für den Schnellzugriff 25
Symbolsatz
   Datengrafik 254
Systeme 518
   Konstruktion 518
Tabelle 104
Tablet 319
Tabulator 104
Tagnummer 521
Tags 178

Tags anzeigen 177
Tastaturablage 543
Teile- und Zusammenbauzeichnung 529
Teilsummen
   Bericht 260
Terminal 535
Termine 501
Text 95, 449
   Datengrafik 250
Text bearbeiten 96
Text drehen 99
Text nicht ändern 100
Text verschieben 100
Textbausteine 98
Textblock 101, 103
Texteingabe 95
Textfeld 96
Textformatierung 101
Textgestaltung 101
Texthintergrundfarbe 103
Textlineal 104, 451
Textmarker 177
Text-Tool 450
tiefgestellt 102
TIF 198, 222
Tische
   Raum 560
Titel 374

Toilette
   Raum 566
Topologie 547
Tortendiagramm 492
Total Quality Management 456
TQM 456
Transparenz 102, 222
Trennhilfe 230
Trennwände 556
Türangel 557
Türen und Fenster 557
Türenplan 565, 567
   Bericht 564
Türschwelle 558
TXT 471, 510

U

U-Bahn 577
Überarbeiten 177
Überlappung 120
Übernehmen 26
Überprüfungsregelsätze entfernen 189
Übersichtsfenster
   Brainstorming 486
UML 595
UML-Anwendungsfall 595
Umleiten
   Liniensprung 121

UML-Klasse 597
Umweltsteuerungssystem 566
Unschärfe 222
Unternehmensanwendung 604
unterstrichen 102
URL 586, 590
Hyperlink 167
Ursache/Wirkung-Diagramm 496
Use Case Diagramm 595

V

variabler Liste
  Shape-Daten 242, 344
VBA 386
VBScript 587
Vektorgrafik 221
Ventil 570
Ventile und Armaturen 521
Ventilliste 263, 525, 527
Verbinder 112, 115
Verbindung/Kreuzung 516
Verbindungslinie 67, 112
  beschriften 125

Verbindungspunkt 67, 122, 339, 340, 395, 427
  neu 122
Verfahrenstechnik 521
Verhalten 91, 358, 397
Verkehrs-Shapes 575
verknüpfen 193
Verknüpfen
Vorgänge 144, 337
Verknüpfung
  Aufgaben 508
  Shape-Daten 268
Verschiebe- und Zoom-Fenster 69
verschieben 49, 70
  Text 99
verteilen 73
Verteilungsdiagramm 601
Vertikal umdrehen 87
vertikal verschieben 70
vertikale Ausrichtung 103
VHintergrund-1 412
Videoüberwachung 570
Vieleck
  Liniensprung 119
Visio 2010 486

Visio 2013 134, 151, 170, 187, 207, 310, 364, 382, 425, 582
Visio 2016 48, 276, 364, 425, 582
Visio Content\1031 514, 579
Visio Premium 433, 436
Visio Professional 22
Visio Standard 22
Visio-Standard 208
Visual Studio.NET 595, 602
VML 208
Vordergrund 154
Vorgänge 143, 336
Vorgesetzter 460
Vorlage 22, 377, 387
Vorräume
  Raum 550
Vorschau 160
Vorschaubild 392
Vorschaubild entfernen 189
Vorschaufenster 33
Vorsprung
  Raum 550
VSD 189, 387, 468
VSDM 189, 387
VSDX 189, 387, 468

VSS 387
VST 377, 378, 387
VSTM 377, 378, 387
VSTX 377, 378, 387, 401
VWI 435

W

Wände, Gerüst und Konstruktion 565
Wände, Türen und Fenster 550, 557
Wärmetauscher 521
Webpart 316
Webseite 208, 576
Website 588
Websiteerstellung 583
Websiteübersicht 583, 585
Wegbeschreibung 573
Werksplanung 571
Werkzeugmaschinen 530
Wertstromzuordnung 456
wiederholen 56, 71
Windows 291
Winkel 87
Workflowdiagramm 433

X

XLSX 471, 510
XML 189, 190, 211, 222, 265, 435, 486, 584
X-Position
 Schutz 364
XSD-Schema 265

Y

Y-Position
 Schutz 364

Z

Zahl
 Datengrafik 250
Zeichen definieren 327
Zeichenblatt 151
Zeichenblatt duplizieren 151
Zeichenblatt vergrößern 150
Zeichenblatteigenschaften
Seite einrichten 378
Zeichenblattgröße 186, 549
Zeichenblattname 163
Zeichenblattnummer 163

Zeichenprogramm 31
Zeichnung 387
Zeichnungsexplorer 158, 160, 320
Zeichnungsmaßstab 378
Zeigertool 29
Zeitplan 503
Zeitstempel entfernen 189
zip 222
ZIP 189
Zoom 68, 78
Zoomgröße 69
Zubehörliste 263, 525, 527
zuletzt verwendete Dateien 33
Zur Gruppe hinzufügen 92
zuschneiden 223
Zustandsdiagramm 598
zweidimensional 358
zweidimensionale Shapes 48, 60
Zwischenspeicher 54

18 Ein Wort zu mir

Seit 1990 unterrichte ich Softwareprodukte von verschiedenen Herstellern aus verschiedenen Bereichen. Dabei zählt Visio zu meinen bevorzugten Programmen. Nicht nur, weil es in viele verschiedene Wissensgebiete eingreift, sondern auch, weil an dieses Produkt immer wieder neue Anforderungen gestellt werden, die es zu lösen gilt.

Ich sehe übrigens auch nicht aus wie auf dem Foto – das Bild ist 5 x 3 cm groß und ziemlich flach – ich dagegen bin rund, habe Volumen und Format, bin etwas länger und nicht in Pixel auflösbar.

Und: gerne biete ich Ihnen Visio-Schulungen an. Und natürlich auch Schulungen im Bereich (Visio) VBA.

Weitere Infos über mich finden Sie auf meiner Seite www.compurem.de.

Ich empfehle Ihnen auch mein zweites Buch:

Visio 2013 / 2016 anpassen – Das Handbuch für Entwickler.

Verlag: Books on Demand

ISBN-10: 3739229845

ISBN-13: 978-3739229843

Neben meiner Unterrichtstätigkeit programmiere ich auch (beispielsweise VBA in Excel oder VS.NET mit Excel), schreibe Bücher und Zeitschriftenartikel und erstelle Lernvideos für video2brain / LinkedIn Learning.

Hier einige der Lernvideos, die ich bei video2brain / LinkedIn Learning erstellt habe:

Und hier einige der Bücher, die ich geschrieben habe: